● 全国第一届年鉴评比一等奖
● 全国第二届年鉴评比特等奖
● 江苏省首届年鉴评比优秀奖
● 江苏省第二届年鉴评比一等奖

海安年鉴

HAIAN ALMANAC

2015

总第17期

海安年鉴编纂委员会

图书在版编目(CIP)数据

海安年鉴.2015/《海安年鉴》编纂委员会编.—
北京:方志出版社,2015.11
ISBN 978-7-5144-1845-3

Ⅰ.①海… Ⅱ.①海… Ⅲ.①海安县—2015—年鉴
Ⅳ.①Z525.34

中国版本图书馆 CIP 数据核字(2015)第 302586 号

海安年鉴(2015)

编　　者:《海安年鉴》编纂委员会
责任编辑:徐　宏

出 版 人:冀祥德
出 版 者:方 志 出 版 社
地址　北京市朝阳区潘家园东里 9 号(国家方志馆 4 层)
邮编　100021
网址　http://www.fzph.org
发　　行:方志出版社发行中心
电话　(010)67110500
经　　销:各地新华书店
印　　刷:南京四彩印刷有限公司

开　　本:889×1194　1/16
印　　张:24
字　　数:1056 千字
版　　次:2015 年 11 月第 1 版　2015 年 11 月第 1 次印刷
印　　数:0001~1200 册

ISBN 978-7-5144-1845-3　定价:210.00 元

编纂机构和编审人员

《海安年鉴》编纂委员会

主任委员　陆卫东　顾国标

副主任委员　成　宾　王　炜　翁晓云

委　　员　张元春　陈兴俊　王群飞　李仁平　陈锦璜　董玉龙　陈　琳　夏卫军　陈月斌　臧　忠　马善华　张忠宏　周小平　汪　宁　周　道　韦圣霞

《海安年鉴》编辑部

主　　编　董玉龙

副 主 编　杨　斌　周宏文

编　　辑　董玉龙　杨　斌　周宏文　崔广华　贲柠华　吉贻平　李国良　季陈娟　赵蓉蓉　赵海群　何忠斌

图片支持　海安县新闻信息中心　海安县政务信息中心　海安县文学艺术界联合会　海安县摄影家协会

特邀摄影（以姓氏笔画为序）　王承坚　王秋高　仇稳山　张春龙　陈长松　范海涛　胡仁杰　姜东杰　顾太山　顾华夏　徐　剑　徐瑞平　崔恒春　董玉龙　景圣红

文稿录入　张　梅

审 稿 人

（以姓氏笔画为序）

丁国祥	丁兴育	丁　炜	于清山	于木军	马善华	王　磊
王　新	王文贵	王　君	王晓波	王　怀	韦圣霞	毛迎丰
叶晨玲	卢荣翔	刘　群	刘友斌	刘京红	孙瑞根	孙中翔
吕忠圣	华卜泉	李艳红	李志和	李如生	李广珍	李和娟
任永峰	许明全	许宝军	华志刚	朱知和	朱圣东	陈玉琨
陈关飞	陈　铭	陈德祥	陈　琳	陈　稷	陈　辉	陈锦璜
陈长燕	季善明	张　锐	张羽翼	张智敏	张　华	张　蕾
张长春	张　顺	张元根	张可嘉	宋小宾	严国和	严俊明
杨林根	杨海燕	杨　陈	吴忠林	吴俊刚	吴永生	吴旭东
陆威生	罗进明	罗正锡	罗　骏	周　俊	周　道	周学锋
杭亚军	杭兴华	郁文祥	柯素根	贲友兰	徐　伟	徐华俊
徐　进	徐向东	徐　斌	徐培鸿	徐　泷	涂祖凤	高春萍
夏宏建	夏雪峰	夏卫军	凌和稳	贾伯根	顾庆瑜	顾维斌
袁金官	袁加根	秦广荣	秦建军	钱亚洲	黄德春	曹　青
曹兆俊	董玉龙	童夫军	储开泉	韩　美	韩良波	景世泽
程　杰	谢富林	颜　敏	薛海骏			

保密专审　刘松建

编辑说明

一、《海安年鉴》(2015)是中共海安县委、县人民政府主办,《海安年鉴》编纂委员会组织编纂的地方性综合年鉴,旨在逐年系统记述海安自然、政治、经济、文化、社会等方面的基本情况。年鉴以马列主义、毛泽东思想、中国特色社会主义理论体系为指导,贯彻落实科学发展观和“四个全面”战略布局,坚持实事求是原则,全面记述2014年全县基本面貌和各行各业、各条战线的发展情况。

二、《海安年鉴》(2015)基本采用栏目、分目(副分目)、条目3个层次,全书设28个栏目,252个分目,1341个条目,表52张,随文插图187幅。以条目为主要信息载体和基本结构形式。内容收录对象以现行海安行政区划为界,凡在区域范围内的机关、团体、学校、医院、企事业单位有价值的信息和资料,不论归属,均予收录。收录时限为2014年1月1日至12月31日,个别事物可适当追溯、下延,便于读者了解始末。

三、人物收录2014年组织机构及负责人名单、2014年新任职领导人物、先进人物、好人群像、知名人士等,高级职称人员名录收录2013年和2014年获得高级职称的人员名单。荣誉栏收录2014年受市政府以上表彰的单位和个人。

四、年鉴文稿由各单位、各部门提供,单位负责人主审,年鉴编辑部负责编辑修改,最后由年鉴编委会审核。主要数据以县统计部门公布的为准,价格以现价为主,不变价予以注明。

五、计量单位除农业使用“亩”外,其他使用法定计量单位。标点符号按2012年新国标执行。凡全栏目或多个栏目系同一作者的,只在最后一个条目末署名。

六、年鉴彩页图片由县新闻信息中心、政务信息中心、文联、摄影家协会及本刊图片库供稿,随文插图由各单位、各部门提供,已知作者均已在图片下方署名,未知作者均注明提供图片的部门,在此一并致谢!

七、《海安年鉴》(2015)编辑出版,得到全县各级领导和社会各界的关爱和支持,在此谨表谢忱。由于编者水平有限,希望广大读者提出改进意见,以便进一步提高《海安年鉴》质量。

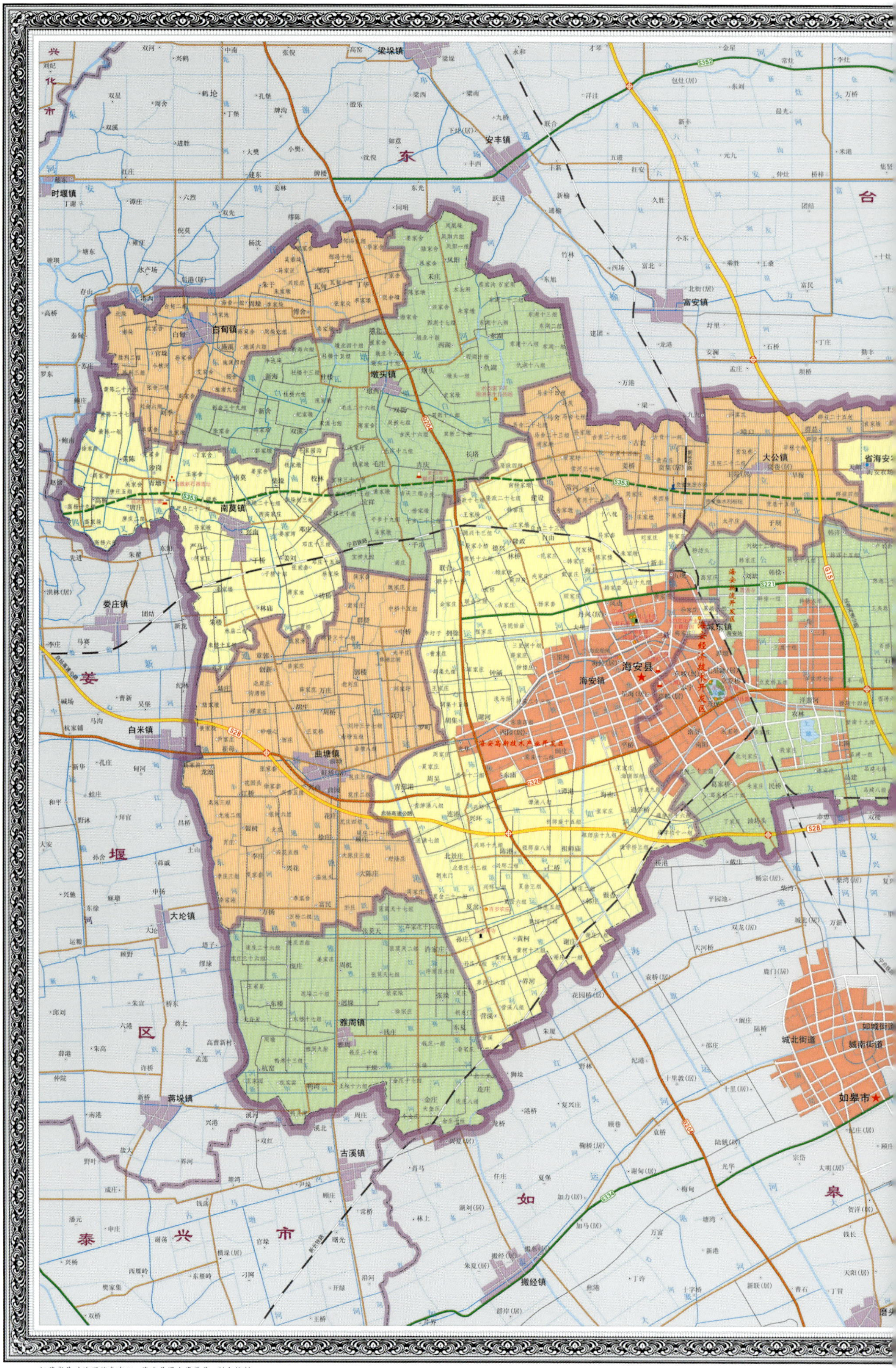

江苏省基础地理信息中心　海安县国土资源局　联合编制

海安县行政区划图

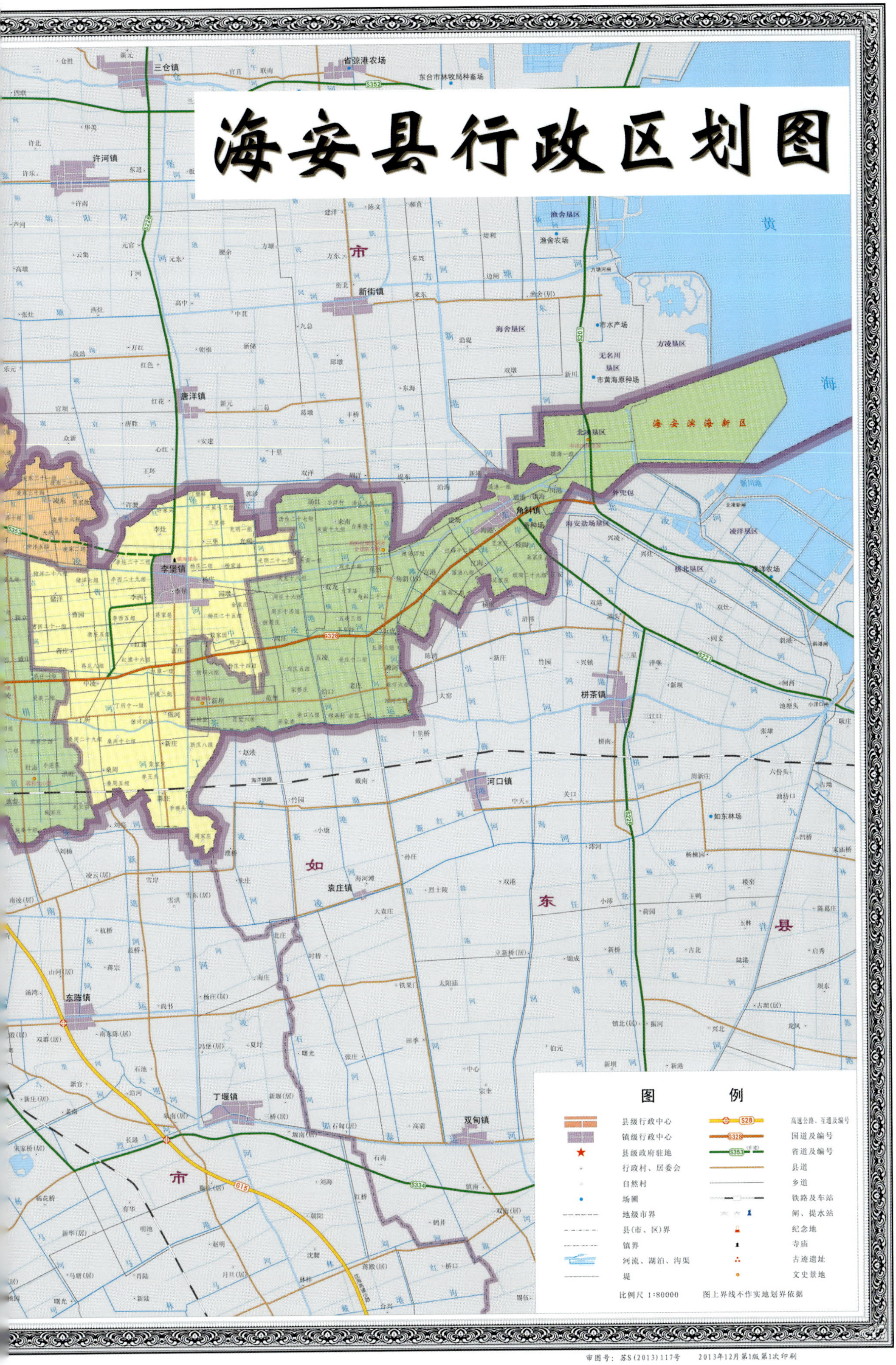

审图号：苏S(2013)117号　2013年12月第1版第1次印刷

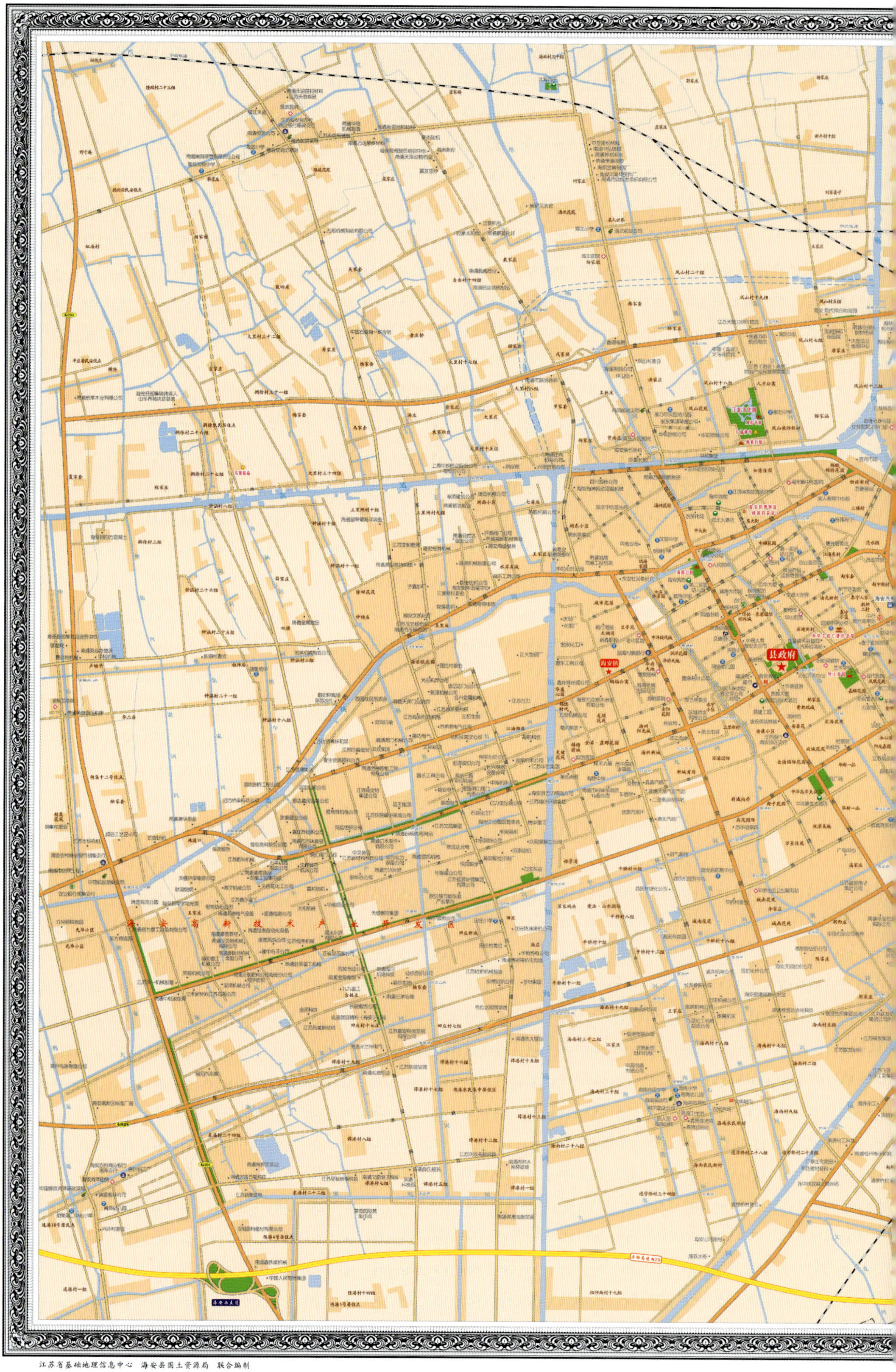

江苏省基础地理信息中心　海安县国土资源局　联合编制

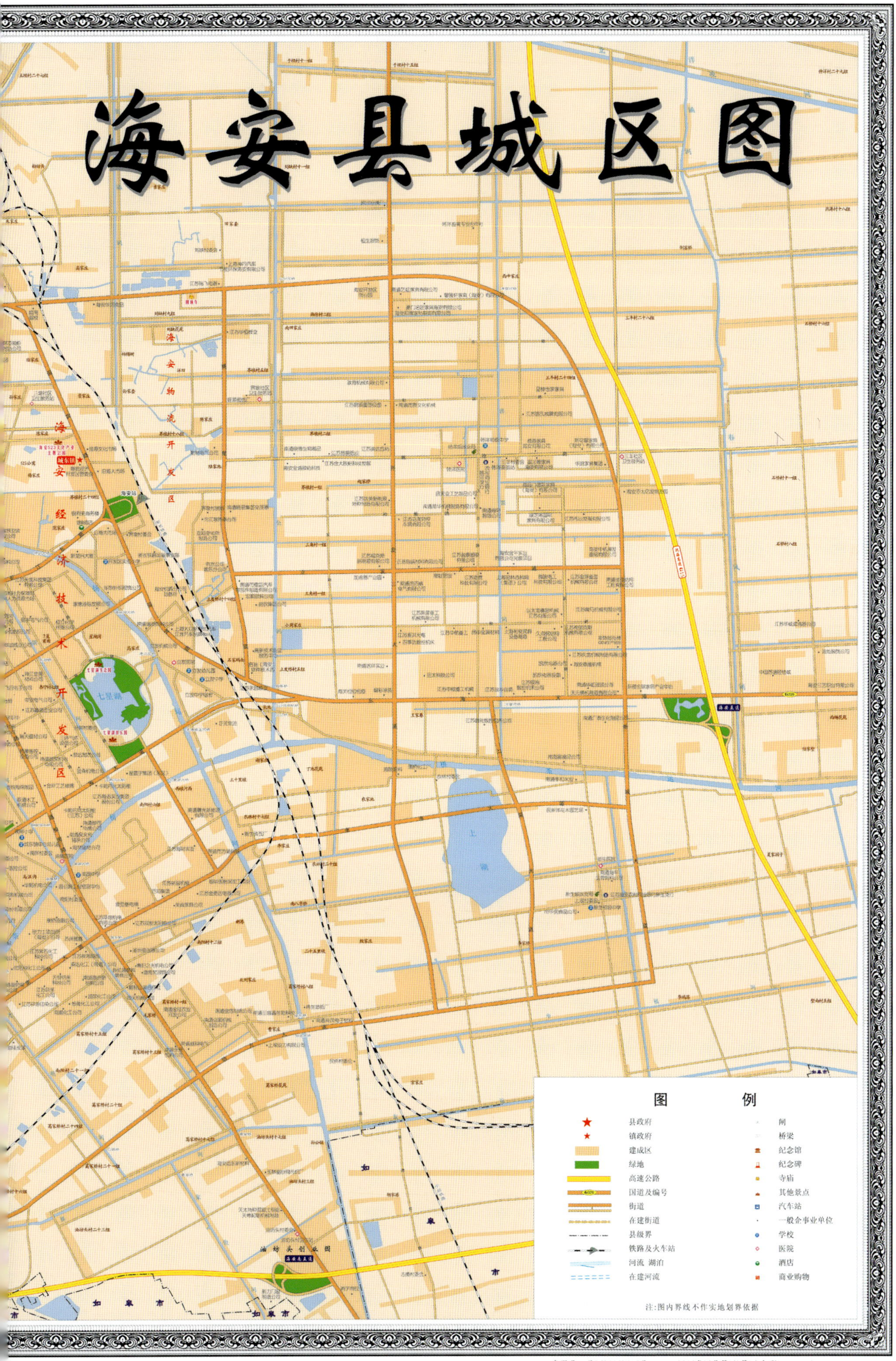

审图号：苏S(2013)118号　　2013年12月第1版第1次印刷

动车时代　节点城市

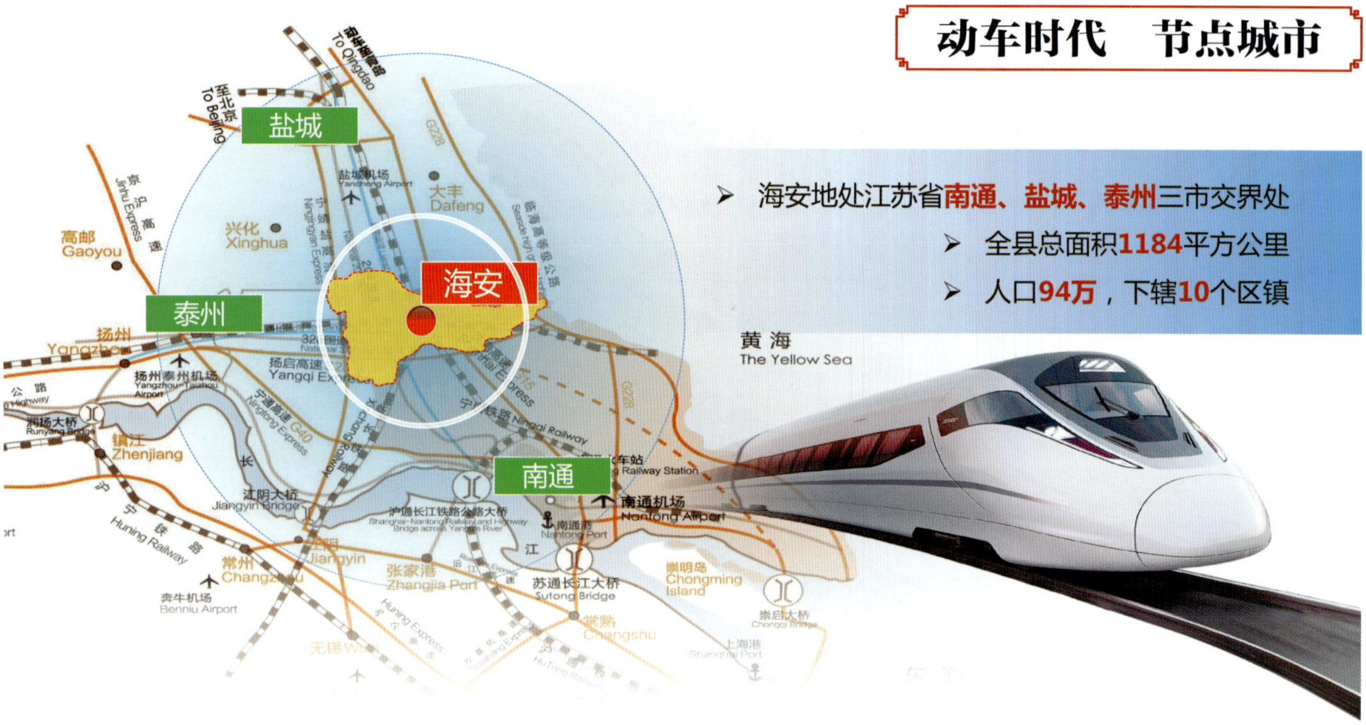

- 海安地处江苏省**南通、盐城、泰州**三市交界处
- 全县总面积**1184**平方公里
- 人口**94万**，下辖**10**个区镇

海安自古以来就是兵家必争之地。早在汉代，就以“三十六盐场咽喉，数十州县要道”著称，是长三角南北交会的战略交通要冲，沟通江淮的商贸集散之地。作为江苏省人民政府确定的两个县级综合交通枢纽城市之一，享有“枢纽海安，物流天下”的美誉，具有“动车时代，节点城市”的优势。

公路、铁路、水路在海安纵横交汇、无缝对接，“公铁水”的优势叠加让海安的枢纽地位更加巩固。海安，正在成为承南启北、连东贯西的“节点城市”，成为科技、人才、资金、信息的集散之地，成为新一轮投资创业的首选之地。

海安行政中心

沿海高速海安东出口 （张春龙 摄）

海防公路与沿海高速交会 （董玉龙 摄）

宁启铁路海安段（董玉龙 摄）

新落成的火车站客运站（董玉龙 摄）

海安商贸物流园（董玉龙 摄）

海安船闸 （范海涛 摄）

连申运河 （董玉龙 摄）

滨海风情　水乡淳美

海安文化底蕴深厚，青墩文化源远流长，泽被后世；三塘十景钟灵毓秀，韵味无穷。海安花鼓、海安龙舞献礼于北京奥运会，绽放于上海世博会。奥运赛场上，海安籍运动员仲满、吴鹏根披金夺银，名扬四海。

海安生态环境优美宜居，是江海平原上的一把“金钥匙”，望江眺海，地跨江淮，亚热带季风吹拂，雨水充沛，土地肥沃，物产丰美。海安94万多人中有153位百岁老人，远远高于国际标准，是名副其实的长寿之乡。

黄海日出　（董玉龙　摄）

青墩遗址　（董玉龙　摄）

龙舞　（姜东杰　摄）

韩公馆　（董玉龙　摄）

美丽的七星湖　（董玉龙　摄）

里下河风情 （董玉龙 摄）

画里画外，画不完里下河春色 （景圣红 摄）	江苏海安为百岁寿星出书 （徐瑞平 摄）	海安花鼓 （董玉龙 摄）
晨练 （董玉龙 摄）	海安523文化广场 （董玉龙 摄）	西大街 （董玉龙 摄）

人文荟萃　创业福地

近年来，海安县委、县政府先后出台《关于加快促进科技创新的若干政策意见》《关于进一步加强人才队伍建设的若干意见》《海安县人才公寓租售管理办法》等一系列优惠政策，鼓励高层次人才到海安创新创业。先后建成国家级博士后科研工作站 1 家、省级博士后科研工作站 6 家、省级研究生工作站 39 家，引进国家“千人计划”专家 23 人。实施“525”人才工程，推动产学研合作和研发机构建设，规划建设科技企业孵化器和科技产业园 100 万平方米、人才公寓开工面积 50 万平方米。为落户人才提供“一站式”服务，帮助办理签证、医疗、保险、税收、子女入学等相关手续。在企业工作的高层次人才可进入海安企业人才工作站，享受事业单位人员保险政策。

“创新创业在海安”主题活动

组织职工开展岗位技能大比武活动，提升职工素质

（县新闻中心　提供）

打造“劳动者大舞台”职工文化品牌，丰富职工文化

（县新闻中心　提

海安职教园区　（董玉龙　摄）

圣德曼项目开工 （县新闻中心 提供）

海安科技中心

海安人才公寓 （董玉龙 摄）

海安软件园区 （董玉龙 摄）

县委书记陆卫东向院士、专家、教授介绍海安创新产品
（县新闻中心　提供）

500院士、专家、教授云集海安参加“创新创业在海安”主题活动
（县新闻中心　提供）

开发开放平台

海安着眼长远，统筹谋划，把平台建设作为先导工程，逐步形成“一体三翼、多极支撑”的整体发展格局。

国家级海安经济技术开发区是全省长江以北首家落户县级城市的国家级开发区，拥有高端装备制造、光伏光电、现代纺织等六大特色园区，吸引了上柴动力、晓星集团等国内外知名企业。2014年，全国首个落户县级城市的国际合作生态园——中意海安生态园落户海安，打开海安历史上最高层次的国际开放平台和对外合作窗口。

江苏省级海安高新技术产业开发区是南通市首家由科技部授牌的“国际科技合作基地”，是江苏长江以北首批落户县级城市的省级高新区，着力发展功能性新材料、新能源、电子信息、现代建筑等特色产业。

江苏省级老坝港滨海新区土地资源富集，基础设施齐全，着力打造休闲度假的滨海旅游区、新兴产业的工业集中区、高效生态的农业观光区。生物医药、现代家具、高端建材等产业正在加速集聚。

江苏省级海安商贸物流产业园充分利用公铁水无缝对接的独特优势，按照长三角北翼重要的物流多式联运中心和苏中地区核心货运物流枢纽的目标，加快建设期货交割仓库群等六大功能平台，加快形成有色金属等十大物资集散中心。

高新区创业园

海安国际石材城（滨海新区）

滨海新区基础设施建设一流

（县新闻中心　提供）

海安物流园 （董玉龙 摄）

国家桑蚕茧丝产业工程技术研究中心 （县新闻中心 提供）

国家级海安开发区
七星湖月亮广场

上海杨浦(海安)工业园

南通海关海安办事处

海安开发区东部产业新城上湖中央商务区

省长李学勇在海安企业调研，市领导丁大卫、张国华，县领导陆卫东、顾国标、周宗泉等陪同

市委书记丁大卫（右二）在江苏飞亚化工科技公司调研，县领导陆卫东、顾国标、张亚曦等陪同

产业发展

海安工业亿元企业数、规模企业数均居南通首位、苏中前列，形成新能源、新材料、节能环保、电梯及零部件、锻压机械、汽车及零部件、轨道交通、电工电气等16个特色板块，打造出一批特色鲜明、配套完善的产业链条。建有省级光伏光电特色产业园，拥有国家“火炬计划”磁性材料特色产业基地、华东最大的纳米磁材生产基地，航空新材料进入产业化阶段。拥有国家“火炬计划”锻压装备特色产业基地，建有国家“火炬计划”电梯部件检测公共服务平台、国家机械工业职业技能鉴定中心电梯行业分中心鉴定站，电梯整机企业4家，电梯零部件企业51家。建有国家“火炬计划”建材机械装备特色产业基地，全国最大的水泥机械、水泥成套设备生产出口基地，在东南亚、中亚、中东、非洲等地区都享有盛誉。拥有国内最大的电感元器件生产基地，西蒙电气开关、插座是奥运场馆“鸟巢”和“水立方”的专用产品。拥有江苏省输变电特色产业基地，年产变压器966.5万千伏安，世界500强知名变压器生产厂商晓星集团在海安建有生产基地。建有江苏省汽车零部件特色产业园，集聚和引进了中瑞蓝科、交大神舟等整车企业，拥有通润机电、骆氏减震、圣德曼、亚太轻合金等国内知名的汽车零部件生产企业，是上汽、上柴重要的配套生产基地。致力打造轨道交通配件生产装配基地、苏中铁路货运车辆维修基地，江苏铁锚玻璃是国家铁路总公司唯一指定的动车组和地铁专用玻璃生产厂家。海安是中国纺织产业基地县，色织行业跻身全国行业三强，3家企业进入全国行业十强，锦纶丝产量占全国八分之一，是中国时尚锦纶示范基地。茧丝绸产业化经营水平全国领先，是中国茧丝绸服装家纺产业知名品牌创建示范区，市场占有率名列全国前列。

上海交大海安智能装备研究院研制的工业用机器人

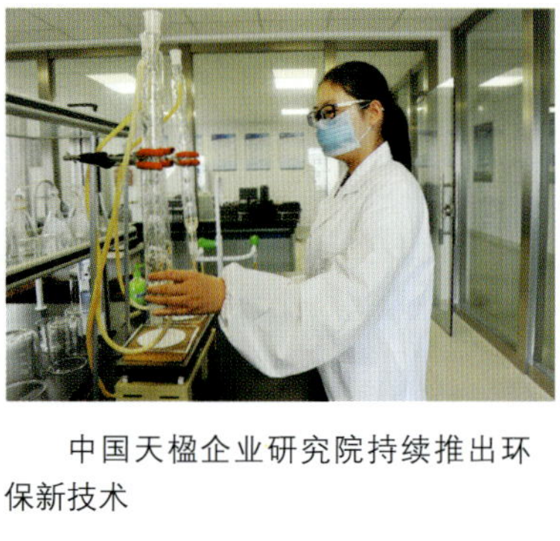

中国天楹企业研究院持续推出环保新技术

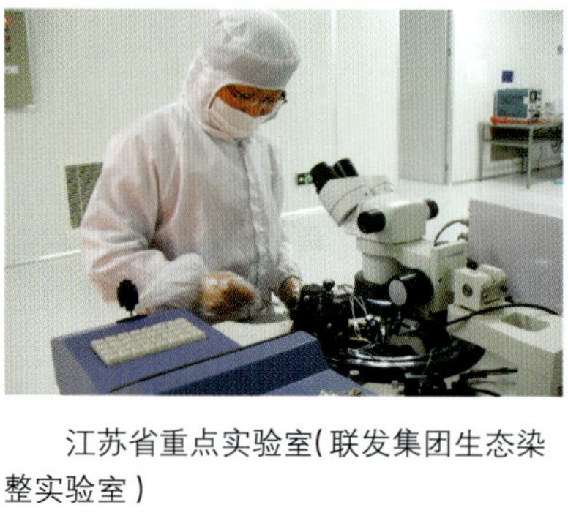

江苏省重点实验室（联发集团生态染整实验室）

中国东部家具产业基地

（县新闻中心　政务信息中心　提供）

市人大常委会党组书记、副主任黄利金（前左二）在上海交大智能装备研究院调研，县领导陆卫东、顾国标、孙进基、周宗泉等陪同

县领导陆卫东、顾国标、孙进基、张亚曦、卢忠平等一行在恩达通用公司调研

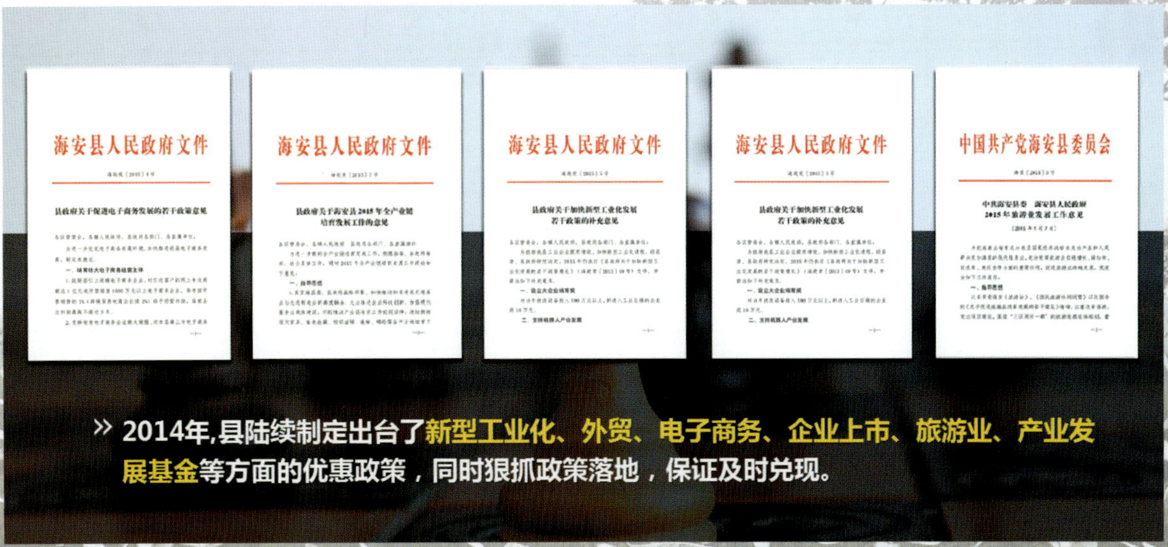

申菱电器加工中心项目

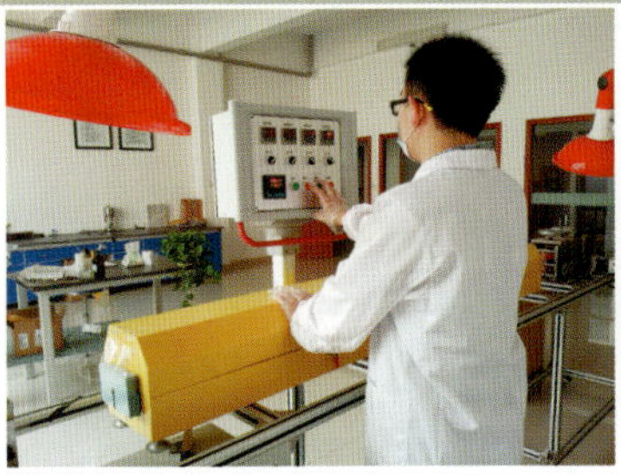

南京大学海安研究院技术人员在进行实验操作

浚丰公司拥有太阳能产品高端生产技术

明诺机械创新生产的扫地车

重大活动

2014年11月18日，省委副书记、省长李学勇（右一）到海安，先后调研铁路1号线建设现场、海安上海交大智能装备研究院、铁锚玻璃公司等，对海安县坚持科技创新驱动，大力推进新兴产业，加快转型升级步伐等发展举措予以高度肯定。市委书记丁大卫，市委副书记、市长张国华，市委常委、市委秘书长黄巍东，县委书记陆卫东，县委副书记、代县长顾国标，县领导周宗泉、丁锋、卢忠平、严长江等陪同调研

2014年4月9日，省委副书记石泰峰（前中）到海安调研现代农业工作，市领导丁大卫、秦厚德、黄巍东、单晓鸣，县领导陆卫东、顾国标、彭为杰等陪同调研

（县新闻中心　政务信息中心　提供）

重大活动

2014年7月15日，农业部副部长牛盾（前左二）率队到海安视察渔业工作，实地考察中洋河豚庄园。副市长单晓鸣，县委书记陆卫东，县委副书记、代县长顾国标，县委常委黄忠，副县长彭为杰参加活动

2014年4月19日，美国奥克兰郡副郡长马修·吉布（左一）、底特律华商会会长徐京及部分当地官员访问海安，县委书记、县长陆卫东，县委副书记顾国标，县委常委、开发区党工委书记周宗泉参加活动

2014年10月29日，市委副书记、市长张国华（前右二）率市发展改革委等相关部门负责人到海安调研产业转型升级情况。县委副书记、代县长顾国标，县领导焦广琪、成宾、张亚曦、翁晓云参加活动

2014年9月26日，市领导陈照煌、单晓鸣率队到海安观摩老坝港滨海新区项目推进情况。县领导陆卫东、顾国标、成宾、翁晓云等参加活动

（县新闻中心　政务信息中心　提供）

重 大 活 动

2014年5月9—10日，中科院院士，中科院地理科学与资源研究所副所长、研究员、博士生导师周成虎，欧亚科学院院士、中科院地理科学与资源研究所研究员、博士生导师毛汉英，中科院地理科学与资源研究所区域发展研究部主任、研究员、博士生导师樊杰等专家学者到海安调研，为海安新型城镇化、城乡一体化发展把脉支招。县领导陆卫东、顾国标、朱春、孙进基等四套班子领导参加活动

2014年8月28日，粟裕大将之子、北京军区原副司令员粟戎生中将，粟裕生前秘书朱楹少将带领新四军先辈足迹寻访团到海安寻访先辈战斗故地。市委书记丁大卫接见寻访团成员。市委常委、市委秘书长黄巍东，县委书记陆卫东，县委副书记、代县长顾国标，县政协主席朱春，副县长彭为杰参加活动

2014年5月24—25日，海安县举办“创新创业在海安”主题活动。50个产学研合作项目和30个高新技术产业投资项目现场签约。省委组织部副部长胡金波，科技部科技基础条件平台中心副主任吕先志，省科技厅副厅长夏冰，省知识产权局局长朱宇，市委常委、组织部部长张兆江，副市长黄爱军，南通农业技术职业学院党委书记、市科技局局长、党组书记朱千波，中国科学院院士、南京大学物理学院教授都有为，中国科学院院士、南京大学物理学院教授祝世宁，中国科学院院士、南京大学电子科学与工程学院教授郑有炓，中国科学院院士、南京大学电子科学与工程学院教授吴培亨，中国科学院院士、南京大学物理学院教授王广厚，中国科学院院士、中科院上海技术物理研究所研究员薛永祺，中国工程院院士、复旦大学教授王威琪，中国工程院院士、上海电缆研究所高级工程师黄崇祺等上级领导、院士专家，县委书记、县长陆卫东，朱春、顾国标、孙进基等县四套班子全体负责人，以及国家“千人计划”专家，海归人才，与海安县企业开展产学研合作的高校院所专家、教授，创新创业指导员，高新技术产业投资客商，县外招生引劳基地负责人，《人民日报》、新华社、《科技日报》等媒体记者1000多人参加活动

2014年12月13日，“中科院专家走进海安”主题活动在王府邦瑞大酒店举行。中科院南京分院副院长、高级会计师杨涛，中科院北京分院高级业务主管冯贾娟等中科院35家院所的96名专家，县委书记陆卫东，县委副书记、代县长顾国标，县政协主席朱春，县委副书记焦广琪，县人大常委会副主任、党组副书记孙进基等县四套班子负责人出席活动。当天达成65项意向性合作协议

（县新闻中心　政务信息中心　提供）

2014年11月8日，第八届金秋经贸洽谈会上，县委书记陆卫东、代县长顾国标为获得“十佳新海安人”称号的企业家颁奖并合影

2014年11月8日，第八届青墩文化艺术节暨中国海安2014金秋经贸洽谈会在王府邦瑞大酒店召开。中华农业科教基金会理事长、省政府参事刘立仁，市人大常委会副主任程静，副市长孙建华，市政协副主席陈德新，省知识产权局局长朱宇，省旅游局副巡视员吴群蔚等各级领导，北京冶矿研究总院院长蒋开喜，中国建材集团建材国际工程公司总经济师赵琪，美国密歇根州奥克兰郡副郡长马修·吉布，奥克兰郡经济发展署署长马修·费瑞尔，日中经济贸易中心上海事务所所长小林和晓等400多名中外客商，新华社、《经济日报》《大公报》《新华日报》等媒体记者，县领导陆卫东、顾国标，朱春、焦广琪、孙进基等县四套班子负责人参加活动，现场签约50个项目

（县新闻中心　政务信息中心　提供）

2014年12月26—27日 县委书记陆卫东率领县党政代表团赴滁州、合肥、湖州、苏州学习考察。县委副书记、代县长顾国标，县委副书记焦广琪，县人大常委会党组副书记、副主任孙进基等县四套班子负责人参加活动

2014年12月31日，在中共海安县委十二届七次全体会议上，县委书记陆卫东代表县委常委会作《全面深化改革，建设法治海安，为全面建成更高水平小康社会而努力奋斗》的工作报告

2014年12月31日，在中共海安县委十二届七次全体会议上，县委副书记、代县长顾国标主持会议并进行会议小结

2014年12月31日，中共海安县委十二届七次全体会议在县行政中心报告厅举行

2014年11月21日，县人大常委会党组副书记、副主任孙进基、张佳生，副主任肖正明、王锡林、章曙东在县委常委、常务副县长张亚曦，县委常委、高新区党工委书记丁锋等陪同下视察人大代表重点建议办理情况

2014年11月19日，县政协领导朱春、吉传稳、蔡祝平、朱卫民、赵剑波在县委常委、高新区党工委书记丁锋、副县长彭为杰陪同下视察海安镇永安街道居家养老服务站

8月30日，县第十届法治文化节开幕式暨2014江苏海安公共法律服务公益广告大赛颁奖活动在苏中七战七捷纪念馆举行。司法部法制宣传司副司长李志路，江苏省依法治省领导小组办公室副主任沈国新，南通市委常委、政法委书记曹斌，江苏省司法厅法制宣传处处长李长山，《江苏法制报》总编马健，南通市委政法委副书记钱建华，南通市司法局局长张武林，县委书记陆卫东，县委副书记、代县长顾国标，县领导王炜、盛慧琴、章曙东、葛志祥、吉传稳等参加活动

2014年10月26日，海安县举行圆通寺万缘宝塔落成开光暨佛祖舍利入塔供奉祈福法会。省民委副主任、省宗教局副局长王在郑，市委统战部副部长、市民宗局局长马建清，县委书记陆卫东，县委副书记、代县长顾国标，县政协主席朱春，县委副书记焦广琪，县领导周宗泉、肖正明、翁晓云、严长江、储开泉等省市县相关领导，江苏省佛协副会长兼秘书长、苏州寒山寺方丈秋爽大和尚，香港佛教联合会执行副会长、西方寺方丈宽运大和尚等全国各地的诸山长老、108位大德高僧及各界人士、居士信众8000余人参加活动。此次入塔供奉的佛祖舍利由香港西方寺捐赠，是香港回归时中国佛教协会赠与的三枚舍利之一，这也是江苏第三枚、南通唯一一枚佛祖舍利

（县新闻中心　政务信息中心　提供）

城 乡 建 设

市委书记丁大卫视察海安农民安置房建设工作，县领导陆卫东、顾国标等陪同 （县新闻中心　提供）

县领导陆卫东、顾国标、焦广琪等率队视察城建重点工程 （县新闻中心　提供）

科学统筹促进城乡协调发展，加快完善城市功能。《海安城市总体规划（2012—2030）》获市政府批准。编制完成西大街修建性详规、火车站周边片区控制性详规及综合交通等专项规划。文化艺术中心、公共卫生中心、广电中心等“五大中心”主体完工。中医院门急诊大楼结构封顶。中洋豪生、王府邦瑞大酒店建成运营。雨润城市综合体和城市核心区建设进展顺利。北三环、如海运河景观大道建设加快推进，东洲公园二期工程抓紧实施，时代广场北延、长江路和黄海路两侧部分景观工程完成施工。中大街整治工程加快建设。

长江中路夜景　（县摄协　提供）

新世纪广场　（县摄协　提供）

中洋豪生大酒店夜景　（县摄协　提供）

海安新高度（中坝南路与黄海大道交会处）（胡仁杰　摄）

白甸镇农民新居　（顾太山　摄）

黄海大道　（崔恒春　摄）

长江东路风貌　（陈长松　摄）

社会事业与民生工程

2014 年度，海安全力办好 15 件民生实事，年度目标全部完成。县城区安置房建设新开工 160 万平方米，竣工 63 万平方米。新建改造农村四级公路及特色园区道路 100 公里、农桥 163 座，完成焦港河、北凌河等护坡工程 107 公里。优化调整后的城市公交线路开始运行，县城公共自行车服务系统投入使用。少年宫改造建成，长江路幼儿园加快建设。全县 36 家预防保健门诊达市级规范化建设标准，10 家卫生院建成数字化儿童免疫接种和保健门诊。

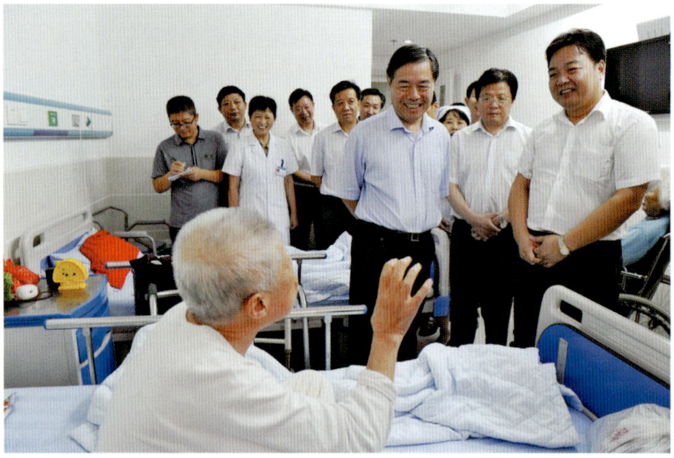

2014年8月28日，市委书记丁大卫，县领导陆卫东、顾国标、周宗泉到海安福康护理院了解院内老人生活状况

2014年1月28日，县领导陆卫东、顾国标、朱春、孙进基等春节慰问老干部

快乐涂鸦（小学生素质教育）

社会保障惠及海安百万人口

雅周镇农民安置房

海安镇三里闸村农民公寓

（县新闻中心　政务信息中心　提供）

幼儿舞蹈表演

小学生计算机操作

海安县少年宫 （董玉龙 摄）

长江路幼儿园 （董玉龙 摄）

社会事业与民生工程

2014年6月27日，县领导陆卫东、顾国标、朱春、肖正明、翁晓云、严长江等到省海安中学现场办公

2014年6月5日，县人大常委会副主任肖正明、县政府副县长翁晓云参加华艺扎染艺术进校园活动　（县文联　提供）

海安县文化艺术中心（效果图）

欢乐送百姓　（董玉龙　摄）

公共自行车遍布城区

办好了卡的市民在借车

城乡公交车

刚刚竣工的大公镇连心桥　（胡仁杰　摄）

胡集街道农四路

（县新闻中心　政务信息中心　提供）

公安监控中心

“为民服务中心”让老百姓办事不出村

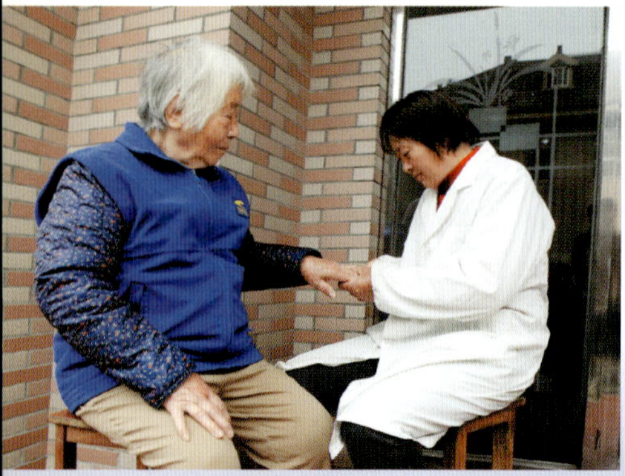

居家养老

五保老人老有所养

公园的早晨　（崔恒春　摄）

海安县农村清水工程（图为白甸镇清洁河道）

（县新闻中心　政务信息中心　提供）

总　目

MAIN CONTENTS

海安年鉴
2015

中共海安县委员会
海安县人民政府　主办

《海安年鉴》编辑部
地　址：海安县城长江中路106号
县行政中心10楼
邮　编：226600
邮　箱：nthanj@163.com
Q　Q：414948083
电　话：(0513)88851296
88812593
88818330

目　录
Contents

印象海安

年度要闻

媒体聚集海安

海安概貌

大 事 记

海安名片

城乡建设

生态环境保护

园区建设

沿海开发

农　业

工　业

建筑业

商贸服务业

金　融　业

党政机构

社会组织

法治　军事

经济事务管理

公共管理

科　　技

教育　体育

文化事业

医疗卫生

社会保障　人民生活

人　物

镇(场)风采

附　录

索　引

封面:题字　海安年鉴　佘　力　书
国画　凤山朝霞　杨　麟　作　(江淮文化园　提供)

年度要闻

Annual News

水乡音符　毛平平绘

◎责任编辑　董玉龙

经济发展重要新闻

1.中意海安生态园成为全国唯一落户县级城市的国际合作园区。10月14日，在国务院总理李克强与意大利总理伦齐的共同见证下，中国商务部部长高虎城与意大利经济发展部部长桂迪在意大利罗马签署《关于共同支持建立中意生态园的谅解备忘录》,双方支持两国企业、机构及有关组织在中国海安经济技术开发区合作共建“中意海安生态园”。

2. 全国中小城市综合实力百强县、最具投资潜力中小城市百强县排名继续攀升，分别跃升至第32位和第11位。2014年,海安实现地区生产总值624.14亿元,增长11%;完成财政总收入127.9亿元,增长11%;公共财政预算收入54.1亿元，增长16%；全社会固定资产投资448.95亿元。实现城镇居民人均可支配收入和农民人均收入分别为31597元和15155元,增长9%和11%。

3. 建成国家火炬海安磁性材料及制品特色产业基地。这是继海安电梯设备设计与制造特色产业基地、海安建材机械装备特色产业基地、海安锻压装备特色产业基地之后获批的第四家国家火炬特色产业基地。至此,县国家火炬特色产业基地总量位列全市第一,位居全省前列。

4.扎实开展“县级机关服务企业科技行”活动,成功举办“创新创业在海安”和“中科院专家走进海安”活动。高新技术产业产值占规模工业产值比重达47%,新增30万元以上产学研合作项目187项,实施成果转化项目58项。获省产学研前瞻性联合研究项目15项,占全省1/9。南京大学海安高新技术研究院、上海交大海安智能装备研究院、苏州大学海安先进机器人研究院、中科院周成虎院士工作室建成运行。新增企业研究院13家、校企共建研发平台64家。

5.开发区获批国家级知识产权试点园区。7月,开发区通过省知识产权试点园区的验收。8月,国家知识产权局发文确定海安经济技术开发区为国家知识产权试点园区，成为苏中苏北第一家获此殊荣的国家级开发区。

6.中国天楹成功上市,科达建材“新三板”挂牌,缘诺纺织、双惠橡胶在“四板”挂牌。5月5日,江苏天楹环保能源股份有限公司通过反向收购的形式成功借壳上市。12月10日,南通科达建材股份有限公司在全国中小企业股份转让系统成功挂牌,这是海安首家成功挂牌“新三板”的企业。

7.海安农商行被列为全省小微企业转贷方式创新首批试点。经省小微企业转贷方式创新试点工作联席会议研究确定，海安农商行入选省首批小微企业转贷方式创新试点。海安农商行进一步努力提高在小微企业信贷投放过程中体制机制创新能力，切实降低小微企业融资成本,着力提高小微企业信贷管理水平,有效满足小微企业周转资金需求。

8.坚持节约集约用地,被表彰为省高标准厂房建设与使用一类先进地区。推进功能齐全、设施先进的四层及以上标准厂房建设与使用，被省国土厅和省经信委联合表彰为2013年度全省高标准厂房建设与使用一类先进地区,获200亩建设用地计划指标奖励和200万元厂房租赁资金补贴奖励。

9. 着力打造电商总部暨快递物流节点城市。新发展电子商务企业86家。新认定AAA级以上物流企业15家,全市第一。新增第三方物流企业58家、物流专线62条。东部全球家具采购中心、联发纺织材料物流交易中心被列为省服务业“十百千”重点项目。长三角电子商务总部基地落户海安。获批工信部电子商务示范区。

江苏天楹环保能源公司 (新闻信息中心 提供)

10.现代农业高位发展，在全国153家现代农业示范区中，综合排名第16位。稻麦单产实现全省“九连冠”，农机化综合水平、高标准农田建设占比继续位居苏中苏北第一。新增市级农业龙头企业10家，龙头企业总数全市第一。培育规模全托管服务主体63家、家庭农场401家。

11.中国（海安）义乌国际商贸城投入运营，标志着县传统零售业向现代零售业转变升级。海安义乌国际商贸城位于县黄河路与凤山路交汇处，项目总建筑面积约120万平方米，总投资30亿元，是集产品交易、国际展贸、仓储物流、金融服务、电子商务等多功能于一体的规模化综合性市场。

城市建设重要新闻

“清水工程”让乡村整洁美丽 （姜东杰　摄）

1.全长77公里、连接海安至洋口港临港工业区的海洋铁路开通客运业务。1月16日，海洋铁路被正式列入全国铁路运行图，开通客运业务。铁路西起新长、宁启铁路交会点海安站，东止如东洋口港临港工业区北渔站，途经李堡、栟茶、如东等站点，是洋口港及临港工业带集疏运体系重要配套工程，也是华东铁路网连接江苏中南部沿海港口的一条新铁路。

2.中铁四局承建的353省道海安段跨通榆河大桥连续梁中跨顺利合龙。跨通榆河大桥是353省道海安段的重点控制性工程之一，大桥全长777.2米，单幅桥面宽度为12.75米，主桥为三跨预应力砼变截面单箱单室连续箱梁，桥体横跨三级航道通榆运河，跨度长90米。大桥从2013年10月开始施工，历时11个半月，2014年1月25日完成全部合龙。

3.清水工程3年整治行动全面启动。一二级河道实现市场化保洁全覆盖，三四级河道推行生态保洁“以河养河”。全县62%河道达到整洁河标准，60%的村通过达标村验收。老通扬河、洋港河等城区河道整治同步推进。凤山北路、新华河等区域污水管网工程基本完成，城北污水处理厂主体竣工。农村集中居住区雨污分流管网加快建设，区镇污水处理厂污水收集率不断提升。

4.《海安县城市总体规划（2012—2030）》获市政府批准。编制完成西大街修建性详规、火车站周边片区控制性详规及综合交通等专项规划。

5.曲塘镇、李堡镇入选新一轮全国重点镇。7月，曲塘镇、李堡镇顺利入围住建部等七部门批准的新一轮全国重点镇名单。

6.加快打造交通枢纽优势，实现“公铁水”无缝对接。353省道完成路基桥梁工程。南屏大桥，204国道与328国道互通，204国道白甸、雅周连接线全部建成。9000平方米的火车客运新站房主体竣工。商贸物流园铁路1号线完成主体工程。新生大道下穿铁路通道建成通车，南海大道下穿铁路通道加快建设。沈海高速海安北互通获省批准。连申线一期10座桥梁，已有千禧大桥等8座建成通车。南通内河港海安港区凤山码头启动建设。

7.顺利通过省村庄环境整治全域性验收，实现星级康居乡村全覆盖。4月，村庄环境整治工作通过省级全域验收。年内，1300余户畜禽养殖户（场）治污设施完成升级改造。

社会事业重要新闻

1. 全面启动县域教育现代化创建工作。推进教育综合改革,中高考综合指标继续保持省市领先,省文科、市理科状元花落海安。实验中学通过四星级高中验收。城南实验中学二期等工程有序推进。

2.国家卫生县城复审顺利通过验收。海安国家卫生县城分别于4月、8月通过市级、省级复审。在此基础上县进一步强化组织领导和部门协作,明确职责分工,巩固创卫成果,落实长效管理机制。12月,全国爱卫会发文确认海安县城通过国家卫生县城复审。

3.全国文化先进县顺利通过复查验收。12月,文化部下发《关于全国文化先进县命名和复查结果的通知》,海安顺利通过复查验收,继续保持"全国文化先进县"称号。

4. 赵顺秋、卢华被评为"中国好人"。3月,见义勇为典型赵顺秋入选中国好人。7月,敬业奉献典型卢华入选中国好人。

5.连续五届被授予"省双拥模范县"称号。7月21日,在省双拥表彰大会上,海安被省委、省政府和省军区表彰为双拥模范县,这是海安连续第五次获得这一殊荣。

6.被誉为"海安样本"的"行政机关负责人出庭应诉"制度写入新修改的《行政诉讼法》。县政府始终将依法行政摆在突出位置,全面履行职能,规范执法行为,推进阳光公开行政,加快建设法治政府。出台《关于行政机关负责人出庭应诉的指导意见》,形成"收案入册、逢案必报、每案必研、联案掌握、全案跟踪、结案归档、个案回访、类案研讨"等"八案"式出庭应诉工作机制,推进行政机关负责人行政诉讼出庭应诉"海安样本"建设。 (海 年)

县歌舞团春节送戏到乡村 (董玉龙 摄)

媒体聚焦海安

Media Focus On Haian

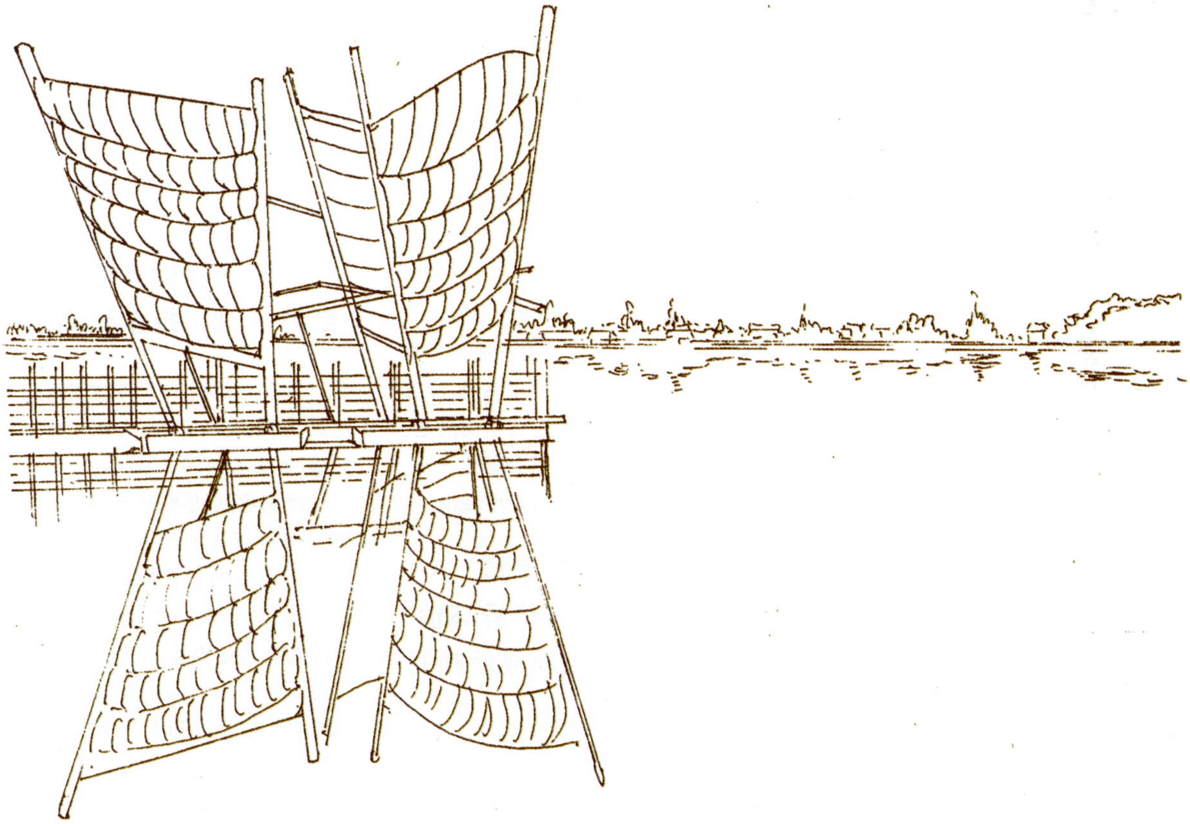

扬帆 毛平平绘

◎责任编辑 董玉龙

创新创业在海安

连续两年,在南通市9个县(市、区)经济社会发展综合考核中夺得第一;工业开票销售总量在南通市稳居第一,高新技术企业数在南通市第一,规模企业数、亿元企业数在苏中地区第一;农业现代化实现度全省第四;现代物流业辐射华东、享誉全国;实现全国科技进步先进县"五连冠",并先后捧回全国科技进步示范县、全国科普示范县、国家知识产权强县工程试点县、江苏省创新型试点县等"金牌";连续四轮获评全省人才工作先进县,连续9年荣获南通党政领导科技进步与人才工作考核一等奖……

从传统的农业大县亮丽转身为工业强县,从南通市经济总量倒数第一的"小六子"跃升至全市经济社会发展第一方阵,海安又好又快发展的驱动力是什么?海安县委书记、县长陆卫东给出的答案是:坚持将科技创新作为经济社会发展的第一驱动力,抓创新、强主体、促转型,提升核心竞争力;坚持"人才先行"战略,不断释放人力资本红利。

在推进科技创新过程中,海安先后引进实施国家863计划项目10个,承担实施国家科技支撑计划4项、省重大科技成果转化项目11项、省工业科技支撑重点项目1项、省重大战略产品产学研联合攻关项目2项。全县高新技术产业产值从2010年的281.18亿元增加到2013年的695.53亿元,占规模工业比重从2010年的32.78%提高到去年的45.1%,位居南通市第一。

按照有主导产品、有发展空间、能辐射带动的要求,海安着力推进特色产业基地建设,扩大规模,提升档次,成功创建了电梯设备、建材机械和锻压装备3家国家火炬计划特色产业基地,总数位居全国县级城市前列。海安还在全县规模工业企业和项目技术含量较高的招商引资企业中精心筛选一批企业进入高新技术企业后备库,实施"一对一"的指导服务,推动企业尽快成长为高新技术企业。目前,全县拥有国家高新技术企业74家,省级高新技术企业30家,每年新增省级以上高新技术产品180多个。

人才是科技创新的第一要素。海安大力实施"525人才工程",计划每年引进50名高层次创新创业人才,50名高层次管理人才,50名高层次专业技术人才,5000名高校毕业生和5000名蓝领技能人才。目前,全县拥有国家"千人计划"专家18人,省"双创"计划、省"博士集聚"计划33人,入选省"333"工程培养对象102人,全县拥有企业院士工作站、博士后工作站、研究生工作站36家,区域人才竞争力为南通市第一。

对于未来,海安人有着更加明确的目标。海安县委十二届五次全会明确提出,未来几年,持续"打好新征程七大战役,实现新时期七战七捷",坚持"枢纽海安、物流天下"战略取向,稳中求进、改革创新,以经济转型升级为主攻方向,以科技创新为核心动力,以项目建设和有效投入为主要支撑,汇聚起推进改革创新、科学发展的正能量,全面彰显、充分发挥"动车时代、节点城市"新优势,通过新型工业化与现代服务业"双轮驱动",全力打造长三角北翼最具竞争力的新型工业化基地,江苏东部"公铁水"无缝对接的商贸物流高地,科技资源有效聚集、创业活力竞相迸发、社会和谐生态宜居的创新创业型城市。

完善机制创新举措
全力锻造科技创新优异环境
科技引领发展　创新成就精彩

海安县委县政府高度重视科技创新工作,先后出台了《关于加快促进科技创新的若干政策意见》《关于推进企业产学研合作和研发机构建设的实施意见》等一系列促进科技创新的政策意见,引导企业加大研发投入,建强研发机构,深化产学研合作,促进全社会研发投入稳步增长。2013年,全社会研发投入占GDP比重达到2.33%,居南通市五县市之首。

建立有效的工作推进机制,将科技创新工作列入"月月看、家家到"项目观摩活动,每月现场观摩产学研合作项目、校企研发平台进展情况。扎实开展"县级机关服务企业科技行"活动,组织69个机关部门与203家企业进行结对,推动企业联姻一批高校院所,实施一批科技项目,建设一批研发平台,推动企业加快科技创新步伐。

建立完善科技人才考核机制,实行"月度点评、季度考核、年度夺杯"的考核体系,加大了对研究院、校企研发平台、产学研合作项目等核心指标的考核权重,形成了科学合理、操作性强的考核体系,进一步强化了区镇党政"一把手"抓"第一驱动力"的责任意识。

积极推进科技金融结合,县财政每年设立800万元的科技成果转化风险补偿专项资金,引导金融机构先后向65家科技型企业发放低息贷款1.6亿元,贷款总额居南通市第一,先后建立了两家科技小额贷款公司,拓宽了科技型企业融资渠道。

明确目标齐心发力
全力搭建科技创新高位平台

没有有效载体,科技创新就是一句空话。搭建高位平台,夯牢科技创新坚实基础,海安有良策。

以国家级海安经济技术开发区、省级海安高新技术产业开发区为主体,海安联合985、211工程重点高校共建产业研究院。两年来,海安建立了南京大学海安高新技术研究院、上海交大海安智能装备研究院,目前正在加快推进同济大学海安高新技术研究院、北京科技大学海安金属新材料研究院、常州大学海安产业技术研究院。

科技创新,企业是主体。海安引导行业龙头企业建设企业研究院,面向产业开展共性技术研发、重大核心产品攻关和科技成果转化,不断提升产业集群核心竞争力,联发集团、铁锚玻璃、莘翔机电等30家重点企业研究院推进工作进展顺利。通过持续推进研发机构建设,全县省级以上研发平台总量居南通市第一,鑫缘集团成为苏中苏北首个国家级工程技术研究中心，联发集团成为南通市首批国家级企业技术中心、南通市唯一的省级企业重点实验室，中洋集团成为苏中唯一的国家工程技术研究中心培育点，大中型工业企业研发机构覆盖率100%，开票销售2000万元以上工业企业研发机构覆盖率超过90%。

围绕“政府主导明显、创新创业活跃、运行模式多样、人才大量集聚、功能服务综合”的目标，海安全面加快“三创”核心园建设，重点打造了海安软件园和海安科创园两大国家级科技企业孵化器，累计建成各类孵化器、加速器32万平方米。按照“功能专业化、资源集约化、服务社会化”的原则，海安大力推进公共技术服务平台建设，目前已建立国家级火炬计划科技公共服务平台4个、省级公共技术服务平台3个。

多维空间协同作战 有效配置科技创新资源要素

海安根据产业发展和企业技术需求，采取分产业、小规模、高频率方式，大力推动校企合作，深化合作内涵，拓展合作领域，初步构建起符合本地产业特色的产学研合作机制。全县开票销售2000万元以上工业企业产学研合作覆盖率达到90%以上。

县政府与南京大学、上海交大、武汉大学、西安交大等20多所知名高校全面合作，100多所高校院所与我县企业进行长期合作，一大批专家教授、“星期天工程师”深入海安企业开展技术攻关、推动成果转化，全县上下形成了浓烈的产学研合作氛围。

在政府引导下，海安一批创新基础好、经济实力强的企业与行业顶级高校院所开展深度合作，攻克了一批重大关键难题，取得了一批重大原创性成果。鑫缘集团与苏州大学合作研发“丝胶回收与综合利用关键技术及产业化”项目，成功解决了工业化回收丝胶及其应用的难题，有效防止了脱胶废水对环境的污染，实现了对丝胶的充分利用，对茧丝绸行业节能减排和可持续发展具有重要意义，该项目获2013年国家科技进步二等奖。苹翔机电与机械科学研究总院合作的“汽车轻质高强复合材料短流程成形成套装备”项目能够满足汽车行业对轻质高强复合材料结构件批量化、高性能、低成本的应用需求，达到国际领先水平，获2013年省重大战略产品产学研联合攻关项目立项。铁锚玻璃与江苏大学成功研发出高速列车专用高性能安全玻璃，达到世界最先进水平，完全拥有自主知识产权，价格只有进口产品的一半。江海集团牵手太原科技大学，突破了国外长期垄断的滚切剪技术，成功研制出液压双边滚切剪设备，世界首创。

聚焦特色优势产业，海安创新产学研合作机制和组织形态，全力打造高层次的产学研合作创新载体，组建了国家茧丝绸、江苏省长江特色鱼类和江苏省新型饲料等3个产业技术创新战略联盟，构建了稳定高效的产业技术创新链，增强了产业核心竞争力。

海安还以省级高新区“国家级国际科技合作基地”为平台，先后组织企业与美国、德国、俄罗斯、瑞士等30多个国家和地区的科研机构建立了科技合作关系，累计实施国际科技合作项目86项，其中国家级国际科技合作项目4项。

招才引智实招迭出 有效聚集创新创业巨大能量

在推动经济社会发展过程中，海安人求贤如渴。县政府聘请了18名专家作为经济社会发展顾问，县四套班子负责人均挂钩联系1名高层次人才。县领导坚持每季专题听取人才汇报，带头赴外招才引智，解决实际问题，确保抓牢抓实人才工作。人才投入优先保障，每年按高于财政经常性收入增幅的5个百分点增加人才投入。

海安将招才引智与招商引资放到同等位置，实行“招才引智”与“招商引资”同部署、同检查、同考核、同推进。各区镇驻外招商机构以及专职招商人员同时承担招才引智任务，招才引智的力量得到明显增强。同时，在新开工项目企业中聘请了200多名招才引智联络员，在高校院所聘请了创新创业指导员50人。

为了引进人才，海安实施了人才引进网上首谈登记制度，对区镇、园区和机关部门实行全方位人才考核。制定完善区镇科技人才杯、园区创意产业杯及机关部门考核竞赛办法，区镇、园区招才引智工作实行月排名通报、季考核夺杯。考核结果列入“成绩单”，与评比奖惩、提拔晋升挂钩，激发全县上下引才动力。与此同时，海安密集开展“双招双引”洽谈活动。每个月，各区镇举办一次小型“双招双引”洽谈活动，每季度，县里举办一次“双招双引”大型活动。两年来，海安相继在西安、武汉、长沙、南京、哈尔滨、常州、镇江等地高校举办了大型产学研与人才引进洽谈会，并与20多所高校院所、4个国家级人才市场、6家省级人才市场以及4家猎头公司、6家引才机构签订了合作协议。为了抓住机遇广揽人才，海安高规格承办了第五届长三角创新创业圆桌会议暨首届双高洽谈会，中科院院士、国家“千人计划”专家、海归人才等110多人参加活动，并借机建立起长三角海归创新创业基地和洛杉矶、伦敦、中国香港等海外(境外)招才引智工作站。海安还开展了“千企进百校”系列活动，举办校园专场招聘40多场。县人力资源市场坚持做到周有小型、季有大型人才交流活动，两年来，引进高层次人才631人，高校毕业生11000人。

没有好政策吸引不了人才。海安健全人才政策体系，出台了《关于进一步加强人才队伍建设的若干意见》及补充意见，对国家级人才来海创新创业给予100万~300万元项目扶持资金；对副高级以上职称或硕士以上学位人才创新创业给予30万~100万元项目扶持资金。两院院士服务海安，给予其100万元的安家补贴，提供180m²左右专家公寓一套，同时，工作前3年内每月享受5000元生活津贴。国家重点学科、重点实验室、工程中心、企业技术中心的学科带头人以及国家有突出贡献的中青年专家服务海安创新创业工作，给予其50万元的安家补贴，提供160㎡左右专家公寓一套，同时，工作前3年内每月享受3000元生活津贴。海安还鼓励企业引进高校毕业生和蓝领工人，每引进1名高校毕业生或蓝领工人，县财政奖励和补助9800元。广揽人才要舍得投入。海安投资10亿元，在主城区建成高品质人才公寓30万平方米，企业引进的普通高校全日制本科以上学历人才、具有中级以上职称人才、与企业技术岗位对口的技师人才均可申购。

《新华日报》2014年5月26日 A18

海安:500院士教授同播创新种子 不到两个月即在300多家企业开花结果

5月25日举办的“创新创业在海安”主题洽谈会，吸引了包括8位院士、28位国家“千人计划”专家在内的500多位专家教授集聚这个苏中县城。

2个月过去了,500位专家教授给海安带来了什么?

7月18日,县委书记陆卫东带着县四套班子成员把全县10个区镇跑了个遍,对这一活动进行回头看。这一看,大家欣喜万分。“我们聘请同济大学王昆教授做技术总监,在他指导下,公司仅用1个多月时间就研发出大型集散式控制自变速堆取料机,这个新产品投入市场后,年销售可达1800万元,利税总额250万元。”说起“创新创业在海安”主题洽谈会的好处,南通奥普机械公司董事长张金宏喜上眉梢。

同样开心的还有海安高新技术产业开发区。受聘担任海安创新创业指导员后，武汉大学傅剑波教授回到武汉即认真履职。在他牵线搭桥下,7月上旬,美国麻省理工学院博士后、华中科技大学教授、国家“青年千人计划”人才蒋凯决定,和海安高新技术产业开发区合作,共建储能科学研究院。

“不到2个月的时间,全县有300多家企业与高校、科研院所专家合作,研发新产品76个，这些新产品可带来50多亿元的销售额。50名创新创业指导员共为海安企业牵线搭桥42次,促成228个产学研合作项目落户，可望新增年产值150亿元。”海安县代县长顾国标的兴奋之情溢于言表。

这是海安向科技创新要驱动转型巨大动能的一个生动缩影。

在海安,每个月都开展“月月看、家家到”活动,从项目建设、载体建设、生态环境打造、财税收入、科技投入等方面进行考核。其中,科技投入和财税收入考核的权重一样,招商引资和招才引智考核权重一样。陆卫东告诉记者,坚持科技创新是加快传统产业转型升级、助推新兴产业发展壮大的必由之路,是企业保持旺盛生命力的不竭动力。海安始终将科技创新作为经济社会发展的第一驱动力,摆在发展全局最为核心的位置,创新基因、创新文化已深深融入海安人的血液中。

今年，海安给全县所有机关部门700多名副科职干部下达了“服务企业科技行”指标，要求他们走进230家企业,引导这些企业加大研发投入,为企业寻找与高校、科研院所合作的渠道。海安县委农办主任臧忠挂钩服务海安天润科技机械有限公司,他动员企业拿出50万元，与江苏大学合作研发高效换热装备技术。目前,这项新技术已成功申请到国家科技型中小企业创新基金。

统计显示,科级干部为企业“跑腿”跑出了大成效:230家企业中,191家企业与高校院所建立了产学研合作关系,160家企业引进各类高层次人才和专家272人，新增签订产学研合作协议72个,实施产学研合作项目60个,支付高校合作经费总计2236万元,30家企业新认定59个高新技术产品,184家企业新增发明专利324件。

鑫缘集团借助科技创新，让传统纺织企业脱胎换骨。该集团与苏州大学合作建成苏中苏北首个国家级工程技术研究中心,双方共同攻关,研发“丝胶回收与综合利用关键技术及产业化”项目,成功解决了工业化回收丝胶及其应用的难题,有效防止了脱胶废水对环境的污染,实现了对丝胶的充分利用，该项目荣获2013年国家科技进步二等奖。江苏联发纺织有限公司与东华大学、江南大学合作共建国家级企业技术中心和省级企业重点实验室,1年就开发出色织布面料新品1000多个,其中,用360支棉纱生产的面料在欧美市场供不应求，年出口6亿美元。

创新驱动为海安产品赢得了更为广阔的市场,“海安创造”有效地增强了该县经济实力。上半年,全县实现财政总收入65亿元，其中公共财政预算收入28亿元,增长23.6%,增幅全省第三;全县完成工业开票销售425.6亿元，增长20.5%,总量南通市第一;拥有国家级高新技术企业74家、省级高新技术企业30家，实现高新技术产业产值411.8亿元，增长24.7%，占规模工业比重达到46.7%,全南通市第一;新上工业类重大项目155个，其中投资超亿元的53个，且80%为高新技术类项目。

“中科院专家走进海安”新材料产业专场推介会　　(政务信息中心　提供)

《新华日报》2014年9月5日头版

海安:国家级生态乡镇实现全覆盖

17日，记者从南通市海安县环保局获悉，根据国家环保部办公厅新近公布的2012—2013年国家级生态乡镇，海安县墩头镇、雅周镇位列其中，至此，该县10个区镇全部成功跨进国家级生态乡镇行列，走在了全省生态乡镇建设的前列。

曾经以“百万雄鸡下江南”闻名遐迩的海安县，是著名的养殖大县。近年来，该县在大力发展经济的同时，坚定不移推动绿色发展、循环发展、低碳发展。从2005年起，该县把解决环境污染作为关注民生的大事来抓，投入巨资，相继在全县建立了5大畜禽粪便处理中心，2300多个畜粪池，实施畜禽粪便无害化处理。通过企业、民资、政府共同投入等方式，实施完成15个污水处理项目，建成17座垃圾压缩中转站、850座垃圾中转房，配备了3万个垃圾池(房、桶、箱)，1200辆保洁清运车，410条保洁船，路、河保洁员覆盖全县210个行政村，生活污水、生活垃圾集中处理率、无害化处理率达100%，向人们展示了一幅水清、河畅、岸绿、景美的生态画卷。

在经济发展中，海安县将环保优先意识贯穿于经济社会发展各个层面。在招商引资过程中，拒绝高能耗、重污染企业，光国家级海安经济技术开发区近几年就婉拒了数十个投资额度达百亿元以上的重污染项目。为解决工业经济中的污染顽症，该县通过“建、改、关、搬、控”等举措，鼓励发展低污染、无污染、节能节水和资源综合利用项目。去年以来，全县相继关闭了22家小铝灰、8家涉铅蓄电池企业。

江苏人民广播电台《晚间新闻在线》
2014年7月21日

海安将政府“权力清单”全登报　群众点赞

16日，海安县纪委监察局将36个政府部门集体推向当天出版的《海安日报》，事无巨细地公布出这些部门的349项行政审批服务权力。这份和百姓生活密切相关的“权力清单”，还公布了每一项权力和服务的办事程序、承诺期限、办理地点等等。为权力套上“龙头”，为服务制定“标准”，政府此举赢得群众纷纷点赞。

在这份多达36个版的“权力清单”上，海安县纪委监察局称，将36个部门349个与群众生产、生活密切相关的事项予以一次性公示，用最方便快捷、通俗易懂的方式让群众知道事情怎么办，方便群众办事，利于群众监督。

“以前办一件事，有时候还不知道去找哪个部门。现在这份‘权力清单’让人一目了然。哪个部门办什么事，到哪里办，要哪些手续，看得人明明白白；列出的承诺期限，让办事人员想推、想拖都没门儿。这就是百姓的‘办事宝典’！”海安镇新陵街道洋港社区居民王学贵说。

记者了解到，在这份“权力清单”公示前，海安县对政务服务事项进行了梳理和优化，筛选出直接涉民的554个行政审批事项，其中73个事项被废止。并规定依据不明确的申报材料坚决取消，能压缩的办件时限坚决压缩，能不收的费用坚决不收。服务上提质提效，“权力清单”显示，所有行政许可事项的办理时限均压缩为5个工作日以内，其中当场办理的逾三分之一。

记者发现，“商品房房产证”“土地使用证”等办件时间由10个工作日压缩为1个工作日，“工商注册登记”等6个事项由7个工作日压缩成当场办结。此外，在挤出办理时间“水分”的同时，海安还取消或精简了78种申报材料，核减掉“二轮摩托车、低速货车注册登记培训费”等4个收费项目。

对于审批和服务人员来说，这份“晒”在阳光下的“权力清单”，则是一份沉甸甸的承诺，“你的服务好不好，效率高不高，这张清单明确开出了一系列标准，群众一对照，就能给你打分。服务群众，更不能有半点马虎。”海安县工商局工作人员张晨曦说。

16日，海安镇永安街道闸东社区居民闾传富来到县行政服务中心办理房屋所有权登记，仅用了1个多小时，“需要哪些材料和手续，现在明明白白，不用来回跑，一次就办好了。过去，我邻居也是办这个证，用了一个多月呢！”闾传富开心地说。

江苏人民广播电台《江苏新闻联播》
2014年4月18日

今年海安县实现小麦单产全省“七连冠”

8月6号,从2014年全省夏熟作物生产技术总结会议上传来喜讯,江苏省统计局最新资料显示,今年海安县近55万亩小麦,平均统计单产443.7公斤,在全省77个小麦县市区中名列第一,高出全省平均单产86公斤,高出全市平均单产50公斤,实现小麦单产全省“七连冠”。

去年秋播,海安县实现了小麦良种普及化种植,小麦高产技术得到落实,大面积小麦全部实现了适期早播,秋播质量为近年来最好。小麦精确定量栽培、病虫草综防技术及配方施肥技术也得到普及推广。今年小麦生产遭受了秋冬春连旱等多种灾害叠加影响,海安主动应对,优化调整技术对策,强化技术服务,做到了灾害年景不减产。平均443.7公斤的单产量,比上年增1.3公斤,连续多年全县小麦单产稳定在450公斤左右。今年海安小麦生产还涌现出大量的超高产典型,据省小麦高产增效创建检查验收组的实产验收,单产冠军城东镇爱凌村2组的“宁麦13”示范方实收每亩604.7公斤,处于苏中地区一流水平。

江苏人民广播电台《江苏新闻联播》
2014年8月8日

中意海安生态园花落海安开发区
列入中国与意大利两国政府合作共建生态园计划

10月16日下午,江苏省海安县向媒体发布了“中意海安生态园”落户开发区的新闻。

10月14日,在国务院总理李克强与意大利总理伦齐的共同见证下,中国商务部部长高虎城与意大利经济发展部部长桂迪在意大利罗马签署了《关于共同支持建立中意生态园的谅解备忘录》(以下简称《备忘录》),双方支持两国企业、机构及有关组织在中国海安经济技术开发区合作共建“中意海安生态园”。

目前全国共有7个国际合作生态园,中意海安生态园是唯一一家落户县级城市的国际合作生态园。《备忘录》指出,中意双方将坚持“政府引导、中介桥梁、企业主导、市场运作、互利共赢”原则,将中意海安生态园建设成为节能减排和绿色低碳发展的典范、中意双边经贸合作的亮点与示范。双方支持意大利有关机构、商协会与海安经济技术开发区开展紧密合作,提供贸易、投资便利化条件,引导、鼓励两国企业、机构及有关组织积极参与园区的开发与建设。

近年来,海安县在以机器人板块为引领的装备制造业、丝绸纺织产业、高端家具产业等产业领域,与意大利相关产业形成了较高的关联度。中意海安生态园落户开发区之后,将有助于提升海安在欧洲乃至全球的知名度和影响力,并有效提高海安开发区的品位和竞争力,招引更多国际资本、人才、先进技术进驻海安。

中央人民广播电台《央广夜新闻》
2014年10月17日

2014年市以上媒体有关海安的报道选目

表1

日　期	发表媒体	报道标题
2月8日	中央人民广播电台直播中国	江苏海安赵顺秋救完8名车祸伤者突发心梗去世
2月10日	中央人民广播电台央广新闻	第一人物:江苏海安57岁水电工抢救8名车祸伤员突发心脏病猝死,救人细节传递哪些感动?
2月28日	中央人民广播电台央广夜新闻	全国多地破解看病难、看病贵:海安中医院谈创建二级甲等医院过程中的故事
3月19日	中央人民广播电台央广夜新闻	海安出入境办理简化手续,服务群众
5月12日	中央人民广播电台央广新闻	非物质文化遗产传承人焦宝林访谈
5月24日	中央人民广播电台央广新闻	全国首个太阳能蒸汽取代燃煤锅炉项目落户海安
7月2日	中央人民广播电台央广新闻	台湾老兵与海安女儿失散66年在宜兰团聚
9月1日	中央人民广播电台央广新闻	南通海安:失独老人家的“认亲”喜事
10月17日	中央人民广播电台央广夜新闻	中意海安生态园花落开发区列入中国与意大利两国政府合作共建生态园计划
11月12日	中央人民广播电台央广夜新闻	中洋集团牵头组建国家长江珍稀鱼类产业技术创新战略联盟

续表 1

日　期	发表媒体	报道标题
1月9日	人民网	“中国县域网络形象排行榜”发布海安进榜单
2月10日	新华网	江苏:好人老赵一路走好
2月18日	人民网	海安社科界热议“赵顺秋”现象
2月27日	人民网	海安:走好网上群众路线
3月3日	新华网	海安:践行群众路线从裁判文书明白如话开始
2月13日	中江网	海安:吹响学习宣传赵顺秋先进事迹的号角
5月20日	人民网	海安:5月,全城爱心涌动
8月12日	人民网	海安邀网民为防洪工程打分
9月16日	人民网	陆卫东:禁止对群众诉求说“不”
10月16日	新华网	中意跨国合作共建海安生态园
11月10日	人民网	“海安发布”跻身“全国政务微信影响力排行榜”
11月27日	新华网	金马奖最佳新人奖获得者张磊:我爱家乡海安
12月16日	人民网	海安第二届微作文大赛再掀网络旋风
1月30日	中央电视台新闻联播	白甸捕鱼节
2月9日	中央电视台新闻直播间	江苏南通:八人被困侧翻车中全部获救　好心人出手救人突发心梗去世
2月9日	中央电视台新闻联播	凡人善举:连救八名车祸伤者,老人突发心梗离世
3月7日	中央电视台共同关注	海安:公交司机突发病昏迷前安全停靠
4月9日	中央电视台经济信息联播	外地小伙晕倒街头海安市民合力相救
6月28日	中央电视台新闻周刊	台湾老兵王成松:隔断的亲情
9月23日	中央电视台新闻直播间	公交司机巧追逃逸肇事者
12月5日	中央电视台新闻直播间	我国多地迎初雪未来数日天气晴冷
7月19日	中央电视台中国新闻	海安艇服役33年退役全面换新护卫舰
7月19日	中央电视台中国新闻	猎潜艇的今生前世
1月20日	新华日报B6	海安出台农民安置小区管理办法
1月23日	新华日报B5	海安11条路段允许设春节用品摊点
2月4日	新华日报头版	饭碗送到家门口
2月15日	新华日报A2	海安救人群体都是普通市民
2月25日	新华日报A7	海安外来工子女入学获“同城待遇”
3月11日	新华日报A10	海安在沪签约35个项目
3月12日	新华日报A9	海安与上海共建智能装备研究院
4月8日	新华日报A7	海安开建210个村级为民服务中心
4月21日	新华日报A2	海安行政部门晒权力清单
5月26日	新华日报头版	海安:经济洼地变身产业高地
5月26日	新华日报A18	创新创业在海安
9月5日	新华日报头版	海安500院士教授同播创新种子

续表 1

日　期	发表媒体	报道标题
9月16日	新华日报A6	网友见面会现场解难题
10月15日	新华日报头版	河通了　水清了　鱼多了
11月10日	新华日报A5	海安经洽会签约新兴产业项目180亿
12月15日	新华日报专版	海安国家级经济技术开发区:打造国际产业合作大平台)
12月15日	新华日报专版	海安:闯出发展新天地　开启提速新征程
1月	半月谈第1期	现代物流看海安
2月11日	新华日报A6	雪中送别"海安好人"
2月12日	新华日报A6	风雪中,送行的人流绵延数里——追记海安"见义勇为好市民"赵顺秋
2月13日	新华日报A7	折迁款引发两代人观念对撞
2月4日	新华日报A2	海安:龙灯翩翩舞,生活步步高
3月4日	新华日报A11	人工养殖"刀鱼"清明前上市
3月10日	新华日报A10	"农二代"走出农村就不肯回流　老农发问:今后谁来种田养猪
9月7日	新华日报A2	海安:百人抓鸭闹中秋
10月23日	新华日报A5	海安创建土地有偿交易机制　32个优质项目有了安身地
11月7日	新华日报T5	海安实施商标战略打造品牌强县
5月1日	新华日报A3	"十村万卷"送书工程启动
2月11日	人民日报16版	江苏海安送别好市民赵顺秋
1月16日	省电视台14点新闻空间站	护航春运　保旅客一路平安
1月22日	省电视台江苏新时空	春节临近　年味渐浓
1月28日	省电视台江苏新时空	年货市场人气高涨,浓浓年味扑面而来
1月29日	省电视台12点新闻空间站	春运故事:"爱心加油站"　情暖回家路
1月29日	省电视台14点新闻空间站	节前市场:烟花爆竹销量减少　"环保型"烟花受欢迎
1月29日	省电视台16点新闻空间站	年终安全:购置年货需警惕安全　防止破财多留心
1月29日	省电视台江苏新时空	情满回家路
1月30日	省电视台江苏新时空	购买年货遗落手包　热心店主完璧归赵
1月31日	省电视台12点新闻空间站	过年啦!正月初一闹新春
1月31日	省电视台江苏新时空	红红火火过大年:正月初一闹新春
1月31日	省电视台江苏新时空	红红火火过大年:火树银花辞旧岁　撞钟祈福迎新年
2月1日	省电视台早安江苏	红红火火过大年:欢歌笑语庆佳节　多彩民俗闹新春
2月2日	省电视台16点新闻空间站	寻访非遗传人:丁永生:把龙舞世代传承发展下去
2月2日	省电视台江苏新时空	"三六九往外走"　举家出游共享天伦之乐
2月6日	省电视台12点新闻空间站	新春招聘会:返乡就业　自主创业引领主流
2月8日	省电视台新闻眼	好人,走好!:突发车祸8人被困　老汉救人后不幸离世
2月9日	省电视台江苏新时空	海安:好心人出手救人　突发心梗不幸离世
2月10日	省电视台江苏新时空	海安各界群众挥泪作别　送别好人赵顺秋

续表 1

日　期	发表媒体	报道标题
3月1日	省电视台江苏新时空	李学勇视察沪通铁路建设现场
3月2日	省电视台16点新闻空间站	弘扬雷锋精神　志愿者在行动
3月3日	省电视台12点新闻空间站	刀鱼人工养殖技术初成　清明前后即将上市
3月4日	省电视台江苏新时空	抓基层　求实效　第二批活动渐入佳境
3月8日	省电视台新闻360有一说一	公交司机行车途中突发疾病　昏迷前紧急停车保乘客安全
3月12日	省电视台16点新闻空间站	海安:取款机自动吐钱　好市民果断上交
3月12日	省电视台晚间新闻	第36个植树节　义务植树掀热潮
3月15日	省电视台江苏新时空	关注3·15:新消法、新权益、新责任
3月18日	省电视台12点新闻空间站	南通:惊现"麦田怪圈"　实为人工开挖樱桃园
3月30日	省电视台12点新闻空间站	清明将至:各地群众祭扫陵园　缅怀先烈
4月5日	省电视台12点新闻空间站	清明祭扫:朵朵菊花寄哀思　各地烈士陵园迎来祭扫高峰
4月5日	省电视台江苏新时空	清明时节:时令美食登场　让舌头也"踏青"
4月5日	省电视台江苏新时空	清明祭英烈　哀思慰忠魂
4月5日	省电视台新闻360有一说一	清明民俗知多少
4月8日	省电视台江苏新时空	南通海安:街边的爱心营救
4月8日	省电视台江苏新时空	最美人间四月天
4月9日	省电视台新闻360有一说一	小伙晕倒闹市生命垂危　众人合力相救
4月12日	省电视台12点新闻空间站	放飞梦想:　自主择业天地宽
4月20日	省电视台手语新闻	各地开展公益艺术培训　圆残疾人艺术梦想
4月22日	省电视台12点新闻空间站	海安:电梯接连故障　消防连救五人
5月3日	省电视台新闻360	燃起灶火摆起河豚宴　千人共享好味道
5月4日	省电视台手语新闻	各地惠民举措　扶助残障人士
5月22日	省电视台江苏新时空	全面禁烧秸秆
5月23日	省电视台新闻360有一说一	各地举行多兵种应急保障模拟演练
5月25日	省电视台早安江苏	2014幸福社区行
5月25日	省电视台16点新闻空间站	46亿元创新产业项目落户南通海安
5月25日	省电视台早安江苏	2014幸福社区行走进星海社区
5月29日	省电视台16点新闻空间站	全省多地迎来入夏最高温
6月1日	省电视台新闻360有一说一	六一礼物海采
6月7日	省电视台14点新闻空间站	聚焦高考:高考作文出炉　今年的作文谈"不朽"
6月7日	省电视台14点新闻空间站	海安:大意女子取款后忘拔卡　好心市民发微博寻失主
6月11日	省电视台新财经	创富江苏:元宝鸡蕴含大生意
6月26日	省电视台早安江苏	聚焦高分考生
7月25日	省电视台新闻360有一说一	袖珍夫妻有了爱的结晶
7月26日	省电视台江苏新时空	紧急救援

续表 1

日　期	发表媒体	报道标题
7月28日	省电视台10点新闻空间站	海安:菱角水中藏　水乡采菱忙
8月11日	省电视台12点新闻空间站	青奥临近　各地安保升级“最高级别”
8月15日	省电视台12点新闻空间站	儿子欠债120万　失明老父养猪还债
8月11日	省电视台江苏新时空	青奥临近　各部门保障升级
8月11日	省电视台江苏新时空	年度最期待天象　“超级月亮”现身苍穹
8月31日	省电视台16点新闻空间站	为上学孕妈扎堆抢生　“开学式”剖腹产应理性
9月7日	省电视台12点新闻空间站	中秋小长假　市民游园赏景放松忙
9月7日	省电视台新闻360有一说一	中秋游园乐　花样特别多
9月22日	省电视台14点新闻空间站	南通海安:公交司机偶遇车祸现场　见义勇为追逃无良车主
9月22日	省电视台新闻360有一说一	公交师傅　谢谢你
10月1日	省电视台新闻360有一说一	红色之旅:追忆历史　红色景区迎宾客
10月3日	省电视台14点新闻空间站	国庆美食:金秋品蟹　长假尽享好口福
10月5日	省电视台江苏新时空	海安秋茧今天开秤收购
10月17日	省电视台12点新闻空间站	全国首个扶贫日:扶贫济困　传递温暖
10月17日	省电视台江苏新时空	中意生态园落户海安
10月18日	省电视台江苏新时空	农业科技助力水稻丰产丰收
10月26日	省电视台12点新闻空间站	水稻收割季　家庭农场集约化经营带来高效益
10月27日	省电视台江苏新时空	农业规模化经营促进农民增产增收
11月2日	省电视台新闻360有一说一	生命保卫战　爱心汇聚全城
11月2日	省电视台江苏新时空	前三季度　我省县域经济亮点频现
11月6日	省电视台14点新闻空间站	南通:国道货车变“火车”　消防紧急救援灭火
11月8日	省电视台16点新闻空间站	180亿投资项目落户海安　生态产业助推经济绿色转型
11月11日	省电视台12点新闻空间站	海安:运载生猪卡车高速侧翻　交警客串“猪倌”化解险情
11月19日	省电视台新闻360有一说一	凡人好事:八旬老人公交突发脑梗　乘务人员热心相救
11月29日	省电视台16点新闻空间站	《推拿》海安首映　亲朋好友来助阵
11月30日	省电视台手语新闻	各地发放爱心辅助器具　让残疾人更好地参与社会生活
12月7日	省电视台10点新闻空间站	海安:店家不慎“卖”出钱袋　好顾客悉数奉还
12月19日	省电视台10点新闻空间站	全国开展集中专项整治
1月12日	江苏人民广播电台江苏新闻联播	海安县粮食单产连续八年全省第一
2月8日	江苏人民广播电台江苏新闻联播	海安老汉救完8名车祸伤者　突发心梗去世
2月25日	江苏人民广播电台江苏新闻联播	捐肾救妻　生死相依——记“江苏好人”陈广明
3月3日	江苏人民广播电台937整点新闻	与爱同行　与老同乐　海安电台941爱心车队带敬老院老人游县城
3月7日	江苏人民广播电台江苏新闻联播	副省长许津荣来海调研:海安有条件、有基础、有优势成为我省新一轮“撤县设市”首批县
3月8日	江苏人民广播电台整点新闻	海安　公交司机发病　昏迷前安全停靠
3月12日	江苏电台省台联播	护林员老赵:满腔真情护林
3月19日	江苏人民广播电台省台农村	里下河水乡　蟹农春放忙
4月3日	江苏人民广播电台江苏新闻联播	赵顺秋荣登中国好人榜

续表 1

日　期	发表媒体	报道标题
4 月 10 日	江苏人民广播电台晚间新闻在线	众人合力救助“饿晕”路人　岂料竟是骗子装晕行骗
4 月 18 日	江苏人民广播电台江苏新闻联播	海安县政府把“权力清单”全部登报　群众点赞
4 月 21 日	江苏人民广播电台省台联播	肩扛 40 公斤沙袋　海安“飞毛腿”陈进负重跑“扬马”
4 月 25 日	江苏人民广播电台新鲜农村(专题)	坚守土地当农民
4 月 26 日	江苏人民广播电台新鲜农村(专题)	政府运作农村保洁　实现美丽乡村梦
5 月 4 日	江苏人民广播电台江苏新闻联播	第四届中国海安河豚节开幕
5 月 10 日	江苏人民广播电台江苏新闻联播	海安成功研制治雾霾神器
5 月 18 日	江苏人民广播电台省台联播	523 画家盲人吕庆军　访谈
5 月 22 日	江苏人民广播电台晚间新闻在线	全省秸秆燃料化利用暨秸秆禁烧动员会在海召开
7 月 16 日	江苏人民广播电台江苏新闻联播	农业部副部长牛盾莅海视察
7 月 20 日	江苏人民广播电台江苏新闻联播	海安:500 院士教授同播创新种子
7 月 21 日	江苏人民广播电台晚间新闻在线	海安:国家级生态乡镇实现全覆盖
8 月 8 日	江苏人民广播电台江苏新闻联播	根治往昔内涝之患　实现未来安澜之梦——海安建成全省唯一的县级城市防洪治理工程
8 月 8 日	江苏人民广播电台江苏新闻联播	今年海安县实现小麦单产全省“七连冠”
8 月 20 日	江苏人民广播电台新鲜农村(专题)	儿子欠债 120 万　失明老父养猪还钱
9 月 16 日	江苏人民广播电台江苏新闻联播	海安老坝港滨海新区开渔节开幕
10 月 1 日	江苏人民广播电台晚间新闻在线	海安县通过江苏省蚕桑产业综合标准化示范区验收
10 月 29 日	江苏人民广播电台江苏新闻联播	海安“三秋”田间地头普法忙
11 月 6 日	江苏人民广播电台江苏新闻联播	搭载“嫦娥五号”，南通海安红木作品“飞天”
11 月 15 日	江苏人民广播电台晚间新闻在线	海安民警广西遭围殴　昏迷前铐住犯罪嫌疑人
11 月 24 日	江苏人民广播电台省台联播	盲女张磊首次触电　获金马奖
11 月 26 日	江苏人民广播电台晚间新闻在线	江苏海安县举行第三届 523 当代艺术思想论坛
12 月 5 日	江苏人民广播电台江苏新闻联播	全国宪法日　说宪法日意义
12 月 18 日	江苏人民广播电台江苏新闻联播	《群众路线走常态——书记市长谈作风》系列报道《海安:敞开胸怀听意见　重绘水乡生态画》访谈县委书记陆卫东
12 月 25 日	江苏人民广播电台江苏新闻联播	国内最大的 C 型折弯机在海安下线
12 月 27 日	江苏人民广播电台省台农村	江苏海安:打造有深厚文化底蕴的新型社区
12 月 29 日	江苏人民广播电台新鲜农村(专题)	寻找失联债主一找就是两年　海安六旬夫妇替儿还债分文不少
2 月 11 日	南通日报头版	海安授予赵顺秋“见义勇为好市民”荣誉称号
2 月 25 日	南通日报头版	盘活闲置地块　提升投资强度
4 月 27 日	南通日报头版	举办招商活动 72 次吸引投资额 100 亿元　招大引强为“动车海安”加速
5 月 22 日	南通日报头版	省秸秆燃料化利用暨禁烧动员会在海安召开　全力保障空气质量
1 月 5 日	南通日报头版	海安去年开工 68 个亿元以上项目
1 月 28 日	南通日报 A2 头条	就在家乡就业，不走了！
2 月 13 日	南通日报 A2 头条	创新引领企业攀上行业高端　海安 838 家规模以上企业手握订单 800 亿
2 月 14 日	南通日报头版	早学习早贯彻　早谋划早行动

续表 1

日　期	发表媒体	报道标题
2月16日	南通日报头版	海安瞄准项目建设发力
2月18日	南通日报头版	炼为民之功　融干群之情　领发展之先——510个服务承诺拉近海安干群距离
3月7日	南通日报A1导读A3	发挥“动车时代节点城市”优势——海安县委书记、县长陆卫东访谈录
4月23日	南通日报头版头条	南通企业：抢抓机遇提质增效
4月24日	南通日报A4头条	海安高新区为6万“上楼”农民买单　35个集中安置区配物管
5月11日	南通日报头版	海安人才红利释放创新能量
6月20日	南通日报头版	服务“零距离”群众享便利
7月7日	南通日报头条	海安助私企少帅创业式接班
7月31日	南通日报A2头条	上半年出口总量五县(市)第一、增幅全市第一　海安外贸出口逆势上扬
8月30日	南通日报头版	学习先烈先辈精神　推动南通改革发展
9月5日	南通日报头版	海安反四风求真求准　18项整治任务层层落实责任人
9月8日	南通日报头版	海安获农发行40亿元政策性信贷资金
9月15日	南通日报A2头条	海安引领企业重技改促转型
11月4日	南通日报头版	各县(市)区认真学习贯彻党的十八届四中全会精神　用法制精神推进改革发展
11月6日	南通日报A2头条	市领导赴海安调研秋收秋种
12月7日	南通日报头版头条	把改革创新贯穿法治建设全过程　为加快法治南通建设做出新贡献
12月28日	南通日报头版头条	海安靠实为企业创新转型搭平台
2月10日	南通日报头版	连救8名车祸伤者　赵顺秋突发心梗离世
9月28日	南通日报头版	加快沿海产业项目建设
12月10日	南通日报头版	市人大研究明年重点工作　积极推动法治建设
6月6日	南通日报头版	向污染宣战
1月23日	南通日报头版	踏浪寻鱼
6月9日	南通日报A6头条	老坝港新区：从背海到向海

(县委宣传部新闻科提供)

海安概貌

A General Aspect of Haian

青墩遗址　毛平平绘

◎责任编辑　董玉龙

综　述

【概况】 海安县位于江苏省东部的苏中地区,南通市北部,东临黄海,地处南通、泰州、盐城3市交界处。东临黄海,东南与如东相交,西与泰州姜堰、泰兴市毗邻,南连如皋市,北依东台市。县域地理坐标北纬32°32′~32°43′、东经120°12′~120°53′。海安为沪通城际北翼枢纽,水陆交通四通八达,沈海(沿海、盐通)高速与启扬(江海)高速、204国道与328国道,宁启铁路与新长铁路和海洋铁路均交会于海安,连申航道(通榆运河)与通扬运河、如海运河、栟茶运河等均以海安为交汇点,形成“公、铁、水”现代综合交通枢纽。经过一代又一代海安人的不断奋斗,赢得“全国百强县”“全国中小城市综合实力百强县”“国家文明城市”“全国绿化模范县”“国家卫生县城”“全国文化先进县”“全国体育先进县”“建筑强县”“全国特殊教育先进县”“全国科技进步先进县”等荣誉。

【行政区划】 2014年,全县总面积1184平方公里。辖海安经济开发区(城东镇)、海安高新技术开发区(海安镇)、滨海新区(角斜镇)、曲塘镇、李堡镇、大公镇、雅周镇、南莫镇、白甸镇、墩头镇10个区镇,25个街道办事处,207个行政村(含村居合一),村民小组5109个,31个居委会。

【区划调整】 1949年,全县有172个乡镇,1952年调整为155个,1956年调整为79个。1958年改建32个人民公社。1959年,人民公社调整为40个,1962年调整为42个,1963—1983年,在43~44个之间变化。1983年,撤社建乡,辖40个乡,3个镇。1986年,李堡乡并入李堡镇,角斜、西场、胡集、南莫、墩头5个乡撤乡建镇。全县有县属镇8个,乡34个。1992年,大公、隆政、吉庆(烈士)、双楼、雅周、仁桥6个乡先后撤乡建镇。1995年6月、8月,分别撤销沿口乡、仇湖乡,设立沿口镇、仇湖镇。年底,撤乡并镇,乡镇总数由42个调整为34个。2000年又调整合并为29个,2001年合并为22个,2004年合并14个。2011年合并为10个区镇。 (海　凌)

【人口】 2014年末全县户籍总人口94.26万人,比上年增长836人。城市化率53.63%,比上年提高1.38个百分点。全县出生人数5966人,死亡人数7526人。人口出生率6.33‰,死亡率7.99‰,自然增长率-1.66‰,人口密度每平方公里851人。 (钱安云)

自然环境

【境域变迁】 海安境内成陆最早的是扬泰古沙嘴(扬泰岗地),在南莫镇青墩村。海安镇北部吉家墩、现曲塘镇所辖原双楼镇等多处发现新石器时代的遗址和哺乳动物化石,已有6500年以上的历史。此后基本上是在长江三角洲的自然发展和演变的过程中不断沉积淤涨,不断向东延伸和扩大,东部成陆较晚,李堡镇、大公镇、角斜镇等地区成陆从上千年到数百年不等,滨海新区(角斜镇)沿海地区2010年年底才完成海堤围筑,新增土地面积3.74万亩。

【地质地貌】 海安县是江积、河积、海积平原区,分别为古潟湖相沉积和黄泛冲积、海相沉积、长江冲积而成。地貌特征:地势低平,平原约占78.3%;水网密布,域内河道纵横、沟渠稠密、湖荡众多。海安地貌按成因、地理位置、成陆先后和地貌显示等可划分为里下河低浅洼圩田平原、长江三角洲微凹平原、三角洲平坦平原三个区域。域内各级河道、沟渠、池塘密布成水网,尤以西北部地区最为明显。

【土壤】 海安境内土壤主要分为草甸土、滨海盐土、水稻土(潴育型、潜育型、脱潜型)3个类型。河北地区为水稻土地区,主要分布着缠夹沙、缠沙土、缠脚土、灰土、勤泥土等;河南地区为高沙土地区,主要分布着泡沙土、板而沙、夹沙土等,其北缘及村镇附近夹沙土占较大比重,其余则以板而沙为主;河东地区为潮盐土地区,除近海的老坝港外,大部分土壤发展为潮土类灰潮土亚类、脱盐土,主要分布着夹沙土、板而沙、黏土等。

【矿产资源】 域内矿产资源主要有黏土矿、石油、地热资源。境内的黏土主要用于制作砖瓦,资源浪费大,利用价值低。油气资源丰富,是江苏油气建设的重点区域,其中李堡地区地下探明储量可开采20多年。地热资源丰富。海安区域地层中地热水温达45℃~52℃,单井出水量一般大于每日1000立方米,水质优良,富含多种有益人体健康的矿物元素。

【水资源】 全县水域总面积98.32平方公里,水资源总量(包括地表水、地下水及入境水)年平均6.0亿立方米。地跨江淮两个水系,以通榆公路为界。通扬公路以北,通榆公路以西属淮河水系,总面积420.3平方公里,区内正常河网水位1.2米。通扬公路以南,通榆公路以东属长江水系,总面积723.9平方公里,区内正常水位2.50米。1980—2008年降水资料统计,全县年平均降水量1001.59毫米,年平均径流量(即地表水量)2.77亿立方米;浅层地下水平均地下水资源量约为1.11亿立方米。全年平均降水入渗补给量1.59亿立方米,田间入渗补给量0.35亿立方米,浅层地下水补给量1.94亿立方米。

海安行政中心 (董玉龙　摄)

【气候特征】 地处中纬度黄海之滨，北亚热带的北侧，受季风气候影响，气候温和，雨水充沛，日照充足，四季分明。常年主导风向东南风、东风，春夏季多东南风，秋季多东北风到风东风，冬季多西北风、北风、东北风。1959—1992 年，年平均日照 2142 小时，日照百分率 48%，年平均气温 14.5℃，年平均降水量 1025 毫米。1993—2008 年，年平均日照 2054.4 小时，年平均温度 15.8℃，年平均降水量 959.1 毫米。1993—2008 年期间的梅雨与海安历史规律基本一致，平均入梅期在 6 月 19 日，出梅日在 7 月 10 日，平均梅长 21 天，平均梅雨量 229.7 毫米。主要自然灾害有风灾、水灾、旱灾、低温冻害等。

【2014 年气候情况】 气温 2014 年年平均气温 16.0℃，比常年平均偏高 0.7℃，除 6 月、7 月、8 月和 12 月月平均气温较常年正常偏低外，其余月份均比常年偏高。其中 1 月、3 月和 5 月月平均气温比常年同期偏高 2℃以上。全年≥35℃高温日数 11 天，较 2013 年偏少 29 天，较常年平均高温日偏多（常年 7.9 天）。年极端最高气温为 36.6℃，出现在 5 月 30 日。寒潮：全年出现两段寒潮天气。其中，2 月 2—4 日，48 小时内最低气温下降 10.9℃，4 日最低温度-1.3℃；11 月 30 日—12 月 2 日，48 小时内最低气温下降 11.8℃，部分在田小麦和油菜出现轻微冻害。寒潮天气对在田作物、设施农业等的不利影响不明显，对畜禽养殖略有不利。年极端最低气温-5.4℃，出现在 1 月 22 日。

降水 2014 年年总降水量 1117.5 毫米，比常年平均偏多 10%，其中，1 月、5 月、6 月、7 月、10 月和 12 月降水量比常年平均偏少，其余各月降水均比常年同期偏多。2 月和 4 月降水量较常年同期相比异常偏多，10 月则较常年异常偏少。一日降水量≥50 毫米的降水日数 3 天，一日最大降水量 104.9 毫米，出现在 8 月 8 日。

日照 2014 年全年日照时数为 1849.5 小时，比常年同期偏少 11%，年日照百分率 42%。其中，1 月、3 月、5 月、10 月和 12 月比常年平均偏多，其余各月均偏少。

梅雨 2014 年海安县 6 月 20 日入梅，7 月 18 日出梅，梅雨量 183.3 毫米，入梅正常，出梅偏晚，梅雨量正常略偏少，梅期出现日降水量≥25 毫米的降水 2 天，≥50 毫米的降水 1 天，其中 7 月 5 日海安县出现梅期内唯一的一场区域性暴雨天气，24 小时降水总量 84.3 毫米，所有镇（区）均达到暴雨，角斜、李堡、雅周、曲塘 4 个镇达大暴雨，最大出现在李堡，24 小时降水总量 110.2 毫米。年内全县各镇（区）中最大梅雨量 204.2 毫米，出现在李堡镇，梅雨期间未出现明显涝情和灾情。

台风 2014 年西太平洋热带气旋较活跃，但由于登陆点距离本地偏远，对全县影响均不大，仅于 9 月 23 日受第 16 号台风“凤凰”在长江口转向东北方向远离影响时出现了大雨天气。

暴雨 2014 年出现 3 个暴雨日（日降水量 50 毫米以上），1 日最大降雨量为 104.9 毫米，出现在 8 月 8 日。

连阴雨 2 月 16—19 日，全县出现连续 4 天的连阴雨天气，过程降水量 53.4 毫米；4 月 16—22 日，全县出现连续 7 天的连阴雨天气，过程降水量 52.9 毫米；10 月 29 日—11 月 2 日，全县出现持续 5 天的连阴雨天气，过程降水总量仅有 7.3 毫米。对工农业生产均没有明显影响。

干旱 10 月上中旬无降水，海安县高沙土地区出线轻微旱情。

异常气象 2014 年度，海安县 5 月极端最高气温和日最高气温≥35℃的高温日数均高于 1981—2010 年的同期历史最高纪录。8 月日照时数低于 1981—2010 年的同期历史最低纪录。

8 月 7—8 日海安县出现暴雨到大暴雨，局部特大暴雨天气，最大 24 小时降水量出现在李堡镇 293.9 毫米。部分农田积水严重，倒塌房屋 2 户 2 间，严重损坏房屋 2 户 2 间，农作物受灾面积 1.46 万亩，直接经济损失 975.44 万元。

8 月 7 日至 9 月全县多低温阴雨寡照天气，不利于水稻大穗形成，枝梗发育，加重病虫害发生程度。也影响了春玉米等夏熟作物的收获。

综合全年来看，2014 年海安县气温正常略偏高，降水正常略偏多，日照正常略偏少。灾害性天气对全县影响程度偏轻。全年总体气候状况较为正常。

（吴 亚）

历史沿革

【历史源流】 海安，南通地区成陆最早的地方，5000 多年前，海安就有人类居住。据现存的明清时期的《如皋县志》记载，今海安、如皋一带称郧，又名海阳（今立发）。吴曾在此与鲁、卫、宋相会。东晋义熙七年（411 年）设宁海县。唐中宗景龙二年（708 年）置海安县。唐玄宗开元十年（722 年）并入海陵县。民国 32 年（1943 年）设紫石县。县名缘于海安镇爱国民主人士、原江苏省省长韩国钧的字紫石。民国 37 年（1948 年）3 月，紫石县更名为海安县。海安东部为黄海，因海水经常浸淹农田，遂取名海安，取“永不扬波”之意。

【建置沿革】 海安县境，夏、商、西周属“海阳”地。西周以后至战国，先后属吴、越、楚。秦代属东海郡。西汉元狩六年（前 117 年）始属海陵县地。东晋义熙七年（411 年）始建宁海县。南朝泰始七年（471 年）析宁海县西境置海安县。不久海安县废，地仍属宁海县。唐初宁海县省入海陵县。唐景龙二年（708 年）分海陵县东境置海安县。唐开元十年（722 年），海安县省入海陵县，直至明洪武初年，海陵县省入泰州。

民国 29 年（1940 年）新四军东进抗日，苏中地区先后建立抗日民主政权，由于战争形势不断变化，海安地区行政区划变迁频仍。民国 32 年（1943 年）1 月建立紫石县属苏中第三行政区。民国 34 年（1945 年）10 月，苏皖边区成立，紫石县属苏皖边区第一行政区。民国 37 年（1948 年）3 月，紫石县改名海安县，仍属苏皖边区第一行政区。民国 38 年（1949 年）4 月，苏皖边区政府撤销，成立苏南、苏北人民行政公署，海安县属苏北泰州行政区。

1950 年 1 月，海安县划归苏北南通行政区。1953 年 1 月，撤销苏南、苏北两个行署区和南京特别市，建立江苏省，海安县属江苏省南通专区。1971 年南通专区改为南通地区。1983 年，江苏省各地区行政公署撤销，实行市管县体制，海安县隶属南通市。

文化遗存

【青墩遗址】 青墩新石器时代遗址,位于县城西北20多公里的南莫镇青墩村,总面积7万多平方米。1973年首次发现。1977—1979年3次发掘,试掘面积515平方米,出土大量新石器时代的陶器、玉器、石器、骨器、古尸骨骸和麋鹿角等古生物亚化石及稻谷、核桃等实物资料1000多件,其中带柄穿孔陶斧为国家一级文物,鹿角制作的耒和三叉形投掷器在江苏系首次发现,刻纹骨簪、鹿角具有重要的研究意义。2002年10月,省政府公布其为江苏省文物保护单位。2006年5月,国务院公布青墩遗址为第六批全国重点文物保护单位。

【吉家墩遗址】 吉家墩遗址在海安城区偏北约5公里左右的原隆政镇隆政村9组,与西北边青墩遗址相距仅10多公里,是江淮东部地区青墩文化的组成部分。1987年村组开挖鱼塘时,在吉家墩西南约100米处发现古人类的居住遗迹及墓葬遗存,南通博物苑考古专家勘探鉴定为新石器时期居住遗迹。吉家墩遗址还发现新石器时代极其罕见的"树皮葬"现象。

【立发桥石碑】 清同治年间(1862—1874年)立发桥石桥碑,清同治元年(1862年)三月立,由陈士绂、范征华、陈士登、丁远慎、僧静华等募捐建造款,顾元辂题跋,仲续馀书写,金元章修造,此碑现存于立发中学内。

民国年间如皋立发桥碑,立于民国4年(1915年),由如皋沙元炳撰文,顾锡爵书写,倪景山镌刻。碑文主要记载了立发桥地区在春秋、宋朝、清朝等时期的历史,叙述了鲁哀公十二年(前483年)吴、鲁、卫、宋等会于郧和吴凿邗沟导淮入海、宋代设海陵监和如皋移县以治等史实,说明了立发桥在历史上的重要地位。

【平倭冢记碑】 位于西场镇文化站(刘景韶纪念馆)前院半亭内。碑高196厘米,宽88厘米,碑基高36厘米,为明代嘉靖三十九年(1560年)如皋县知县童蒙吉立。碑文记载明代嘉靖三十九年夏,浙江海防兵备副使刘景韶率兵在西场设伏围困倭寇三昼夜,取得斩敌大酋长以下1572人,活捉15人的战绩。1982年,省政府公布为省文物保护单位。

【韩公馆】 韩国钧故居建于清代光绪三十二年(1906年),坐北朝南四进式宅院。厅、廊、庑、轩齐全,槅门、窗扇雕花,古树、奇石映衬。每进有天井相隔,回廊通连,院壁上四体石刻镶嵌。院内存有数十个石鼓、砖雕、字碑,收藏古今字画千幅。门厅上挂原国防部长张爱萍为故居题额,正厅高悬国民党元老于右任、陈果夫、吴稚晖,江苏省原副省长冷遹秋贺寿匾,抱柱为清代协办大学士翁同龢题联。故居颇具官宦之家的气派,文人宅第的风雅,人称"韩公馆"。后花园火车厢式小花厅为联合抗日座谈会会址,1982年省政府公布为省文物保护单位。2013年5月国务院公布韩公馆为第七批全国重点文物保护单位。

【广福教寺大殿】 广福教寺(又名广福禅寺)大殿,建于唐代贞观二十年(646年),宋代景定年间(1260—1264年)扩建,清康熙浙江提督学政陆舜重建。民国年间毁于战火,唯存大雄宝殿。新中国成立后,大殿一度为海安县中学图书馆,1992—1993年原拆原建于易址的新广福禅寺内。

【宋井】 宋井位于省海中校园(原唐宋年代广福教寺内),井口直径80厘米,井深8.8米,弧形井砖,凹凸榫连接。省海中按省古建专家提出的保护方案,拨款施工,使宋井得以保护,并为校园增添一处历史景点。2003年,公布为县级文物保护单位。2004年,公布为市文物保护单位。

【楠木厅】 楠木厅为清代前期建筑,面阔3间,建筑面积92平方米,主要木结构均为珍贵的楠木,梁柱粗壮,青石柱础,透空木雕,庄重古朴,为苏中地区不可多见的上品居宅。楠木厅原坐落于海安县中大街12号,为清顺治云南按察司副使崔之四居宅,后数易其主,1995年8月,旧城改造时为海安交通旅社客房,县政府组织285名民工,将楠木厅主体木结构整体抬移至韩国钧故居西侧。1998年,公布为市文物保护单位。2013年5月国务院公布韩公馆为第七批全国重点文物保护单位时,楠木厅亦在其中。

风景名胜

【概况】 海安名胜景点有海安县博物馆(韩国钧故居)、七战七捷纪念馆、青墩文化遗址、江淮文化园、海安石板街、广福禅寺、中洋河豚庄园、滨海新区黄海日出等。

【海安博物馆】 1989年建成开放,位于海安镇宁海北路58—8号,建筑面积1750平方米,占地7500平方米,原为韩国钧故居,晚清建筑。1995年8月,按县政府规划,将清初建筑楠木厅移至县博物馆西侧,成为馆内建筑群体的组成部分。2008年楠木厅辟为青墩遗址陈列厅。2004年筹集30万元,完成安全技术防范工程,对全馆所有建筑物及其内部展厅、库房实行全程图像监控和自动报警。2007年10月起馆内全面维修,重新布展,2008年4月30日对外开放。

【江淮文化园(AAAA级)】 位于海安县城凤山北路33号,占地262亩,建筑面积6.98万平方米。2005年,开始投资创建苏中植物园,这是以江淮历史文化为底蕴的人文景观项目,项目计划投资5亿元,计划用10年时间全部建成,其中,一期工程建成并对外开放,主要分为青墩广场、白龙故里、发繇亭、先贤(三贤祠)、凤山书院和中国名人艺术馆群景区景点。2012年、2013年、2014年,文化园分别通过国家AA级、AAA级和AAAA级景区评估,是海安首个AAAA级旅游景区。

【苏中七战七捷纪念馆(AAA级)】 位于县城长江中路68号,建于1986年,是全国首批百家红色旅游经典景区、全国爱国主义教育示范基地、国家AAA级旅游景区、南京军区青年官兵传统教育基地、省全民国防教育示范基地、省文物保护单位、南通市文明单位。纪念馆占地2万平方米,建有纪念碑、陈列馆(纪念馆)、国防园、碑廊等景点。1986年由南京军区和江苏省委、省政府联合在海安兴建苏中七战七捷纪念碑。纪念碑碑身由古铜色花岗岩砌成,高27米,被誉为世界上最大的"刺刀"。1999年新建纪念馆，馆名由原国务院副总理张爱萍题写。纪念馆外形为7支步枪。馆内设14个展厅，分别陈列着历史图片、革命文物、史料以及历年来中央首长视察的图片。国防园展示解放军使用过的大炮、坦克、飞机、导弹等各种武器。碑廊以"捷"字为主题，刻有各个时期名人名家书写的"捷"字。迟浩田、张震、曹刚川、姬鹏飞、陈丕显、彭冲、洪学智、叶飞等党和国家领导人先后到纪念馆参观。

【新四军联抗纪念馆（AA级）】 位于墩头镇千步村，纪念馆前身为新四军联抗烈士陵园，建于1944年。联抗部队和当地政府在部队战斗过的地方建立联抗烈士公墓，墓内安葬着161位抗日英雄的灵柩。黄逸峰题写"明理堂"匾额的时间为民国33年(1944年)11月。是苏中地区抗日战争年代保存下来的规模较大的陵园式纪念馆。纪念馆占地3.3万平方米，建筑面积2000余平方米。主要纪念建筑物有标门、纪念碑、明理堂、联抗烈士墓，联抗司令黄逸峰骨灰安葬处、新四军联抗纪念馆（兴东泰特区委史料陈列室、新四军联抗烈士事迹陈列室）、联抗书画馆、逸峰阁等。该馆为国家AA级旅游景区、省文物保护单位、省重点革命烈士纪念建筑物保护单位、南通市青少年革命传统教育基地、南通市全民国防教育基地。

【广福禅寺（AAA级）】 坐落在县城凤山北路19号，俗称东寺。该寺古名广福教寺，始建于唐贞观二十年(646年)。广福禅寺于1993年重建，建成照壁、山门、钟鼓楼、天王殿、大雄宝殿、藏经楼、厢房、斋堂、上客堂、回廊、水榭、放生池等，建筑面积4000多平方米。已故中国佛教协会会长赵朴初曾题写寺名。

【523文化主题公园(AAA级)】 位于县城迎宾路201号，作为"中国油画第一村"——深圳大芬油画村的升级版，是集油画创作销售、美术教育、休闲旅游、人文居住、文化生态、景观艺术为一体的综合性文化产业基地，是世界首家以美术产业为核心，以人文景观、旅游产业为载体的文化产业集群，现为江苏省文化产业示范基地。"523"取意于1942年5月23日毛泽东在延安文艺座谈会上的讲话。总投入3亿元的公园一期工程由玛雅图腾古街、青墩文化古街和欧洲风情区、青墩文化区、长城文化区两街三区组成，有秦俑迎宾、烽火长城、青墩古街、民俗风情园等10余处人文景观。

【七星湖生态园(AAA级)】 七星湖生态园位于海安开发区，2014年8月18日获批为AAA级景区。建于21世纪初，占地900亩，水上面积500亩，园内7个小岛、3个半岛、1个月亮广场形成"七星拱月"。生态园分为主入口广场区、景观大道区、中心广场区、旅游度假区、生态湿地区、体育休闲区、传统人文区和水上活动区八大功能区。象征21世纪的螺旋喷泉有丰富多变的水形态。中心大道全长300米，两侧建有欧陆风情商业街。临湖的月亮广场面积1.2万平方米，可以同时容纳近万游人停留观景；广场建有堪称苏中地区最大的张拉膜观景台，张帆起航的造型，气势非凡；登上观景台，波纹广场畔的芙蓉塘水生花卉展示中心以现代手法再现海安历史的"三塘十景"。

江淮文化园之发繇亭　　（董玉龙　摄）

特产名品

【水产类】 河豚、文蛤、竹蛏、梅头鱼、小黄鱼。

【土畜产品类】 麻虾酱、羊肉、草鸡蛋和韭黄、小方柿、雅周香芋、黄金米、平菇、金针菇、鸡腿菇、香菇、五水一高梨等。

【民间工艺类】 有扎染工艺品、手工编织品。

【工业产品类】 丝织品有真丝绸、蚕丝被、丝绸服装、真丝地毯，扎染制品钩针衣、棒针衣、绣衣等，红木雕刻花台、花架、餐桌、椅子、麻将桌椅、酒橱及房间床，玻璃工艺品酒杯、花瓶、烛台。

（海　凌）

国民经济和社会发展综述

【概况】 2014年，全县地区生产总值624.14亿元，同比增长11%。公共财政预算收入54.1亿元，同比增长16%，固定资产投资442亿元，同比增长19.9%。社会消费品零售总额221.95亿元，同比增长12.7%。外贸进出口总额突破24亿美元。实际到账注册外资3.3亿美元。二三产业增加值占比达到91.03%。服务业增加值占比达到42.3%，比上年提高1.43个百分点。新兴产业产值占规模工业比重35.8%，提升6.1个百分点。高新技术产值占规模工业比重46.6%，提升1.5个百分点。全年全社会研发投入支出占GDP比重2.35%，提升0.09个百分点。城镇化率53.6%，增加1.3个百分点。城镇居民人均可支配收入31597元，同比增长9%。农民人均纯收入15155元，同比增长11%。城镇登记失业率为2%。单位地区生产总值能耗降幅为5.2%。

【产业特色】 海安农业处于全省前列。20世纪80年代，走出一条"农牧结合、发展工业、综合经营"的新路子，被国内经济界誉为"海安之路"。1981年起，蚕茧总产连续34年居全省首位，海安获"全国粮食生产先进县""中国禽蛋之乡""中国茧丝绸之乡""中国湖桑之乡""中国紫菜之乡""中国河豚之乡"等称号，成为国家农业产业化示范基地。工业生产机械制造、纺织丝绸、电梯部件等产业走在全省县(市)级前列,新能源、新材料等新兴产业迅速发展,新型工业化连续多年南通市考核第一名,海安成为国家“火炬计划”海安电梯设备产业基地、国家“火炬计划”海安磁性材料特色产业基地、中国纺织产业基地县、国家时尚锦纶示范基地、江苏色织产业基地县。建筑业闻名全国,是“中国建筑之乡”。

【经济发展提质增效】 完成工业开票销售895亿元,增长17.2%。开票销售超亿元企业200家,净增30家。技改设备投入20.1亿元,设备投入超1000万元企业36家。引进进口设备企业32家,投资总额1.7亿元。完成全部工业用电量33.96亿千瓦时,增长2.83%。完成建筑业施工总产值1020.67亿元。完成服务业应税销售625.1亿元,增长15.1%。实现服务业税收37.97亿元,增量5.99亿元,增速16.2%。突出发展现代物流业,推进商贸园区建设,物流园区入驻开业率80%以上,入驻商户2600余家,2014年实现营业收入168.5亿元,同比增长126.2%;实现税收7.93亿元,同比增长92.4%,先后被认定为省级现代服务业集聚区和市级现代服务业集聚示范区。着力打造电商总部暨快递物流节点城市,新发展电子商务企业86家。现代农业转型加快。全年粮食总产64.2万吨。稻麦单产连续9年全省第一。农民专业合作社421家,农户入社率84.4%。新增土地规模流转面积8220亩,农业经营主体土地适度规模经营面积39.1万亩,占全县总耕地面积的54.2%。全县实现村营收入1.8亿元,增长14.8%,成为省村级“四有一责”建设先进县。

软件园 (董玉龙　摄)

【转型升级迸发活力】 对外贸易增长迅猛。全年完成外贸进出口总额24亿美元,增长26.9%,其中出口22亿美元,增长33.3%,外贸对经济增长的贡献率达到6.1%,拉动经济增长1.5个百分点。大力开展“县级机关服务企业科技行”活动,建成企业研究院13家,新增省级企业研究生工作站20家。引进国家“千人计划”专家14人,各类高层次人才246人,高校毕业生5281人。实施产学研合作项目187个,新增成果转化项目58个,合作经费1.06亿元。年内发明专利总量达1300件,万人发明专利拥有量达15件。成功举办“创新创业在海安”“中科院专家走进海安”等活动,一批创新成果加速向海安集聚。全社会固定资产投资442亿元,增长20.5%,其中工业投资281亿元,增长12%;服务业投资161亿元,增长34.4%,投资对经济增长的贡献率52.4%,拉动经济增长5.2个百分点。新开工亿元以上产业类项目159个,其中10亿元以上5个。新竣工亿元以上项目50个,其中5亿元以上6个。完成增值税抵扣设备投入32亿元。实施亿元以上技改项目71个,完成投资额54.3亿元。

江苏金洲集团自动装卸车间 (董玉龙　摄)

【城乡统筹协调发展】 海安县城总体规划(2012—2030)》获市政府批准。实施北三环一期、千禧大桥顺接等9项城建交通基础设施工程;火车站客运新站房基本建成,商贸物流园铁路1号专用线主体工程完工。204与328国道互通、204国道白甸连接线、雅周连接线建成通车,353省道等交通重点工程稳步推进。新建公园3个,新增绿地面积28.5万平方米。实现区域供水全覆盖,改造镇村管网1000公里。天然气主管网覆盖各区镇及居民集中居住区。曲塘镇、李堡镇成为全国重点镇,各区镇基础设施投入18.5亿元,新开工商品房面积35.7万平方米、安置房11567套。城市管理与时俱进。全面推进城市环境综合整治,完成城区楼顶大型广告拆除等95个项目。建筑垃圾循环处理中心建设有序推进。启动老旧小区“扫盲”、农民安置房“达标”、新小区“创优”物业管理工作。强化渣土车、非机动车管理,开展以废品收购点、农贸市场等为主的城区环境专项整治行动。

【民生保障持续改善】 就业创业稳步推进。加强创业三大基地建设,建立创业孵化基地18家、创业实习基地11家,实施创业培训980人,发放小额创业扶持担保贷款1777万元,新增创业项目1686个,新增创业1595人,顺利通过省级创业型县验收。城镇登记失业率为2%。公共服务均等化有效推进。推进县域教育现代化创建工作,35所学校启动数字化校园建设。省文科第一名、市理科第一名花落海安。启动县级公立医院改革,县人民医院、中医院实行药品零差率销售。突出医疗服务能力建设,170所城乡社区卫生服务站通过达标考核,全县基本公共卫生服务项目完成率95%以上。累计10.5万名失地农民纳入被征地农民社会保障,城乡基本养老保险、医疗保险覆盖率稳定在96.5%以上。累计支付城乡居民大病再保险3470万元、9330人次。城乡社区居家养老服务机构实现全覆盖。切实增加商品房供应，批准预售商品房242.59万平方米，其中安置房预售面积135万平方米。新开工安置房160多万平方米，已竣工63万平方米。共开工公共租赁住房450套，基本建成1272套。

（邓驹龙）

海安县2014年国民经济和社会发展统计公报

2014年，面对宏观经济形势复杂多变，经济下行压力持续加大的影响，全县人民在海安县委、县政府的领导下，坚持稳中求进工作总基调，迎难而上，改革创新，奋力拼搏，统筹抓好稳增长、调结构、促转型、惠民生等各项工作，经济社会发展取得了新成效。

一、综合

初步核算，全县实现地区生产总值624.14亿元，按可比价计算，比上年增长11.0%。其中：第一产业增加值56.00亿元，增长3.9%；第二产业增加值304.13亿元，增长11.3%；第三产业增加值264.01亿元，增长12.2%。户籍人口人均地区生产总值66242元，比上年增长10.9%；常住人口人均地区生产总值72051元，折合11735美元。转型升级步伐加快。三次产业结构由上年的9.2:49.6:41.2调整为9.0:48.7:42.3，服务业增加值占GDP的比重较上年提升1.1个百分点，财政总收入占GDP的比重达到20.5%。

2014年度“鲁班奖”工程——海安县生活垃圾焚烧发电项目

（新闻信息中心 提供）

县城区居民消费价格总水平比上年上涨1.5%。其中：食品类上涨1.1%，烟酒类下降1.8%，衣着类下降4.9%，家庭设备用品及维修服务上涨3.1%，医疗保健和个人用品类上涨3.7%，交通和通信下降1.3%，娱乐教育文化用品及服务上涨2.2%，居住类上涨1.1%。另外，服务项目价格上涨2.3%，商品零售价格上涨0.9%，农业生产资料价格下降0.8%。

年末全县工商部门登记的私营企业共有27684户，比上年增长3.9%。其中城镇私营企业6764户，农村私营企业20920户。私营企业从业人员314992人，注册资本932.42亿元。全县登记的个体工商户72385户，增长7.9%。其中城镇个体工商户11255户，农村个体工商户61130户。个体工商户从业人员98101人，增长10.0%。个体工商户注册资金达35.7亿元。

全年新增城镇就业8680人，城镇失业人员再就业3560人，城镇登记失业率控制在2.25%以内。城乡劳动者就业技能培训4700人，城乡新成长劳动力技能培训1506人，创业培训980人，企业职工岗位技能提升培训15712人，新增高技能人才5759人，新增转移农村劳动力人数4955人。新增创业人数1595人，新增发放小额贷款1777万元，新增扶持政策到位率100%。

发展中存在的问题和困难：宏观经济形势依旧复杂多变，下行压力较大；生产要素制约进一步加剧，化解难度较大；经济转型升级任重道远，少数企业运行困难；城乡建设品质内涵还需提升，精细化管理仍有些差距；公共服务体系仍不够健全，民生需求呈加大趋势。

二、农业

全年实现农林牧渔业总产值（现行价）102.71亿元，按可比价计算，比上年增长4.0%。其中：农业产值41.36亿元，增长2.4%；林业产值0.31亿元，增长1.6%；牧业产值44.45亿元，增长2.9%；渔业产值8.31亿元，增长5.4%；农林牧渔服务业产值8.28亿元，增长19.2%。粮食生产再获丰收，连续七年总产稳定在60万吨以上，是全国粮食生产先进县。

主要农产品产量如下：

表2

指标名称	计量单位	2014年实绩	比上年增长%
粮食	万吨	64.12	0.1
棉花（皮棉）	吨	12	-53.9
油料	吨	15301	3.4
水果（含果用瓜）	吨	53903	30.2
生猪饲养	万头	127.33	-0.2
生猪年末存栏	万头	49.1	-4.5
生猪上市	万头	78.23	2.7
羊年末存栏	万只	47.81	7.0
羊上市	万只	59.62	1.6
家禽饲养	万只	3533	-2.1
家禽上市	万只	1882	-1.0
家禽年末存栏	万只	1651	-3.3
禽蛋	吨	221947	-1.7
蚕茧	吨	10679	-6.9

年末，全县农业机械原值达6.3亿元，农机总动力63.7万千瓦，拥有农业机械6.9万台套，其中联合收割机1320

表3

指标名称	计量单位	2014年实绩	比上年增长%
小麦粉	吨	58183.57	1.8
大米	吨	89456.79	−3.6
饲料	吨	262043.3	−1.9
饮料酒	千升	2281.72	−15.7
布	万米	42082.36	0.4
印染布	万米	18345.61	−1.3
服装	万件	4546.34	−7.1
机制纸及纸板(外购原纸加工除外)	吨	4983.76	−11.1
初级形态塑料	吨	7791.59	201.3
化学纤维	吨	390286.2	15.8
塑料制品	吨	5296.36	47.1
商品混凝土	立方米	2481699	2.6
金属成形机床	台	7179	18.9
泵	台	10903	82.4
水泥专用设备	吨	249116	44.2
变压器	千伏安	32475743	16.0
低压开关板	面	1522	94.4
太阳能电池	千瓦	586607	26.4
电光源	万只	264.48	−42.9
电子元件	万只	226760.6	59.8
工业自动调节仪表与控制系统	台(套)	389607	30.3
自来水生产量	万立方米	4960.76	26.8

台，农用拖拉机7734台、插秧机2447台、高效植保机12520台，农用运输机械2810辆，农业综合机械化水平87.2%。全年累计发放农机购置补贴资金1710.6万元，重点推广大中型拖拉机及配套秸秆还田机械356台套、粮食烘干机24台，新增微灌设备、园林管理机械、渔业机械等高效设施农业机械3054台套。全年实现农机作业总收入5.56亿元，其中农机跨区作业收入1.2亿元。

全县水利投入5.2亿元，实施焦港河整治、高标准农田水利建设等15个工程项目，完成河道疏浚130条，长162公里，土方220万立方米，生态护岸59公里，河坡整坡绿化148万平方米，新建防洪及水系连通闸10座、闸站3座、地涵28座等。完成全县一、二级25条470公里河道水面保洁，被省水利厅推荐申报“全国河湖管护体制机制创新试点县”。实施三、四级河道生态保洁“以河养河”751条(段)，整治不可养殖河道192条，水生态环境大为改善。全县灌溉车口、里下河圩区水利工程管护试点取得显著成效。

三、工业、建筑业

全年完成工业总产值（现价）2933.92亿元，比上年增长12.8%，其中规模工业产值1771.91亿元，增长14.1%。全县规模以上高新技术产业产值825.32亿元，增长24.2%，增速高于全县规模工业产值10个百分点，占规模以上工业比重46.6%，比上年提升1.5个百分点。全县新兴产业产值633.58亿元，增长31.4%，占规模工业的比重为35.8%，比上年提升6.1个百分点。

规模企业主要工业产品产量如下：

全部工业实现产品销售收入2684.49亿元，比上年增长12.7%。规模以上工业实现主营业务收入1763.34亿元，增长13.9%；实现利润131.09亿元，增长4.7%；实现利税202.85亿元，增长11.3%，利税销售基本同步增长。

全社会用电量43.01亿千瓦时，比上年增长1.7%。其中工业用电量33.96亿千瓦时，增长2.8%；城乡居民生活用电量4.53亿千瓦时，下降8.3%。第一产业用电量0.77亿千瓦时，下降0.1%；第二产业用电量34.77亿千瓦时，增长2.9%；第三产业用电量2.95亿千瓦时，增长5.9%。

全县完成建筑业施工产值1020.67亿元，比上年增长21.0%，建筑施工面积13886.03万平方米，增长18.9%，新开工建筑面积4970.74万平方米，增长10.0%，承建高层建筑4680幢，其中29层以上1557幢。全年获鲁班奖4项(其中1个参建)，詹天佑奖2项，全国AAA级安全文明标准化工地16项，国家级QC成果奖67项。

四、交通、邮政电信业

全县完成公路客运量841万人次，旅客周转量59411万人公里，分别比上年增长1.3%、0.5%；完成公路货运量1830万吨，货运周转量272595万吨公里，分别增长13.4%、12.5%；完成水路货物运输量645万吨，货物周转量143264万吨公里，分别增长3.9%、2.6%；港口货物吞吐量达1080.6万吨。

全年交通重点工程总投资22.28亿元，其中353省道海安段工程总投资17亿元，已完成路面基层施工，通扬线航道整治工程方案通过省发改委审查。连申线首期10座桥梁7座已建成通车，1座具备通车条件，2座即将竣工。完成农村四级公路及特色园区道路建设100公里，建成农桥53座，7座在建。

全县建成乡镇汽车客运站11个、城区公交站亭195个、乡镇公交首末站9个、港湾式公交回车场26个、农村公交

县第一出口大户江苏联发集团织造工厂　　　　　　　　（新闻信息中心　提供）

站亭 250 个。规划的 1370 块农村公交站牌、30 个农村客运站亭正在建设。

全县电信业务收入 6.11 亿元。年末电话用户 29.20 万户，国际互联网用户 71.8774 万户（含手机上网用户 51.46 万户），光纤互联网宽带用户 10.21 万户，移动电话用户 83.76 万户。

全县实现邮政业务总收入 13341 万元，比上年增长 9.8%。其中，代理金融板块实现收入 10428 万元，邮务板块实现收入 2594 万元，代理速递物流 167 万元。

五、国内贸易和对外经济

全社会消费品零售总额 221.95 亿元，比上年增长 12.7%。其中：个体零售额 126.73 亿元，增长 11.9%；城镇零售额 146.74 亿元，增长 12.7%；农村零售额 75.21 亿元，增长 12.5%。服务业应税销售 515.9 亿元，增长 24.5%，应税销售超 50 亿元企业 2 家，超 10 亿元企业 4 家，新增应税销售 1000 万元以上企业 108 家；实现服务业税收 36.2 亿元，增长 17.1%。进入南通市十大行业销售、税收 20 强服务业企业 27 家。

全年完成工商注册外资 7.20 亿美元，注册外资到账额 3.32 亿美元，分别比上年增长 16.2%、10.0%。完成进出口总额 24.52 亿美元，增长 7.3%，其中：出口总额 21.44 亿美元，增长 6.8%。全年新签外经合同额 11940 万美元，实现对外劳务营业额 6978 万美元。

六、固定资产投资

全年完成固定资产投资 448.95 亿元，比上年增长 19.9%。其中，民营投资 435.36 亿元，增长 20.3%。

全年完成第一产业投资 4.06 亿元；第二产业投资 286.54 亿元，增长 12.9%；第三产业投资 158.35 亿元，增长 31.4%，一二三产投资比为 0.9:63.8:35.3。

全年完成高新技术产业投资 165.46 亿元，比上年增长 16.1%，占工业投资的 57.7%。完成新兴产业投资 92.55 亿元，增长 2.7%，占工业投资的 32.3%。

全年完成房地产投资额 52.48 亿元，比上年增长 10.0%；商品房施工面积 590.36 万平方米，增长 19.3%；商品房销售面积 63.11 万平方米，下降 42.4%，销售额 37.74 亿元，下降 44.7%；商品房成交均价 5980 元/平方米，下降 3.9%，其中住宅成交均价 5629 元/平方米，下降 9.3%；商品房待售面积 59.94 万平方米，增长 40.5%。

七、财政、金融、保险

全年完成财政总收入 127.88 亿元，比上年增长 11%，其中公共财政预算收入 54.1 亿元，增长 16%。实现增值税 21.82 亿元、营业税 10.87 亿元、个人所得税 4.30 亿元、企业所得税 9.97 亿元。财政总支出 120.21 亿元，增长 3.8%。公共财政预算支出 70.58 亿元，增长 9.3%，主要投向农林水利、教育、社会保障和就业、医疗卫生、城乡社区服务等民生工程。

年末，县内 17 家银行业金融机构本外币各项存款余额 984.75 亿元，比年初增加 154.84 亿元，同比增长 18.7%。其中：单位存款 406.28 亿元，比年初增加 90.96 亿元；储蓄存款 567.89 亿元，比年初增加 68.05 亿元。本外币各项贷款余额 685.44 亿元，比年初增加 99.50 亿元，同比增长 17.0%。其中：短期贷款 442.58 亿元，比年初增加 47.19 亿元；中长期贷款 224.18 亿元，比年初增加 42.32 亿元；票据融资 18.20 亿元，比年初增加 9.52 亿元。全年累计现金收入 65.53 亿元，累计现金支出 62.85 亿元，净回笼现金 2.67 亿元。

年末，县内财产保险机构 16 个，全年财产险保费收入 5.07 亿元，同比增长 22.1%，赔付金额 2.81 亿元，赔付率 55.4%；人寿保险机构 18 个，全年人寿险保费收入 9.30 亿元，同比增长 8.8%，理赔给付及其他各类给付 2.45 亿元，短险赔付率 37.8%。

八、科学、教育、文化、旅游

全年全社会研究与发展活动(R&D)经费 15.01 亿元，占地区生产总值比重为 2.4%，比上年提高 0.05 个百分点。中科院周成虎院士海安工作室、南京大学、上海交大、苏州大学等 3 家产业研究院和 13 家企业研究院建成运行。新增省级工程技术研究中心 3 家、省级企业研究生工作站 20 家。

全县新增 30 万元以上产学研合作项目 187 项，实施成果转化项目 58 项，支付合作经费 1.1 亿元。获省产学研前瞻性联合研究项目 15 项。新认定国家高新技术企业 38 家，总数达到 98 家。万人发明专利拥有量达到 15.58 件。

年末，全县共有各级各类学校 128 所。其中：高级中学 3 所，完全中学 3 所，初级中学 25 所，小学 46 所、幼儿园 47 所（含外系统 2 所、民办 2 所）、特教 1 所、职教 2 所、艺术学校 1 所。全县中小学和幼儿园在校学生总数 8.73 万人，比上年减少 0.31 万人。全县学龄儿童入学率 100%，小学毕业生升学率 99%，初中毕业生升学率 113.9%。高考高分数段人数全省第一。省文科第 1 名、市理科第 1 名花落海安。全县本科达线率比上年高 5 个百分点。职业学校对口高考达线率和录取率均为 100%。

全年艺术作品获国家级奖励 1 件，省级 11 件，市级 18 件。广播电视作品 26 件获省市级奖。8 个项目申报市级非物质文化遗产,5个项目申报省级非物质文化遗产。

全县拥有区镇文化站10家,“农家书屋”218家,博物馆、纪念馆6家,文物保护单位16处,其中全国重点文物保护单位2处,省级文物保护单位5处,市级文物保护单位6家,县级文物保护单位3家;拥有省级非物质文化遗产5项,市级非物质文化遗产17项。

海安图书馆藏书量43万册,全年阅读量10万人次。博物馆接待量15万人次。

全年新增数字电视用户4800户,实有用户33.46万户。

年末,全县实有国家A级景区14家,其中AAAA级1家、AAA级5家;星级饭店25家,其中四星级饭店3家,三星级7家,江苏中洋酒店有限公司建成开业;旅行社13家。全年接待县内外游客299.16万人次,实现旅游总收入35.81亿元,完成旅游项目投入24.16亿元,分别增长13.4%、15.1%、16.8%。

九、卫生、计生、体育

年末,共有医疗卫生机构181个,其中三级医院2家,二级医院2家,一级医院43家,护理院1家。城区社区卫生服务站10个,农村社区卫生服务站217个。医疗机构总床位4287张,卫生技术人员3821人,其中执业医师、执业助理医师1913人,注册护士1432人。每镇建有一所公办卫生院,创江苏省示范乡镇卫生院2个,省级示范乡镇卫生院达标验收率70%。80%的城乡社区卫生服务站完成省标建设;高质量完成农村改厕项目,建成省级卫生镇1个、省级卫生村15个;继续巩固国家基本药物制度,不断扩大实施范围。全县基层医疗机构实际在用基本药物品规数1292个,用药9000多万元。

农村部分计划生育家庭奖励扶助、特别扶助41682人,发放扶助金4639.9万元。企业退休职工和老年居民一次性奖励5339人,发放金额1551.2万元。

举办海安县第八届运动会,3200多名运动员参加了26个项目比赛。举办第51届北凌农民运动会、2014年江苏省第七届象棋棋王争霸赛、卫岗黄金钙奶“激情秧歌　活力江苏”海安赛区选拔赛暨2014年海安县健身秧歌比赛、第二届广场舞大赛、民间羽毛球争霸赛以及大众跆拳道、武术、足球比赛等。

组织参加江苏省排舞比赛、南通市体育日等活动,分别获省、市一等奖;健身气功在华东六省一市比赛获两个一等奖,参加江苏省比赛获四个一等奖、五个二等奖,并荣获团体总分第二名、体育道德风尚奖等。

体育彩票销售总量首次超过亿元大关,达1.11亿元,同比增长20.2%。

十、城乡建设、环境保护

全年完成道路建设18.54公里,新增桥梁2座。开工建设行政大楼北侧地下车库450个车位。完成长江路、黄海大道与翻身河、洋港河、小焦港河、立新河的节点绿化及328与204互通绿化、洋港河景观、船闸公园、东洲公园二期等12处绿化景点建设,新增绿地面积161.53公顷、公园绿地面积28.5公顷。

实现全县范围内区域供水全覆盖,完成管网改造819.7公里、户表改造49629户、安全供水4227.61万吨。

实现天然气管网区镇全覆盖,建成管网1212.3公里,其中高压44.3公里,中压464公里,低压704公里,累计投入4.05亿元,发展居民用户近7万户,工业用户450户。

全年建成污水管网452公里,总投资1.2亿元,实现了全县建制镇污水处理基本覆盖,顺利通过国家级生态示范区验收。

全年实施减排项目46个,削减化学需氧量、氨氮、二氧化硫、氮氧化物排放量分别为700吨、103吨、1086吨、300吨。审批各类建设项目290个。建成省级绿色社区1个,市级绿色社区2个,市级绿色学校8所。加大农村环卫基础设施投入,建设标准垃圾房405座、中转站25座、垃圾桶(池)3.23万个,新投入两台垃圾压缩机,新增垃圾桶8600个。实施清水工程,全面整治全县四级以上1679条河道两岸工业、畜禽养殖、三产服务业污染源。年内总投资2396万元,建设与1314户饲养规模相匹配的蓄粪(沼气)池。

十一、人口与人民生活

年末全县户籍总人口942630人,比上年净增836人。全年出生人口5966人,人口出生率为6.33‰;死亡人口7526人,人口死亡率为7.99‰,人口自然增长率为-1.66‰;迁入人口5161人,迁出人口3216人,净增加1945人。全县人口密度每平方公里851人。

年末全县常住人口86.62万人,比上年减少0.01万人。城镇化率53.63%,比上年提高1.38个百分点。

全年全县居民人均可支配收入22842元,比上年增长9.7%;人均生活消费支出16037元,增长9.5%。按常住地分,城镇居民人均可支配收入31597元,增长9.0%;人均生活消费支出20125元,增长8.2%。农村居民人均可支配收入15115元,增长11.0%;人均生活消费支出12447元,增长11.1%。年末全县城镇、农村常住居民人均住房建筑面积分别为49.3平方米、54.6平方米。

预计全县城镇集体以上单位在岗职工年平均工资57010元,增长10%。

十二、社会保障、民政

年末全县城镇职工养老、医疗、失业保险参保人数分别为21.47万人、22.66万人、9.16万人,分别比上年净增1.35万人、1.86万人、0.06万人。城乡居民养老保险参保人数39.67万人,新型农村合作医疗参保人数50.8万人,城镇居民基本医疗保险参保人数11.25万人,社会保险综合覆盖率已达98.3%。

年末,全县养老总床位6920张,其中公办养老机构23家,床位数5073张;注册民办养老机构3家,床位数510张;社会力量兴办社区照料床位数1337张。年末全县优抚对象13552人,农村低保对象14523人,城镇低保对象1006人,农村五保对象5060人,其中集中供养3390人,集中供养率达到67%。全年婚姻登记数9337对,结婚登记数8012对,离婚登记数1325对。

注:1.统计公报为快报数。

2.2013年GDP按经普数据调整,总量及构成均变化。

(冯　华)

大事记

Major Events

城市广场　毛平平绘

◎责任编辑　杨　斌

1 月

1日 中国(海安)义乌国际商贸城投入运营,标志着海安县传统零售业向现代零售业转变与升级迈出可喜的一步。

3日 县委、县政府召开全县城乡建设管理、生态文明建设暨环境综合整治工作会议。县委书记、县长陆卫东到会讲话。县委副书记、组织部部长顾国标主持会议。县委常委、常务副县长焦广琪作动员报告。

7日 县政府为民办实事工程——市民卡(社保卡)发放工作开始,首批4万张卡将陆续发放到位。市民卡(社保卡)是用于办理相关个人社会事务和享受公共服务的多功能、复合式的智能IC卡,主要包含社会保障、公共事业服务、金融服务、商业服务等功能。

9—12日 政协海安县第十三届委员会第三次会议召开。县委书记、县长陆卫东在开幕式上讲话。县政协主席朱春在闭幕式上讲话。会议听取和审议县政协党组副书记、副主席吉传稳所作的政协海安县十三届委员会常务委员会工作报告和副主席蔡祝平所作的政协海安县十三届委员会二次会议后提案工作情况的报告;听取和协商讨论县政府工作报告及其他有关报告。通过《中国人民政治协商会议海安县第十三届委员会第三次会议决议》。

10日 国家卫生计生委家庭司司长王海东率队考察海安县计划生育家庭扶助关怀工作。省政府副秘书长杨勇,副市长朱晋,县委书记、县长陆卫东,副县长翁晓云参加活动。

△ 中国民生银行海安支行开业,成为落户海安县的首家主要由非公有制企业入股的全国性股份制商业银行。

△ 省消防总队总队长马德文一行到海安检查考核消防工作。

10—12日 海安县第十五届人民代表大会第三次会议召开。会议听取和审议县委书记、县长陆卫东所作的海安县人民政府工作报告;听取和审议县发改委、县财政局的《海安县2013年国民经济和社会发展计划执行情况与2014年国民经济和社会发展计划草案》《海安县2013年财政预算执行情况和2014年财政预算草案》;听取和审议县人大常委会工作报告,县人民法院工作报告和县人民检察院工作报告;通过关于海安县人民政府工作报告的决议等六项决议,通报此次会议议案立案情况。会议期间,与会人员视察全县经济和社会事业建设重点工程。县委书记、县长陆卫东在大会闭幕式上作重要讲话。

13日 海安县召开全县新型工业化暨科技创新大会。县委书记、县长陆卫东在会上作重要讲话。县委副书记、组织部部长顾国标主持会议。副县长卢忠平就2014年县新型工业化及科技创新工作进行部署。

15日 县慈善会举行全县低保家庭尿毒症患者救助款发放仪式、“千户阳光·情暖海安”春节慰问困难群众物资发放仪式。

16日 全长77公里、连接海安至洋口港临港工业区的海洋铁路开通客运业务。

17日 省水利厅厅长李亚平、省农委副主任张坚勇、省农业资源开发局副局长张学平率省政府调研小组到海安调研检查农业农村工作。副市长赵闻斌,县委书记、县长陆卫东参加活动。

17—18日 县委书记、县长陆卫东率队观摩各区镇1月份落户特色产业园区新开工项目、新增设备项目、产学研合作项目以及校企研发平台、招工引劳企业、清水工程、村级为民服务中心。县四套班子负责人参加活动。

18日 县委、县政府召开“县级机关服务企业科技行”活动动员大会。县委副书记顾国标出席会议。

19日 全县“银政企携手攀新高”行动——高新区合作项目现场对接会召开。江苏海辰科技集团、南通江中光电有限公司、南通三洋电梯有限公司等6家企业与盐海村镇银行、中信银行、海安农商行、工商银行、农业银行等5家银行进行现场授信签约。

21日 省交通厅验收组到海安鉴定连申线海安改线段桥梁(朝阳路桥、丹凤路桥、凤山路桥)交工质量。经现场验收及鉴定,连申线海安改线段桥梁顺利通过交工质量验收。

23日 召开2014年全县安全生产大会,开展节前安全生产检查。

25日 开发区召开40家工业重点企业负责人座谈会。县委书记、县长陆卫东,县委常委、开发区党工委书记周宗泉,副县长卢忠平,联发纺织、海迅实业、爱登堡电梯、上柴动力、远东新材料、昌荣机电、水星家纺等重点骨干企业负责人参加座谈会。

△ “数字海安地理空间框架建设”项目省市县合作共建正式签约。省测绘地理信息局副局长史照良、市国土局副局长徐晖参加活动。县委常委、常务副县长焦广琪致辞。海安县成为南通市首家开展数字城市建设的县。

26日 海安县举行党政干部反腐倡廉教育大会。省预防腐败局副局长陈良灵应邀作专题讲座。

28日 陆卫东、朱春、顾国标、孙进基等四套班子领导分组走访慰问县四套班子原负责人、部分困难群众、劳模等。

2 月

2日 海安县举行2014年经济社会发展座谈会。中央统战部三局副局长傅铁生,国台办信息中心主任仇开明,中华农业科教基金会理事长、省政府参事刘立仁,省信访局原正厅级巡视员张云泉,南京大学党委副书记、副校长杨忠,市委常委秦厚德,副市长单晓鸣,市政协副主席、市工商联主席徐守铭,扬州市委常委、组织部部长张爱军等领导干部,海安籍专家、学者和在外创业成功人士,县四套班子负责人出席座谈会。县委书记、县长陆卫东致辞。县委副书记顾国标主持座谈会。傅铁生、刘立仁、张云泉等嘉宾代表先后发言。

7日 县委、县政府召开全县2013年度总结表彰大会。

△ 县委书记、县长陆卫东召集县发改委、商务局、住建局等相关部门负责人研究全县2014年服务业“六大功能平台、十大物资集散中心”建设思路,部署相关工作。县领导顾国标、成宾、丁锋参加会议。

9日 县委、县政府召开全县建筑工作会议暨第四个“海安建工节”庆祝大会。省住建厅副厅长、建管局局长徐学军,市城乡建设局党组副书记、建管局局长沈卫星到会讲话。县委书记、县长陆卫东，县领导朱春、孙进基等出席会议。县委副书记顾国标主持会议，并宣读表彰决定。县委常委、常务副县长焦广琪作工作报告。

10日 因连救8名车祸伤者而突发心脏病猝死的见义勇为好市民赵顺秋追悼会在海安殡仪馆举行。市委、市政府、市文明委、市委宣传部、市文明办、市见义勇为基金会和县委、县政府、县人大、县政协、高新区及镇南街道等单位，市委书记丁大卫，市长张国华，市委常委、宣传部部长章树山，市委宣传部副部长、文明办主任陈冬梅，县委书记、县长陆卫东，县领导朱春、顾国标、孙进基、张亚曦等送了花圈。受市委书记丁大卫委托，市委常委、宣传部部长章树山专程到海安参加赵顺秋遗体告别仪式。市委宣传部副部长、文明办主任陈冬梅，县领导顾国标、王炜、盛慧琴、张亚曦、章曙东、翁晓云、吉传稳，高新区及其相关部门、街道、社区、社会各界人士及赵顺秋的亲属等400多人出席告别仪式。

12日 全县服务业工作会议召开。县委书记、县长陆卫东到会讲话。县委副书记顾国标主持会议。县委常委、副县长、组织部部长成宾就2014年服务业重点工作作部署。

12—13日 省军区司令员何卫东少将到海安调研。省国动委综合办公室专职副主任郦斌、省军区司令部动员处处长左毅、省军区政治部宣传处处长吴秀文等陪同调研。市委常委、南通军分区政委苏西群，南通军分区司令员徐国安，县委书记、县长陆卫东，县委副书记顾国标，县领导朱一林、丁锋参加活动。

13日 县委书记、县长陆卫东主持召开十二届县委第45次常委(扩大)会。县委副书记顾国标传达市党的群众路线教育实践活动大会精神。县委常委、副县长、组织部部长成宾汇报县党的群众路线教育实践活动筹备工作情况。会议传达中央、省、市纪委全会精神传达提纲、惩防体系五年工作规划；讨论县纪委全会报告、关于在全县深入开展“三亮三提”机关作风效能建设主题教育活动的实施意见等；讨论通过县党的群众路线教育实践活动等相关工作领导组名单，组织、宣传、精神文明建设、政法、统战、教育、卫生、养老服务体系等工作要点及三大建设表彰名单、会议方案等。

△ 上海铁路局局长郭竹学一行到海安调研。县委书记、县长陆卫东，县委常委、副县长、组织部部长成宾参加活动。

△ 于2013年12月新当选中科院院士的海安骄子周成虎回海安省亲，受到县委书记、县长陆卫东，县领导朱春、孙进基、王炜、张亚曦、翁晓云、丁锋等接待。

14日 县委党的群众路线教育实践活动领导小组召开第一次全体会议。会议听取县委常委、副县长、组织部部长成宾关于领导小组工作机构组成及职能的说明；讨论通过领导小组工作规则、督导组工作职责。活动领导小组全体成员出席会议。

15日 全县三大建设暨社会事业工作会议召开。县委书记、县长陆卫东到会讲话。县委副书记顾国标主持会议，并通报2013年度三大建设部门受上级表彰嘉奖情况，宣读县委关于表彰2013年度三大建设先进单位和先进个人的决定。

△ 中共海安县第十二届纪律检查委员会第四次全体会议召开。会议传达中央纪委三次全会、省纪委四次全会、市纪委四次全会精神；宣读《关于表彰2013年度纪检监察先进集体和优秀个人的决定》；审议通过十二届纪律检查委员会第四次全体会议工作报告和全会决议。县委书记、县长陆卫东到会作重要讲话。县委常委、纪委书记李春旺主持会议。

17日 市党的群众路线教育实践活动第一督导组组长，市卫生局党组书记、副局长葛维先率市督导组一行6人到海安指导工作。县委书记、县长陆卫东汇报县党的群众路线教育实践活动前期准备情况。县委副书记顾国标，县委常委、副县长、组织部部长成宾等参加活动。

18日 县委召开全县党的群众路线教育实践活动动员大会，认真贯彻落实习近平总书记系列重要讲话和省委书记罗志军、市委书记丁大卫讲话精神，对全县开展党的群众路线教育实践活动进行动员和部署。市委副书记、市长张国华出席会议并作重要讲话。县委书记、县长、县委党的群众路线教育实践活动领导小组组长陆卫东主持会议并作动员部署。市委督导一组组长、市卫生局党组书记、副局长葛维先到会讲话。动员大会结束后进行民主评议。

19日 全国人大代表南通、连云港组组长，南通市委副书记、市长张国华率全国人大代表南通、连云港组到海安调研。市人大常委会党组书记、副主任黄利金，连云港市人大常委会副主任于丽华，南通市人大常委会秘书长李水林，市政府秘书长顾诺之，市政府副秘书长、办公室主任王晓斌，县领导顾国标、孙进基、焦广琪、李春旺、章曙东等陪同调研。

20日 海安县召开“清水工程”建设动员大会。县委书记、县长陆卫东到会讲话。县委副书记顾国标主持活动。

21日 县十五届人大常委会举行第十六次会议。会议决定，接受成宾、陶荣龙辞去海安县人民政府副县长职务的请求；通过县人民法院有关人事任免事项和2014年度县人大常委会工作要点。县委常委、常务副县长焦广琪，县人民法院院长王平，县人民检察院、政府办等相关部门负责人列席会议。

22日 县委邀请市委党校教授季建林到海安作党的群众路线教育实践活动首场专题报告。县委副书记顾国标主持讲座。县委书记、县长陆卫东到会讲话。

28日 江苏省粮食集团总经理罗洪明一行到海安调研江苏三零面粉项目建设实施情况。县委常委、组织部部长成宾参加活动。

3月

2—4日 县委书记、县长陆卫东，县委常委、开发区党工委书记周宗泉，县委常委、高新区党工委书记张亚曦等赴瑞士开展招商活动。

6日 副省长许津荣到海安调研，先后实地考察东部家具产业基地、上湖新城、商贸物流规划展示馆、雨润城市综合体、文化艺术中心、铁锚玻璃等处，听取县委书记、县长陆卫东关于海安近年来经济社会发展情况、推进新型城镇化进程主要做法、进一步加快推进新型城镇化进程的构想和开展“清水工程”相关工作情况的汇报。省政府副秘书长徐国柱、省民政厅副厅长钮学兴，市委常委陈照煌、副市长赵闻斌参加活动。

7日 县委书记、县长陆卫东率县

四套班子党员领导干部,县委委员、候补委员,纪委委员等,到苏中七战七捷纪念馆向革命先烈敬献花篮,在党旗前重温入党誓词。

△ 海安县举行“历史和人民的选择”——中共党史专题报告会。中央党校党史教研部教授罗平汉作专题讲座。

10日 在上海世贸商城举行“动车时代、节点城市”海安经济社会发展情况恳谈会。县委书记、县长陆卫东致辞。县政协主席朱春主持会议。县委副书记顾国标就海安投资环境作具体介绍。上海市杨浦区副区长吴乾渝、上汽集团副总经理程京雷等上海工商界、政府机关、高等院校、科研机构的300多位客人应邀参加活动。会上集中签约35个项目。

△ 海安经济技术开发区与上海交通大学产学研合作交流会暨共建智能装备研究院签约会在上海交大机械与动力工程学院召开。县委书记、县长陆卫东在签约会上致辞。上海交大常务副校长林忠钦、上海交大机械与动力工程学院院长奚立峰参加活动。

12日 省纪委常委赵长林一行到海安调研反腐倡廉“不想腐、不能腐、不敢腐”工作机制。县委书记、县长陆卫东,县委副书记顾国标,县委常委、纪委书记李春旺参加活动。

13日 县委书记、县长陆卫东主持召开海安县第十五届人民政府第19次常务会。会议讨论关于加快电子商务发展的实施意见、海安县促进电子商务发展扶持办法、关于开展“平安海安”技防五期工程建设的请示、关于进一步加强招工引劳的补充意见、2014年校企合作举办“冠名班”考核办法等26项议题。

14日 县委书记、县长陆卫东主持召开十二届县委第46次常委(扩大)会。陆卫东点评县四套班子领导2月份“走基层、送服务、访民生、解难题”工作情况。与会人员讨论相关制度制定和完善工作;学习中央关于创新群众工作方法解决信访突出问题的意见和李小敏在全省信访维稳工作领导小组会议上的讲话,以及省、市有关会议精神;讨论第三轮面向优秀村(社区)党组织书记公开招聘区镇事业人员方案。与会人员集中观看《苏共亡党20年祭》。

△ 全国锻压机械标准化技术委员会二辊卷板机工作组成立暨第一届全体委员会议在海安县召开。全国锻压机械标准化技术委员会主任刘家旭、省质量技术监督局标准化处处长马小平、国家铸造锻压机械质量监督检验中心副主任黄久辉、副县长卢忠平参加会议。

17日 海安县召开2014年全县人民武装工作暨宣布命令大会。南通军分区副司令员燕殿寿,县委书记、县长陆卫东,县委常委、常务副县长焦广琪,县政府党组成员、公安局局长葛志祥参加会议。燕殿寿宣读南通军分区党委关于陆卫东担任海安县人武部党委第一书记的任职命令。

△ 山东省日照市东港区区委书记郑加贵率东港区党政代表团到海安考察。县委副书记顾国标,县人大常委会党组副书记、副主任孙进基,县委常委、常务副县长焦广琪参加活动。

19日 市委副书记、市长张国华到联系点海安,深入部分区镇村、园区和企业调研,指导、推进群众路线教育实践活动。

20日 县委、县政府召开全县农村工作会议。县委书记、县长陆卫东到会讲话。县委副书记顾国标作工作报告。副县长彭为杰主持会议。

21日 县委书记、县长陆卫东走进“政风行风热线”直播室,就全县经济社会发展等相关话题与广大观众、听众、网友进行现场交流。海安人民广播电台、海安电视台、海安播报网并机直播此次“海安政风行风热线”节目。

23日 海安县举行《改革和发展的新机遇——学习党的十八届三中全会精神》专题报告会。南京大学党委书记洪银兴作专题辅导报告。

25日 省科协党组书记、副主席陈惠娟到海安调研。

29日 县委书记、县长陆卫东主持召开十二届县委第47次常委(扩大)会,传达省政府关于2014年度十大重点工作百项考核指标的文件精神,导读海安县对接落实考核指标责任分解表。县委常委、常务副县长焦广琪作分析点评。县委常委、组织部部长成宾传达全市市级中心镇行政管理体制改革试点工作会议精神。县委常委、政法委书记盛慧琴传达全市开展“践行党的群众路线,做好领导包案化解”活动部署要求,并汇报相关实施方案。副县长、滨海新区党工委书记丁锋传达全市生态文明建设会议、服务业工作会议、民营经济工作会议等会议精神,汇报县生态文明建设和服务业工作实施方案。

31日 县委召开党的群众路线教育实践活动“一把手”专项述职会。市委督导一组组长葛维先,县委书记、县长陆卫东分别讲话。县委副书记顾国标主持会议。县委常委、组织部部长成宾对前一阶段党的群众路线教育实践活动进行点评。各区镇党工委书记、党委书记分别作述职交流发言,并递交活动责任状。94个活动单位签订教育实践活动责任书。

4 月

1日 省政协副主席,省政府党组成员,省科技厅厅长、党组书记徐南平到海安调研科技创新工作。省科技厅常务副厅长王秦、副厅长蒋跃建,副市长黄爱军陪同调研。徐南平一行参观鑫缘茧丝绸国家工程技术研究中心、南京大学海安高新技术研究院、铁锚玻璃、莘翔机电、中洋集团长江珍稀鱼类养殖基地等,听取县委书记、县长陆卫东关于海安县科技创新工作基本情况的汇报。

3—4日 县四套班子负责人,县级机关和各区镇负责人以及教育实践活动单位副科职以上领导干部800多人集中观看电影《焦裕禄》,重温焦裕禄感人事迹,学习弘扬焦裕禄精神。

8日 海安县第四届梨花节在大公镇于坝村开幕。县政协主席朱春宣布海安县第四届梨花节开幕。县人大常委会副主任王锡林、副县长高斌等出席开幕式。

9日 省委副书记石泰峰到海安调研现代农业工作,实地考察中洋集团长江珍稀鱼类养殖基地。市委书记丁大卫,县委书记、县长陆卫东等陪同调研。

10日 国家税务总局教育实践活动第二巡回督导组组长戴子钧一行,到海安检查指导国税局党的群众路线教育实践活动。省国税局党组书记、局长胡道新,市国税局党组书记、局长凌曙明陪同调研。县委书记、县长陆卫东,县委常委、常务副县长焦广琪,县委常委、组织部部长成宾参加活动。

11日 假座北京国际会议中心举行“动车时代、节点城市”海安经济社会发展情况恳谈会。国务院参事、原国家能源总局局长徐锭明,中科院院士、中国科学院地理科学与资源研究所博导周成虎,中共中央统战部三局副局长傅铁生,国台办信息中心主任仇开明以及在京工商界、政府机关、高等院校、科研机构、驻华领事馆、海外工商组织驻华代表处、国际知名律师事务所等250多位领导嘉宾应邀出席。县委书记、县长陆卫东出席会议并致辞。县委副书记顾国标介绍县投资环境。副县长丁锋主持活动。

△ 县委书记、县长陆卫东在北京召开海安经济社会发展战略及新型城镇化、城乡一体化工作方案座谈会。中科院院士周成虎、中国科学院地理科学与资源研究所研究中心主任樊杰、国土规划专家方创林应邀参加座谈。

13日 县委书记、县长陆卫东主持召开县委中心组学习会。与会人员观看电视专题片《大无大有——身边人眼中的周恩来》。周宗泉、张亚曦、肖正明、王锡林、丁锋、卢忠平、蔡祝平、赵剑波、王平9位县领导交流学习十八届三中全会、习总书记系列讲话精神的心得体会。

14—15日 县委书记、县长陆卫东率队观摩各区镇4月份落户特色产业园区新开工项目、新增设备项目、标准厂房建设、产学研合作项目、企业研究院、招工引劳企业、“清水工程”及村级为民服务中心观摩点。

16日 县第十五届人民政府第六次全体(扩大)会议暨一季度工作点评会召开。县委书记、县长陆卫东到会讲话。县委副书记顾国标宣读一季度“单项流动杯”“季度综合优胜杯”考核竞赛结果,经济社会目标责任书考核加、扣分情况以及村级为民服务中心建设考核结果。

19日 美国奥克兰郡副郡长马修·吉布、底特律华商会会长徐京及部分当地官员访问海安。县委书记、县长陆卫东,县委副书记顾国标,县委常委、开发区党工委书记周宗泉参加活动。

△ 全国优秀共产党员、全国“双百”人物、全国劳模、全国道德模范、全国人民满意的公务员,新中国首届“雷锋奖”获得者,党的十八大代表张云泉应邀为海安县党员干部作“加强党的作风建设,践行党的群众路线”专题报告。

△ 新华社“依法治国与国家治理现代化”调研组到海安调研法治建设工作。

△ 县委、县政府召开安全生产工作会议。

21日 省发改委副主任徐莹一行到海安开展“三解三促”活动。县委常委、组织部部长成宾,副县长丁锋参加活动。

△ 省环境保护产业协会第五届理事会第五次会议在海安召开,会议新增天楹环保能源股份和中矿重型装备两家企业为常务理事单位,新增巨邦环境工程集团为理事单位。

△ 全省畜牧生产形势分析和畜禽养殖标准化示范创建推进会在海安召开。

23日 美国COMBINE公司总裁史瑞克·莫塔、总裁夫人妮娜·莫塔及部分高管到海安,就加快推进莫塔人造金刚石生产项目与海安县进行洽谈交流。县委书记、县长陆卫东,县委常委、开发区党工委书记周宗泉参加活动。

△ 人民网江苏视窗总编辑汪峥嵘带领采访团队到海安,专访县委书记、县长陆卫东。

24日 商务部欧洲司副司长马社一行到海安考察,先后参观西蒙电气、鑫缘工业园、上柴动力、联发集团、中洋豪生大酒店、商贸物流园、晓星集团等处,考察常安纺织园和上湖新城,听取海安经济社会发展基本情况汇报。县委书记、县长陆卫东,县领导顾国标、周宗泉、丁锋参加活动。

△ 海安县第26届科普宣传周暨世界知识产权日活动在新世纪广场开幕。省科协副主席冯少东,省科协科普部部长张宏斌,市科协主席姜晓军出席开幕式。县委书记、县长陆卫东宣布活动开幕。县委副书记顾国标致开幕词。副县长卢忠平主持开幕式。

25日 苏州市委副书记陈振一,苏州市政协副主席、市农委主任蒋来清率党政代表团到海安考察。南通市委常委秦厚德,县委副书记顾国标、副县长彭为杰等参加活动。

29日 由县委、县政府主办,县委宣传部、县委政法委、县司法局等部门承办的“法治,让生活更美好”文艺巡演在新星百老汇大剧场首演。县委书记、县长陆卫东,市委政法委副书记钱建华,市司法局局长张武林,市依法治市办主任助理钱永忠,市司法局副局长祁建中,县领导顾国标、焦广琪、王炜、盛慧琴、章曙东,县政府党组成员、公安局局长葛志祥等出席晚会。

5 月

4日 共青团海安县委举行十五届三次全体(扩大)会议暨庆祝建团92周年“五四”表彰大会。县委书记、县长陆卫东出席会议并讲话。县委副书记顾国标,县委常委、宣传部部长王炜,副县长翁晓云参加会议。

6—7日 国家环保部在南通组织召开《海安经济技术开发区总体规划环境影响报告书》审查会。环保部巡视员牟广丰率环保部环评司、中国环境科学研究院、中科院地理科学与资源研究所、中科院大气物理研究所等部门单位的领导、专家出席评审会。市委常委、常务副市长韩立明致辞。县委书记、县长陆卫东,县领导顾国标、周宗泉、丁锋参加活动。

7日 南通市慈善总会在海安县举行“慈善牵手助医”救助款发放仪式。市慈善总会及县慈善会相关负责人参加活动。11位大病救助患者或其家属接受每人1万元救助金,及由社会爱心人士捐助的电磁炉、电风扇、大米等物资。

9日 海安县2014年科级领导干部廉洁从政教育第一期培训班开班。县委书记、县长陆卫东出席会议并作动员讲话。县委常委、纪委书记李春旺主持会议并组织廉政专题教育学习。近200名科级领导干部观看案例片《蜕变与忏悔》,听取“党风廉政建设形势和任务”“党纪条规教育”等廉政专题教育讲座,并进行党风廉政建设知识测试。

9—10日 中科院院士,中科院地理科学与资源研究所副所长、研究员、博士生导师周成虎,欧亚科学院院士,中科院地理科学与资源研究所研究员、博士生导师毛汉英,中科院地理科学与资源研究所区域发展研究部主任、研究员、博士生导师樊杰等专家学者到海安调研,为海安新型城镇化、城乡一体化发展把脉支招。县领导陆卫东、朱春、顾国标、孙进基等参加活动。

11日 县委、县政府召开全县机关作风效能建设暨主要领导“四个不直接分管”工作推进会。县委书记、县长陆卫东讲话。县委常委、纪委书记李春旺主持活动。

12日 假座深圳中航城格兰云天大酒店举行海安经济技术开发区鹏城恳谈会。澳大利亚福建总商会会长郑诚加、广东江苏商会秘书长柳锦功等近百名领导、企业家应邀出席。县委书记、县长陆卫东出席会议并致辞。

19日 全市社会治安重点地区整治推进会在海安县召开。县委常委、政法委书记盛慧琴,副县长、县公安局局长葛志祥参加活动。

21日 全省秸秆燃料化利用暨秸秆禁烧动员会在海安召开。副省长许津荣出席会议并讲话。省环保厅厅长陈蒙蒙主持会议。市委常委、常务副市长韩立明,副市长赵闻斌,市政府党组成员吴险峰出席会议。县委书记、县长陆卫东介绍海安经验。与会人员现场观摩南通绿源公司秸秆收贮中心、秸秆成型燃料加工点、供热站和海安农机服务中心、佳力士添加剂(海安)公司。

23日 海安文艺展示月暨“中国梦·海安美”全县中小学美术教师才艺大赛优秀作品展启动。县委常委、宣传部部长王炜,县人大常委会副主任肖正明,副县长翁晓云参加活动。

24日 中国海洋大学工程学院与海安县人民政府举行产学研合作签约仪式。中国海洋大学工程学院院长史宏达,县委书记、县长陆卫东,县委副书记顾国标,副县长卢忠平、吴麟麟等参加签约仪式。

24—25日 海安县举办“创新创业在海安”主题活动。会议表彰“十大科技兴企企业家”和“十大科技兴海功臣”。50个产学研合作项目和30个高新技术产业投资项目现场签约。省委组织部副部长胡金波,科技部科技基础条件平台中心副主任吕先志,省科技厅副厅长夏冰,省知识产权局局长朱宇,市委常委、组织部部长张兆江,副市长黄爱军,南通农业技术职业学院党委书记、市科技局局长、党组书记朱千波,中国科学院院士、南京大学物理学院教授都有为,中国科学院院士、南京大学物理学院教授祝世宁,中国科学院院士、南京大学电子科学与工程学院教授郑有炓,中国科学院院士、南京大学电子科学与工程学院教授吴培亨,中国科学院院士、南京大学物理学院教授王广厚,中国科学院院士、中科院上海技术物理研究所研究员薛永祺,中国工程院院士、复旦大学教授王威琪,中国工程院院士、上海电缆研究所高级工程师黄崇祺等上级领导、院士专家,县四套班子全体负责人,以及国家“千人计划”专家,海归人才,与县企业开展产学研合作的高校院所专家、教授,创新创业指导员,高新技术产业投资客商,县外招生引劳基地负责人,《人民日报》、新华社、《科技日报》等媒体记者1000多人参加活动。

28日 县委书记、县长陆卫东主持召开海安县第十五届人民政府第22次常务会。会议讨论海安县消火栓管理办法、关于请求批准重型消防车辆购置及部分政府专职消防队站升级改造计划的请示、海安县深化教育领域综合改革推进教育现代化建设情况汇报、关于卫生系统定向培养医学生的请示等26项议题。

△ 澳大利亚工党地区常务主席、澳大利亚资源矿产公司主席穆帝文率队到海安考察,先后参观滨海新区、商贸物流园等处。

29日 海安县召开“一企一策”企业暨重点项目专题办公会。会议听取并讨论开发区相关地块上市有关政策落实情况的请示,苏中植物园二期建设工程情况,2014年新制定、调整、退出“一企一策”的相关企业发展目标,需协调解决存在问题及相关政策事项等议题。

△ 县委书记、县长、县委党的群众路线教育实践活动领导小组组长陆卫东主持召开十二届县委常委会第37次会议暨县委党的群众路线教育实践活动领导小组会议。会议听取县党的群众路线教育实践活动学习教育、听取意见环节工作汇报,讨论《全县党的群众路线教育实践活动查摆问题、开展批评环节实施办法》和县委常委班子对照检查材料。

△ 海安县邀请省国土资源厅副厅长祖耀升作“城镇化进程中土地管理的作用与任务”专题讲座。县委书记、县长陆卫东主持讲座。

6 月

3日 海安县举行徐祝明革命烈士、二级英模命名表彰大会。市政协副主席、公安局局长秦剑平,县委书记、县长陆卫东分别向徐祝明妻子王桂秋颁发二级英模奖章、证书和革命烈士荣誉证书。市公安局党委副书记、政治部主任陆玲玲宣读公安部《关于授予徐祝明同志全国公安系统二级英雄模范的命令》。县委常委、常务副县长焦广琪宣读江苏省人民政府《关于评定徐祝明同志为烈士的批复》。

7—9日 高考。县委书记、县长陆卫东,县委副书记顾国标,县人大常委会副主任肖正明,副县长翁晓云,副县长、县公安局局长葛志祥分别到省海中、实验中学、海陵中学三个考点察看考试情况。

8日 国家海洋局原局长孙志辉到海安考察海洋经济工作情况,实地参观中洋集团河豚、鲥鱼、鳄鱼、中华鲟等养殖基地。

10日 海安县召开四套班子负责人会议,宣布省委、市委关于海安县政府主要负责人人事调整的决定:提名顾国标为海安县县长候选人,陆卫东不再担任海安县县长职务。市委组织部常务副部长、市编办主任黄卫成到会讲话。市委组织部副调研员、县区干部处处长陈鹏军宣布省委、市委决定。

△ 海安县召开第十五届人大常委会第二十次会议。会议通过审议,决定接受陆卫东辞去海安县人民政府县长职务的请求,任命顾国标为海安县人民政府副县长、代理县长。

14日 全国水稻钵苗机插高产栽培技术现场观摩会在海安县召开。全国农技中心副主任宋丹阳,省农委副主任张坚勇,及全国17个省(市、区)的150余名农口代表参加活动。

18日 省政府副秘书长杨根平、省水利厅副厅长张劲松率省政府“稳增长、促改革、调结构、惠民生”政策措施落实情况第三督察组到海安督察,实地查看天楹环保垃圾焚烧发电厂、铁锚玻璃、县社会福利中心、通海大市场改造区域、东洲公园、鑫缘丝绸工业园等处。

20日 县召开“一企一策”企业暨

重点项目专题办公会。

24日 苏州大学·博实机器人海安经济技术开发区共建海安先进机器人及系统研发生产基地签约仪式在王府大酒店举行。

25日 海安县召开集中开展安全生产检查整改专项行动会议。县委副书记、代县长顾国标参加会议。

27日 县委书记陆卫东,县委副书记、代县长顾国标,县政协主席朱春调研中、高考工作。县领导肖正明、翁晓云参加活动。2014年海安县中高考再续辉煌,高考省文科状元、市理科状元均花落海中,高分段人数名列全省第一。全县中考总均分再居全市第一。

28日 县委召开纪念建党93周年暨党委(党组)书记管党述职大会。县委书记陆卫东在会上作重要讲话。县委副书记、代县长顾国标主持会议并宣读表彰决定。

7月

6月30日—7月1日 市委副书记、市长张国华参加并指导海安县委常委班子党的群众路线教育实践活动专题民主生活会。县委书记陆卫东代表县委常委班子对照检查,并作自我剖析,带头开展批评与自我批评。顾国标等常委班子成员逐一对照检查,并接受班子其他成员直截了当又坦诚中肯的批评。张国华作重要讲话。省委督导组组长耿乃凡、市委督导组组长葛维先分别作点评。

2日 省政府副秘书长王志忠一行到海安督察新能源汽车推广应用工作,先后视察海安充换电站和明诺机械有限公司,并乘坐投入运营的9路电动公交。副市长黄爱军,市政府副秘书长王国平,县委副书记、代县长顾国标,县委常委、组织部部长成宾,副县长卢忠平参加活动。

8日 县召开2014年征兵工作会议。县委副书记、代县长、县征兵领导小组组长顾国标,县委常委、人武部政委、县征兵领导小组副组长陈辉,副县长、县公安局局长、县征兵领导小组副组长葛志祥参加会议。

9日 《新华日报》副总编张晓东、总编办主任许建军、南通站站长陈明等一行到海安,就"科技创新"主题专程采访县委书记陆卫东。县委常委、宣传部部长王炜参加活动。

10日 县召开服务业(含创意产业)暨四大产业链发展工作专题会商会。

△ 海安县30家重点企业赴北京中科院科研院所开展产学研对接活动。

△ 中国(常州)轨道交通产业国际交流会暨海安轨道交通产业推介会在常州召开。

11日 县政府党组、县人大常委会党组先后召开党的群众路线教育实践活动专题民主生活会。县委副书记、代县长顾国标主持会议,代表县政府党组对照检查,并作自我剖析,带头开展批评与自我批评。焦广琪、翁晓云、丁锋、卢忠平、葛志祥、高斌、章曙东等逐一对照检查,并接受班子其他成员坦诚而深入的批评。市委督导组组长葛维先、副组长陆永生分别出席会议并作点评。

△ 海安县30家重点企业与北京科技大学开展产学研对接活动。

12日 县委副书记、代县长顾国标主持召开海安县第十五届人民政府第23次常务会。会议讨论关于县飞鹤公交公司新增城市公交车辆的请示、关于2013年城乡垃圾焚烧相关费用结算及有关事项的请示等12项议题。

15日 农业部副部长牛盾率队到海安视察渔业工作,实地考察中洋河豚庄园。

△ 县委召开常委班子、县政府党组专题民主生活会情况通报会。县委书记陆卫东通报县委常委班子专题民主生活会情况。县委副书记、代县长顾国标通报县政府党组专题民主生活会情况。市委督导组组长葛维先到会讲话。省委督导组成员冯剑华、市委督导组全体成员,县四套班子全体负责人参加会议。与会人员开展民主评议。

△ 县政协党组召开党的群众路线教育实践活动专题民主生活会。县政协主席朱春主持会议,代表县政协党组班子对照检查,并作自我剖析,带头开展批评与自我批评。吉传稳、朱卫民、储开泉等县政协党组成员逐一对照检查,并接受成员的批评。市委督导组组长葛维先全程参加会议并作点评。

16日 南通市第六批科技镇长团(北片)工作座谈会在海安召开。县委常委、组织部部长成宾出席会议。副县长吴麟麟作交流发言。市委组织部、市科技局、市人才办等部门负责人,海安、如皋、如东、港闸的47名科技镇长团成员参加会议。

16—17日 县委书记陆卫东率队观摩各区镇7月份落户特色产业园区新开工项目、新增设备项目、标准厂房建设、产学研合作项目、校企研发平台、招工引劳企业、"清水工程" 及村级为民服务中心。

18日 海安县在沪举办现代物流业投资环境推介会,现场签约内河集装箱水水联运、有色金属仓储物流等9个重点项目。县委书记陆卫东出席会议并致辞。上海市政协科技成果转化促进会常务副秘书长杨庆根、上海有色金属行业协会会长张敏祥、上海市物流协会会长韩志雄及上港集团、中铁快运、南京铁路发展集团、京东商城、国美电器、普洛斯、传化集团等企业负责人应邀出席。县领导成宾、王锡林、丁锋参加活动。

21日 县委书记陆卫东主持召开十二届县委第50次常委扩大会,传达省委十二届七次全会精神,讨论县委十二届六次全会报告(讨论稿),传达全市整治选人用人不正之风座谈会、全市开展矛盾纠纷排查化解专项行动会议及十二届县委常委会第39次会议精神,通报"五个必通报"内容。

23日 中共海安县委十二届六次全体会议召开。县委书记陆卫东代表县委常委会作题为《大力弘扬创新创业文化,积极培育创新创业主体,全力打造创新创业型城市》的工作报告。县委副书记、代县长顾国标主持会议,并传达市委十一届七次全会精神,宣读上半年县级机关、区镇考核结果。全会审议通过《中国共产党海安县第十二届委员会第六次全体会议决议》,举行二季度单项流动杯交接和综合优胜杯授杯仪式。

25日 全市工业经济暨特色产业基地建设推进会在海安召开。副市长黄爱军出席会议并讲话。市政府副秘书长王国平主持会议。市经信委主任杨扬通报上半年工业经济及特色产业基地建设情况。县委书记陆卫东致辞。

△ 在深圳市五洲宾馆举办"动车

时代、节点城市”海安经济社会发展情况恳谈会。县委副书记、代县长顾国标出席会议并致辞。县政协主席朱春主持会议。广东省知识产权局副局长袁有楼、深圳市南通商会会长袁亚康、中集集团财务有限公司总经理张力、光大环保(中国)有限公司新能源管理中心总经理邵启超、茂硕电源科技股份有限公司董事长顾永德及广东工商界300多位嘉宾应邀出席。县领导张亚曦、王锡林、丁锋参加活动。恳谈会上共集中签约30个项目,总投资近70亿元。

26日 县委组织部、开发区党工委联手在北京举行海安县流动党员“风筝”工作法推进会暨“北京服务站”成立揭牌仪式。市委组织部副部长、两新工委书记张辉,省出省建筑企业北京地区党委书记、省政府驻京办建管处处长谢挺,县委常委、组织部部长成宾,北京市朝阳区委组织部、朝阳区望京街道党工委有关负责人参加活动。

29日 召开县产业集群培育工作汇报会。县委书记陆卫东出席会议并讲话。县委副书记、代县长顾国标对上半年产业集群培育工作进行点评。副县长卢忠平主持会议。

30日 全县“银政企携手攀新高”行动——开发区、大公镇合作项目现场对接会召开。银利数控、金奥莱机电、万通钢管、华荣化纤、志高重工等5家企业与县农商行进行现场签约,共获授信近6000万元。

8 月

1日 中国人民解放军建军87周年,陆卫东、顾国标等县四套班子领导到县人武部、海安军休所、消防大队、武警海安中队等单位慰问驻海安部队官兵。

2日 县委、县政府召开城建重点工程月度推进会。县委副书记、代县长顾国标出席会议并讲话。县委常委、常务副县长焦广琪对1—7月城建工程推进情况进行点评,并部署下一阶段工作。县委常委、纪委书记李春旺主持会议。县领导周宗泉、成宾、张亚曦、陈辉、翁晓云、丁锋、卢忠平、吉传稳,县人民检察院检察长李平参加活动。

3日 市委常委、宣传部部长章树山到海安督察“五大专项行动”落实情况。

6日 江苏省科技厅发文,国家知识产权局确定海安经济技术开发区为国家知识产权试点园区,该区成为全省长江以北第一家获此殊荣的国家级开发区。

7日 7月份“中国好人榜”揭晓,县国税局第七税务分局原分局长卢华当选“中国好人榜”敬业奉献典型。

14日 县委书记陆卫东率队视察县部分防洪排涝工程。

16日 县委副书记、代县长顾国标主持召开海安县第十五届人民政府第24次常务会。会议讨论2014年保持全县经济平稳较快发展的若干政策意见、关于江淮文化园(苏中植物园二期工程)建设的政策建议、关于西泊度假区暨乡村旅游农家乐聚集区开发建议的方案、中洋河豚庄园创建AAAA级景区旅游配套设施投资方案、海安县河道保洁工作实施方案、海安县区镇公共资源交易管理办法等16项议题。

18日 开发区引进的通润汽车零部件三期和齐克庞德电子两个亿元项目启动。县委书记陆卫东,县委常委、开发区党工委书记周宗泉参加活动。

△ 七星湖生态园接到省旅游景区质量等级评定委员会通知,该生态园景区成功获批国家AAA级旅游景区。

18—19日 中国藏语系高级佛学院学术评审委员会委员、西藏拉萨扎西岗寺转世活佛、青海玉树州结古寺堪布住持堪布更尕松保仁波切到海安访问。

19日 县委书记陆卫东主持召开十二届县委常委会第40次会议。会议讨论县委成立全面深化改革领导小组及专项研究任务分解表、县委常委班子党的群众路线教育实践活动整改方案和第五批专项整治问题任务分解表,讨论曲塘镇、李堡镇中心镇行政管理体制改革试点工作方案、县财政局关于政府参股引导建立创投资金相关事宜的请示,讨论中共海安县委关于落实党风廉政建设党委主体责任、纪委监督责任的实施意见(试行)以及其他事项。

20日 县委书记陆卫东主持召开全县党的群众路线教育实践活动推进视频会议,总结交流前一阶段工作,研究部署第三环节重点工作。市委督导组组长葛维先到会讲话。

△ 浙江大学—海安县产学研合作洽谈会在海安宾馆召开。副县长高斌,浙江大学工业技术研究院副院长、机械设计研究所所长童水光参加会议。

23日 省爱卫办副主任顾帮朝率检查考核组到海安,对海安县创建国家卫生县城进行省级复审。考核组对海安县巩固国家卫生县城工作给予充分肯定,一致同意复审通过。

25日 县妇女第十三次代表大会隆重开幕。县委书记陆卫东,市妇联主席钱锁梅出席会议并分别讲话。

△ 县委书记陆卫东到海迅集团、申菱电器等企业调研。县领导周宗泉、张亚曦、丁锋参加活动。

26日 县委副书记、代县长顾国标到开发区调研重大在建项目、重点企业发展情况。县领导周宗泉、丁锋、卢忠平参加活动。

27日 县委书记陆卫东调研高新区、开发区部分农民安置房小区建设情况。副县长、县公安局局长葛志祥参加活动。

28日 市委书记丁大卫到海安调研,了解产业转型升级、科技创新、中心镇建设、民生实事工程和安全生产等情况。市委常委、市委秘书长黄巍东,县委书记陆卫东,县委副书记、代县长顾国标,县领导周宗泉、张亚曦参加相关活动。

△ 粟裕大将之子、北京军区原副司令员粟戎生中将,粟裕生前秘书朱楹少将带领新四军先辈足迹寻访团到海安寻访先辈战斗故地。市委书记丁大卫会见寻访团成员。市委常委、市委秘书长黄巍东,县委书记陆卫东,县委副书记、代县长顾国标参加活动。

△ 国家新闻出版广电总局副局长童刚一行到海安调研电视频道建设与管理工作情况。省广播电影电视局局长张建康,市委常委、宣传部部长章树山,副市长朱晋,县委常委、宣传部部长王炜,副县长翁晓云等参加活动。

△ 曲塘镇、李堡镇启动行政管理体制改革试点工作。县将下放至曲塘镇、李堡镇人民政府县级管理权限341项,赋予曲塘、李堡两镇在规划建设、城市管理、安全生产、农业现代化建设、投资建设、生产经营、社会治安、社会保障等方面部分县级经济社会管理权限。县级以上职能部门在镇设立派驻机构,充分授

权,能下放的管理、审批权限,尽可能下放到驻镇机构。所有下放、委托的行政审批、行政许可和公共服务事项原则上进入便民服务中心,实行"一站式"服务。改革过程中还将创新管理体制、优化机构设置、严控人员编制和领导职数、理顺权责关系、完善配套措施等。10月底前各内设机构挂牌并试运行。

29日 县举行苏州农业职业技术学院和雅周现代农业园区校企合作示范基地揭牌签约仪式。县委常委黄忠、副县长彭为杰与苏州农业职业技术学院院长李振陆、副院长钱剑林共同为基地揭牌。雅周现代农业产业园和苏州农业职业技术学院负责人签订校企合作示范基地共建协议书。

30日 县第十届法治文化节开幕式暨2014江苏海安公共法律服务公益广告大赛颁奖活动在苏中七战七捷纪念馆举行。司法部法制宣传司副司长李志路,江苏省依法治省领导小组办公室副主任沈国新,南通市委常委、政法委书记曹斌,江苏省司法厅法制宣传处处长李长山,《江苏法制报》总编马健,南通市委政法委副书记钱建华,南通市司法局局长张武林,海安县县委书记陆卫东,县委副书记、代县长顾国标,县领导王炜、盛慧琴等参加活动。

9 月

2日 县委副书记、代县长顾国标到李堡镇和曲塘镇调研重大在建项目、重点企业发展情况。副县长卢忠平参加活动。

3日 县政府与农发行南通市分行签订政策性金融战略合作协议。中国农业发展银行江苏省分行党委书记、行长丁伟,市委常委、常务副市长韩立明,县委书记陆卫东,县委副书记、代县长顾国标,县领导张亚曦、丁锋参加活动。

4日 县委书记陆卫东,县委常委、开发区党工委书记周宗泉率队参观考察通州、吴江两地的纺织面料专业市场和研发机构、企业。

△ 县委副书记、代县长顾国标到高新区调研重大在建项目、重点企业发展情况。县领导张亚曦、丁锋、卢忠平参加活动。

5日 县委书记陆卫东率队开展安全检查,先后检查上海水星家纺海安有限公司、丰源食品城液氨泵站等。

6日 海安县举行2014年欢送新兵入伍大会。县委副书记、代县长顾国标,县委常委、人武部政委陈辉,副县长、县公安局局长葛志祥,县人武部部长袁九胜及领兵部队代表出席欢送大会。

△ "中国梦·江海风"——2014全市文艺调演暨"濠滨夏夜"环西文化广场演出"梦里老家"海安原创民间歌舞专场在南通市区文化广场上演。

9日 县委书记陆卫东主持召开十二届县委常委会第41次会议。会议讨论县党的群众路线教育实践活动"十大专项治理行动"方案、清理整治奢华浪费建设工作领导小组及工作方案;讨论关于进一步促进红十字事业发展的实施意见;讨论研究其他事项。

△ 县十五届人大常委会举行第二十二次会议。会议决定任命张亚曦、严长江、杨同标为县政府副县长;会议决定免去焦广琪、丁锋县政府副县长职务。

10日 由县委、县政府主办的"老师,你好"主题颁奖活动在省海中体艺馆举行。县委书记陆卫东致辞。

12日 海安县国家级经济技术开发区在昆山格林菲尔华美达大酒店召开投资恳谈会。县委常委、国家级开发区党工委副书记周宗泉主持活动。中国产业联盟常务副秘书长吴春晖和昆山创锐电子工具有限公司总经理法兰克·莫等50多位昆山企业负责人、代表应邀参加恳谈会。

13—14日 县举行第八届运动会职工部赛事暨第三届职工运动会。副县长翁晓云出席开幕式。

15日 召开"海安是我家,发展靠大家"县领导网友见面会。县委书记陆卫东,县委副书记、代县长顾国标,县领导李春旺、盛慧琴、张亚曦、葛志祥、严长江参加活动。县委副书记焦广琪主持活动。与会领导为网络微献策获奖作品颁奖。

16日 省供销总社党组书记、主任黄宝荣一行到海安调研综合改革试点工作推进情况。

16—17日 昆山源展电子科技有限公司董事长曹小华、台湾环讯国际集团上海环讯机械科技有限公司董事长钟印隆、昆山合锦泰精密模具有限公司董事长王兵、上海钦羽机械有限公司董事长周成等企业家到海安大公等地考察投资环境。

17日 县委书记陆卫东率队赴兴化市考察旅游业发展。副县长、县委办主任严长江参加活动。兴化市委书记陆晓声陪同考察。

18日 县委书记陆卫东率队赴大丰市考察旅游业、农业、工业发展。盐城市委常委、大丰市委书记倪峰,大丰市市长陈平,大丰市委常委、纪委书记宋勇,大丰市委常委袁国萍陪同考察。

19日 省机关事务管理局副局长张钧率队到海安调研机关事务及全县办公用房清理工作情况。县委常委、常务副县长张亚曦参加活动。

21日 贵州省石阡县县委书记叶德恩率石阡县考察团到海安考察。

23日 县委副书记、代县长顾国标主持召开海安县第十五届人民政府第25次常务会。会议讨论海安县深化行政审批制度改革工作方案、海安县中小企业信用担保基金管理办法、关于实施海安县县级公立医院医药价格综合改革方案的请示等20多项议题。

24日 市委副书记、市长张国华听取海安县委党的群众路线教育实践活动情况汇报。县委书记陆卫东汇报县教育实践活动特别是抓好整改落实的情况。市委督导组组长葛维先汇报督导工作情况。

△ 全市农村金融综合服务站建设工作现场会在海安县召开。中国人民银行南通市中心支行党委书记、行长李丹瑾,县委常委、常务副县长张亚曦,副县长卢忠平及各县(市)金融机构有关负责人参加活动。

24—25日 上海国生实业(电器)有限公司董事长华秋生、总经理梅崇国等到海安大公等地考察投资环境,洽谈"国生电器产业园"合作项目。

25日 中铁四局承建的353省道海安段跨通榆运河大桥连续梁中跨顺利合龙。

27日 县委副书记、代县长顾国标等赴泰兴考察大企业培育情况。泰兴市委书记、市人大常委会主任孙耀灿,泰兴市委副书记、市长张育林,泰兴市副市长、城东高新技术产业园区党工委书记顾刚等陪同考察。

28—30日 广东省茂名商会副会长、广东金宇商业集团公司董事长金梅一行到海安考察投资环境。

30日 国家法定的第一个烈士纪念日。海安县在县烈士陵园纪念广场举行烈士纪念日活动。县委书记陆卫东宣读祭文。县委副书记、代县长顾国标主持活动。

10 月

8日 海安县与南京农业大学举行全面战略合作签约仪式暨农业科技成果发布会。南京农业大学副校长丁艳锋,县委副书记焦广琪,副县长彭为杰,县政协副主席、县工商联主席蔡祝平参加活动。

11日 科技部农村司司长陈传宏率湘、鄂、苏、赣、川、皖六省课题负责人与专家到海安观摩。

14日 省政协副主席、致公党江苏省委主委麻建国率省政协企业孵化器发展调研组到海安,调研科技企业孵化器建设情况。

△ 由抗战名将管文蔚之子管新凯、解放军高级将领张藩之女张阳宁带队的新四军华中抗日根据地研究会一师苏中分会部分成员到海安寻访和参观新四军一师当年在海安地区转战和活动的重要战场遗址和纪念馆所。

15日 上海圣德曼铸造海安有限公司在高新区举行开工奠基仪式。县委书记陆卫东出席仪式并致辞。县委副书记、代县长顾国标主持奠基仪式。

16日 台湾实联集团董事长、台玻集团总裁林伯实,中瑞蓝科集团名誉董事长周玉成一行到海安考察投资环境。

△ 县委常委、国家级海安开发区党工委副书记周宗泉向省、市、县三级媒体发布"中意海安生态园"落户开发区的新闻。全国7个国际合作生态园,中意海安生态园是唯一一家落户县级城市的国际合作生态园。

17日 商务部外资司副司长邱丽新到海安调研外向型经济发展情况,听取中意海安生态园合作构想情况汇报。

18日 县"党外代表人士健康保健服务基地"在县中医院举行揭牌仪式。

19日 县委、县政府召开文明城市建设现场督察推进会。县委常委、宣传部部长王炜主持会议。县委副书记焦广琪,县委常委、常务副县长张亚曦,副县长、公安局局长葛志祥参加会议。

20日 全县党的群众路线教育实践活动总结大会在行政中心召开。省委督导组副组长汪以力出席会议。县委书记陆卫东、市委督导组组长葛维先分别讲话。县委副书记焦广琪主持会议。

21日 人力资源和社会保障部党组副书记、副部长杨志明到海安调研,先后参观丝翎檀雕陈加国大师工作室、县公共人力资源市场、联发集团等。

22日 县委书记陆卫东率队对全县各区镇10月份落户特色产业园区新开工项目、新增设备项目、产学研合作项目、招工引劳企业、"清水工程"以及村级为民服务中心进行集中观摩。

26日 举行圆通寺万缘宝塔落成开光暨佛祖舍利入塔供奉祈福法会。省民委副主任、省宗教局副局长王在郑,市委统战部副部长、市民宗局局长马建清,县委书记陆卫东,县委副书记、代县长顾国标,县政协主席朱春,县委副书记焦广琪,县领导周宗泉、肖正明、翁晓云、严长江、储开泉等,江苏省佛协副会长兼秘书长、苏州寒山寺方丈秋爽大和尚,香港佛教联合会执行副会长、西方寺方丈宽运大和尚等全国各地的诸山长老、108位大德高僧及各界人士、居士信众8000余人参加活动。此次入塔供奉的佛祖舍利由香港西方寺捐赠,是香港回归时中国佛教协会赠予的三枚舍利之一,这也是江苏第三枚、南通唯一一枚佛祖舍利。

△ 美国南加州教授专家协会常务副会长郦永刚率部分海外创业人才到海安考察。

△ 中国第六届摩擦、耐磨、减摩材料和技术专业委员会学术年会在海安召开。

27日 县委副书记、代县长顾国标到雅周镇调研重点企业发展、重大项目建设情况。副县长卢忠平参加活动。

28日 省档案局副局长顾祖根带领评审验收组一行到海安,检查验收县档案馆创建省中小学档案教育社会实践基地工作,通过听取汇报、实地视察、检查台账,一致同意通过验收。县档案馆成为全市首家省中小学档案教育社会实践基地。

29日 市委副书记、市长张国华率市发展改革委等相关部门负责人到海安调研产业转型升级情况。

△ 台湾韩忠谟教授法学基金会董事长、台湾地区司法主管机构前负责人翁岳生一行到海安参访交流。

31日 由省爱卫办、省环保厅、省卫生监督所等单位专家组成的考核小组,对曲塘镇创建江苏省卫生镇工作进行考核验收,经过听取汇报、实地检查后,同意通过考核验收。

11 月

1日 海安县组织相关部门对农贸市场进行专项检查,深入推进文明城市建设工作。县委常委、宣传部部长王炜,县委常委、常务副县长张亚曦,副县长、县公安局局长葛志祥参加活动。

4日 海安县举行海安大运物流园项目开工奠基仪式。中国中小企业协会副秘书长齐力然,中国中小企业协会网商分会副秘书长、长三角电子商务总部基地执行主任鲜涛,大运物流投资集团董事长叶宋清,大运物流投资集团总裁庄国平,县委书记陆卫东,县委副书记、代县长顾国标,县领导周宗泉、王锡林、严长江、吉传稳为海安大运物流园项目开工奠基培土。

5日 总参动员部副部长王文清少将率安全管理工作检查组到海安,检查民兵武器装备管理工作。南京军区动员部副部长段梦飞,江苏省军区副司令员陈德亮,南通军分区司令员徐国安,县委书记、县人武部党委第一书记陆卫东,县委常委、县人武部政委陈辉,副县长、县公安局局长葛志祥,县人武部部长袁九胜参加活动。

7日 海安县召开驻外科技外交官海安国际合作对接交流会。科技部国际合作司司长靳晓明,科技部人事司副司长蒋苏南,驻波兰、加拿大、瑞典、美国洛杉矶、荷兰、俄罗斯圣彼得堡等领事馆科技外交官,省科技厅党组副书记、副厅长曹苏明,市科技局党组书记、局长李吉平参加活动。

△ 省编办行政管理体制改革处相关领导到曲塘镇,专题调研经济发达镇行政管理体制改革试点工作情况。

8日 "动车时代、节点城市"第八届青墩文化艺术节暨中国海安2014金秋经贸洽谈会在王府邦瑞大酒店召开。中华农业科教基金会理事长、省政府参事刘立仁,市人大常委会副主任程静,副市长孙建华,市政协副主席陈德新,省知识产权局局长朱宇,省旅游局副巡视员吴群蔚等各级领导,北京冶矿研究总院院长蒋开喜,中国建材集团建材国际工程公司总经济师赵琪,美国密歇根州奥克兰郡副郡长马修·吉布,奥克兰郡经济发展署署长马修·费瑞尔,日中经济贸易中心上海事务所所长小林和晓等400多名中外客商,新华社、《经济日报》《大公报》《新华日报》等媒体记者,县委书记陆卫东,县委副书记、代县长顾国标,朱春、焦广琪、孙进基等县四套班子负责人参加活动。现场签约50个项目。与会人员观看主题片《海纳百川　安居乐业》,参观"海安经济社会发展成果巡礼"展示。

△　县政府与沈阳变压器研究院共同举行合作签约仪式。县委副书记、代县长顾国标,副县长卢忠平,沈阳变压器研究院常务副院长、国家变压器质量监督检验中心主任孙延宏,沈阳变压器研究院总工程师孙庆云出席签约仪式。县政协副主席赵剑波主持活动。

11日　国家长江珍稀鱼类产业技术创新战略联盟创建活动在海安县进行。科技部创新体系建设办公室主任徐建国,农业部长江流域渔政监督管理办公室主任李彦亮,中国水产科学研究院副院长刘英杰,中国科学院水生生物研究所院士桂建芳,省科技厅副厅长段雄,省海洋与渔业局副局长沈毅,市委常委秦厚德,副市长单晓鸣,县领导陆卫东、顾国标、焦广琪、彭为杰、卢忠平参加活动。该联盟由中洋集团牵头组建。

△　省交通厅副厅长王永安一行到海安调研公路建设管理体系。县委副书记、代县长顾国标,县委常委、常务副县长张亚曦参加活动。

12日　常熟市副市长陈惠良一行到海安考察常安纺织科技园合作建设情况。县领导陆卫东、周宗泉、卢忠平参加活动。

14日　县委副书记、代县长顾国标主持召开海安县第十五届人民政府第26次常务会。会议讨论2015年城乡建设、交通工程、城市管理重大项目计划安排;讨论海安县人民政府职能转变和机构改革方案、《关于深化教育领域综合改革创建县域教育现代化的意见》;讨论县物价局关于完善海安客运出租车运价结构的请示、中大街步行街整治方案等22项议题。

△　省沿海办主任、省发改委副主任林一峰,省政府参事、中华农业科教基金会理事长刘立仁一行到海安调研沿海开发工作。县领导顾国标、丁锋、翁晓云、储开泉参加活动。

15日　县委书记陆卫东主持召开十二届县委第52次常委(扩大)会议。会议研究创建县域教育现代化实施意见和创建教育现代化动员大会方案;研究2015年度城乡建设管理工作意见和城乡建设管理工作会议方案;传达全市干部选拔任用工作全程纪实培训会议主要精神;通报"五个必通报"内容。

△　中国质量协会理事、浙江大学管理学院企业管理系教授熊伟率江苏省质量奖评审专家组到海安,就江苏联发纺织股份有限公司申报2014年江苏省质量奖进行现场评审。

18日　省委副书记、省长李学勇到海安,先后调研铁路1号线建设现场、海安上海交大智能装备研究院、铁锚玻璃等,对海安县坚持科技创新驱动,大力推进新兴产业,加快转型升级步伐等发展举措予以肯定。市委书记丁大卫,市委副书记、市长张国华,市委常委、市委秘书长黄巍东,县领导陆卫东、顾国标、周宗泉、丁锋、卢忠平、严长江等陪同调研。

△　县委书记陆卫东,县委副书记、代县长顾国标调研建筑业、固定资产投资、土地利用等工作。县领导张亚曦、黄忠、严长江参加会议。

18—19日　中国质量协会理事、"管理科学与工程"学科学术带头人韩之俊率江苏省质量奖评审专家组到海安,就中洋集团申报2014年省质量奖进行现场评审。

19日　台玻集团总裁、实联长宜董事长、中瑞蓝科董事长林伯实到海安考察。

△　全市化工企业安全管理现场会在海安县召开。

21日　县委书记陆卫东,县委副书记、代县长顾国标就2015年农业农村、新兴服务业、沿海开发等多项工作任务和重点进行专题调研。县领导焦广琪、张亚曦、彭为杰、翁晓云、卢忠平、高斌参加会议。

22日　海安召开创建县域教育现代化动员大会。市教育局局长郭毅浩,县领导陆卫东、顾国标、朱春、焦广琪、孙进基、张亚曦、肖正明、翁晓云、朱卫民参加活动。

24日　市政协主席王德忠一行到海安调研2014年政协特色工作和2015年政协工作思路等相关情况。

25日　副省长傅自应、商务部欧洲司副司长马社、省政府副秘书长方伟、省商务厅副厅长赵进、省外事办副主任汤恒拜访意大利驻华大使白达宁,就中意海安生态园建设进行进一步洽谈。县领导陆卫东、周宗泉、严长江参加活动。

△　中国建材联合会会长乔龙德一行到海安县鹏飞集团参观调研。

11月27日—12月4日　县委副书记、代县长顾国标赴日本、韩国开展经贸交流及招商活动,分别拜访中国驻日本大使馆经济商务处、中国驻韩国大使馆经济商务处、日中经济贸易中心、日本商工会议所、日本贸促会京都总局、韩国中坚企业联合会、韩中经济贸易促进协会、韩国国会电视台等处。

28日　2014年南通市预防职务犯罪工作指导委员会会议在海安县召开。市委常委、政法委书记曹斌出席会议并讲话。

△　县十五届人大常委会召开第二十四次会议。会议听取《县政府关于2013年度县本级预算执行和其他财政收支审计整改情况的报告》《县政府民生实事工程实施情况的报告》《县政府关于县十五届人大三次会议代表建议、批评和意见办理情况的报告》,通过《关于清水工程实施情况的报告》审议意见。

△　全县党外代表人士"教育培训学习基地"揭牌仪式暨培训班开班典礼在县委党校举行。县委常委、组织部部长成宾出席并讲话。县政协副主席、县委统战部部长储开泉主持活动。

12　月

1日　全市法院执行指挥中心建设推进会在海安召开。

3日　德国法兰克福(奥德)市市长马丁·威尔克一行到海安考察投资环境。

4日　县委书记陆卫东率队赴南通

市港闸区、开发区学习考察新兴服务业和现代物流业发展。南通开发区党工委书记屈宝贤、港闸区区委书记沈红星等陪同考察。

△ 国家外专局国外人才信息研究中心副主任熊德义一行到海安考察,会商举办海外专家行业会议等相关事宜。县委常委、组织部部长成宾参加活动。

△ 第一个国家宪法日,海安县举行"学宪法、学决定"知识竞赛决赛。

8日 由市人大常委会党组书记、副主任黄利金,市人大常委会原副主任、党组副书记宋飞等组成的市人大海安代表团第四小组到海安视察。县领导陆卫东、孙进基、周宗泉、丁锋、章曙东、卢忠平参加活动。

9日 南通市人大工作座谈会在海安召开。市人大常委会党组书记、副主任黄利金,市人大常委会副主任、党组副书记王向红,市人大常委会副主任施建中、程静等出席会议。县委书记陆卫东介绍海安县经济社会发展情况。县领导顾国标、孙进基、周宗泉、丁锋、张佳生、肖正明、章曙东及全市各县(市)区人大负责人参加活动。

11日 省渔业产业长江珍稀鱼类标准化技术委员会成立会议暨第一届全体委员会议在海安县中洋集团举行。江苏省质监局标准化处副处长潘闵与副县长卢忠平为标委会揭牌。

12日 全市设施园艺农机现场推进会在海安召开。

13日 "中科院专家走进海安"主题活动在王府邦瑞大酒店举行。中科院南京分院副院长、高级会计师杨涛,中科院北京分院高级业务主管冯贾娟等中科院35家院所的96名专家,陆卫东、顾国标、朱春、焦广琪、孙进基等县四套班子负责人出席活动。与会人员观看专题片《海纳百川 安居乐业》,参观科技成果展。当天达成65项意向性合作协议。新华社、中新社、《科技日报》《新华日报》《江苏科技报》《南通日报》等媒体记者到海安采访报道。

17日 海安作为南通市生态市创建工作考核验收一站接受环保部考核验收。原国家环保总局党组副书记、副局长,中国生态文明研究与促进会常务副会长祝光耀率现场一组考核组到海安考核验收,听取县经济社会发展情况及生态文明建设情况介绍,考察天楹垃圾焚烧发电厂、中洋河豚庄园。省环保厅有关负责人,市委常委、常务副市长韩立明,县领导陆卫东、顾国标、丁锋、严长江参加活动。

18日 县第十二届县委常委会第44次会议、县十五届人民政府第27次常务会联席会议召开。会议传达中央领导讲话和市委十一届八次全会精神,讨论市级中心镇行政管理体制改革试点工作方案、关于进一步深化政府性公司分类管理改革的意见、关于进一步深化金融改革创新有效服务经济社会发展的实施意见、关于在全县推行"政社互动"促进基层社会治理方式创新的意见等议题。

23日 市公安局副局长严卫飞率市安全生产和消防工作考核组到海安,考核2014年度县安全生产和消防工作责任落实及重点工作完成情况。副县长、县公安局局长葛志祥参加活动。

25日 召开全县政府职能转变和机构改革工作会议。县委书记陆卫东到会讲话。县委副书记、代县长顾国标作县政府职能转变和机构改革工作报告。

△ 四川东材科技集团股份有限公司董事长于少波一行到海安了解江苏东材新材料有限责任公司项目推进情况,对拟投资的新项目作初步考察。

26日 海安县召开市场监督管理局机构改革动员会,组建县市场监督管理局,不再保留南通市海安工商行政管理局、南通市海安质量技术监督局、县食品药品监督管理局。

26—27日 县委书记陆卫东率领县党政代表团赴滁州、合肥、湖州、苏州学习考察。顾国标、焦广琪、孙进基等县四套班子负责人参加活动。合肥市蜀山区委书记李学明,合肥包河区副区长宋华龙,长兴县委书记、县长吕志良,张家港市委副书记、市委政法委书记王亚方,太仓市委副书记陆卫其等分别陪同考察。

27日 海安县召开卫生和计划生育委员会机构改革动员会,对卫生、计生机构改革进行动员部署。副县长翁晓云参加会议。组建县卫生和计划生育委员会,为县政府工作部门,不再保留县卫生局、县人口和计划生育委员会。

28日 原副省长、中华诗词学会顾问、江苏省诗词协会会长凌启鸿到海安调研诗词工作。市委常委、宣传部部长章树山,县委副书记焦广琪,县委常委、宣传部部长王炜参加活动。

29日 海安县召开2014年度县委常委班子民主生活会。县委书记陆卫东主持会议,代表县委常委班子对照检查,通报教育实践活动专题民主生活会整改措施落实情况,并进行个人对照检查。市纪委常委顾海勇、市纪委第一纪检监察室主任杨俊杰、市委组织部人才处副处长吴佳华全程参加并指导海安县委常委班子民主生活会。顾国标、焦广琪、周宗泉、李春旺、王炜、成宾、盛慧琴、张亚曦、陈辉、丁锋等常委班子成员逐一对照检查,并接受班子其他成员的批评。

30日 团省委书记万闻华一行到海安调研基层服务型团组织建设工作。团市委书记葛志娟,县委副书记焦广琪,县委常委、宣传部部长王炜参加活动。

31日 中共海安县委十二届七次全体会议在行政中心报告厅举行。会议学习贯彻党的十八届三中、四中全会,中央经济工作会议和习总书记视察江苏重要讲话精神,全面贯彻落实省、市全委会及经济工作会议精神,总结2014年工作,部署2015年任务。全会审议通过《中国共产党海安县第十二届委员会第七次全体会议决议》。县委书记陆卫东代表县委常委会作题为《全面深化改革,建设法治海安,为全面建成更高水平小康社会而努力奋斗》的工作报告。县委副书记、代县长顾国标对会议进行小结。各区镇和县级机关各部门设立分会场。会议期间,参会人员分组讨论县委工作报告。

△是年,海安县获得南通市新型工业化考核第一名。

△是年,海安县被江苏省纺织工业协会授予"江苏纺织服装跨江发展产业基地"称号。

△是年,海安县实现工业应税销售894.9亿元,位居南通市首位。

海安名片

Haian cards

七战七捷纪念碑　毛平平绘

◎责任编辑　周宏文

中国茧丝绸之乡

1949年，全县蚕茧总产16.9吨。1965年，全县蚕茧总产134.9吨，名列苏北第一。1971年，蚕茧总产1512吨，成为苏北第一个蚕茧超万担的县。1981年，蚕茧总产4113.7吨，夺得全省第一，以后连年居全省首位。1995年，蚕茧总产1.70万吨。1997年8月，海安被评为中国茧丝绸之乡。2002年，蚕茧总产1.81万吨，首次跃居全国第一。2008年，蚕茧总产1.95万吨，连续8年全国县级排名第一。2014年，全县发蚕种28.17万张，产茧1.06万吨，产值4.24亿元。至2014年海安连续34年居全省县级第一。

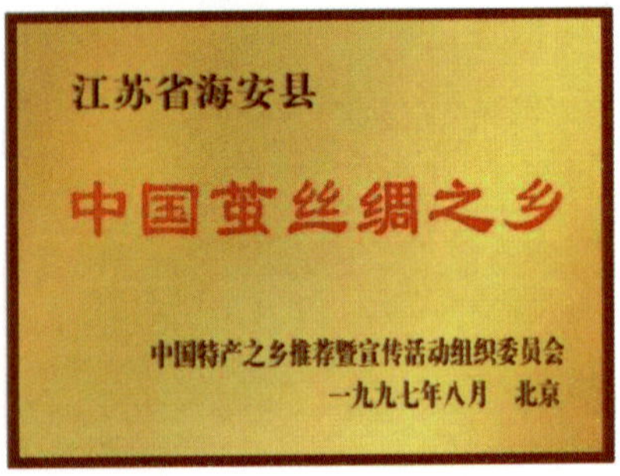

（农委　提供）

中国禽蛋之乡

海安是禽蛋生产大县。1978年以后，海安农民叩开农牧结合的大门，走出一条“种养加出”的致富之道，被国内经济界誉为“海安之路”。20世纪80年代中期以后，“海安之路”愈走愈宽。家禽饲养量名列全省前茅，1997年家禽饲养量4307万羽，禽蛋产量13.97万吨，此后10多年，家禽年饲养量稳定在4000万～5000万之间，被中国农学会中国特产之乡推荐暨宣传活动组织委员会评为“中国禽蛋之乡”。2012年，家禽饲养量3696万羽，禽蛋产量23.15万吨。2014年，全县家禽年末存栏1651万羽，年内出栏1882万羽，饲养量3533万羽，较2013年同期小幅下降；禽蛋总产22.19万吨。

（农委　提供）

中国湖桑之乡

1951年，胡集、双楼、仁桥等乡组织合作桑园7处，引进栽种湖桑6744株。1960年1月，海安利用300公里河堤栽植乔木桑，《新华日报》头版头条报道海安县300里河堤桑园化的消息，并发表评论员文章《百年大事一年办》。20世纪60年代后期，为不占用大田栽桑，海安利用河堤、圩堤、渠道、路边及田埂栽桑。1969年，全县“三堤一边桑”3.50万亩，《新华日报》《蚕业科学》杂志载文报道，中央人民广播电台、江苏人民广播电台曾拍摄新闻纪录片。1983年，海安实施缩棉扩桑决策，至1986年拓植新桑园6.44万亩。1995年，全县桑园15.17万亩。21世纪初，缩粮扩桑，至2002年，全县新增桑园3.6万亩，桑园总面积15.3万亩。2004年，海安被国家林业局命名为“中国湖桑之乡”。2008年，海安桑园14.2万亩。此后，因园区开发和市场因素，桑园面积有所减少。2014年，全县桑园面积10.15万亩。

（农委　提供）

中国河豚之乡

1993年，海安河豚人工培育开始起步，是国内最早进行河豚人工培育研究的地方。1994年，江苏中洋集团与南京师范大学生命科学学院合作研究开发河豚的人工养殖技术，当年繁殖成功的几十万尾小河豚，最终成活2000多尾。1996年，开展河豚养殖控毒技术和健康养殖技术研究，并与南京师范大学生命科学学院、县卫生防疫站联合攻关，获得重大进展，解决了长江河豚规模化养殖问题。1998年，中洋集团全面调整养殖结构，低价抛售所有鳗鱼、甲鱼，大规模养殖河豚，拉长河豚产业链：提供商品鱼种苗、技术、饲料。2000年，江苏中洋集团拥有并申报河豚鱼核心技术专利——控毒及健康养殖。2002年，江苏中洋集团制定河豚省级地方系列标准。2003年，卫生部在海安召开全国首次养殖河豚安全利用工作会议。2004年开始，中洋集团向国家质检总局申请“南通长江河豚国家地理标志产品保护”。2005年，中洋河豚获省名牌产品称号。2007年2月，国家质检总局行文，批准对南通长江河豚实施地理标志产品保护的公告。南通长江河豚成为南通历史上第一个地理标志产品，也是继阳澄湖大闸蟹之后中国鲜活水产品的第二个地理标志保护产品。2008年，江苏中洋集团国家河豚良种场建成并投入使用，全县河豚产量867吨。2009年，海安被中国渔业协会授予“中国河豚之乡”称号。

（农委　提供）

中国建筑之乡

海安县是江苏著名的建筑之乡。20世纪六七十年代海安建筑工人开始走出海安，到外地施工。80年代，从新疆至青岛，从大庆到上海，从南京到北京，从海南岛到内蒙古大草原，海安建筑队伍留下一串串闪光的足迹，并跻身于国际建筑市场，在苏联、约旦、科威特、伊拉克等国施工。1990年，由市民和专家投票评出建国40年来上海“十佳建筑”，海安建筑队伍承建的曲阳新村高层住宅楼名列榜首。1991年，获得第一块“鲁班奖”。1992年1月26日，省政府授予海安县

（县建管局 提供）

"建筑之乡"称号。1997年，海安列江苏24个"建筑之乡"综合实力第四位。2002年，再次被省政府命名为"建筑之乡"，苏中建设集团获国家特级资质总承包施工企业。2004年，全县建筑业首次实现施工产值超过百亿元。2007年海安县被省政府命名为"建筑强县"。2011年2月12日，县委、县政府将农历正月初十命名为"海安建工节"。2012年2月1日，中国建筑业协会在海安举行授牌仪式，海安成为江苏省第一个、全国第七个"中国建筑之乡"。是年，建筑业施工产值672.3亿元，入库税金8.8亿元，承建高层建筑3486幢，其中29层以上超高层建筑1099幢。2014年，海安提前实现"十二五"千亿产业目标，全县建筑业完成施工总产值1020亿元，施工面积1.39亿平方米，新开工面积4970万平方米，利税总额40.6亿元，地方入库税收首次突破10亿元大关。

中国民间艺术（龙舞）之乡

海安龙舞有龙灯舞、苍龙舞、扁担龙舞、人龙舞、手龙舞、草龙舞等系列龙舞，最著名的是罗汉龙舞、苍龙舞。罗汉龙舞雄浑豪放，苍劲有力；苍龙舞精致秀美，优雅轻盈。龙舞以海安镇新丰村丁家罗汉龙最为出名。丁家龙已有传人十七代，舞艺成熟。丁家龙仿效杂技堆宝塔技法，在不使用任何器械的情况下，凭空叠罗汉，由引龙人、舞龙人逐个踩肩而上，形成三层相加、四层相叠的"宝塔"形状。其时龙头昂首向天，龙球劲抖，龙尾扫地，龙身翻腾，恰似蛟龙出水，腾云驾雾一般，难度之高，场面之惊险，技艺之精湛，令观者叹为观止。1986年年底，丁家龙参加省首届音乐舞蹈节，丁家龙"站、蹲、跪、坐、躺"五舞生花，"反身拧、龙摆尾、里外滚、大起花"等十八般舞艺样样叫绝，一座"四层宝塔"的生动场面，赢得热烈掌声。丁家龙舞获得特等奖，受到全国舞蹈家协会主席吴晓邦的高度赞赏，誉为"中国龙舞之一绝"，并与舞龙人合影

（崔 明 摄）

留念。此后，上海、江苏、中央电视台纷纷为之录像播出。同年苍龙舞在中南海为中央领导人献艺，获得好评。1988年，丁家龙参加北京国际旅游年舞龙大赛，获优秀表演奖；参加广州全国首届广场民间舞蹈大赛，获"金孔雀杯"大奖。2001年1月下旬，丁家龙参加北京市第十五届龙潭庙会暨中华优秀民间花会大赛，获得金奖。2002年3月20日，江苏省文化厅命名海安县为"江苏省民间文艺之乡"。2003年3月1日，文化部社图司命名海安县为"中国民间艺术（龙舞）之乡"。同年9月，《海安龙舞》获第五届江苏省"五星工程"奖金奖。2008年，文化部将原有"中国民间艺术之乡"和"中国特色艺术之乡"名称统一为"中国民间文化艺术之乡"，海安成为"中国民间文化艺术之乡"。（海 凌）

苏中建设集团承建的内蒙古博物馆——2009年度鲁班奖 （王秋高摄）

特色之乡巡礼

海安镇桑园　　（县农委　提供）

丝绸之乡　　（董玉龙　摄）

里下河养殖经营　　（县农办　提供）

河豚捕捞　　（王承坚　摄）

海安“丁家龙”舞　　（顾华夏　摄）

苏中集团承建的内蒙古农牧业厅　　（县建管局　提供）

城乡建设

Urban and Rural Construction

海陵公园 毛平平绘

◎责任编辑 赵海群

城乡规划

【概况】 全年核发建设项目(选址)意见书43件,面积236.71公顷;建设用地规划许可证270件,面积469.85万平方米;建设工程规划许可证303件,面积375.09公顷;临时建设工程许可证59件,面积1.38万平方米。

【规划编制】 1月29日,《海安县城总体规划(2012—2030)》经南通市人民政府批准实施。年内,《海安县城市综合交通规划(2013—2030)》《海安县城市排水规划(2013—2030)》《海安城市绿地系统规划(2013—2030)》及《海安县城社区办公及医疗卫生用房设置规划(2013—2030)》完成规划论证;西大街修建性详细规划、海安县火车站周边片区控制性详细规划完成规划编制;雅周镇、南莫镇、角斜镇总体规划完成编制工作。按照省政府办公厅《关于加快优化镇村布局规划的指导意见》、省住房城乡建设厅《关于做好优化镇村布局规划工作的通知》的要求,做好全县优化镇村布局规划前期准备工作。

【规划管理】 出台《海安县建筑物停车设施配建标准》。建立从规划设计条件编制到方案初步设计审查、施工图规划审查的工作程序,建立健全建设工程放线、验线和竣工核实制度。强化规划集中统一管理,完善规划委员会(简称规委会)议事规则,实行集体决策,增大审批透明度,提高规划审批的科学性和严谨性。全年召开部门规划预审会5次,召开规委会4次。全年48个项目通过网上及现场进行公示,公开项目规划情况,征求相关利害关系人意见,不断扩大公众知情权,自觉接受社会监督,着力打造“阳光规划”。

根据县政府要求,按照县城总规和各类专项规划,配合国土局确定全年23块上市地块的用地红线和拆迁红线,编制各上市地块的规划条件,做好各上市地块的后续服务工作。配合国土部门做好国土卫片督察的完善工作,协助办理和完善规划手续80多件。做好房地产开发、工业、服务业等项目的规划服务工作,全年编制规划设计条件248件。

县城建设

【概况】 围绕年度工作目标,着力推进交通畅通、生态园林、功能提升、市民安居四大工程建设,加快新型城镇化和城乡一体化建设步伐。2014年住建局组织或参加实施的城市重点建设工程142项,其中,交通畅通工程13项(其中启动工程5项),园林绿化工程17项,功能提升工程11项,市民安居工程93项。

【城市交通畅通工程】 实施北三环一期等13项工程,达到年度计划要求。

北三环建设工程(南侧道路),西起204国道,东至通榆路,全长8660米,规划道路红线宽度65米,道路横断面为10米绿化中分带+2×12.5米行车道+2×15米绿化景观带。工程建设预计总投资3.8亿元。根据工程计划,2014年实施南侧行车道的6.5米宽道路建设,当年完成道路结构层施工。

如海运河景观大道建设工程,如海运河景观大道为城市次干道,北起镇南路,南至启扬高速,全长7200米,规划道路红线宽度14米。工程建设预计总投资6500万元。2014年实施镇南路至长江路建设工程,当年完成60%道路路基施工。

千禧大桥顺接工程,西起如海运河景观大道,东至镇南路,全长830米,规划红线宽度60米。工程建设预计总投资3800万元。2014年完成顺接前期的强电入地等基础施工。

镇南路改造工程,北起人民西路,南至长江路,全长1940米。人民西路至江海西路段规划红线宽度30米,江海西路至长江路段,规划宽度24米。工程建设预计总投资1300万元。2014年完成前期的强电入地等基础施工。

人才路改造工程,西起凤山路,东至龙江河,长300米,宽18米。工程建设预计总投资390万元。2014年完成道路主体工程施工。

丹凤桥改造工程为丹凤路跨新通扬运河的桥梁,全长480米,规划红线宽度60米。工程建设预计总投资2800万元。2014年完成钻孔桩和两个墩台施工。

东洲桥建设工程,为红光路连接河滨路跨新通扬运河的桥梁,全长350米,其中桥长65米,规划红线宽度40米。工程建设预计总投资1700万元。2014年完成桥梁主体工程施工。

行政大楼北地下车库及广场建设工程,占地面积3.3万平方米,地下车库建筑面积1.7万平方米,新建公共停车位500个。工程建设预计总投资1.1亿元。2014年完成工程支护桩、停车场基础垫层、防水施工。

闸东路改造工程、曙光西路改造工程、朝阳路改造工程、凤山路改造工程、宁海路改造工程为2014年启动工程,当年完成工程施工招标前期准备工作。

【城市园林绿化工程】 东洲公园二期、船闸公园、时代广场北延景观、328国道与204国道互通景观、部分小游园等公园景观工程基本建成,新建景观绿化面

2014年春县领导视察东洲公园 (政务信息中心 提供)

积28.5万平方米，新增人均绿地0.93平方米，建成区绿地率提高0.3个百分点，完成市委市政府绿化建设任务。抓好绿化的移植和管护，全年移植乔、灌木9000多棵，绿篱、色块1.1万平方米，管护县城区绿化200多万平方米、在建工程绿化255万平方米。做好吉庆街道吉庆村树龄在150年左右、树高4米胸径20厘米的小叶黄杨树的保护措施。

（陆金成）

镇村建设

【市级中心镇建设】 确立中心镇建设继续保持全市领先的目标定位，引导各中心镇走"内涵提升、精致提高"的特色化发展道路，着力抓好产业发展、民生建设、用地保障等重点工作，不断提升城镇功能，加快推进中心镇新型城镇化和城乡一体化发展。

完善规划体系。重点抓好控制性详细规划、重要专项规划的编制，做好规划衔接，使土地利用规划、城镇总体规划、城乡统筹规划、重要专项规划等形成有机衔接的规划体系。各中心镇完成控制性详细规划和重要专项规划的编制，初步形成较为完善的规划体系。指导曲塘编制镇行政管理体制改革试点的初步方案，全力推进曲塘镇行政管理体制改革试点工作。

促进产业发展。积极打造发展平台，加快推进项目建设，促进产业集聚发展。着力推进产业招商，集中优势资源，重点推进大项目招引。4个中心镇新开工1000万元以上工业项目27个，其中亿元以上工业项目7个。

提升城镇功能。深入推进"八个一"工程建设，加快城镇教育、卫生、医疗、养老等公共服务设施建设，不断完善城镇配套功能。4个中心镇2014年实施城镇基础设施、民生工程项目79项，投资14.4亿元。四是强化用地保障。创新工作思路，用好用足政策，加快推进土地利用专项规划修编，积极争取相关试点，努力为中心镇提供发展空间。4个市级中心镇完成城乡建设用地增减挂钩787.3亩，盘活存量建设用地90亩，挂牌出让经营性建设用地95.34亩。

（孟圣山）

【小城镇建设】 2014年，海安县按照"八个一"的要求，全力指导区镇建设，全年各区镇完成基础设施投入18.5亿元，新增征收安置5800户，商品房新开工35.68万平方米，安置房新开工11567套。加强重点镇的建设指导，2014年7月曲塘镇、李堡镇顺利入围住建部等七部门批准的新一轮全国重点镇名单。根据住建部、省住建厅部署，组织完成全县207个行政村人居环境调查、信息采集和系统录入工作。（陆金成）

城市公用基础设施管理

实施凤山路、宁海路等12条道路维修，补人行道板5837平方米，树围180个，补沥青路面(包括坑塘)15678平方米。沥青路面灌缝9000米，补路牙600米，抢修窨井盖33座、漏水井202座。中坝南路、旺池西路中修。疏通长江路、黄海路等30多条道路的下水道，总长度7.5万米；清捞检查窨井近250座、雨水井近400座，更换检查井套150套。完成城区50多座桥梁栏杆油漆，修复桥石栏杆，全面清理城区桥梁伸缩缝。完成中心城区22座桥梁的安全检查工作，修复3座桥梁的桥台，保障城区桥梁的通行安全。维护城区38组红绿灯，增补安道口安全桩20根，更换标志牌20处。完成城区部分道路隔离护栏及配套设施以及城区交通设施的安装3.4公里，完成城区标志标线的补划和停车位的设置工作。积极做好城市抗旱防汛工作，制定城区防台防汛排涝应急预案。更换雨水箅103套，提升、降检查井12座，更换铸铁漏水盖30座，城区疏通排水74869米，掏治窨井1190座，漏水井336座，添置应急抢险照明灯等防汛物资，防汛队伍开展演练，确保安全度汛。（陆金成）

房地产业

【概况】 房地产市场健康有序发展，完成房地产开发投资52.48亿元，商品房新开工面积292.5万平方米，竣工面积134.2万平方米；销售6294套，同比下降27.6%；商品房合同销售面积80.7万平方米，同比下降22.8%；销售总额47.64亿元，同比下降26.8%；住房成交均价每平方米5716元，同比下降7.8%。二手房销售902套，同比下降47.56%；成交面积7.58万平方米，同比下降48.12%。

加强房地产开发市场管理，强化资质管理，严把开发准入关，规范开发企业经营行为，做到依法经营、诚信经营，全年受理资质申报71件，全部通过。强化预销许可管理，核发预售许可证67份，批准预售商品房面积共242.59万平方米，其中安置房预售面积135万平方米。成功举办海安春季和秋季房产博览会，成交商品房144套，面积1.81万平方米，成交金额1.19亿元。

【房地产管理】 积极培育房地产开发企业创新争优，扶持有资金实力、有较好商业信誉的重点房地产开发企业做大做强，鼓励其参与国家、省、市各项优秀奖项评比活动。71家开发企业资质全部审批通过，南通欣利置业成功取得房地产开发一级开发资质，成为县内继中洲置业后第2家被评为一级资质的开发企业。中洲置业被评为"江苏省房地产综合实力50强企业"，欣利置业和金石置业获得"南通市濠河杯奖"。

加强商品房销售现场管理，对照省规范化标准检查商品房销售现场信息，根据有关规定责令在商品房预(销)售中未在现场进行公示信息、使用虚假或者不规范标示误导购房者、公示内容不符合政策规定的限期改正或实施处罚。

【房产交易管理】 全年完成经济收入752.29万元，国有土地房屋权属登记8640宗，房地产抵押登记4401宗，办理集体土地房屋权属登记601宗，为社会调阅房产档案2640人次，为各级法院办理查封240件，为购房户出具房屋登记信息证明10068件。接收1.34万余宗新增房产登记发证、房产抵押案卷编目整理扫描并装订上架；缮制城镇房屋所有权证14544本、他项权证5265本；完成商品房网上合同备案3440宗，计43.07万平方米；完成房产测绘备案214宗，计279.85万平方米。（陆金成）

工程建设管理

【概况】 加大工程建设监管力度，严格办事程序，杜绝问题项目进入市场。全年依法办理施工许可证188份，施工面积419.97万平方米；办理竣工验收备案120件，面积174.1万平方米；办理质监先期介入108件、质监申报199件，施工图审查257件，办理勘察合同备案166件；设计合同备案170件，监理合同备案18件，外县市勘察设计企业备案25件。加强建筑抗震设防管理工作，将抗震设防技术审查纳入施工图审查必审内容。全年接审项目392项，审查面积150万平方米，审查岩土工程勘察报告140份，查出违反工程建设标准抗震强制性条文159条的内容都在复审阶段整改到位。新受监工程312项，约395.81万平方米，现场监督检查1713次，监督验收1531次，发出局部停工通知单7份，整改通知单89份。竣工验收工程161项，建筑面积194万多平方米。开展住宅排烟气道专项检查工作，重点检查安置房和保障性住房等民生工程17个项目。开展危险房、严重损坏房排查，全县排查危险房、严重损坏房381幢，建筑面积12.7万平方米，按照要求组织整改。开展“打非治违”专项行动。

【工程造价管理】 配合省、市做好2013年工程量清单计价规范及2014年计价定额普及和执行工作。以期刊定期发布建筑材料价格信息6份，调解工程造价纠纷12次，核定现场安全文明措施材料费考评费，出具评估报告380份，组织全县540人参加2014年造价员资格考试，负责初审及协助办理《江苏省工程计价手册》48份，组织未参加继续教育从业人员参加网上教育，办理年检手续，为造价员办理单位变更。

【城建监察执法】 日常巡查新204国道、328国道、221省道等路段50余次；组织燃气专项检查11次；协调处理各类举报案件73起；配合相关乡镇做好拆迁工作13次；审查主干道沿线厂房建设图纸、专项检查质量报监情况，发放提示函；及时查处违法用水、损绿、破路等行为。

【拆除及工程建设安全管理】 完善房屋拆除企业备案制度，出台《关于进一步规范房屋拆除市场秩序的通知》，加强外县市拆除企业的监管，外县市45家拆除企业进海安备案。抓好房屋拆除工程安全专项整治，2014年县本级有拆除工程3处，未发生重大安全事故和人员死亡事故。

【城建档案管理】 加强档案馆管理与应用，年内接收工程档案120多项，接收规划审批、核实档案918卷，全年整理入库3250卷，出具工程档案专项验收意见书110份、档案接收证明书106份，接待查档人员324人次，提供档案620卷次。积极推进档案数字化建设，全文扫描新入馆重要档案1838卷，建立全文数据库。开展工程档案业务指导，指导工程项目档案人员100多人次，指导滨海新区、李堡镇村镇档案建设，不断提高档案管理水平质量。 (陆金成)

城市管理

【概况】 2014年，县城管局深入完善“大城管”体制，部门、镇、街道、社区共同关注、支持、参与城市管理。拓展数字化城管服务区域，完成东区西园项目数据普查测绘。将城市管理相对集中行政处罚权下放至李堡、曲塘两镇。城管委办公室按月组织督察组全面督察考核城区各相关部门、镇、街道、社区工作。出台《海安县2015年城市管理工作考核办法》，将数字城管工作、环境综合整治工作和物业管理工作纳入县级机关目标绩效考核、“城乡建设管理杯”考核、区镇经济目标责任书考核中，进一步落实区镇、街道、社区的主体责任。

【规范市容管理秩序】 结合创建“江苏省优秀管理城市”和文明城市复检，深入开展专项整治。定期召开城市环境综合整治成员单位工作推进会，构建城市精细化、长效化管理机制。牵头组织实施三年城市环境综合整治行动。中大街社区、星海社区成功创建“江苏省城市管理示范社区”。

拆除城区擅自设置、影响市容和市民生命财产安全的户外广告，责令破损和空白的户外广告限期整改，出动执法和作业人员1180人次，动用设备车辆106辆次，拆除大型楼顶广告129块，面积1.17万平方米。陶瓷一条街、中坝南路临街店店牌提档升级。

联合公安交警部门查处城区主要路段电动三轮车闯禁区及非法载客等行为，查扣电动三轮车224辆。规范人力客运三轮车营运，所有车辆做到外观整洁、定点候客、严守交规。按照“分类、集中、车头朝外、整齐划一”的标准，加强非机动车辆停放管理，得到省优秀管理城市检查调研专家组领导的肯定。建成县城公共自行车交通服务系统，一期50点位、1000辆公共自行车投入运行。

加大县城区范围内违法建设的巡查拆除力度，重点监控房地产开发、二三产

11月10日，县委书记陆卫东视察海安县城市环境综合整治项目

(城管局 提供)

12 月 25 日，县委副书记、代县长顾国标视察公共自行车开通运行情况

（城管局　提供）

项目、住宅小区、拆迁区域、城中村、城郊接合部违法建设行为，立案 23 起，拆除违建 317 处，面积约 7560 平方米。校园、农贸市场整治管控有力。联合教育、工商、公安等部门全面整治校园周边以及农贸市场，疏导摊点 220 处，清理占道经营 129 处，拆除周边广告 56 处。

实行延时管理、错时管理，确保全天候管理“无缝隙”。渣土运输管理强势入轨。坚持定人定岗、源头管理、全程监控，县城区工地新增安装高压冲洗设施 12 台。每周开展 1~2 次的夜间集中整治，立案查处运输车辆车轮带泥行驶、泄漏抛撒 118 起，纠正车辆违规 410 余起。

【物业管理】 出台《海安县农村居民集中居住区物业管理暂行办法》《海安县物业管理老旧小区扫盲、农民安置房达标、新小区创优实施方案》《关于创新推进物业管理工作的试行办法》。召开全县农民安置房小区物业管理现场会，开展县城老旧小区环境综合整治，推进老旧小区基本物业服务全覆盖。落实长效管理机制，组织检查、考核县城区 168 个老旧小区（点）基本物业服务实施情况。开展物业管理创优活动，中洋·高尔夫公寓被定为南通市物业服务接轨上海示范项目，海洲·新城小区、华新壹品、中洋大厦获评南通市物业管理优秀住宅小区，长宏·水岸名城获评江苏省城市物业管理优秀住宅小区。

【环卫管理】 新增作业区域，接管两区 20 余万平方米的作业面积。规范作业管理，制定《海安县环卫处机械化作业标准及操作要求》《海安县环卫处星级驾驶员考核评比方案》。全面推行大中型扫路车普扫、小型电瓶车巡回清扫保洁、高压冲洗车冲刷、洒水车降温除尘，人行道、绿化带人工捡扫相结合的环卫作业新模式。新建改造公厕 7 座，成立建筑垃圾清运队，城区内建筑垃圾自主清运。在南通市 9 县市区环卫处中率先开展技能大比武活动，经验全市推广。

（朱帮林　黄　绘）

国土资源管理

【概况】 2014 年，海安县争取新增建设用地计划指标 8087.38 亩，其中国家计划指标 1200 亩，挂钩周转指标 2735 亩，未利用地指标 800 亩，高标准厂房先进地区获奖计划指标 200 亩，独立选址计划指标 2746.38 亩，市级独立选址计划指标 56 亩，省留用计划指标 350 亩。实施联合办公，组织永通新材料、海安县站铁路货场改扩建工程、353 省道及县城建重点工程项目等的土地报征材料工作。全年 24 个批次 573 个项目 12311.6 亩土地获批，其中新增建设用地 8719.4 亩。能供尽供，加快建设用地供地节奏，全年工业用地供地 329 宗 5733 亩，成交总价 7.27 亿元，总量列全市第一；经营性用地供地 112 宗 3399.5 亩，成交总价 89.74 亿元；划拨供地 56 宗 3450.3 亩。

【土地利用总体规划】 严格土地利用总体规划的监督和执行，加大土地利用总体规划宣传和公示力度。在项目用地预审、土地征收、城乡建设用地增减挂钩、土地整治等工作中，严格按新一轮土地利用总体规划进行审查，不符合规划的一律不予通过。根据“一线工作法”要求，将土地利用总体规划管控履职情况纳入基层国土所、分局人员干部档案管理，有效维护土地利用总体规划的权威。

【保护资源】 严格落实耕地保护制度和基本农田保护制度，县政府与各镇、县国土局与各国土所（分局）、各镇与各村分别签订耕地保护责任状。县政府将基本农田保护、高标准基本农田建设、耕地占补平衡纳入镇年度目标考核范围。大公镇被南通市委、市政府表彰为全市耕地保护“十佳”乡镇。10 个镇级标志牌和 136 个村级标志牌安装到位，编制更新基本农田数据库和建立健全图表册等管理资料。大公凌东土地整理项目通过省国土厅验收，新增耕地 632 亩。深入挖潜，实施占补平衡补充耕地项目库 45 个，老坝港滩涂开发占补平衡项目新增耕地 2989 亩，内陆占补平衡项目新增耕地 1692 亩。开展城乡建设增减挂钩拆旧复垦，新增农用地 2378 亩。启动 7 个高标准基本农田建设，项目区总规模 10.13 万亩，总投资 5103 万元，计划新增耕地 2125 亩。摸清耕地后备资源和高标准基本农田状况，实现耕地数量和质量并重管理，成果数据通过省国土厅验收。

【节约集约模范创建】 根据省国土厅和市国土局部署，深入开展“国土资源节约集约模范县”创建工作，2012、2013 连续两年及时组织材料进行申报。区镇同步开展“节约集约模范镇”创建活动，海安镇、城东镇、曲塘镇获县政府表彰。优化工业布局，推进功能齐全、设施先进的四层及以上标准厂房建设与使用，被省国土厅和省经信委联合表彰为“2013 年度全省高标准厂房建设与使用一类先进地区”，获 200 亩建设用地计划指标奖励和 200 万元厂房租赁资金补贴奖励。

【闲置低效用地清理】 县国土局调查核实全县闲置空闲土地清理处置和开发利用情况,全面"回头看",摸清闲置空闲土地数量、类型和实际开发利用情况。全面排查2013年4月1日至2013年12月31日新产生的闲置空闲,逐宗登记造册。年初将全县2014年闲置空闲土地盘活计划通过责任书的形式分解到各区镇,并列入季度城建杯和国土资源工作进行考核。全年收回闲置空闲土地26宗2319亩,盘活闲置、用而不足和空闲土地1567亩,完成2013年前征而未供土地4688亩的催供工作。

【权益维护】 严格执行征地报批前的告知、确认、听证、预存征地补偿款和征地风险评估制度,依法履行征地批后"两公告一登记"程序,充分保障被征地农民的知情权、参与权、监督权。全年办结征收669宗1.46万亩,及时结算征地补偿、安置资金4.63亿元,安置总人口8656人。认真贯彻执行省政府2013年93号令,积极调研制定并实施《海安县征地补偿和被征地农民社会保障办法》,切实维护被征地农民合法权益。

【地籍管理】 完成2013年度土地变更调查,全县净增耕地1546.5亩,净增建设用地3220.5亩,发生变更面积2.10万亩,占全县土地总面积的1.19%。按照省国土厅《关于开展建设用地权属电子化审查试点工作的通知》要求,开展农村集体土地所有权权属宗地数据库建设工作,完成数据库建库工作,全县有集体土地所有权16126宗。进一步提高地籍精细化管理水平,保证全县地籍成果资料的真实性、准确性和现势性,更好地发挥地籍成果资料的服务功能。

【卫片执法检查】 严格按照《国土资源部关于开展2014年土地矿产卫片执法监督检查工作的通知》要求,组织力量逐宗收集规划、地类、用地批文等资料,现场核查国土资源部下发总面积15990.13亩(其中耕地7964.58亩)1999个图斑。最终确认2014年土地卫片执法检查涉及非道路违法用地14宗43.73亩(耕地37.74亩),主要涉及工业、居住、商服和公共管理等,违法用地行为全部依法立案查处到位,罚款3.37万元,没收建筑物2.22万平方米,处理责任人5人。

【依法行政】 精心设计世界地球日、全国土地日、全国法制宣传日等系列宣传活动。联合县委宣传部、县教育局在全县师生中组织开展"节约用地·校园行"主题微博大赛,宣传土地法律法规,营造珍惜和合理利用土地资源的良好氛围。局负责人走进"941政风行风热线"、"法制热线"等,借助县电台、电视台阵地宣传土地法律法规。将业务办理与行政权力网上公开透明运行相结合,进一步梳理国土资源管理的行政职权和便民服务事项,汇总行政权力事项清单,重新梳理汇总11项行政许可、1项非许可行政审批、101项行政处罚、6项行政强制等143项行政权力事项的设立依据、行使状态和行使层级。推进行政自由裁量权清理固化工作,让裁量不自由,行权更规范。主动通过门户网站公开政务信息1216条,收到信息公开事项51件,均及时按程序答复申请人,处理办结率达100%。

【矿产资源管理】 继续推进全县砖瓦企业压减关闭工作,关闭拆除持证砖瓦窑2座,盘活存量土地83.63亩。在全市率先实施地质调查,积极推进基础地质调查成果应用与服务,充分发挥地质调查成果在地方经济发展的先行、基础性作用。2012年后,完成《海安县地热资源调查与评价》《海安县老坝港滨海新区综合地质调查》《海安县老坝港滨海新区浅层地热能调查与评价》等三个基础地质调查项目,投入基础地质调查经费578万元。抓好采矿权有形市场建设,全年实施网上挂牌26宗,淤泥资源量13.69万吨,收取采矿权价款11.37万元。做好矿产资源补偿费征管工作,征收矿产资源补偿费201.67万元。

【地质灾害防治】 出台《海安县2014年度地质灾害防治方案》,落实预防措施,确保排查巡查到位。严格执行汛期24小时值班制度,切实做好砖瓦窑安全生产工作,组织隐患排查治理。督促做好地质灾害防治工作的组织实施,各区镇出台年度地质灾害防治方案,调整、完善区镇地质灾害防治工作领导小组、汛期地质灾害防治应急指挥机构,修编突发应急预案。建立应对突发地质灾害事故的救助体系和运行机制,规范和指导应急处理工作,最大限度地控制和减少突发地质灾害的危害,切实保障人民群众财产和生命安全。抓好地质灾害危险性评估工作,做到规范及时,优质服务,完成地质灾害危险性评估81宗。

【测绘管理】 认真落实测绘资质审查标准,定期举行测绘行业管理培训班,详细解读国家的新标准、新要求。检查审核全县10家测绘公司的从业人员、仪器设备、产品质量和市场行为等情况,确保测绘单位的设备先进、技术过硬、服务优质。进一步加强测绘诚信建设。在各测绘单位年检、资质升级申请等过程中,把测绘单位的项目成果、产品质量、诚信经营等信息纳入重要评价内容,每年开展各测绘单位测绘成果质量10%抽检,确保成果准确率,推动测绘单位的诚信体系建设,保障测绘市场健康有序发展。做好测量标志管护,维护好测量标志点的现势性和准确性。深入开展测绘法律法规宣传进社区、进校园活动,开发区韩洋小学荣获省教育厅、省地理测绘局等九部门联合颁发的"国家版图宣传教育示范学校"荣誉称号。

【土地储备】 编制全县土地储备计划,取得省国土厅核准意见和县政府批复,批准新增土地储备面积110.68公顷,全年收储6宗土地402亩。加强储备土地及地面资产监管,逐一排查全县68宗724.88亩储备土地,实行属地管理,按季组织人员巡查监管储备土地。获省财政厅下发的融资规模控制卡,核定县土地储备融资规模为15.84亿元。县国土局主动与银行对接,推介土地储备贷款项目,拓宽融资方式,全年融资到账11.85亿元。

【档案管理】 县国土局档案通过省档案五星级规范建设复查。2009年县国土局档案达省档案"五星级"标准,始终瞄准"硬件一流、软件一流、应用一流"目标,加强档案管理,综合档案室室藏1986年至2013年13类档案146889卷(盒、件、张)。采用《激扬国土资源档案管理信息系统》应用软件,实现档案全文内容的管理与智能检索,提高档案的查全率和查准率。做好档案深层次加工,编制各类档案案卷目录201册,编研材料41种,使查询档案方便快捷。全系统10家基层国土所、分局均达江苏省档案工作“三星级”标准。 (曹治洲)

交　通

【概况】 海安县交通运输局常设科室6个:办公室、政策法规科、工程建设管理科、安全技术科、财务科、交通运输综合管理科。下属基层单位10家,分别是:海安县地方海事处、海安县运输管理处(海安县内河港口管理处、海安县交通运输局运政稽查大队)、海安县乡镇交通运输综合管理所、李堡交通管理所、海安交通管理所、曲塘交通管理所、墩头交通管理所、海安县交通工程质量监督站、汽车综合性能检测站、港务管理处。

公路　截至2014年年底,全县公路通车总里程2403.80公里,其中,按公路隶属分:国道114.83公里(国家高速17.78公里)、省道81.67公里(省高速33.23公里)、县道318.30公里、乡道887.492公里、村道1001.50公里;按公路等级分:高速51.01公里、一级公路221.76公里、二级公路257.639公里、三级公路239.61公里、四级公路1612.98公里、等外公路20.81公里。公路密度每平方公里约2.04公里。

航道　等级航道8条181.76公里,等外级航道45条389公里,合计570.76公里。其中等级航道有:三级航道2条,连申线25.48公里,通扬线29.32公里(与连申线共线13.35公里);五级航道2条,焦港河22.05公里;串场河22.44公里;六级航道2条,栟茶河(规划五级)49.87公里;通扬河27.91公里。七级航道2条,丁堡河14.66公里(其中堡河口以南为规划六级),江海河3.38公里。

港口　全县拥有内河港口企业62家,码头泊位170个,码头总延长11716米。

铁路　行政区域内铁路总里程85.6公里,车站4个(含3个过渡站)。

【基础设施建设】 全年完成交通基础设施建设投资超过22亿元。

公路建设。353省道海安段完成路基桥梁工程,南屏大桥、204国道与328国道互通、204国道白甸连接线、204国道雅周连接线、海胡线改建等多项路网完善工程建成通车。新生大道下穿铁路通道建成通车,南海大道下穿铁路通道完成主体工程。新建农村等级公路及园区道路100公里,新建改造农村公路桥梁60座。

站场建设。建成乡镇汽车客运站11个、城区公交站亭195个、乡镇公交首末站9个、港湾式公交回车场26个、农村公交站亭250个。

铁路建设。9000平方米的火车站客运新站房建成并投入使用,火车站货场集装箱专用线完成主体工程建设。

航道桥梁建设。连申线航道海安段一期桥梁项目已有8座建成通车。

【运输生产】 全年完成公路客运量841万人次,旅客周转量5.94亿人公里;完成公路货运量1830万吨,货物周转量27.26亿吨公里;完成水路货物运输量645万吨,货物周转量14.33亿吨公里,港口货物吞吐量1080.6万吨。

【行业管理】 公路　在干线公路建设管理上大胆创新,实施以“项目管理公司化、施工管理信息化、安全管理专业化、质量管理标准化”为核心的四化管理模式,受到省、市交通主管部门的充分肯定。深入推进“大路政”管理体制改革,公路“管养机构全覆盖、管养职能全履行”模式趋于完善。通榆路创建成为省级县道文明样板路,雅周镇创建成为省乡村公路管养达标镇。全年国省干线实施专项维修挖补基层8670平方米、修补下面层10902平方米、修补上面层26287平方米、机械开槽灌缝22981米,完成工程量达484万元。国省干线公路路况综合指数MQI值93.5,PCI优良率100%,RQI优良路率96.5%,均超上级下达指标。县公路管理站获评省公路局优胜单位。

运管　优化主城区公交线网,城市公交线路总数由7条增至8条,车辆数由40辆增至48辆,覆盖率、准点率和运行速度进一步提高。公交企业先后开通海陵中学、紫石中学、城南中学区间高峰车,每天安全运送学生1700余人。开通县际以上客运班线54条,公车运营率77.25%,春运、青奥会等重点运输保障任务圆满完成。建立全县客运出租行业例会制度,增加出租车空驶费和夜间补贴费收费项目,完善出租车运价结构。南通市京安出租汽车服务有限公司被省交通厅运管局评定为全省AAA级服务质量信誉企业。全县新增厢式货车154辆、牵引车和挂车514辆,新增LNG客车4辆、LNG货车2辆、节能公交车6辆,746辆货运车辆安装使用北斗/GPS双模卫星定位系统车载终端设备。全县拥有江苏省交通物流基地项目3家,江苏省农村交通物流示范点项目3家,江苏快货品牌线路4家。物流货运专线覆盖除台湾、香港、澳门、西藏外的全国其他地区。

航道　积极做好航道及设施养护管理工作,全年实施清障扫床689.38公里;开展六级以上航道测量63.5公里;组织老凤山桥下应急疏浚航道土方300立方米;加强4座航标遥测和维护保养,做到每天都及时掌握航标工况,确保航标正常率99%以上。未出现因管理不善而造成的航道严重不畅和水上安全事故,有效保障辖区航道安全畅通。

港口　推进“智慧港口、绿色港口、平安港口、法制港口”建设,港口岸线利用严格按照海安内河港口总体规划执行,全年有5家企业申请使用规划内港口岸线近1000米。根据省市内河港口管理“达标年”活动要求,全年计办理延续许可12家,补办港口经营许可5家,县政府挂牌督办的全县5家危险化学品码头全部办理港口经营许可证和危货作业附证,港口经营持证率达90%以上。

地方海事　认真贯彻实施船舶法定检验质量管理体系,优化运转模式,提高服务能力,保障船检工作效率和质量。受南通市船检局委托,全年检验船舶348艘、71296总吨、40355千瓦,未发生一起船舶检验责任追究事故。上船检查11771人次,检查船舶17575艘次,纠正违章2734艘次。"12395"接警13起,排除航道不畅险情33次。办理船舶签证15077艘次,其中危险品船舶实船签证83艘次。对14座桥梁工程实施监护,安全监护4艘新船下水。地方海事处获评全省海事系统先进集体。

【安全生产】 加大"平安交通"建设力度,全年未发生重大安全事故,完成县政府和市局下达的各项安全管理目标,被县政府表彰为年度安全生产工作先进部门,被南通市交运局表彰为年度安全目标管理先进单位。连申线海安桥梁建设工程荣获市示范平安工程、桥梁二标荣获省示范平安工地,353省道海安段实施第三方专业安全管理新模式,获评2014年江苏省公路水运工程"平安工地"建设省级"示范工程"。

【交通行政执法】 推进全省交通行政权力网上公开透明运行三级联网工作,积极配合完成市级平台建设。深入开展行政执法专项整改活动,规范执法行为。全年实施交通行政处罚(处理)案件2232件,办理行政许可53件,处理行政诉讼案件5起、政府信息公开案件3起。被市交通运输局评为交通运输行政执法评议考核先进单位。

【文明创建】 深入开展"百行万店"诚信工程、"公交出行宣传周""修车不宰客""万人评学驾"系列创建活动。全年创建文明班线4条、文明安全示范车10辆,328国道姜海收费站"姜海驿家亲"服务品牌荣获第四届江苏省公路系统十佳文明服务品牌。"最美交通人"不断涌现,飞鹤公交公司驾驶员秦爱东当选为"中国道路运输风范人物之中国最美客车驾驶员",驾乘人员杨成平、万晓燕救死扶伤,被省红十字会、省文明办、省见义勇为基金会评为江苏省"十佳最美救护员"。

水 利

【概况】 2014年全县水利建设总投入5.2亿元,实施13项重点水利工程,扎实做好防汛防旱工作,水资源管理规范严格,节水型社会建设成果丰硕,河道长效管理机制不断健全,水生态环境不断改善。

【雨情、水情、灾情】 (1)降雨总体正常,短时降雨较大。汛期平均降雨量630毫米,与往年持平。受江淮梅雨峰的影响,6月下旬至7月上旬的梅雨期降雨151毫米,较常年少45%,其中7月上旬、8月上旬各有六次强降雨过程,降雨量491毫米,其中8月7日李堡镇一次降雨量达248.7毫米。(2)水位总体平稳,短时水位较高。汛期上、下河平均水位2.45米和1.29米,上河水位比往年平均高0.22米,下河水位与往年基本持平。梅雨期上、下河平均水位2.42米和1.37米,上河较常年高0.12米,下河较常年低0.23米,其中7月上旬至8月下旬上、下河平均水位2.56米和1.44米,分别出现5天、9天的超警戒水位。8月9日上河水位出现全年最高的3.17米,8月15日下河水位出现全年最高的2.15米。(3)梅雨正常,台风正常。6月20日入梅,7月11日出梅,梅期23天,与常年相当。汛期有第8、10、12、16号台风外围影响,海上风力7-9级,陆上风力5-7级,灾害影响较小。(4)涝情较重,旱情较轻。梅雨期几次强降雨及几次台风的外围影响,河东沿海各区镇和里下河各镇的局部地区短时受淹造成一定的损失,县主城区安然无恙。5月下旬至6月上旬水稻抛栽期的用水高峰期降雨少,但由于长江引水充足,全年无旱情。

【防汛防旱防台】 汛前,县镇联动,投资800多万元突击抢修病险闸涵、站68座,抢筑险工段海堤、圩堤40多公里,清淤河道50条段,清除河中坝埂、鱼簖围网等阻水障碍物150多处。各区镇、县各部门都重新修订和完善防汛防旱预案,暂不能除险处理的险工隐患工程和跨汛期施工的工程等落实度汛应急预案,做到组织、责任、物资、队伍、应急保障五落实。县级防汛抢险救援队伍由县人武部牵头,组建防汛抢险队6支计1200人,区镇以民兵和厂企职工为主体,组建防汛巡查队68个、抢险队10个,总人数超1.5万人。到主汛前,县、镇防汛巡查、抢险队伍均调整组建到位,物具器具齐全配备,全县14个雨情、16处水情监测点做到水雨情监测全覆盖。为防御汛期强降雨雨涝,县防指先后启动Ⅳ和Ⅲ级防汛排涝响应3次,下达防汛排涝指令12次。全县投入防汛排涝人力0.5万人(其中抢险人员350人),机械设备224台次,耗用编织袋2.6万只,用电25万度,柴油2.1吨。里下河共63个圩区关闸排涝,2000多人巡查圩堤、闸涵并及时排除工程险情。全年遭受多次强台风外围影响,为防御第16号强台风"凤凰",9月22日县防指启动防台抗台Ⅱ级应急响应,紧急下达两道防台抗台指令,最大限度减少灾害损失。

【防汛减灾水利工程】 实施城市防洪治理附属工程续建、新围海堤外滩面坍塌段除险加固续建工程、里下河圩堤加固工程、北凌新闸除险加固工程、县防汛物资储备仓库应急修复工程。

【河道整治、水利连通项目】 实施2014年农村河道疏浚工程、中小河流重点县综合整治和水系连通试点项目(海安镇、城东镇项目区)。2014年农村河道疏浚工程:疏浚整治县级河道2条,长10.52公里,完成疏浚土方18.96万立方;疏浚整治乡级河道22条,长36.95公里,完成疏浚土方61.75万立方;新建自嵌块挡墙护岸3.0公里,新建仿木桩护岸1.2公里,新建袋装土护岸6.81公里;疏浚整治村级河道106条,长115.54公里,完成疏浚土方138.95万立方。

中小河流重点县综合整治和水系连通试点项目(海安镇、城东镇项目区):疏浚河道68条(段),长150.96公里、生态护岸69.58公里、河坡整治148.31万平方米,新建防洪及水系连通闸10座、闸站3座、桥4座、地涵29座等工程。

【中小河流治理项目】 实施栟茶运河整治工程(曹陈村—银杏小区段及沿海段)、北凌河整治工程(通榆河—新古河段)、焦港河整治工程(如海界河—老通扬运河段)、海溱河整治工程。

栟茶运河整治工程(曹陈村—银杏小区段):工程疏浚河道3.5公里,新建护岸6.221公里以及小型排水涵。

栟茶运河整治工程(沿海段):拓浚

栟茶运河整治工程　　　　　　　　　　　　　　　　　　　　　　　　　(水利局　提供)

河道15公里,新建护岸22.6公里,新建翻身河闸站1座,以及拆建10座灌溉泵站、23座小型排水涵等。

北凌河整治工程(通榆运河—新古河段):疏浚河道13.16公里,完成疏浚土方18.21万方;部分河道岸坡进行防护,其中桩板式护岸8788.23米,生态袋护岸493米;拆建排水涵40座,拆建灌溉泵站10座。

焦港河整治工程(如海界河—老通扬运河段):疏浚整治河道总长度16.6公里,新建护岸24.57公里,配套拆建(接长)涵洞15座。

海溱河整治工程:疏浚河道17.65公里,新建防洪墙1.7公里,加固圩堤3.75公里,拆建新建圩口闸8座、闸站结合5座、灌溉泵站5座、灌排结合泵站1座,圩下涵洞26座。

【农田水利工程】 2014年,实施完成2013年高标准农田水利建设示范县项目、2013年中央农田水利建设资金海安县维修养护项目、2013年新增千亿斤粮食产能规划田间工程。

2013年高标准农田水利建设示范县项目:在墩头、白甸、李堡、雅周共新建防渗渠道66.89公里,新建渠系配套建筑物4141座,拆建灌溉泵站66座,圩口闸15座,排涝站3座,闸站结合7座,完成灌溉水利用系数测定3处。

2013年中央农田水利建设资金海安县维修养护项目:在城东镇、海安镇、南莫镇、曲塘镇共维修养护灌溉泵站37座(51台)、防渗渠道维修养护6.94公里,跨渠桥16座、过水涵维修21座、节制闸维修58座、排涝泵站维修8座。

2013年新增千亿斤粮食产能规划田间工程项目:在墩头、南莫、白甸镇共拆建灌溉泵站22座、新建防渗渠道23公里,渡槽2座,砼机耕路1.05公里,砂石机耕路1.5公里。

【水资源管理与节水型社会建设】 强化顶层设计和制度建设,组织编制完成《海安县水资源综合规划》通过省水利厅评审,水资源相关专业规划基本编制齐全,基本建成用水总量控制、水功能区纳污控制、用水效率考核控制的最严格水资源管理制度。实行最严格水资源管理制度,实施区域用水总量控制,计划用水率98%以上。水利、环保部门协同强化落实水环境质量补偿制度,全县26个水功能区实现监测全覆盖。实施农村水厂供水深井封填二期工程,组织回填废弃深井8眼,在全县设置16眼地下水水位、水质观测井,定期编印地下水监测报告、地表水水功能区水质监测报告,实施地表水、地下水的动态监测,全县地下水水位缓慢抬升,未发生地下水漏斗区和超采区,主要水功能区水质逐步改善。

全面推进节水型社会建设,4月通过南通市政府最严格水资源管理制度考核和省水利厅水资源管理现代化进度测评,发改、水利、环保等部门密切协作深入开展"八大行业"节水减排行动,贯彻执行建设项目节水设施"三同时"制度,开展以节水型企业(单位)、节水型社区、节水型学校、节水型灌区等节水载体创建,完成角斜初中、李堡初中2所学校省级节水型学校创建、华新壹品小区省级节水型社区、华艺集团省级节水型企业的创建,完成1个灌区的计量设施设计安装、运行和2个省水利科技项目、2个省水资源项目的申报。鹰球集团雨水收集利用节水示范项目被列为2014年省水利科技项目,获得省级补助。

【水行政许可与水政执法】 全年办理水行政审批申请22件。配合市级中心镇行政管理体制改革试点,下放1项取水许可权利至李堡、曲塘两个市级中心镇。强化水行政执法,开展洗车行业取用地下水专项执法检查活动、河道整治重点工程涉违整治活动等,全县立案查处水事违法案件29起。　　　　(王　飞)

供水　供气

【供水】 抓好备用水源工程建设,与如皋共建应急水源,取水规模为日30万吨、水库容量150万吨,可供如海两地5天应急供水,工程总体进展顺利。日常管护区镇74口深水井,日可供水10万吨,确保应急需要。继续实施镇村供水管网改造工程,完成管网改造891公里、完成户表改造55931户、安全供水4922.14万吨,经更新改造,彻底消除老旧管网二次污染、漏失严重等问题,水质水压得到保证。

【供气】 推进天然气管网区镇全覆盖工程,截至7月底,天然气主管网覆盖全县各镇区和各区镇居民集中居住区,海安县率先成为苏北地区第一个实现天然气管网"镇镇通"的县。全县建成高中低压管网1212.3公里,其中高压44.3公里,中压464公里,低压704公里,发展居民用户近7万户,工业用户450户,全年管道天然气供气4461万立方米。

【燃气专项安全管理】 出台《海安县燃气事故灾害应急预案》,完善燃气行业重大事故应急体系,提高应急救援能力。制定《海安县住建局开展餐饮场所燃气安全专项治理的工作方案》,开展餐饮场所燃气安全专项治理活动。认真组织燃气企业开展安全生产月活动,印发1万份宣传折页和画报,深入开展用气安全知识宣传。创新管理举措,邀请专业安全管理公司江苏省泰尔安全技术发展有限公司专业排查全县燃气经营企业。积极开展燃气行业安全检查整改和打非治违专项行动,拉网式检查10家液化石油气充装企业,消除隐患27起,没收封存超过15年使用年限的翻新钢瓶137个(大公26个,雅周75个,老坝港36个),查处3家企业掺杂二甲醚事件,有效遏制瓶装燃气违规现象。认真开展燃气管线违章占压清理和防范工作,排查整改燃气管线违章占压7起,跟踪督促整改率100%。切实做好换瓶点整治工作,9月30日前无证经营换瓶点停止经营,启动全县换瓶点新的规划布点工作,达到预期的效果。

供　电

【概况】 2014年,累计完成供电量41.06亿千瓦时,同比增长1.89%;售电量39.42亿千瓦时,同比增长2.78%;最高负荷71.03万千瓦;线损率累计3.98%,同比下降0.84%;完成固定资产投资2.97亿元;电费回收率100%;电压合格率、供电可靠率等有关指标均达到业绩考核要求。公司荣获全国"安康杯"竞赛优胜企业和江苏省电力公司"青奥保电先进集体"称号。公司连续6年获得南通供电公司党风廉政建设标兵单位。公司"道德讲堂"获南通市示范点称号。至2014年12月31日连续安全生产5269天。

【电网建设】 县供电公司加强电网项目规划和前期工作。完成2014—2018(2020)年海安电网滚动修编工作。开展2015年220千伏壮志输变电等2项、2017年110千伏南莫输变电等2项、2018年220千伏长珞输变电等2项工程前期工作。加强与地方两级政府沟通协调,全力配合1000千伏淮上特高压工程建设。建成投运110千伏刘圩变电站,并获得江苏省电力公司项目管理流动红旗。配合建设220千伏海安变电所扩建、110千伏协合风电、海东光伏等5项工程。加强配、农网建设与改造,重点关注"低电压"和"卡脖子"问题。2014年完成配网项目1116项计1.78亿元,完成农网项目729项计1.44亿元。至2014年年底,全县累计建成177个电气化村、10个电气化乡镇。

【标准化管理】 县供电公司坚持召开同业对标月度例会和落后指标专题会,修订完善考核制度。坚持同业对标过程管控,2014年公司同业对标在全省41家县供电公司中综合排名第7,喜获综合对标、管理对标、配网运检、营销管理4项标杆。加强班组减负和标准化、精益化管理,营业班、配电运检一班分别荣获江苏省电力公司"标兵班组""安康杯"竞赛优胜班组。

【管理创新】 县供电公司强化管理创新,倾心打造《供电企业超市化电力营销服务平台的构建》创新成果,荣获第二十一届江苏省企业管理现代化创新成果二等奖。公司从服务地方经济发展、服务人民生活的角度出发,率先在全国电力系统组建首家"电力E超市"。这一超市化电力营销服务的平台从源头上打破部门和专业壁垒,改变以往按照部门职责构建流程体系的传统方式,按照客户需求,由"内部管理"向"客户需求"转变,运用超市特征,细分客户群体设计,提供差异化服务,凸显市场拓展功能。

利用"电力E超市"服务平台,主动服务全县10个区镇的用电需求和建海投资光伏发电、威仕重型机械等20个重点项目建设。

"电力E超市"服务窗口　　(供电公司　提供)

【企业文化】 深化"电力E超市"企业文化示范点建设,公司被中电联评为全国电力行业2014年企业文化建设先进单位,1项成果被评为全国电力行业2014年企业文化建设优秀成果一等奖。注重品牌宣传,全年在市级以上新闻媒体用稿520多篇,被上级公司表彰为新闻宣传工作先进集体。

【科技创新】 县供电公司以"自定义科技项目"为抓手,发挥劳模工作室的示范带头作用,以切实解决生产、基建、营销中的技术难题为目标,鼓励广大员工积极开展科技创新活动。2014年,公司完成国家发明专利申请4项,实用新型专利申请5项。完成省公司群创科技项目1项,公司自定科技项目31项。

(戴子贤)

生态环境保护

Ecological Environment Protection

水乡清晨　毛平平绘

◎责任编辑　杨　斌

综　述

【概况】 2014年，环保工作紧紧围绕市、县环保责任目标，以构建“大美海安”为主题，以开展“清水工程”示范镇、示范村建设为抓手，正确处理经济发展与环境保护的关系，解决危害群众健康和影响可持续发展的突出环境问题，推动城乡环境基础设施建设，优化发展环境，全面推进污染防治和生态保护工作。海安县污染减排工作位列南通市重点经济工作考核九个县市区第一名；生态文明建设工作全市领先，被南通市委、市政府评为“生态文明建设先进集体”；环保宣传工作成绩显著，县环保局被评为南通市“年度网络宣传管理工作先进集体”，并获得“南通市第二十六届科普宣传周活动先进集体”的荣誉称号。

【环保宣传】 上半年，县环保局参加科普宣传周和节能宣传周活动，把环保知识真正送到学校、社区，让绿色、环保、低碳理念深入人心。利用“6·5”世界环境日的机会，组织开展一系列活动，宣传环保知识和法律法规，接受群众现场咨询，免费为居民检测室内空气质量，发放环保宣传资料等。做好环保宣传进社区工作，海安镇园庄社区现场发放环保宣传资料500多份，新世纪广场南侧增设8块环保知识法律法规宣传展板，组织开展生态环保有奖知识竞赛。全年环保系统在《中国环境报》发表作品23篇，在《新华日报》等省级报刊发表27篇，在《南通日报》等市级报刊发表32篇，在《海安日报》发表168篇，在省环保厅网站发布政务信息多篇，全方位、多角度在国家、省、市、县媒体上宣传海安环保工作。

环境状况

【空气质量】 县城大气中二氧化硫、二氧化氮、可吸入颗粒物、PM2.5、降尘五项指标年平均浓度分别达到环境空气质量二级标准和南通地方参考标准要求。五项评价指标的年平均浓度分别为：每立方米二氧化硫0.028毫克、二氧化氮0.036毫克，PM10 0.079毫克，PM2.5 0.063毫克，每月每平方公里降尘6.6吨。全年，采集降水样品50个，pH年均值为5.52，采集酸雨样品14个，酸雨出现概率为28.0%。降水酸度年均值与上年相比有所好转。

城市中的湿地——七星湖　　　　(县环保局　提供)

【水环境质量】 (1)地表水。全县八条主要河流通扬运河、新通扬通榆运河、串场河、如海运河、焦港河、洋港河、栟茶运河和北凌河总体水质均符合《地表水环境质量标准》(GB3838-2002)Ⅲ类水质标准要求。(2)城镇地表水。县城镇区总体水质符合地表水Ⅲ类水质标准，枯、平、丰水期均符合Ⅲ类水质标准，三个水期均属于尚清洁级。(3)饮用水源水。县城饮用水以集中式供水为主，主要以地表水为供水水源，部分水源为深层地下水，地表水厂饮用水源位于海安县城上游2.54米处，监测点位位于水源水一级保护区吸水口处，每季度监测一次，其中二季度开展一次全分析。监测结果表明：饮用水源总体水质符合《地表水环境质量标准》(GB3838-2002)Ⅲ类标准，各补充项目、特征项目测定值均在标准范围之内。(4)地下水。5口测井的监测结果表明，海安县潜井层水质与承压层水质均符合《地下水质量标准》(GB/T14848-1993)Ⅲ类水质。深层井测点中，范雪琴家、海安水厂、曲塘水厂、仇湖水厂、角斜水厂，总体水质能符合《地下水质量标准》(GB/T14848-1993)Ⅲ类水质要求。

【声环境质量】 (1)道路交通噪声。海安镇道路交通噪声等效声级为64.0分贝，低于标准6个分贝值，所测路段均达标。车流量与上年相比有所上升。(2)功能区噪声。县城1类、2类、3类、4类功能区全年昼、夜间的噪声等效声级均达到相应的国家标准，较上年有所降低。(3)区域环境噪声。海安镇区域环境噪声昼间等效声级均值为56.3分贝，与上年相比下降2个分贝值。

污染防治

【概况】 根据《江苏省2014年度主要污染物总量减排计划》，县减排任务为：化学需氧量、氨氮、二氧化硫、氮氧化物排放量在2013年排放量的基础上分别削减3.4%、4.4%、13.1%、11.6%，即在消化新增量的基础上，分别削减700吨、103吨、1086吨、300吨。2014年度县减排工作列全市第一。

【减排工程】 全县安排减排工程40项，通过挖潜，完成减排工程46项，其中，水污染物减排项目29个，包括6个污水处理厂、9个工程治理、7个水关停、7个畜禽治理项目；大气污染减排项目17个，包括3家热电厂脱硫脱硝、2个煤改气、12个气关停项目。重点减排项目实施较快。16个重点减排项目中，15项完成，1

项在推进。其中，完成的项目为华新热电脱硫脱硝，美亚热电脱硝和烟尘提标改造，江苏联发纺织废水提标改造，南通海林染整、福兴漂染等6家企业中水回用工程，大公、雅周、墩头3个畜禽粪便处理中心项目，南通华银毛绒制品有限公司污水接管工程，南通天鹰铝业有限公司项目关闭，恒发污水10个管网延伸。县城北污水处理厂管网建设，建成50公里，厂区土建完成，开始设备安装。

【化工园区废气专项整治】 化工园区26家化工企业中，全部完成整改并通过现场整改核查。开展挥发性有机物整治，6月，天成化工、飞亚化工2家企业完成整治任务。开展化工园区卫生防护距离拆迁工作，年底拆迁工作全部到位。

【大气环境综合整治】 实施并完成8家加油站油气回收改造工作。深化扬尘污染治理，通过施工工地边界设置高度1.8米以上连续密闭的围挡，开挖、运输和填筑等施工过程辅以洒水压尘，进出工地的物料、渣土、垃圾运输车辆采用密闭车斗等措施，实施绿色施工。开展餐饮油烟集中专项整治，重点开展大中型餐饮手续完善和城区烧烤油烟联合执法整治行动。

【电镀行业专项整治】 海安邀请南通专家现场核查全县8家电镀企业的环保设施整改建设情况。8家电镀企业除1家关闭外，7家企业全面完成工艺、管网、设施整改，防腐、围堰建设和设备调试，进行现场验收。不实行达标排放的企业则坚决关闭。（徐小刚　陈　伟）

生态文明建设

【概况】 召开全县生态文明建设推进会，县政府与责任部门、区镇签订责任状，下发《海安县2014年生态文明建设暨环境保护实施意见》，制定《2014年度海安县生态文明建设考核办法》。县委、县政府坚持“生态立县、绿色兴县”的发展战略，把生态文明建设作为贯彻科学发展观、实现区域可持续发展的重要载体，提出建设生态文明，构建大美海安的奋斗目标。4月8日，县政府召开全县环境保护重点工作推进会，部署年度工作任务，将市下达的生态文明建设任务分解落实到各区镇和相关部门。曲塘镇崔母村、角斜镇角斜村、雅周镇雅周村3个村创建省级生态村，通过省考核验收。

【基层绿色创建】 开展绿色社区、绿色学校创建工作，倡导清洁生产、绿色消费、节约资源，增强全社会环境保护意识，弘扬生态文明。加强对创建工作的统筹规划和督促落实，建立完善成员单位目标责任考核，进一步加大创建力度。全年建成省级绿色社区1个，市级绿色社区2个，市级绿色学校8所。

【农村垃圾收集运输体系】 县环境整治办继续完善“组保洁、村收集、镇转运、县处理”的城乡统筹生活垃圾收运处置体系，加大对农村环卫基础设施的投入，按照标准建设垃圾房405座、中转站25座，设有垃圾桶（池）3.23万个。配备垃圾收集车和保洁工具，实现每6~8户配1个垃圾收集设施，每个村建设1个20立方米的垃圾中转房，每两个村配备1辆垃圾运输车，保洁人员每人配备1辆人力保洁车，每个河道保洁员配备1艘保洁船。全年新投入两台垃圾压缩机，新增垃圾桶8600个，实现垃圾收集设施网络化覆盖，全县生活垃圾无害化处置率100%。在完成全覆盖处置工作的基础上海安县推行农村生活垃圾分类化和减量化试点工作，选取李堡镇堡河村、南莫镇唐庄村、雅周镇钱庄村作为试点。

【清水工程】 海安把河道管护工作提升为为民办实事工程。抢抓创建全国河湖管护体制创新试点县机遇，积极探索河道管护新机制，形成一、二级河道及通航三级河道市场化运作，机械化保洁，三、四级不通航河道清水工程“以河养河”的保洁特色。县先后制定《海安县百河千里标准化工程实施方案》《海安县河道管理“河长制”工作意见》《海安县“以河养河”实施方案》《海安县生态文明建设清水工程（2014—2016）实施方案》等一系列规范性文件。县政府建立县河道管护联席会议制度，组建河道管理“河长制”办公室。各镇成立河道管理办公室，县水利局把河道长效管理作为重点职能工作来抓。

率先在全市推行一、二级河道“市场化运作、机械化保洁”。建立“政府主导、水利直管、公司保洁、镇村联动”的河道保洁新机制。围绕一级河道水净的目标，4月起对7条一级河道河面保洁实行市场化试运行，9月底完成一、二级25条470公里河道水面保洁工程公开招标，中标的湖北华夏水利水电股份有限公司、南通东湖物业有限公司配备自动保洁船9条，机动保洁

“清水工程”以河养河，收获成鱼　　（县环保局　提供）

船 34 条，落实保洁员 95 人，按照定时段、定河段、定人员、定船只、定责任、定措施的“六定”要求实施保洁。对河面保洁实行定期与不定期考核相结合，考核成绩与保洁经费实际给付挂钩。9 月，市委、市政府在海安县召开河道机械化保洁现场会，12 月底水利部确定海安县为全国第一批河湖管护体制机制创新试点县。

三、四级(不通航)河道实现“生态保洁、以河养河”。农村三、四级河道面广量大、管理难度大、经费投入大，海安县积极探索建立“以河养河”生态保洁之路。按照截污治污、河道功能恢复、绿化美化净化三项要求，认真排查全县四级以上1679 条河道两岸工业、畜禽养殖、三产服务业污染源，排出整治方案，全面开展整治工程。对排查出来的缺少粪污储蓄和处理设施的 1314 户养殖户，制定实施方案，全年总投资 2396 万元，建设与饲养规模相匹配的蓄粪(沼气)池。鼓励群众承包三、四级及以下不通航河道水面进行生态养鱼，承包人在获得经济收益的同时承担河道管护保洁责任。“以河养河”对工业废水排放、畜禽粪便直排也形成倒逼机制，促进河道生态平衡。全年，全县巩固养殖河道 932 条(段)，新增养殖河道 751 条(段)，整改不可养殖河道192 条(段)，放养鱼苗 896 吨，整洁河验收通过率 80%，164 个行政村通过清水工程达标村验收，达标村创建率 78%。曲塘镇被评为省级“水美乡镇”，城东镇开屏村、泰宁村、海安镇营溪村等 17 个村被评为省级“水美村庄”。

【白甸水乡渔作景观获“中国美丽田园”称号】 10 月，农业部在北京举办“2014年中国最美休闲乡村和中国美丽田园推介活动”，经过地方推荐、专家评审和网上公示等程序，认定 100 个村为 2014 年中国最美休闲乡村，140 项农事景观为2014 年中国美丽田园。县农委推介的“里下河白甸水乡渔作景观”获得“中国美丽田园”称号。 (王爱东)

资源节约与利用

【节能目标考核】 全年分解下达年度高耗能行业占比下降率等节能考核指标，组织各区(镇)、县级机关 22 个部门和 44 家重点用能单位签订年度节能工作目标责任书，按要求推进“万家企业节能低碳行动”，推进工业、建筑、交通、公共机构等重点领域节能工作；强化财政支持、科技支撑等政策激励，推进统计分析、质监引导和舆论宣传教育，开展固定资产投资项目节能评估与审查等活动。2014 年全县万元工业应税销售电耗 379 度，电降率比上年下降 12.24%；七大高耗能行业产值占比为 28.57%，比上年下降 2.2%；两项指标均超额完成市下达的任务目标，指标完成情况考核全市第一，海安县政府被南通市推进新型工业化领导小组表彰为 2014 年度南通市节能降耗工作先进单位。

【推进节水型社会建设】 县政府办公室《关于实行最严格水资源管理制度考核事项的通知》将节水型社会建设年度各项考核指标分解下达相关责任单位，建立用水效率考核机制。积极开展节水型载体创建，全年组织申报省级节水型学校 2 所、市级节水型学校 1 所，省级节水型企业 1 家，省级节水型社区 1 家。节水型社会建设考核指标全面完成。全县用水总量 4.95 亿立方米，单位 GDP 用水量降至每万元 82 立方米，工业用水重复用水率提高到 76.2%以上，单位工业增加值用水量降至每万元 11.7 立方米。

【突出土地节约集约利用】 海安大力推进标准厂房建设，落实节约集约用地责任，加大挖潜利用力度，盘活存量土地资源取得新业绩，全年盘活土地 98 宗，面积 1562.41 亩。着力推进砖瓦窑压减关闭工作，“十二五”期间，全县关闭粗放用地、高能耗低产出的持证砖瓦企业 22家，“腾”出土地 1600 亩。2014 年关闭企业 2 家 (青萍兴安建材和仁桥砖瓦厂)，完成年度制定的目标任务。

【工业节能降耗】 2014 年全县实施节能与循环经济项目 50 项，其中，节能项目 30 项，综合利用项目 10 项，清洁生产项目 10 项。项目总数居全市县(市)区前列；通过项目实施争取上级专项资金总额位于南通县(市)区之首，成功申报国家项目 2 个，联发集团实施的印染废水磁性树脂法深度处理中水回用技术改造项目申报国家工业清洁生产示范项目；南通绿源公司实施的秸秆锅炉能源化改造项目获中央预算内补助资金支持；申报省产业转型升级绿色发展项目 5 项，争取资金 500 万元。严格执行新上项目的节能评估审查工作，从源头上控制高耗能、高污染项目的引进和落户，同时引导企业积极使用节能新工艺、新产品，有效防止能源消耗的过快增长。

【节能执法和检查】 2014 年组织全县节能低碳行动单位认真开展能源利用状况报告和能源审计报告编制工作，引导企业开展能源管理体系建设；配合市节能中心开展节能专项执法检查，节能监察 10 家重点用能企业，能源监察审计 17 家重点用能涉限企业，监督检查 3 家国家“万家企业”使用 Y 系列电机情况、2 家非工业重点用能单位、8 家固定资产投资项目企业和 9 家电机生产企业。限期整改检查中发现 11 家企业使用国家明令淘汰设备、2 家企业产品单耗超过省限额等问题。

【淘汰落后产能】 2014 年 4 家列入国家及省级淘汰落后产能计划的企业全部完成年度目标，4 个项目中纺织类项目 1 个，淘汰落后产能 0.45 万吨；电镀类项目 2 个，淘汰落后产能 0.6 万吨；铅酸电池类项目 1 个，淘汰落后产能 18 万千伏安时；完成 21 家企业的能效电机改造提升任务，淘汰更换电机 1030 台，淘汰功率 5951 千瓦。

【实施燃煤锅炉改造和园区循环化试点】 启动实施全县高污染禁燃区燃煤锅炉改造工作，全年实施燃煤锅炉改造 24台，完成市年初下达的任务目标。开发区、高新区加大园区循环化改造力度，推进重点支撑项目建设，高新区建成项目 9 个，完成投资21.28 亿元，另有 3 个项目开工建设；开发区建成项目 5 个，完成投资 3.89 亿元，另有3 个项目开工建设。

【新型墙体材料推广】 全县墙改工作呈现持续健康发展的趋势，新型墙体材料产量占墙材总产量的85.39%,实心砖产量较2013年下降11%,压产到0.2亿块;新型墙体材料建筑竣工面积占建筑总竣工面积的90.2%;非烧结类墙材生产企业26家;主城区“禁粘”工作得到进一步巩固,各区(镇)“禁粘”试点有序推进,全面完成市下达的考核指标,在全省墙改工作考核中荣获二等奖。

【散装水泥管理】 全年完成散装水泥生产供应量120万吨,散装率96%,完成商品混凝土供应量330万立方米,县散装办被江苏省经信委表彰为“散装水泥工作先进集体三等奖”,被南通市城乡建设局表彰为“散装水泥工作先进集体城乡一等奖”。

【资源综合利用政策落实到位】 全县资源综合利用工作稳中有进。完成7家企业资源综合利用年检工作,全年“三废”利用量1067.19万吨,其中淤泥11.08万吨、粉煤灰29.4万吨、氟石膏1.39万吨、城市污水901.03万吨、废石机制砂66万吨、机制采矿废石58.29万吨,实现销售收入6.46亿元,实现利润2688.71万元,应交税款3647.75万元,减免退税额2503.67万元。 (景月兰)

【秸秆综合利用和禁烧、禁抛】 海安县加大对秸秆还田机械购置和其他形式综合利用秸秆的财政资金补贴力度,细化责任考核和责任追究办法,健全县级督察巡查机制,拓宽区镇考核保证金的范围。大面积、高频次、多火点、空气质量严重污染的现象得到有效遏制。

4月22日,南通市政府召开全市秸秆综合利用工作推进会,海安县政府和南通生物能源有限公司分别作为县级秸秆综合利用和企业能源化利用典型作交流发言。海安县南通绿源生物能源有限公司、海安澄鑫草制品专业合作社、南通百佳生物能源有限公司、海安惠农草制品专业合作社等为会议宣传片拍摄提供秸秆收储、固化成型、制绳、大棚育菇现场。

5月21日,全省秸秆燃料化利用暨秸秆禁烧现场会在海安县举办,副省长许津荣到会讲话并肯定海安在秸秆燃料利用和秸秆禁烧工作中取得的成绩。省农委、环保厅、发改委、经信委、科技厅、财政厅、质监局、农机局等部门领导,各省辖市政府分管副市长,环保、农委、农机部门主要负责人;各县(市、区)政府分管负责人,环保部门主要负责人,220余人参加会议。与会人员先后参观海安澄鑫草制品合作社草绳加工点,南通绿源公司南莫秸秆收贮中心,农机中心秸秆综合利用机具展示厅、秸秆制粒供热站,以及佳力士公司秸秆制粒烧锅炉车间等现场。县委书记、县长陆卫东在会上作题为“紧抓秸秆燃料化利用主途径,全面提升生态文明建设水平”的介绍发言。

(张小青　储　亮　徐其军)

秸秆能源化利用 (县环保局　提供)

【农村能源概况】 海安县重点抓好农村户用沼气项目的后续管理服务。2006年起,海安县实施“一池三改”户用沼气工程项目,截至2012年年底实施6450处,正常使用的沼气池6000多座。县农村能源服务站抓好全县沼气池的使用管理,提高使用率,发挥沼气的综合利用效益,推广猪(禽)—沼—粮(果、菜、鱼)等生态农业模式,实现农业资源的多级循环利用。全年在有关项目村举办沼气安全使用培训10次,参加培训人员400多人,全县沼气池使用率90%以上。

【规模养殖场沼气治理工程】 2014年,实施省级规模畜禽场Ⅱ、Ⅲ型沼气治理工程6处,总池容900立方米,项目总投资135.5万元,其中省财政资金83万元。项目实施后,年处理畜禽粪便5000多吨,产沼气12万立方米。通过“三沼”(沼气、沼液、沼渣)综合利用,一年可带来直接经济效益10多万元,社会、经济效益显著。

【农业可再生资源循环利用】 2014年,南通市龙顺粮油有限责任公司在白甸镇周垛村、官垛村优质稻米基地实施省级农业可再生资源大田循环利用项目。项目总投资52万元,其中省财政补助40万元。项目建设内容配4吨沼液出料车一辆、沼液储存池(3座×100立方米)300立方米、沼液利用池(18座×20立方米)360立方米、压力泵、沼液输送管网等。每个贮存池分别利用管网连接利用池,将贮存池的沼液流入利用池,再用抽液泵将利用池的沼液喷灌到农田。

(李仁全)

环境监管

【建设项目审批】 县环保局在项目审批中严格建设项目环境管理,按产业规划及有关规划做好审批工作,坚决从源头控制新污染源的产生,认真执行建设项目环境影响评价制度,按照国家建设项目环境保护分类管理名录要求,对建设项目实施管理。全年,审批建设项目290个,其中,报告书项目12个,报告表项目90个,登记表项目188个;申报表125个,否定项目5个,项目环评率、审批率100%。受理、移交验收办件52个,夜间施工办件47个,排污许可证办件5个。

【城乡饮用水源保护】 县委、县政府始终把保证城乡饮用水安全作为民生工程,将区域供水列入为民办实事项目,切实保证城乡居民生活饮用水的卫生、安全,做到不合格的水不出厂,有异味的水不进网。继续抓好农村饮用水源地环境整治和长效管理工作,做好饮用水安全保障工作。

【环保目标责任考核】 年初,下发《各镇环保办年度目标责任制考核办法》,与各镇环保办签订目标考核责任书,将年度环保工作任务分解至各区镇。年底,组织环保工作完成情况考核,全县10个区镇均通过考核,完成年度环保工作目标任务。

【规范环境行为】 继续推进环保执法"亮剑行动",着力解决群众关心的热点、焦点和难点环境问题。现场监管464家污染源,其中,重点监管污染源144家,一般监管污染源320家。专项执法检查全县230家浴室和歌舞厅,集中整治园区外24家化工企业和11家浆纱企业废水。聘请省环科院、南通环境工程设计院专家,对照化工废气、电镀行业的整治方案,现场核查所有企业整改施工情况,逐条检查整治方案落实情况。核查结果表明,化工废气、电镀行业的整治方案有效落实率95%以上。

水环境监测　　(县环保局　提供)

【强化信访调处】 县环保局每月召开至少1次环境信访分析排查会,排查、交办突出环境信访问题,重要环境信访由环保局负责人带领工作班子包案处理,带案下访,限期整改到位,及时消除可能引发环境纠纷的隐患,防范环境纠纷重复访、越级访的发生。全年受理环境信访1374件,均认真进行调处,其中,环保110接访647件,省市"12369"环保热线转办229件,县"12345"公共服务呼叫中心转办406件,网络舆情回帖96条,完成信访调处1356件,处理率98.7%。

【环境质量监测管理】 县环境监测站开展环境质量例行监测、流域环境综合治理监测、环境行政执法监测、水环境质量区域补偿监测、重点污染监督监测等工作。全年,完成省、市、县控断面、重点流域、地表水环境功能区、农村地表水、饮用水源、地下水、环境空气、降水、噪声、生物监测等例行监测工作,取得手工监测数据4.25万个,其中环境质量数据1.84万个,污染源监测数据5906个;取得自动监测数据8.20万个;出具监测报告609份;上报政务信息117篇。

【环境监测能力建设】 县环境监测站紧紧围绕"监测数据要和人民群众感受一致"的目标,不断加强监测能力建设,确保监测数据质量。拥有水质自动站1座、大气自动站2座,拥有气相色谱仪、原子荧光分光光度计、离子色谱仪等大型仪器(设备)及部分中小型分析仪器(设备)130台(套),仪器设备配置符合《全国环境监测站建设标准》要求。在日常监测工作中海安站注重加强仪器设备的维护保养,确保仪器设备运行率。海安站具备经江苏省质量技术监督局认定的分析测试能力项目98项,具备环境质量例行监测、污染源监督监测和特征污染物监测中要求的基本监测项目能力,所有项目均配备两名以上持有上岗证的监测人员。

(徐小刚　陈　伟)

6月5日,环保宣传进社区,向居民发放宣传手册　　(县环保局　提供)

园区建设

Park Construction

城市新高度　毛平平绘

◎责任编辑　崔广华

海安经济技术开发区

【概况】 海安经济技术开发区(简称海安开发区)位于海安县城东部,是江苏沿海开放型经济发展的高端平台,坐拥“公铁水”交通枢纽优势,汇聚“两带一路”等国家战略优势,成为长三角北翼吸纳世界先进发展要素、落户国际领先产业项目的重要载体。2014年,开发区大力推行新型工业化和现代服务业双轮驱动战略,加快转型升级,加快创新发展,落实民生保障,实现全区经济社会健康可持续发展,年内被评为“国家知识产权试点园区”“江苏省信息化和工业化融合示范园区”。

【规划与基础设施建设】 2014年,海安开发区科学编制城市规划,完成开发区扩区概念性规划,立足园区功能优化和产业提升,编制开发区汽车零部件产业园、高端装备制造产业园等特色园区的控制性详细规划。核心区配套设施基本实现网格化。上湖新城有序建设,启动建设上湖水环境及生态构建、上湖环湖路、上湖区域次干道、栟茶运河驳岸及上湖区域基础设施等工程,上湖新城水环境及生态构建工程规划通过评审。推进园区次干道、和谐路和合路西延、天立路天发路北延、常安纺织园绿化、上湖大道绿化、上湖大道二期污水管网、中小集聚区污水管网等重点工程建设。常安纺织园实现入园企业集中供热,工业给水集中供应,污水处理“一企一管”集中接管、达标排放。投入1.3亿元建设新初中。扩建8家社区卫生服务站。开发新型社区管理服务平台数据库软件,投资百万元建设蓝天卫士工程,为视频监控网络补点闭环。

【项目建设】 始终把项目建设作为发展的生命线,打造项目服务金字招牌,莫塔超硬材料、合迪科技、欣鑫纺织、澳珂莱印染等一批重特大项目加快建设,骆氏减震件、东材科技、启弘纺织等一批重特大项目投产运营。长三角电子商务总部基地成功落户,星湖001商业广场一期、正元粮食物流、润安棉花物流、电子商务产业园等一批物流业项目开工建设,东部全球家具采购中心、联发纺织材料物流交易中心被列为省服务业“十百千”重点项目。现代都市农业园、农产品加工园、万顷良田设施农业种植区“两园一区”加速推进。严把“项目准入关”“建后监管关”,加强项目用地动态管理,清理项目闲置用地,全年盘活土地超过500亩。

【招商引资】 海安开发区积极实施经济国际化战略,全年完成外贸进出口总额13.1亿美元。搭建海外招商平台,新设立招商局美国分局、亚洲分局、欧洲分局,创新招商举措,推行揭榜招商,变撒网招商为精准招商,在美国、日本、韩国等地组织专题招商活动近30次。全年实现到账外资1.56亿美元。总投资1.6亿美元的莫塔超硬材料项目开工建设。

七星湖生态园 (开发区 提供)

【科技创新】 产业结构明显优化。高新技术产业产值占比53.23%。新能源、汽车零部件两大新兴产业快速发展,比重份额快速提升,全年两大产业实现工业开票销售40.98亿元。加强产学研合作,开展各类产学研对接活动近百次。加快推进科研平台建设,实现规模以上企业校企共建、研发机构“两个全覆盖”。集聚上海交通大学、苏州大学、中科院三大机器人产业研究院,上海交通大学机器人研究所(海安)研究院与区内百协精锻公司研究开发自动化锻压线技术,填补国内空白;与苏州大学、苏州博实机器人技术有限公司合作共建海安先进机器人及系统研发生产基地投入运营,园区成为南通市机器人产业基地。鑫缘茧丝绸集团与苏州大学联合完成的“丝胶回收与综合利用关键技术及产业化”项目获国家科技进步二等奖。全年新增省级民营科技企业18家,新增高新技术企业16家,获得各类专利授权600件。。

【鑫缘集团一项目获国家科技进步奖】 1月10日,2013年度国家科学技术奖励大会在北京人民大会堂召开,习近平等党和国家领导人参加颁奖大会。开发区鑫缘茧丝绸集团与苏州大学联合完成的“丝胶回收与综合利用关键技术及产业化”项目荣获国家科技进步二等奖,实现海安获国家科技进步奖零的突破。

【开发区成为国家知识产权试点园区】 7月22日,国家知识产权局发文(国知发管函字〔2014〕81号)确定海安经济技术开发区为国家知识产权试点园区,试点工作周期为2014年7月至2017年7月,成为苏中苏北第一家获此殊荣的国家级开发区。

【中意海安生态园落户开发区】 10月14日,在国务院总理李克强与意大利总理伦齐共同见证下,中国商务部部长高虎城与意大利经济发展部部长桂迪在意大利罗马共同签署《关于共同支持建立中意生态园的谅解备忘录》,双方支持两国企业、机构及有关组织在海安经济技术开发区合作共建“中意海安生态园”。成为全国第六家中外合作生态园，也让海安成为全国第一家拥有中外合作生态园区的县级城市。（蔡晓群）

海安高新技术产业开发区

【概况】 海安高新技术产业开发区(简称海安高新区)地处通盐泰金三角中心和通盐连发展轴重要节点,区位交通优势明显。沿海高速、启扬高速纵横穿越,与全国各大高速无缝对接;新长铁路、宁启铁路、海洋铁路横亘境内,204国道、328国道在此交会,与221省道、226省道等公路形成网状交通格局。通扬运河、通榆运河、连申运河贯穿全境,沟通长江、淮河两大水系,汇入京杭大运河运输体系。全区面积208.9平方公里,人口26.5万,下设13个街道办事处、18个居委会、40个村委会。海安高新区是海安县城主城区、海安核心功能区,也是省生态工业园区、省和谐劳动关系示范园区、省“工业化、信息化“融合示范区、省社会治安综合治理先进镇、省安全生产先进镇、省依法行政示范镇、省诚信乡镇、省放心消费创建示范镇、省公共文化服务体系示范镇、省科技示范镇、省乡村公路管养及安保工程示范镇,建成全国文明县城、国家生态镇、国家卫生县城、中国绿色名镇、全国环境优美区(镇)、全国社区教育示范镇、国家科技示范园区、国际科技合作基地,以及国家级科技孵化器、国家级高校学生科技创业实习基地。海安高新区综合发展水平保持南通市第一,民营经济保持南通市第一强,成为海安重要的经济增长极、对外开放窗口、科技创新基地和转型发展引擎。

【规划与基础设施建设】 2014年,《高新区特色产业园控制性详细规划》《523文化产业园控制性详细规划》通过县规划委员会论证,着力推进科技创业园、文化创意园、汽车产业园、商贸物流园、粮食物流产业园、现代农业产业园、现代装备(重型装备)产业园、新材料(现代建筑)产业园和科创中心、职教中心、体育中心、文创中心等重点工程建设。国家

海安仁桥大桥顺利合龙　　（顾华夏　摄）

“西气东输”进入海安高新区。全年完成报征土地2331.56亩,盘活闲置土地547.47亩,占补平衡345.95亩,挂钩复垦1402.76亩。实施钟庄路、汽车城区间路、南海大道西延等道路建设,新增道路绿化42.6万平方米,新建污水管道11.7公里、雨水管道6.5公里、蒸汽管道7.5公里,完成基础设施投入3.5亿元。全年新开工安置房5250套,交付4174户,构建农民安置小区“政府扶持、属地管理、专业服务”物业管理机制。新增标准化物业管理安置小区10个,实现城区老旧小区基本物业服务全覆盖。全区创建国家级优秀物业管理示范住宅小区2个,省级优秀物业管理示范住宅小区3个,市级优秀物业管理示范住宅小区13个,省物业管理优秀住宅大厦1个。

【双招双引】 2014年,高新区通过引导、政策支持积极吸纳科技人才,形成科技人才集聚高地,引进院士2人、“千人计划”专家1人、“双创计划”人才12人、“博士计划”人才17人、硕士以上高层次人才56人;招引高校毕业生1662人,“招工引劳”2159人,建立县外劳务基地6个;入驻孵化器项目24人、加速器项目18个。

高新区成立海外招商服务中心,创新“1+1+X”海外招商机制,优化招商布局,注重活动招商,在上海、昆山、江阴、宁波、台州、台湾等地及日本、韩国先后举办45次招商推介会,集中宣传高新区区位优势、产业特色、发展平台等优势资源,扩大海安高新区知名度。建立健全重大在手在谈项目跟踪促进制度等,引进总投资10亿元的圣德曼铸造,总投资5亿元的海美金属新材料、奥狮汽车、四方新材料等一批项目,全年招引外资项目14个,开工2个;招引内资项目18个。新增工商注册外资2.8亿美元、到账1.5亿美元,完成外贸进出口总额8.35亿美元。

【产学研合作】 高新区强化企业科技服务,举办第二届“双高双创”圆桌会议。与同济大学、中国纺织科学研究院、苏州大学等十几所高校院所开展产学研活动。全年实施技改项目113个,完成技改设备投入10.05亿元。完成产学研项目60个,成果转化项目17个;新增校企共建平台17个;招引高科技项目42个;入驻孵化器项目24个,加速器项目18个;全年新建南京航空航天大学新材料产业研究院,建成鑫缘、飞亚、申菱、铁锚、天楹、欧贝黎企业研究院6个;新增发明专利申请545件、发明专利授权52件;新增高新技术企业11家、民营科技型企业25家,新增省以上新产品65件;高新技术产业产值占规模以上工业比重达45%。

【工业高新项目建设】 高新区着力招引“科技含量高、产业关联大、绿色环保型”项目。2014年,高新区新开工亿元以上

总投资3.2亿元的现代化工厂江苏金洲粮油工业园一角　　(顾华夏　摄)

工业项目32个、新竣工亿元以上工业项目12个，完成工业设备投入抵扣数12.49亿元，新增变压器112台，工业开竣工项目总数、设备投入总数、电力增容变压器和容量总数全县第一。全区在建亿元项目突破80家，逐步形成新能源、新材料、节能环保、电子信息、汽车等为主导的高新技术产业板块，以及粮食、医药、商贸为主体的物流板块。电梯、新材料等产业形成高度集聚、高速增长态势。电器产业拥有生产企业近30家，形成从部件到整件的全链生产能力。新材料企业近20家，涉足信息材料、能源材料、汽车材料、纳米永磁材料、高性能粉末材料、稀土材料、新型钢铁材料、新型有色金属材料、新型化工材料等领域，集聚以鹰球集团、巨鑫磁业、万宝实业等骨干企业为代表的特种金属功能材料企业，以鑫缘集团、双双布业等骨干企业为代表的功能纺织材料企业，以中平神马、文凤化纤等企业为代表的高分子功能材料企业，新材料产销占全区高新技术产业产值的近四分之一。

【商贸物流项目建设】 紧紧围绕“枢纽海安、物流天下”战略举措，全面落实“动车时代、节点城市”规划布置，全力推进三产物流业发展。完成新开工亿元以上服务业项目7个，新竣工亿元以上服务业项目9个，雨润中央购物广场、腾龙物流综合服务中心、天赋力仓储中心、凤山港区等一批商贸物流项目按序时推进。天赋力物流、农副产品批发中心、腾龙物流、华安大件获批AAAA级物流企业。锦龙国际大酒店成为南通各县市首家金叶级绿色旅游饭店。净增服务业亿元企业5家，完成服务业项目投入82.91亿元，同比增长6.7%。　　(解利稳　胡　军)

老坝港滨海新区

【概况】 老坝港滨海新区（简称滨海新区）位于长三角北翼，地处海安、如东、东台三市县交界，临海高等级公路穿越城区，区位交通优越，新区是省级老坝港滩涂综合开发试验区，市级旅游度假区，闻名全国的“红旗民兵团”所在地，享有中国“紫菜之乡”“河豚之乡”“鳗鱼之乡”等多种荣誉称号，也是全国著名的海安花鼓发源地。辖区总面积128平方公里，拥有5万亩的滩涂资源。新区建立后，按照省级经济开发区的管理模式，明晰产业布局，产业发展定位，规划建成“新兴产业的临港工业区、休闲度假滨海旅游区、高效生态的农业观光区”三大片区，坚持做优载体，搭好平台，新区开发建设已具规模，实现滨海新区“三年大变样”的奋斗目标，园区建设呈现强劲态势。

【基础设施建设】 滨海新区坚持高标准规划、高起点定位、高强度推进，筑强基础设施。2014年，区内道路交通网络建设完成一期市政道路10条，24公里，包括路灯、绿化、交安及配套设施；二期市政道路9条，22公里，基本完成，形成互通；三期市政道路和一期产业园区区间道路8条，长13.2公里，全面开工建设。河道整治按时推进，开挖、疏浚、整治“三横八纵”15条河道，总长67公里；新建河边绿色走廊8.5公里；完成区内省重点工程北凌河、龙港河整治建设工程。120万平方米的盐土绿化工程以及吹沙土地平整，总投资4.4亿元，新增绿化总面积295万平方米。完成日供40万立方米燃气中压站建设，完成新城区中央公园水系建设，全面实施绿化景观建设，中央公园基本成型；中洋河豚园河豚湖土方工程基本完成，河豚广场、河豚湖湖边生态植物护坡建设加快推进；宏宇休闲农庄完成投资3000万元，已营业。配套设施供水管网全面铺开；110千伏变电所建设全面启动，新建10千伏线路12公里，电缆入地1公里。污水处理厂占地面积8.47万平方米，计划投资2亿元，主要接纳园区企业工业废水和集镇生活污水。2014年开工建设，首期用地1.93万平方米，处污能力每日5000吨规模，中远期逐步达到每日4.8万吨标准。通信、燃气、排污等配套工程同步推进。

【招商引资】 2014年滨海新区招商引资实行领衔、领产业、领任务、领区域“四领招商”。按照“3+1”产业园区，区负责人领衔各分管部门，实行产业找商、招商，在招商引资方式上，重点实行以企招商，以商招商、产业招商、活动招商、境外招商、网络招商、委托招商。2014年新招引项目12个（瑞杰、伊诺、泰瑞安、振全、博雅时代、三昌、美霖、宏邦、优达、周家工艺、耀烨、昌吉家具）。参与洽谈的新开工亿元项目14个，其中2013年招引签约项目2个（凤凰山门窗、祥鹤石材）。全年完成外资注册公司3家（福临农业发展有限公司注册800万美元，恰可贸易有限期公司注册500万美元，美工场增资2900万美元）。完成全年新增外资注册800万美元指标。恰可贸易完成外资到账220万美元。全年完成有效首谈登记258条。完成县签约项目6个，在外组织招商活动11次，赴台开展招商活动，对台招商办事处挂牌成立。

【项目建设】 2014年滨海新区围绕“项目建设攻坚年，服务功能提升年，经济总量扩张年，和谐新区推进年”的总体目标，加快园区项目建设。三大片区之一的临港工业区具体分为：石材加工产业园、家具产业园、生物产业园、综合产业园。

1.石材产业园：中国海安国际石材城一期项目开发面积146.67万平方米，总建筑面积276万平方米，按照大产业，集群理念“复合式”产业分区建设，拥有一流的硬件设施，并进行现代化市场商业运营管理，以新型石材生产加工型企业为主体的工业生产区，以配套厂区建设和生产服务为主体的商业生活区，以为整个园区提供商务办公、行政物流综合配套的城市综合区等三大功能区域组合而成。2014年有16家石材业项目落户园区。其中，沪通、碧辉、品合3家企业2013年开工建设，2014年年底全部竣工。

沪通石材市场：占地7.03万平方米，计划投资2.9亿元，建设面积5万平方米，集各种石材展示、石材销售为一体。预计年市场成交额达10亿元以上，第一栋8000平方米车间已竣工，第二栋屋面板、墙板全部结束，第一幢展示厅已完工，第二幢在装潢。

碧辉石业：占地5.27万平方米，计划投资1.2亿元，厂房建筑面积2.41万平方米，设备投入3100万元。10月竣工，投产后年加工高中档进口大理石板材60万平方米，高档建筑工程装饰石材18万平方米。

品合石业：用地7.13万平方米，计划投资2亿元，厂房建筑面积4.45万平方米，设备投入5000万元，2014年首期1.9万平方米厂房竣工投产。二期厂房、办公楼等开始投入使用。

大明玉新材料：占地16.33万平方米，计划投资5亿元，设备投入1.05亿元，总建筑面积11.54万平方米，该园投产后年产5G微晶玉石50万平方米，年开票销售8亿元，2014年完成5栋厂房主体工程。

祥鹤、林家、恩泽、和创、聚英5家企业2014年开工。园区其他石材企业也在积极筹备，开工建设进行时。

2.家具产业园：园区定位广东家具华东生产基地，一期规划面积133.33万平方米，以中国东部家具产业基地为载体，重点打造区中园模式，规划分成工厂区、物流园区、展示区等。重点招引研发、创意、生产、销售于一体的高端规模家具产业，有4家家具企业开工建设。

邻里中心：占地11.87万平方米，建筑面积6.01万平方米，计划投资4.5亿元，完成一期6000平方米金港广场主体工程，二期4.2万平方米职工中心进行地基开挖。奥龙家具：占地3.33万平方米，计划投资1.2亿元，设备投入2000万元，厂房建筑面积2.03万平方米，2014年一期厂房竣工投产使用。瑞杰家具：占地2.47万平方米，投资1亿元，设备投入2000万元，厂房建设面积1.76万平方米，2014年办公楼二层封顶。泰瑞安家具：用地3.65万平方米，投资1.5亿元，设备投入2000万元，建筑面积4.14万平方米。另有17家家具企业落户园区。

3.生物产业园：园区定位张江高科产业基地。以海洋生物产业园为主题，通过产学研合作和一、二、三产业联动发展，形成特色产业群、产业链、产业带。规划面积146.67万平方米，园区分为生物医疗、生物保健品、生物饮料、生物新材料、生物肥料等板块。2014年有两家企业落户：上海侨基生物寡糖公司占地3.47万平方米，投资1亿元，建筑面积2.80万平方米，设备投入3000万元，2014年开工建设，已投产运营。宏达生物科技公司占地3.33万平方米，投资1亿元，设备投入2000万元，建筑面积3.19万平方米，2014年开工建设，部分生产车间竣工，设备进场调试，处于试投产运营中。

县委书记陆卫东、县长顾国标视察滨海新区

（政务信息中心　提供）

4.综合产业园：位于新城区核心地段，重点发展新能源、新材料和光电配件生产为主导的产业集群。规划面积300万平方米。依托剪、折、卷机械、油压模锻锤等产业优势，以产业基地、配套体系、合作平台和信息网络为重点，促进产业集群集聚错位发展，落户园区的是先进装备制造、新材料、磁性材料、电子信息等产业。2014年有海东、建海、弘煜3家光伏企业开工建设。

5.黄海国际休闲旅游度假区建设：重点建设温泉养生度假区、生态人居示范区、海湖湿地涵养区三大片区，规划建设中国南黄海紫菜城、中洋河豚庄园、温泉会都三大重点项目，打造成国家AAAAA级景区。加快推进AAAAA级中洋庄园、玉龙湾城市综合体、海之蓝温泉度假区以及中央公园项目建设，以南黄海国际生态旅游度假区为载体，以“宜居、养老、休闲”为产业基础，以生态康益（温泉疗养）为市场重点，以“住老坝港渔村，品南黄海海鲜，游中洋河豚庄园，当角斜红旗民兵”为主题，整合新区优质旅游资源，加快打造一批重点旅游项目，实现到新区“住有所宿，吃有所指，玩有所去”的奋斗目标。重点打造三大旅游线路，围绕“玩”的需求，打造中洋河豚湖、中国民兵博览园的游玩线；围绕“吃”的需求，打造原老坝港镇区海鲜餐馆、老坝港渔村、渔家乐、如来寺斋菜一条街，中洋河豚庄园养殖区的美食线；围绕“赏”的需求，打造紫菜采摘旅游体验，海边日出观赏，玉龙湾公园，龙港河的自然风景线。

6.农业观光园：2014年，新区以苏台农业园区为载体，推进农业合作创业园建设，构建两岸农业科技和信息交流的平台，加快农产品集中加工区、精致农业园、天成科技农业园的发展，建设产学研科技新成果转化、新品种、新技术、新工艺试验示范，农产品加工出口、台湾农企和农民创业、生态农业观光五大基地。培育有地方特色的高效特色农业，提高农业科技含量。2014年，新申报3个无公害农产品，新建富港、江海、顾陶3个水产养殖基地，延伸产业链。加快发展水产品精深加工业、观光教育旅游等配套产业。

【科技创新】 2014年，滨海新区加大技改设备投入，金牛机械、华安袜业等16家企业实施技改项目投入4200多万元。

巨力磁材申报国家服务新技术企业，开发省以上高新技术产品7个，申报市级以上科技项目3个，新增民营科技企业2家，金牛机械、明芯微电子2家企业完成科技成果转化项目。兰波公司、巨力磁材、大鹏玉新材料、中洋水产、宏洋化工5家企业均与高校科研院所实施30万元以上的产学研合作项目。引进国家"千人计划"1人，引进高层次人才7人，高校毕业生240人，新区建立完善"订单式"培养、校企合作、劳务基地建设等长效机制，引导蓝领人才、高校毕业生及高层次人才投身沿海开发。 (郭金元)

铁路专用线建设现场 (政务信息中心 提供)

海安商贸物流产业园

【概况】 2014年是海安商贸物流产业园基础建设、功能布局、产业扩张、影响提升的关键年，园区主动承接"动车时代、节点城市"新优势，目标建成江苏东部"公铁水"无缝对接的商贸物流高地，坚持走精致化、专业化、特色化发展之路，公铁联运体系基本形成，专业功能平台相继获批，一批产业项目陆续开工。

【管理体制】 2月5日，县委、县政府明确园区管理体制和机构设置。江苏海安商贸物流产业园为海安经济技术开发区"区中园"，园区新设圆通街道，管辖原江苏(海安)商贸物流产业开发区核心区10平方公里区域(东至晓星大道，南至货场路，西至新长铁路，北至北凌河)和海安经济技术开发区刘缺村、五坝村两村核心区外的区域。园区党工委、管委会设5个内设机构：办公室、规划建设局、经济发展和社会事业局、招商局、财政局。

【编制精细规划】 商贸物流产业园按照"更精致、更集约、更节约"的要求和"功能聚集、业态分区、项目切块"的路径，绘制核心区南区项目布局精细规划图。南区以"铁路门户型城市"功能为统领，围绕铁路1号线和2号线的不同货运品种布局功能与业态，细分电商物流产业园、金属物流产业园和纺织物流产业园三大功能区，各功能区按照"建模"标准进行精细规划。

【基础设施建设】 区间路建设，环二路完成沥青摊铺；纬十路完成面层摊铺；其他6条道路完成单侧慢车道摊铺。货运综合楼、装卸综合楼、门房和配电房等主体工程竣工。2号怕湿货物专用线工可方案通过上海铁路局评审，施工图设计通过初审。凤山内河港口开工建设。铁路1号线系海安县站货场改扩建一期工程，由海安县站铁路货场引出，延伸至海安商贸物流产业园内，主要服务有色金属及集装箱运输，设计年运力180万吨。工程由上海铁路局下属江苏雷威建设工程公司负责建设，6月开工建设，改扩建工程1号有色金属专用线完成铺轨，年底主体工程竣工。

【甘肃国际陆港华东物流基地】 海安商贸物流园积极策应"一带一路"国家发展战略，与甘肃国际陆港实业股份有限公司联合建设甘肃国际陆港华东物流基地，将分布在上海、江苏、浙江等地的生产资料及农产品聚集到海安，通过"天马号"组列发运武威保税区出口中欧、中亚或在西部地区销售，华东地区进口中亚、中东地区的物资"入关"后在海安中转，通过海安便捷、灵活的"公铁水"联运方式到"门"入"户"。

【服务产业项目建设】 加强对在建项目的跟踪服务力度。电商产业园项目6号仓库钢结构主架安装结束，大楼主体工程竣工。中贸不锈钢剪切中心项目中心厂房封顶。百金汇有色金属期货交割库项目信息中心大楼封顶，1号仓库基础工程完成。联发纺织材料物流交易中心项目1号楼完成二层浇筑，2号楼三层封顶，2栋交易中心大楼竣工，新建4栋仓库开挖基础。润安棉花仓储项目完成保税物流仓库基础工程建设，新开二期4栋8600平方米的仓库。大运物流园项目一期开工面积2.4万平方米，建设1栋办公楼、2栋仓库。

【功能平台申报】 加强与上海期货交易所、大连商品交易所、郑州商品交易所和南京海关的密切对接，申报在海安设立期货交割库和保税物流功能平台。润安保税物流仓库通过南京海关审查，获批棉花保税经营业务；保税物流中心(B型)申报材料呈报省政府。有色金属期货交割库通过上海期货交易所专家评审，作为2015年首期新批交割库。天成、汇益公司被大连商品交易所批准设立禽蛋期货交割仓(厂)库，并投入运营。华强棉纱期货交割库申报材料通过郑州商品交易所初审。

【总部企业】 落户园区的金荣金属、红鹭贸易、酒钢贸易、多川博贸易等8家总部经济企业，全年实现开票销售105.54亿元(其中甘肃金川、白银、酒钢三大国企海安公司开票销售84亿元)。 (王存宝)

沿海开发

Coastal Development

黄海晨曦　毛平平绘

◎责任编辑　崔广华

综 述

【概况】 2014年，海安加快沿海产业布局，推动产城融合发展，沿海前沿区域实现地区生产总值230亿元，固定资产投资完成193.8亿元。积极做好省级海安老坝港滩涂综合开发试验区申报工作，相继通过省、市相关职能部门审查。主动对接上海自贸区建设，承接上海、苏南产业梯度转移，深入推动跨江合作，海安县沿海前沿区域杨浦工业园、常安纺织科技园等4家合作共建园区在建，水星家纺、上柴动力等一批大型央企、名企相继落户合作共建园区。老坝港滨海新区全年新开工亿元以上项目32个，其中符合市沿海开发“项目建设年”考核认定标准的18个。全力建设华东地区最大的石材产业基地和东西呼应的东部全球家具生产基地。15家石材加工企业和2家石材配套企业落户海安国际石材城，石材展示销售中心土建竣工，品合石业等2家石材企业竣工试投产；14家家具生产企业和2家家具配套生产企业落户东部全球家具生产基地。县沿海办先后被省沿海办表彰为2013年省沿海办网站信息工作优秀组织奖、2014年门户网站信息工作先进单位。

【澳工党地区常务主席到海安滨海新区考察】 5月29日上午，澳大利亚工党地区常务主席Steven Moon（穆帝文）一行到海安县老坝港滨海新区考察。穆帝文一行听取老坝港滨海新区发展情况，详细了解园区建设、产业发展、招商政策，参观老坝港滨海新区核心区基础设施和项目建设，他希望通过此访促进海安与澳洲的经贸合作和文化交流，愿意搭建两地沟通桥梁，介绍澳商到老坝港滨海新区投资兴业。

【省相关部门强化对海安的指导和督察】 4月24日，省海洋与渔业局副局长汤建鸣一行利用到海安开展“三解三促”活动之机，专题调研海安沿海开发工作情况，汤建鸣肯定海安县现代渔业产业园区建设、海域使用及海洋经济发展取得的成绩，要求海安加快涉海项目立项、审批进程。

8月13日，县政府副县长丁锋率县沿海办、老坝港滨海新区有关负责人赴省沿海办专题汇报海安县沿海开发工作，省沿海办主任、省发改委副主任林一峰、省沿海办副主任王晓辉肯定海安沿海开发工作取得的成绩，表示对海安所提出问题将结合省沿海办工作推进切实加以解决。

江苏(海安)商贸物流园2014年被省政府列为江苏沿海开发重大载体项目之一。10月15日下午，省沿海办督察组督察江苏(海安)商贸物流园建设情况，实地考察苏中医药物流中心、天赋力(海安)、现代综合物流中心核心区基础设施建设现场，详细了解园区及省级重大项目实施进展情况，高度评价江苏(海安)商贸物流园建设。

11月14日，省沿海办主任、省发改委副主任林一峰，省政府参事、中华农业科教基金会理事长刘立仁一行到海安调研沿海开发工作。县委副书记、代县长顾国标，县领导丁锋、翁晓云、储开泉等参加活动。林一峰一行实地考察滨海新区石材产业园、家具产业园、李堡镇万洲胶黏项目、常安现代纺织科技园、东部家具产业基地以及上柴动力、铁锚玻璃等企业，听取海安沿海开发情况汇报。对海安沿海开发工作取得的成绩给予肯定，希望海安坚持高起点规划、快速度推进沿海开发工作，促进特色产业加速集聚发展。

【沿海开发融资】 6月5日，市沿海办副主任瞿祖平带领长城证券财务审计等相关工作人员专程赴老坝港滨海新区，就长城证券发行省沿海开发集合债进行调查指导。省沿海办会同长城证券发行省沿海开发结合债，资金募集总规模30亿元，全部用于南通沿海开发建设。海安主动对接省沿海办牵头组织的长城证券省沿海开发结合债前期调研、材料上报等工作，参与市沿海开发产业基金募集工作。老坝港滨海新区全年融资到账资金超过12亿元。

【老坝港滨海新区基础地质调查】 2013—2014年，海安先后完成《海安县老坝港滨海新区综合地质调查》《海安县老坝港滨海新区浅层地热能调查与评价》两个基础地质调查项目，查明老坝港滨海新区地质层空间分布特征、不良地质层类型及分布、场地类型、条鱼港航道稳定性特征；查明老坝港滨海新区浅层地热能分布特征、浅层地热能资源储量、开发适宜区等。海安县通过建立信息库和信息管理平台，实现地质调查成果数据化操作、可视化展现。

【海安人才综合竞争力列全省第11名】 1月25日，《江苏省区域人才竞争力报告(2013)》发布，海安人才综合竞争力名

老坝港滨海新区 （徐 剑 摄）

列全省第11名，位列南通市第一和全省沿海地区第一。海安坚持人才优先发展战略，连续五年入选全省人才工作先进县。海安是苏中及全省沿海地区唯一拥有国家级工程技术研究中心、国家级企业技术中心和3家国家“火炬计划”特色产业基地的县，拥有企业院士、博士后、研究生工作站36家。

【贯彻落实市陆海统筹发展综合配套改革试验区总体方案】 2013年12月，市委、市政府研究确立《南通陆海统筹发展综合配套改革试验区总体方案》，海安县新型城镇化试点、农村集体建设用地增减挂钩改革、物流功能平台建设创新三项重点改革任务列入其中。2014年海安抓紧制定具体实施办法，编制年度推进计划，明确三项改革的任务书、时间表、责任制，确保改革任务落到实处。

【农工党省、市委送服务到海安】 4月30日，农工党江苏省委服务沿海开发“十村万卷”送书工程暨农工党南通市委“春到海迅”书画名家邀请展在海安县举行。省政协副秘书长、农工党江苏省委专职副主委肖渡，市政协副主席、农工党南通市委主委陈宋义，市政协副主席、市委统战部部长殷雄出席仪式并讲话。县委书记、县长陆卫东等县领导参加活动。

当天，农工党江苏省委向开发区(城东镇)壮志村、滨海新区(角斜镇)川港村和高新区(海安镇)旺池社区赠送书籍5000多册，价值15万余元，内容涉及文化、历史、励志和农民致富等方面。农工党南通市委与县委统战部首次进行“送文化进基层、入企业”活动，在海安开展“春到海迅”书画名家邀请展活动，农工党南通市委党员书画家现场即兴创作，传授技艺，与海安县书画爱好者互动切磋，并向海迅集团赠送书画作品。

开发规划

【概况】 海安率先在全省完成《海安县老坝港滨海新区滩涂综合开发试验区规划》修改完善工作，顺利通过由市沿海办组织专家评审。完成《滨海新城区控制性详细规划》《滨海新城区城市设计》及相关子规划的评审。

【老坝港滩涂综合开发试验区规划通过评审】 2013年海安县老坝港滩涂综合开发试验区规划率先通过省沿海办组织专家初审，2014年又结合《江苏沿海滩涂围垦开发利用规划纲要》和《江苏海洋功能区划》进行微调，并获得专家认可。9月10日上午，市沿海办在如东洋口港经济开发区主持召开海安老坝港滩涂综合试验区规划评审会。省沿海办副主任乔德正、项目推进处处长黄强，市沿海办主任、发改委副主任尹建勇等参加活动。会议分别听取海安县副县长高斌有关老坝港滩涂综合试验区建设情况介绍、南京大学城市规划设计研究院有关海安县老坝港滩涂综合开发试验区规划编制情况汇报后，江苏省城市规划设计研究院、东南大学、河海大学、南京理工大学以及市国土局、环保局、规划局、海洋与渔业局等单位领导专家分别对规划的理念、结构、内容、进度安排等发表意见，现场出具专家评审意见，原则通过该规划。评审会后，老坝港滨海新区和规划设计单位按照专家和部门要求，尽快修改完善规划，按规定程序报批，力争成为全省首批省级滩涂综合开发试验区。

基础设施建设

【概况】 海安沿海地区供水管网全面铺设，建成主支管道18公里。110千伏变电站封顶，完成主变压器安装。新建110千伏架设线路41.5公里，10千伏架设线路13公里、电缆入地1.4公里。污水处理厂正在办理环评等相关手续，老坝港天然气卸气站建成运行。通信、燃气、供热、排污等配套工程与道路同步推进。县交通运输局、县连申线航道整治工程建设指挥部荣获市“交通重点工程建设劳动竞赛先进集体”称号，连申线桥梁一标的中铁二十三局一公司被授予市“工人先锋号”称号，2人分别被授予市“五一劳动奖章”和市“劳动竞赛先进个人”。

【配合实施省沿海开发六大行动方案】 7月，省政府公布沿海开发六大行动方案(港口功能提升、沿海产业升级、临海城镇培育、滩涂开发利用、沿海环境保护、重大载体建设)，分别由省交通运输厅、经济和信息化委、住房城乡建设厅、国土资源厅、环保厅、发展改革委牵头制定并推进实施)及2014年工作要点。《沿海港口功能提升行动方案》中海安有连申线航道整治工程、通扬线航道整治工程、宁启铁路复线改造、新长铁路复线改造、海启高速、临海高等级公路列入；《沿海产业升级行动方案》海安有新能源专用车制造、节能环保装备研发及产业化项目、海洋生物制药项目、智能成形机床及电梯等智能装备制造、大功率车用柴油机关键部件等汽车零部件制造、海安天赋力现代综合物流园、江苏中洋集团现代渔业园区建设七个项目列入；《临海城镇培育行动方案》全省有27个临海城镇，海安为角斜镇(老坝港滨海新区)；《滩涂开发利用行动方案》海安有老坝港滩涂围垦综合开发试验区、部省合作重大工程项目列入；《沿海环境保护行动方案》有海安经济技术开发区精细化工园区废气整治工程、海安经济开发区精细化工园区敏感目标拆迁、海安经济开发区精细化工园区雨污分流和清污分流改造、常安纺织工业园区污水处理工程、滨海新区工业污水处理厂、南通市城市河道水环境整治工程(海安)、县污泥处置中心建设、县危废处置中心建设、县广播电视发射塔迁建工程、海安经济开发区精细化工园区大气环境预警站建设等10个项目；《重大载体建设行动方案》有江苏(海安)商贸物流园、海安高新技术产业开发区、老坝港滨海新区及海安经济技术开发区列入。另还有一批重大项目和重要事项以南通市打包方式列入。海安实施“六大交通建设工程”：1. 干线公路建设工程。海启高速公路海安段、353省道海安段开工建设。204国道、328国道互通建成通车。2.铁路通道建设工程。海安县站改扩建工程完成主体工程80%，铁路通道主体工程完工。3.路网完善工程。4. 农村公路桥梁工程。完成农村道路100公里，新改建农村公路桥梁60座。5.独立桥梁建设工程。连申线航道千禧大桥等建成通车。6.路网维护及功能提升工程。继续实施农村公路大中小修、安保工程和干线、县乡公路绿化景观养护。

【项目建设用地】 海安对老坝港滨海新区重特大项目实行用地倾斜，向上申请点供土地，优先安排用地指标。加速用海审批，对新老垦区实行差别化报批，最大比例争取海域使用金返还，协助做好项目后续换发国有土地使用权证书和土地使用权确权登记工作，累计争取到建设用海指标417.34万平方米、养殖用海指标800万平方米。

【启动滨海新城建设】 提升园区和城镇配套功能，全面启动玉龙湾公园、滨海商务大厦、金港广场等城镇配套项目建设，部分项目主体封顶，开始装修。新建安置房200套，3.3万平方米。完成房屋征收150户，拆迁安置137户，拆迁安置率91.3%，全年新增城镇人口5084人。

【沿海生态建设】 老坝港滨海新区在南通市八大重点滨海园区中，海岸线最短、规模最小、起步最晚，坚持生态优先、错位开发的原则，严守生态底线，对进区产业，除旅游业、新兴产业和高效农业外，一律拒之门外。全年完成老坝港滨海新区污水处理厂初步设计，新增雨污水管道80公里。沿海地区盐土绿化栽种面积60万平方米，城镇绿化覆盖率35%以上，草坪覆盖率保持在95%以上，人均公园绿地面积11平方米以上。

【204国道与328国道海安段互通工程建成通车】 204国道和328国道是海安贯穿南北和横跨东西的两条国道。8月1日，204国道与328国道海安段互通工程通车。项目总投资4000多万元，2013年7月开工，为全苜蓿叶互通式立交，路基全宽8.5米，按一级公路互通式立交标准建设，设有八个单车道匝道，其中内侧是四个环形匝道，外侧是四个半连式匝道，使市民出行204国道、328国道更加便捷安全。

【353省道海安段建设】 4月，353省道海安段建设工程进入全面施工阶段，全线桥涵工程接近尾声，跨沈海高速大桥过水涵、灌溉涵等道路配套设施基本完工。9月，由中铁四局承建的353省道海安段跨通榆河大桥连续梁中跨合龙，跨通榆河大桥是353省道海安段的重点控制性工程之一，大桥全长777.2米，单幅桥面宽度为12.75米，主桥为三跨预应力砼变截面单箱单室连续箱梁，桥体横跨三级航道通榆运河，跨度长90米。

跨通榆运河大桥施工现场　　(顾华夏　摄)

【海启高速初步设计通过省发展改革委审查】 8月22—23日，省交通运输厅交建局工程二处负责人现场察看海安至启东高速公路路线设计情况。海启高速公路是全省“五纵九横五联”高速公路网规划中“横三”(南京经泰州至启东)的重要组成部分，沿线经过海安、如皋、如东、南通滨海园区、海门、启东等地。线路全长约131公里。项目采用双向四车道高速公路标准，设计时速120公里，路基宽度28米，设计荷载公路-I级。全线设置互通12处和服务区3处，特大、大桥33座、中桥47座、通道214处、涵洞307道，分离式交叉18处，投资估算为111.02亿元。9月26日，省发展改革委在南京主持召开海安至启东高速公路初步设计审查会，会议听取初步设计汇报及咨询意见汇报，与会代表和专家同意海安至启东高速公路初步设计通过审查。海启高速初步设计正式批复后，进入施工准备阶段。海启高速公路建成后，成为南通沿海地区公路快速运输主通道。

【连申线海安改线段桥梁通过省级验收】 1月21日下午，省交通厅验收组对连申线海安改线段桥梁（朝阳路桥、丹凤路桥、凤山路桥)进行交工质量鉴定。经过验收组专家现场验收及鉴定，连申线海安改线段桥梁通过交工质量验收。此次连申线航道整治，全线要求达到Ⅲ级航道标准，位于连申线航道上的朝阳路桥、丹凤路桥和凤山路桥因航道改线及恢复交通需要赔建。3座桥梁于2012年6月先后开工，2013年12月底均具备通车能力，工程总造价超1.3亿元。

【沈海高速海安北互通工程获批】 11月14日，省发改委批复同意沈海高速公路海安北互通工程施工。沈海高速公路海安北互通工程位于沈海高速公路与353省道交叉处，在海安大公镇早稼村、群益村境内。互通工程匝道长1912米，桥梁总面积6779平方米，工程总造价1.01亿元。沈海高速公路海安北互通项目的建设，沟通353省道与沿海高速公路的联系，有利于改善海安乃至南通北部地区路网结构。

【通扬线海安段航道整治工程开工】 海安通扬线航道整治工程将按照三级标准航道整治，工程范围从通扬线运东船闸到海安船闸，与连申线航道交汇，途经过扬州、泰州、南通三市，由高东线(北澄子河)、建口线(卤汀河)和新通扬运河组成。航道整治里程全长123公里，改建桥梁33座，新建水上服务区1处，停泊锚地3处，其中海安境内新建锚地1处。项目总投资约50.31亿元，计划2014年开工，2018年年底建成通航。

项目建设

【概况】 海安为列入省、市计划笼子的项目提供全程代办服务，建立重大项目任务交办、县领导挂钩联系、考核督察和责任追究等推进倒逼机制，力促项目早开工、早见效。老坝港滨海新区引进产业严守绿色低碳门槛，总投资15亿元的天成养殖科技园。引进生物制药、石材、家具等环保产业，打造数条循环绿色低碳产业链。积极推进中洋河豚庄园项目、高效生态观光农业项目、南黄海紫菜城等项目。全年交办108项重点事项，限时办结率93.12%。有效对接全市月度项目观摩点评活动，建立健全"中洋河豚庄园建设区企联席会议"等重特大项目定期会商制度，现场交流，督察推进。2013年12月30日，江苏最大光伏发电项目首期工程9兆瓦电站在海安县老坝港滨海新区并网发电。2014年，海东光伏、老坝港基础设施建设项目竣工，万州胶粘制品、江海数控、石材城、家具产业园、玉龙湾城市广场等7个项目达到或超过序时推进，御景湾城市综合体项目受地产调控影响，进度有所脱节。31个重大项目和重要事项均按序时推进，顺利通过省沿海办对实施情况的督察。

【滨海新区10个工业项目集中开工】 6月10日上午，落户老坝港滨海新区的10个工业项目集中开工，县人大常委会副主任、党组副书记孙进基，副县长翁晓云，副县长、滨海新区党工委书记、角斜镇党委书记丁锋，县政协副主席、县委统战部部长储开泉参加开工仪式。此次集中开工的10个工业项目计划总投资13.2亿元，其中，亿元以上工业项目8个，涉及石材机械、家具、生物医药等多个领域。单体投资最大的是福建凤山集团的南通凤凰山石材、门窗生产项目，计划总投资3.5亿元，项目投产后，可年产大理石板材80万平方米、高端装饰石材70万平方米，高端门窗50万件，实现新增开票销售7亿元。江苏侨基生物科技有限公司的氨基寡糖素项目的开工建设，使滨海新区生物医药产业实现零的突破。

【老坝港滨海新区新开工项目领跑市沿海前沿重点园区】 8月28日，从全市沿海开发项目推进南通滨海园区观摩会上传来信息，1—8月，全市沿海前沿8个重点园区新增开工项目39个，其中工业28个、服务业11个，8月确认15个。如东洋口港经济开发区、海安老坝港滨海新区分别以8个、7个项目领跑全市沿海前沿重点园区。

【海洋大学工程学院与海安签署产学研合作协议】 5月24日，中国海洋大学工程学院与县政府举行"产学研"合作签约仪式，中国海洋大学工程学院院长史宏达，县委书记、县长陆卫东，县委副书记顾国标，副县长卢忠平、吴麟麟等参加签约仪式，史宏达与卢忠平分别代表中国海洋大学工程学院与海安县人民政府签署产学研合作协议。陆卫东介绍海安基本概况和科技创新发展情况，表示海安将为到海安工作的专家教授提供一流的工作和生活环境，努力把海安打造成中国海洋大学工程学院科技成果转化的重要基地和产学研合作的最佳合作伙伴。史宏达表示海洋大学工程学院成为海安的技术支持者，海安也成为海洋大学的生产前沿。此前，史宏达一行实地参观江海集团、鹏飞集团、海安高科技创业园、永大管业、飞宇石油科技等企业。

（丁　宇）

海洋渔业

【概况】 2014年，海安县海水养殖面积16.35万亩。海水产品产量9250吨，其中海水养殖产量1940吨。高效设施渔业面积6.89万亩，年内新增0.94万亩，占全部水产养殖面积的27.9%。高附加值特种养殖规模扩大，全县特种养殖比重由2013年的35%提高到2014年的38%以上，成为高效渔业基础品种。

【获评全国平安渔业示范县】 年初，农业部、国家安全生产监督管理总局联合行文，授予海安县"全国平安渔业示范县"称号。县政府下发《全县关于进一步加强海洋渔业安全生产工作意见》，明确各单位安全职责、检查范围、方法等。完善安全监管体制，健全各项规章制度，层层落实安全责任和防灾减灾措施。海安严格执行海洋渔业安全报告制度，坚持渔船进出港报告、每日安全报告制度，渔船申报出港安全检查。加强海域动态监控监视，保障网络设备实时联通。创新海洋渔业安全生产宣传方式，以群众喜闻乐见的形式，将海洋渔业有关安全生产法律法规，编排成群众

宜盾普电商年销售超亿元　　（顾华夏　摄）

喜闻乐见的文艺节目,由县“新时代艺术团”巡回演出,宣传效果良好,得到省市主管部门的认可。

【渔业互助保险】 2014年,全县完成渔业互助保险保费收入414.29万元,超额完成展业下达指标300万元的138%,比上年提高22个百分点。全县参保渔船177艘,完成保费收入128.25万元;参保渔民1622人,其中海洋捕捞渔民1022人,养殖工人596人,内陆渔民4人,完成保费收入286.04万元。获得各级财政补贴134.28万元,其中中央财政补贴17.37万元,省级财政补贴103.57万元,县级财政补贴13.34万元,保险覆盖率100%。江苏省渔业互助保险协会海安县办事处获省渔业互助保险先进集体,获得特别贡献奖。

【国家海洋局原局长孙志辉视察海洋与渔业工作】 6月8日,国家海洋局原局长孙志辉在省海洋与渔业局局长唐庆宁的陪同下,专程到海安考察调研中洋海洋产业发展情况。省海洋与渔业局办公室主任赵钧,市政府副秘书长张建华,市海洋与渔业局局长许海波、副局长曹军,县委副书记顾国标,副县长彭为杰、丁锋等陪同参加调研活动。孙志辉一行实地参观中洋集团特种水产品养殖基地,察看中洋集团兴建的代表现代渔业未来发展方向的集约化生态养殖设施。孙志辉肯定中洋海洋产业的发展,认为其规模大、水平高,代表国内海洋开发和现代渔业的发展方向,勉励集团把中洋河豚庄园项目做成世界一流的沿海生态渔业园和旅游目的地,在海洋经济战略发展中为全国提供先进经验。 (贲秀林)

【海安建成首家省级出口紫菜示范区】 3月25日,“海安县出口紫菜示范区”(南黄海紫菜城)通过省农委专家组复审,成为省第一家省级出口紫菜示范区。区内有5个紫菜育苗场、1个紫菜研究所、15家紫菜生产加工企业,实现年出口3000多万美元。首批入驻南黄海紫菜城的10多家企业全部投产,示范区投入3000多万元,建立紫菜研究科学楼和紫菜育苗试验场,并与中科院青岛分院、中国海洋大学、上海水产大学等深入合作,培育出紫菜新品31个,平均每亩增产50公斤,实现优种增产与经济效益双赢。

【长江珍稀鱼类产业技术创新战略联盟成立】 11月11日,国家长江珍稀鱼类产业技术创新战略联盟成立大会在省海安县隆重举行,会议选举产生国家长江珍稀鱼类产业技术创新战略联盟首届理事长、常务理事长、副理事长、秘书长以及专家委员会主任、副主任及委员,中洋集团当选联盟首届理事长单位。联盟是在江苏长江特色鱼类产业技术创新战略联盟基础上,由中洋集团牵头联合长江流域江苏、上海、湖南、江西、四川、云南、西藏等11个省市自治区50余家企业、高校、科研机构等共同组建,是一个集联合开发、优势互补、利益共享、风险共担于一体的技术创新合作组织,整合长江珍稀鱼类产业的科技创新资源,以长江珍稀鱼类品种为单元,重点开展产业共性技术和关键技术研究和示范。

【石泰峰考察中洋集团长江珍稀鱼类养殖基地】 4月9日,省委副书记石泰峰考察江苏中洋集团长江珍稀鱼类养殖基地。石泰峰先后察看河豚鱼、鲥鱼、龙纹斑、胭脂鱼节约型集约化生态养殖车间,大鲵三层立体养殖车间,松江鲈鱼巢式养殖车间,鳄鱼标准化养殖车间,以及长江珍稀鱼类繁育中心、营养中心等处,逐一观摩了解河豚、鲥鱼、刀鱼、中华鲟、扬子鳄、大鲵、胭脂鱼、松江鲈鱼“八条鱼”的养殖现状、养殖技术、产业规模和市场开发等情况。他对江苏中洋集团在开发保护长江珍稀鱼类过程中注重科技创新、实施多品种规模化养殖战略的成绩予以肯定,同时鼓励集团继续围绕长江珍稀鱼类这一产业做大做强,打造特色亮点,放大品牌效应,以高科技引领现代农业发展。南通市委书记丁大卫陪同调研。

(丁　宇)

海洋管理

【服务沿海开发】 全县围绕海洋经济建设和海域资源开发利用,积极开展高效优质服务。服务海域建设项目,开展海域使用论证、海洋环境评估工作,争取建设用海指标。2014年领取海域使用证9宗,取得建设类海域使用面积280万平方米。完成全县海洋功能区划修编工作,起草《关于深化海域管理制度改革的实施意见》,经县委讨论通过;与财政局联合制定《海安县海域使用金使用管理办法》,明确海域使用金的用途、申报程序、结算办法。

【加强动管中心建设】 县海域动态监视监测管理中心编制《2014年海域动态监视监测管理工作方案》,明确全年中心工作目标和任务,通过省级考核验收。加强监控监视设备的管理,确保网络设备,实时联通,开展海域动态监视监测,批准建设的用海项目。配合海监开展专项监视监测16次,测量非法用海情况,并出具异点异区监测报告提供给海监进行检查。按时上报监视监测统计数据,积极配合市动管中心开展区域内业务化工作。县级海域动态监视监测管理中心能力建设项目已通过国家海洋局批准立项,总投资404万元。建立动态监视监测基础资料,全年开展监测32次,制作监视监测报告79份。 (贲秀林)

农　业

Agriculture

捕鱼归来　毛平平绘

◎责任编辑　李国良

综　述

【概况】 全年,认真贯彻中央和省委"一号文件"以及市县农业农村工作会议精神,紧紧围绕"国家现代农业示范区建设全国争先、农业基本现代化实现水平全省率先、农林牧渔职能工作全市领先"的目标,加快推进传统农业转型升级,切实保障主要农产品有效供给,不断提高农产品质量安全水平,继续增强科技服务能力,有效带动农民增收致富。粮食生产再获丰收,畜禽生产加快转型,蚕桑生产保持稳定,高效设施农业加快发展,绿化造林成果显著,海洋渔业安全生产保持平稳态势,被农业部和安监总局联合表彰为"全国平安渔业示范县"。

【农业现代化建设加快推进】 按照省农委《关于深化拓展农业现代化工程的实施意见》,进一步突出发展质量和效益,狠抓重点、攻难点,整合资源和力量,进行责任再明确和任务再细化,加大推进力度,落实农业现代化建设方面各项数据上报单位,开展薄弱环节的调查研究分析,提出解决办法,取得令人满意的成绩。国家现代农业示范区建设提速,6大类24项指标监测得分78.9分,比上年增加4.29分,属于发展速度较快的范围,在全国153个示范区中,综合排名第16位;农业现代化建设加快推进,在江苏省农业基本现代化进程监测中获得78.4分,继续保持全省第一方阵位次,位居全市第一。

【雅周现代农业园起步扬帆】 雅周现代农业园区基础设施日趋完善,公共服务中心、高新技术成果展示中心、农机服务中心"三大中心"建设全面启动。园区与南京农业大学、苏州农业职业技术学院等单位开展合作,建立自主创新基地和"三新工程"试验示范基地,园区跻身全省30个农业科研自主创新基地。年内引进千万元以上农业项目9个,锦湖现代稻作园、森农生态休闲观光园、精品蚕业示范区、辉海菜篮子基地、龙雅高档果品项目、俊泰连栋温室蔬菜项目、苏州农业职业技术学院"三新工程"项目基地等一批农业项目初具雏形。6月21日,县委书记陆卫东,县委副书记、代县长顾国标,副县长彭为杰及涉农部门负责人到雅周现代农业园视察调研,要求园区要坚持"招高引新"发展定位不动摇,全面招引优势项目,全面展开与科研院所的合作,全面加大向上争取资金的力度,同心协力全力推进现代农业园建设。6月14日、10月9—10日,雅周现代农业园区稻作园先后成为农业部全国首次召开的水稻钵苗机插高产栽培现场观摩会、科技部国家粮食丰产科技工程南方区现场观摩交流会的参观现场。(丁小波)

【家庭农场加快发展】 至2014年年底,全县拥有家庭农场401个,比上年增加32个。其中粮食种植类32个、园艺种植类27个、种养结合类14个、畜禽养殖类322个、其他6个。家庭农场经营土地面积2.20万亩,其中耕地面积1.67万亩。在工商部门注册的61个,其中以企业法人注册的2个。年内按照示范引领、典型培育的原则,开展省、市、县级示范家庭农场培育。海安昌银家庭农场、南通南龙家庭农场2个农场被列为省级示范家庭农场;海安开路先锋家庭农场、朱平生家庭农场、海安顺乐家庭农场和海安雅芳家庭农场4个农场被评为市级示范家庭农场;另外,认定墩口德富、俞万、弘圣、南莫祥禾、久盛5个家庭农场为县级示范家庭农场。

(张红菊)

农业项目建设

2014年,海安继续加大农业项目建设,新(扩)建千万元以上种养项目31个,其中亿元项目4个。入"一园三区六景"农业园区项目16个,其中落户雅周现代农业园区2个。

海安县雅周现代农业园入口处　　(成剑频　摄)

2014年海安县新(扩)建千万元以上农业高效规模项目建设表

表4　　单位:万元

序号	区　镇	项目名称	建设主体	建设地点(村组)	开、竣工时间	计划投资总额	年新增投入额
1	滨海新区	通港设施渔业项目	张美华	通港村2、3组	2013.12-2014.4	3500	950
2	滨海新区	中洋国家级功能中心建设	中洋集团	滩涂	2014.6	10000	1750

续表 4

序号	区　镇	项目名称	建设主体	建设地点(村组)	开、竣工时间	计划投资总额	年新增投入额
3	滨海新区	五凌生态农业园	康宜华	五凌村 7 组	2013.12–2014.9	1500	250
4	滨海新区	高密度循环水养殖	中洋集团	滩涂	2013.12–2014.12	818(美元)	900
5	滨海新区	新坝设施农业园(晓杰农庄)	新坝村	新坝村	2014.1–2014.12	1000	150
6	滨海新区	中洋河豚广场项目	中洋集团	滩涂	2014.5–2014.12	1000	600
7	滨海新区	规模羊场	王卫宏	川港村	2014.3–2014.12	1000	180
8	李堡	喜洋洋羊场	林金贵	李西村 25 组	2013.12–2014.10	1500	320
9	大公	万头猪场	仲跻华	北凌	2014.5–2014.12	5000	680
10	开发区	智能温室时兴蔬菜项目	赵启俊	雅周现代农业园	2014.1–2014.4	2000	1250
11	开发区	城东镇千亩荷花生态园	南通洪旺藕业	洪旺村 16 组	2014.1–2014.12	1200	220
12	开发区	热港标准化生猪示范场项目	龚俊丰	热港村 2 组	2014.3–2014.8	1000	430
13	开发区	50 万羽鸡场	婷婷禽蛋专业合作社	丰产村 15 组	2014.1–2014.7	12000	900
14	开发区	和松羊场	杨和松	品建村 20 组	2014.5–2014.11	2000	330
15	高新区	陈鹏千头羊场	陈鹏	通学桥村 10 组	2014.5–2014.12	1000	250
16	高新区	向阳奶牛场项目	向阳奶牛场	胡集村 5 组	2014.1–2014.12	1000	600
17	雅周	森农生态园	森农公司	雅周现代农业园	2013.5–2014.12	17000	2400
18	雅周	标准化养殖	薛怀富	金庄村 20 组	2014.1–2014.12	1000	350
19	雅周	标准化养殖	陈文明	金庄村 12 组	2014.1–2014.12	1000	400
20	曲塘	碧桂园休闲农庄	王魏、顾均	周桥村 15 组	2014.1–2015.8	3000	630
21	曲塘	国民生态园	吴国民	花庄村 3 组	2014.1–2014.12	1500	250
22	曲塘	智能化养殖	苏鹏	刘圩村 5 组	2014.1–2014.12	3500	550
23	曲塘	勇辉休闲	王勇	刘圩村 2 组	2014.1–2014.12	1500	480
24	南莫	沙岗农业观光园	王志祥	沙岗村 13 组	2014.2–2014.6	1000	300
25	南莫	工厂化香菇生产	林细奇	邓庄村 12 组	2014.6–2014.12	2200	200
26	南莫	小兵生猪	张小兵	南莫村 5 组	2014.9–2014.12	1050	150
27	墩头	墩西兔场	袁小军	墩西村 8 组	2014.1–2014.9	1000	150
28	墩头	荣贵羊场	王荣贵	西湖村 7 组	2014.1–2014.6	2000	160
29	墩头	标准鱼池建设	杨立建	东湖村	2014.2–2014.11	1000	350
30	白甸	盛景羊场	南通盛景农牧科技有限公司	官垛村 6 组	2014.2–2014.12	10000	850
31	白甸	设施蘑菇项目	谢正兴	白甸村 19 组	2014.7–2014.12	1200	500

（王爱东）

种　植　业

【概况】 全年粮食生产虽然遭遇冬春严重冻害、春季连阴雨、夏季高温暴雨、早秋连阴寡照低温，病害重发连发，由于大面积开展高产增效创建活动，狠抓主推品种、主推技术，认真落实抗灾技术预案，将灾害影响降到最低程度，实现增产增收。全年粮食播种面积 118.43 万亩，单产 541 公斤，总产 64.12 万吨。全县亩产稻麦连续七年过吨，稻麦年单产连续九年蝉联全省第一，2006—2014 年全县粮食平均单产 521.6 公斤，比南通市平均 412 公斤高 109.6 公斤，比全省平均 427.2 公斤高 94.4 公斤。在江苏非稻麦高产最佳区域连续多年创造出全省最高产量。

【小麦单产全省“七连冠”】 认真制定小麦种植技术方案，切实加强技术指导和抗灾应变,全县大面积小麦实现适期早播,秋播质量较好,利用稻茬田底墒实现一播全苗,有效避免了秋冬季干旱的危害,小麦精确定量栽培、病虫草综防技术及配方施肥技术得到普及推广,实现小麦品种良种化,高产技术普及化。全年小麦种植54.95万亩,平均单产443.7公斤,比全省平均单产高85.6公斤,比全市平均单产高50公斤,在全省77个小麦县(市、区)中名列第一,2008年以后连续七年全省夺冠,在江苏非小麦高产最佳区域连续七年创造出全省最高产量。

【水稻单产再次全省夺冠】 针对水稻生长期经历了长时间低温、阴雨、寡照,后期低温袭击,全生育期光照时数只有736.4小时,为2013年的72.9%,加上稻瘟病偏重发生的影响,农技部门坚持防在灾害前面、救在第一时间、做在关键时点,切实加强管理,抓好促花肥施用、用药等措施预防低温冷害,由于应对及时,组织有力,措施得当,狠抓关键措施落实,实现大穗及后期活熟到老,夺得较好收成。全县55.44万亩水稻,单产660.6公斤,在全省88个水稻生产县(市、区)中再次名列第一。

【惠农政策落实到位】 全县上下强化监督,组织核查,规范工作程序,解释、解决涉及惠农补贴的政策和问题,完成相关面积的登记、核查、汇总工作,全部采取"一折通"的形式,安全、准确、及时补贴到户,惠及全县21.7万农户,农民种粮每亩可获148.4元补贴,资金使用没有发现截留和挪用的情况,确保国家补贴资金每一分钱都补贴到农民手上,全县未出现一起因工作不到位或失误而引起的上访、信访事件。全年,全县粮食直补面积55.82万亩,补贴资金1116.4万元;农资综合补贴面积63.95万亩,补贴资金6612.81万元;国家水稻良种补贴面积55.46万亩,补贴资金831.89万元;国家玉米良种补贴面积3.98万亩,补贴资金39.85万元;国家棉花良种补贴面积0.01万亩,补贴资金0.17万元;国家小麦良种补贴面积57.06万亩,补贴资金570.64万元;油菜良种补贴面积7.19万亩,补贴资金71.86万元。全年补贴资金9243.63万元。

【麦稻高产创建全省一流】 全县承担6个小麦、11个水稻万亩高产增效示范片创建任务。6个小麦示范片涉及曲塘、海安、大公、城东、南莫、墩头等6个区镇,28个行政村,3.25万户农户,实施总面积8.91万亩。11个水稻示范片涉及10个区镇、5.29万户农户,面积13.16万亩。全县精心组织实施麦稻高产增效创建万亩示范片建设项目,努力创建一流的示范片。6月3日,省小麦高产增效创建检查验收组对城东镇爱凌村2组"宁麦13"、南莫镇柴垛村28组和沙岗村9组"扬辐麦4号"高产创建小麦攻关田进行实产验收,示范片产量达到省小麦高产创建指标,其中爱凌村2组小麦高产创建"宁麦13"示范方实收3.464亩,实收单产604.7公斤。10月29日,省水稻高产创建专家组对李堡丁所、杨庄、堡河村3个千亩方进行抽测3块田,平均实收单产775.7公斤。对南莫沙岗村9组稻麦周年高产进行现场验收,实收单产726公斤,加上夏熟省实产验收551.4公斤,全年省级验收稻麦年单产1277.4公斤。全县示范方产量均处于全省先进水平,连续5年被省农委表彰为高产创建先进(突出)单位,有7个示范方获A级方,占南通市的50%。

【水稻商品化集中育供秧有序开展】 组织召开相关会议宣传发动,营造发展水稻机插秧、实施商品化集中育秧供秧氛围;围绕水稻机插秧商品化集中育秧组织、育秧技术环节、插秧技术环节、病虫害防治,从农机、农艺角度,邀请水稻栽培、植保、农机专家举办技术讲座。对水稻高产创建项目区百亩以上商品化集中育秧供秧的机手,每亩补助15元物资,农户购买秧苗时,每亩补助10元。全县2014年水稻商品化集中育秧面积达15.6万亩,879个育秧户,供秧农户4万多户。

【雅周稻作园水稻钵苗机插放样全国】 县农委全力做好雅周农业园区现代农业科技稻作园规划、服务、指导工作,推动园区水稻试验示范及生产发展。2014年稻作园开始土地平整种植水稻,超高产攻关方采用新品种"甬优2640""甬优1538"钵苗机插,超高产攻关田采用新品种"镇稻18"钵苗机插、"甬优2640"半有序抛秧,开展水稻钵苗机插栽培专题试验等。6月14日,农业部首次召开的全国水稻钵苗机插高产栽培现场观摩会,考察曲塘镇周桥5组育秧现场及雅周稻作园移栽现场,全国17个水稻主产省(区、市)农业技术推广站负责人及相关县(市)水稻生产技术人员、水稻钵苗机插协作组等150多人参加考察观摩;10月9—10日,由省农委组织的全省(苏中)水稻新技术新品种推广暨高产增效创建现场观摩培训会在海安召开,130名代表考察观摩海安雅周稻作园水稻钵苗机插及新品种、新技术展示;10月11日,科技部国家粮食丰产科技工程南方区现场观摩交流会140名代表参观海安雅周稻作园;10月18日,江苏、安徽的50多位水稻钵苗机插高产栽培现场观摩研讨会代表考察雅周稻作园水稻钵苗机插超高产攻关方。年内国家科技部农村科技司司长陈传宏、全国农业技术推广服务中心主任宋丹阳、中国工程院院士陈温福教授等专家、农技人员、种粮大户30多批次1000人次先后到稻作园区参观考察。

(林昌明　李桂云)

【农业生产全托管服务】 全年,市委、市政府将农业(种植业)生产全托管作为全市重点经济工作和农业农村工作考核的重要内容,下达任务,明确建设内容和验收考核具体要求。海安县加强领导、落实政策、明确举措、细化任务、强化考核、现场推进、业务培训、开展督察,农业、农机部门密切配合,县农委纪委将该项工作列为效能监察内容,有力地促进了全县全托管工作的顺利开展。全县落实200亩以上全托管建设主体64个,总面积2.79万亩,服务农户5636户,其中500亩以上31个,新建粮食烘干中心6个。为确保全面通过市级验收,县农委制定考核细则和验收标准,联合县农机部门开展业务培训和现场推进,组织季度查评和月度点评,及时发现存在问题并认真加以解决。经市农委、财政局组织验收,最后确认53家通过验收,其中500亩以上规模有30家。

【植保专业化服务】 积极发展服务组织，新增专业化服务组织11个、专业化防治从业人员56人，参与服务人员1.26万人。全年新增大中型植保机械27台，引进大型自走式植保机械，全县拥有植保服务机械4285台，日作业能力11.25万亩。规范专业防治服务行为，全县统一专业化服务资料台账要求，实施"有服务名册、有服务协议、有机具清册、有作业清单、有收支明细"的规范管理，组织月度查评和季度点评，发现问题并及时加以解决。强化业务培训指导，利用农民创业、水稻高产创建等活动，进行植保专业化服务规范、病虫草害药剂防治、植保机械使用及维护技术的培训指导，先后培训2500人次，提高从业人员的服务意识和服务水平。全县小麦专业化统防统治服务31.94万亩，占小麦面积的58.26%；水稻专业化统防统治服务35.42万亩，占水稻面积的64.12%。

【农作物病虫害测报标准化区域站成为全国创建示范单位】 为推进农作物病虫监测标准化、规范化，提升监测预警能力和水平，农业部组织开展全国农作物重大病虫害测报标准化区域站创建活动。经县植保植检站申报、省级农业部门推荐和专家审核等程序，通过"全国农作物病虫害测报标准化区域站创建示范单位"认定。此次全国认定县级植保站108个，其中江苏省6个。　（于宝富）

【开通手机短信平台推广测土配方施肥】 海安县依托信息化技术，应用测土配方施肥专家系统，打造配方施肥推广信息服务平台。先后开通覆盖全县每块耕地的测土配方施肥手机智能短信、微信平台及测土配方施肥掌上查询系统，使测土配方施肥技术实现从"专家施肥系统"到"触摸屏系统"、再到"手机信息服务系统"的三次跨越。年内在全县各区镇配备触摸查询一体机23台，掌上查询机19台，促进了测土配方施肥技术的推广。《农民日报》和《新华日报》先后进行专题报道。

【首次补充耕地质量评定】 12月31日，市农委组织中科院南京土壤研究所、市农委、国土部门等有关专家，对海安县国土资源局实施的土地开发、土地整理、土地复垦等补充耕地项目，进行新增耕地质量评定，提出培肥改良建议。该次补充耕地质量评定在海安属首次，为全县开展补充耕地质量评定提供有益探索，为补充耕地的合理利用提供依据。

【海安县被列为全国测土配方施肥试验网络项目县】 2014年，海安县被全国农业技术推广服务中心列为全国测土配方施肥试验网络项目县，为全省5家之一。试验网络项目县是借助测土配方施肥项目实施，开展肥效试验、施肥效果综合评价、施肥现状调研、县域科学施肥技术需求调查等工作，为全国农业技术推广服务中心定期发布肥料利用率现状、制订科学施肥措施提供支撑。

自2005年被农业部列为全国测土配方施肥补贴项目试点县后，海安县依托健全的农技推广服务体系，围绕"测、配、产、供、施"五大环节，大力推广测土配方施肥技术，2014年推广应用测土配方施肥面积115万亩次，其中稻麦主要作物技术覆盖率超过95%，增产粮食3800多万公斤，减少不合理用肥900多吨(折纯)，节本增效约1.1亿元。海安县于2007年被农业部评为全国测土配方施肥先进集体，2010年被列为全国测土配方施肥普及示范县，2011—2014年连续四年被列为全国测土配方施肥整建制推进示范县。　（丁华萍）

畜　牧　业

【概况】 全年，全县畜牧生产工作较好地克服山羊小反刍兽疫疫情以及生猪行情持续低迷等不利形势的影响，实现保稳定、保增长的全年工作目标，畜牧业标准化、规模化、现代化发展水平稳步提升。全县年末能繁母猪存栏4.07万头，较上年同期4.78万头下降14.85%；生猪年末存栏49.1万头，年内上市78.23万头，饲养量127.33万头，与上年同期持平；家禽年末存栏1651万羽，年内出栏1882万羽，饲养量3533万羽，较上年同期小幅下降；山羊年末存栏47.81万只，年内上市59.62万只，饲养量107.43万只，较上年同期微幅上涨。全县肉类总产9.53万吨、禽蛋总产2.22万吨、奶类产量2622吨、蜂蜜产量35.89吨。规模养殖占比保持持续增长，生猪92.46%，其中大中型规模比重50.46%，蛋禽99.97%、肉禽99.9%、奶牛99.41%。　（董　飞）

【畜牧业转型升级】 全县通过加强项目载体建设，推进畜牧生态健康养殖和标准化、规模化、设施化发展，新品种、新技术、新设施、新模式在生产实际中得到广泛推广和应用。全年组织申报省级高效设施农业规模畜禽类项目3个、生猪标准化项目6个、畜禽标准化健康养殖项目10个、农业"三新工程"项目1个、省级畜禽技术改进项目1个；县、区(镇)畜牧兽医站通过承担科技课题研究，先后获得第七届省农业技术推广奖1项，市农业技术推广奖二等奖1项、三等奖3项；7家单位通过2014年省畜牧生态健康养殖示范场创建验收。　（丁　亮）

【重大动物疫病防控】 全面组织实施《海安县中长期动物疫病防治规划(2013—2020年)》，认真落实"属地管理、分级负责"的防控工作责任制和失职追究制，坚持常年防疫和突击防疫相结合的原则，根据部、省重大动物疫病免疫工作计划，及时调整畜禽重大疫病基础免疫程序，层层落实责任，按照镇不漏村、村不漏组、组不漏户、户不漏畜(禽)和月月巡防等定期补免的要求，严格按免疫程序和操作规程组织开展基础免疫工作和重大动物疫病防控"三大行动"，确保免疫密度和免疫质量，全县畜禽重大动物疫病应免密度维持在100%，免疫抗体检测合格率达规定要求。10月28日，海安5名选手参加市农委、市人力资源和社会保障局、市总工会联合举办的市兽医化验职业技师技能竞赛，获得个人第四、第五名和团体二等奖，在全国动物防疫员竞赛中，海安1名选手入选省集训队。　（丁永龙）

【动物卫生监督】 坚持以强化动物防疫监督、开展"瘦肉精"专项整治、严格畜牧业投入品管理、规范动物诊疗行为等为重点，加强动物卫生监督管理。全县产地检疫生猪42.60万头，屠宰检疫生猪28.48万头，从生猪生产和生猪屠宰两个环节,加强“瘦肉精”监测工作;开展屠宰行业专项整治行动,县动物卫生监督所及各驻镇兽医站累计出动执法人员120多人次,排查屠宰点24个、鲜肉销售点1019个;检查屠宰企业32厂次,有效检疫证明回收率100%,产品证出证率100%。全年无害化处理病死猪7.90万头,查处5起违法案件,其中立案2件,罚款3616元,对1名兽医进行诫勉谈话。全年审核发放动物防疫条件合格证11份,1家兽药经营企业通过兽药GSP验收。 (吉 峰)

【活禽市场整治】 根据省、市防指统一部署,海安县城乡联动、部门配合,在全县范围内开展以城乡活禽交易市场“四查一落实”为重点的H_7N_9禽流感防控工作,各区(镇)、县市场主管部门组织对各农贸市场开展拉网式执法检查,督促建立防疫消毒制度,配齐消毒器械和药品,严格执行凭证进场交易,健全销售台账记录,协调市场休市时间,做到每日对活禽经营、宰杀场所以及笼具、宰杀器具等进行清洗消毒,对废弃物及死亡禽类进行无害化处理。整治活动开展期间,全县累计出动检查人员810人次,检查农贸市场38个,发放公开信110份,下达整改通知书8份,使用消毒药品1050公斤,市场消毒面积66.15万平方米,全县38家市场均公布休市计划,35个市场按计划实行休市,取缔场外非法交易摊点4个。 (许晓波)

【应对输入性羊小反刍兽疫疫情】 3月下旬,海安县部分区(镇)发生输入性羊小反刍疫情,根据省防指统一部署,全县立即进入防控小反刍兽疫应急状态,采取疫情排查、限制山羊移动、暂时关闭山羊交易市场、组织消毒灭源和紧急免疫等综合防控措施全力应对,努力降低小反刍兽疫疫情对全县的影响,稳定山羊生产。截至4月21日,全县送省疫控中心检测13群样品,检测结果均为阳性,对检测结果为阳性的羊群,县防指办及时组织相关区(镇)政府按《小反刍兽疫防治技术规范》进行处置,处置疫点13个,扑杀山羊5664只,对养殖废弃物和病死羊等进行无害化处理,由于组织有序、应对有力、措施到位,小反刍兽疫疫情得到有效控制。 (丁永龙)

【非规模化畜禽养殖污染整治】 年内按照清水工程总体推进要求,组织县、镇畜牧兽医人员,在全县范围内开展一次系统和全面的非规模化畜禽养殖污染调查统计,分别形成汇总数据和专题调研报告,报县政府办、县清水工程办公室。抽调专门人员,积极配合县环保局清水办对全县镇村整洁河验收,对验收中发现有粪便直排或瞒报养殖户数的实行“一票否决”制。继续配合县农村环境综合治理办公室,开展生态健康养殖月度查评、季度考评工作,将此项工作常态化。 (黄荣斌)

【引进刘秀梵院士团队】 以“县级机关服务企业科技行”活动开展为契机,积极协助服务企业引进高层次人才,加强研发机构建设。通过多方努力,促成江苏天成科技集团有限公司与中国工程院院士、扬州大学教授、博士生导师刘秀梵签订“院士团队合作协议”;刘秀梵院士团队与天成集团共同组建的院士工作站,主要研究方向为畜禽主要传染病流行规律和防治对策研究、畜禽重要疫病发病机理和免疫机理、生物技术在动物疾病控制中的应用。 (梅 进)

淡水渔业

【概况】 全年,全县渔业经济总产值70.3亿元,比上年增加10.1亿元,增长16.7%。全县淡水养殖面积7.72万亩,淡水产品产量3.68万吨,其中淡水养殖产量3.07万吨,人工繁育鱼苗20亿尾;高效设施渔业面积6.89万亩,年内新增9351亩,占全部水产养殖面积的27.9%。高附加值特种养殖规模扩大,全县特种养殖比重由上年的35%提高到38%以上,成为高效渔业的基础品种。

【高效生态渔业】 年初,县政府《关于加快推进农业基本现代化建设的若干政策意见》出台,并在全县开展“农业现代化杯”竞赛活动,高效渔业工作被列入重点内容,制定针对新建高效设施渔业的补助政策。全县建有一个省级现代渔业园区、三个市级现代渔业园区,渔业园区面积占全县养殖水面的30%。省级园区以中洋、兰波等企业为主体,以发展长江珍稀鱼类和紫菜为主;市级园区以里下河三镇白甸、南莫、墩头的渔业合作社为主体,根据各镇特点,发展生态水产品养殖。载体建设充分发展,至年底,全县有渔业产业化龙头企业18家,其中国家级1家、省级1家、市级12家,县级4家;国家级水产原种场1个、国家级水产良种场1个、省级水产良种繁育场2个;18家龙头企业销售总额占全县渔业总销售额的80%以上。中洋集团渔业生产形成“总部在海安、生产在全国、销售在上海”的新模式。2014年海安总部新建工厂化温室3万平方米用于苗种培育,广东省江门开发3000亩河豚养殖,上海开发2000亩松江鲈鱼养殖,湖北省宜昌开发3000亩鮰鱼养殖,成立国家级长江珍稀鱼类产业技术创新战略联盟企业、院士工作站。7月“国家级河豚鱼原种场”通过国家评审。紫菜生产继续稳定发展,全县形成紫菜育苗、生产、加工、出口一条龙的产业链,全县14家紫菜企业,养殖面积16万亩,加工机48台,养殖渔船46艘,全年实现产值20亿元,出口创汇超1000万美元。南通华鎏水产有限公司和省淡水水产研究所合作,开展斑点叉尾鮰人工繁殖工作,繁育斑点叉尾鮰苗68万尾,公司养殖斑点叉尾鮰面积750亩,亩产量1100公斤,亩效益超万元。 (贲秀林)

林 业

【概况】 全县以巩固“全国绿化模范县”建设成果为抓手,以率先基本实现农业现代化为目标,高起点规划、大力度投入、严要求推进。完成成片造林1.37万亩,完成市考核任务的136.7%,其中新328、新204国道绿色通道约2000亩、工业园区、农业园区绿化造林面积约4000亩,河道(河堤、圩堤、海堤)绿化面积约2000亩,农村道路、硬质渠、农四路等造林面积约2000亩,厂区、城区及其他绿化面积约2000多亩。全县栽植乔灌木约110万株,其中乔木约90万株,灌木约20万株。在全市林业工作会议上,海安县作了典型交流发言。

城东镇成片造林　　　　（成剑频　摄于2014年1月）

【新328、204国道实施高标准成片林绿化】　新328国道海安段全长63.1千米，新204国道海安段全长33.6千米，途经开发区（城东镇）、高新区（海安镇）、滨海新区（角斜镇）、李堡镇、曲塘镇、墩头镇、白甸镇等七个区镇，国道两侧辅道边沟向外30米，列入绿色通道建设范围，造林树种为女贞、广玉兰、香樟、榉树、朴树、池杉、落羽杉，可绿化面积4200亩，加上原有20米的绿化带，每侧绿化宽度50米。在县绿色通道建设指挥部的统一部署下，县相关职能部门各司其职，按序时推进。县林业局负责规划设计、技术指导、牵头验收；县委农办负责土地流转、面积核实；县水利局负责内外沟开挖的督查验收；县财政局负责资金筹集；相关区镇作为业主具体组织实施，监理单位负责质量把关；做到组织有力、责任明确、督察认真，资金到位，实施标准高，进一步改善全县生态环境。

【接受国家林业局检查验收获佳绩】　8月，海安代表江苏省接受国家林业局造林核查。国家林业局华东林勘院验收组对海安县2010年成片造林保存率、2013年成片造林实绩、以及近5年造林情况开展全面核查。重点核查开发区（城东镇）、雅周镇。验收组通过查看成片造林及中央投资工程造林作业设计书、造林小班表、验收情况表、政府推进文件等资料，并现场察看造林小班，了解树木生长情况、测量造林面积，每个小班均坐标定位和现场拍照核实，最终认定海安“双100”（即2010年成片造林保存率100%，2013年成片造林核实率100%）。

【林业有害生物防治】　全县现有林地38.4万亩，经过县林业部门调查，女贞树、栾树等天牛病害非常严重，针对此情况，县林业局专题召开天牛防治会议，拿出措施，联合交通、住建等部门与省林业科学院合作，引进天牛生物天敌花绒寄甲300万头，选择3个地点进行释放，共防治3万株树，并指导各区镇利用化学防治，在女贞树上打孔灌输药液防治女贞天牛1万多株，取得初步示范成效。

【森林抚育管理】　结合国家林业局检查近5年海安县造林实绩和造林保存情况，2014年全县加强森林抚育管理，共投资300多万元，抚育林地面积1.5万亩，主要集中在沈海、启扬高速公路两侧，以及圩堤和农四路两侧，补植苗木8万余株，并加强修枝、除草等工作，造林成效明显提升，得到国家林业局专家的肯定。

【举行河麂种群繁育与野生回归放养仪式】　10月13日，海安县在老坝港滨海新区滩涂举行河麂种群繁育与野生回归放养仪式。海安县兰彬河麂养殖场在省、市、县林业主管部门的见证下，将12只成年河麂放归大自然。省野生动植物保护站向养殖场场长万曾彬颁发放养证书，希望通过这一仪式，进一步增强人们保护野生动物、保护自然的意识。

（陈爱山　陆美蓉）

蚕桑业

【概况】　全年，遭遇春季桑树冻害、春蚕后期连续高温冲击、秋季连续阴雨多湿、以及茧丝绸行情低迷等不利因素影响，经过全县上下共同努力，蚕桑生产仍取得可喜成绩。春季全县实际投产桑园面积10.15万亩，春蚕发种13.59万张，平均张产茧38公斤，张产值1577元，总产茧5164.2吨，总产值2.14亿元。夏蚕发种1.09万张，产茧382吨，产值1300万元；秋蚕发种13.49万张（其中中秋蚕发种11.9万张、晚秋蚕发种1.59万张），产茧5058.75吨，产值1.97亿元。全年发种28.17万张，产茧1.06万吨，产值4.24亿元。

【桑树早春遭遇霜冻】　4月6日凌晨，发生最低温度3.8℃的霜冻，全县遭受冻害影响的桑园面积1.18万亩，其中遭受冻害程度较轻的（受冻害芽数占总芽数的10%以下）9100亩，遭受冻害程度中等的（受冻害芽数占总芽数的15%~50%）2740亩。冻害发生后及时开展补救措施，加强肥培等桑园管理，促进桑树快速恢复生长，蚕农基本没有因桑树冻害而退蚕种。

【春蚕种供应紧张】　受2013年春季严重冻害影响，蚕种场秋季制种困难，造成全国性蚕种供应紧张、蚕种质量下降。为确保全县蚕种有效供应，海安县及时通过各种渠道联系、想方设法调集蚕种，保证全县春季养蚕用种需求。进一步加强蚕种质量监控。对冷库内93个批段、10.61万张蚕种开展蚕种孵化率及微毒检测，对部分孵化率偏低的蚕种批次，邀请省市蚕桑专家现场研讨，采取加量处理，确保有效孵化蚁蚕数量达2.6万头（省标为2.5万粒），确保蚕农利益不受影响。

【局部地区蚕病发生严重】 春蚕进入五龄期后，大公镇星河村部分组家蚕血液型脓病发生严重。县、镇蚕桑技术部门迅速进入相关区域进行调查、分析发生原因、开展技术指导。6月1日，省蚕种质量技术鉴定委员会办公室组织贡成良(苏州大学教授、蚕病学专家)、周成伟(省蚕种所推广研究员)和严松俊(市蚕桑站高级农艺师)等省蚕种质量鉴定委员组成专家组，进行现场调查，形成鉴定意见：调查区域发生的蚕病主要为家蚕血液型脓病，与蚕种质量无关。全县春蚕后期2300张蚕种发病较重，分布在曲塘的万扬村、南莫的砖桥村、墩头的毛庄等村。农业政策性保险对受灾损失符合理赔标准的对象，逐个登门勘查受损情况，及时予以理赔。

【出现较大规模毁桑现象】 春蚕结束后，海安县蚕农出现较大规模挖桑现象，截至6月20日，全县挖桑1.23万亩，占全县桑园面积的12.1%。挖桑原因主要是：养蚕劳力紧张，农村养蚕主要是老年人及妇女，年轻人不愿从事蚕桑生产，加之随着经济发展，养蚕期帮工难找、工价大幅上升，一些养蚕大户宁可减少饲养量也不愿再找零工帮忙。养蚕风险逐年加大，环境气候异常多变，工业废气污染难以预料，部分蚕农对蚕桑生产信心不足，进而毁桑改种。道路建设用地需要，2014年因353省道等道路建设用地挖桑1973亩，占挖桑总面积的16%。项目园区用地需要，挖桑2854.8亩，占挖桑总面积的23.2%。养蚕效益下降，2014年全县春茧收购均价为每公斤41.4元，比上年同期每公斤下降超过10元，降幅19%，而养蚕雇工工价由上年同期的每工日100元左右上涨至150元以上。针对此情况，县领导的高度重视，组织广泛调研，出台扶持政策，努力保持桑园面积稳定。

【有效控制秋季桑树病虫害暴发】 桑园内虫害以桑螟和尺蠖类为主，桑螟在上半年发生量较高，田间幼虫和灯光诱蛾量与上年比大幅增加。其中桑螟田间幼虫量上半年(截至7月31日)累计每亩4584头，同比增长125%；6月底(6月29日)桑螟田间虫量高每亩1549头，是上年同期(7月2日)的11.5倍，高的田块虫量超万头，为历史同期最高值，后经7月上旬补治虫，8月中、下旬认真组织防治，加之8月阴雨天气的制约，秋季桑园桑螟发生量远远低于正常年景。据9月22日各测报点调查，平均亩桑螟虫量279头，为2012年后最低虫量，桑尺蠖平均亩虫量3305头，为2012年以后较低数值，秋季桑叶质量达2012年以后最好水平。根据省农药检定所安排，县蚕桑站于2014年秋季在李堡镇曹园村开展50%吡蚜酮可湿性粉剂防治桑树蓟马药效试验。试验期间，认真开展田间调查，严格按照试验方案，圆满完成田间药效试验各项工作。9月3日，省农药检定所副所长朱叶芹到现场进行检查指导，对海安的试验工作给予肯定。

【国家级、省级新蚕品种鉴定与试养】 承担省级4对蚕品种鉴定、国家级10对蚕品种的农村试养试验工作。其中春季省4对蚕品种、国家级6对蚕品种，分别在墩头镇和开发区(城东镇)试养。秋季国家级4对蚕品种也分别在墩头镇和开发区(城东镇)鉴定试养。在鉴定与试养过程中，县农委蚕桑站专门安排技术人员负责，严格按照试验要求，认真选点，规范操作，翔实记载，圆满完成鉴定试养工作任务。5月20日，农业部全国农业技术推广服务中心品种管理处处长谷铁城，以及国家蚕桑研究所、省蚕种所等国家蚕品种审定委员会的专家，对海安县承担的全国新蚕品种农村饲养鉴定工作给予高度评价，认为海安新蚕品种饲养鉴定工作为国家、省级筛选新蚕品种提供了可靠依据。

大公镇群盖村大棚养蚕　　(黄俊明　摄于5月27日)

【蚕桑专业化服务和规模养蚕】 围绕县政府《关于加快推进农业基本现代化建设的若干政策意见》要求，2014年，全县培育小蚕专业化共育室50个，在春蚕和秋蚕2龄期，县农委蚕桑站组织技术人员到各区镇逐户开展考核验收，并对共育室进行拍照备查。全年50个小蚕专业化共育室共育蚕种7073张。在大公镇群益村建设一个蚕桑家庭农场，流转桑田40亩，新建一期共育规模60张蚕种的小蚕共育室，改造大蚕室，建设4个钢架大棚，并配套小蚕智能共育、将物联网技术首次应用于蚕桑生产，配套相关设施，开展小蚕人工饲料育技术示范应用。为进一步支持蚕桑家庭农场发展，在县政府补助10万元的基础上，市、县、镇蚕桑站在项目资金、土地流转、农场建设、技术等方面给予扶持。该农场全年饲养蚕种138张，其中春蚕58张、夏蚕10张、秋蚕70张，生产蚕茧5244公斤，蚕茧产值23.86万元。

【承担央视高清科教电影拍摄任务】 由农业部推荐，国家广电总局下达的拍摄《家蚕省力化高效饲养》高清科教电影，5—6月以及9—10月，中央电视台七套在海安拍摄，历时4个月。电影由国家一级导演邹伟带队拍摄，摄影内容主要包括蚕种催青、发种、收蚁以及小蚕饲养、大蚕省力化、蚕上蔟结茧、蚕农摘茧出售等。为拍摄出一流的作品，确保影片水平和质量，邹伟一行事先对海安进行实地考察、详细了解海安省力化高效养蚕情况，走访养蚕农户代表，了解实际情况，精心挑选现场、演员，听取县农委海安蚕桑生产情况介绍，在大量调研基础上编写电影剧本。海安县蚕桑产业在国家级媒体亮相，对蚕桑产业发展进行全方位展示，提高海安蚕桑产业的知名度。

【承担商务部援外培训项目】 根据《关于下达2014年援外培训项目（第一批）实施任务的通知》（商培训批〔2014〕186号）、《关于商务部援外培训任务“2014年亚洲国家蚕桑生产与管理研修班”学员赴江苏作茧丝绸考察的函》（中蚕〔2014〕5号）文件要求，6月2—4日，海安县接待商务部举办的援外培训项目发展中国家蚕桑生产与管理研修班，由中国农业科学院蚕业研究所张健带领7个国家的20多名学员到海安参观考察培训。学员们考察了桑园、蚕室及养蚕生产过程，参观鑫缘茧丝绸集团生产车间，听取关于栽桑、养蚕技术规程及海安桑蚕茧丝绸模式介绍。（王　军）

县委书记陆卫东陪同科技部农村司司长陈传宏考察雅周现代农业园区
（唐　进　摄于2014年10月11日）

现代农业

【概况】 全年，全县加强菜篮子工程建设，蔬菜播种实际面积33万亩次，产量76万吨，产值8.8亿元，新建5000平方米工厂化秀珍菇项目1个，新建省级蔬菜标准园1个。及时抓好园艺生产技术指导，尤其在雪灾、风灾、暴雨等关键时点，及时提出应急管理意见，指导农户加强设施蔬菜的管护。实施省园艺科技入户和全国基层农技推广示范县项目，在20个村示范8000亩蔬菜园，取得较好效果。积极组织实施农业三新工程设施蔬菜高效栽培技术集成与示范项目。实施蔬菜三新工程设施蔬菜高效栽培技术集成与推广1项35万元；积极实施省园艺科技入户和基层推广示范县项目，全年有300户被列为省级和国家级示范户，争取项目经费24万元。（陈爱山）

【高效设施农业】 农业项目建设有效推进，全年完成千万元以上农业项目72个，其中进入雅周现代农业园的项目32个。高效设施农业规模继续扩大，设施档次水平不断提升，全县连栋大棚1300多亩，温湿度、光照等调节系统也开始应用，1.5万多平方米工厂化食用菌部分投入生产。12月17日，国家统计局江苏省调查总队、省农委、省统计局联合对海安县2014年新增设施农业面积进行抽查验收，先后抽查老坝港滨海新区通港村，李堡镇光明村、红旗村，大公镇北凌村，检查人员对抽查结果表示满意。11月8日，省农委园艺处处长倪锡林到海安县雅周现代农业园调研设施农业建设，对建设中的雅周园区表示肯定。（王爱东）

【“菜篮子”工程基地建设】 编制全县1.2万亩“菜篮子”工程蔬菜生产基地建设规划，其中李堡镇5000亩、角斜镇2000亩、雅周镇5000亩，建设项目及三个子项目实施方案得到省农委批复，并获得500万元项目资金扶持。年内，光明村基地新建的300亩标准钢架大棚建成投产，杀虫灯进入招标程序；雅周现代农业园区建成两座连栋大棚、两个连栋温室，并且有100亩遮阳网、50亩防虫网，水肥一体化示范区正在实施之中。角斜镇汤灶村主要实施内容为杀虫灯和防虫网，已完成招标工作。县、镇财政也分别投入35万元和60万元，用于基地项目建设。8月27日，市委书记丁大卫到海安调研时，听取海安县农委关于全县菜篮子工程建设情况的汇报。（陈爱山）

【“三盛鑫”杏鲍菇远销全国多家市场】 南通三盛鑫生物科技有限公司是苏中地区最大的杏鲍菇生产企业，与湾仔码头、龙凤集团、三全食品等国内大型食品集团和连锁超市签订配供合同。8月，杏鲍菇进入采收期，产品进入北京、上海、河北、江苏、湖北等地的大型农贸市场、超市和食品加工企业。

【农产品推介】 突出宣传国家级现代农业示范区、苏台（海安）农业合作园、雅周现代农业园，精心组织，积极参与各种农展活动。及时制定活动方案，不断推出新企业、新产品。先后组织开展各级各类农产品展示展销活动5次，全县20多个企业40多个农产品参加活动。9月26—28日，组织17家企业7个系列40多个名特优农产品参加第十六届（2014）江苏省农业国际合作洽谈的展示展销。10月25—26日，组织中洋河豚、鑫缘桑茶、新高果业梨、南黄海紫菜、泓寿蛹虫草等海安精品在第十二届中国国际农产品（青岛）交易会江苏展区展出。11月21—23日,组织雅周现代农业园、南通新高果业、南通乡村食品、南通业华国际贸易等企业参加第十二届江苏名特优农产品(上海)交易会展示和展销活动。

【农业龙头企业】 7月30日,江苏大公山羊市场有限公司等8家企业通过南通市农业产业化重点龙头企业复核认定、海安县蚕种场等9家企业通过南通市农业产业化重点龙头企业初次认定;12月30日,海安县逢时海苔加工厂等15家企业通过县农业产业化龙头企业初次认定。至年底,全县有各级农业龙头企业116家,其中:国家级2家、省级9家、市级53家、县级52家。

【开展院校对接活动】 5月25日,县政府举行大型"创新创业在海安"活动。在农业科技发布会上,中国农业大学、南京农业大学、江苏大学、南京林业大学有关专家教授现场发布科技成果22项,并带来现代农业科研成果汇编。10月8日,海安县与南京农业大学全面战略合作签约仪式暨农业科技成果发布会在王府邦瑞国际大酒店举行,会上县政府与南京农业大学签订全面战略合作协议、雅周现代农业园区办公室与南京农业大学新农村发展研究院合作共建海安专家工作站协议。12月13日,县政府举行"中科院专家走进海安"活动,在县农委牵头组织的"现代农业"分会场上,中科院北京分院、中科院植物研究所等10家科研机构的24名专家参加活动,其中10名专家现场发布最新农业科技成果,全县60多家市级以上农业龙头企业参加成果需求对接。

(张　俊)

【黄金蛆创意食品获全国休闲农业创意精品金奖】 3月,农业部组织全国各省(自治区、直辖市)在北京举办"全国休闲农业创意精品推介活动",组委会对各省(自治区、直辖市)推选的休闲农业创意作品进行严格评审,评出单位组织奖18个,金奖107项,银奖161项,优秀奖213项,特别贡献奖2个。县农委推介的"黄金蛆创意食品"参加评审,获得"全国休闲农业创意精品"金奖。该奖大大提高了海安创意食品在全国的知名度,为海安食品走出江苏、走向全国起到很好的宣传作用。

(王爱东)

农业机械化

【概况】 2014年,全县农业机械原值6.34亿元,较上年增加0.46亿元,农机总动力63.7万千瓦,拥有农业机械6.9万台套,其中联合收割机1320台,农用拖拉机7734台、插秧机2447台、高效植保机1.25万台,农用运输机械2810辆,农业综合机械化水平本级监测达到87.2%。全年累计发放农机购置补贴资金1710.6万元,重点推广大中型拖拉机及配套秸秆还田机械356台套、粮食烘干机24台,新增投饵机、增氧机、条播机、蚕桑养殖温室控制器等高效设施农业机械3054台套。12月,县农机局被省人社厅、省农机局、省公务局联合表彰为"江苏省农机系统先进集体"。

全县完成机耕面积7.85万公顷,机播面积7.15万公顷(含机直播和机插),机收面积7.32万公顷,机植保面积7.32万公顷。农业机械装备水平80%,主要粮食作物农业机械作业水平98%,高效设施农业机械化作业水平60%。

全县农机经营总收入5.56亿元,比上年增加3310万元。在农机经营活动中,购买联合收割机、插秧机及大中拖外出跨区作业是农民投资致富新的经济增长点,全年引导外出作业联合收割机2230台次,其中引导联合收割机1480台次,完成作业总面积9.32万公顷;引导外出跨区机插740台(其中乘坐式320台),完成跨区机插1.63万公顷,全县跨区作业总收入1.2亿元。

全县农机新机具推广3434台,其中:大中拖351台,大中型秸秆还田机械335台套,联合收割机76台,烘干机24台,高效植保机械244台,渔业机械1424台。其他机械1566台。农机装备结构状况得到极大改善,农机装备整体实力向前迈出重要一步。

【水稻种植机械化】 2014年,全县新增水稻插秧机200标准台,机插面积3.7万公顷。加大政策扶持力度,将水稻种植机械化发展目标纳入区镇农业农村工作重点项目加以推进和考核,安排资金对水稻机插秧予以扶持。加强农机农艺结合,在水稻高产创建区域机插率必须达到90%以上,示范方、核心方要全面采用机插秧。强化技术指导和服务,组织开展技术培训,确保新增插秧机至少有1人参加培训。搞好维修服务和管理协调,保障配件供应和"三包"服务及时到位。

【秸秆能源化利用】 5月,江苏省秸秆燃料化利用现场会在海安召开。围绕提高稻秸秆综合利用水平工作目标,积极

5月20日,县委书记陆卫东、县长顾国标陪同副省长许津荣视察县农机服务中心

(张加余　摄)

摸索秸秆能源化利用的路径和模式。全年县财政投入200多万元，用于扶持南通绿源、百佳等秸秆能源化利用企业做大做强，引导其加大投资，使其在扩大秸秆收储体系建设、加工中心建设、锅炉改造等方面建设成为南通乃至全省规模和效益一流的秸秆能源化利用企业。海安县秸秆能源化利用经验做法在全省得到大力推广。

【农机服务项目建设】 2014年，县农机局承担31家市级粮食生产“全托管”服务项目、6家市级烘干机项目、3家省级机库建设项目，所有项目均通过验收。规范实施科技入户工程项目，加大水稻种植机械化、秸秆机械化还田、高效设施农业机械(蚕桑生产机械)推广力度，全年培育305户农机科技示范户，辐射带动周边7100户群众，取得比较好的经济和社会效益。

【农机人员培训】 开展农机化教育培训工作，提高全县农机手操作和维修技术水平，结合职业技能培训工作，采取按机型分批到县集中培训、与各镇分片培训相结合的办法。全县举办各类培训43期，重点培训维修技术人员、插秧机操作手及机插秧育秧大户、秸秆还田机械操作手。扎实抓好基层农机人员培训，规范实施农机职业技能获证奖补和职业农民培训工作，全年培训各类农机人员3207人次，有848人通过各类农机职业技能鉴定。

【农灌车口维修改造】 加快农灌车口维修改造，提升农灌车口管理水平，是2014年为民办实事的一项重要举措。出台县政府办公室《关于印发海安县农村灌溉车口管理实施办法的通知》，依托高标准农田水利建设示范县创建，整合新增千亿斤粮食产能规划田间工程、农业综合开发、国土整理等项目进行拆建改造。全县争取财政资金5000万元，计划改造维修农村灌溉车口303座，其中农机承担维修任务122座。

【农机安全监管】 农机安全监管工作紧紧围绕农机安全生产和全年工作目标，强化安全监管，细化安全责任，落实安全措施，认真开展新条例宣贯、农机集中检审、安全生产专项整治、“打非治违”等一系列活动，全力推进农机安全生产监管工作。全年检验拖拉机6641台、联合收割机580台，新注册拖拉机、联合收割机分别为409台、104台，考试发证195人。查处上道路拖拉机365台次，排除安全隐患16例，暂扣拖拉机3台，责令补办手续5起。

加强滩涂作业拖拉机安全管理。全年培训农机滩涂作业从业人员110人次，年检拖拉机60台，注销拖拉机4台，与养殖企业签订企业安全生产责任书14份，与驾驶人签订安全生产责任书60份，新培训拖拉机驾驶人8人。

（王德生）

12月16—17日，副县长彭为杰陪同省农机局长徐顺年调研海安县农机企业科技创新工作　　（张加余　摄）

农业综合开发

【概况】 1月30日，在全省农业资源开发局长会议上，县农业资源开发局局长顾维斌围绕依法行政、主动作为，作题为《正确处理为与不为的关系全面推动质与效的提升》的经验介绍。4月为市农业资源开发局组织召开的土地治理项目推进会提供现场，11月为省农业资源开发局组织召开的产业化项目档案培训会提供现场，12月为省农业资源开发局组织召开的高沙土项目推进会提供现场。2014年度各类项目批文陆续下达后，抢抓时点，及时对接，及早工程招投标，及时培训。中标单位落实后，迅速组织施工单位和监理单位管理人员进行培训，培训内容包括《海安县农业综合开发项目工程管理实施暂行办法》《工程监理考核实施细则》《工程施工报验程序及基本要求》以及如何保证项目档案资料及时、齐全、规范，确保施工单位、监理单位有章可循、少走弯路。及时积土，及时会商，及时检查，强化过程，弱化整改。截至年底，产业化项目完成95%建设任务，土地治理项目完成75%建设任务。12月，在全市农业综合开发系统综合考核中得分第一，县农业资源开发局获市农业综合开发系统2014年度目标考核特等奖。

【11个农业综合开发项目扫尾】 截至5月，全面完成2013年度11个农业综合开发项目工程扫尾工作，累计投入财政资金4595万元，所有项目均按期完成县级验收，并顺利通过市级验收。其中，雅周镇国家农业综合开发高标准农田示范工程项目区新建、拆建泵站12座，新建防渗渠17.90公里、暗渠0.38公里，埋设PVC输水管道7.5公里，新建配套设施101座、硬质路12.20公里，植树6283株。海安镇及城东镇国家农业综合开发土地治理一般项目区新建、拆建泵站14座，新建防渗渠34.59公里、暗渠3.80公里、配套设施808座、硬质路24.05公里，植树7894株。曲塘镇省级高沙土农

业综合开发项目区新建、拆建电灌站14座,新建防渗渠24.48公里、暗渠1.29公里、小沟级配套1265座、低压线路0.4公里,开挖疏浚沟渠23.09公里,动土11.66万立方米;新建硬质路6.61公里;植树1480株。滩涂垦区配套项目区(方凌垦区沿海滩涂农业示范园区)新建泵站1座,防渗渠10.28公里,配套设施346座,砂石路等19.64公里,动土8.51万立方米,路牙13.6公里。

【争取项目开发资金】 县农业资源开发局先后争取2014年度农业综合开发项目15个,财政资金5900万元。分别是:国家农业综合开发高标准农田建设项目1个,开发任务1万亩,位于角斜镇的五虎、角斜、建场三个村。总投资1430万元,其中财政资金1300万元,群众投劳折资130万元。国家农业综合开发高标准农田建设增量项目1个,开发任务0.7万亩,位于大公镇的仲洋、群益、于坝三个村。总投资1001万元,其中财政投资910万元,群众投劳折资91万元。省级高沙土农业开发项目1个,开发任务0.6万亩,位于雅周镇的许家庄、张莫天两个村。总投资572万元,其中财政资金520万元,群众投劳折资52万元。国家农业综合开发产业化经营龙头企业带动产业发展试点项目1个:南通康德生物制品有限公司1040万元,海安县康泉禽蛋专业合作社130万元,海安县婷婷禽蛋专业合作社130万元,累计财政补助1300万元。一般财政补助龙头企业项目3个:南通季和米业有限公司“7万吨精制大米加工扩建项目”财政补助240万元;海安县华润食品有限公司“5000吨猪肉制品储藏保鲜新建项目”财政补助240万元;南通家惠油脂发展有限公司“2400吨非转基因浓香型压榨菜籽油加工扩建项目”财政补助240万元。一般财政补助合作社项目5个:海安县兴北水产专业合作社(墩头镇仇湖村8组)“1000万尾斑点叉尾鮰鱼苗种繁育基地新建项目”财政补助100万元;海安县通港渔业专业合作社(角斜镇通港村1组)“75吨南美白对虾养殖基地扩建项目”财政补助100万元;海安县福宝蔬菜专业合作社(城东镇壮志村5组)“1500吨蔬菜种植基地扩建项目”财政补助100万元;海安县戚庄兔业专业合作社“1000只祖代肉种兔养殖基地扩建项目”财政补助100万元;海安县白甸镇西博大米专业合作社“5000亩优质水稻种植基地扩建项目”财政补助100万元。固定资产贷款贴息项目3个:鑫缘茧丝绸集团股份有限公司“4000吨桑蚕茧加工固定资产贷款贴息项目”财政贴息238万元,江苏天成科技集团有限公司“1000万羽商品蛋鸡雏苗繁育、150万羽青年蛋鸡、66万羽蛋鸡养殖基地贴息项目”财政贴息300万元,南通市德心食品有限公司“3万头生猪养殖基地扩建贴息项目”财政贴息112万元。产业化项目争取个数和资金数额为全省县级之首。

【项目入库】 根据省市主管部门要求,3月开始,县农业资源开发局着手筹划2015年度国家农业综合开发项目滚动计划编报工作。由主要负责人牵头,分期分批组织业务骨干深入镇村、企业,座谈调研,实地踏勘,择优选择入库项目。截至年底,组织编报2015年度国家土地治理项目6个,2015年度产业化经营补助一般项目8个(龙头企业3个,合作社5个),相关项目可行性研究报告和项目申报书委托中介机构编制完成,并上报省主管部门。 (缪　云)

工　业

Industry

凤山书院　毛平平绘

◎责任编辑　周宏文

综　述

【概况】 2014年,全县工业经济着力打造长三角北翼最具竞争力的新型工业化基地,主要指标再攀新高。全年工业总产值(现价)2933.92亿元,比上年增长12.8%;产品销售收入2684.49亿元,增长12.7%。规模以上工业实现主营业务收入1763.34亿元,增长13.9%;实现利润131.09亿元,增长4.7%;实现利税202.85亿元,增长11.3%。全年工业应税销售894.9亿元,同比增长17.2%,工业应税销售总量全市第一。规模以上工业增加值403亿元,同比增长11.9%,增速五县市第一;规模以上工业产值1771.9亿元,同比增长14.1%,增速五县市第一。全部工业用电量33.96亿千瓦时,同比增长2.83%,总量五县市第一。海安获2014年度全市新型工业化考核第一名。

【培育大企业】 以行业龙头骨干企业为主,实施企业梯度培育工程,促进企业做大做强。亿元企业培育坚持量质并举,全年开票销售超亿元企业200家,同比净增30家,增量、总数全市第一。其中开票销售5亿~10亿元企业19家;10亿~20亿元企业3家;20亿~30亿元企业6家;30亿~40亿元企业3家;50亿元以上企业1家。全年新增规模以上企业80家,全县规模以上企业总数854家,规模企业增量、总量均居全市第一。指导已实现首轮规划目标的华强纺织集团制定新发展规划;及时吸收高成长型企业亚太科技、科达建材、巨邦集团等3家企业进入培育行列,优化"一企一策"企业队伍;对完成序时目标进度脱幅较大的天一机械、礼德铝业同意其退出"一企一策"培育序列。52家"一企一策"企业全年累计完成开票销售317.49亿元,同比增长15.7%,占全县工业开票销售总量的35.5%。

3月22日,召开专题办公会为重点企业协调解决问题　(发展改革委　提供)

【技改项目】 县委、县政府加大技改投入奖励力度,降低贴息门槛,设备投资额起点由上年的500万元调整到200万元,更多的中小企业享受到技改贴息奖励;提高贴息标准,由上年最高9个百分点提高到最高12个百分点;加大特色产业贴息力度,对投资高速纺、花边经边项目设备的奖励最高15%,比其他类贴息提高3个百分点。全县技改奖励总额约占整个新型工业化奖励的80%左右。每季度举办技改项目集中开工及观摩活动,不定期现场逐区(镇)逐企业查看技改项目,敦促项目早开工、早投产、早竣工。认真调研梳理技改项目推进过程中的存在问题,召开重点企业技改项目现场办公会,及时为企业解决发展过程中遇到的问题。全年实施技改设备投入100万元以上项目321个,技改设备投入20.6亿元。

【管理创新培训】 启动"企业家创新培训工程",全年开展信息安全员岗位专业培训班、电子商务培训、新三板培训等专题培训活动10多次,参加培训人才1500多人次。建立"以培代奖"正常机制,对重点工业企业,由县财政安排资金有计划地系统培训企业主、二代接班人、企业高管。通过典型引路,带动全面管理创新,鑫缘茧丝绸公司获国家级企业管理现代化创新成果二等奖、省二等奖,海安供电公司获江苏省管理现代化创新成果二等奖,万宝磁石公司获评南通市管理现代创新优秀企业。

【产品促销】 先后组织65家企业参加江苏产品万里行杭州、昆明展销会和中国(昆山)品牌产品进口交易会、江海博览会等一系列重大产品展销活动,组织企业参加江苏省第十六届国际服装节,并被授予"江苏纺织服装跨江发展产业基地"称号。

【星级企业家】 按照"三比二争"(三比:比应税销售、比入库税金、比设备投入,二争:争当先进工业企业,争当星级企业家)竞赛考评办法,年终评选出52位工业企业"星级企业家",其中六星级企业家1人、五星级11人、四星级11人、三星级7人、二星级12人、一星级10人。

2014年工业企业星级企业家简表

表5

序号	星级	企业名称	区(镇)	姓　名	职　　务
1	六星	江苏联发纺织股份有限公司	开发区	薛庆龙	董事长
2	五星	鑫缘茧丝绸集团股份有限公司	高新区	储呈平	董事长、总经理
3	五星	欧贝黎新能源科技股份有限公司	高新区	费建明	董事长

续表 5

序号	星级	企业名称	区(镇)	姓　名	职　　务
4	五星	江苏文凤化纤集团有限公司	高新区	陈文凤	总经理
5	五星	江苏海迅实业集团股份有限公司	开发区	仲跻和	董事长
6	五星	南通家惠油脂发展有限公司	开发区	徐　剑	总经理
7	五星	江苏省华强纺织有限公司	开发区	卞　童	董事长
8	五星	江苏福克斯机械集团有限公司	开发区	袁　正	董事长
9	五星	南通市康桥油脂有限公司	开发区	陆建军	董事长
10	五星	江苏鹏飞集团股份有限公司	大公镇	王家安	董事长
11	五星	江苏铁锚玻璃股份有限公司	高新区	吴贵华	董事长
12	五星	西蒙电气(中国)有限公司	开发区	朱建国	总经理
13	四星	江苏天楹环保能源有限公司	高新区	严圣军	总经理
14	四星	南通科达建材股份有限公司	高新区	朱　赋	总经理
15	四星	江苏威尔曼机电制造集团有限公司	高新区	周经成	董事长
16	四星	江苏晨朗电子集团有限公司	开发区	陈　栋	总经理
17	四星	江苏省海安石油化工厂	高新区	王加国	董事长
18	四星	江苏繁华玻璃股份有限公司	开发区	吉顺青	董事长
19	四星	南通通洋机电制造有限公司	高新区	王应才	董事长
20	四星	南通米兰特电气有限公司	高新区	王　杰	总经理
21	四星	江苏飞亚化学工业有限责任公司	高新区	曹宏生	总经理
22	四星	江苏兴华胶带股份有限公司	高新区	魏昌林	董事长
23	四星	南通市通润汽车零部件有限公司	开发区	林来顺	总经理
24	三星	南通华纶化纤有限公司	高新区	顾　玲	总经理
25	三星	亚太轻合金(南通)科技有限公司	开发区	周福海	总经理
26	三星	江苏瑞安特机械集团有限公司	高新区	周建伟	董事长
27	三星	海安县鹰球粉末冶金有限公司	高新区	申承秀	总经理
28	三星	浚丰太阳能(江苏)有限公司	高新区	都宏伟	总经理
29	三星	海安县申菱电器制造有限公司	高新区	李春涛	董事长
30	三星	江苏华艺时装集团股份有限公司	高新区	郃卫国	总经理
31	二星	南通市亿力变压器有限公司	高新区	杨立稳	董事长
32	二星	上海爱登堡电梯江苏有限公司	开发区	李　绥	董事长
33	二星	海安县威仕重型机械有限公司	开发区	丁成进	董事长
34	二星	江苏万力机械股份有限公司	高新区	徐希才	董事长
35	二星	江苏海建股份有限公司	曲塘镇	周　斌	总经理
36	二星	南通中邦纺织有限公司	开发区	江　斌	董事长
37	二星	南通鼎源铝业有限公司	李堡镇	徐林法	总经理
38	二星	南通中尧机电制造有限公司	高新区	曹　忠	总经理
39	二星	上海水星家纺海安有限公司	开发区	李裕杰	董事长
40	二星	海安远东新材料有限公司	开发区	王安强	总经理
41	二星	南通双弘纺织有限公司	曲塘镇	杨广泽	董事长
42	二星	江苏双双布业有限公司	高新区	王　勇	董事长
43	一星	南通众润混凝土有限公司	高新区	张宏明	总经理

续表 5

序号	星级	企业名称	区(镇)	姓　名	职　务
44	一星	南通嘉纶食品有限公司	高新区	王厚江	总经理
45	一星	南通佳景休闲洁具有限公司	开发区	贲向前	董事长
46	一星	江苏恒源丝绸集团有限公司	高新区	毛兆清	总经理
47	一星	南通联荣集团有限公司	曲塘镇	于永进	总经理
48	一星	江苏铭安电气有限公司	高新区	曹洪新	董事长
49	一星	人民电器集团江苏斯诺成套设备工程有限公司	高新区	王小飞	总经理
50	一星	南通晓星变压器有限公司	开发区	郑渊周	总经理
51	一星	卡姆丹克太阳能(江苏)有限公司	开发区	易　欣	总经理
52	一星	南通万宝实业有限公司	高新区	周连明	董事长

【百强企业】 全县规模以上工业企业按开票销售和入库税金总量各占50%,综合排名得出全县前100强:①江苏联发纺织股份有限公司、②鑫缘茧丝绸集团股份有限公司、③江苏省华强纺织有限公司、④江苏鹏飞集团股份有限公司、⑤南通市康桥油脂有限公司、⑥江苏铁锚玻璃股份有限公司、⑦江苏海迅实业集团股份有限公司、⑧江苏天成科技集团有限公司、⑨江苏省海安石油化工厂、⑩西蒙电气(中国)有限公司、⑪江苏文凤化纤集团有限公司、⑫江苏威尔曼机电制造集团有限公司、⑬江苏飞亚化学工业有限责任公司、⑭亚太轻合金(南通)科技有限公司、⑮江苏天楹环保能源有限公司、⑯江苏晨朗电子集团有限公司、⑰南通双弘纺织有限公司、⑱海安县鹰球粉末冶金有限公司、⑲南通市通润汽车零部件有限公司、⑳南通通洋机电制造有限公司、㉑南通米兰特电气有限公司、㉒南通科达建材股份有限公司、㉓江苏兴华胶带股份有限公司、㉔海安县申菱电器制造有限公司、㉕上海爱登堡电梯江苏有限公司、㉖南通市亿力变压器有限公司、㉗江苏万力机械股份有限公司、㉘南通中尧机电制造有限公司、㉙江苏海建股份有限公司、㉚南通晓星变压器有限公司、㉛江苏华艺时装集团股份有限公司、㉜南通家惠油脂发展有限公司、㉝江苏福克斯机械集团有限公司、㉞上海水星家纺海安有限公司、㉟江苏恒源丝绸集团有限公司、㊱江苏繁华玻璃股份有限公司、㊲南通中邦纺织有限公司、㊳江苏铭安电气有限公司、㊴南通万宝实业有限公司、㊵南通众润混凝土有限公司、㊶人民电器集团江苏斯诺成套设备工程有限公司、㊷南通新正大特钢有限公司、㊸欧贝黎新能源科技股份有限公司(含自主招商)、㊹江苏瑞安特机械集团有限公司、㊺南通联荣集团有限公司、㊻南通江中光电有限公司、㊼海安县联发张氏色织有限公司、㊽江苏江海机床集团有限公司、㊾南通升辉建材科技有限公司、㊿江苏融通阀门机械有限公司、(51)南通鑫平制衣有限公司、(52)江苏双双布业有限公司、(53)南通佳景休闲洁具有限公司、(54)江苏鑫港企业有限公司、(55)海安县威仕重型机械有限公司、(56)海安海太铸造有限公司、(57)南通贝思特机械工程有限公司、(58)江苏恒炫电气有限公司、(59)浚丰太阳能(江苏)有限公司、(60)海安鸿亿混凝土有限公司、(61)南通新业机电环保设备工程有限公司、(62)海安金锻工业有限公司、(63)江苏广达医材集团有限公司、(64)南通昌荣机电有限公司、(65)南通华纶化纤有限公司、(66)南通菲希尔测试仪器有限公司、(67)南通华银毛绒制品有限公司、(68)南通东海机床制造有限公司、(69)南通市苏中纺织有限公司、(70)海安信拓混凝土有限公司、(71)南通科星化工有限公司、(72)南通鼎源铝业有限公司、(73)海安鑫祥混凝土有限公司、(74)海安县东方特种建材有限公司、(75)海安美亚热电有限公司、(76)南通市苏东机械电气有限公司、(77)江苏明江阀业有限公司、(78)南通奥普机械工程有限公司、(79)海安县国力化工有限公司、(80)江苏普乐工具有限公司、(81)南通亨特管业有限公司、(82)新合海机械(南通)有限公司、(83)江苏瑞恩电气集团有限公司、(84)江苏绿叶机械有限公司、(85)南通亚威机械制造有限公司、(86)南通中菱绝缘材料有限公司、(87)南通市联缘染业有限公司、(88)南通恒通机械制造有限公司、(89)南通市华海铸造有限公司、(90)海安远东新材料有限公司、(91)南通明诺机械有限公司、(92)江苏中威重工机械有限公司、(93)南通曙光机电工程有限公司、(94)江苏奥马机械有限公司、(95)江苏通海线业有限公司、(96)海安县苏豪制丝有限公司、(97)南通连德铸造有限公司、(98)南通恒力重工机械有限公司、(99)卡姆丹克太阳能(江苏)有限公司、(100)江苏礼德铝业有限公司。县委、县政府对以上企业给予表彰,颁发奖牌。

企业家创新能力提升高级研修班开班

(县发展改革委　提供)

2014年海安县工业亿元企业情况简表

表6　　　　　　　　　　　　　　　　　　　　　　　　　　　　　　单位:万元

序号	企业名称	主营业务收入		利润总额		利税	
		2014年	2013年	2014年	2013年	2014年	2013年
1	欧贝黎新能源科技股份有限公司	775662	595468	48511	29228	82023	53734
2	江苏鹏飞集团股份有限公司	596388	379601	28105	26955	64442	45230
3	江苏联发纺织股份有限公司	515697	475348	42311	49571	66411	68533
4	南通新正大特钢有限公司	453480	509959	19788	20490	43617	42456
5	南通晓星变压器有限公司	405329	389528	24917	7779	40770	19196
6	江苏海建股份有限公司	390745	250238	33644	28082	51071	39689
7	江苏文凤化纤集团有限公司	385973	348031	24646	22161	42454	36280
8	鑫缘茧丝绸集团股份有限公司	368095	337516	13225	10661	31778	27629
9	江苏天成科技集团有限公司	332101	270570	26639	29335	41662	40198
10	江苏万力机械股份有限公司	287249	220334	28418	26993	44444	38326
11	海安县申菱电器制造有限公司	272130	213344	28337	32512	42889	38025
12	江苏飞亚化学工业有限责任公司	239305	191494	32196	19551	48262	33159
13	南通双弘纺织有限公司	239076	236948	14160	13340	27562	22740
14	江苏福克斯新能源科技有限公司	227788	134588	19234	4346	25525	6472
15	江苏海迅实业集团股份有限公司	208179	265769	17474	17641	30634	30385
16	南通市康桥油脂有限公司	203413	170545	17237	16761	27551	20953
17	江苏铁锚玻璃股份有限公司	176106	133991	30300	17172	40097	21972
18	南通家惠油脂发展有限公司	175208	149421	10499	4085	18503	6438
19	卡姆丹克太阳能(江苏)有限公司	170426	182402	13829	12644	21144	19709
20	南通华强布业有限公司	161716	121671	10174	3180	17941	7449
21	中平神马江苏新材料科技有限公司	158724	95351	13688	6847	21706	11495
22	江苏江海机床集团有限公司	150561	120492	10655	6257	17208	9340
23	江苏金洲粮油食品有限公司	149654	71516	1062	768	2116	865
24	海安县鹰球粉末冶金有限公司	149306	134610	15289	15430	23010	21555
25	江苏省华强纺织有限公司	148885	189833	16168	19213	24009	28452
26	江苏铭安电气有限公司	133115	73325	14414	9994	21505	12836
27	海安县中山合成纤维有限公司	132921	121869	13778	14535	19878	19460
28	江苏瑞安特机械集团有限公司	132914	102799	12935	5770	20130	10799
29	江苏恒源丝绸集团有限公司	131302	155412	12570	7025	19456	14850
30	江苏天成生化制品有限公司	131079	108581	10587	13746	18074	18558
31	南通华纶化纤有限公司	117381	128147	14628	18216	20267	23938
32	江苏省海安石油化工厂	115555	102050	14589	9585	21147	14918
33	南通永大管业股份有限公司	109472	103688	13130	8594	19502	13911
34	南通海迅特雷卡电梯产品有限公司	104389	84874	8337	4564	11448	7430
35	江苏威尔曼科技股份有限公司	103753	80109	12072	10997	17426	15033
36	江苏广达医材集团有限公司	102699	91232	4157	2462	8319	5144
37	江苏双双布业有限公司	100955	100327	11716	5030	16498	8793

续表 6

序号	企业名称	主营业务收入		利润总额		利税	
		2014 年	2013 年	2014 年	2013 年	2014 年	2013 年
38	南通天蓝环保能源成套设备有限公司	100194	66969	11425	6506	16599	9619
39	人民电器集团江苏斯诺成套设备工程有限公司	94814	57154	11196	8684	16110	11637
40	南通海迅电梯部件有限公司	89629	68735	5472	5998	10006	8213
41	南通市德心食品有限公司	84438	90082	11548	13214	14530	16478
42	南通市苏中纺织有限公司	83466	75082	8761	6332	13149	10822
43	南通恒力重工机械有限公司	83138	71118	7567	8469	12003	11924
44	海安远东新材料有限公司	79134	22362	675	−1430	675	−1430
45	江苏文通管业有限公司	72604	49851	7706	483	10811	628
46	海安县威仕重型机械有限公司	72019	57313	8366	6649	12155	8958
47	亚太轻合金(南通)科技有限公司	71679	80996	7004	3281	9924	7312
48	海安县兄弟合成纤维有限公司	69612	60504	9177	8180	13325	11552
49	南通联荣集团有限公司	68060	67860	3334	2009	7638	6449
50	浚丰太阳能(江苏)有限公司	64593	231688	3697	28221	5775	35203
51	西蒙电气(中国)有限公司	64459	63200	8304	6957	15173	11743
52	南通中尧机电制造有限公司	63488	46261	9912	6294	13393	8657
53	南通连德铸造有限公司	62460	65358	9241	8864	12452	10866
54	南通特瑞思光电科技有限公司	60541	17279	5027	−216	8816	−208
55	南通市龙顺粮油有限责任公司	59445	51200	6359	5039	9396	6772
56	南通万宝实业有限公司	58512	66810	8027	11731	11258	13903
57	海安县兰波实业有限公司	58179	48060	4972	6573	8423	9150
58	南通通洋机电制造有限公司	58035	64479	8581	11399	11029	13491
59	南通市苏东机械电气有限公司	57881	62256	7580	4847	9420	5952
60	江苏东园电磁线有限公司	55083	46400	8781	4840	10545	5741
61	南通米兰特电气有限公司	54476	67155	11071	7291	13790	9416
62	江苏鑫钻新材料科技有限公司	53619	20061	5386	16	7935	16
63	南通市通润汽车零部件有限公司	53490	47347	6953	5675	9594	8267
64	南通鼎源铝业有限公司	53332	66871	845	3035	2768	5261
65	江苏华洋尼龙有限公司	53245	31923	4828	3583	7712	5159
66	江苏兴华胶带股份有限公司	52356	50401	9107	4817	12554	8174
67	南通市金桥化工有限公司	51341	66792	6290	8102	8204	10371
68	上海爱登堡电梯江苏有限公司	51033	21021	1153	−545	2954	−388
69	江苏海迅铁路器材集团股份有限公司	50796	29908	4660	111	8216	804
70	南通市亿力变压器有限公司	50108	50700	6300	4448	9026	7232
71	江苏普乐工具有限公司	46840	45093	9322	7839	11854	10171
72	海安鑫缘丝线有限公司	46225	4285	826	187	924	254
73	南通众润混凝土有限公司	46026	42286	2509	7090	5064	9648
74	江苏融通阀门机械有限公司	43564	28516	5767	4532	7966	5571
75	海安海太铸造有限公司	43254	46011	5781	5752	7829	7300

续表6

序号	企业名称	主营业务收入		利润总额		利税	
		2014年	2013年	2014年	2013年	2014年	2013年
76	南通江中光电有限公司	42830	33074	7807	4066	9904	5758
77	南通嘉纶食品有限公司	42729	35356	5287	3482	7032	4636
78	海安县通源纱线有限公司	42705	36505	4876	6207	7064	8145
79	江苏菱安光电科技有限公司	42589	34524	6870	5037	9019	5882
80	南通市京山锦纶有限公司	42573	37783	4752	4032	7142	6094
81	南通市亚威变压器厂	42050	37154	5462	4672	7856	6604
82	南通美铭锦纶有限公司	41569	36249	6812	4877	9247	6965
83	江苏天成保健品有限公司	40566	49070	5673	7850	7778	10208
84	江苏易和机械科技有限公司	40294	38002	2109	353	3538	971
85	上柴动力海安有限公司	40222	2005	1952	59	4153	59
86	海安县浦港棉业有限公司	39800	39621	4421	2112	6699	4172
87	江苏华艺服饰有限公司	39112	46017	4820	7518	7222	11555
88	海安宏腾特种精密铸造有限公司	38369	38498	710	97	774	161
89	海安县中祥线业有限公司	37682	30186	2529	1433	4954	3319
90	海安县顺发合成纤维有限公司	37328	33251	4181	4434	6847	6382
91	海安县天星电工材料有限公司	36885	35351	1525	3813	1988	4442
92	江苏华威铜业有限公司	36225	44974	6400	4806	8356	6883
93	南通奥特机械设备有限公司	35332	32111	4433	3143	5557	3753
94	南通亨特管业有限公司	35124	38462	6138	5506	8042	7430
95	江苏礼德铝业有限公司	35099	25987	1546	2244	1629	2668
96	南通奥普机械工程有限公司	35008	33001	3621	3031	4987	4276
97	海安县联发制衣有限公司	34815	34453	3213	5078	5244	7011
98	南通万华机械设备有限公司	34590	30953	1691	1374	3244	2388
99	江苏坚美塑业有限公司	34560	38649	2145	1854	2413	2544
100	南通特力锻压机床有限公司	34441	9976	1823	1137	3445	1704
101	南通盛大饲料有限公司	34400	42413	4324	6562	5993	8703
102	江苏瑞恩电气集团有限公司	33976	23084	894	1783	989	2147
103	江苏恒炫电气有限公司	33621	34083	1458	2931	1502	3496
104	海安县美佳卫生用品有限公司	32357	20105	1464	494	3387	902
105	南通市东方包装有限公司	31754	27579	5243	4236	7091	5544
106	江苏亨特集团华特电气有限公司	30049	16553	1866	1795	2013	2099
107	海安县华润食品有限公司	29935	13355	1693	663	2802	933
108	南通亚纶化纤有限公司	29868	13063	4825	1690	6363	2313
109	海安县恒昌金属压延有限公司	29365	31239	1075	2702	1601	3241
110	南通海迅机械制造有限公司	29113	28445	4858	1225	5994	1845
111	江苏福克斯机械集团有限公司	27957	25157	2402	787	4021	2095
112	海安县恒业制丝有限公司	26746	23212	4065	2082	5538	3016
113	南通菲希尔测试仪器有限公司	26645	12237	1019	1836	1557	2482

续表 6

序号	企业名称	主营业务收入		利润总额		利税	
		2014 年	2013 年	2014 年	2013 年	2014 年	2013 年
114	南通青森服装有限公司	26131	22155	3004	2111	4517	3171
115	江苏鑫港企业有限公司	25861	30110	4025	2651	5614	4131
116	海安海建机电设备制造有限公司	25372	10197	1560	7	2976	99
117	海安县铜材厂	25301	22869	784	251	1158	672
118	江苏品王酒业集团股份有限公司	25073	33197	5196	5462	6899	7892
119	南通联兴色织有限公司	25024	25190	4073	3205	5356	4128
120	南通鼎晶有色金属铸造有限公司	24626	24559	2090	108	2131	201
121	南通海辰蛋白科技有限公司	24626	20072	-247	2211	-147	2539
122	南通远东微特电机有限公司	24619	19365	841	2337	1282	2738
123	南通中邦纺织有限公司	24578	31090	1018	2117	1806	3151
124	海安县晋全电工器材有限公司	24566	17527	221	1026	228	1382
125	南通新业机电环保设备工程有限公司	24553	15523	202	328	466	630
126	海安县巨力磁材有限责任公司	24292	17334	1378	1203	2800	1512
127	上海水星家纺海安有限公司	23629	7720	2769	362	3758	388
128	江苏晨朗电子集团有限公司	23616	29646	4422	5504	5776	7053
129	江苏通海线业有限公司	23585	23084	3501	5109	4921	6182
130	南通游龙肠衣食品有限公司	23374	14996	439	420	588	723
131	江苏奥马机械有限公司	23324	12100	251	1847	315	2078
132	南通市时代食品有限公司	23107	21121	2947	4079	4456	4982
133	江苏冠宇纺织有限公司	23018	25379	4361	4810	5601	6042
134	南通中菱绝缘材料有限公司	22947	19135	2123	2049	2647	2555
135	江苏中威重工机械有限公司	22549	10593	1077	875	2382	1272
136	南通金旺农业开发有限公司	21809	17726	387	160	439	511
137	江苏纬洲化纤有限公司	21542	21178	1331	1340	2715	2012
138	江苏恩达通用设备有限公司	20821	12549	675	1331	981	1620
139	江苏恒泽安装工程股份有限公司	20472	21062	2047	3348	2069	3435
140	江苏奎泽机械工业有限公司	20351	21794	598	1928	738	2383
141	海安县嘉禾化纤有限公司	20270	12664	3052	48	4128	80
142	海安县通用粉末冶金厂	20201	13465	835	1341	998	1645
143	江苏诚超铝业有限公司	20160	11818	-188	-746	254	-204
144	南通鑫平制衣有限公司	19912	17132	2941	959	3904	1633
145	南通双弘制线有限公司	19782	26366	3364	4615	4412	5610
146	江苏华愉化工有限公司	19588	9877	-797	342	-338	745
147	南通新源特种纤维有限公司	19246	15080	2321	2228	3375	2944
148	南通飞日电子有限公司	19220	20910	3650	3294	4645	4486
149	海安华强染整有限公司	18945	15832	2029	1606	3029	2144
150	江苏亚威变压器有限公司	18893	26745	1622	1583	2060	2605

续表 6

序号	企业名称	主营业务收入		利润总额		利税	
		2014 年	2013 年	2014 年	2013 年	2014 年	2013 年
151	南通太和机械集团有限公司	18649	22355	3419	3590	4407	4405
152	海安县国力化工有限公司	18417	13859	374	2079	594	2406
153	海安县四海米面有限公司	18292	12360	5	1411	118	1741
154	海安中机浦发曲轴有限公司	18161	13832	−2933	−665	−2932	−664
155	海安县亚太助剂有限公司	18043	12736	451	350	790	605
156	南通铁军机械有限公司	18032	7970	756	733	888	902
157	南通市联邦化工有限公司	17979	10794	3	266	451	626
158	南通兴华达高实业有限公司	17968	10397	−287	553	−2	943
159	南通季和米业有限责任公司	17613	21307	17	111	25	501
160	南通明芯微电子有限公司	17379	12826	114	417	275	658
161	南通科达建材股份有限公司	17207	5299	785	283	1311	377
162	江苏御马汽车制造有限公司	17007	3030	501	205	501	206
163	南通康德生物制品有限公司	16983	11654	909	1899	977	2116
164	海安县锦荣化纤有限公司	16910	18059	2346	3830	3209	4578
165	南通明光电线有限公司	16662	11990	82	1263	599	1716
166	南通家惠畜禽饲料有限公司	16465	15954	49	409	142	722
167	海安县东华纺织印染有限公司	16381	26083	4606	1825	5476	2688
168	海安县晋宏化纤有限公司	16366	9975	1176	970	1966	1204
169	南通繁华玻璃金属制品有限公司	16217	19409	68	1158	877	2445
170	海安县能达电气有限公司	16149	17243	1688	2045	2020	2275
171	江苏星鲨玻璃科技有限公司	15961	7968	792	637	1310	1227
172	海安县区域供水有限公司	15948	17078	2679	1701	3518	1996
173	南通泰怡皮件有限公司	15813	12463	295	1240	481	1441
174	江苏双双高新科技有限公司	15775	11030	250	−829	364	−806
175	江苏派诺光电科技有限公司	15589	2095	407	169	455	175
176	南通四季安琦针织有限公司	15525	11900	786	242	1635	708
177	南通华兴磁性材料有限公司	15508	18736	2072	1525	2112	1812
178	南通盛德管业有限公司	15487	2205	−139	26	295	117
179	上海利安润滑设备制造海安有限公司	15454	2002	450	161	540	167
180	江苏天恩食品有限公司	15438	16170	985	1665	997	1916
181	南通美龙饲料有限公司	15401	13561	−199	1356	36	1634
182	南通中航波纹管有限公司	15244	16587	1081	1803	1199	2133
183	江苏明宇石油机械有限公司	15181	9294	175	991	649	1429
184	南通鑫源电器制造有限公司	15132	10656	1387	1079	1630	1314
185	南通恒鼎重型机床有限公司	15130	6077	637	277	990	460
186	海安金锻工业有限公司	15047	8867	2134	646	2134	646
187	南通保来利轴承有限公司	15023	15828	2151	1016	2937	1483

续表 6

序号	企业名称	主营业务收入		利润总额		利税	
		2014 年	2013 年	2014 年	2013 年	2014 年	2013 年
188	海安万众粉末冶金有限公司	15021	13087	163	177	358	395
189	海安县万新水产品有限责任公司	14981	10162	29	471	165	676
190	海安县东方特种建材有限公司	14956	21655	116	304	424	687
191	海安县宏发特种化纤有限公司	14839	18453	2754	2656	3534	3404
192	海安县清馨食品有限公司	14764	14071	1051	1677	1399	2027
193	南通贝思特机械工程有限公司	14757	13157	678	801	1572	1548
194	江苏明江阀业有限公司	14679	13811	965	2849	2195	3641
195	南通第五机床有限公司	14627	28623	1995	3256	2504	3747
196	怡发粉体工程(江苏)有限公司	14573	12477	−546	303	−466	551
197	南通威科电气有限公司	14436	10229	640	795	850	1182
198	南通金亿达门业有限公司	14359	18304	1243	1678	1349	2066
199	江苏德胜特纺织有限公司	14323	20184	2509	2803	3315	3648
200	海安县飞跃电子器材有限公司	14302	11173	1331	1149	1565	1352
201	南通高合新材料有限公司	14270	5671	70	851	183	984
202	南通跃通数控设备有限公司	14229	7892	14	713	127	882
203	江苏天威变压器有限公司	14060	7696	828	746	874	930
204	南通金海机械有限公司	13958	10545	571	431	627	473
205	海安县五马铁链有限公司	13952	12495	1199	1103	1916	1341
206	南通宏申化工有限公司	13895	10105	193	556	232	709
207	南通九州化纤有限公司	13880	10011	−567	−208	−403	−88
208	海安县苏豪制丝有限公司	13857	15502	858	2222	1465	3122
209	南通凯立化纤有限公司	13826	41095	826	6535	1714	8011
210	海安县鑫兴化纤有限公司	13678	11752	652	1215	814	1461
211	南通力源变压器有限公司	13647	14797	712	1559	751	1786
212	海安鸿亿混凝土有限公司	13618	14440	394	110	1052	1080
213	江苏富邦纺织有限公司	13582	14890	854	305	1347	778
214	江苏互邦变压器制造有限公司	13483	6740	913	551	1093	704
215	桑达化工(南通)有限公司	13471	10312	633	1547	826	1749
216	南通市恒达机械制造有限公司	13363	13358	1200	1306	1231	1657
217	海安县顺太化纤有限公司	13032	15038	1721	3452	2410	4167
218	海安华盛化工有限公司	13026	12101	293	1054	375	1300
219	南通那芙尔服饰有限公司	13016	16038	739	454	1457	825
220	南通凯弘线业有限公司	12929	11276	1005	1164	1700	1430
221	南通华银毛绒制品有限公司	12848	19493	2200	2747	2909	3652
222	江苏涞森环保设备有限公司	12760	9961	676	1169	939	1406
223	海安县华荣化纤有限公司	12634	12617	1012	1311	1707	1820
224	南通顺阳化工有限公司	12582	9073	402	361	711	542

续表 6

序号	企业名称	主营业务收入		利润总额		利税	
		2014 年	2013 年	2014 年	2013 年	2014 年	2013 年
225	江苏联发领才织染有限公司	12558	8618	−1829	−1877	−1797	−1877
226	南通市百威电气有限公司	12538	8353	412	1253	550	1440
227	南通盛洋电气有限公司	12471	7136	250	206	433	298
228	海安县伟业针织厂	12412	10379	1333	233	1920	590
229	南通市华海铸造有限公司	12300	7749	175	712	415	1293
230	江苏中海重型机床有限公司	12284	9027	569	992	676	1132
231	江苏侨基生物化学有限公司	12221	9665	−350	517	−245	825
232	江苏奥斯德工业橡塑有限公司	12161	8286	292	925	354	1093
233	海安县海兴水产食品有限公司	12071	9147	606	736	775	902
234	江苏鼎鑫电气有限公司	12024	6940	332	1041	481	1213
235	海安县宏成化工厂	12010	10859	423	390	441	406
236	江苏省宙斯盾机械制造有限公司	12001	9458	596	1050	673	1230
237	海安添鑫丝绸有限公司	11996	15397	995	520	1374	1433
238	江苏佳源铝业有限公司	11984	14383	−900	−362	−837	−587
239	南通海江铝业有限公司	11977	14000	−54	65	−45	101
240	江苏绿叶环境工程集团有限公司	11943	9423	501	900	613	1048
241	江苏福莱欧工业制带有限公司	11937	11037	507	1267	671	1496
242	南通春光自控设备工程有限公司	11925	12199	1009	1096	1390	1417
243	南通中邦丝织有限公司	11835	13958	1686	1005	2582	1606
244	南通环宇丝绸有限公司	11832	9995	357	1072	639	1430
245	江苏新业重工股份有限公司	11812	7406	79	173	399	417
246	南通市永泰磁业有限公司	11700	10483	611	1044	946	1291
247	海安信拓混凝土有限公司	11651	10077	192	70	713	762
248	南通冠优达磁业有限公司	11635	10120	202	388	676	464
249	南通昌荣机电有限公司	11562	9719	−301	160	−133	681
250	海安县凤华海苔有限公司	11560	8601	45	94	146	244
251	南通百川面粉有限公司	11551	13076	989	1298	1053	1539
252	南通市鑫发实业有限公司	11538	16743	342	0	359	9
253	海安县吉程机械有限公司	11528	11134	718	1114	830	1323
254	海安美亚热电有限公司	11448	14159	1108	1107	1426	1673
255	南通海诚辐条有限公司	11393	7904	433	820	644	972
256	南通佳景休闲洁具有限公司	11352	9578	854	1021	1012	1240
257	南通龙翔电器设备有限公司	11326	8270	499	1254	710	1501
258	江苏菲尔普电气有限公司	11243	5279	592	302	837	486
259	江苏升辉装备集团股份有限公司	11105	7752	46	203	66	355
260	江苏海田电气股份有限公司	11092	8867	1041	388	1238	526
261	南通科盛海辰饲料有限公司	11044	12323	1	32	4	33

续表 6

序号	企业名称	主营业务收入		利润总额		利税	
		2014 年	2013 年	2014 年	2013 年	2014 年	2013 年
262	南通升辉建材科技有限公司	10979	7770	291	470	679	979
263	海安鑫祥混凝土有限公司	10965	11592	38	3	595	789
264	江苏亚星波纹管有限公司	10924	8369	120	202	862	765
265	南通市海王电气有限公司	10914	8725	443	900	463	1105
266	南通科力信机械有限公司	10864	2045	17	179	601	327
267	南通恒力重工装备有限公司	10851	11329	265	1150	298	1377
268	海安县联发张氏色织有限公司	10785	11384	2055	1210	2643	1532
269	海安新奥燃气有限公司	10776	12016	301	1197	471	1406
270	南通茂溢机床有限公司	10750	8702	23	310	88	508
271	海安鑫泽机电有限公司	10691	6589	661	762	757	903
272	南通市双旭合纤有限公司	10626	8984	−105	306	−3	645
273	江苏通微电机科技有限公司	10556	8377	700	838	816	997
274	南通东海机床制造有限公司	10555	10933	209	102	602	361
275	江苏宏博机械制造有限公司	10351	7741	−292	614	2	1185
276	江苏天恒纳米科技股份有限公司	10310	5734	559	860	738	998
277	海安虎威网具有限公司	10285	11073	212	546	312	744
278	南通容润汽车配件有限公司	10283	8505	90	117	315	277
279	海安县老坝港川港水产品加工厂	10265	10107	46	147	180	355
280	南通艺顺鹏电气有限公司	10253	8781	1025	888	1045	956
281	南通惠民饲料有限公司	10251	10288	7	6	20	46
282	南通安恒化纤有限公司	10231	3853	115	251	137	290
283	南通天星铸锻有限公司	10208	9630	504	1004	588	1215
284	海安锦龙达光电有限公司	10205	7063	47	−203	162	−198

(丁年明　金爱兵)

信息技术与制造业融合

【企业信息化稳步推进】 通过示范引领、政策激励、精细服务，一批企业信息化建设步伐明显加快，管理信息化和装备自动化水平有了较大的提升。2014 年海安开发区被认定为省两化融合示范区，鑫缘茧丝绸集团股份有限公司等 14 家企业被认定为省两化融合试点企业，南通万宝实业有限公司等 4 家企业被认定为市两化融合示范(试点)企业，全年列入省、市两化融合重点项目计划数总量位居南通前列。江苏联发纺织股份有限公司黄长根被省经信委评为企业优秀首席信息官（全省共 8 名），实现南通零的突破。曲塘刘圩村作为南通市唯一的入选单位被认定为江苏省农村信息化示范基地。

【技术中心取得新突破】 海安强化对企业技术中心建设的指导和服务，充分发挥企业技术中心在促进企业技术进步、推动产业转型升级中的作用。鼓励和引导企业不断加大创新投入，努力提升地区整体创新能力和水平。2014 年，全县江苏天楹环保能源股份有限公司等 8 家企业成为省级制造业企业技术中心，该项成绩与全县 2013 年前历年来获批省级总和持平，总数翻了一番。当年获批总数全市第一，约占全市四分之一（全市九县市区 33 家）。截至年底，全县创建企业技术中心国家级 1 家、省级 16 家、市级40 家，省级建筑业企业技术中心 4 家。在 2014 年江苏省重点技术创新项目计划中，共有 20 个技术创新项目成功入选。江苏海迅蓝宝石精细抛光平整化浆料等 4 个项目入选品牌质量攻关项目，占全市二分之一；江苏联发汉麻原纤汉麻粘胶棉色织面料等 14 个项目入选新产品新技术开发项目，占全市六分之一；江苏联发活性染料共溶剂无盐染色关键技术研发等 2 个项目入选创新能力建设类项目，占全市四分之一；入选总数居全市前列。

【首台(套)装备及关键部件示范应用全市领先】 2014年，南通曙光新能源装备有限公司超高压大容量生物质高效萃取装备获省首台(套)重大装备及关键部件认定，全县省级首台(套)总数5家。超力卷板机制造有限公司可变径柔性滚弯高精度数控二辊卷板机、江苏鹏飞集团股份有限公司资源化固废节能回转窑、南通明诺机械有限公司MN-EV015高效循环风能吸扫车、江苏天楹环保能源有限公司大规模垃圾焚烧烟气净化系统4台(套)设备获评市级首台套。

(史根生)

工业项目建设

【概况】 全县新开工千万元以上工业项目249个，其中亿元以上项目102个，新竣工千万元以上项目167个，其中亿元以上项目42个。

【严格项目核准开工】 全县新增用地(海)的全部工业未开工项目一律实行“一审二核三建四供”制度。在“一审”中及时根据区镇申请，召开项目预审会议，对符合条件的项目出具项目预审意见，坚持凭预审意见办理立项、规划审批、审图、用地指标来源证明等前期手续。在“二核”程序中，坚持在项目单位完成前期工作的基础上，由所在区镇核查后申请项目开工，县行政服务中心和县发展改革委等部门组织核实预审意见整改到位和土地指标预配、占补平衡配置、挂钩拆旧进度等情况，重点核查项目设备订购合同和预付款凭证、外资项目资金到账凭证，符合条件的才可出具项目准予开工通知书。在“三建”过程中，坚持凭项目准予开工通知书，确定施工单位，办理施工安全报监和工程质量监督先期介入手续后，开始项目建设。在“四供”环节中，坚持凭项目准予开工通知书及项目设备投入到位情况开展征地供地服务。在项目审核中突出把握项目规划、落户选址、投入产出、资金到账、建设用地、建筑设计和建设周期几个要点。2014年组织项目预审22次，预审项目179件，预审通过率60%左右，核准开工项目185个，其中核准开工的工业项目有158个，设备订购金额32亿元，计划总建筑占地183.5万平方米，总建筑面积253万平方米，开工项目126个；召开项目联办会议30次，集中联合会办项目60件，协调解决规划、用地、供水、用电等相关问题120项，到区镇、企业项目服务、联合会办10次。

【工业项目考核】 2014年项目考核内容包括新开工项目数、新竣工项目数、设备投入、电力增容等。认定落户特色产业园区单独供地项目严格坚持“五个必须”：(1)落户东区西园的项目规模必须达到亿元以上，其他区镇项目规模5000万元以上；(2)必须经县行政服务中心出具核准开工通知书；(3)生产厂房按规划必须一次性开工建设；(4)主体生产厂房施工必须达到±0；(5)开发区、高新区设备投资额占项目总投资的比例必须不低于25%，其他区镇不低于20%。坚持按照购置并安装投产的设备投资额达到该项目总投资额30%的标准认定竣工项目。所有开工、竣工项目认定坚持考核组现场核实，集体研究审定，经单位主要负责人和分管负责人审核。所有考核内容都在网上公示，确保考核客观公正，公开透明。根据考核情况，针对薄弱环节，提出区镇下一步项目推进的建议和举措。投资12亿元的江苏东材新材料有限责任公司聚酯基膜项目，建设不到1年主体就完工。投资10亿元的海安县远东新材料有限公司年产60万吨精密不锈钢项目，建设不到2年就竣工投产，2014年开票销售7.4亿元。投资10亿元的上柴动力海安有限公司新一代环保型车用柴油机体、缸盖铸件制造项目，建设2年多，累计设备投入2.6亿元，达10亿元项目竣工标准，已全面投产。

【设备投入奖励】 2014年，海安县新型工业化的政策意见作了重大调整，奖励技改设备投入金额起点由500万元放宽至200万元，技改奖励总额约占整个新型工业化奖励的80%左右。凡是进口设备、零地技改和单台1000万元以上的设备，在原有奖励基础上再提高2~5个百分点。全年有77家企业享受技改奖励政策，符合奖励条件的生产性设备投资5.94亿元，奖励额度2865万元。突出设备投入的考核。在“工业项目建设杯”竞赛考核中设备投入分值占50%，在“新型工业化杯”竞赛考核中占比8%，在区(镇)经济社会目标责任制考核中将设备投入作为经济建设考核指标之一。开展设备投入月度核查，确保数据真实无误。引导企业在选择设备时根据企业生产技术的实际需要和未来发展的要求，按照技术上先进、经济上合理、生产上适用的原则来选择设备，实现设备的全面管理、全员管理和全程管理，有效保证设备的技术性能和正常工作，提高其使用寿命和利用率。

【园区载体建设】 海安注重基础建设，增强园区承载功能，确保两年内实现全

大同宝富纺织 (2014年11月项目办 提供)

县境内国道、省道、运河、铁路和农村公路与各特色园区主干道的无缝对接,各区镇加快次干道、支路的沟通连接,为各特色园区发展提供坚实的交通支撑。抓紧组织园区内水电、供气、供热、通信、污水、绿化等基础设施配套建设,完善园区功能。2014年开发区现代纺织科技园、高新区汽车产业园、滨海新区临港工业园、曲塘镇东联家具产业园、李堡镇机械制造特色产业园、南莫镇波纹管机械产业园等园区框架全部拉开,道路、管网等基础设施基本到位。明确各特色产业园区产业定位,加大基地型、旗舰型、链条型项目招引力度。鼓励"短、平、快"项目落户特色园区标准厂房,为主导产业提供配套支持。打造创新平台,实现资源共享。按照功能专业化、资源集约化、服务社会化的原则,加强公共技术服务平台建设,为特色园区内中小企业创新创业提供投资咨询、营销策划、研发测试、检验认证、科技咨询、技术转移、创业孵化、物流仓储、网络信息等公共服务。2014年,全县各特色产业园区完成房屋征收385户,园区内修建完成主、支干道168公里,水、电、排污管道等基础设施建设覆盖率达园区的75%;各特色产业园区计划新建标准厂房48.23万平方米,落户特色产业园区新开工项目81个。其中亿元以上项目58个。

【项目跟踪监控】 通过县综合电子监察平台项目建设应用系统,全过程跟踪服务和考核监审项目建设,及时掌握所有项目相关信息,包括建设单位、开工日期、占地面积、规划建筑总面积、计划投资等开工信息,项目实地照片、进度描述等情况,竣工日期、实际厂房总建筑面积、实际投资额、设备投入和主要设备明细等竣工情况。实施市以上重点项目动态监控管理。2014年正式运行市重大项目智能监管系统,全程跟踪省市项目的报批、开工、建设进度,收集整理、分析项目推进中各类信息及存在问题,及时提出解决的意见和建议,并及时进行反馈,形成动态管理、监管有力、运行高效的工作机制,为省市重大项目跟踪推进督察管理、目标考核提供有效平台。竣工项目土地使用预登记证换证严格按照规划建设到位,工业项目按项目供地面积,每亩设备投入不低于80万元,达产后亩均销售额不低于200万元的要求进行审核。凡是办理延期的企业,都要求对投入和产出做出承诺,坚持对承诺内容实施跟踪督察,直至承诺兑现到位。通过严格换证标准,形成促进项目投产达效的倒逼机制。 (周启玉 范海林)

2014年海安县亿元以上工业项目情况表

表7 单位:亿元

序号	企业名称	项目名称及主要内容	性质	总投资	2013年止累计完成投资	2014年累计完成投资	项目进度
1	江苏瑞马汽车有限公司	汽车超级平台项目。年产25万台汽车	新建	50	4.5	1.35	12.5万平方米厂房完工,设备安装
2	江苏达美特种车制造有限公司	特种车制造项目。采用美国先进车用技术,引进国外先进生产设备和国产专用设备,一期建成后将建成一条生产线、三种车型的超级平台。项目全部建成投产后,可年产25万台特种车,实现年销售120亿元	新建	50	5	2.15	10万平方米厂房主体完工,设备安装试生产
3	南通大青节能科技有限公司	节能变频电机项目。可实现年产变频电机1200万台,年销售额50亿元	新建	20	4	2.65	11幢15万平方米厂房完工,设备安装
4	海安远东新材料有限公司	年产60万吨高档精密不锈钢项目。一期投资10亿元,建筑面积49万平方米,建成后,可年产超薄型不锈钢60万吨,实现年销售20亿元,利税1.6亿元	新建	10	5.3	4.3	竣工投产
5	南通曙光新能源装备有限公司	核发电设备配件及其他专用设备项目。年产核发电设备配件200台套、船用设备100台套、标准件50吨、金属软管100吨、补偿器和风门1万只、支吊架5000套、阀门5000只	新建	13.5	4.9	2.15	一期投产
6	欧贝黎新能源科技股份有限公司	太阳能电池组件项目。年产1000兆瓦太阳电池组件	新建	13	2.6	1.9	部分投产
7	江苏骆氏减震件有限公司	汽车减震件项目。购置压力机、液压机等国产设备1533台套。项目建成后,可年产橡胶金属减震件1.2亿件,实现年销售30亿元	新建	10.8	4.3	5.7	竣工投产

续表 7

序号	企业名称	项目名称及主要内容	性质	总投资	2013 年止累计完成投资	2014 年累计完成投资	项目进度
8	江苏鹏飞集团股份有限公司	固废资源利用关键装备项目。新增用地 20 万平方米，建设装备车间 12.3 万平方米，设备投资 6.6 亿元，购置数控加工装备 243 台套	技改	10.3	3.3	2.55	部分投产
9	南通科达建材股份有限公司	建材项目。年产木门 1.5 万樘、铝合金门窗 10 万平方米，钢筋混凝土构件 100 万平方米	新建	10	4.45	4.6	竣工投产
10	斯可馨家具(海安)有限公司	家具生产项目。用地 14.60 万平方米，规划主要建筑物建筑面积 1.58 万平方米，项目建成投产后可年产家具 66 万件，年销售 4 亿元	新建	10	2.6	2	厂房完工，设备安装试生产
11	人民电器集团江苏斯诺成套设备工程有限公司	智能电网项目。供配电成套设备，电器之器件	新建	10	3.4	5.9	竣工投产
12	上海美勒家具有限公司	家具生产项目。引进进口家具生产设备 400 台套。项目建成后，可年产中高档家具及办公家具 30 万件，实现销售收入 25 亿元	新建	10	4	2	10 万平方米厂房主体完工
13	江苏金洲粮油食品有限公司	农产品深加工项目。年加工 300 万箱食用油	新建	10	1.25	4.9	部分投产
14	江苏永通新材料有限公司	锦纶 6 联合纺丝项目。年产差别化功能性锦纶长丝 20 万吨	新建	10	1.5	4.5	部分投产
15	江苏华恒板业有限公司	热镀锌钢板、彩涂板。建筑面积 14 万平方米，项目建成后，可年产热镀锌钢板 36 万吨、彩涂板 30 万吨，实现销售 20 亿元，利税 1.2 亿元	新建	5	2.9	2.1	竣工投产
16	江苏瑞安特机械集团有限公司	智能环保机械成套设备生产项目。年产矿山机械设备 2000 台套，复合肥机械设备 3000 台套	新建	5	2.05	2.7	竣工投产
17	海安启弘纺织科技有限公司	纺织面料生产、整理项目。购置定型机、经编机、整经机等国产设备 160 台套。项目建成后年产纺织面料 1 万吨	新建	5	1.9	3.1	竣工投产
18	海安凯文纺织有限公司	纺织面料生产、整理及研发项目。购置定型机、喷水织机、喷气织机、压光整理机等设备 317 台套。项目建成后，年产纺织面料 1 万吨	新建	5	1.85	1.8	52 万平方米厂房完工，设备购进
19	南通三洋电梯有限公司	电梯整机项目。可年产电梯整机 1.2 万台	新建	5	1.7	3.3	竣工投产
20	海安凯美纺织科技有限公司	纺织面料生产、整理项目。规划建筑面积 5.8 万平方米，拟购置国产设备 62 台套。项目建成后，年产纺织面料 8000 吨	新建	5	1.05	1.75	5 万平方米厂房完工，设备购进
21	神舟汽车设计开发有限公司	新能源特种车制造项目。拟打造出高效的真空吸尘车、节能的液压混合动力汽车、实用的汽车燃油计量仪及环保的超级电容快速充电公交车等高科技产品。项目建成后，年产高效真空吸尘车 1 万辆、节能液压混合动力汽车和新能源环卫清洁车 10 万辆	新建	5	1.7	3	38 万平方米厂房完工，设备安装
22	海安县鹰球粉末冶金有限公司	粉末冶金制品项目。规划建筑面积 13.3 万平方米。项目一期工程建成厂房 3.6 万平方米。项目主要从事粉末冶金减磨材料、铁氧体磁控热敏元件、深海电缆用合金材料、三大网络高导高频微型磁及其他可用于智能装备的磁材元器件生产，项目全面建成后，可年销售 20 亿元以上	技改	5	3.5	1.5	竣工投产
23	江苏弘盛新材料股份有限公司	锦纶切片项目。规划总建筑面积 29.95 万平方米，主要从事锦纶丝和锦纶丝原料的生产销售。项目建成后，可实现年销售收入 50 亿元	新建	5	1.2	3.8	竣工投产
24	江苏意邦清洁用品海安有限公司	清洁用品项目。规划建筑面积 10.6 万平方米，拟购置相关国产设备 62 台(套)。项目建成后，年产清洁用品和家居纺织品 2 万吨。可实现年销售 12 亿元	新建	5	0.95	1	5 万平方米厂房完工

续表 7

序号	企业名称	项目名称及主要内容	性质	总投资	2013 年止累计完成投资	2014 年累计完成投资	项目进度
25	艾丽森纺织科技有限公司	面料生产项目。新建生产用房等主要建筑面积 8.25 万平方米,购置矽浆设备、喷气织造、空压机等先进设备 606 台套。项目建成后,年产高档纺织品 6000 万米,可实现年销售 10 亿元	新建	5	0.9	1.7	3 万平方米厂房完工,设备安装
26	江苏艾玛斯电梯有限公司	电梯生产项目。规划建筑面积 4.5 万平方米。项目建成后,主要从事载人载货电梯及其零配件生产,具有年产 1 万台整机的生产能力,可形成年销售 6 亿元以上	新建	5	0	0.9	3.5 万平方米厂房主体完工
27	江苏东材新材料有限责任公司	5 万吨绝缘树脂生产项目。新建厂房等主要建筑面积 4.95 万平方米,购置生产设备 109 台套,项目建成后,年产 5 万吨绝缘树脂和腰果油改性环氧树脂固化剂 2 万吨生产能力,可实现年销售 8 亿元	新建	5	0	5	项目竣工
28	江苏东材新材料有限责任公司	聚酯基膜项目。拟新建生产用房等主要建筑面积 23.89 万平方米,购置 BOPET 膜制造设备、T-模头 1790 毫米设备 2 套、铸片设备、牵引机和收卷机等国外先进设备。项目建成后,年产 2 万吨特种聚酯薄膜材料、4 万吨光学聚酯薄膜材料、2500 万平方米 PVB 胶膜材料、1450 万平方米精密涂布材料,可实现年销售 25 亿元	新建	12	0	2.6	2.63 万平方米厂房主体完工,设备购进
29	江苏铁锚玻璃股份有限公司	新型特种玻璃项目。规划建筑面积 14.3 万平方米。项目由科研中心、大飞鸟撞实验室、特种玻璃生产区组成,项目全面建成后可大批量承接飞机玻璃及其他特种玻璃的测试及试验业务,特种玻璃年生产能力 300 万平方米以上,可形成年销售 15 亿元以上	技改	8	0	2.1	8 万平方米厂房在建,其中 3 万平方米厂房完工,设备安装
30	江苏欣鑫纺织科技有限公司	毛绒布项目。新建厂房等主要建筑面积 9.48 万平方米,主要生产短毛绒、花点绒、起圈绒、松针绒、珊瑚绒、麒麟绒、富贵绒、印花染色布、网眼布等优质产品。项目建成后,年产面料 2 万吨,可实现年销售 6 亿元	新建	5	0	1.6	5.97 万平方米厂房主体完工
31	江苏海美金属新材料有限公司	PVC 装饰膜、薄板覆膜项目。规划建筑面积 14.3 万平方米。该项目建成后主要生产 PVC 装饰膜、薄板覆膜,产品广泛应用于家电、船舶装饰等行业,项目设计具有年产装饰膜 9500 万平方米、薄板覆盖钢板膜 850 万平方米的生产能力,项目全面建成后可形成年销售 10 亿元以上	新建	5	0	0.8	1.5 万平方米厂房在建
32	万洲胶粘制品(江苏)有限公司	胶粘制品项目。厂房建筑面积 12 万平方米,一期 6.34 万平方米。拟引进全自动制胶生产线、PVC 压延机、涂布机等进口生产设备 5 亿元,专业从事胶粘制品的研发与生产。该项目正在土建施工。投产后,可年产 8160 万平方米 spuc 胶带和 3.2 万吨薄膜	新建	7	0	1.3	5 万平方米厂房及配套用房在建
33	北京坤泰镕创科技(海安)有限公司	SCS 金属层状结构复合材料项目。拟新建生产用房等主要建筑面积 16.63 万平方米,购置复合轧制机组 3 套,冷轧机组、连续退火机组、平整机组、纵剪机组、横剪机组、包装机组各 1 套等主要设备。项目建成后,年产量 40 万吨 SCS、SC 金属层状结构复合板,可实现年销售 45 亿元	新建	5	0	0.85	6.72 万平方米厂房钢结构施工

续表 7

序号	企业名称	项目名称及主要内容	性质	总投资	2013 年止累计完成投资	2014 年累计完成投资	项目进度
34	江苏澳轲莱印染有限公司	高档纺织面料项目。拟新建生产用房等主要建筑面积 3.31 万平方米。引进德国、意大利定型机、高温染缸、磨毛机等进口设备 70 台套，购置光电整纬仪、码布机、软化水处理设备等 86 台套。预计 2015 年 12 月份投产，可实现年销售 7.5 亿元	新建	5	0	0.9	3.81 万平方米厂房主体完工，另 2.5 万平方米厂房开工
35	江苏江山红化纤有限公司	尼龙 6 切片项目。新建厂房 8 万平方米，延伸化纤产业链，项目建成后年产尼龙 6 切片 6 万吨	新建	3.6	1.2	2.05	厂房主体完工，设备订购
36	江苏汇珏网络通信设备有限公司	网络通信生产项目。新建生产厂房等主要建筑面积 5.91 万平方米，购置数控折弯机、切割机等先进设备 1076 台套，引进 3D 干涉仪，FA 端面检测仪等进口设备 172 台套。项目建成后，年产 80 万套光纤通信传输设备，预计年销售 12 亿元	新建	2.5	0.55	1.85	竣工投产
37	冠益纺织科技有限公司	纺织项目。规划建筑面积 8 万平方米。项目建成后，年产纺织面料 2.5 万吨。可实现年销售收入 10 亿元	新建	2.5	0.45	1	厂房完工，设备购进
38	江苏华兴压力容器有限公司	压力容器项目。规划建筑面积 9.76 万平方米。主要从事碳钢、低合金钢、不锈钢、钛材、镍材、哈氏合金等材料容器设备的生产制造，产品广泛用于化肥、石油化工、精细化工、医药、食品、核电、新能源等行业。项目建成后，年产Ⅰ、Ⅱ、Ⅲ类压力容器 8000 台(件)	技改	2.5	0.25	0.8	1.9 万平方米厂房在建
39	南通安恒化纤有限公司	锦纶短纤项目。年产锦纶短纤 2.5 万吨	新建	2	0.8	1.1	竣工投产
40	南通志高重工科技有限公司	大型钢结构生产项目。规划新建厂房近 4.25 万平方米，设备投入 1.5 亿元，投产后年可新增销售收入 3 亿元	新建	2	0.6	1.4	竣工投产
41	江苏金大胶粘科技发展有限公司	双向拉伸聚酯薄膜生产项目。规划建筑面积 4.2 万平方米，拟购置 BOPRT 薄膜生产线等先进设备 32 台(套)。项目建成后，年产双向拉伸聚酯薄膜 2 万吨	新建	1.8	0.85	1	竣工投产
42	南通鹏威重型设备有限公司	建材机械、矿山机械制造项目。新建生产用房等主要建筑面积 3.79 万平方米，购置双梁起重行吊、单梁起重行吊、落地车床、立式车床、大型回火炉 57 台套等主要设备。项目建成后，年产大型水泥矿山设备 250 台套、提升设备 30 台套、输送设备 200 台套、阀门设备 300 台套、其他设备 100 台套，可实现年销售 3 亿元	新建	1.5	0.55	0.95	竣工投产
43	南通赛文机械制造有限公司	新型高端纺丝设备设计制造项目。规划建筑面积 2.6 万平方米。购置高低温试验机、专用生产设备、辅助生产设备等设备 230 台套。项目建成后，年产新型高端纺丝设备 2800 台(套)	新建	1.5	0.45	0.65	1.53 万平方米厂房完工，设备安装
44	江苏冰溶管业有限公司	特种钢管项目。新建厂房建筑面积 2.5 万平方米，建成三条超大壁厚大口径双面直缝埋弧焊管生产线和一条超大管径卷管生产线	新建	1.5	0.25	1.25	竣工投产
45	俊启粮油南通有限公司	米糠深加工项目。规划建筑面积 2.7 万平方米。项目建成后，年产高质米糠油 1500 吨，可实现年销售收入 2 亿元	新建	1.2	0.4	0.8	竣工投产
46	南通米兰特电气有限公司	电子、电气项目。规划建筑面积 2.71 万平方米，主要从事机械钣金、电器、线缆、塑料成型和电子产品的研发、生产销售。项目建成后，年产电子电器产品 5 万台(件、套)，年可实现销售收入 2 亿元	技改	1.2	0.35	0.9	竣工投产

续表 7

序号	企业名称	项目名称及主要内容	性质	总投资	2013 年止累计完成投资	2014 年累计完成投资	项目进度
47	南通诺博家具有限公司	家具生产项目。新建厂房建筑面积 2.5 万平方米。购置开料、排钻、封边、组装等先进设备 126 台套。项目建成后，年产高档布艺沙发 9 万套，可实现年销售 1.8 亿元	新建	1.2	0.18	0.62	1.91 万平方米厂房在建
48	江苏新业重工股份有限公司	磨机生产项目。规划建筑面积 1.5 万平方米，拟购置立车、铣床、镗床等设备 32 台(套)，项目建成后，年产大型矿渣立磨机械 12 台(套)，可实现年销售收入 1.6 亿元	技改	1.12	0.5	0.8	竣工投产
49	南通联振重工机械有限公司	环保设备项目。建筑占地面积 2.4 万平方米。新上卧式车床、卷板机、行车等大型生产设备和加工检测设备 50 多台套。达产达效后，可年产振动机械 1000 多台套，实现年销售收入 1.5 亿元	新建	1.1	0.85	0.3	竣工投产
50	南通艺润机械有限公司	机械项目。年产 1000 吨精密铸造件和 100 万件套柴油机、汽车配件生产能力	新建	1.1	0.5	0.6	竣工投产
51	南通富兰德家具有限公司	家具生产项目。新建厂房等主要建筑面积 4.2 万平方米，购置开料、排钻、封边、组装等先进设备 226 台套。项目建成后，可年产办公家具、实木家具 15 万套，实现年销售 2.8 亿元	新建	1.1	0.45	0.65	竣工投产
52	江苏天威变压器有限公司	特种变压器生产。规划建筑面积 2 万平方米。项目 2012 年 6 月开工建设，项目建成后，年产大容量变压器 2600 台，可年实现销售收入 2 亿元	新建	1.1	0.4	0.7	竣工投产
53	江苏中科亚美新材料有限公司	镁合金铸锭及型材生产项目。购置制氮机、挤压机等先进设备，规划新建厂房 1.57 万平方米	新建	1.1	0.2	0.6	厂房主体完工，设备购进
54	江苏神威铁芯科技有限公司	变压器铁芯项目。规划建筑面积 1.68 万平方米。项目建成后，主要从事变压器铁芯生产和销售，可年实现销售收入 2 亿元	新建	1.08	0.35	0.7	竣工投产
55	南通通途机电制造有限公司	电梯部件项目。规划建筑面积 2.34 万平方米，主要从事电梯部件及机械产品制造。项目建成后，年产电梯部件及机械配套件 2 万台(件)，可实现年销售收入 2 亿元，利税 1500 万元	新建	1.06	0.4	0.6	竣工投产
56	江苏盈泰塑胶有限公司	PVC 医药用液体包装薄膜项目。拟引进 500L 高搅机等进口设备 112 台套。项目建成后，可年产 PVC 膜 6 万吨	新建	1	0.85	0.23	竣工投产
57	江苏互邦变压器制造有限公司	变压器生产项目。规划新建建筑面积 2.24 万平方米，购置箔式绕线机、高绕线机、感应调压器等先进设备 85 台套。项目建成后，配套原有厂房和设备，可形成年产 S11、S13、非晶合金 S15 油浸式变压器 3200 台套的生产能力	技改	1	0.7	0.35	竣工投产
58	豪门名匠家具（海安)有限公司	家具生产项目。规划新建厂房、办公楼等主要建筑面积 2.83 万平方米。购置自动开料机、四面刨机等先进设备 142 台套。项目建成后，可年产家具 9 万件，实现年销售 2 亿元	新建	1	0.7	0.3	竣工投产
59	江苏澳克莱斯家具有限公司	家具生产项目。规划建筑面积 3.83 万平方米，拟购置自动开料机、四面刨机等先进设备 148 台(套)。项目建成后，年产家具 12 万件，可实现年销售 2 亿元	新建	1	0.7	0.28	竣工投产
60	江苏博傲木业有限公司	酒店木器项目。规划建筑面积 2.5 万平方米，拟购置推台锯、封边机、冷压机及刨铣设备、全自动缝纫机等设备 200 台(套)，该公司主要从事酒店木器、装饰用品的生产、加工与销售。项目建成后，可年产酒店装饰用品 20 万套	新建	1	0.55	0.42	竣工投产

续表 7

序号	企业名称	项目名称及主要内容	性质	总投资	2013 年止累计完成投资	2014 年累计完成投资	项目进度
61	南通苏鹏粮油有限公司	粮油面粉加工项目。规划厂房建筑面积 1.85 万平方米。拟购置面粉机组、粮食环流熏蒸机、输送机、电子磅等国产设备 14 台(套)	新建	1	0.55	0.45	竣工投产
62	海安县联科汽车零部件有限公司	车用电机项目。具有新增年产车用电机 150 万台的生产能力	新建	1	0.5	0.5	竣工投产
63	南通紫石电器有限公司	太阳能逆变器生产项目。规划建筑面积 2.12 万平方米。项目 2012 年 8 月开工建设,项目建成后,年产小功率太阳能逆变器 1 万台(套),大功率太阳能逆变器 3000 台(套)	新建	1	0.45	0.55	竣工投产
64	江苏祥鑫环保科技有限公司	新型建材项目。规划建筑面积 5.33 万平方米。该项目建成后以新型建材、环保机械为主导产品,具有年产矿渣微粉 120 万吨的生产能力	新建	1	0.45	0.55	竣工投产
65	哈曼尼家具有限公司家具项目	家具项目。规划建筑面积 2.6 万平方米,拟购置四面刨机、自动开料机等先进设备 54 台(套)。项目建成后, 可年产家具 9 万件, 年实现销售收入 2 亿元	新建	1	0.4	0.48	竣工投产
66	南通众和家具有限公司	家具项目。项目新建厂房等主要建筑面积 2.6 万平方米,产品以实木家具、木架布艺沙为主,集研发、生产、销售于一体的现代化企业。项目建成后,年产家具 10 万件	新建	1	0.4	0.45	竣工投产
67	江苏亘德科技有限公司	环保设备、医疗器械、锻压设备项目。规划厂房等建筑面积 3.7 万平方米,购置龙门侧、车床、铣床等先进设备 88 台套。项目建成后,年产环保设备、医疗器械、锻压设备 5000 台套	新建	1	0.4	0.45	竣工投产
68	海安元鸿家具有限公司	红木家具生产技改扩建项目。规划新建厂房面积 2.2 万平方米,购置生产设备 56 台,利用原有企业设施,建成年产红木家具 8000 套生产线。可实现年销售收入 1.5 亿元	技改	1	0.4	0.55	竣工投产
69	上海台森家具南通有限公司	家具制造项目。厂房建筑面积 2.5 万平方米。新上推台锯、封边机、冷压机、自动喷漆机及输送机等设备 200 多台套。主要从事高档衣柜、鞋柜,书柜、床、装饰柜等系列家具生产	新建	1	0.35	0.6	2.1 万平方米厂房主体完工
70	南通火晶石电子科技有限公司	LED 电子显示屏及配件项目。规划建筑面积 2.16 万平方米,拟购置 LED 电子显示屏及配件和自动交通站台系统生产线。项目建成后,年产 LED 电子显示屏 1 万平方米,可实现年销售 2 亿元	新建	1	0.3	0.5	1.6 万平方米厂房完工
71	南通文凯化纤有限公司	锦纶长丝项目。规划建筑面积 3.71 万平方米,从事合成纤维、棉纺纱生产加工、销售。项目建成后具有年产锦纶丝 1.5 万吨的生产能力	新建	1	0.25	0.5	1.5 平方米厂房完工,设备安装
72	江苏美工场家具制造有限公司	家具项目。新建厂房建筑面积 1.5 万平方米。购置木加工设备 80 多台套,生产高档木质家具、木制品。竣工投产后,新增开票销售 2 亿元	新建	1	0.25	0.6	1.5 万平方米厂房完工
73	大红鹰家具(海安)有限公司	家具制造项目。厂房建筑面积 1.6 万平方米。购置推台锯、封边机、冷压机、自动喷漆机及输送机等设备 100 多台套	新建	1	0.2	0.5	1.6 万平方米厂房完工
74	南通瑞恩包装有限公司	包装材料项目。厂房建筑面积 1.5 万平方米。新上推台锯、封边机、冷压机设备 56 台套	技改	1	0.2	0.55	1.5 万平方米厂房完工
75	南通远扬休闲用品有限公司	宠物用品扩建项目。规划建筑面积 1.6 万平方米,形成年产宠物用品、玩具 30 万套件的生产能力,可形成年销售 4 亿元	技改	1	0.15	0.85	竣工投产

续表 7

序号	企业名称	项目名称及主要内容	性质	总投资	2013 年止累计完成投资	2014 年累计完成投资	项目进度
76	南通通润汽车零部件有限公司	汽车手刹项目。厂房建筑面积 1.8 万平方米。引进英国专业手刹生产线 1 条。扩建千斤顶生产线,提升千斤顶产能。项目建成达产后,可年新增汽车用千斤顶加工能力 300 万台、手刹 10 万套,可实现年销售收入 3 亿元	技改	1	0.15	0.85	竣工投产
77	南通美典家具有限公司	家具项目。新建厂房建筑面积 1.8 万平方米。购置拼板机、热压机、剪切机、刨木机等先进设备 54 台套。项目建成后,可年新增产家具 1.5 万套,实现年销售 1.2 亿元	新建	1	0.15	0.81	竣工投产
78	上柴动力海安有限公司	柴油机体、缸盖机加工生产项目。新建厂房 2 万平方米,购置柴油机体、缸盖机自动加工生产线 4 条,配套辅助设备 26 台套,生产中小型柴油机机体/缸盖铸件 30 万套	新建	2	0	1.95	竣工投产
79	南通苏源化纤纺织有限公司	锦纶高速纺项目。新建厂房 3 万平方米,拟购置高速纺织机、加弹机、络筒机等设备 60 台套,形成年产长丝 2 万吨	新建	2	0	1.05	1.5 万平方米高速纺车间设备安装,另 1 万平方米加弹车间主体施工
80	南通盛佳机电有限公司	变压器项目。规划新建建筑面积 2 万平方米,购置剪切机、焊接机、感应调压器等先进设备 80 台套。项目建成后,可形成年产油浸式变压器 2000 台和电梯变压器 3000 台的生产能力	新建	1.18	0	0.6	1.5 万平方米厂房完工
81	南通木臣家具有限公司	家具项目。规划建筑面积 2.38 万平方米,主要生产餐桌、餐椅、圆桌、电动圆桌和酒店客房配套产品。新上开料机、推台锯、封边机、砂光机、干燥隧道、输送机及水帘除尘等设备 200 多台套,项目建成达产达效后,可实现销售收入 1.2 亿万元,利税 400 万元	新建	1.1	0	0.55	2 栋 1.7 万平方米厂房在建
82	江苏金博士电子科技有限公司	电控设备项目。规划建筑面积 3.5 万平方米。项目建成后主要从事无线电切换器、电梯电器总成的生产制造,产品与中国移动公司和国内知名电梯生产厂家配套,具有年产近 10 万件套的生产能力,可形成年销售 2 亿元以上	新建	1.08	0	0.55	厂房完工,设备安装
83	江苏卡斯特桥梁构件有限公司	桥梁构件项目。规划厂房建筑面积 1.5 万平方米。拟购置自动焊接机、自动切割机、大型折弯机等大型元生产设备,专业从事桥梁构件的研发与生产。项目建成后,可年产桥梁构件 1 万多件套,年新增开票销售 2 亿元	新建	1.08	0	0.45	1.5 万平方米厂房在建
84	南通乐达纺织科技有限公司	纺织项目。新建厂房等主要建筑面积 6.4 万平方米,主要生产短毛绒、花点绒、起圈绒、松针绒、珊瑚绒、麒麟绒、富贵绒、印花染色布、网眼布等优质产品。项目建成后,可年产 1.5 万吨中高档纺织服装面料,实现年销售 5 亿元	新建	2	0	0.75	2.73 万平方米厂房到顶
85	海安鼎辉新能源有限公司	15 兆瓦光伏发电项目	新建	2	0	1.95	竣工投产
86	江苏泰美尔有限公司	电控成套设备项目。规划建筑面积 3.16 万平方米。项目建成后主要从事电控成套设备、电机保护器、电表的生产,具有年产电控设备 3000 台(套)、电机保护器、电表 10 万只的生产能力,可形成年销售 2.5 亿元以上	新建	1.5	0	0.55	2.5 万平方米厂房在建
87	南通吉野电气有限公司	电梯电器项目。规划建筑面积 1.8 万平方米。购置 4 条生产线及辅助设备,形成年产电梯电子器件 50 万只(件)的生产能力,可实现年销售 1.5 亿元	新建	1	0	0.98	竣工投产

续表7

序号	企业名称	项目名称及主要内容	性质	总投资	2013年止累计完成投资	2014年累计完成投资	项目进度
88	南通钧畅机械有限公司	机械配件项目。规划建设厂房1.62万平方米。项目主要从事纺织机械配件生产，具有年产电梯配件40万只件的生产能力，项目全面建成后，可形成年销售1.5亿元	新建	1	0	1	竣工投产
89	江苏隆裕机电科技有限公司	电梯配件项目。规划建筑面积3.5万平方米。项目建成后主要从事电梯配件的生产制造，具有年产电梯平衡链1万吨、各种规格电梯配件10万只(件)的生产能力，可形成年销售2.5亿元以上	新建	1	0	0.95	竣工投产
90	江苏联发集团股份有限公司	联发制衣项目二期。规划厂房建筑面积1.5万平方米，购置自动裁剪机、自动缝纫机、自动锁边机等设备250台套，可形成年产高档服装40万件套的生产能力	技改	1	0	1	竣工投产
91	南通联发天翔后整理有限公司	后整理项目。新建厂房2万平方米，购置整烫机、抗静电整理机、洗涤机、抗起毛起球整理机等后整理设备25台套，可形成年产高档布料10万米的后整理能力	新建	1	0	1	竣工投产
92	南通益民金属压延有限公司	金属压延项目。新建厂房1.6万平方米，购置滚压机、牵引机、日处理炉等设备55台套，年产1万吨的金属压延制品	新建	1	0	0.65	1.6万平方米厂房完工
93	江苏万淇生物科技有限公司	生物制品项目。规划厂房建筑面积2万平方米，项目建成后，专业从事生物制品、药品的研发生产、销售，项目全面建成后，可形成年销售2亿元以上	新建	1	0	0.95	竣工投产
94	江苏品合石业有限公司	石材加工项目。规划厂房建筑面积2.6万平方米，主要生产加工石材大板、薄板、马赛克、异形石材，产品主要远销美国、日本、欧美等国家和地区	新建	1	0	0.95	竣工投产
95	南通旭辰家具有限公司	家具项目。规划建筑面积1.88万平方米。主要从事高档儿童床、装饰柜等系列生产。新上推台锯、封边机、冷压机、车床、钻床、输送机及水帘除尘等设备200多台套	新建	1	0	0.55	1.5万平方米厂房在建
96	南通锦森家具有限公司	家具项目。规划建筑面积1.65万平方米，主要生产高档实木家具系列。新上开料机、推台锯、封边机、冷压机、热压机及输送机水帘除尘等设备200多台套，项目建成后，可实现年销售收入1.5亿元，利税450万元	新建	1	0	0.55	1.5万平方米厂房在建
97	南通巨丰家具有限公司	家具项目。规划建筑面积1.97万平方米。主要从事高档衣柜、鞋柜、书柜、床、装饰柜等系列。新上推台锯、封边机、冷压机、车床、钻床、输送机及水帘除尘等设备200多台套，项目建成后，可实现年销售收入1亿元，利税300万元	新建	1	0	0.55	1.6万平方米厂房在建
98	江苏刘刘色织有限公司	色织布加工项目。新建厂房等主要建筑面积6.4万平方米，主要生产短毛绒、花点绒、起圈绒、松针绒、珊瑚绒、麒麟绒、富贵绒、印花染色布、网眼布等优质产品。项目建成后，年产1.5万吨中高档纺织服装面料，可实现年销售5亿元	技改	1	0	0.55	9200平方米厂房完工
99	海安瑞恩变压器有限公司	变压器项目。规划建筑面积4.1万平方米。项目建成后主要从事各种规格新型节能变压器生产，具有年产大型节能变压器8000台以上生产能力，项目全面建成后，可实现年销售5亿元	技改	1.2	0	0.55	2万平方米厂房在建

续表 7

序号	企业名称	项目名称及主要内容	性质	总投资	2013 年止累计完成投资	2014 年累计完成投资	项目进度
100	江苏海神振典机械有限公司	脱硫设备项目。规划建筑面积 2.7 万平方米。项目建成后主要从事振动机械、输送机械、环保机械设备制造，具有年产振动机械 3000 台套、输送机械 400 台套、环保机械 500 台套的生产能力，项目全面建成后可形成年销售 2.5 亿元	新建	1	0	0.6	厂房完工，设备安装
101	江苏国瑞特环保工程技术有限公司	除尘设备项目。规划建筑面积 1.67 万平方米。项目建成后主要从事除尘设备、空气净化装置生产，项目建成后具有年产除尘设备 1000 台、双重烟气调质装置 800 台套的生产能力，可形成年销售近 2 亿元	新建	1.08	0	0.6	厂房完工，设备安装
102	江苏锦航机械制造有限公司	钢辊项目。新建厂房等主要建筑面积 4.07 万平方米。主要生产为钢厂配套钢辊。引进德国数控磨床等进口设备 8 台套，购置车床、镗床、铣床、钻床等设备 60 台套。项目建成后，年产钢辊 5000 吨，可实现年销售 2.5 亿元	新建	1	0	0.5	1.2 万平方米厂房在建
103	海安城南生物技术有限公司	核苷酸类产品项目。新建厂房等主要建筑面积 2.54 万平方米，购置三磷酸生产线 2 条，多聚核苷酸生产线 1 条，环磷腺苷环化生产线 1 条和脱氨生产线 1 条，建成后可年产三磷酸腺苷二钠(ATP)54 吨、5′-尿苷酸二钠(UMP)20 吨、三磷酸肌苷二钠(ITP)3 吨，实现年销售 2.5 亿元	新建	1	0	0.6	2.54 万平方米厂房在建
104	江苏腾弘重工机械有限公司	大型起重机械项目。新建厂房等主要建筑面积 1.8 万平方米，购置起重机、剪折弯机、切割机、电焊机等设备 40 台。项目建成后，生产起重机械、船舶机械、钢结构件、电器部件等，可实现年销售 3 亿元	新建	1	0	0.5	1.02 万平方米厂房在建
105	海安超越环保科技有限公司	环保机械项目。规划建筑面积 8420 平方米。项目建成后主要从事环保机械的生产，具有年产大型环保机械 80 台套的生产能力，可形成年销售 2 亿元以上	新建	1	0	0.45	6000 平方米厂房主体完工
106	海安东恒磁材制品有限公司	磁性材料项目。规划建筑面积 1.53 万平方米。项目建成后专业从事钕铁硼磁性材料生产，产品主要应用于微型电机制造行业。项目设计具有年产磁性材料 2000 吨、元器件 10 亿件的生产能力，可形成年销售亿元以上	新建	1	0	0.5	设备安装，部分投产
107	海安天楹环保能源有限公司	垃圾焚烧发电技改项目。新增每日 250 吨垃圾焚烧处理设备，7.5 兆瓦发电机组	新建	1	0	1	竣工运行
108	海安林家石业有限公司	石材加工项目。厂房建筑面积 2.3 万平方米，购置锯床、磨床等大型石材加工设备 25 台套。达产达效后可年产高端大理石板材 65 万平方米，高端装饰用石材 18 万平方米，新增开票销售 2.5 亿元	新建	1	0	0.47	厂房完工，设备安装
109	江苏盛大生物科技有限公司	饲料生产项目。利用原章郭砖瓦厂闲置土地，规划建筑总面积 3.12 万平方米。新上水产、畜禽饲料设备建成 6 条生产线和仓储仓。项目投产达效后，可年产特种水产、畜禽料 20 万吨	技改	1	0	0.5	厂房完工
110	江苏凤腾塑料有限公司	PVC 新型墙体材料项目。项目建筑面积 9000 平方米，购置挤出生产流水线、高低速混料机及检测设备 173 台套。采用国内先进适用技术生产高效节能新型墙体材料。项目建成后可年产 PVC 新型墙体材料 50 万平方米，年销售额亿元以上	新建	1	0	0.99	竣工投产
111	江苏联发纺织股份有限公司	织机技改项目。购置进口先进喷气织布机 240 台套	技改	1	0	1	竣工投产

续表 7

序号	企业名称	项目名称及主要内容	性质	总投资	2013 年止累计完成投资	2014 年累计完成投资	项目进度
112	南通海卓数控设备有限公司	水下液压数控打桩锤项目。新建生产用房等主要建筑面积 1.81 万平方米，购置落地铣镗床、数控落地镗床、数控卧车、龙门加工中心、双梁行车等主要设备，主要用于 60-1800KJ 液压桩锤的研发、总装。项目建成后，可年产 100 台数控液压打桩锤，实现年销售 1.2 亿元	新建	1	0	0.4	1.8 万平方米厂房在建
113	江苏大同宝富纺织科技有限公司	纺织项目。拟新建生产用房等主要建筑面积 3.53 万平方米，购置理和拉幅定型机、喷汽织机、染色设备等主要设备，主要生产高档服装内衬。项目建成后，年产 6000 万米内衬布，可实现年销售 3 亿元	新建	2	0	0.8	3.5 万平方米厂房完工，设备安装
114	南通亚纶化纤有限公司	差别化纤维生产技术改造。新建厂房 2 万平方米，拟购置高速纺织机、加弹机、络筒机等设备 50 台套	技改	1	0	0.5	1.8 万平方米厂房主体到顶
115	江苏久通汽车零部件有限公司	汽车配件生产项目。规划建筑面积 2.66 万平方米。项目建成后，专业从事汽车总成、摩擦片等汽配零件生产产品与中国第一汽车总厂配套，具有年产汽车零部件 3 万件套的生产能力，可形成年销售 2 亿元	新建	1	0	0.4	1.6 万平方米厂房主体到顶
116	南通富荣德海洋装备有限公司	化纤制品生产。规划总建筑面积 1.8 万平方米。公司主要从事海洋网线、海洋装备工程配套件生产制造。项目建成后，年实现销售收入 1.2 亿元，利税 1000 万元	新建	1	0	0.6	1.8 万平方米厂房已建成
117	江苏都拉斯（奥拉斯）石业有限公司	石材加工。厂房建筑面积 2 万平方米，年加工高中档进口大理石板材 55 万平方米、高档建筑工程装饰石材 18 万平方米，年开票销售 1.1 亿元	新建	1	0	0.6	1.51 万平方米厂房在建
118	江苏佳源铝业有限公司	成型喷涂生产线项目。改造厂房 3000 平方米，购置铝材成型喷涂成套设备、铝材挤压机等设备 5 台套	新建	1	0	1	竣工投产
119	江苏一言商品钢筋有限公司	商品钢筋数控智能化项目。总建筑面积 2.13 万平方米，购置数控多功能钢筋网片生产线等设备 35 台套。投产后可年产钢筋网片 5 万吨，年销售额 1.5 亿元，利税 600 万元	新建	1	0	0.85	一车间投产
120	江苏拓景机械有限公司	船舶机械项目。新建生产用房等主要建筑面积 1.51 万平方米，购置星火机床、y6920 落地镗铣床、龙门镗铣床、海天卧式镗床等主要设备。项目建成后，可年产船舶机械 600 台套、电梯配件 1 万件，实现年销售 2 亿元	新建	1	0	0.45	1.2 万平方米厂房到顶
121	江苏星鲨玻璃科技有限公司(三期)	玻璃深加工项目。规划建筑面积 6.04 万平方米。项目全面建成后，具有年产低辐射镀膜玻璃 300 万平方米、中空玻璃 40 万平方米、防火及防弹玻璃 5 万平方米的生产能力，可形成年销售 3 亿元以上	技改	1	0	0.65	1 万平方米厂房到顶
122	南通捷能电源有限公司	锂电池项目。规划建设面积 3.84 万平方米。主要从事系列车用锂离子电池的生产、销售，产品广泛应用于电动自动车、电动摩托车和电动汽车。项目设计具有年产 40 万套车用锂离子动力电池的生产能力，项目全面建成后可新增年销售 2.5 亿元以上	新建	1	0	0.4	1.5 万平方米厂房钢结构施工

续表 7

序号	企业名称	项目名称及主要内容	性质	总投资	2013 年止累计完成投资	2014 年累计完成投资	项目进度
123	南通碧辉石业有限公司	石材加工项目。厂房建筑面积 2 万平方米,年加工高中档进口大理石板材 65 万平方米,高档建筑工程装饰石材 20 万平方米, 可实现年开票销售 1.2 亿元	新建	1	0	0.4	2.4 万平方米厂房在建
124	南通聚和石业有限公司	石材加工项目。厂房建筑面积 2.58 万平方米,购置锯床、磨床等大型石材加工设备 26 台套。投产达效后,可年加工高中档进口大理石板材 70 万平方米,高档建筑工程装饰石材 25 万平方米,可实现年开票销售 1.6 亿元	新建	1	0	0.4	1.6 万平方米厂房在建
125	江苏鹏飞集团股份有限公司	磨机生产技改项目。购置立车、龙门刨、滚齿机等大型设备 6 台套	技改	1	0	1	竣工投产
126	南通成功装饰材料制造有限公司	玻璃幕墙项目。规划建筑面积 1.6 万平方米。项目建成后,主要从事铝合金、塑钢门窗、玻璃幕墙生产制造和安装,项目设计具有年产各种规格门窗 25 万平方米、制作安装玻璃幕墙 10 万平方米的生产能力,可形成年销售 2 亿元以上	新建	1	0	0.4	8000 平方米厂房一层施工
127	南通日芝电力材料有限公司	汽车维保设备项目。新建厂房等主要建筑物建筑面积 1.77 万平方米。购置螺杆式空气压缩机、电动双梁桥式起重机等国产设备 130 台套。项目设计年产扒胎机、平衡机、举升机等 2 万台套,可新增年销售 2 亿元以上	新建	1	0	0.4	1.2 万平方米厂房一层施工
128	南通珏祺纺织有限公司	纺织项目。规划建筑面积 2.82 万平方米。主要从事 FDY 高强化纤丝生产, 具有年产 7500 吨以上的生产能力,可形成年销售 2 亿元以上	新建	1	0	0.4	9456.9 平方米厂房一层施工
129	南通冠优达磁业有限公司	磁性材料项目。规划建筑面积 2.52 万平方米。项目建成后具有年产磁芯 7000 吨、磁粉 1.2 万吨的生产能力,可新增年销售 2.5 亿元以上	技改	1	0	0.4	4101 平方米厂房到顶
130	南通凤凰山门窗有限公司	石材、门窗生产项目。项目规划用地 11.53 万平方米, 建筑面积 6.97 万平方米, 计划总投资 3.5 亿元,其中设备投入 8000 万元。项目生产车间预计 2015 年 10 月竣工投产。项目投产后,年产大理石板材 80 万平方米、高端装饰石材 70 万平方米,高端门窗 50 万件,实现新增开票销售 7 亿元	新建	1	0	0.4	5000 平方米龙门吊打桩,1.13 万平方米厂房在建
131	南通双弘纺织有限公司	紧密纺机头改造项目。更换机头 120 台套并购置配套设备	技改	1	0	0.95	设备安装投产
132	江苏和创石业有限公司	石材加工项目。厂房建筑面积 1.56 万平方米,计划设备投入 2100 万元。投产达效后,年加工高中档进口大理石板材 60 万平方米,高档建筑工程装饰石材 20 万平方米,可实现年开票销售 1.2 亿元	新建	1	0	0.31	1.56 万平方米厂房在建
133	江苏伊洛家具有限公司	高端家具项目。新建厂房建筑面积 1.66 万平方米,购置家具生产设备,形成年产家具及配套板材 10 万件生产能力,新增开票销售 1.5 亿元以上	新建	1	0	0.3	1.66 万平方米厂房在建
134	瑞杰新材料南通有限公司	家具及家具用板材制造项目。新建厂房建筑面积 1.76 万平方米,购置木板生产线、家具木工机床等设备 25 台套。竣工达产达效后可年产家具及家具用板材 10 万件,新增开票销售 1.5 亿元以上	新建	1	0	0.3	1.76 万平方米厂房在建
135	江苏格颖纺织有限公司	纺织项目。规划建筑面积 1.51 万平方米。项目建成后主要从事纱线和色织布生产, 项目先期工程引进日本喷气织机 40 台,形成年产色织布 220 万米、纱线 1000 吨的生产能力。项目全面建成后可年销售 2 亿元	新建	1.02	0	0.3	5000 平方米厂房基础施工

续表 7

序号	企业名称	项目名称及主要内容	性质	总投资	2013 年止累计完成投资	2014 年累计完成投资	项目进度
136	江苏超锐仪器科技有限公司	金属定位仪项目。规划建筑面积 2.35 万平方米，该项目承接国家“十二五”水体污染控制与治理重大科技项目中供水管网漏损监控设备及产业化中的金属管线定位仪的研发与生产。项目全面建成后，可实现产品年销售 1.5 亿元以上	新建	1.02	0	0.3	2.35 万平方米厂房基础施工
137	江苏奥德奥石业有限公司	石材加工项目。厂房建筑面积 40.8 万平方米。达产达效后可年加工高端大理石板材 60 万平方米，高端装饰用石材 15 万平方米。新增开票销售 3.4 亿元以上	新建	1	0	0.25	1.98 万平方米厂房在建
138	南通大明玉新材料科技有限公司	新型建材（微晶）技术研发及生产项目。总建筑面积 11.54 万平方米（一期 2.64 万平方米，二期 3.12 万平方米，三期 5.77 万平方米），计划总投资 5 亿元，其中设备投资 1.05 亿元。项目投产达效后，年产 5G 微晶玉石 50 万平方米，年开票销售 8 亿元	新建	1.05	0	0.25	1.35 万平方米厂房打桩，1.46 万平方米厂房在建
139	南通奥珍家具有限公司	高端家具项目。规划厂房建筑面积 1.39 万平方米。达产达效后，可年产家具及家具配套件 8 万件	新建	1	0	0.25	1.39 万平方米厂房在建
140	南通四方新材料科技有限公司	纤维联合纺丝项目。规划建筑面积 8.7 万平方米。采用世界先进的加压前聚——常（减）压后聚的两段聚合工艺技术，利用部分进口设备与国产辅助设备相结合，建成年产 12 万吨锦纶 6 聚合纺丝生产线及功能性改性纤维生产线。项目建成后，可形成年销售 10 亿元以上	新建	2	0	0.25	2.54 万平方米厂房基础施工
141	海安奥中生物质能源科技有限公司	生物质气化燃气成套设备项目。新建厂房等主要建筑面积 1.34 万平方米，购置数控车床、钻床、龙门刨、各种磨床等设备。预计 2015 年 12 月竣工投产。项目建成后，年生产生物质气化燃气成套设备 5000 套，可实现年销售 2.5 亿元	新建	1.1	0	0.25	已订购设备 3235 万元，1.34 万平方米厂房在建
142	江苏福克斯新能源科技有限公司	光伏电池组件项目。购置国外电池片自动串焊机（机器人）10 台套和国产电池组件生产线 16 条及配套设备	改造	1	0	1	设备安装投产
143	江苏万力机械股份有限公司	车用发动机曲轴制造智能化生产车间改造项目。利用公司原有厂房，采购国内外先进曲轴自动化生产设备 35 台套，配套现有设备，实施车用发动机曲轴制造智能化生产车间改造，实现车用曲轴数控化、智能化生产。可形成年产 15 万支车用发动机曲轴的生产能力	改造	1	0	1.1	竣工投产
144	南通华强布业有限公司	色织布项目。购置进口喷气织机 120 台（套）	技改	1	0	1	竣工投产
145	南通市康桥油脂有限公司	油脂生产项目。新上一条油脂生产线	技改	1	0	1	竣工投产
146	海安金锻工业有限公司	精锻生产线改造项目。引进进口设备 22 台套，采购国产设备 9 台套	技改	1	0	1	竣工投产
147	江苏天成生化制品有限公司	双乙烯酮、双乙酰化系列产品技改项目	技改	1	0	1.1	竣工投产

主要产业集群

【概况】 2014年,海安县产业集群培育工作以"攀高亲、拓视野、育后劲、壮龙头、补链条、树形象"为总要求,530家板块内规模以上企业全年实现开票销售630.6亿元,同比增长18.4%,汽车、轨道交通、电梯、新能源、节能环保等板块增速超过20%;招引项目31个,其中亿元以上项目16个;推动科达建材、合海集团等一批企业对接资本市场;新创建3个国家级、4个省级、3个市级特色产业基地;与职教园区等合作开设专业班、冠名班13个;新增省级企业工程技术中心11家;新增5个驰名商标、15个省名牌;在海安召开13次国家级、省级行业年会;鹰球、鹏飞、鑫缘等12家企业当选国家和省级协会副理事长以上单位。

【新能源产业】 海安县新能源产业规模以上企业11家,全年开票销售77.5亿元,同比增长25.9%。2014年,新能源产业培育部门两次邀请县政府新能源政府经济顾问王文静到海安开展行业发展指导,邀请哈尔滨理工大学专家走进企业指导产学研合作,主动带领新能源企业对接南京大学、南京航空航天大学、江苏理工学院等高校,推动欧贝黎、福克斯与中科院、南京大学、江苏理工学院、常州大学等建立产学研合作机制,加强关键核心技术攻关,引进科技成果转化项目,带动企业技术升级。积极推进欧贝黎与南京大学郑有炓博士团队合作共建企业研究院,并通过科技局考核认定;推动福克斯企业研究院暨江苏理工学院光伏实验基地建设,并通过省级企业技术中心认定。帮助明诺机械主动对接省汽车办,将明诺环卫车列入国家《节能与新能源汽车示范推广应用工程推荐车型目录》。携手新能源商会带领企业参加"SNEC第八届(2014)国际太阳能产业及光伏工程(上海)展览会暨论坛""2014中国能源学会大会暨清洁能源绿色生态之路"等会展,扩大海安新能源企业在行业内的影响。

海陵技工学校在连云港及徐州校区建立海安新能源产业劳务合作基地,全年为新能源企业招引蓝领技能人才53名。推动浚丰太阳能、欧贝黎、福克斯分别与中建材、上海电力、黄河集团等央企合作,主动牵手企业、金融机构,帮助海安光伏企业成功渡过"光伏冬天"。

新引进海安奥中生物质能源科技有限公司,为常安纺织园配套,日产生物质30万立方米燃气项目,落户开发区,采用国际领先工艺,以煤粉、生物质淤泥等为燃料发电,总投资1.8亿元,注册资金3100万元,2014年年底一期工程完成,具备向园内企业供气能力;江苏超锐科技仪器金属管线项目,总投资1.03亿元,注册资金5000万元,落户高新区新型、重型装备制造产业园。

海安光伏制造企业积极与滨海新区及厂房屋顶面积较大的企事业单位合作,发展滩涂光伏电站和分布式电站,拓展产业、企业发展路径,全年建成、在建及备案的光伏发电项目超90兆瓦。

【新材料产业】 海安县新材料产业规模以上企业39家,全年开票销售53.3亿元,同比增长10.8%。财政局、高新区邀请经济顾问南京大学都有为院士团队到海安讲座,筹划在高新区建立南京大学海安磁性材料检测研究所;积极与省新材料协会、上海有色金属协会、上海有色金属贸易协会对接,上海有色金属贸易2014年年会在海安召开。南通万宝实业晋级为省新材料协会副理事长单位。

县新材料协会先后组织鹰球、万宝、晨朗等重点企业赴北京科技大学、中科院苏州纳米所、江苏大学等高校开展产学研活动6次,邀请南京大学、南京航空航天大学、中南大学、西北工业大学等高校专家到海安发布新材料成果。全年在科技局、商会网站上发布高校新材料成果160多项,板块企业新增产学研合作协议8个,南京大学海安新材料产业研究院正常运行,建成亚太企业研究院,引进教授李志勇,着力打造省级创新团队。

为新材料板块企业举办人才专题招聘会、在陕西眉县建成新材料技能人才劳务基地,积极帮助企业化解用工和人才矛盾。组织晨朗、新旭、巨鑫等企业分别参加第15届中国磁性材料及生产技术展览会、中国国际铝工业展览会、第84届中国电子展等展览活动,开拓企业家视野。

2014年海安县被国家科技部认定为"国家火炬计划磁性材料及制品产业基地";海安县新材料商会成功晋级"AAAA商会";万宝、鹰球等2家企业获得中国驰名商标。

新材料产业培育部门采取专题招商活动与重点企业拜访相结合的形式,分赴上海、太仓、江阴、北京等地开展招商活动10多次。成功招引电梯用电器新材料项目和复合新材料项目2个亿元项目,分别落户高新区、滨海新区。

【电梯产业】 2014年,海安县重点打造电梯"全产业链",取得初步成绩,电梯产业规模以上企业22家,开票销售67.1亿元,同比增长24%。海安电梯企业中,有高新技术企业9家,省级工程技术研

骆氏减震件有限公司 (顾华夏 摄于1月)

究中心6个。申菱电器建成电梯新技术产业研究院和国家电梯质量监督检验中心海安分中心，规模和水平都处于国内一流。三洋电梯项目推进加快，威尔曼加快资本市场对接进程。

县电梯协会邀请中国电梯协会理事长、经济顾问李守林到海安调研指导，召开行业座谈会，组织骨干企业赴郑州参加第十一届泛长三角区域电梯行业联席会、广州第十一届中国国际电梯展览会等大型会展，11月20—21日，上海市电梯行业协会整梯制造会员企业与海安电梯产业园互动活动暨制造企业诚信创建启动活动在海安召开；带领企业对接中科院(自动化所、声学所、过程所、工程热物理所、苏州纳米研究所等)、天津大学等科研院所，开展产学研对接活动，申菱电器、威尔曼、通洋机电、爱利特等企业分别与长春理工大学、江南大学、中国建筑科学研究院建筑机械化研究分院、东南大学等科研院所开展广泛产学研合作。

县电梯协会带领中尧、斯特郎、江中光电等企业赴山东宁津地区考察学习电梯维保，组织江苏苏北上海三菱电梯特约销售安装工程有限公司、海安县技工学校赴常熟理工学院参加全国首届电梯维修工职业技能竞赛，与溧阳电梯学校开展维保人员培训合作，牵手南通农院，合作推进电梯专业人员培训。全县拥有电梯维保队伍的企业4家，并有2家企业明确组建维保队伍。

年初，海安获评"国家火炬计划海安电梯设备产业基地"，并着手创建"江苏省电梯产业集群特色基地"和"南通市新型工业化海安电梯产业示范基地"。

【节能环保产业】 2014年，海安县节能环保产业规模以上企业13家，开票销售26.3亿元，同比增长20%，龙头企业天楹集团成功借壳上市。

节能环保产业培育部门和商会组织、邀请江苏省环保产业协会到海安召开工作会议和第五次理事会，天楹、中矿、巨邦等会员企业增补为常务理事单位；强化科技创新，组织会员企业与武汉大学、同济大学、浙江大学、河北工业大学、中科院等高等院校开展产学研合作，引进"千人计划"专家1人；15家规模以上企业与高校达成合作协议。积极组织会员企业参加"创新创业在海安""中科院专家走进海安"等活动；带领会员企业赴宜兴、天津、昆山、上海等地参加展会，全年开展10余次参展活动；与区镇、其他商会联动，组织会员企业外出参加南京、昆山、北京、上海、深圳等地的技术交流活动及论坛。

积极引导企业之间相互协作，营造企业之间交流、合作、共赢发展平台，推动板块内企业之间补链式差别化发展，有效避免行业内同质化恶性竞争，全年促成10家企业之间的合作，鼓励板块企业优先使用本地区产品；12家会员企业增加技改投入超两亿元；天楹、巨邦、绿叶、桂铭、三创、联源等企业通过环保产品认证。

全年组织板块企业赴南京、苏州、上海、昆山、北京、天津、宜兴等地举办产业招商活动16次，邀请客商到海安考察20多次，成功招引南通鎏昇再生资源有限公司、上海电气南通国海环保科技有限公司、南通天威英利电子材料科技有限公司等3家企业在海安落户。

【电子信息产业】 2014年，海安县电子信息产业规模以上企业24家，开票销售21.6亿元，同比增长12.9%。

县电子信息产业协会组织板块内企业对接南京航空航天大学、苏州大学、西安电子科技大学，开展产学研交流，邀请苏州大学电子信息学院等诸多专家教授对海安电子信息产业把脉诊断。邀请北京知识产权专家、商标总局原副局长侯丽叶到海安"驰名商标"培育与"新三板"上市的知识讲座，组织全县100多家企业参加培训。威尔曼、西蒙、天楹之光三家骨干企业建立企业研究院。产业板块内14家骨干企业均设有研发机构，与10家科研院所保持技术合作，规模企业"产学研"实现全覆盖。柔性引进专家教授11人，申报14项省以上高新技术产品，新增专利申请数22个。

威尔曼研发的电梯能效测试终端被国家电网采购，天楹之光新建实验室申报国家级实验。实施培育工作"撑杆跳"，"天楹之光"破例获批江苏省著名商标，同时申报中国驰名商标。推动江苏派诺光电有限公司与券商的签约合作，正式启动"新三板"上市进程。引导西蒙电气(中国)有限公司加入中国照明电器协会并成为理事单位。

新引进电子产业项目4个：江苏瑞祥磁业有限公司，落户开发区，投资1亿元；南通土力机械制造有限公司，落户高新区，投资1亿元；世纪甬恒南通电子科技有限公司，落户开发区软件园，投资5000万元；海安创达制冷管件科技有限公司，落户李堡镇，投资1亿元。

【软件和服务外包产业】 2014年，组织软件园及园内企业参加2014南通（上海)发展服务外包产业合作恳谈会，并与上海服务外包交易促进中心、复旦软件园、中国呼叫中心与BPO产业联盟进行洽谈对接江苏香港共同举办的"转型升级·香港博览"系列主题论坛、中国国际服务外包合作大会等活动，组织企业参观考察如皋、沭阳、宿迁等地文化软件园，学习考察软件和服务外包先进经验，宣传海安、拓宽视野、寻求合作。先后3次邀请经济顾问、国家"千人计划"专家韩军到海安与企业洽谈合作，促成其与华安超临界萃取公司达成合作协议，并在软件园注册公司，从事医药生物和医疗器械领域内的技术研发、技术服务和技术转让等业务。

推进上海交通大学智能装备研究院投入运行，引进11名专家、32名研究人员，开展机器人本体、机器人单元及产线、机器人高端控制器、RV减速器等四个重点方向的研发，并与多家企业达成合作意向。与东南大学达成在海安软件园设立技术转移中心合作意向，确定设立方案和工作场所。

组织海安软件园、NIIT(南通)培训中心参加省商务厅、财政厅举办的省级服务外包政策调研座谈会，为中小企业争取省级扶持资金和政策。

推进软件园4万平方米的加速器二期和4.7万平方米科研大厦工程建设，优化配套设施。农商行软件园营业部营业。海安软件园被工信部、中国电子商务协会确认为"全国电子商务示范基地"。

先后赴北京、上海、南京、常熟等地开展多批次产业招商活动，新增南通众览在线数字科技有限公司、南通云路软件科技有限公司、南通紫阳文化传播有限公司、江苏爱瑞玛企业管理咨询有限公司、江苏联友科研仪器有限公司、江苏黑牛信息科技有限公司等70家企业入驻软件园和高新区。

【文化创意产业】 2014年，海安县文化产业协会邀请国家文资委评委、中国传媒大学教授齐永锋以及中央财经大学党委宣传部部长、文化产业研究院院长魏鹏举教授到海安指导文化创意产业发展。

县文化产业协会组织文化企业参加国家文化部主办的苏州文博会、上海《中国美术报》艺术节、上海国际印刷展览会等大型会展，在上海举办“林正禄艺术教育实践展”“闻松绘画作品展”“潘罗敏作品展”、曹家渡第二期公益艺术教学等活动；组织523、鑫缘数码、华艺扎染、慧源等重点企业到常州创意产业基地、南通1895文化产业园等地学习考察。

举办“2014海安523艺术周”系列活动，包括523驻园艺术家原创作品展、孵化基地3D原创稿样展览、院校师生陶艺作品展、文化志愿者走进523专题文艺晚会、海安县教师书画作品展、海安县少儿艺术节等。10月18—26日，中国美术报社和南通市文广新局主办的2014年第七届美术报艺术节在海安523举办，60多件各省艺术家代表性作品展出。

523两岸文创产品研发设计生产交易平台、凤凰图书物流中心、苏豪丝绸文化城、慧源书城二期工程、苏中动漫城、鑫缘数码科技、水韵里下河等12个文化产业项目被列入2014年度南通市文化产业重点建设项目。鑫缘数码科技有限公司被表彰为省首批重点文化科技企业。江苏华艺服饰(扎染)、鑫缘数码科技有限公司被表彰为南通市第二批文化产业示范基地。523文化产业园加入国家文化产业示范基地园区协会江苏省文化产业协会，成为南通市文化创意产业协会副会长单位；锦华扎染、华艺扎染、慧源文化成为江苏省文化产业协会会员单位，苏中植物园、丝乡丝绸等10家企业成为南通市文化创意产业协会会员单位。截至2014年年底，海安拥有国家级文化产业示范基地1个，省级文化产业示范基地2个，市级文化产业示范基地5个，数量名列全市第一。

523文化产业园与南京师范大学联合开办的“523才艺培训中心”运营，“523阳光培训中心”残疾人文化培训工作全省推广。鑫缘丝绸数码科技有限公司取得特种印刷资格证，与江南大学等高校进行合作开发高档印花丝绸创意产品。鑫缘丝绸数码成为全省最大的以数码喷墨印花丝绸为主要特色的丝绸文化艺术创意产品基地和高档丝绸印画、墙壁画和个性化丝绸壁纸(画)为主要特色的丝绸旅游文化产品生产基地。江苏慧源文化传播作为江苏省唯一一家民营企业获得2014年度中央文化产业专项资金。锦华扎染焦宝林荣获“国家工艺美术大师”称号，华艺扎染董事长郜卫国获得省首批文化科技企业家称号。

【电工电气产业】 2014年，海安县电工电气产业规模以上企业53家，开票销售37.7亿元，同比略有下降。县电工电气商会组织会员企业参加第十五届中国国际电力电工展和技术展览会，与中科院科研所开展产学研对接，并于9月20日在省电力行业协会主办输变电发展专题恳谈会。

沈阳变压器研究院检测中心和研发中心相继落户海安，为海安及周边地区提供关键共性技术的公关、产品检测、新产品鉴定、先进成熟技术成果的转移转化及新产品的产业化、工程技术人员培训与培养等多方面服务，成为长三角地区服务功能最全的变压器共性技术服务平台。

苏中地区输变电、绝缘材料等电力设施配件交易专业市场——海鼎机电城二期迅速推进，成为电工电气企业原材料集中采购基地，引来武钢集团入驻。晓星集团与沈阳变压器研究院合作生产的新型节能变压器通过国家检测，人民电器与昊泰捷能电气设备(福建)有限公司合作生产的抽油机动力平衡自动调节节能系统投放长庆及华北油田；全自动负荷平衡型变压器研制成功，填补国家空白。招引南通力鹏新材料有限公司高性能的电气绝缘膜项目，落户开发区，投资额8000万元。

【建材机械产业】 2014年，海安县建材机械产业规模以上企业41家，开票销售34.8亿元，同比基本持平。

县建材机械产业商会邀请上海交通大学教授盛鑫军考察调研建材重点企业。组织江苏鹏飞、江苏海建、南通升辉等多家建材企业赴京参加中国第十五届水泥展览会，其中鹏飞集团在展会上的水泥回转窑、机械立窑水泥生产线成套设备受到参展客商的热烈关注；组织部分企业赴溧阳学习建材企业转型升级先进经验做法，深入走访调研江苏金峰、溧阳中材两家科技含量高、市场前景好、发展势头猛的建材企业；多次组织企业与浙江大学、中科院、盐城工学院、常州大学、金陵科技大学开展产学研合作对接活动，提升企业科技创新能力，其中，江苏鹏飞与中国科学院过程工程研究所、上海交通大学、南京工业大学、安徽理工大学、盐城工学院等高校科研院所合作建成节能储能技术装备产业研究院。

县建材机械产业招引亿元项目2个：新型建材项目，总投资金额1亿元，注册资金5000万元，完成工商注册、设备采购、人员引进、制度建立等前期准备工作；泵阀制造项目，总投资金额1亿元，注册资金2000万元，落户曲塘镇。

【锻压机械产业】 2014年，海安县锻压机械产业规模以上企业76家，开票销售33.3亿元，同比基本持平。

3月，锻压机械产业商会邀请全国锻压机械标准化技术委员会主任、济南铸锻所所长刘家旭一行到海安进行产学研活动调研，走访重点企业，为海安锻压产业发展出谋划策。4月初，全国锻压标准委员会2014年第一次工作会议在海安县召开，这是全国锻压标委会第一次将会议放在县级城市召开。8月，海安经济顾问、北京机电研究所副所长谢谈带队到海安调研，面上对海安县热锻领域发展做了与2013年的对比分析，点评会上对海卓数控、百协锻锤成长提出多点看法，形成2014年海安锻压机械产业发展与进步的调研报告。在继续与国侨办、中国华侨投资协会合作招商的基础上，10月成功拓展国台办、中国台商投资总会的合作，与之建立较好的工作关系。

全年锻压机械产业商会组织61家(次)企业参加中国锻压协会、中国机床工具工业协会等国家级协会主办的2014中国国际金属成形展览会、国际金属板材加工技术展览会、全国钣金企业厂长会议及3期“头脑风暴”专家库讨论会等12次会议、展览、论坛活动。7月上旬，和锻压机械产业园(李堡镇政府)一起组织5家企业到德国参加第21届国际锻造会议，代表海安锻压产业进行5分钟大会发言，并向会议代表散发《大美海安欢迎您》宣传材料，会议后期，威仕重工、海太铸造、太和机械等企业到瑞典、波兰、法国等世界著名锻压装备制造企业考察学习。

锻压机械板块培育部门采取“走出去、请进来”的方法，帮助企业开展产学研、招才引智活动，为企业与科研院所、专业高校牵线搭桥，帮助企业转型升级，增强市场竞争能力。带领天田、中海等部分企业到北京机械工业自动化研究所进行产学研对接，推动江苏一机、六重集团、超力卷板机、中威重工等重点企业与同济大学、天津压力机研究所、江苏大学、南京航空航天大学等高校院所达成产学研合作协议，其中江苏一机与同济大学达成建立产学研基地的协议；主动联系中国机械中等专业学校，就为企业培养专业技术人才相关事宜进行沟通，签订委培协议，并对东海集团下属5家企业的40位员工进行全日制脱产培训；与江西省萍乡市安源区劳动就业保障局、江西萍乡市职业教育培训就业指导中心分别签订《关于开展人力资源合作的框架协议》，挂出海安招工引劳基地的牌子。

锻压机械产业商会联合区镇、锻压商会及相关企业外出举办专题招商会12次，成功招引三个锻压项目：南通沃龙建材科技有限公司特种门窗项目；投资2亿元的南通浦泰精密机械有限公司成型锻压环保设备项目，落户开发区软件园加速器，总投资2亿元；百特电工电器公司电具、变压器柜具项目，投资5000万元；北京机电研究所在开发区投资建立中机锻压(江苏)股份有限公司。

【轨道交通产业】 2014年，海安县轨道交通产业规模以上企业4家，开票销售36.6亿元，同比增长28.4%。江苏海迅实业集团成立专门的产业结构调整领导小组，将铁路扣件产品由普通铁路向高铁产品转移，通过与国家铁路高端科研院所、重点院校开展产学研活动，进行人才和技术引进，收购国外先进设备、生产企业等，加快产业转移升级。江苏铁锚玻璃集团开始研发汽车天窗玻璃、变色玻璃和飞机玻璃等一批技术含量高的产品，企业上市工作进入实质性推进阶段。

县轨道交通产业商会组织海迅、铁锚两家龙头企业多次参加在北京、上海等地举办铁路配件展销会和9月23—26日在德国柏林举办轨道交通国际展览会，帮助企业推介产品。3次组织板块内企业到苏州科技大学、西北工业大学、中国铁道科学研究院，开展产学研对接活动。促成海迅集团与常州工学院、铁锚玻璃与西北工业大学分别达成产学研合作关系，推动铁锚玻璃建成企业研究院。

【汽车产业】 2014年，海安县汽车行业规模以上企业16家，开票销售27.1亿元，同比增长31.1%。鹰球集团被选举为中国机械通用零部件工业协会粉末冶金协会理事会副会长，鹰球注册商标被评为中国驰名商标；铁锚玻璃生产的超大弧度全景式CRH6型城际动车组前窗玻璃被评为省科技进步二等奖、市科技进步特等奖；江苏御马汽车制造有限公司(达美集团)成功研发出R500循环空气清扫汽车，同时推出新能源纯电动家庭乘用汽车；江苏莘翔机电有限公司建立国家机械科学研究总院院士陈蕴博工作站。

全年县汽车零部件业商会组织7次专业招商活动，新招引落户项目2个：山东奥德集团汽车加气站项目，落户李堡镇，总投资5000万元；海安捷达汽车零部件有限公司汽车零部件生产项目，投资2000万元，落户高新区，完成公司注册。

4月29日，县汽车零部件业商会在江苏鹰球集团召开第二次会员大会，商会会员单位40家企业负责人参加会议。会议通过一届理事工作报告，选举产生第二届理事会。组织企业参加“第二十五届全国电动工具配套会议暨中国(武义)五金工具博览会”等国内大型会展；6月12—21日组织南通明诺机械赴土耳其伊斯坦布尔参加国际展会；7月1—2日组织铁锚玻璃赴南非约翰内斯堡参加国际展览会，帮助海安企业开拓国际市场；10月26日，中国第六届摩擦、耐磨、减摩材料和技术专业委员会学术年会在海安召开。

县汽车零部件业商会带领板块重点企业多次赴湖南大学、吉林大学开展产学研合作，帮助企业招才引智，联科汽车零部件、鹰球集团、明诺机械、华发有色金属材料等企业均与高校签订产学研合作协议。重点推进通润汽车零部件和亚太轻合金两家企业研究院建设。通润汽车零部件企业研究院，建成400多平方米的设计中心和1500平方米的专业实验室，拥有国内行业内仅有的千斤顶性能检测试验设备以及金相分析仪、拉力试验机、高低温循环试验机等检测设备70多台套，柔性引进人才8名，其中博士后1名、博士6名、硕士1名，2014年新增10项发明专利。亚太轻合金围绕企业研究院建设，新增研发设备投入1000万元，加速推进人才引进和产学研项目成果转化，与中南大学合作研究的汽车控制臂用可锻6*82合金及纳米颗粒复合强化挤压材料关键技术与产业化项目含实用新型专利17项，其中新增发明专利2个，引进专利3个。

【特种设备和船舶配套产业】 海安县有特种设备和船舶配套企业52家，其中船舶配套企业14家、压力容器制造企业13家、压力管道元件制造企业21家，起重机械制造企业4家。2014年，开票销售14.7亿元，同比增长14.5%。海安县太阳神机械有限公司、江苏首航波纹管有限公司、南通朝凯波纹管有限公司、江苏恒坤机械制造有限公司、南通中科波纹管有限公司、南通三洋电梯制造有限公司等6家企业通过特种设备制造许可证评审。

6月26—28日和10月23日，分别由副县长卢忠平、县纪委书记李春旺带领海安威仕重机、海建股份、嘉宇流体、鹏飞集团、永大管业、江海集团、江苏瑞恩等企业赴青岛、新泰等地考察，开拓视野。

多次邀请江苏科技大学物联工程学院教授吉训生、中国海洋大学工程学院院长史宏达、副院长蒋济同等专家教授到海安考察江海、鹏飞、远大、威仕重机等企业，帮助指导企业转型升级。组织会员单位参加船舶博览会，与船舶配套业龙头企业会商合作。5月24日，中国海洋大学工程学院与海安县政府签订“产学研”发展框架合作协议。组织威仕重机、海建股份、嘉宇流体、曙光新能源等企业分赴上海交大、中国海洋大学、武汉大学等高校,开展产学研对接活动。推动中材科技与常州大学工程学院,艾迈特科技与南京大学,恩达通用设备与南京航空航天大学,曙光新能源与武汉大学、河北工业大学签订产学研合作协议,并开展科技攻关。

全年招引江苏建科重工机械有限公司起重机项目,落户海安高新区,注册资本1500万元,主要从事起重机、升降机、建筑工程机械制造等,县质检局安排专人进行指导服务许可证申报事项。

【农业机械产业】 2014年,海安县规模以上农业机械产业企业9家,开票销售6.5亿元,比上年同期有所下降。2014年有10个产品16个型号进入国家和省补贴目录,累计有25个产品38个型号进入2012—2014国家和省支持推广的农机产品目录。海安“广益”“狼山”植保机械、“苏中”曲轴等农机产品在全省和全国林业植保领域形成一定的影响。

县农业机械产业商会组织万力、黄海、广益、宏大、普乐等企业参会参展布展9次:3月、10月郑州、武汉春秋两季全国农机展,4月、10月春秋广交会,7月新疆农机展,9月盐城农机装备展,9月日本农机展,11月美国农机展,11月中国杨凌农业高科技博览会等。开展校企对接产学研合作,组织农机企业攀高亲6次。江苏万力、江苏普乐、南通广益、南通黄海、江苏丰产等农机企业与南京航空航天大学、南京农业大学、南京林业大学、江苏大学、江苏理工大学、常州大学等高校合作,建成江苏省级曲轴技术中心、植保机械研发中心、园林工具研发中心,万力、广益2个研究生工作站。组织万力集团与江苏理工大学、江苏大学等高校产学研对接,开发国标4、国标5曲轴项目,2014年万力集团投入9000多万元,新上高端曲轴生产线,投入2000多万元改造一条中高端生产线。组织普乐、黄海、广益、广旭、丰产、苏欣等企业到常州、上海、北京、合肥、芜湖、寿光、潍坊、开封等地开展产业招商活动8次,寻求新项目,培后劲、补链条。组织企业与福田雷沃、奇瑞农装、常发等大型农机企业对接,带领企业到镇江参加江苏省农机中小企业配套协作对接,寻求合作项目。

【纺织产业】 2014年,海安县纺织产业规模以上企业124家,开票销售96.9亿元,同比增长2.7%。面对经济下行压力增大、市场疲软、棉花收储政策调整、纺织行情不明朗的不利情况,海安纺织企业加大技改投入和设备更新改造,联发投入6637万元,双弘纺织公司投入3129万元,安博纺织投入2206万元,苏中纺织投入1534万元,努力节能降耗,提高纺织生产效益。华强启动上市工作,4月24日江苏缘诺纺织股份有限公司在天津股权交易所成功挂牌。联发企业研究院全县放样,与东华大学、江南大学开展产学研合作,新增发明专利申请6个,新增发明专利授权3件,申请省高新技术产品2件,申报国家科技支撑项目1个,省科技支撑项目2个;双弘纺织研究院建设如期完成,与江南大学新实施“全聚纺增强柔洁纱线关键生产技术及其产业化”精密赛络纺关键技术及系列产品开发2个产学研项目,申报专利8件,授权3件,申报省高新技术产品6件,认定2件。

10月24—26日,县纺织业商会与华强集团、物流园有关人员一同赴河南郑州,就海安县设立棉花期货交割库项目与全国证监会直属的郑州商品交易所进行洽谈,12月设立海安棉花期货交割库。

县纺织业商会多次邀请县经济顾问、省纺织工业协会会长谢明和省纺工协会外联部副主任张娴等专家到海安调研指导。3次带领联发、华强等企业到江南大学、东华大学等纺织高校,现场推进产学研合作。全年组织带领纺织企业12次参加中国国际服装服饰博览会、江苏国际服装·家纺·面料博览会、江苏纺织服装峰会等会展,联发张氏两次到韩国考察学习时尚面料、服装设计,并参加首尔时装周。5月9—12日,纺织产业培育部门受邀参加在武汉纺织大学举办的中国纺织规划研究会第六届四次理事会暨纺织服装资本论坛会,并拜会中国纺织联合会副会长杨纪朝、中国纺织规划研究院院长李进才。新招引纺织项目1个,江苏青墩纺织科技有限公司高速喷气色织布项目,总投资1亿元,落户高新区。

【化纤产业】 2014年,海安县化纤产业规模以上企业49家,开票销售67.9亿元,同比增长19.7%。5月,文凤集团与东华大学签订合同,合作创办化纤研究院,9月挂牌;同月中山合纤与大连合成纤维研究所合作的多功能纤维研究生产基地挂牌。美铭化纤、华纶化纤、通源纱线、锦荣化纤、京山锦纶等重点企业纷纷与天津工业大学、苏州大学、东华大学、河北工业大学等高校签订产学研合作协议。11月5日,由文凤化纤公司、中山化纤公司共同投资并吸收河南中平神马股份公司40%的股份创办的南通永通新材料有限公司,年设计生产能力20万吨锦纶6聚合切片项目投产运行。

3月26—29日,组织中山合纤、华纶化纤、锦达化纤、晋宏化纤、中祥线业、泓丰捻线六家重点企业参加土耳其国际

聚合化纤车间 (顾华夏 摄于12月)

化纤展览。县化纤商会多次邀请杨世滨、端小平、邓军等中国纺织联合会及中国化学纤维工业协会专家顾问到文凤化纤、华纶化纤和安恒化纤等重点化纤企业指导。7月30日下午,在海安召开全国聚酰胺6熔体直纺技术交流会。全年七次组织县重点企业参加全国性的论坛交流会、技术交流会,参加国内外展销会、采购会,展示形象。

6月,中国纺织工业联合会牵头,中国海关总署、中国化学纤维工业协会组织的全国纺织贸易加工单耗标准审定会议上,海安县编制的锦纶6牵伸单丝加工贸易单耗标准首审在会议上通过。11月由海安县中山合纤、华纶化纤、京山锦纶、锦荣化纤4家企业参与承担制定的《尼龙(锦纶)民用丝加工贸易单耗核定办法》国家课题经中国海关总署、中国纺织工业联合会联合组织的2014年单耗标准审定工作会议审定通过。文凤化纤、华纶化纤分别当选中国化纤协会副会长单位和理事长单位。文凤集团获2014中国纺织联合会新产品开发贡献奖。

化纤产业培育部门联合化纤商会及高新区、墩头镇、大公镇等区镇组织7次专业招商推介活动,成功招引台湾景安有限公司1.5万吨特种纤维项目,落户大公镇。

【现代建筑产业】 2014年,海安建筑产业新成立独立法人子公司85家。试水资本市场,南通科达建材股份有限公司在"新三板"挂牌。建成省建筑业企业技术中心1家。信拓集团立项主编国家行业标准《混凝土基体植绿护坡技术规程》工作。落实建筑企业使用本地工业产品定报制度,促进海安建筑产业发展。苏中集团收购一家建筑智能化公司,组建苏中达科智能工程有限公司,集团下属成员企业73家。

县建筑工程管理局带领重点企业参加第13届中国国际工程项目管理峰会暨全国建筑业企业优秀项目经理经验交流会、沈阳现代建筑产业博览会、上海国际工业化建筑设计工程与建设大会、全国第十六届防水材料技术交流大会和第12届中国国际屋面和建筑防水技术展览会;组织苏中集团、华新集团参加住建部住宅产业化促进中心在合肥组织的新型建筑工业化——装配式混凝土建筑(PC)生产与施工技术现场交流大会。华新建工集团参加全国住宅产业现代化工作现场交流会,并接受"国家住宅产业化基地"授牌。组织重点企业赴浙江考察学习,学习借鉴绍兴、东阳等先进地区发展经验,到江苏沪宁钢机现场考察学习;邀请原江苏省建筑工程管理局副局长、江苏省建筑市场管理协会会长汪士和到海安举办"建筑业发展与企业'营改增'"专题报告会。组织14家建筑企业与清华大学、南京大学、同济大学、东南大学、河海大学、南京工业大学、合肥科技大学等高校开展科研成果对接;汇能环保建材有限公司与合肥科技大学、恒泽安装工程公司与南京工业大学、华新建工集团与南通职业大学分别签订协议,开展产学研合作。

全年开展专业招商推介活动6次,完成注册项目2个:江苏群都钢结构有限公司,总投资1亿元;润宇公司与广西园林绿化服务公司合作建立瑞宏现代绿化展示园,总投资1.1亿元。 (尤慧军)

丝绸产业

【概况】 2014年,海安县丝绸产业规模以上企业20家,开票销售49.4亿元,同比增长54.3%。全县蚕丝产量4120吨,蚕丝及交织机织物3620万米,蚕丝被17万条。鑫缘、恒源、中邦、丝乡、丝域、茧缘、富有、福尔等企业在淘宝、阿里巴巴、京东等网站建立自己的电商销售平台;鑫来制衣年初成立电子商务部,借助网络平台向外宣传和推广"鑫缘"真丝棉衬衫;鑫缘、茧缘在多家省级电视台进行电视(广播)直销。截至年底,海安丝绸服装行业60%以上的企业建立电商销售平台。鑫缘茧丝绸企业研究院建成并投入运营,新申报省以上新产品3件,新增发明专利申请3件,新增发明专利1件。鑫缘与香港理工大学合作研发丝绸发热面料技术开始在市场推广;与苏州大学材料工程学院联合研发的"生态蚕丝被的研发及其产业化"项目,攻克蚕丝被生产过程中蚕丝膨化、弹力拉伸、生态功能化整理、蚕丝移位变形等系列难题;5月中旬,"功能性保健型丝绸新产品技术开发及产业化"国家茧丝绸扶持项目通过国家专家组验收,获得商务部、财政部120万元专项资金扶持。丝乡与苏州大学联合研发的"智能定制服装设计与生产系统"项目通过中国纺织工业联合会组织专家组项目鉴定会审定。中邦、恒源、苏豪等企业分别与省工程职业技术学院、湖南大学、浙江理工大学牵手,开展产学研合作。

县丝绸商会鼓励企业参加国内外展览,打造"海安丝绸"品牌形象。鑫缘、富有、丝乡、恒源、中邦等企业全年参加15次国内外大型会展,特别是中邦纺织5次出境,赴美国、意大利、法国等地参加国际展览,开拓国际业务。4月7—13日,鑫缘、恒源、丝乡等企业作为"丝绸中国"受邀品牌和品牌示范店,参加由商务部茧丝办推出的丝绸产业公共服务体系项目丝绸中国"时尚消费周"活动。鑫缘、恒源集团加强与中西部蚕茧资源丰富地区的合作,在云南保山、山西阳城、广西环江和宜州、安徽金寨等地设立蚕茧生产基地、丝绸织造基地,逐步实现茧丝初加工向外转移,从源头上解决蚕茧资源短缺问题。推进鑫缘在南通文峰城市广场、河北石家庄和海门、通州、如皋等地开设直营店;推进丝乡在上海永安商城、李宁商场、真丝大王商场、南京新百、青岛海信商场等地开设直营店(柜)。

年初,丝乡丝绸公司与县职教园区签订"冠名班"人才合作培养协议书,同时丝乡丝绸对职教园区办学、对学生提供教学、见习、实训等各方面所需部分资金和物质支持,学生毕业就业丝乡丝绸优先提供就业机会;鑫缘集团与江苏大学生命科学研究院达成协议,建立创新创业基地。

丝绸产业新招引落户项目2个:注册成立海安金牛织带有限公司,落户海安高新区,生产真丝织带,总投资额3000万元,8月投入生产;南通登顺时装有限公司落户高新区,12月开始主要生产和销售服装、服饰以及丝绸产品等,总投资5000万元。 (尤慧军)

【产业化经营】 鑫缘茧丝绸集团股份有限公司(以下简称鑫缘集团)围绕"固本强基、提质增效、创新创优、转型发展"的战略,持续推行"公司+基地+农户+高校院所"产业化经营模式,形成上下游联动的茧丝绸产业链,实现多方共赢发展,全年销售收入超36亿元。集团在海安、广西等地建有桑园产业基地，到云南、四川、安徽等地考察寻求合作，带动20多万户蚕农增收和几十家丝绸企业发展。县内年产干茧2800吨。鑫缘集团“基于提升企业核心竞争力的产业化经营管理”成果获2014年全国企业管理创新成果二等奖和第二十一届江苏省企业管理创新成果一等奖，产业化龙头企业通过国家农业部监测验收。

【品牌驱动产业高位发展】 鑫缘集团出台集团品牌管理制度，抓好从品牌定位到产品定位、渠道定位、运营管理等环节，参加6项国家行业标准起草。国家质检总局、中国标准研究院、中国纺织工业联合会授予鑫缘集团为“2014中国纺织服装行业品牌价值50强企业”，鑫缘品牌价值10.93亿元。工业和信息化部和中国纺织工业联合会表彰鑫缘集团为“重点跟踪培育服装家纺自主品牌企业”；中国消费经济高层论坛组委会及《中国消费者日报》授予鑫缘为“2014中国消费市场综合实力十佳品牌”等。“鑫缘”牌丝绸面料、丝绸家纺分别为“江苏名牌产品”。“鑫缘”牌桑叶茶、护肤用品分别获南通市名牌产品和知名商标。中国纺织工业联合会发布“2013—2014年度中国纺织服装企业竞争力500强名单”，鑫缘集团排名第57位。11月14日，江苏省模范劳动关系和谐企业和工业园区授牌仪式在海安高新区政府召开，鑫缘集团获“江苏省模范劳动关系和谐企业”的称号。12月，江苏省放心消费创建办、省工商局联合组织《新华日报》《扬子晚报》《中国消费者报》《江苏法制报》等近10家媒体开展的放心消费创建环省行走进鑫缘，报道省诚信丝绸经营示范企业鑫缘集团放心消费创建的做法和成效。

【创新转型】 鑫缘集团建有国家桑蚕茧丝产业工程技术研究中心，国家蚕丝加工技术研发分中心、博士后科研工作站等。建立院士领衔、国务院特贴专家、省中青年专家等组成的创新团队，从事茧丝绸研发与推广；建立与多所院校产学研合作机制，联合国内20多家优势单位进行集成创新示范，实现协同发展。2月12日，江苏省科技创新大会在南京召开，表彰获得2013年度获得省科学技术奖的199个项目，鑫缘茧丝绸集团股份有限公司获江苏省企业技术创新奖，为南通市唯一获此殊荣的企业，全省仅10家企业获此殊荣，这是江苏省科技技术创新最高奖。3项发明专利分别荣获第八届国家发明专利展金奖和银奖，即“天然彩色桑蚕茧丝关键技术研发及产业化”获金奖，“蚕桑副产物天然染色整理技术开发及应用”和“纳米级再生蚕丝纤维制品的研制与开发”获银奖。“生态多功能数码印花真丝装饰绸”获第十二届江苏纺织技术创新奖。鑫缘集团获2014全国丝绸行业创新企业、省企业技术创新奖、省管理创新优秀企业、省两化融合试点企业、省工业企业质量信用AA级企业、南通市知识产权示范企业。2014年，鑫缘集团作为全国丝绸行业唯一一家单位获全国纺织行业质量奖。

集团下属南通那芙尔服饰有限公司从礼品团购向大众消费转型，变“坐商”为“行商”，加大加盟商招商力度，全年增加盟店10家。坚持产品创新，从花型、板型上做文章，色织彩条内衣系列、丝绵交织四件套、全真丝被套、真丝加棉七件套、提花一体绣件套、真丝羊绒交织保暖内衣等等原有定型产品均更新升级。开发、推出新型蚕丝交织凉绒毯、可水洗夏凉蚕丝被、蚕丝羊绒内衣、各型真丝交织衬衫等一系列产品，在省、市质量技术监督局及国家丝绸质量监督检验中心组织的检查、检测中，“鑫缘”牌蚕丝被、真丝内衣均被检验为一等品。南通鑫来丝绸制衣有限公司推动转型发展，优选合作伙伴，推出丝棉衬衫进入市场，参加“北京服装展”和“上海华交会”等展会，专业展示鑫缘衬衫的品质和品牌公信力。海安县鑫缘制丝有限责任公司根据蚕茧庄口优化工艺，控制成本，特种品格高品位厂丝走在行业前沿。海安鑫缘环贸数码科技有限公司投资引进先进的设备和技术，开发生产出艺术化、个性化、家居化的丝绸文化创意高端产品，成为省文化科技型企业和市文化产业基地。南通缘生堂生物科技有限公司开发功能性桑叶茶、蚕丝系列化妆品，实现桑蚕丝资源综合开发利用，传统产业迈入食品、生物领域，显现良好的发展态势。

【鑫缘集团角逐第二届全国品牌故事演讲比赛总决赛】 2014年6月起，北京、上海等十大赛区组织中国品牌故事演讲初赛选拔。经过两个多月的层层选拔，十大赛区56家企业进入全国总决赛。9月，鑫缘集团从南京赛区初赛中脱颖而出，参加总决赛。10月16—17日，以“讲述品牌故事，彰显品牌价值”为主题的第二届全国品牌故事演讲比赛总决赛在北京举行，总决赛由工业和信息化部指导，由中国质量协会主办。鑫缘集团获优秀奖，是全国丝绸行业唯一参赛企业。

【丝胶回收与综合利用项目获国家科技进步奖二等奖】 1月10日，2013年度国家科学技术奖励大会上，鑫缘茧丝绸集团股份有限公司与苏州大学等联合完成的“丝胶回收与综合利用关键技术及产业化”项目获得国家科技进步奖二等奖。鑫缘集团董事长储呈平、苏州大学纺织与服装学院院长陈国强应邀参加奖励大会。全国年产生丝约15万吨，因脱胶而产生的丝胶总量约3.5万吨，受过滤技术的制约，含有大量丝胶的废水直接排放，造成环境的污染，大量宝贵的丝胶蛋白资源被浪费。回收和综合利用丝胶，一直是国内外茧丝绸行业研究开发的重大课题，鑫缘集团和苏州大学等联手，通过对丝胶分子量、超滤膜和丝胶纺织品涂层所用交联剂等基础学科材料的研究，发明工业化回收丝胶的技术，设计从脱胶废水中回收丝胶的关键装置，研发丝胶的应用工艺及技术，在有效防止脱胶废水对环境污染的同时，实现对丝胶这一宝贵的天然蛋白质的充分利用。提纯后的丝胶涂覆于羊绒制品，可提高吸放湿及保温性能；丝胶浓缩液可替代成本较高的鱼粉制成复合饲料，用于特种鱼类养殖；丝胶表面活性剂添加于沐浴液中，能有效改善肌肤营养。项目成功解决工业化回收丝胶及其应用的难题，有效防止脱胶废水对环境的污染，实现对丝胶的充分利用，整体技术水平达到国际先进水平，项目是中国茧丝绸行业2013年科研成果获得的最高科技奖项。

（陈忠立）

建筑业

Construction Industry

建工大厦　毛平平绘

◎责任编辑　董玉龙

综　述

【概况】 2014年,县建管局围绕“培大扶强,改革创新”两大主题,深化改革,奋力开拓,加快转型升级,建筑业继续保持快速、健康发展的良好态势,提前实现“十二五”千亿产业目标。全县建筑业完成施工总产值1020亿元,施工面积13886万平方米,新开工面积4970万平方米,利税总额40.6亿元,职工分配总额160亿元;地方入库税收首次突破10亿大关,达10.4亿元,占全县地税收入的22.6%,占全县公共财政预算收入的19.2%;13家企业入列全县税收基金50强,4家企业跻身全市地方税收50强;获“鲁班奖”4项,创“国优”1项、“詹天佑奖”2项。苏中集团首次荣获“南通市市长质量奖”,2家企业入围“中国民营企业500强”,5家企业入围“全国建筑行业双百强”。南通市科达建材股份有限公司“新三板”成功挂牌,成为全县建筑业第一家“新三板”挂牌企业。

年初,县委、县政府向全县建筑业发出“改革创新”的号召,各建筑企业广泛响应、深入研究,结合企业实际,稳步有序推进,通过积极构建“管理服务型总公司——生产经营利润型子公司”的母子公司体系,培育出一大批产权明晰、管理精细、机制灵活的市场竞争主体,新增建筑企业子公司71家。苏中集团开创“联盟协作、互生共赢、抱团发展”的新模式,2014年吸纳成员企业65家。华新集团进一步完善母子公司体系,释放子公司发展活力,在已有8家子公司的基础上,新成立子公司8家。全县建工系统19位企业家被评为星级企业家,一批“建二代”“创二代”成为全县建筑铁军的新生力量。

【总书记习近平视察润宇建设新疆果业施工工地】 4月28日下午,中共中央总书记、国家主席、中央军委主席习近平和中共中央政治局常委、全国政协主席俞正声,在中共中央政治局委员、新疆维吾尔自治区党委书记张春贤和自治区政府主席努尔·白克力陪同下,到江苏润宇建设有限公司施工的新疆果业集团有限公司特色林果产业科技园工地视察,与润宇建设新疆分公司经理单小军握手交谈,仔细询问施工项目进展情况,对润宇建设施工的特色林果产业科技园项目给予高度评价。

海安建筑企业再迎“双百强”大丰收,图为获奖企业负责人登台领奖
(建管局　提供)

【海安建筑企业再迎“双百强”大丰收】 7月24日,中国建筑业协会组织专家召开2013年度中国建筑业双百强企业评价工作会议,公布2013年度中国建筑业竞争力百强企业和成长性百强企业。苏中集团、华新集团再次被评为2013年度中国建筑业竞争力百强企业,分别列第24位和第70位;达欣公司、信拓集团和海洲集团被评为2013年度中国建筑业成长性百强企业,分别列第17位,第32位和第70位。

2014—2015“鲁班奖”工程齐齐哈尔市公安局业务技术用房　(建管局　提供)

【陆卫东赴京沪宁等地调研建筑业改革发展情况】 10月13—17日,县委书记陆卫东率队赴上海、滁州、南京、沈阳、北京等地调研考察建筑业改革发展情况。县委副书记焦广琪,县委常委、常务副县长张亚曦,县委办、建管局、苏中集团、华新集团、达欣集团、信拓集团等单位负责人参加活动。陆卫东一行先后考察常熟中南世纪城、安徽滁州英仕公馆工程、南京江北新城总部大厦、辽宁沈阳宏运大厦、北京奥体南区OS-2地块等项目建设现场,并分别在上海、南京、北京召开区域市场座谈会,听取部分建

10月17日，县委书记陆卫东等县领导调研海安建筑业改革发展情况
（建管局　提供）

筑企业、区域分公司、工程处、项目部等相关负责人对建筑业改革创新、搞活内在机制、激发各方市场主体创新创业活力等方面情况的汇报，了解部分新生代建筑企业培养和“创二代”成长壮大等情况，对建筑业深化改革进行再动员、再部署。

【苏中集团连续10年跻身中国承包商80强】 11月21日，由美国《工程新闻记录》(ENR)和中国《建筑时报》两家权威媒体共同主办的2014年ENR/建筑时报“中国承包商80强”颁奖典礼在北京隆重举行，苏中集团在榜单中位列第18位，较上年上升8位。

【建筑行业4人当选市劳动模范】 4月29日下午，南通市召开劳动模范和先进工作者表彰大会，华新集团沙峰峰、信拓集团韩良荣、苏中集团刘树华和达欣公司刘厚纯等人榜上有名。

【南通建筑行业协会联席会在海安召开】 9月23日，南通市市、县(市)、区建筑行业协会联席会在建工大厦召开，市建筑行业协会会长徐烽、秘书长高铭及南通各县(市)、区建筑行业协会会长、秘书长参加会议。县建管局局长贾伯根到会致欢迎词，会议播放海安建筑业专题片，各县(市)、区建筑行业协会代表作交流发言并讨论市、县(市)、区协会下一步工作，市协会秘书长高铭传达上级协会的有关文件，会长徐烽作会议小结并提出有关工作要求。县建筑行业协会会长童永华、秘书长王红参加会议。

【做好城市环境整治工作】 4月4日，县建管局召开县城区建筑工地扬尘整治工作会议。会上传达省、市有关治理扬尘的法规、文件，布置施工单位开展扬尘治理专项检查，编制发放《海安县建管局2014年生态文明建设暨环境整治方案》，并与在建工程的41个项目部签订“2014年建筑施工生态文明建设暨环境整治责任状”。

建筑管理

【概况】 2014年全县建筑业围绕“培大扶强、改革创新”两大主题，努力推动建筑业转型升级，先后制定出台《关于进一步深化建筑业企业内部改革指导意见的通知》《关于印发海安县2014年区镇建筑工程管理工作考核办法的通知》和《关于开展全县建筑业相关竞赛活动的通知》等文件。县建管局积极为企业在资质申报、项目安全备案、三类人员培训考试、五大人员培训考核、建造师注册、安全生产等方面做好服务，努力为企业发展搭好平台。全年全县11家企业资质升级，24家企业资质增项，新批资质38家。建筑企业能人在海安新投资建筑产业类项目20个。全县建筑企业总部建设步伐加快，达欣、信拓2家企业总部封顶，新龙兴集团总部投入运营。

【陆卫东率队考察启东建筑业】 2月20日，县委书记陆卫东率领全县建筑业改革领导小组成员及县龙头骨干企业负责人赴南通二建(启东市所属)学习调研。学习该市推进建筑业深化改革、促进企业做大做强的先进经验。启东市委书记、市人大常委会主任徐锋，市委副书记、市长黄卫锋等陪同参加调研。

【组织召开建筑业银企合作对接会】 8月29日下午，全县“银政企携手攀新高”

6月26日，江苏省苏中集团公司庆祝成立65周年会议代表合影
（建管局　提供）

6月26日，苏中建设集团成员企业年会现场　　（建管局　提供）

行动——建筑业银企合作项目现场对接会召开。县委常委、常务副县长焦广琪，政府办、发改委、金融办、建管局、住建局负责人，县人行及17家金融机构负责人，县担保公司及23家建筑企业负责人参加会议。

苏中集团、华新集团等建筑企业先后发布信贷资金需求情况，23家建筑企业共需借贷14.68亿元。苏中集团、华新集团、海洲集团、工泰公司等建筑企业代表和金融机构代表还就加强建筑业银企沟通交流、促进银企更宽领域合作等方面作交流发言。

【行业管理工作受省表彰】 2015年2月4日，江苏省住房和城乡建设厅发布《关于表彰2013—2014年度全省建筑行业管理先进单位和先进工作者的决定》，县建筑工程管理服务中心（县建筑工程安全监督站）获“2013—2014年度全省建筑行业管理先进单位”荣誉称号，县建管局党组书记徐祥稳获“2013—2014年度全省建筑行业管理先进工作者”荣誉称号。

【海安建筑业行业协会召开年会】 5月11日，海安建筑业行业协会年会在华新集团召开，县建管局局长贾伯根主持会议，华新集团董事长陶昌银作“建筑企业的管理创新与转型升级”专题讲座。

【苏中集团召开成员企业年会】 6月26日，苏中集团召开2014年度成员企业年会。县委书记陆卫东，县委副书记、代县长顾国标，县委常委、常务副县长焦广琪，县委常委、纪委书记李春旺等领导出席会议。大会通过修改后的新章程和理事名单，接纳63家企业作为集团成员企业并给予其六项优惠政策，让成员企业享受集团“品牌优势”“形象优势”和“动力优势”，实现多方共赢。

生产经营

【概况】 全县建筑企业不断加快“走出去”步伐，巩固传统市场，开拓新兴市场，提高市场覆盖率和占有率。在做好主业的同时，实现产业链纵向延伸和跨行业横向拓展。苏中集团控股收购广西达科智能工程有限公司，2014年该公司实现产值1.2亿元；苏中市政公司当年完成合同额4.11亿元。达欣公司组建机电安装、装饰等专业公司。工泰公司新成立钢结构、装饰等专业公司。润宇公司新成立园林绿化公司，获得园林绿化专业承包资质，在雅周农业园区投资建设瑞宏园林绿化展示园。

【开拓新兴市场】 2014年海安建筑在全国形成超20亿元市场14个，超50亿元市场6个，超100亿元市场2个。其中，河北177亿元，南通168亿元，内蒙古、山东、辽宁、新疆市场产值超过50亿元。北京、黑龙江、新疆、宁夏、河南等市场板块增速50%。

承建35万平方米的吉林大学第二医院一期迁建工程，32万平方米的南京恒大翡翠华庭主体及配套建设工程，35万平方米的哈尔滨东方学院整体搬迁工程等一批当地有影响的标志性建筑。

南通苏中公司在南、北苏丹稳扎稳打，乍得市场快速推进，乌兹别克斯坦市场初战告捷，完成产值2.9亿元。华新集团获得国家对外承包工程资格，并积极开拓安哥拉、柬埔寨、沙特等市场。

【华新集团获对外承包工程资格证】 8月6日，华新集团取得江苏省商务厅颁发的“中华人民共和国对外承包工程资格证书”，成为海安第3家获对外签约权的建筑企业。标志着华新集团可以承包

12月23日，科达建材在新三板成功挂牌　　（建管局　提供）

2014-2015"鲁班奖"工程——新疆特变电工科技研发中心　　(建管局　提供)

与自身实力、规模、业绩相适应的国外工程项目，可以派遣对外承包工程项目所需的劳务人员，还可以享受到国家及地方的优惠政策。

【华新集团获"国家住宅产业化基地"授牌】 5月16日，国家住建部住宅产业化促进中心组织举办的全国住宅产业化工作现场交流会在沈阳召开。会上住建部副部长齐骥为华新集团颁发"国家住宅产业化基地企业"牌匾。

【苏中集团签约合肥滨湖新地城市广场项目】 凭借苏中集团第一工程公司在淮南金地国际城和英伦联邦两个项目上的良好履约能力和树立的品牌形象，6月初，苏中集团第一、第三工程公司再次携手安徽金大地地产集团，顺利签约合肥滨湖新地城市广场。

该项目为金大地地产集团在合肥地区的又一扛鼎力作，项目建成后，将集5A写字楼、国际时尚购物中心、五星级商务会所于一体的城市顶级建筑体。苏中集团承建的建筑面积总计约52万平方米，合同造价约7.5亿元。

【苏中集团在沪中标大型公建项目】 8月，苏中集团第三工程公司经过层层资历、实力审查和询价后，从十一家投标单位中脱颖而出，中标上海银月置业有限公司开发的南洋泾项目。该工程位于上海市浦东新区，工程造价3.55亿元，建筑面积11.8万平方米，是苏中集团在沪承接的又一大型公建项目。

该项目计划运用BIM技术，通过现代化、信息化的工程管理模式进一步提升集团公司专业品牌形象，力争打造智慧工地，实现绿色、集约、精益的建造目标。

【华新集团与弘阳集团签订长期合作协议】 华新集团自2012年7月承建南京"旭日上城三区C组团"项目后，在施工过程中精心管理，强化过程控制、严抓工程质量和现场安全文明管理，精心打造优质工程，该项目以过硬的工程质量赢得弘阳集团的肯定。在此基础上华新集团又先后中标南京"旭日上城二区E组团"、苏州"弘阳上湖二期"、常熟"原国棉厂地块一期项目"等工程。为推进华新集团与弘阳集团的长期合作，6月30日华新集团公司总经理葛汉明与弘阳集团副总裁何捷在南京弘阳大厦签订土建施工总承包"长期合作协议"。

【深化与新疆特变电工的合作交流】 8月18日下午，苏中集团董事长笪鸿鹄率领新疆分公司管理班子成员专程拜访新疆特变电工股份有限公司董事长张新，并与特变电工的高层管理团队举行深化合作会谈，双方二十多年的企业合作得到进一步提高。早在1991年，苏中集团与特变电工开始合作。当时，承接特变电工的第一座厂房，合同额400万元。至2014年，双方年合作施工量20多万平方米，合同总额超过3亿元，其中的代表之作即特变电工科技研发中心项目。该项目建筑面积7.3万平方米，合同造价约3亿元。获国家AAA级文明工地、新疆维吾尔自治区"天山奖"、自治区新技术应用示范工程，2014—2015年度"鲁班奖"。

工程创优

【概况】 全年创省级以上优质工程80多项。苏中集团、华新集团、达欣公司和丰汇公司2014年分别获得"鲁班奖"；苏中集团参建的新疆独山子国家石油储备基地工程获国家优质工程奖；华新集团施工总承包的南京雨花台区西善桥岱山经济适用住房项目工程和恒大名都（一期）工程获"詹天佑奖"。

2014-2015"鲁班奖"工程——南京雨花台区西善桥岱山经济适用住房　　(建管局　提供)

【海安建筑业喜迎“鲁班奖”年】 2014年海安获得4项“鲁班奖”，创历史新高，这4项工程分别是由苏中集团施工总承包的新疆特变电工科技研发中心工程、华新集团施工总承包的南京雨花台区西善桥岱山经济适用住房项目工程、达欣公司施工总承包的齐齐哈尔市公安局业务技术用房工程、丰汇公司参建的海安县生活垃圾焚烧发电项目工程。据统计，海安建筑企业获“鲁班奖”累计29项。

【独山子国家石油储备基地工程获国家优质工程奖】 11月21日，中国施工企业管理协会发布《关于表彰2013—2014年度国家优质工程奖的决定》，苏中集团参建的独山子国家石油储备基地工程榜上有名，为海安县再揽一块国优奖牌。

【华新集团获两项“詹天佑奖”】 11月15—17日，2014年中国土木工程“詹天佑奖”优秀住宅小区技术交流暨提高保障房建设质量水平现场会在上海召开。华新集团施工总承包的南京雨花台区西善桥岱山经济适用住房项目工程和恒大名都(一期)工程获“詹天佑奖”。

【苏中集团接受市长质量奖现场评审】 10月13—15日，由教授韩之俊为组长的南通市市长质量奖专家评审组对苏中集团公司进行现场评审工作。

“南通市市长质量奖”是南通市政府设立的最高质量荣誉，旨在激励和引导广大企业建立卓越绩效管理体系，提升企业质量管理水平和核心竞争能力。2014年，公司申报市长质量奖，入围现场评审。专家组依据GB/T19580-2012《卓越绩效评价准则》和GB/Z19579-2012《卓越绩效评价准则实施指南》，对苏中集团公司实施卓越绩效管理情况进行全面评价和审查。

【苏中集团黑龙江分公司顺利通过国检】 9月24日上午，由住建部质安司副司长尚春明带队、15位施工质量及安全专家组成的全国建设工程质量安全监督执法检查组莅临苏中集团黑龙江分公司齐齐哈尔“锦湖·金色世家居住小区”项目部，黑龙江省住建厅副厅长张宝伟及省市建设行政主管领导陪同检查。检查主要围绕住建部《关于开展工程质量治理两年行动督察工作的通知》精神而开展，内容包括勘察设计、现场工地施工、安全生产、建筑市场行为等4大方面。

9月26日上午，在黑龙江省国检讲评会上，专家组肯定苏中集团项目部在落实全国工程质量两年治理专项工作上的积极努力。此次国检中，他们这个组所查的全部省市里，黑龙江省最好；在黑龙江所查的6个项目中，苏中集团最好；在代表黑龙江迎国检的6个项目中，苏中集团项目是唯一没有受到任何处罚的项目。

建筑科技

【概况】 全县建筑企业广泛开展科技创新活动，深入推进产学研合作，达欣公司获批省级建筑业企业技术中心。加大“四新”成果的推广、应用，以QC(质量控制)小组活动为载体，建立健全创新体制，加大技术投入，打造创新平台。获国家级工法1项，国家级优秀QC成果66项。积极推进项目管理信息化，北京奥体南区2号地B座商业办公楼BIM（建筑信息模型）技术应用获得“第二届中国工程建设BIM应用大赛推广应用奖”等多个奖项。注重人才引进和培养，苏中集团与南通大学开展校企合作，华新集团与南通职业大学联合办学，开设华新班。全年新增一、二级注册建造师170人、小型项目管理师27人、技师62人，全县注册建造师总数2060人，为全县建筑业转型升级提供人力支撑。

【开展职业技能培训】 2014年，县建管局联合省、市人社部门赴山东、陕西等地开展职业技能培训鉴定活动。在各类工种中共有技师62人、高级工5000多人、中级工6000多人经考核通过，取得岗位技能认定证书。建筑业全年培训安全管理人员1552人，复审1850人；建筑施工特种作业人员培训、复审近2800人。

【获国家级工法、QC成果67项】 海洲建设集团有限公司研发的“集成式转向折叠型升降操作平台兼外围护驾体施工工法”被评为国家级工法。

中国建筑业协会表彰的全国工程建设优秀QC小组有：江苏省苏中建设集团股份有限公司石家庄分公司第一QC小组、石家庄分公司第二QC小组、石家庄分公司第三QC小组、石家庄分公司第十六QC小组、石家庄分公司第十八QC小组、西安分公司第二QC小组、西安分公司第三QC小组、西安分公司第四QC小组、银川市市民大厅及规划展示馆工程QC小组、宁夏新百集团常温物流中心工程QC小组、东台文化艺术中心钱群QC小组、唐小卫QC小组、60026苏忠QC小组、杨俊QC小组、海澜财富中心项目部QC小组、第五工程公司508QC小组、沈阳分公司第五QC小组、沈阳分公司第二QC小组、沈阳分公司第四QC小组、沈阳分公司苏中建设沈阳第三QC小组、天津第二QC小组、天津第四QC小组、苏建股(第63)QC小组、1181苏忠QC小组、石家庄分公司第四QC小组、南通华新建工集团有限公司第二工程公司QC小组、沙峰峰QC小组、盱眙恒宇广场(一期)项目QC小组、南通市达欣工程股份有限公司达欣101QC小组、达欣102QC小组、502QC小组、603QC小组、景国甫QC小组、403QC小组、405QC小组、703QC小组、南通海洲建设集团有限公司新疆克州四管一中心QC小组和内蒙古巴彦淖尔华海尚都商住楼QC小组。

国家工程建设质量奖审定委员会表彰的全国工程建设质量管理小组有：江苏省苏中建设集团股份有限公司石家庄分公司第八QC小组、石家庄分公司第十QC小组、石家庄分公司第七QC小组、西安分公司蔚蓝君城工程QC小组、西安分公司谢志泉QC小组、西安分公司第一QC小组、闾元元QC小组、庞烨QC小组、苏中建设大连第一QC小组、天津第六QC小组、60035苏忠QC小组、杨俊QC小组、南通市第七建筑安装工程有限公司河北分公司第二QC小组、南通华新建工集团有限公司新城总部大厦QC小组、鄂尔多斯市世纪嘉城B区项目部QC小组、新纪元广场项目部QC小组、新疆刘来QC小组、丹凤花苑杨正丽 QC 小组、南通市达欣工程股份有限公司达欣 102QC 小组、108QC 小组、402QC 小组、404QC 小组、301QC 小组、607QC 小组、江苏信拓建设（集团）股份有限公司信拓·东港国际 QC 小组、韩良军第一 QC 小组、韩良军第二 QC 小组和南通海洲建设集团有限公司劲性阻尼结构预埋安装施工方法创新 QC 小组。

【达欣公司技术中心获省级认定】 7 月，省经信委下发《关于公布第六批江苏省认定建筑业企业技术中心名单的通知》（苏经信科技〔2014〕490 号），公布 2014 年度第六批江苏省认定建筑业企业技术中心名单，达欣公司建筑业企业技术中心获得省级认定，成为海安第 3 家省级建筑业企业技术中心。

【信拓集团立项国家行业标准】 4 月 10 日，信拓集团立项申请主编的国家行业标准《混凝土基体植绿护坡技术规程》编制组成立暨首次工作会议在海安召开。国家住建部标准定额司副处长雷丽英、住建部建筑工程质量标委会博士费毕刚、省住建厅科技处处长王华、省住建厅质安处总工王群依、县政府副县长吴麟麟、市住建局总工顾强、县建管局局长贾伯根、县质量技术监督局有关领导及高校、院所专家、教授，标准编制组成员 30 多人参加会议。国家行业标准代表行业的最高水平，编制要求严、起点高。会议的圆满召开，标志着规程编制工作正式拉开序幕，也标志着信拓集团申报特级资质的步伐进一步加快。

【苏中集团与南通大学签订校企合作协议】 12 月 19 日，南通大学—江苏省苏中建设集团股份有限公司校企合作签约暨产学研基地揭牌仪式在苏中集团总部举行。苏中集团常务副总经理杜其广出席会议并发表致辞。苏中集团副总经理钱红与南通大学科技园主任沈风雷为产学研基地揭牌，建筑工程学院常务副院长包华与苏中集团人力资源部常务副经理吴信建代表双方签订校企合作协议。

多年来，苏中集团一直为南通大学建筑工程学院学生提供实习实践以及就业平台。根据协议，双方将通过建立“产学研基地、教学实践基地、社会实践基地和就业基地”等四大基地，开展全方位、多领域的合作。

8 月 29 日，全县“银政企携手攀新高”行动——建筑业银企合作项目现场对接会
（建管局 提供）

【BIM 技术应用初露锋芒】 11 月，苏中集团北京分公司奥体项目 BIM 技术应用喜报频传，在由中国建筑业协会质量分会举办的“第二届中国工程建设 BIM 应用大赛”中获推广应用奖，在北京市建筑业联合会组织举办的“2014 年北京市工程建设 BIM 应用成果大赛”中荣获三等奖，在上海市建筑施工行业协会组织举办的“上海建筑施工行业首届 BIM 技术应用大赛”中荣获二等奖。

该项目位于北京奥体文化商务区东部，为一幢大型商业办公楼，于 2013 年 10 月份开工，总建筑规模 12.22 万平方米，地下 5 层，地上 31 层，为框架–核心筒结构，建筑高度 147.15 米。项目在深化设计、管线综合布置、现场布置、技术交底、虚拟施工、造价成本控制等 11 个方面采用 BIM 技术。

项目吸引北京京汉邦信置业有限公司、北京天润置地集团等多家业主单位、兄弟单位超过 800 人次的参观交流活动，进一步提升苏中建设集团在首都的品牌影响力。

【华新集团与南通职业大学签订校企合作协议书】 5 月 23 日下午，华新集团董事长陶昌银与南通职业大学副校长顾力平签订校企合作协议书。同时，南通职业大学还聘请集团公司董事长陶昌银、常务副总经理吉临凤、总工程师钱忠勤为客座教授。

安全生产

【概况】 县建管局强化安全监管，加大安全生产许可证动态管理力度，层层落实责任，定期开展拉网检查、突击检查及专项整治，切实抓好特种作业人员考核换证，建筑安全监督管理水平进一步提高。深入开展文明标准化工地创建活动，2014 年获“全国 AAA 级安全文明标准化工地”16 项，县内工程获省文明工地 16 项、市文明工地 27 项，省市文明工地总数全市第一。

【16 个工程获“全国 AAA 级安全文明标准化工地”称号】 苏中集团施工总承包的邯郸南程庄城中村改建项目 S6 地块项目、衡水金域蓝湾二期住宅楼项目、邢台安联德国印象住宅小区 10–14# 楼、地下车库（北区）及商业网点 A 项目、中国科学院新疆理化技术研究所职工集资住宅楼项目、吉林大学第二医院一期迁建项目、金地·滨河国际社区十期二标段 2# 号楼项目、包头恒大名都首期主体及配套建设项目、上海农工商超市 118 店改

6月26日,苏中集团企业员工共同放飞气球,庆贺集团成立65周年

(建管局 提供)

扩建工程——118广场改扩建东商区项目和银川灵武市文化体育中心综合体育馆项目、华新集团施工总承包的亳州市南部新区安置还原小区D区二标段项目、日照华润凯旋门2期项目和海安县文化艺术中心土建及安装项目、达欣公司施工总承包的齐齐哈尔市公安局业务技术用房项目、苏州旭辉苏地2011-B-80地块项目、唐山凤城盛世一期三标段项目和信和公寓高层住宅项目荣获2014年度全国“AAA级安全文明标准化工地”称号。

【召开施工现场观摩会】 为进一步强化建设工程参建各方安全生产主体责任,深化安全生产执法、施工现场隐患排查治理等重点工作的落实,5月19日下午,县建管局在南通华新建工集团有限公司承建的海安县文化艺术中心施工现场召开施工现场观摩会。各建筑企业分管安全负责人、安全科长及在建项目经理、项目总监、项目安全员等近300人参加会议。

【县内工程开展拉网检查】 6月19日开始,县建管局邀请专家对县内保障性住房项目、建设中心在建项目、部分区镇安置房建设项目、部分房产项目进行为期10天的拉网检查。检查在建项目92个,开出建设工程施工安全隐患整改通知书76份,查出安全隐患866条,开出建设工程施工局部停工整改通知书2份,停用吊篮33台,停用塔吊11台,停用施工升降机2台。

【召开全县安全生产工作暨政府投资项目专家检查点评会】 7月1日,县建管局在南通苏中公司召开全县安全生产工作暨政府投资项目专家检查点评会。各区镇分管安全的负责人、各建筑企业的安全科长、全县92个政府投资项目的项目经理、安全员及超重机械拆装、租赁企业的相关人员参加会议。会议要求要以“建筑施工安全生产”和“建筑扬尘检查整改”为抓手,严防严控,建立横向到边、纵向到底的隐患排查整改制度,确保全县安全生产形势稳定。

【召开全县建筑工程安全管理工作会议】 9月21日下午,县政府召开全县建筑工程安全管理工作会议,部署建筑施工安全专项整治,进一步明确责任,消除隐患,切实营造安全、稳定的发展环境。会议要求各区镇对在建建筑工程的重大危险源开展一次全面的专项整治行动,重点对深基坑、高支模、建筑起重机械和脚手架4项危险源进行排查整治,严格落实特种作业人员持证上岗的规定,对排查出的安全隐患要及时整改到位,把安全隐患消灭在萌芽状态,对排查中发现的安全生产违法违规行为,要依法依规从严处理。

【召开施工现场及建筑产业现代化观摩会】 11月18日,县建管局召开施工现场及建筑产业现代化观摩会,与会者参观江苏省苏中建设集团股份有限公司施工的吉祥花苑、江苏一言商品钢筋有限公司生产车间。

住建局、质监局分管负责人和相关科室负责人,全县建筑企业分管负责人、安全科长、项目负责人参加会议。

【召开年度建筑业安全生产工作会议】 12月30日下午,县建管局在建工大厦召开全县建筑业安全生产工作会议。全县各区镇、各建筑企业向建管局递交2015年度建筑安全生产工作责任状。

会议要求各区镇、各企业要准确把握当前安全生产形势,进一步增强做好安全生产工作的责任感,要强化责任意识,切实把建筑施工安全生产责任制落到实处。强化措施,迅速行动,确保各项安全工作全面落实,确保全县建筑业平稳、和谐发展。

全县各区镇分管建管负责人,建管工作牵头人,企业分管安全负责人、安全科长参加会议。

(曹 寅 吴 誉)

商贸服务业

Commerce and Trade Services

春临水乡　毛平平绘

◎责任编辑　赵蓉蓉

综　述

2014年，全县商贸流通业实现社会消费品零售总额221.95亿元，同比增长12.8%，增幅全市第一，高于全市平均增幅1个百分点；完成应税销售327.8亿元，同比增长35.2%，新增限上贸易企业197家、规模以上服务业企业26家。现代物流业实现营业收入24.5亿元，完成货运量5310万吨，货运周转量42.9亿吨公里。旅游业"河豚之乡、休闲海安"品牌效应进一步扩大，接待游客264.78万人次，同比增长16.08%，实现旅游总收入42.02亿元。成功举办江淮文化节、滨海新区开渔节、大公梨花节等节庆活动。服务外包业新增软件和服务外包企业23家，实现服务外包执行额7.81亿元。房地产业实现应税销售89.67亿元，商品房销售面积80.65万平方米。金融业存款余额985亿元，比年初增加155亿元，增量全市第一；贷款余额685亿元，比年初增加100亿元，贷款总量全市第一，增量全市第二；存贷比69.5%，全市第一。文化创意产业12个项目被列入2014年度市文化产业重点建设项目，鑫缘数码科技项目入围2014年度省文化产业引导资金项目，江南大学与"523"文化创意产品设计推广平台成功落户。商务服务业、科技服务业、家庭服务业稳步发展。　(服务业办)

全县实现市场成交额250.65亿元，同比增长8.12%。安全屠宰生猪31.86万头，累计处理病害猪26家次，处理病害猪和病害猪产品1056头，核准无害化处理损失补贴费92.93万元。办理外商投资企业批准事项568件；内资加工贸易企业经营情况和生产能力证明审批、加工贸易业务及进口料件内销审批165件；办理对外经营者备案登记182件；电子口岸备案58件。城区新增服务业商业网点206家；办理粮食收购许可证核查128件；酒类流通备案登记6件；再生资源经营者备案登记8件。全县批发和零售业、住宿和餐饮业逐渐呈现协调发展态势，增速差距逐渐缩小；批发和零售业作为县消费品市场快速增长的主导力量，增长高于住宿和餐饮业；现代服务业以及社区便民店设施建设全面推进，居民消费环境得到很大改善。　(李　玮)

商贸流通

【城乡市场】　城区消费品市场实现零售额68.9亿元，同比增长13.3%，占整个消费品市场的40.5%；乡村消费品市场实现零售额57.18亿元，同比增长12.3%，占县社会消费品市场的33.5%。根据对全县限额以上批发和零售业商品分类销售的分析，在统计的25个大类中，有19个大类保持增长态势，6个大类呈现负增长。在增长的19个大类中，中(草)成药、汽车、五金居前三，此外建筑装潢、干鲜水果、化妆品、水产品等增幅较大。体育娱乐用品、烟酒、书报杂志及通信器材等呈现负增长。

组织重点商场、超市开展展销、促销活动，其中春季促销活动期间，文峰大世界营业额9400万元，同比增长134%；华润苏果营业额4600万元，同比增长7%；乐天玛特营业额1100万元，同比增长5%。4月，开展"消费促进月"活动，68家企业参加活动，销售额1.39亿元。

指导服务业项目建设　(县发改委5月28日　摄)

组织装饰装修行业开展"展品牌形象、创优质服务"活动。2月和4月，县商务局与县装饰装修协会组织24家经销商展示品牌企业产品。2月活动当天，接待2000多名消费者，成交937笔，销售额1000多万元。4月的集中服务活动，实现销售额近1000万元。

【商业网点】　至年底，接到商业网点申报184件，其中符合商业网点规划的183件，不符合商业网点规划要求的1件，审核通过率99.46%，办件率100%。开展大型商业网点调查工作，安排专人调查摸底辖区内营业面积在5000平方米以上的购物中心、百货店、超市、专业店及专卖店、家居建材商店、商品交易市场的网点数量、营业面积、2013年营业额及外资情况4项指标。　(李　玮)

服务业项目建设

【概况】　2014年，全县实现服务业增加值264.01亿元，增长12.2%，规模超过工业18.2亿元，占GDP比重42.3%，比上年提高1.5个百分点；完成服务业应税销售515.9亿元，同比增加101.6亿元，增长24.5%，分别列九县(市)区第二和第三；实现服务业税收36.2亿元，同比增加5.3亿元，增长17.1%，增幅列九县(市)区第三；完成服务业设备抵扣2909万元，同比增加2157万元，列九县(市)区第二。全年有10多家企业通过银政企平台获得银行授信2亿多元，帮助企业解决发展中的融资问题。

【项目建设快速推进】　全年新开工有色金属中转集散中心、电商物流产业园、联发纺织材料物流交易中心、雨润中央商场、星湖001、广汇家居材料市场等服务业亿元项目37个，新开工面积247.7万平方米。服务业规模以上投入158.3亿元，同比增长31.4%。10个市级服务业重点项目完成投资48.5亿元，完成全年计划的106.3%。东部全球家具采购中心、联发纺织材料物流交易中心入选省"十百千"重点项目。

【企业培育成效显著】　江苏慧源文化传播有限公司入选省2014年创新百企示范企业(全市2家)，新增市级创新示范企业1家、现代服务业公共平台2家。江苏金荣金属材料有限公司应税销售首超50亿元，全县应税销售超50亿元企业2家；海安酒钢商贸有限公司、江苏红鹭贸易有限公司、上海铁路局新长车务段等3家企业应税销售首超10亿元，总数4家；新增应税销售1000万元以上企业108家，进入全市十大行业销售、税收20强企业27家。

【集聚区吸附力增强】 海安现代商贸物流集聚区实现营业收入168.5亿元，同比增长126.2%；实现税收7.93亿元，同比增长92.4%；新增一般纳税人企业362家、应税销售超千万元重点服务业企业29家、规模以上企业11家，新落户亿元项目14个，集聚区新开工项目数及新增重点企业数均列十四个市级重点集聚区第一，被市政府认定为市级现代服务业集聚示范区。

【城市经济异军突起】 中洋豪生大酒店正式开业，雨润中央商场、星湖001等项目相继开工建设，小南国、刘巧儿等知名连锁品牌先后入驻。各区(镇)继续围绕“六个一”(商贸综合体、综合经营功能区、精致型酒店、大型连锁超市、居民建设娱乐中心、繁华商贸街区)建设目标，加快项目推进，发展连锁经营，提升集镇综合服务能力。 (县服务业办)

供销合作

【概况】 全年县供销社系统实现商品销售207.5亿元，同比增长14%，其中，日用消费品零售55.56亿元，农业生产资料销售38.27亿元；农副产品收购额132.05亿元，农副产品批发市场交易额23亿元，连锁销售额40.2亿元，再生资源回收额6.7亿元。至年底，在全县范围内建有农资农家店220家、镇级再生资源回收利用中心18家、烟花爆竹网点750个。建设为农服务社247家，其中，二星级93家，三星级88家，省级为农服务社示范社2家。

【海安县惠民农资有限公司】 在为“三农”服务中，实行县区(镇)、村三级网络管理，全县设有2个综合配送中心、11个区域性配送中心、42家分公司、220家村经营部，建成全县连锁经营网络，覆盖全县行政村96%以上。开展“农资放心消费示范店”“农资经营示范店”“诚信农资示范店”等创建活动，先后有30家网点被评为县“农资价格示范户”，40家网点被评为县“农资经营示范店”，6家网点被评为市级“农资经营示范店”，5家网点被评为省级“农资经营示范店”。针对部分基层网点流动资金不足的问题，与农业银行合作，由县惠民农资有限公司统一担保，对基层网点发放小额贷款，年贷款总额1000万元。

县惠民农资有限公司全年销售化肥5.9万吨，同比增长2%；销售农药4120吨，同比增长11%；销售种子1250吨，同比增长13%。动态管理全县各网点，所有经营网点统一使用总公司印制的销售凭证，对所有售出的农资商品实行信誉卡承诺制。公司根据年初下达的配送指标，按季实施配送率考核，配备送货卡车40辆，一次可配送农资400吨，全系统农资连锁配送率超过80%，年送化肥下乡5万吨、农药3600吨。按“四时八节”需要，印发《惠民农情》15期、1.5万余份，指导施肥、治虫等。

【海安农副产品批发市场有限公司】 全年农副产品市场成交额23亿元，成交量38万吨。投资8000万元扩建改造市场，一、二期工程基本完成并投入运营，调整原有的2.2万平方米营业场地，扩大经营面积，增加经营品种。改扩建工程2.98万平方米，建交易配送信息中心、冷库和农产品交易大厅2座、特色农产品交易用房3幢，设立楼顶停车场。市场有经营户350户、流动经营户100户，新增经营户40户，经营区调整扩大为鲜肉、海产品、水产品、家禽、豆制品、副食品、蔬菜、水果、冷冻食品、卤菜10个区。

【南通汇益食品有限公司】 全年销售额3.3亿元。公司设有物流冷库，建成速冻冷库和储藏冷库，占地1万平方米，冷藏容量5万立方米，年周转13万吨。产品销往全国大中城市和马来西亚、新加坡、韩国及欧洲等国家、地区。

汇益食品有限公司下属的丰源食品城，经营面积5万平方米，有60家商户入驻经营，分为农副产品区、生活应急食品区、休闲方便食品区、绿色食品区、饮用品区、保健食品区、粮油食品区、禽肉类冻品区，全年销售2.5亿元。

在墩头镇西湖村建有玉金香有机大米种植基地，种植面积20万平方米，年产大米75吨。玉金香大米被全国粳稻米大会组委会、全国优质食味米专家监评委员会评为金奖大米、优质食味粳米、优质品牌大米。

牵头组建县鸿泰畜禽专业合作社，有社员658人，年养殖鸡5.5万羽、鸭4.5万羽，带动周边县(市)2200户农户养殖。每年召开一次全体成员大会，组织培训2~3次，提高成员养殖技术水平。

建立汇益农副产品电子商务交易中心——南通康卫士食品科技有限公司，年内网上销售平台从天猫发展到一号店、京东、我买网、顺丰优选、沱沱工社、亚马逊、当当网等，天猫店铺突破10个，代理国内外知名品牌超百个，日成交200~300单，月销售500万元，年成交额6000万元。

【海安县汇鑫再生资源有限公司】 建成1个龙头企业，2个分拣加工中心。在16个分公司的基础上，新增2个县城区网点。在网点建设上，社区回收点10平方米以上，不设堆场；村级回收点面积150平方米，堆场30平方米，与外界严格隔开，防止二次污染。

全年收购废钢铁5.4万吨；收购废有色金属1.1万吨，其中，废铜9300吨、废铝1700吨；收购废塑料1500吨、废纸2000吨、其他3500吨。累计收购7.2万吨，销售6.7亿元，同比增长11%。

公司下辖南通鼎晶有色金属铸造有限公司和县瑞丰金属铸造有限公司。南通鼎晶有色金属铸造有限公司全年加工废铜4500吨，投资1200万元，进行三期工程建设，新增铸造车间，建设新厂房2幢5584平方米，铜货产量从每天1吨提高至4吨，加工废铜成材3500吨，销售2亿元。县瑞丰金属铸造有限公司全年加工铜管等1500吨，销售5000万元。

【海安县泓寿食用菌专业合作社】 由县泓寿生物技术有限责任公司、县供销合作集团及当地专业从事食用菌生产的275户农民组成，拥有资产1500万元，建设工厂化厂房，有高级工程师2人、工程师3人、员工24人。与江苏省农科院农产品研究所、上海市农科院食用菌研究所建立合作关系。

投入287万元,购置生产设备22台套、辅助设备17台套、其他设备15台套。全年生产金针菇、平菇、鸡腿菇等鲜菇1000吨,生产灵芝、猴头菇、香菇、蛹虫草等干菇100吨。年销售2029万元,同比增长11.2%,产品销往泰国、荷兰、爱沙尼亚、俄罗斯等国家和上海、北京、广州等国内大中城市。合作社被国家农牧渔业部表彰为国家级农民专业合作社示范社,蚕蛹虫草产品获国际农产品交易会金奖,“泓寿牌”为市知名品牌。食用菌深加工项目被列入国家农业综合开发全国供销合作总社合作示范项目,获中央财政扶持资金50万元、地方配套资金50万元。

【海安县华江粮食专业合作社】 全年生产大米4.8万吨,销售2亿元,同比增长10%。在大公、北凌、农场、古贲等地建立水稻生产基地3万亩,带动农户3000户。全年加工稻谷6.8万吨,新上日产150吨大米生产线。为福建加工“鑫老乡”大米1400吨,为下河人家农产品经营部、江苏绿润生态农业有限公司加工“华江牌”大米120吨。华江粮食专业合作社经省农发办、省供销总社现场验收合格,被列为国家农业综合开发全国供销总社合作示范项目,获江苏省供销合作总社农民专业合作社示范社称号。江山米业有限公司“华山”牌商标被认定为江苏省著名商标。

(吴建华　范　平　陈克成)

粮食储备与管理

【粮食项目建设】 海安地方粮食储备库中心库投资5000万元,首期4幢平房仓库及部分配套用房烘干房建成。省粮食集团与海安县合作成立苏三零海安面粉有限公司。季和大米项目首期工程6560平方米的成品车间、6240平方米的生产车间建成。饲料加工项目完成立项。

【危仓老库改造】 2014年列入维修改造库点4个,改造仓容5.1万吨,总投资818.76万元。经过近7个月的施工,按省商务厅要求保质保量完成危仓老库维修任务,并顺利通过验收,投入秋粮收购。

【粮食储备管理】 7—9月,按时完成1.4万吨地产县储小麦的轮进入库,10—12月,完成1.1万吨县储粳稻轮换入库。强化各项基础工作,完成供需平衡调查,调查126户农户、45户城镇居民、20家餐饮企业和单位食堂、3家国有粮食企业、125家非国有粮食经营企业、27家转化用粮企业。完成粮食信用等级评定,归集全县143家粮食企业相关信息。复审12家授牌店。夏、秋粮收获期间,在县内不同地区选择7个区(镇)15个村11个粮食收购点为采样调查点,收集整理、上报质量及原粮卫生调查样品69个。

【粮食市场监管】 认真核查,依法取消11家企业粮食收购许可证。开展“五放心粮店管理年”活动,取消不符合条件的4家“五放心粮店”资格。做好夏粮收购市场监督检查工作,宣传粮食收购政策,协同工商、物价等部门联合开展专项检查,巡查全县夏粮收购情况,发放整改通知10多份。

(李　玮)

食盐经营

【概况】 县盐务管理局(盐业公司)全年销售突破2万吨,实现销售收入3584万元,实现利润104万元;查处盐业违法案件131起,查获涉案盐斤20多吨,罚款近3万元。

制订并实施《全县小包装食盐客户分类管理实施办法》,实施客户分类分级管理,实行差异化经营与服务。从源头管控大包装盐,确保大包装盐专盐专用、专人服务。制定《工业盐分类管理实施方案》,将全县的工业盐用户分三类,即大型客户,由分管营销负责人挂钩维护,中型客户由营销部门负责人挂钩维护,小型客户由大包装盐客户经理挂钩维护。抓好非盐商品销售,增加有效零售终端,推动酒饮类、调味品类、粮油类等非盐集采商品的销售量。

县食盐战略储备库暨南通市盐化物流中心项目一期工程全面动工建设,总投资1500多万元。6月,码头竣工,全长160米,吊机两座,可停泊千吨级货轮。7月,1号仓库竣工,仓储3800平方米,库容6000吨。10月,附属用房竣工,建筑面积3300平方米。年底,3号化学品库、消防水池及配套工程竣工。

【盐业市场秩序规范】 利用大型宣传日活动,深入社区、广场、农村集镇、集贸市场等,进行盐业知识、法制宣传;在县广播电台《午间时空》栏目黄金时段,宣传海藻盐、低钠盐;走进海安“法治热线”节目直播间,交流百姓关心的食盐安全、品种、价格等问题;电视台《民生热线》栏目曝光一起用工业用盐灌制猪肉香肠的典型案例,提醒群众增强食盐安全意识,引导经营户守法经营。

开展专项整治行动。开展元旦、春节、五一、端午和中高考护航放心消费和中秋、国庆期间等系列食盐安全专项执法行动。联合如皋、如东盐务管理局,在海安王垛、如皋夏堡、如东沿南等边界地区开展联合行动,净化边界食盐市场。联合县卫生局,检查企业食堂、饭店、餐馆等,强化餐饮行业食盐安全意识。联合县工商局,巡查食品加工企业、卤菜熟食品加工作坊等,有效规范食品加工行业的用盐行为。

依法加强市场监管。检查流通密集的菜市场和商场超市的食盐经销情况,监管宾馆饭店、企事业单位食堂、饮食摊点、集贸市场等人流量比较大的场所,防止不合格食盐流入餐桌。重点监管香肠制作、肉类腌制等季节性用盐市场,对曾经有涉盐违法行为的或有涉盐违法倾向的重点对象,及时开展行政指导工作。按照省盐务管理局《关于加强渔业畜牧用盐管理的通知》,监管海安地区畜牧、渔业用盐市场,逐一检查全县大型畜牧养殖场、水产养殖场;在海蜇腌制季节,开展海蜇用盐市场不定期巡查,引导用盐户守法经营。

积极推进职能转变。邀请市盐务管理局盐政评议工作小组考评县盐政管理工作和盐政执法人员综合素质。根据县政府《海安县区镇放心消费环境指数测评实施方案》,在全县开展放心消费环境指数测评工作。严格对照食盐放心店创建标准,考评全县600家食盐放心店,取消考评不合格店的“食盐放心店”资格。

(王　虹)

烟草专卖

【经济运行实现新突破】 全年实现销量29964箱,同比增长1.61%;实现销售额8.86亿元(含税),同比增长8.06%;实现税利2.1亿元,同比增长7.09%;电子结算率100%,网上订货率99.49%。

【打假破网取得新成果】 运用"APCD"工作法,与公检法等职能部门开展联合执法,探索新形势下打假破网工作的新模式。全年出动卷烟打假打私人员4066人次,车辆757台次,查获卷烟违法案件95起,其中5万元以上案件6起,20万元以上案件3起,移送公安部门案件3起,移送工商部门案件1起,查扣各类牌号非法卷烟9214.9条,总案值158.47万元,到账罚没款5.33万元,刑事拘留1人,判刑8人。全年新办烟草专卖零售许可证237份,上报符合国标的网络案件2起。

【企业文化呈现新亮点】 举办"学习先进典型、践行群众路线"专题"道德讲堂",被市文明委表彰为南通市首批道德讲堂示范点,拍摄的道德短片同时被评选为优秀作品。开展"党员干部一助一"活动,每个党员结对帮扶一名残疾、年老体弱的零售客户,树立"一名党员就是一面旗帜"的良好形象。"同心"志愿服务队在海光社区设置志愿服务站,定期组织志愿活动。关爱县特殊儿童康复学校的学生,组织"爱心妈妈"牵手活动,积极承担公益责任。 (陈莉莉 郁 帅)

石油经营

中国石化销售有限公司江苏南通海安石油分公司全年销售成品油12.19万吨,其中汽油6.36万吨,柴油5.83万吨;完成灌桶量5349吨;销售非油品1567万元,其中香烟销售902万元,燃油宝销售135万元。

完成油气回收项目10个。城南加油加气站完成土建工程建设,并通过竣工验收,加气站于11月开业。成功收购通海加油站,8月开业。完成墩东加气站土建工程。

提升高标号汽油销售,利用93号汽油接卸油机会,自制现场提示牌,配合现场员工推介,同时制定扩量增仓计划,高标号汽油比重增幅明显,97号汽油比重从15.9%上升到19.9%。 (韦 星)

电子商务

着力打造电商总部暨快递物流节点城市,新开工电商物流产业园项目。全年发展电子商务企业86家。推进电子商务发展水平,调查摸底31家电子商务企业,组织电子商务企业统计工作培训会。争取资金扶持,组织相关企业申报南通市商务发展资金,县鑫缘茧丝绸集团股份有限公司和南通康卫士食品科技有限公司申报电子商务应用建设项目扶持资金各20万元。 (李 玮)

软件和服务外包

【概况】 县商务局会同海安软件园和高新区,先后赴北京、上海、南京、常熟等地开展多批次的产业招商活动,并于1月、2月、6月及12月在北京、上海和常熟举办专题招商推介会。全年有70家企业入驻软件园。

提升产业影响力,4月,组织软件园及园区重点企业江苏红科网安软件科技有限公司、奥铁士信息科技(江苏)有限公司、南通众览在线数字科技有限公司、南通欣欣网络科技有限公司等,赴上海参加2014南通(上海)发展服务外包产业合作恳谈会,与上海服务外包交易促进中心、复旦软件园、中国呼叫中心与BPO产业联盟洽谈对接。6月,组织赛飞网络、迅腾联盟、互联盛世等企业赴南京参加"转型升级·香港博览"系列活动中的"转型升级主题论坛"。

【实施校企合作】 海安上海交通大学智能装备研究院投入运行,有专家11人、研究人员30余人,主要开展机器人本体、机器人单元及产线、机器人高端控制器、RV减速器4个重点方向的研发。先后3次邀请经济顾问、国家"千人计划"专家韩军博士到海安与企业洽谈合作,并参加"创新创业在海安"活动。韩军与南通华安超临界萃取有限公司达成合作协议,并在软件园注册公司,从事医药生物和医疗器械领域内的技术研发、技术服务和技术转让等。

【推进平台建设】 软件园加速器二期4万平方米的工程年内竣工并投入使用。4.7万平方米科研大厦主体结构封顶。农商行软件园营业部正式营业,为园区企业提供科技金融服务和商业服务。海安软件园被工信部中国电子商务协会确认为全国电子商务示范基地。 (李 玮)

物 流

【概况】 现代物流业实现营业收入24.5亿元,完成货运量5310万吨,货运周转量42.9亿吨公里。腾龙物流等10家企业被认定为AAAA级物流企业,亚太亿发物流等5家企业被认定为AAA级物流企业,全县AAA级以上物流企业20家;天赋力物流被新认定为省重点物流企业,省重点物流企业总数5家。

【十大物资交易集散中心建设】 重点建设家具、有色金属、棉花、棉纱、五金机电、不锈钢铝型材、粮食、木材、钢材、煤炭等需求量大、流动性快、产业延伸带动性强的十大物资交易集散中心,大幅控降企业运行成本。紧密对接国内大型生产流通企业,规划建设原材料加工和处理基地,集聚一批现货贸易企业,促进商流、物流、资金流和信息流"一体化"。完成十大物资集散中心发展规划编制,加快打造现代家具、纺织丝绸、有色金属、电梯等"全产业链",初步形成"研发有机构、生产有基地、物流有市场、销售有平台、服务有配套"的链式发展格局。 (县服务业办)

旅 游

【概况】 全县旅游系统围绕"三区两片一群"的旅游发展总体规划,全力推动"兼具南黄海特色和里下河风情的休闲度假养生目的地"建设。新增星级饭店5家,创建金叶级和银叶级绿色饭店各1家;新增AAAA级景区1家、AAA级景区2家,县国家AAA级旅游景区共5家;创建省三星级乡村旅游点2个。向上争取省级旅游业发展引导资金180万元。组织相关区镇在上海、无锡、昆山分别举办旅游宣传推介活动,组织百家旅行社走进海安活动。

锦龙国际大酒店评定金叶级绿色饭店验收

（县旅游局　提供）

在全市率先建设乡村旅游集聚区。全年接待游客264.78万人次，同比增长7.99%；实现旅游总收入42.02亿元，同比增长3.88%；完成旅游项目投入24.06亿元，同比增长16.8%。全县新开工千万元旅游项目27个，亿元项目3个；新竣工千万元旅游项目15个，亿元项目2个。

成功举办第四届中国海安河豚节、旅游贺年会等十大活动，央视多频道聚焦海安里下河捕鱼节。推出海安一日游和周边串线二日、三日游产品，在上海市场强力营销，成效显著。《豚积幸福　味美海安》海安旅游微电影、《品味海安》海安旅游城市宣传片首映，并在多家网站上线播映，编印海安旅游指南和景点、乡村旅游、美食系列宣传折页。旅游网站改版升级，旅游公众微信开通。

举办全县旅游行业安全生产培训、全县旅游饭店中高层管理人员培训、餐厅服务员中级职称培训、以“感动服务在海安”为主题的第五届旅游行业综合技能大赛、旅游包车和旅游广告整治等活动，旅游管理服务水平得到提升。

投资设立南通西泊乡村旅游发展公司并投入运营。海安旅游集散中心大力开拓上海市场，组织千人游海安活动，全年接待游客7200多人次；惠海文化传播公司发行《四季海安》杂志5期，手机APP上线运营，《四季海安》旅游资讯平台运行正常并发挥积极作用。

【旅游宣传与招商推介会】 6月30日，县旅游局组织部分区镇分管旅游负责人和旅游企业代表到苏州昆山参加“河豚之乡　休闲海安”旅游宣传与招商推介会。昆山市20余家旅行社及多家投资客商代表应邀参加推介会。8月17日，江苏常熟电视台一行20余人到海安苏中七战七捷纪念馆进行暑期红色经典景区寻访活动，拍摄纪念馆文字、图片等资料，用于宣传红色旅游景区。8月28—31日，海安旅游局参加在广州举办的2014年广东国际旅游交易会，重点围绕河豚之乡这一海安旅游特色资源，全方位、多角度宣传推介海安旅游。11月14—16日，县旅游局参加以“相约美丽中国、共创旅游未来”为主题的2014中国国际旅游交易会。经过3天的展示和交易，接待人数超过8万人次，签订合同3600份。12月28日，县旅游局举办“河豚之乡　休闲海安”旅游贺年会暨百家旅行社走进海安宣传推介会，400余人参加活动。

【节庆活动】 1月22日，第四届里下河捕鱼节在白甸镇官垛大泊开幕。此届捕鱼节以市民和游客参与体验里下河民俗风情为主要内容，包括植树、划船比赛、鱼鹰捕鱼、大网拉鱼、里下河当地婚俗表演等活动环节。1月30日，海安里下河捕鱼节亮相央视一套《新闻联播》“欢乐辞旧岁，马上迎新年”新闻。1月29日，央视经济频道《经济信息联播》“舌尖上的财经”播出新闻《江苏海安：捕鱼迎新，年味十足》。

4月8日，以“赏万亩梨花，观田园风光，购生态食品，创旅游品牌”为主线的县第三届梨花节在大公镇梨园开幕。大公镇梨园2013年被农业部认定为标准果园，生产基地面积5000亩，核心基地1200亩，全部采用日本棚架设施栽培方式种植。秋月牌“五水一高梨”是江苏省绿色食品重点推荐品牌、市名牌，其中“丰水”“新高”梨分别荣获昆明世博会银奖和铜奖，“爱甘水”“秋月”梨获省果品评比一等奖。梨花节期间，大公镇接待印度尼西亚和中国台湾、福建、浙江、苏州、上海等地的客商80多位，接待游客2000多人次。

5月3日，第四届中国海安河豚节在海安年年有鱼酒店开幕。5月18日，由县旅游局、开发区管委会主办，县旅游协会承办的“5·19”中国旅游日宣传活动暨海安第二届乡村旅游节启动仪式在七星湖生态园月亮广场举行，开幕式上首批志愿者宣誓并倡议社会各界人士奉献爱心、播种希望、传递正能量。

8月1日，第三届葡萄节在蓉和礼院开幕，由县旅游局、海安经济技术开发区主办，县旅游协会、蓉和怡心园承办。8月2日，在白甸镇得胜农场举办第三届采菱节，以游客自主参与体验采摘菱角为主，伴随着特色文艺演出。

9月16日，老坝港滨海新区第五届开渔节开幕，“四季海安网”组织自驾游游客亲临开渔节现场，切身体验海安浓郁的滨海风情。

9月30日，由县旅游协会、县青墩大闸蟹协会主办的第二届青墩金秋品蟹节在南莫镇黄陈村开幕，包括文艺表演，蟹王蟹后评比拍卖、猜重量、品蟹、扎蟹等活动环节。作为2014中国南通国际江海旅游节的一部分，活动吸引大批客商和游客走进里下河，品尝鲜美的大闸蟹，尽享捉蟹、赏蟹、品蟹的乐趣。

【县旅游行业第五届综合职业技能竞赛】 12月30日，由县旅游局、县总工会、县人力资源和社会保障局、团县委、县妇女联合会、县旅游协会、县旅游行业工会联合主办，县旅游行业工会具体承办的县旅游行业第五届综合职业技能竞赛在王府邦瑞大酒店开幕。技能大赛包含中餐服务技能比赛、感动服务在海安演讲比赛两个子项目，其中感动服务在海安演讲比赛为首次举办。县旅游星级饭店、旅游推荐饭店以及星级乡村旅游点40多人参加中餐服务技能比赛。

【县旅游协会召开二届一次全体会议】 5月28日下午，县旅游协会召开二届一次全体会议，副县长翁晓云参加活动。会议总结过去四年工作，表彰2009—2013年度先进会员单位和协会工作先进个人，选举产生县旅游协会会长、副会长、秘书长、第二届理事会理事。

协会活动丰富。6月30日，县旅游协会会同县计划生育协会组织南莫镇、开发区及滨海新区20户失独家庭共游海安县城。8月，在中国人民解放军建军87周年之际，县旅游局、旅游协会首次组织行业内转、复、退军人近50人赴韩国均故居和苏中七战七捷纪念馆等爱国主义教育基地一日游。11月6日，县旅游协会在锦龙国际大酒店举办全县旅游饭店中高层管理人员培训活动。县旅游协会饭店各成员单位(包括各星级酒店、旅游推荐饭店以及带有餐饮和住宿功能的乡村旅游点）的中高层管理人员约100人参加。培训由国家五星级旅游饭店——张家港国贸酒店总经理孙岩纹主讲。10月16日，县旅游协会组织旅行社分会与乡村旅游分会开展旅行社踩点乡村旅游点平台对接交流活动。参加活动人员实地参观蓉和怡心园、宏宇休闲农庄、玉果观光园等12处乡村旅游点。

（周　娴）

【春秋国旅推出海安高端旅游线路】 上海春秋国际旅行社总经理肖潜辉等到海安调研南黄海旅游资源，参观考察以中洋河豚庄园和中洋豪生大酒店为主轴线的“游河豚庄园、住金砖酒店、尝长江珍鲜”旅游吃、住、行一条龙线路。计划在上海、苏州、南京等一、二线城市开辟中洋旅游专线。12月2日，上海春秋国际旅行社推出两条海安高端旅游线路，一条是以“体验‘小迪拜’式豪华酒店”为主题的3日游旅游线路，吸氧生态庄园、品尝海安鲜美小河豚、住白金土豪酒店。另一条是以“舌尖上的奢侈品”为主题的2日游线路，品尝海安鲜美小河豚、住白金土豪酒店、体验农家特色风情。（丁　宇）

餐　饮

2014年，全县餐饮行业趋于好转，与批发零售业增速差距逐渐缩小。发挥餐饮行业协会作用，组织餐饮企业积极应对市场变化。锦龙国际大酒店、王府大酒店、华新年年有鱼等餐饮企业抓住春节有利时机，推出全家宴、团圆宴和年夜饭等一系列活动，并主推婚庆宴、家庭宴

2014年海安县星级饭店一览表

表8

名　　称	星　级	地　　址
海安锦龙国际大酒店	★★★★	海安县城长江中路99-1号
海安县王府大酒店	★★★★	海安县城通榆中路98号
海安县海安宾馆	★★★	海安县城海陵路8号
海安县东海大酒店	★★★	海安县城宁海南路179号
海安贤友正通假日酒店	★★★	海安县城通榆中路78号
海安乐家假日酒店	★★★	海安县城长江西路69号(海陵中学西侧)
海安县王府宾馆	★★★	海安县城通榆中路98号
海安县李堡天乐大酒店	★★★	李堡镇包场北路10号
海安县海霸皇大酒店	★★★	海安县城通榆中路35号
海安北国风光大酒店	★★★	海安县城黄河路8号
海安县河北大酒店	★★	海安县城新华西路11号
海安德心宾馆	★★	曲塘镇人民东路166号
海安时代大酒店	★★	老坝港镇区
红旗大酒店	★★	角斜镇民兵训练基地
格林豪泰汽车站店	★★	海安县城通榆中路46号
海安金鹰大酒店	★★	海安县城江海东路56号
速8酒店永安路店	★★	海安县城永安北路52号
汉庭快捷海安汽车站店	★★	海安县城长江东路11-1号
莫泰168海安客运站店	★★	海安县城长江中路1号
尚庭快捷酒店	★★	海安县城宁海南路207号
锦江之星人民西路店	★★	海安县城人民西路7号
海安黄山宾馆	★★	海安县通榆中路38号
海安县玖捌柒商务酒店	★★	海安县城长江东路1号
海安碧云天大酒店	★★	海安县城东海大道东56号
海安县久益旺角宾馆	★★	海安县城人民东路32号

优惠活动,实现营业额稳定增长。3月,召开河豚烹饪研讨会,开办培训班,并向培训合格的学员颁发河豚烹饪上岗证,签订河豚烹饪安全操作承诺书,确保海安河豚安全食用无事故。

信 息 业

【互联网基础设施建设加快】 宽带海安、无线海安、光网海安、三网融合等信息基础城市建设逐渐加速,高速传送、综合承载、智能感知、安全可控的新一代移动通信网络、互联网光纤宽带网络、信息通信网络有序构建。4G网络实现主要区域全覆盖,电信FDD制式纳入全国试点范围。城市百兆光网络覆盖率95%,农村20兆以上光网络覆盖37%。全县固定电话、移动电话、宽带用户数分别达26、63、20.74万户,全县移动通信基站1674个,全县宽带IP城域网出口带宽300G,光纤到户小区超过560个,WIFI热点总数382个。全年新增信息通信基础设施投资4.2亿元。 (史根生)

【电信海安分公司】 贯彻落实中国电信"一去两化"(一去,去电信化;两化,市场化和差异化)战略,全业务发展指标全区领先,荣获中国电信"信息惠农"县公司达标奖,保持省、市"文明行业"称号。

海安作为省首批提供4G服务的区域,2月14日,发布天翼4G资费标准以及"天翼4G,分享美好生活"形象广告,开放4G业务。6月27日,推出天翼4G套餐,宽带分享、家庭分享、企业分享三种计划成为新亮点。

围绕"智慧海安"建设,提升网络覆盖水平,增强承载能力。在大力推进光网络建设的同时,提升铜缆用户带宽能力。完成DSL通道速率不达标专项整治工作。优化宽带网络结构,完成部分设备替换、上联调整工作。优化无线网络,加快4G网络建设,实施"畅享4G"行动,持续开展3G网络优化,开展边界和弱覆盖区域无线信号优化整治工作,开通RRU,处理边界TOP载扇,建设室内分布系统。提升光网资源准确率,开展存量光资源整治工作,完成ODF架、光交换标整治工作,有效支撑宽带提速。推进"小灵通"服务升级,接应上级关于小灵通频段退服要求,开展小灵通服务提升专项活动,较好地完成小灵通迁移工作。

(县电信局提供)

【移动海安分公司】 在网客户超过50万户;建有营业服务网点390余家,遍布各镇村组;完成GSM基站10个,开通TD基站132个,开通新建LTE基站413个,开通共址站275个,覆盖延伸系统62个,交付驻地网有线覆盖用户28570户,完成227个集团专线接入工程。全年新建管道74管程公里,新建杆路35公里,新放光缆372皮长公里。完成南通分公司如东—海安汇聚层光缆线路工程。整合各方资源,率先采用先进的光纤技术,加大家庭互联网宽带建设力度,光纤宽带基本覆盖城区各个小区,在农村乡镇初具规模。

宣传光网业务 (县电信局 提供)

推进信息化无线智慧城市建设,全区率先成功拓展手机对讲、蓝天卫士等业务;集团WLAN、建筑工地人员定位和视频监控数量全区领先。人人安全隐患排查系统、海安掌上就业系统、供电变压器防盗报警系统等项目,让市民感受到"移动改变生活"的信息化带来的便捷。 (陆星宇)

【联通海安县分公司】 累计发展移网用户53554户,固定电话5594户,宽带1262线;完成收入4646万元,完成全年预算的90.26%;收入保有率79.87%。VIP维系保有客户保有率82.21%,收入保有率89.80%,新增VIP客户保有率83.14%,合约到期VIP用户续约率21.29%。

工程建设方面,按序时进度完成年初基站建设计划,4G基站所有设备安装开通。与其他运营商共同推进基站、小区以及城区管道共建共享建设。

(杭德荣)

邮 政

【概况】 县邮政局实现邮政业务总收入1.33亿元,完成市公司计划的103.07%,同比增长9.76%。成功开发企通宝APP、曹园茧款代发、燃气预存代扣等服务,爱心包裹项目获评县十大慈善项目。县邮政局整理、修订原制度文件和流程;开展"找差距、学先进、强能力、促发展"活动;合并重组封发班、查验班、邮运驾驶班;为县邮政局部门设置去向牌,周安排、月计划都在内网公布。

县邮政局继续保持海安县、南通市、江苏省文明行业称号,对外服务水平持续提升。在南通邮政第五届职工职业技能大赛中获营业(金融)工种团体优胜奖第二名,韦雅琴获个人全能第二名,被评为市技术能手、市五一创新能手,崔晓洁被评为全省邮政营业优质服务先进个人,壮志、西场支局在全省神秘人检查中得分位居第一、第二。投递员张建被评为南通市劳模,吴峰被评为三季度最美海安人。

【创建"军邮一家人"特色邮路】 县邮政局在巩固已有"爱心邮路"品牌成果的基础上,开展创建"军邮一家人"特色邮路活动,以支局和发投局为单位结对全县100户军属家庭,通过建立日常的关心机制,保持经常上门和电话联系,提供力所能及的帮助和生活指导。8月15日,

"江苏集邮文化季"海安专场　　　　(县邮政局　提供)

在县七战七捷纪念馆举行启动仪式，多家媒体和网站进行报道。

【举办江苏邮政集藏品鉴会海安专场】 9月4—5日，县邮政局举办江苏邮政集藏品鉴会暨全省集邮文化季现场会，省公司副总经理江淞宁、省集邮公司经理蒋苏萍，全省各地市公司市场部主任以及海安集藏爱好者、高端客户400余人参加，现场销售藏品135万余元。

【成立两个集邮小组】 11月15日，南通专题邮学会海安小组成立，为南通专题邮学会在县域层面成立的首支小组队伍。12月31日，集邮文献研究会海安小组成立，为广大集邮爱好者建立"集邮者之家"。

【举办"保护消费者权益"特种邮票首发仪式】 3月15日，以"新消法、新权益、新责任"为主题的"3·15"国际消费者权益日广场纪念活动暨"保护消费者权益"特种邮票首发仪式在县蓝岳装饰城举行。县邮政局设立宣传展台，推广介绍集邮、函件、电子商务等邮政产品。

【举办"梦想于心，励志于行"公益讲座】 9月26日晚，"梦想于心，励志于行"全国校园公益巡讲活动在海安中学体艺馆隆重举行，该活动由意林传媒集团、北科昊月教育集团、意林杂志社主办，县邮政局协办。意林集团公关总监和高级演讲师、中英文双语演讲培训专家万俊帅为高中一年级全体师生上励志教育课。

【搬迁、规划县邮政局本部】 配合县城镇整体规划建设，3月8日，县邮政局本部(江海中路50号)临时搬迁至政府提供的过渡房(中坝南路25号)办公。同时根据拆迁协议，县政府在万星路南、高庄路东划拨10667平方米土地用于建设邮政局营业综合大楼。　　(赵剑平　蒋婷婷)

对外贸易

【进出口贸易】 全县外贸运行指标均好于全市、全省水平。完成进出口总额24.52亿美元，增长7.3%，其中出口总额21.44亿美元，增长6.8%。全年进出口、出口、进口三项指标同比分别增长52.4%、56.9%和26.5%。组织企业申报国家和省市各类外贸促进资金项目，为101家进出口企业的125个项目，争取上级扶持资金1312.8万元。大力培育进出口新增长企业，增加3家新增长企业(卡姆丹克太阳能、晓星变压器、通润汽车零部件)，3家企业全年进出口过亿。

【外贸扶持资金】 组织指导企业及时申报各级各类外贸扶持资金项目。主要资金项目有：中小国际市场开拓资金(2013年下半年和2014年上半年)245.74万元；国家进口贴息资金130.43万元；省级外经贸转型升级扶持资金46.23万元；省级切块资金232万元；保费补助资金129.16万元；免申报参展项目补助资金61.34万元；市外贸稳定增长奖励资金1347.40万元；合计拨付各级扶持资金2032万元。

【出口平台建设】 正元物流、润安物流保税仓库成功获批，正元物流保税仓库通过开工验收；结合海关总署编制陆路开放口岸"十三五"规划契机，上报海安一类铁路开放口岸申请；配合海关及相关园区申报海安保税物流中心(B型)，经市政府审批上报。主动对接市电子口岸平台，发挥电子口岸系统的综合服务效能。

【出口特色产业基地】 省级"海安出口锻压机械质量安全示范区""海安县出口紫菜示范区"分别于1月和5月成功获批。结合省政府布点培育进口商品交易中心的契机，赴宁波学习考察进口商品展示交易中心，结合县进口商品结构，形成关于海安设立纺织原料、白葡萄酒进口商品交易中心的申请，报上级有关部门。

【开拓国际市场】 先后组织华银毛绒等5家企业参展24届华交会、鹏飞集团等23家企业参展115届广交会、太和机械等2家企业参加昆山品牌产品进口交易会、鑫缘集团等7家企业参展南通品牌商品展览会以及市商务局组织的中国品牌产品美国展等境外展会。积极联系争取，促使县蚕桑文化和茧丝绸产品进入米兰世博会参展，"江苏周活动"的部分礼品由鑫缘集团提供。　　(李　玮)

招商引资

【概况】 全年新批外资项目50个，完成工商注册外资7.20亿美元，注册外资到账额3.32亿美元，分别比上年增长16.2%、10.0%。新招引1亿美元以上项目2个、千万美元以上项目32个。

开展县领导领衔招商活动，县领导外出招商578人次。区镇主要负责人外出招商1649人次，分管负责人外出招商2592人次。发动骨干企业参与招商，成立政企联合招商小组75个，建立"百人万友"微信招商平台和全县招商微信群，定期发布招商信息。

先后举办上海、北京、深圳"动车时代、节点城市"海安经济社会发展恳谈会，签约北京北矿磁电磁吸波材料、深圳星湖科技铝箔膜、中兴能源光电分布式光伏电站、台湾绿阳光电CIGS薄膜太阳能电池、台湾福大新材料化纤高速纺丝等一批优质项目。举办"创新创业在海安"招商活动，签约德国路德维希电子展示柜、上海友生铝业轨道交通铝型材、香港亿昕新材料等一批高新技术类项目。举办2014金秋经贸洽谈会,签约布线通讯、汽车零部件、海洋装备等一批重大项目。活动签约项目222个,其中,民资项目173个,总投资328.68亿元;外资项目47个,总投资33.8亿美元。各区镇、部门整合招商力量,举办招商活动234场,邀请世界500强驻华代表、中国500强、央企、国企、上司公司等企业负责人参会。

开发区设立驻美国、日本、欧洲、中国台湾4个境外招商机构,高新区设立驻中国台湾和日本、韩国、美国4个招商机构,滨海新区、曲塘镇、李堡镇各设立1个对台招商机构,全年5个区镇举办境外专题招商推介活动34次。开发区美国莫塔人造金刚石项目到账2984万美元,高新区台湾的凯诺克玻璃、威盛变压器,香港的泽亚环保科技、卓品钢结构4个项目到账均在1000万美元以上,李堡镇台湾万洲胶粘项目到账1300万美元。

全县专业招商人员212人,优化布局驻外驻点机构36个,每天动态保持140人左右在外招商。建立专业招商人员招商档案,实行专业招商人员实绩月公布、海外招商人员综合能力半年度评估制度。

【经洽盛会】 11月8日,“动车时代 节点城市”第八届青墩文化艺术节暨中国海安2014金秋经贸洽谈会在王府邦瑞大酒店召开。中华农业科教基金会理事长、省政府参事刘立仁,市人大常委会副主任程静,副市长孙建华,市政协副主席陈德新,省知识产权局局长朱宇,省旅游局副巡视员吴群蔚等领导,北京冶矿研究总院院长蒋开喜,中国建材集团建材国际工程公司总经济师赵琪,美国密歇根州奥克兰郡副郡长马修·吉布,奥克兰郡经济发展署署长马修·费瑞尔,日中经济贸易中心上海事务所所长小林和晓等400多名中外客商,新华社、《经济日报》《大公报》《新华日报》等媒体记者,县委书记陆卫东,县委副书记、代县长顾国标等县四套班子负责人出席会议。

陆卫东作主旨讲话,孙建华代表市政府致辞。观看专题片《海纳百川·安居乐业》后,顾国标推介海安投资环境。会议表彰“十佳外来企业家”和“十佳新海安人”。

会上举行项目签约仪式,50个项目现场签约,总投资逾200亿元。外资项目16个,总投资23.17亿美元,其中布线通讯产品项目、汽车零部件项目、海洋装备项目等均超过1亿美元;其他项目34个,总投资额106.1亿元,包括投资30亿元的数据中心及移动终端设备项目,投资10亿元的汽车铸件项目、城市综合体项目。 (杨明生)

【沿海地区招商概况】 海安沿海地区围绕石材加工、家具制造、生物医药等主导产业,由县、镇两级主要负责人带队,先后在中国台湾、广东、苏州、浙江、上海、成都、北京等重点地区,举办沿海开发专题招商推介活动70余次,捕捉招商信息1000多条,拜访、回访企业800多家,摸排梳理出有效信息300多条,签约亿元以上项目44个。

【海安全面承接上海产业转移】 为策应上海自贸区建设,主动接受自贸区辐射,2月20日海安县工商联(总商会)国际商务咨询服务中心(驻沪联络处)在上海揭牌。3月10日,海安在上海世贸商城举行“动车时代、节点城市”海安经济社会发展情况恳谈会。县委书记、县长陆卫东在恳谈会上致辞,县政协主席朱春主持,县委副书记顾国标就海安投资环境作具体介绍。恳谈会邀请到上海市杨浦区副区长吴乾渝、上汽集团副总经理程京雷等上海工商界、政府机关、高等院校、科研机构的300多位客人。精密机床、汽车内饰、现代纺织、光伏电站等总投资超过60亿元的35个项目在会上集中签约。 (丁 宇)

外经合作

【劳务服务外包】 全年实现对外承包劳务营业额6978万美元,占计划的69.8%,境外投资中方协议投资额1.07亿美元,完成计划的89.03%。新增服务外包企业23家,占计划的164.3%;完成服务外包执行额8.05亿元,完成率107.33%。

【外经合作】 对外承包工程和境外投资特大项目增多。新批中方协议投资额9000万美元以上境外投资大项目2个;全年新签外经合同额11940万美元,实现对外劳务营业额6978万美元。

【劳务管理】 南通友谊劳务有限公司为新批1家外经经营权企业。至年底,全县有10家外经经营权企业。服务平台软硬件到位,自主招收比例不断扩大,劳务人员通过正规渠道出国务工,劳务投诉和纠纷显著下降,查处打击外派劳务违规违法经营行为,关停违规中介4家,抓获违法个人4人。

强化与南通电视台、《海安日报》、海安电视台等媒体合作,宣传《对外劳务合作管理条例》,发布信息10多次,印制宣传资料5000多份。向区镇延伸服务网点,设立县外派劳务服务中心李堡服务站,提高平台的社会知晓率和服务功能。

【境外投资】 加大政策引导,开展劳动密集型产业转移、境外投资专题调研活动,组织企业参加市外经协会、贸促会举办的美国、印尼、柬埔寨和缅甸等国别投资环境说明会。跟踪江苏联发、康桥化工等重点境外投资项目。引导重点企业新办境外资项10个,涉及行业包括批发业5家、房地产开发1家、制造业4家、新增中方协议投资1.07亿美元。

【劳务合作】 组织全县外经经营权企业参加江苏企业与央企对外承包劳务合作对接会等活动,为海安企业与央企、省内企业搭建交流平台。分别组织重点企业到湖北、安徽等地开展服务平台、外经企业的合作对接,缓解县外派劳务资源匮乏的境况。 (李 玮)

金融业

Financial Industry

联合抗日座谈会会址　毛平平绘

◎责任编辑　崔广华

金融管理

【信贷业绩全市领先】 2014 年全县银行机构贷款余额 685.44 亿元,比年初增加 99.50 亿元,增幅 16.98%,存贷比 69.61%。贷款总量和存贷比居全市第一,贷款增量和增幅位居全市第二。全县 17 家银行中,4 家贷款增量全市排名第一、6 家第二、4 家第三。

【民生银行开业】 1 月 10 日,中国民生银行海安支行开业,这是落户海安的首家主要由非公有制企业入股的全国性股份制商业银行,海安银行金融机构增至 17 家,数量居全市前列。县委书记、县长陆卫东,县委常委、开发区党工委书记周宗泉,副县长卢忠平出席开业仪式。

【第二家科贷公司开业】 6 月 5 日,海安又一家科技小额贷款公司南通市金石科技小额贷款有限公司取得营业执照,公司注册资本金 2.2 亿元,由江苏华艺时装集团股份有限公司为主发起人发起成立。公司主要面向科技型中小企业发放贷款,同时开展创业投资业务、融资性担保业务、金融机构业务代理和经监管部门批准的其他业务。

(许幼虔)

【海安二期万顷良田银团贷款签约成功】 海安工行、中行联合牵头第二期万顷良田银团贷款项目,用于支持海安县开发区新农村建设。两行先后牵头组建万顷良田一、二期银团贷款 29 亿元。其中 2012 年 9 月,海安中行联合牵头第一期万顷良田 16 亿元银团贷款项目,参贷份额 5.3 亿元,已全部完成投放。2014 年 6 月 16 日,海安工行牵头组建海安县第二期万顷良田银团贷款的签约仪式在海安开发区举行。签约仪式由海安开发区管委会主要负责人主持,县委、县政府主要负责人、工行南通分行、农行南通分行、中行南通分行负责人应邀参加签约仪式,县政府主要领导致辞,工行南通分行分管行长介绍银团贷款项目的基本情况,海安县洪恩新农村建设投资有限公司分别与海安工行、中行、农行签订贷款协议。第二期项目总金额 13 亿元,其中海安中行参贷份额 3.25 亿元。

(马 华 张 进)

2014 年 6 月 16 日,海安工行牵头海安县第二期万顷良田银团贷款签约仪式

(谢 斌 摄)

【农村金融综合服务站建设放样全市】 9 月 24 日,南通市农村金融综合服务站建设工作现场会在海安召开。会议表彰上半年海安县农村金融"十佳示范服务站"并颁发流动锦旗。海安农商行与县 4 家村委会签订"摆放离行式自助银亭合作协议"。中国人民银行南通市中心支行党委书记、行长李丹瑾,县委常委、常务副县长张亚曦,副县长卢忠平及各县(市)金融机构有关负责人参加活动。海安努力提升农村金融服务水平,强势推进农村金融综合服务站建设,全力打造为民办实事金融服务精品工程。截至 9 月建成 168 个农村金融综合服务站,在全市率先实现无银行网点的所有行政村全覆盖,其中 123 个服务站主要依托村级为民服务中心建设工程,将农村金融综合服务站融入村级为民服务内容。

【"金融下乡"活动持续推进】 2014 年,全县举办 11 次现场对接会,310 家企业现场发布资金需求 63.93 亿元,13 家银行与 99 家企业累计签约金额 8.63 亿元,有效缓解了部分企业资金瓶颈,促进了信贷总量稳步增长。同时,围绕县委、县政府年度重点工作,积极顺应形势发展要求,不断拓展合作平台。全年开展服务业、建筑业和科技专场活动各 1 次。

(许幼虔)

资本运作

【概况】 2014 年,海安 A 股上市实现 1 家企业过会并上市,1 家企业申报辅导备案、1 家企业完成股份制改制。区域性市场实现 1 家企业天交所挂牌,1 家企业前海股权交易中心挂牌,1 家企业上海股权托管交易中心挂牌。新三板新增 22 家企业与中介机构签订合作协议,确认新增入轨企业 17 家,报市备案 8 家;1 家企业成功挂牌,2 家企业申报在审,2 家企业完成申报前规范整改。两只政府性平台债券成功发行,融资 22 亿元。新设立注册资本 3000 万元以上创投公司 3 家,2 家存量公司申报备案,4 家企业股权融资 2.01 亿元。苏中建设推进企业内部规范,准备辅导备案,寻求壳资源企业进行对接洽谈,探索借壳上市的可行性。繁华玻璃按计划完成前期相关规范整改,实施股份制改制,于 10 月底由有限责任公司变更为股份有限公司。

【天楹环保成功上市】 天楹环保一季度推进企业完成证监会 23 条反馈意见的回复,于 4 月 2 日顺利过会,5 月 6 日获得正式批文,在完成资产注入后,借壳上市成功,并于 9 月中旬实现定增融资 6 亿元,年内将上市主体注册地顺利迁回海安。天楹环保成功上市,是海安企业上市工作的新突破,是全市8家在会企业2014年过会的唯一一家、2家上市企业之一。

【两家企业敲定上市进程】 2月,在深入调研、研判政策形势的基础上,县上市办及时形成《关于推进铁锚玻璃和威尔曼上市工作的建议意见》。县主要领导高度重视,采取有效举措,推动各方统一思想,紧紧抓住企业发展的上升期,推进企业加快上市步伐。威尔曼及时调整保荐机构,更换优质券商,进一步明确上市进程及工作安排,确保关键时期推进工作有效实施;为优化股权结构,4月成功引入2家战略投资者;经申报,7月1日获省证监局备案通知,确认上市辅导期。为解决铁锚玻璃前期引进战略投资者合作问题,多次协调相关专业机构人员,与公司负责人进行沟通交流,探讨有效解决方案;同时,积极协调推进企业环保核查,不断完善报会准备工作。

【接轨新三板】 为接轨新三板,海安形成联动推进机制,组织召开区(镇)推进工作汇报会、入轨企业推进会、企业问题协调会、部门服务工作会议,形成各方联动推进。出台新三板考核办法,将新三板推进工作列入区(镇)年度经济目标责任书和新型工业化杯考核。明确年度任务、明确考核细则、明确奖惩措施,运用考核激励机制,促进新三板挂牌推进工作落到实处。举办全县范围的新三板专题动员、培训活动两次,县分管领导亲自动员发动,并邀请天楹环保负责人交流资本运作的经验和体会。同时,协助配合相关行业商会和区(镇)举办新三板专题讲座7次,组织相关企业参加市新三板专题培训7次。前后200多家次企业参加培训,有效促进企业及相关人员对新三板的认识不断提升。

4月25日,召开21家中介机构工作会议;7月18日,专门召开新三板券商工作会议,计划年内申报企业涉及的6家证券公司项目负责人和现场工作人员参加会议;10月30日,召开全县新三板工作推进会,涉及的10家证券公司项目负责人参会。针对阶段性工作特点,明确目标任务、工作要求,建立券商定期工作报告制度,督促券商机构勤勉尽职,加强签约项目的推进工作。全年先后引入16家券商及其协作机构到海安,高频率协调机构对接。年内各类机构对接企业115家,每个区(镇)都有2家以上证券公司走访对接企业,实现机构对接区(镇)全覆盖。通过对接,初步筛选明确56家接轨新三板后备企业,全力推进企业签约入轨。有8个区(镇)新增22家企业签约,年度考核确认新增入轨企业17家,其中,报市备案8家。新三板签约企业、报市备案企业数量保持全市领先。

申报挂牌取得实质性进展。科达建材申报后,完成股转系统反馈意见回复,11月27日获准挂牌;和信科贷、瑞恩电气分别于11月28日和12月21日成功申报,合海集团积极解决相关问题、永和机械完成股改,年内申报企业数也在全市领先。和信科贷成功申报,标志着海安县非制造业企业新三板挂牌率先突破。中小企业引入战略投资者。为有效加快新三板挂牌规范整改进程,三和生物、安恒化纤、嘉宇气体等企业,积极寻求与专业投资机构合作。10月31日,三和生物与天星资本签订战略合作协议,成功引入风险投资。三和生物与战略投资者的合作,成为县科技型初创期小微企业引入天使投资的第一家。 (刘邦祥)

【华新集团科达建材新三板成功挂牌】 12月23日下午,南通科达建材股份有限公司"新三板"挂牌仪式在全国股权交易中心举行。县委常委、常务副县长张亚曦、县委常委、高新区党工委书记丁锋、副县长卢忠平等,华新集团高管、各子(分)公司负责人,各部门主要负责人等参加挂牌仪式。此次新三板挂牌,实现海安县建筑企业"新三板"挂牌零的突破,是全县建筑企业转型发展,借力资本市场加快企业发展迈出的关键一步。张亚曦在挂牌仪式上代表县委、县政府致辞。 (建管局)

【3家企业区域性市场挂牌】 全县企业对接场外市场渠道有效拓展,区域性市场挂牌增添新成员,在2013年首次挂牌2家的基础上,2014年再增3家企业挂牌。江苏缘诺纺织有限公司天交所挂牌。年初,企业与三家机构签订合作协议,经过规范整改、股份制改制、市上市办备案和天交所审核,于4月24日成功挂牌,是全市2014年区域性市场挂牌的第一家。双惠橡胶南通有限公司前海股权交易中心挂牌。通过深圳蓝海环球财富管理有限公司推荐,8月11日,企业取得深圳前海股权交易中心挂牌通知,于当日成功挂牌。江苏华源氢能科技发展有限公司上海股权托管交易中心挂牌。由上海今融投资有限公司推荐,11月20日,上海股权托管交易中心股份有限公司通知,同意华源氢能挂牌,企业于26日取得挂牌企业代码。

【债券发行】 2014年,海安成功发行两只平台债券。推进"14海安经开债"审核及发行工作。在各方共同努力下,县开发区12亿元债券于1月获得国家发改委发行批文,2月底成功发行。其中,7年期债券7亿元,票面利率7.49%;6年期债券5亿元,票面利率7.40%。推进"13海安债"发行工作。根据市场利率行情,推动2013年10月获批的县城投公司10亿元债券于2014年3月初成功发行,票面利率7.45%。两只债券同期发行及其融资额度,都处于当时南通全市平台债发行的前列。

加强已发债券跟踪管理。积极推动已发债券及时进行登记和上市流动;加强对发债主体运营情况的跟踪,要求发债主体强化募集资金使用管理,健全并履行资金使用审批手续和相关程序,建立募集资金专项账户(台账);同时,经常提醒发债主体加强偿债风险管控,做好本息兑付资金安排。上半年,协助县城投公司完成一期债券募集资金使用情况专项检查相关工作。

开展拟发债券材料准备及预审工作。推进动迁公司申报发债。利用国家发改委下发《关于创新债券融资方式扎实推进棚户区改造有关问题的通知》的契机,县发改委及时协调县动迁公司以保障房项目申报发行"海安城建债",积极协助发行人于7月完成材料准备,对照《企业债券审核工作手册》,逐项进行县本级预审,提出申报材料整改、补充意见,并及时与省发改委沟通。根据10月初明确的新的审核要求,进行材料修改补充、重新预审,11月再次完成申报、转报工作。

协助探索小微企业增信集合债券。高新区海安城镇建设投资有限公司拟申请发行10亿元小微企业增信集合债券，县发改委及时对材料准备及申报、转报提出预审指导意见，根据省相关要求进行完善整改工作。

【创投融资】 新设创投公司。江苏红黄蓝创业投资有限公司，由江苏华艺服饰有限公司、江苏华艺时装集团股份有限公司共同出资，于2月中旬登记设立，注册资本3900万元，首期出资1500万元。中沃创业投资海安有限公司，于5月19日注册登记，注册资本20008万元。海安峰融投资管理有限公司，由上海峰融投资与县政府(财政局)合作创立，于10月15日登记，海安峰融创业投资有限公司将于11月底完成登记设立手续，注册资本5000万元。推进申报备案。积极协调推动相关公司申报备案，其中，两家公司取得实质性进展。杉杉创投管理公司已经中国证监会登记备案，得一投资正在补充资料。发布融资信息。全年，有26家企业填报融资需求信息表，其中新增填报企业18家，县发改委及时上报并通过市相关平台帮助企业发布融资需求信息。协调机构对接。为推进新设创投公司和企业融资，同时，服务于部分拟上市挂牌企业引进战略投资者的需求，积极协调10多家相关创投(股投)机构到海安，与县区(镇)政府及铁锚玻璃、威尔曼、苏中建设、永和机械、三和生物、安恒化纤、嘉宇气体、双惠橡胶等有关企业进行对接洽谈。实现股权融资。江苏永通新材料科技有限公司与中平神马集团尼龙科技有限公司合作，股权融资13327万元；威尔曼与辰融创业投资、嘉惠投资合作，股权融资4800万元；三和生物与天星资本合作，计划首期股权融资800万元；双惠橡胶股权融资1140万元。 (刘邦祥)

银 行 业

中国人民银行海安县支行

【概况】 2014年，中国人民银行海安县支行(简称县人行)灵活运用货币政策，加强金融稳定建设，优化支付结算服务环境，提升金融服务水平。12月末，全县各项存款余额984.75亿元，比年初增加154.84亿元，增长18.66%。贷款余额685.44亿元，比年初增加99.50亿元，增长16.98%，贷款增量和增幅均位居南通六县(市)第二。

【信贷合理增长】 县人行引导海安农商行和盐海村镇银行合理安排信贷投放序时进度，保持信贷总量平稳增长。2014年海安农商行信贷规划32.4亿元，海安盐海村镇银行全年信贷规划1.5亿元。12月末，海安农商行贷款余额224.28亿元，比年初增加32.94亿元，完成全年信贷规划的101.67%；海安盐海村镇银行贷款余额7.01亿元，比年初增加1.49亿元，完成全年信贷规划的99.33%。两家法人机构信贷投放基本符合规划要求。

【规范法人机构交存行为】 严格执行总、分行存款准备金缴存规则、违规处罚等有关管理规定，切实维护存款准备金制度的严肃性。对海安农商行欠交法定存款准备金违法行为依法进行行政处罚，罚金305.53元。严格执行《中国人民银行关于下调县域农村商业银行和县域农村合作银行存款准备金率的通知》《关于2014年中国农业银行改革试点县级“三农金融事业部”执行差别化存款准备金率政策有关事项的通知》要求，加强对“三农”发展的支持和农行“三农金融事业部”一般存款及信贷运行情况监测。

【支持实体经济发展】 海安继续实施“金融支持经济转型升级系列工程”和“小微企业金融服务升级扩面计划”。海安农商行成功申请支小再贷款2亿元和支农再贷款0.5亿元，用于支持种养殖小微企业。对海安农商行增加专项信贷规划1亿元，用于支持垃圾发电和节能减排企业；对盐海村镇银行增加专项规划0.5亿元，用于支持家庭农场、专业合作组织和小微企业。运用再贴现工具引导金融机构降低小微企业融资成本，开展支农支小产品创新。海安农商行全年累计办理再贴现业务13笔、7.39亿元，其中，商业承兑汇票再贴现1.01亿元。做好到期支农再贷款评估工作。专项评估盐海村镇银行5000万元支农再贷款使用成效，该行贷款期间内新增贷款中涉农贷款比例、涉农贷款增量、农户贷款余额、新增农户贷款户数4项指标均符合《江苏省支农再贷款管理暂行办法》和通银办《关于进一步加强支农再贷款管理工作的通知》相关要求。

【流动性资金管理和监测】 落实好常备借贷便利操作试点工作。2014年3月，组织海安农商行认真准备合格审慎评估资料并上报市场利率定价自律机制审核。6月9日，市场利率定价自律机制秘书处反馈，海安农商行合格审慎评估各项指标达标，被吸收为自律机制基础成员，可申请参与上海银行间同业拆借利率(Shibor)和贷款基础利率(LPR)场外报价、发行同业存单等涉及市场基准利率培育的金融产品。加强流动性动态监测和管理。加强对宏观政策与形势的分析研判，提示地方法人金融机构关注经济增速放缓、结构调整以及存款保险制度、利率市场化等外部形势及政策变化带来的风险。发行同业存单。在海安农商行被吸收为市场利率定价自律机制基础会员后，积极推动其做好同业存单发行准备工作，指导其研究制定管理办法和发行计划。海安农商行被中诚信国际信用评级有限公司评为“主体信用等级AA-”，11月和12月，两次成功发行5亿元同业存单。

【非银行信用信息共享系统建设】 开发上线规模企业非银行信用信息共享系统，着力解决信息不对称问题，推进企业非银行信用信息共享系统开发工作。该系统主要汇集全县规模以上工业企业，录入工商、税务、环保、安监、司法等部门涉及企业的相关信息，银行借助该平台可以查询规模以上企业及其法人信息，作为对企业是否提供信贷支持的参考依据。推动建行“助保贷”业务发展。2014年，建行海安支行向联振重工公司、奥普机械公司成功发放“助保贷”1000万元，引导企业调整和转型升级，降低风险。推动海安农商行微贷技术“本土化”落地。海安农商行推出“易贷”系列小额贷款，全年海安农商行小微客户信贷服务中心走访个体工商户8000多户、小微企业

2000多户，累计支持客户269户6600万元。

【优化金融生态环境】 县人行组织金融机构开展“金融知识普及月”“3·15金融消费维权”“12·4普法”“6·14”信用关爱日等主题宣传活动，开展金融知识进厂区、校园、城镇等“六进”活动，发送宣传短信1.2万条，发放宣传资料2500余册，接受咨询200多次。参加2013年度全省县域金融生态环境综合评估工作，认真自评打分，改进金融生态环境建设中存在的突出问题和薄弱环节。举办2014年海安县农村金融综合服务知识大赛，27个代表队139名选手参加，加强对社会各界农村金融综合服务知识的普及教育。县人行引导各金融机构突出信贷工作重点，把信贷投放的重点放在工业经济发展、重大项目建设、中小企业技术改造、建筑业、商贸物流业发展等方面。6月，海安高新区和县科技局组织各银行机构负责人集中参观12家高新技术企业，实地了解中小科技企业发展情况。三季度，先后举办化纤和建筑行业板块银企合作恳谈会，邀请全国化纤工业协会锦纶专业委员会专家介绍中国绵纶行业形势，行业龙头企业代表通报经营发展成绩。全年举办11次现场对接活动，有310家企业现场发布资金需求63.93亿元，13家银行与99家企业累计签约8.63亿元。726家规模以上工业企业年末贷款余额168.16亿元，比年初增加14.09亿元，增长9.14%。

【民生金融服务】 全县金融系统继续加强对城镇就业困难人员、农村转移劳动力、妇女、贫困大学生等特殊群体的金融支持，扩大小额担保贷款、助学贷款等业务政策受益面，全年累计发放小额担保贷款1962万元，贷款余额1706万元。12月末，助学贷款余额366.82万元，涉及在校学生803名。认真执行民贸贴息政策，做好民贸贴息申请材料及金额的审核，指导和监督海安农商行严格执行贴息政策，全年上报贴息资金申请51.01万元。县人行积极推动辖区银行做好金融支持新型农业经营主体试点工作，建立家庭农场贷款管理台账，逐笔登记发放的贷款，明确管理责任人。2014年，海安农商行向208户新型农业经营主体提供信贷支持，年末贷款余额14.09亿元。

【金融监管】 县人行定期关注出口无收汇企业情况，对于异常情况，立即按照相关条例进行处理，先后将海安德辉贸易和海安增辉贸易列入B类，防止企业利用出口记录进行骗购汇。不定期将出口未收汇企业名单发送给各外汇指定银行，提醒银行注意融资风险，实现辖区501家企业监测全覆盖，监测率100%。对1家外商企业擅自改变资本金结汇用途的违规行为进行行政处罚，涉及违规业务4笔、违规金额218万美元，处以人民币40.74万元的罚款。对联发纺织提出的申请拟办理跨国公司外汇资金集中运营业务，尽量满足特殊外汇服务需求，积极与上级外汇局联系，探讨该业务操作的可能性和便利性，及时提供外汇政策支持。

加强新设机构支付结算业务准入管理，对辖内新设机构柜面人员进行支付结算和反洗钱知识培训，做好新设机构信息代码、账户管理系统操作员等信息生成工作，及时并入大小额支付系统和同城清算系统。开展存取现金业务管理，督促银行业金融机构科学编制年度现金计划，合理制定月度现金计划，全面实现存取现金预约管理，2014年辖区年度现金计划履约率95%以上。灵活利用人民币流通状况监测预警系统，推进现金券别组合供应机制执行，强化残损币的回笼管理。全年投放现金96.25亿元，回笼现金121.22亿元，净回笼24.71亿元；全面完善“小面额现金备付制度、主办网点和主办银行制度”，推行小面额现金供应长效机制建设，推动海安盐海村镇行增加1台硬币自助设备，拓宽硬币自助投放渠道。开展假币专项治理活动。加强柜面现金清分能力建设，确保柜面现金全面实现全额清分，有效解决银行对外误付假币问题；以冠字号码查询为手段，解决银行涉假币纠纷的举证和责任认定问题。

【“平安金融”创建活动】 县人行建立联防机制，加强银行业、证券业和保险业的风险监测和预警，建立治安、消防、技防、报警系统网络联防，形成“治安联防、工作联动、隐患联治、平安联创”的良好安全保卫工作格局。切实开展防范电信网络诈骗犯罪集中宣传月活动。严格落实银行网点常态宣传、网银客户短信宣传、业务办理提示宣传、ATM机警示宣传和巡查提醒等措施，提升银行网点的劝阻拦截效能。重点培植一批平安金融创建示范单位(网点)。2014年县内3个单位获得市级平安金融创建示范单位，14个单位获得县级平安金融创建示范单位，26个单位获得县级平安金融创建先进集体，28人获得县级平安金融创建先进个人。 (陈爱军)

中国农业发展银行海安县支行

【概况】 2014年年末，中国农业发展银行海安县支行(简称县农发行)在职干部职工15人，其中行长室3人，信贷部5人、会计出纳部3人、办公室4人。县农发行适时调度信贷资金，确保信贷投放和资金供应不脱节，在采用抵押担保风险防范措施基础上，推行粮棉库存动产质押，丰富风险防控手段。全年累放贷款13.83亿元，年末贷款余额28.32亿元，贷款比年初净增4.1亿元，贷款总量保持全市第一。其中：购销储贷款余额1.69亿元，短期流动资金贷款余额3.13亿元，中长期贷款余额23.51亿元；企事业存款余额7.18亿元；贷款利润率1.67%；贷款综合利息收回率100%；年末无不良贷款；全年账面盈利7842万元。借鉴宿迁分行营业部经验，在南通市分行系统内率先通过农商行网银成功代发2.14万笔种粮直补资金和农资综合补贴资金434万元。县农发行再次获精品行和省行级先进集体称号，档案室通过省行一级档案的验收，班子3名成员的基础管理档案全省第一。

【支持城乡一体化建设】 2014年，县农发行围绕城乡一体化建设，主动对接政府，了解政府发展意图和资金需求，选择信誉较好、自身实力较强，政府支持力度较大的政府平台积极开展营销，重点营销农民集中居住项目3个，贷款金额24.5亿元，其中大公农民集中居住项目在12月末投放900万元，南莫镇兴南花苑农民集中安置房建设项目省农发行已经受理,新型城镇化项目已报省行。

【风险防范】 县农发行坚持收购资金封闭管理各项制度办法,严格执行“五个关口”“八个环节”“十条底线”的要求和“双结零”措施;强化农业农村基础设施建设贷款管理和贷款使用环节监控,确保信贷资金用于项目建设,贷后管理落实卖地还贷,加强收贷收息,加强贷款担保管理。发挥好CM2006系统预警和贷款十二级分类功能,把好贷款准入关口和贷后管理,动态监测贷款使用情况,确保贷款安全,年末无不良贷款。 (仲明华)

中国工商银行股份有限公司海安支行

【概况】 2014年,中国工商银行股份有限公司(简称海安工行)获工商银行江苏省“精品支行”称号。至2014年12月31日,人民币各项存款余额78.46亿元,比年初增加3.99亿元。其中:对公存款余额41.71亿元,比年初新增3.11亿元。个人类存款余额36.75亿元,比年初增加0.88亿元。人民币各项贷款余额73.53亿元,较年初新增9.35亿元,增量列南通工行系统第一。公司类贷款比年初新增7.83亿元,贷款余额43.61亿元,比年初增加9.69亿元。个人贷款余额6.99亿元。实现中间业务收入1.55亿元,完成目标任务108.43%。利息收入4.26亿元,比同期增加4045万元。经营费用3293万元,比同期减少225万元。经营利润3.35亿元。

【代发工资业务】 海安工行充分渠道和产品优势,从“产品、客户、服务”三个方面入手,精心策划,深入建筑企业调研,捕捉信息,调查摸底,了解建筑企业年终职工分配情况、发放数量以及资金来源情况,从而制定出相应的营销和服务方案。紧盯目标,支行行长带领相关科室负责人,去山东、东北外地拜访客户,与企业进行洽谈批量业务事项,初定分配数量和方式。掌握企业年终分配动向,争取批量业务的主动权。锁定代发工资单位,做好后续服务工作。一季度批量业务比较集中,资金需求量大,实行批量开存单、批量开卡等形式,设置批量业务绿色通道,满足单位员工多元化的需求,帮助客户解决日常金融业务问题。利用自助设备分流柜面业务,缩短客户排队等候时间,在营业厅内增加存取款一体机和自助查询终端机。大堂经理、理财经理主动向客户演示、指导,把大量的柜面业务分流到自助银行处理,实现有效的业务分流。柜面业务高峰时段,推行弹性窗口,错开交接班时间。春节前网点员工放弃中午休息时间,对外正常营业,充分做好服务解释工作,受到客户好评。实现代发工资批量业务新突破,全年批量代发工资10亿元。

【营销信用卡分期付款业务】 海安工行充分利用信用卡分期付款的相关优惠政策,营销信用卡分期付款业务。加强公私联动,推动银企合作。利用工行与国内汽车经销商分期付款的合作协议,本着互惠互利、合作共赢的原则,分别与二级汽车经销商海安东方、腾达、宝利驰、骏驰、启晨、厚德汽车销售有限公司达成全面合作协议,并与启晨周边的征程、伟达4S店广泛联系,大力推动信用卡分期付款业务。全面剖析分期付款业务,完善营销方案,明确目标任务,采取多项措施加强旺季期间的分期付款营销。加强服务理念,客户经理采取走出去营销的方式,深入汽车经销商,了解企业和客户的需求,每逢经销商重大节日开展汽车促销活动时,只要客户有车贷需求,做到及时上门服务,加快工作节奏,提高工作效率。客户经理受理业务后,及时整理资料,缩短客户等待时间,利用休息时间,加班加点,及时上报审批材料,加快报批进度。强化贷后管理,适时跟踪督导,细化业务,建立分期付款业务台账,制定后期督导流程,密切关注客户动态,保证每一笔业务都有人跟踪,每一个客户都有人联系,确保贷款如期归还。全年完成分期金额8593.53万元,分期付款手续费收入732.26万元,分别比上年增加2545.43万元和220.72万元。 (马 华)

中国农业银行海安县支行

【概况】 2014年,中国农业银行海安县支行(简称海安农行)作为全国农行100家重点发展县域支行之一,坚持“稳中求进、稳中有为”的总基调,全力推进“客户、产品、渠道、风控、品牌”建设,在提升综合竞争能力的同时,抓好风险管控和品牌建设,积极应对复杂的经济金融形势和激烈的同业竞争。2014年,海安农行存款余额91.89亿元,继续保持“四行”第一。11月,实现全行无不良贷款,向“业绩突出、风控先进、特色鲜明、团队出色、形象良好”的县域领军银行迈出坚实的一步。

【金融生态图谱】 海安农行以市场拓展为先导,狠抓对公客户基础建设,加强存量客户维护,从源头上紧抓新注册企业拓展,加快建立“金融生态图谱”客户名录。推进产品营销和重点项目拓展,2014年新开对公结算账户908户,带来2.14亿元的对公存款;增加银票保证金存款2.12亿元;国内信用证开证2.05亿元;新增城东镇“北片”万顷良田工程、大宗物资中转集散中心等项目贷款8户,投放总额7.83亿元。

【个人业务】 海安农行努力营销促进个人业务转型发展。6月,成功办理全省农行首笔金农贷业务,帮助农户缓解融资难,全年帮助27户农户解决1970万的贷款,得到农行系统和县政府的支持和赞赏。2014年,海安农行个人资金余额69亿元;个人储蓄存款余额63亿元,位列“四行”第一;个人贷款余额14.68亿元,较年初净增1.4亿元,实现“零”不良贷款。

【电卡业务】 通过“比、促、评、奖”等活动措施,海安农行序时推进银行卡和电子银行业务,全年新增贷记卡发卡5254张、有效客户4240户;新增个人电子银行客户61658户、企业电子银行客户1326户,电子渠道分流率87%,提升5.13个百分点。

【内部管理水平提升】 2014年,海安农行信贷基础管理工作有序推进,顺利通过省农行“三化两无”验收;运营管理能力有所提升,“三化”率100%,“三铁”单位覆盖率43.75%;安全保卫工作扎实推进,10个网点通过省农行“三化三达标”

验收,2014 年海安农行党委被评为“南通分行‘三比三创’先进支行”。海安农行加强网点建设管理,提升网点硬件、软件的质量,完成 4 家网点局部改造,新增 3 家金融便利店,完成 5 家网点软件转型,实行所有网点的 6S 管理,为全县客户提供更加优质的金融服务。 (谢朝晖)

中国银行股份有限公司海安支行

【概况】 2014 年,中国银行股份有限公司海安支行(简称海安中行)以上级行发展战略为指引,围绕省行“结构调整年”定位,贯彻“存款立行”指导思想,坚持以效益为中心,以“争市场、扩客户、提效能、强管理”为工作主线,全行秉持理性发展理念,做实业务、加强管理、做稳风险、做优服务、做强队伍,实现市场竞争力和系统贡献率的持续提升。海安中行加强党组织建设,支行党支部重新划分党小组,完成网点党小组建制工作,实现支行 10 家网点及 4 个部门党员全覆盖,有 3 名党员的基层网点就有党小组,通过党小组组织生活会推选出 12 名党小组长,建立党小组长微信工作群,海安支行获“江苏省工人先锋号”,丁菘获江苏省分行优秀共产党员。新华支行获“2013—2014 年度中国银行江苏省分行青年文明号”称号,李堡支行获 2013 年度南通市青年文明号,王琳获江苏省分行优秀共青团干部称号。年末,海安中行账面本外币存款余额 87.99 亿元,较年初新增 10.7 亿元,市辖支行第一;本外币各项贷款余额 68.43 亿元,较年初新增 7.51 亿元,市辖第一;中间业务净收入 1.15 亿元,辖内贡献率 11.58%,市辖 10 家支行排第一;实现净利润 20874 万元,同比增 3584 万元,市辖 10 家支行排第一,2014 年支行绩效考核列辖内 10 家支行第一。全年员工收入增幅市辖排名第一,

海安中行“践行群众路线 共创最好银行”知识竞赛 (张 进 摄)

【金融业务管理业绩突出】 海安中行认真执行人民银行、外汇管理局相关政策法规,海安中行因工作突出、总分第一,被评为 A 类行,成为全县 16 家银行业金融机构受评 A 类银行的 2 家之一。开展形式多样的内控教育、员工异常行为排查活动,开展公司、个金客户信用风险专项排查工作,盘存梳理公司授信客户,对零贷抵押物现场盘查,加强对存在风险隐患的项目的预警;切实做好案件防范工作,与各单位负责人签订案防工作责任书,从源头上防范操作风险,定期专题召开案件防范分析会,杜绝业务操作中的随意性,落实案防工作责任制,实现全年安全运营无事故。海安中行获“2011—2013 年南通市平安金融示范单位”称号,海安地区仅有 3 家单位获此殊荣。

【文优服务工作】 海安中行坚持以客户为中心,狠抓过程管理,做到定期检查和抽查相结合,明查和暗访相结合,对查出的问题及时指出,并下发整改通报和工作提醒,促进全行员工的服务意识、服务技巧和服务水平的提高。7 月 6 日,“蔡淑娟班组”送服务到海安支行,蔡淑娟与大家分享自己的成长经历,讲述“蔡氏服务法”的具体内含,现场班组成员与支行员工代表进行三组案例演练,将日常的工作场景搬上舞台,在演练中提高了大家应对日常服务“难点”的能力。在 1~3 季度省中行厅堂服务检查中,支行在南通市辖支行中分别列第二、第二、第三;在市行 2014 年前十个月的厅堂远程监控 10 次检查中海安中行 7 次得满分。2014 年度文优服务工作综合排名市辖第一。

【技能训练】 推荐优秀人才,参加市中行“卫华技能工作室”的培训,对参加项目全部达标人员给予适当奖励。持续做好老带新、师带徒工作,各部门、网点内部开展“一对一”帮扶。全年先后举办业务技能强化训练班五期,每天安排专人负责考勤、专人负责辅导,次日在内部网站上公布前一天训练成绩;严格按上级行测试标准组织六次模拟测试,定期点评技能情况,使各级负责人及时掌握全行业务技能情况。2014 年,海安支行在市中行两次技能测试中,80 人参加测试,参测率、合格率、综合能手率、个人业务能手率、对公业务能手率、中文录入、点钞合格率均达 100%,这是近五年来首次“满堂红”。业务技能工作考核得分 102.13,列市辖第三位。其中有 6 位员工达到免测两年的要求。李欣、王昕、奚玉平 3 人获得六项能手称号,人数占比仅列海门行之后,是海安支行成立以来第一次出现六项全能人员。

【支持海安城乡建设】 海安中行大力支持政府重点工程,加大对政府重点工程及城乡建设的投入。2 月 25 日,海安中行获“银政企合作先进单位”“城乡建设先进单位”称号。先后拿到海安土地储备中心 5.5 亿元、海安洪恩新农村建设 3.25 亿元、甸湖城镇化建设 1.7 亿元、大鼎城镇化建设 0.5 亿元的批复。同时加大对项目的投入力度,2014 年先后对海安新农村建设投放 2.3 亿元,土地储备 3.7 亿元,洪恩新农村 2 亿元、保障性住房 1.6 亿元,南黄海投资 1.6 亿元,甸湖

城镇化建设1.7亿元。同时还通过表外为交通融资1.5亿元。

【关爱社会志愿服务】 2014年,海安中行积极参与“帮村帮户”活动,班子成员每人结对帮扶4户困难村民,并给困难村民捐助每人1000元慰问金,计帮扶资金2万元,5月组织员工参加“慈善一日捐”,计捐款4.52万元,5月16日在支行内网公示,并全数汇至海安县慈善基金会。7月28日,海安中行成立“星火”爱心志愿者服务站,下设6个志愿服务队,主要开展以金融知识传播与服务为重点行业志愿服务活动,向社会公众及时宣传金融知识和我行特色产品与服务;开展以文明礼仪、维护交通秩序、帮扶弱势群体志愿服务活动,组织青年员工传播正能量,参与文明交通疏导,关爱残障、贫困、老弱等社会群体,丰富志愿服务内涵。全年开展“人民币知识进校园”“学雷锋”“交通志愿服务周周行”“慰问空巢老人”“义务献血”等系列活动。2014年海安中行获评“南通市文明交通志愿服务工作先进单位”,成为海安地区该活动中唯一受表彰单位。 (张　进)

中国建设银行股份有限公司海安支行

【概况】 2014年,中国建设银行股份有限公司海安支行(简称海安建行)以“保平安、增份额、强基础、重创新”为主线,坚持创新驱动、深化转型、完善机制、严控风险,外抓市场与客户,内抓管理与创新,实现经营效益持续增长。在海安银行业首先开办保管箱业务,出台高端客户优惠服务方案,保管箱特色服务受到客户欢迎。建行手机银行、个人网银、企业网银、短信金融服务、家居银行、国际互联网网站、手机网站、电子商务服务平台等电子银行业务功能先进、产品齐全、领先同业。至年末,手机银行在海安拥有8.6万个客户。理财业务实现跨越式发展,较好地满足个人客户、私人银行客户、企业客户、机构客户等各类客户的投融资需求。加强贷款项目的贷前、贷中和贷后管理,不良贷款占比0.018%,资产质量继续保持同业及系统内领先。年末,全行全口径存款余额91.23亿元,比年初增长8.76亿元。一般性存款余额91.22亿元,比年初增长8.77亿元。各项贷款余额68.43亿元,比年初增长6.49亿元,余额同业占比26.71%,位次第二。其中:公司贷款余额52.76亿元,比年初增长4.69亿元,余额同业占比25.01%;个人贷款余额18.44亿元,比年初增长1.80亿元,余额同业占比33.11%,新增占比60.89%。

【县重点工程融资突破7亿元】 2014年,海安建行支持县重点工程融资7.43亿元,其中:海安镇凤山村、三里闸村、三塘村和祖师庙村地块土地综合整治项目投放3亿元;海安县科技研发大厦项目投放1.55亿元;江苏丰海农业发展有限公司投放1.86亿元;江苏省海安高级中学投放0.5亿元;海安中医院投放0.4亿元。

【独家承办市民卡】 海安建行倾力支持海安县政府为民办实事工程——海安市民卡(社保卡)项目。积极试点建设“社保卡+代理点+电子渠道”的农村金融服务渠道,推出助农取款(结算)服务。推出一系列市民卡用卡优惠活动和便民措施。

【鲁班龙卡】 海安建行悉心服务建筑铁军,专为建筑施工类企业个人客户设计定制“鲁班龙卡”,全国通存通兑,免收手续费。该卡一经推出,便广受欢迎,两个月内新增发卡2.8万张。 (徐劲柏)

江苏海安农村商业银行股份有限公司

【概况】 2014年,江苏海安农村商业银行股份有限公司(简称海安农商行)实现持续健康发展。年末全行资产规模431.51亿元;各项存款余额323.95亿元,比年初净增51.13亿元,增幅为18.74%,存款市场份额32.78%,存款增量位居全县各金融机构以及南通地区农商行系统首位,全省农商行系统第6位。各项贷款余额228.55亿元,比年初净增32.3亿元,增幅为16.46%,其中涉农贷款211.35亿元,小微企业贷款131.14亿元,贷款市场份额32.76%,贷款增量位居全县各金融机构以及南通地区农商行系统首位,全省农商行系统第7位。全年实现各项收入24.67亿元,比上年增加4.56亿元,增幅为22.67%,实现账面利润6.8亿,净利润5.09亿元,比上年增0.93亿元,增幅为22.43%。监管评级二C级,省联社等级管理考核“AAAAA”级,信用评级AA-,2014年12月《英国银行家年鉴》杂志公布的国内银行排名中(以2013年末报表为基础的统计口径),位列国内银行第139位,居上榜农商行第29位。农商行实施全员封闭式业务培训,全年组织员工培训14978人次,累计85090学时;与上海臻一公司合作开发上线海安农商行网络学院,上线以来人均学习38学时;制定中层管理人员管理办法,建立现代化管理人员选任考评机制,有各类型内训师44人;围绕“一月一活动”专题,组织首届全员运动会、书画摄影大赛以及服务大使评选活动。

【最佳农村商业银行】 2015年1月17日,由半月谈杂志社主办的“金融创新与法治论坛暨2014金融榜榜单发布”活动在北京举行,海安农商行被评为“最佳农村商业银行”,同时获得该奖项的还有北京农商银行、上海农商银行等4家银行,海安农商行是其中唯一的县域农商行机构。

【优化信贷模式】 县农商行始终坚持支农支小市场定位不动摇,围绕“两个不低于”目标,用好用足信贷规模,全年对1260户企业客户授信157.77亿元,其中小微企业664户,授信额度18.1亿元。年末全行贷款客户数12404户,较年初增长1558户。积极创新信贷产品,全年先后推出机械设备按揭贷款、股权质押反担保贷款、公职人员消费贷款、亲情贷款等多款信贷产品,通过调整审批流程和支行信贷权限、建立“预授信”制度、启动小微企业预约转贷试点以及流动资金整贷零还贷款等方式,提高客户申贷效率。全力支持地方优势产业发展,包装上报的支持绿色环保小微企业和农村种养殖小微企业项目被列为江苏省“小微企业金融服务升级扩面三年计划”和“金融支持生态文明建设工程”年度重点示范项目。

【入围利率自律定价机制基础成员】 8月,全国银行间同业拆借中心发布公告,继2013年10家核心成员之后,93家金融机构获批成为利率定价自律机制成员,海安农商行成为江苏省6家入围金融机构之一。此后,海安农商行成功发行同业存单2期,累计发行金额5亿元。开发上线管理会计系统,建立内部资金转移定价机制、成本分摊机制、盈利分析机制和核算机制,建立公平合理的内部资金市场价格,提高资金运作效率,实现多维度盈利分析。

【全面深化战略转型】 县农商行实施跨区域发展战略,发起设立的贵阳小河科技村镇银行和修文江海村镇银行,年内顺利开业。全面启动商务转型,通过全员网络问卷调查、中高层访谈以及部门回头看等形式掌握发展现状,选定5家试点支行,根据细分市场开展外部市场调研,制定商务转型实施总方案,年末方案获得省联社批准,进入方案实施阶段。深化服务形象转型,启动“卓越品牌服务建设工程”,召开支行行长研讨会,开展“服务大使”评选、星级支行评选活动,提升整体服务能力。

【法人治理结构优化】 海安农商行召开新一届股东大会,以领导班子换届为契机,调整优化董事会、监事会,完善法人治理结构,增设战略规划部、三农委员会,成立履职监督工作小组、财务监督工作小组、内控监督工作小组,各小组成员由外部监事、监事会成员和中层管理人员组成;聘请2名对金融领域和农业领域具有较高造诣的专家学者为农商行独立董事,出台三长联席会议办法,对全行经营管理重大决策事项提交会议讨论决策。开展管理人员公开竞聘,组织支行副行长、部门副职以及支行行长竞聘,通过公开竞聘全行有22人走上管理岗位,其中包括35岁以下年轻人6名,全行管理人员队伍下降2.5岁。5月顺利实施增资扩股工作,扩股后全行总股本由原先的6.98亿股增加到8.5亿股,其中员工股占比由原先的10.15%增加到11.94%。年末,聘请普华永道会计师事务所对农商行进行全面审计。

【普惠金融】 县农商行加强阳光信贷标准化平台建设,年末全行农户阳光信贷授信农户7.86万户,授信金额35.62亿万元;小微企业阳光信贷授信664户,授信金额18.10亿元。完善小微企业标准化流程,分五个片区对全县6000多户具有纳税记录小微企业集中走访,建立小微企业基础档案,12月末已授信客户2108户,授信总额152.11亿元。持续推进“金融便民服务到村”工程,在拓展“易捷通”特约商户基础上,通过农村金融综合服务站建设,打造全方位金融服务一体化综合平台,在全县建设离行式自助银行11个,设立全县首家智能自助银行和首个自助银亭,在全县城区首开金融夜市延时服务,构建覆盖全县范围的网状服务网络,打造出1.5公里金融服务圈。 (陈　菲)

中国邮政储蓄银行股份有限公司海安县支行

【概况】 2014年,中国邮储银行股份有限公司海安县支行(简称县邮储银行)开拓与管理并重,加快经营转型,提升发展质量,增强风险控制能力,加强员工队伍建设,全行各项工作取得较快发展。截至12月底,全行实现收入6896.91万元,实现利润3532.52万元,完成率在各县邮储银行中排名第一,个人存款余额16.2亿元,公司存款余额9.68亿元,代理销售保险1.28亿元,信贷总余额7.31亿元,小企业贷款结存余额及净增余额居全区首位。

【举办“树形象,展风采”服务礼仪比赛】 5月11日,县邮储银行举办“树形象展风采”服务礼仪比赛。先由各网点自行演练,选拔3人参加,比赛分为理论考试、服务礼仪科目展示和情景模拟三个部分,所有选手在整个赛事中都认真用心地演示每一个比赛科目,在过程中可以看出有些选手态度很认真,投入很多时间用心准备,演示动作编排紧凑、合理,最终营业部杨菁和角斜支行分别获得个人一等奖和团体一等奖。

【金融知识微巡展】 9月11日上午,邮储银行海安县支行开展一次金融知识微巡展。活动前,该行组织青年员工志愿者搭建咨询台,摆放宣传折页。活动期间,志愿者们积极向客户发放宣传折页,向公众讲解金融知识。讲解内容紧紧围绕消费者比较关注的利率知识、人民币知识、国库知识、商业银行柜台债券业务知识、黄金市场业务知识、百姓征信知识、反洗钱知识、支付结算知识、金融IC卡知识等。此外,志愿者们还对公众在日常生活中遇到的金融难题进行现场解答,并向公众介绍金融诈骗的常见手段及防范措施。据统计,当日发放宣传资料100

邮储银行海安县支行员工与县消防大队开展联合演练

余份，接受公众咨询70余人次，宣传效果明显，使更多社会公众开始了解金融知识。

【“邮储银行杯”农村金融综合服务知识大赛】 12月5日，由县总工会、农办以及县人行联合主办，邮储银行海安县支行协办的2014年海安县“邮储银行杯”农村金融综合服务知识大赛拉开帷幕，比赛分为知识测试和现场竞答两个环节，内容涵盖农村金融综合服务站、银行卡、ATM和POS、人民币反假、国债、征信、反洗钱、外汇和消费者权益保护9个方面的知识，通过与17家银行和10个区(镇)农经站代表队的激烈角逐，邮储银行海安县支行勇摘桂冠，取得综合竞赛团体一等奖以及综合竞赛个人一等奖、个人二等奖和知识测试个人二等奖、个人三等奖的好成绩。 (陈金东)

保 险 业

综 述

【概况】 2014年，全县保险主体36家，同比增加1家。其中：财产险机构15家，人身险机构18家，中介机构1家，保险机构有干部职工387人、营销代理人员2127人，全年实现保费14.37亿元，同比增加13.15%；其中财产险机构5.01亿元，同比增长22.61%；人身险机构9.3亿元，同比增长8.81%；中介机构641.93万元，同比减少8.90%。

30家保险机构纳税5536.56万元。人保海安支公司纳税1692.51万元，居全县(下同)40名；太平洋财保海安支公司纳税1278万元，居56名；人寿财保海安县支公司纳税649.34万元，居97名。

【县保险协会换届选举】 海安县保险行业协会成立于2010年，任期4年，2014年任期届满，根据章程规定应当进行换届选举。8月18日，协会召开第二届会员代表大会暨二届一次理事会，协会秘书处报告2013年工作情况和2010—2013年届内工作情况，会员代表听取章程修改情况说明，审议通过新的《章程》。会议选举产生协会第二届理事会、常务理事、理事长、副理事长和秘书长。会后，协会秘书处发出《关于海安县保险行业协会选举结果的通知》和《关于下发〈海安县保险行业协会章程〉的通知》，通报换届选举结果。9月、11月，县保险行业协会、县政府先后召开专题学习培训会议、保险工作座谈会，学习贯彻国务院《关于加快发展现代保险服务业的若干意见》(简称“新国十条”)。海安县保险协会会员34家，年内被评为南通市放心消费先进行业。

【组织创新争优】 县保险业协会通过《2014年创新争优重点内容与考评方案》，从服务发展大局、维护社会稳定和支持协会工作等方面，考核会员单位年度目标。年终约请县级有关部门和区镇政府测评，根据年初方案确定的规则及平时记载、综合考评、公示，财保海安支公司获一等奖，寿保海安支公司和太平洋财保海安支公司获二等奖，太平洋人寿海安支公司、平安人寿南通中心支公司海安营销服务部和中华联合财产保险海安支公司获三等奖，协会会同县政府通报表彰和奖励金融办获奖会员单位。

【服务经济发展】 人保财险海安支公司与县政府联办共保政策性农业保险，保费规模7055.34万元，比上年减少326.39万元，减少4.42%(主要因素为种植业参保土地面积减少)；除常规险种外，高效规模农业险种12个，保费收入占比61.96%，再创历史新高。各区镇政府对人保财险海安支公司承保服务的测评均为优秀。太平洋财保海安支公司承保政策性农机保险，年终绝大多数区(镇)测评为优秀。

以人保财险海安支公司首席承保，太保财险、阳光财险、紫金保险、平安财险等机构共保环境污染责任险32家企业，签单保费71.91万元，提供风险保障4100万元。人保财险海安支公司承保4家企业产品责任保险，签单保费6.6万元；承保安全生产责任保险36家，签单保费65.20万元，提供风险保障1.83亿元；承保出口信用保险3家企业，签单保费65.2万元，提供风险保障1.8亿元。人寿财保海安县支公司承保产品责任保险业务；太平洋财保海安支公司承保医疗机构执业责任保险、产品责任险和国内贸易信用险等业务。

【服务民生改善】 县保险协会组织协调4家保险机构对接各区(镇)开展农村小额人身保险试点，参保农民13.89万人次，比上年增加8.3%，占农村人口的19.86%；交纳保费525.26万元，比上年增加104.83%；到年底(达到6个月保险期间)已赔偿1211人次、295.49万元(其中死亡赔偿64人次、119.99万元)。各区(镇)政府对承保公司的测评均为优秀。

人保财险海安支公司中标承保城乡居民大病保险业务，参保人数84.25万人，签单保费5589.45万元；截至12月累计赔付9250人次、3436.67万元，最高

为2013年协会创新争优工作先进单位颁奖 (罗 骏 摄)

赔案64万元，缓解了民众因病致贫、因病返贫的压力。人保财险海安支公司在县医保中心和区(镇)政府支持下，组织专业团队，开发理赔系统，为群众提供现场“一站式”服务，基层组织和参保群众反映良好，年终县医保中心测评为优秀；年内接受国家保监会和江苏保监局专项检查并获得好评。

【处理信访投诉】 落实信访责任制，季度有通报，年度有报告。向社会承诺，有诉必查，有求必应。各保险机构建立经理信访接待日制度，店堂显著位置有公示，经理轮流值班接访，事事有交代，件件有落实，重点抓好拒保交强险、搭售商业险、理赔和销售误导等信访的查处和跟踪落实，努力将矛盾解决在基层、解决在萌芽状态。全年接待受理信访投诉37件次，比上年减少23件次，减少38.33%。与有关部门与单位配合，做好因投连险收益问题引发的上访，化解矛盾纠纷。分析有效投诉，当年“零信访投诉”保险机构27家，比2013年增加6家，占会员单位的79.41%，实现保险协会放心消费创建提出的“年度零信访保险机构达到三分之二”的目标。

【服务社会事务】 根据江苏保监局相关通知要求，在政府支持下，联系相关部门，防范寿险满期给付与集中退保风险，没有发生越访、群访和群体性事件。协调各财产险机构按照全险种市场份额承保摩托车交强险29959辆，做到应保尽保。协同公安部门参与交通事故联调快处，全年调处案件6530件，案值1661.18万元。组织14家保险机构344名员工完成慈善捐款24491元。组织保险机构参与平安金融创建活动，8家入选，4家保险机构、3名工作人员被评为平安金融创建先进，4家保险机构被命名为平安金融创建示范单位。

【保险合同纠纷调解】 建立“涉保”纠纷案件调处机制，4月28日，县保险协会在县人民法院诉讼服务中心设立社会行业组织调解窗口投入运行，协会安排专人进驻法院办事大厅，设立专门窗口，直接受理“涉保”纠纷投诉，开展案件的调解工作，做好法律培训和释明工作。全

中国保监会领导检查县城乡居民大病保险工作 （罗　骏　摄）

年，协会直接调解案件3件，案值16.37万元；配合人民法院调解案件45件，案值264.72万元。县保险协会注重做好诉调对接工作，及时向法院汇报“涉保”案件调解情况，认真研究并贯彻落实法院提出司法建议。

【消保维权放心消费创建】 县保险协会加强与消费者协会和放心消费创建办的联系与合作，建立创建领导组，督察和指导会员单位创建工作。与县文明办、消费者协会和放心消费创建办联合开展“诚信保险示范单位”创建评选活动，组织全体会员单位公开承诺，协会分别于3月5日、4月10日、9月17日和12月1日，邀请县消协和创建办对各保险机构学习贯彻“新消法”和放心消费创建专题培训。约请区镇政府和县级有关部门测评，2次召开消费者(网友)座谈会，报告创建工作，听取批评建议，促进沟通交流。年内保险协会多次就执行监管政策、治理销售误导、维护群众利益开展检查，针对防止银保业务销售误导开展明察暗访，调查和约谈2名违规营销员。年终会同县文明办、放心消费创建办、消费者协会，组织对申报的7家会员单位开展评选，组织消费者座谈、申报保险机构汇报、考核、测评打分和公示，拟从申报保险机构中评选部分2014年度“诚信保险示范单位”。

【保险公益宣传】 协会继续将开展保险业公益宣传，作为传播保险知识，扩大保险业影响，增强民众维权意识和能力的关键措施，全年在《海安日报》刊登3个专版，报道1次，在《南通周刊海安版》刊登4个专版，县电视台报道2次，参加每周三广播电台《交通生活》特别节目直播38档。在“海安石板街”“海安漫思”网站发帖6个，回帖11个。组织712人次参加全省保险知识竞赛。

组织参加“全国保险公众宣传日”活动。7月8日，协会组织19家保险机构的95名干部职工，在县城新世纪广场开展宣传咨询活动，参加群众近200人。协会编印《保险，让生活更美好》的宣传材料5300份，到区镇群众聚集场所发放，赠送给客户、县、镇机关。在“海安石板街”和“海安漫思”等网站发帖，10家保险机构组织74名员工进社区设立咨询展台，11家保险机构安排总经理接待日活动，接受咨询的群众94人次。9家保险机构邀请消费者走进公司，了解承保流程，沟通交流情况，参加群众152人次。

（罗　骏）

中国人民财产保险股份有限公司海安支公司

【概况】 中国人民财产保险股份有限公司海安支公司(简称人保海安支公司)以“聚力超越、聚焦发展”为主基调，以打造全面领先型公司为追求，以树信心、抓管理、强考核为抓手，以拓展民生领域保险服务为突破口，持续提升销售、管理、服

务“三大能力”,勇担社会责任,积极参与社会风险管理和保障体系建设,为地方经济建设、社会大众和民生事业提供优质保险服务。2014 年,公司实现保费收入 2.14 亿万元,同比增长 16.8%,成功跨入双亿元平台。

【创新民生保险服务产品】 人保海安支公司以“发挥保险功能,服务和谐海安”为己任,充分发挥保险经济补偿、社会稳定等功能,搞好全县城乡居民大病保险服务,2014 年累计赔付 9250 人次,赔付总额 3436.67 万元。积极拓展民生保险产品类型,推出集农村小额家庭财产保险、农民小额意外伤害保险以及电动自行车责任险为一体的“和谐乡村”综合保险,填补全县保险市场电瓶车第三者责任险的空白。开展超过法定退休年龄从业人员从业伤害保险。该险种以企事业单位退休返聘的工作人员和超过法定退休年龄的其他从业人员为参保对象,2014 年全县参保对象 801 人。公司在社保中心设立专门服务窗口,负责业务承保、理赔受理和政策咨询等服务。

【开展财险新业务】 承保环境污染责任保险,2014 年 10 月起,人保海安支公司作为海安县环境污染责任保险共保体的首席承保人,全年为 32 家企业提供 4100 万元的风险保障,有效分散政府及企业对环境污染责任事故赔偿的经济压力。公司将拓展新兴业务作为发展的突破口,注重专业人才的培养,多次安排员工外出参加培训学习。2014 年累计承保 4 家企业的产品责任保险,签单保费 6.6 万元;承保安全生产责任保险 36 家,签单保费 65.20 万元,提供风险保障 1.83 亿元;承保出口信用保险 3 家企业,签单保费 65.2 万元,提供风险保障 1.8 亿元。

【中心镇人保公司网点建设】 2014 年,人保海安支公司采取有力举措,逐步推进乡镇网点布局工作。10 月 26 日,墩头营销服务部开业。续后,公司实现对海安地区东、西、北三个方向人保海安支公司的有效布局,完善劳务营销服务部的销售和服务能力,依托品牌和服务优势,拓宽公司农村保险市场,为广大农村居民提供“家门口”的保险服务。

中国人寿财险海安县支公司慰问保险困难人员　　(县保险协会　提供)

【政策性农业保险】 2014 年,人保海安支公司新承办露天蔬菜保险,政策性农险累计开办险种 13 个,实现高效规模农业保险占比 61.96%,位居全市第一。为全县 55.9 万户(次)农户提供种植业、养殖业风险保障 14.22 亿元,当年赔款 3465.37 万元,受惠农户 18.43 万户(次),有效化解农业生产风险。

(吴彬冰)

中国人寿保险股份有限公司海安支公司

【概况】 2014 年,中国人寿保险股份有限公司海安支公司(简称人寿海安支公司)按照“持续发展、积极竞争、专业制胜、协作共赢”的十六字方针,积极寻求业务增长点。全年实现保费收入 3.99 亿元。其中,新单保费收入 1.33 亿元,首年期交 6036.56 万元,十年期及以上首年期缴保费收入 3200.17 万元,短险保费收入 2396.76 万元,短险中意外险保费收入 1790 万元。

【寿险结构调整】 人寿海安支公司注重发挥财务绩效考核等政策的杠杆作用,促进个险、银保、团险三大渠道深化结构调整,转变增长方式,提升业务品质。对个险队伍建设实行“持续问责考核制”,狠抓业务发展、队伍建设、基础管理“三位一体”工作模式的落实;银保渠道积极开展“标准化建设”团队创建活动,初步建立一支由销售精英组建的银保主管队伍;扩充团险渠道队伍,进一步提升人员素质。个险实现首年期缴保费4020.80 万元,完成率 106.01%,十年期及以上首年期缴保费 2898.68 万元,完成率 109.75%。银保渠道期缴业务实现首年期缴保费 1987.84 万元,比上年增长 98.19%。团险渠道意外险实现保费收入 1464.55 万元,比上年增长 18.77%。

【依法合规经营,优化管理服务】 人寿海安支公司以全面风险管理为核心,以监管法规为依据,健全内控与风险管控体系,建立全方位、多层次的风险防范体系或风险化解机制,实现风险全过程控制,提升依法合规经营水平。监察工作方面,从源头上防范经营风险,深入开展效能监察,抓好惩防机制建设,抓好案件信访工作,提高案件查访管控水平。销售督察方面,持续开展诚信销售教育工作,让诚信理念走进职场、走进社区,让广大销售人员以行动践行诺言。内控合规方面,加强对关键人、关键岗、关键风险领域的重点防范。财务管理方面，强化财务预算管控，严格执行财税政策，保证数据真实性。客户服务方面，公司持续抓好柜员素质提升工程，规范双核（核保、核赔）双调（生调、理调）队伍管理，加强契约初审人员队伍建设。在满期给付工作中，针对少数客户对“红利”分配的不理解，做好解释工作。公司获“江苏省2014年度计划生育保险先进单位”“江苏省系统2014年度先进单位”“2012—2013年度南通市消费者诚信单位”“2011—2013年度南通市平安金融示范单位”称号。

（程太和）

其他保险企业概况

【太平洋产险海安支公司】 2014年公司实现保费收入1.04亿元，保费首次突破亿元，业务规模位列太保产险江苏省辖内县支机构之首。2014年，海安支公司被太保产险江苏分公司授予2014年度“十佳优秀机构”称号，生仁祥荣获太保产险江苏分公司“十佳优秀查勘员”称号，张平荣获太保产险江苏分公司“十佳优秀服务标兵”称号。（张 磊）

【太平洋人寿海安支公司】 全年实现保费收入1.05亿元。公司团险条线获省公司直销个人铜奖，服务营销条线获省公司渠道客经“海豚银奖”“十佳诚信典范”称号。（袁春燕）

国寿“爱行社”志愿服务队成立大会 （县保险协会 提供）

【平安产险海安支公司】 2014年，实现保费收入3944.33万元，同比增长44.91%。平安产险海安支公司理赔服务升级提升客户体验通过客户需求挖掘和细分目标市场，开发出多款市场反应较好的创新型产品，连续6年升级服务标准，在业内首次推出赔款即时到账、零查勘简易理赔、电话直赔、微信理赔等服务举措，持续引领行业服务水平提升。

（刘华峰）

【平安人寿海安营销服务部】 2014年，平安人寿南通中心支公司海安营销服务部拥有外勤代理人队伍516人，内勤管理层员工20余人。全年新增首期保费4000余万元，加上续期保费，累计实现保费收入超4亿元，为客户提供风险保障达10亿元。业内首推的MIT移动展业，一账通，保单E服务，让海安5万多名客户足不出户就可以享受从保单承保到保单打理的一站式贴心服务。平安人寿海安营销服务部两日结案率98%，并开辟特殊事件理赔绿色通道，营销服务部定期开展客户回访活动，走千家访万户，摆咨询台，及时为客户答疑解惑，排忧解难。全年举行保单年检活动近300场。全公司推出第一款拥有自驾车驾乘特别意外保障、八种轻度重疾的产品“护身福”和国内保险业第一款费率市场化的保障型产品“平安福”，在短时间内仅这两款保险产品就为客户送去1.68亿元的风险保障。在传统业务方面，积极落实“金融超市，客户迁徙”两项核心工作；在非传统业务方面，大力推动创新工程，将金融服务融入客户“医、食、住、行、玩”的各项生活场景，打造“一个客户、一个账户、多个产品、一站式服务”的综合金融服务平台，为客户创造“专业，让生活更简单”的品牌体验。（祝建华）

【天安财保海安支公司】 公司有正式员工9人，聘用员工2人，代理员工10人。设立网销渠道，新成立银保“保赢一号”

国寿2014开门红 （县保险协会 提供）

部门，整合既有资源，建设薪酬分配体系，设置业绩评价考核兑现，尤其是以银保“保赢一号”业务为契合点与各家银行合作模式，营造“双赢”的局面，网销保费业绩在南通全辖名列前茅。全年实现保费收入1355.64万元，同比增长21.87%。其中：车险保费740万元，较上年下降22万元，同比下降10.02%；财产险保费301万元，较上年增加65万元，同比增加7.84%；人身险保费315万元，较上年增加30万元，同比增加9.08%。险种结构：非车险占比45%，车险占比55%。扬州市金秋有限公司一工人意外受伤抢救无效死亡，公司一次性赔款60万元。

（洪　月）

【新华人寿海安营销服务部】 新华人寿南通中心支公司海安营销服务部个、银、续、团均持续健康发展。个险渠道实现保费收入431万元，银代渠道保费收入1090万元，期交245万元，续期渠道保费收入906万元，团险业务保费收入60.1万元。（周汉清）

【人寿财险海安县支公司】 公司实现保费收入5149万元，同比增长31.02%，列南通市全辖县支公司第一，居全县财产险机构第三位。其中车险保费收入4495万元，非车险保费收入654万元，超额完成年度目标，非车险占比12.70%。8月23日，某单位一辆玛莎拉蒂轿车在启扬高速姜堰路段发生碰撞，造成严重受损，价值高达132万元。接到报案后公司经理随即带领查勘人员现场查勘，从出险、施救、定损到结案赔款只用了20个工作日，将132万元的赔款汇到客户的账户，客户送来了“百万赔款真情难忘、国寿财险一诺千金”的锦旗。公司荣获总公司2014年度四级机构“综合实力100强”，荣获省分公司2014年度先进单位，获南通市“消费者满意单位”等称号。

（张志林）

【中华联合财保海安支公司】 公司正式员工13人，主要经营机动车险、企业财产险、家庭财产险、工程保险、船舶保险、货物运输保险、责任保险、信用保证保险以及短期的健康保险和意外伤害险等险种。2014年度被定为机关公务用车承保中标单位之一。实现保费收入1375.12万元，同比增长36.16%。

（王美芹）

【太平人寿海安营销服务部】 太平人寿南通中心支公司海安营销服务部为新老客户提供保单年检，保单积分兑换服务，为高端客户提供健康防癌体检服务。建立“人保慈善基金会”，携手客户做公益，鼓励客户进行爱心捐赠，将家中闲置书籍捐赠到公司，由公司将募集的400本书籍统一捐献给学校。设立“公众接待日”，接待68名来访群众。年度保费收入约120万元。（彭亚蓉）

【泰康人寿海安支公司】 全年泰康人寿南通中心支公司海安支公司实现保费收入580万元，同比增长17.7%。2014年公司新进销售人员，70后必须高中以上学历，80后必须大专以上学历。

（吕加进）

【大地财保海安支公司】 公司有员工14人，主要保险业务范围涵盖非寿险所有领域，16个大类，279个主险，164个附加险；车险全国(大陆)通赔，网上查询，公开透明。2014年公司开通“大地通保”特色服务，大地通保APP开创全新服务模式。全年公司实现保费收入1754万元，同比增长8.89%；为近万企业、个人客户提供近65亿元的保险保障，各项经营指标位于江苏省全辖前三名，其中意外险为全省之首。2家公司被大地总公司授予“全国百家优秀服务门店”称号，在江苏大地“千万工程”决赛中、“赶超有奖”活动中双双获得第一。

（周太林）

【永安财保海安营销服务部】 永安财保南通中心支公司海安营销服务部参与“全国保险公众宣传日”活动，在公司设置反洗钱宣传窗口，开展一系列防范和打击非法集资的宣传教育活动。全年实现保费收入606万元。（汪晓娟）

【民生人寿海安营销服务部】 民生人寿南通中心支公司海安营销服务部推出“非常6+1”快速理赔服务，多次提升快速理赔案件额度；连续推出客户服务节等大型客户回馈活动。2014年实现保费收入758.55万元。

（马小军）

【合众人寿海安营销服务部】 合众人寿保险股份有限公司南通中心支公司海安营销服务部实现保费收入4278.6万元，同比上涨144%。其中，新单业务保费3316.6万元，同比增长306%，续期业务保费962万元，同比上涨2.8%。从销售渠道来看，个人代理渠道保费145万元，同比增长17%；银邮代理渠道保费3171.6万元，同比增长368%。从险种结构来看，寿险业务保费137.4万元，同比增长2%；健康险业务保费6.8万元，同比增长127%；意外险业务保费0.8万元，同比下降42%。（陈　宸）

【安邦财保海安营销服务部】 安邦财保江苏分公司海安营销服务部规范各项业务操作流程，加强员工全方位考察，提高员工防范风险的能力。全年实现保费收入665.47万元，同比增长7.94%。

（刘雪梅）

【阳光财保海安支公司】 公司参加“全国保险公众宣传日”活动，成为政府公务车保险采购供应商之一，并成功入围海安县环境污染责任险共保体。全年实现保费收入1239.36万元。

（马　卫）

【生命人寿海安营销服务部】 生命人寿保险股份有限公司南通中心支公司海安营销服务部通过公司晋升推动、方案激励、产品组合优化、专项增员等一系列措施，巩固营销队伍。2013年处理重大疾病赔偿等案件6件，计赔偿客户63万元。2014年实现保费收入1333.89万元，个险同比增长128%，银保有所下降。

（高劲松）

【农银人寿海安营销服务部】 2014年，农银人寿保险股份有限公司江苏分公司海安营销服务部有内勤员工6人，外勤员工48人。全年实现保费收入480万元。（邓宝兰）

【友邦保险海安营销服务部】 2014年，友邦保险有限公司江苏分公司南通市海安营销服务部拥有内勤员工1人，营销员26人,持证率100%。公司新增友邦全佑倍至重大疾病保险、友邦全佑惠选重大疾病保险、友邦传世经典尊享版终身寿险(分红型)、友邦传世经典乐享版终身寿险（分红型)4个险种，推出AIA Touch2.3.3版本,在原有功能基础上新增在线刷卡即时支付保费功能，极大程度地方便了客户缴费。全年实现保费收入483.89万元,同比增长51%。其中,个人代理保费（包括个险和团险产品）收入483.74万元,同比增长51.2%;电销渠道保费收入0.15万元。2013年的总保费收入中,保障性保险(包括意外、健康和传统寿险)的保费收入482.42万元,同比增长113.3%。全年未发生任何一起监管处罚案件，也未发生任何一起重大风险事故。（朱　奇）

【人保健康海安营销服务部】 中国人民健康保险股份有限公司南通中心支公司海安营销服务部运用人保健康公司的“健康保险+健康管理”的特色经营理念,参保海安县城镇居民大病保险项目,为海安参保居民提供“一站式”医疗报销服务。2014年,实现保费收入710.78万元。（陈　媛）

【人民人寿海安县营销服务部】 2014年，中国人民人寿保险股份有限公司南通中心支公司海安县营销服务部继续推进落实“村村人保人,户户人保单”梦想,各网点摆摊设点，接待400多名来访群众,宣传保险知识,所辖个、银、团、互四大业务渠道齐头并进。全年新单保费12781.93万元。年底,全渠道业务人员近300人,拥有10余名内勤管理人员。（胡小龙）

【华农财保海安营销服务部】 华农财产保险股份有限公司江苏省分公司海安营销服务部经营机动车辆保险、企业财产保险、工程保险、意外伤害和健康险等险种,设有综合部、业务部、理赔部。2014年实现保费收入598.01万元，其中车险保费445.23万元,非车险保费152.78万元。海安营销部被总公司评为“优秀展业团队”。（钱微微）

【长安责任保险海安支公司】 2014年,长安责任保险股份有限公司推出“长安无忧”和“长安动力”企业员工保障计划,年底推出行天下卡、有礼卡、和谐号卡三种卡,皆是为个人设计的最佳保险产品。公司有员工9人。全年实现保费收入514.78万元,同比增长182.17%。（许海燕）

【信诚人寿海安营销服务部】 信诚人寿保险有限公司江苏省分公司海安营销服务部于2010年11月入驻海安，是入驻海安的第一家中英合资人寿保险公司,产品涉及保障、储蓄、投资、养老及医疗等诸多领域。2014年信诚人寿海安营销服务部实现保费收入115.59万元。（蔡霞丽）

【信泰人寿海安营销服务部】 2014年,信泰人寿保险股份有限公司南通中心支公司海安营销服务部组织员工参加海安的无偿献血活动,向四川希望小学捐赠助学，重阳节慰问社区孤寡老人等,观看《延安颂》,开展题为《目标与责任》的演讲比赛和“信泰礼仪之星”评选等,连续推出“客户服务节”等大型客户回馈活动。全年实现保费收入3953.40万元,各项经营指标在同类保险机构中名列前茅。（吉春钟）

【紫金保险海安县营业部】 2014年,紫金保险销售有限公司南通市海安县营业部的“南通海安路救办”积极承担政府救助及社会公共事业义务，全年垫付救助基金55笔、130万元，用于道路交通事故抢救费用垫付；全年因肇事逃逸案件共垫付15件,垫付金额28.6万元;垫付绿岛爱心救助基金1件,垫付金额2000元。中标省、市内一些重点建设工程运营期的环境污染责任险、财产一切险和公众责任险项目，全年实现保费收入641万元。（翟海燕）

【信达财保海安支公司】 2014年1月1日，信达财产保险股份有限公司海安支公司成立,地址位于海安镇江海东路10号,正式员工7人。公司主要经营机动车险、企业财产险、雇主责任险、人身意外险、工程保险、家庭财产保险等险种。全年公司实现保费收入781.05万元。（胡斌全）

【利安人寿海安支公司】 利安人寿保险股份有限公司南通分公司海安支公司于2013年9月经江苏保监局批准设立,10月16日正式营业,公司地点在海安镇中坝南路7号1幢508室。2014年度推出“至尊金禧年金保险（分红型）”“幸福金秋年金保险(分红型)”“幸福宝贝两全保险(分红型)”“安好一生终身寿险”“幸福全保两全保险”“报驾百万”等新型保险产品,全年实现保费收入3174.30万元。（杨云龙）

信用担保

【概况】 海安担保机构在保企业中有90%的是全县中小微企业。2014年,海安县、海陵、开发区3家企业担保机构资本金达到7.1亿元,比上年增加2亿元;为682家企业提供担保服务，其中海安县中小企业信用担保有限责任公司（简称县担保公司)服务中小企业超过400家;担保总额60.85亿元，其中县担保公司为413家企业提供37.55亿元担保贷款,累计为全县3331家企业提供132.78亿元融资担保,担保业绩大幅提升,各项指标均在全市多年名列第一。海陵担保公司为辖区企业提供20.5亿元担保贷款;开发区担保公司为辖区企业提供2.8亿元担保贷款。县担保业绩在全市名列前茅。县担保公司为南通市首家担保额突破30亿元的担保机构,并连续多年被南通市评为先进担保机构，担保业绩在全市遥遥领先,在全省名列前茅。县担保公司多次受到国家、省财政资金奖励,被评为江苏省中小微企业融资服务十佳明星单位,2014年被南通市评为先进担保机构、江苏省担保行业60强。

【创新担保手段】 县担保公司充分发挥企业自有担保资源，从资产运用效率、库存周转速度、应收款及时回笼、在账资金余额利用等多方面着手，开源节流,帮助企业把有限资金充分利用。县担保公司采取新上项目“三方履约”、无形资产增值、库存产品协约等担保措施，为295家企业提供16.55亿元贷款支持。通过全信用直保、品牌、专利、股权、应收账款质押，为28家企业取得6.58亿元贷款支持。通过第三人反保、互助联保、政保合作、再担保等，为325家企业取得20.13亿元贷款支持。县担保公司以优质的服务和高度的诚信，得到金融机构的大力支持。2014年合作银行超过20家，通过定期推介银保合作活动，与金融机构共同上门服务，相互提供信息，让众多中小企业在最困难时取得银行贷款。县农商行、江苏银行合作担保额成倍增长。年末，江苏银行在保余额6.84亿元，农商行9.84亿元，中行、建行、兴业银行、浦发银行、招行等合作业务量大幅提升。县担保公司与省再担保合作获得省市主管部门的好评，成为全省再担保主办机构中最受欢迎的担保机构。

【严防担保风险】 2014年担保行业风险急剧增加。县各担保机构强化行业自律和制度完善，严格执行业管理规定，按规自查自纠，年检全部合格。县担保公司年检达到优秀水平，行业评级逆境上升达到AA+级。强化操作规程规范运作。县担保公司从源头把关，明确禁令规定，建立从业务操作程序、人员职责、操作细则、保前受理、尽职调查、审核审批、第一责任人、保后督查、业务质量考核、业务台账管理、日常管理等全系统风险管理流程。通过事前约束、事中监控、保后督察，确保担保安全。县各担保机构强化为实体企业服务力度。县担保公司严格规定服务承诺，锁定服务项目办理时间，通过实际行动让客户满意，走访企业1800多家，存量担保率90%，新增客户96家，新增担保额突破9亿元。

应急基金

【提升应急能力】 海安县中小企业信用担保基金管理中心针对全县企业应收账款缓慢、银行信贷减少和销售下降等多方压力，想方设法在应急能力上下功夫，确保关键时能应急快应急。2014年县应急基金增至7280万元，会员企业增加到128家，规模扩大，应急能力增强。从2007年成立至2014年，县担保公司为全县1896家企业提供118亿元应急基金服务，其中2014年为425家企业提供27.43亿元应急服务，应急基金成为众多实体企业的“救命钱”。

【提升应急效率】 2014年，企业资金紧张程度超过任何一年，全年应急资金使用突破历史新高，有6家企业年应急金额突破亿元。应急最高峰时，日需资金突破4000万元。在季末、月末还贷高峰时，公司多方协调，内调外借，精心调度，确保会员企业应急资金及时到位。海安应急基金本着手续从简、速度从快、服务从优的原则，将应急资金使用简化为“一张申请，两份合同，两小时到位”，应急效率充分体现。2014年应急基金会员回访率100%，申请使用当日办结率100%，贴息到位率100%。

【提升风控能力】 应急基金风险极大，县中小企业信用担保基金管理中心一手抓服务水平提升，一手抓风险控制。在严格执行《海安县中小企业应急互助基金管理办法》的基础上强化操作细则，从会员入会、资金申请、资金使用、资金监控、资金监管、资金跟踪，实现全流程全透明监控，通过落实责任，管好关键点，确保应急基金安全。应急中心对每笔业务，每份合同，每项银行对接，职责明确，一丝不苟。所有合作银行充分配合，确保应急基金在极其复杂经济形式下发挥关键作用。 (周和春)

党政机构

Organizations of Party and Government

行政中心　毛平平绘

◎责任编辑　季陈娟

中共海安县委

重要会议

【县委十二届六次全体会议】 7月23日在县行政中心东附四楼报告厅召开。县委书记陆卫东代表县委常委会作题为《大力弘扬创新创业文化,积极培育创新创业主体,全力打造创新创业型城市》的报告。

会议学习贯彻党的十八大和十八届二中、三中全会以及省市全委会、全省民营经济工作会议精神,总结上半年工作,部署下半年任务,动员全县上下大力弘扬创新创业文化,积极培育创新创业主体,全力打造创新创业型城市。会议要求,坚定不移实施科技创新驱动战略。要加快构建富有活力、充满后劲的创新体系,大力发展以高新技术为引领的创新型经济,努力打造人尽其才、才尽其用的人才高地。大力弘扬创业文化,全力培育各类市场主体。要准确把握创业在强县富民进程中的支撑和带动作用,构建"人人竞相创业"的局面。全面优化发展环境,努力营造"创新创业在海安"的浓厚氛围。要以最广泛的宣传推动创新创业,以最有效的政策引领创新创业,以最良好的平台支撑创新创业,以最优质的服务助力创新创业。

【县委十二届七次全体会议】 12月31日在县行政中心东附四楼报告厅召开。县委书记陆卫东代表县委常委会作题为《全面深化改革,建设法治海安,为全面建成更高水平小康社会而努力奋斗》的报告。

会议学习贯彻党的十八届三中、四中全会、中央经济工作会议和习总书记视察江苏重要讲话精神,贯彻落实省市全委会、经济工作会议精神,总结2014年工作,分析研判形势,部署2015年任务,动员全县上下积极推动深化改革,坚定不移建设法治海安,为全面建成更高水平小康社会而努力奋斗。会议提出,要加快推进重点领域改革。加快推动政府职能转变,切实增强市场主体活力,着力优化资源配置,努力提升城市管理水平,统筹推进社会事业领域改革。要全面推进法治海安建设。着力提升全民守法自觉性,全面推进法治政府建设,大力提升执法司法公信力,着力推动社会治理法治化,加强法治工作队伍建设,着力提升党对法治工作的领导。会议强调,要切实巩固群众路线教育实践活动成果,统筹推进党建工作创新工程。紧扣思想理论新内涵,学习贯彻习总书记系列重要讲话精神;紧扣宣传工作新方针,弘扬"向上、法治、诚信、勤奋、创业"的海安人优秀特质;紧扣队伍建设新标准,锤炼履职尽责、德才兼备的好干部;紧扣基层基础建设新形势,打造坚强有力的服务型党组织;紧扣作风效能建设新规定,强化为民务实、踏石留印的干部作风;紧扣"全面从严治党"新要求,营造干部清正、政府清廉、政治清明的"三清"环境。

【"三大建设"工作会议】 2月15日上午在县行政中心东附四楼报告厅召开。会议总结2013年度全县党的建设、精神文明建设、民主法治建设和社会事业工作,表彰2013年度"三大建设"工作取得显著成绩的194个先进单位和170名先进个人,部署2014年"三大建设"和社会事业工作任务。 (县委办)

重大活动与决策

【开展党的群众路线教育实践活动】 围绕"照镜子、正衣冠、洗洗澡、治治病"总要求,以"炼为民之功、融干群之情、领发展之先"为出发点和落脚点,在全县94家活动单位、1389个基层党组织、5万多名基层党员中开展党的群众路线教育实践活动。17名县委常委和党员副县长分别在区镇和重点部门建立联系点,成立10个督导组,县委中心组先后举办12次学习会议,科级以上干部撰写500多篇体会文章。先后部署开展5批整改活动,制定完善53项制度规定,349个行政审批、行政服务事项以"权力清单"形式公示。开展"提神补钙大家学"等五大活动,通过"四进四访四问"广泛深入征求意见,组织各个层面的专题民主(组织)生活会,全县党员领导干部之间开展谈心谈话约5.4万人(次),相互提出批评意见建议10.8万多条。县委健全完善作风建设等方面的5大类40项制度,形成一批理论成果和制度成果,18项专项整治行动成效明显。省市活动简报有14期先后刊载海安群众路线活动信息,相关做法先后140多次在《学习时报》《新华日报》等媒体刊载。

(吉清海)

【经济社会发展决策】 县委十二届六次全会提出,大力弘扬创新创业文化,培育创新创业主体,全力打造科技资源有效聚集、创业活力竞相迸发的创新创业型城市。开展"县级机关服务企业科技行"活动,69个县级机关部门挂钩203家重点企业。

以四化同步、集聚集约、内涵提升为途径,加快推进新型城镇化建设,争取先

10月20日,全县党的群众教育实践活动总结大会 (县委办 提供)

行先试，力争取得更多改革红利。省发改委将海安作为国家中小城市综合改革试点城市推荐上报国家发改委。以“改善水质”为核心，以“截污堵源、畅通水系、宜养尽养”为重点，全面实施县城核心区污水管网全覆盖，实施县城市规划控制区清水工程，全面恢复河网引排功能；实施农村清水工程，盘活水系，实现三四级河道“以河养河”和“清水工程”示范镇、村全覆盖，力争通过三年（2014—2016）努力，达到“水清、岸绿、景美、人和”的综合整治目标。

围绕“研发有机构、生产有基地、物流有市场、销售有平台、服务有配套”的链式发展格局，加快打造现代家具、纺织丝绸、电梯、有色金属四大“全产业链”；加快构建期货交割库群、保税物流中心、多式联运、第四方物流、电商总部暨快递物流集散地、铁路门户型城市等六大功能平台，家具、木材、棉花、粮食、面粉、农资、有色金属、铝型材和不锈钢、五金机电、煤炭等十大物资集散中心。放大“中国时尚锦纶示范基地”品牌效应，通过项目招引、技术改造等途径，全力打造全国知名的锦纶特色产业基地，力争形成年产值200亿元的产能规模。（县委办）

县委办公室工作

【概况】 县委办公室（研究室）起草各类重要文稿130余篇，发文351件，请示、报告等收文41件，流转电报和上级党委政府文件3000余份。编印《昨日要情》250期、《一周工作安排》52期、《海办通报》《调研与信息》25期；报送信息400余条，被上级录用100余条，其中《基层反映：一地址多照现象需引起重视》被省委办公厅内刊录用。完成县委全委会、县委工作会议、年度总结表彰大会、重大节会活动等各类会议的组织保障工作。重点做好县委全委会、常委会、县委工作会议等县委重要会议精神贯彻落实情况，县重大工程、重点工作推进情况，县委常委扩大会“五个必通报”工作和县委主要领导批示的督察工作。全年交办督察事项184项，参与制定完善各类规章制度53项；解决基层各类问题356件；办理县领导信件480件、县领导批示439件；督办运转“省委书记信箱”、市领导交办信件32件、“县委书记信箱”31件，办结率100%。办公室增设法规科，全年向市委报备各类党内规范性文件47件，并完成对1978—2014年全县所有党内规范性文件的清理工作。办公室在机关形象测评中位列第一，被表彰为市文明单位、县先进基层党组织、县文明单位等。

【机要（保密）】 县机要保密工作全省领先，省委机要局领导连续三年到海安开展“三解三促”活动，1名机要干部被省委办公厅、省政府办公厅、省人社厅评为2010—2014年度全省党政机要系统先进工作者，1名机要人员被省委机要局评为先进个人。完成青奥会和中央巡视组在江苏巡视期间通信保障工作。全年办理电报400余份。开展通信主渠道业务适配设备和系统有关情况调查，逐步使用符合保密要求的国产设备替换系统中国外厂商的设备。完成电子政务认证基础设施升级改造工作，全年制发单位证书9张、个人证书90张，提供证书延期、解锁等服务1400余次，县电子政务数字证书应用作为先进典型在全省电子政务证书注册分中心建设与应用培训班上作交流发言。做好市县党委电视会议系统服务保障工作，为县委主要负责人提供会议服务3次，进行市县系统联调14次。做好上级文件运转、党委政府及两办印章管理、县内文件管理等工作，全年传输办理上级党委政府文件3000余份和县内公文、通知等1600余份。查处9家电子政务内网计算机违规接入互联网的部门。运用手机信号屏蔽仪为全县重大会议提供服务37次。加强军工保密资格认证企业管理，年内一家企业通过军工保密资格认证审查，一家企业通过复审。

【接待】 全年，完成全国政协原副主席李金华，省委副书记、省长李学勇，市委书记丁大卫，市长张国华等国家、省、市领导到海安视察的接待工作；完成经洽会、创新创业在海安、中意产业园、中科院专家海安行、全市工业经济现场会以及县党政代表团外出考察学习等重大活动的后勤保障工作。

【政务信息】 海安政府门户网站全年发布各类信息近5000条，其中综合新闻3400多条、领导活动200多条、政务动态200多条、图片新闻400多条、视频新闻近300条。处理领导信箱信件600多份，呈送领导批示处理件100多份。向市政府网站报送各类信息216条，录用158条；向省政府网站报送各类信息121条，录用14条。制作“两会”“为民办实事”“市级中心镇建设”“品牌海安”“海安好人评选”等专题网站。有序推进网站群建设，制定出台《关于进一步加强政府网站管理工作的通知》《网站栏目内容保障责任分解表》，全县网站群建设项目完成政府采购。所有单位公文（含请示、报告）的运转均实现无纸化，全年公文网上运转3500多件，发布政务文件660多条，部门动态6200多条，最新内刊600多期。（县委办）

组　织

【科级领导班子建设】 调整补强部分镇和县级机关部门主要负责人，补充优化瑞海集团、商贸物流产业园领导班子，会同县委政法委、县纪委开展公安副科中层干部竞争上岗活动，加大开发区、高新区、老坝港滨海新区与其他镇之间及区镇与县级机关部门之间的干部交流力度。全年提交常委会讨论干部人事调整7批次，涉及干部212人次，提拔25人，其中，提拔正科5人，副科20人。建立“谈优谈差”和“部长接待日”工作制度，常态化开展谈心谈话活动，年内“谈优谈差”活动找谈48个单位领导干部114人次，其中，谈优71人次，谈差43人次。

【年轻干部培养选拔】 成立年轻后备干部培养选拔专门工作组赴区镇和县级机关调研，分类别、分领域、分层次建立后备干部库。加强入库干部培养锻炼，实施“一把手”后备干部“能力素质提升工程”、科级后备干部“双向挂职锻炼工程”、可培养对象“接地墩苗育才工程”，组织进行青蓝结对、理论培训、实践锻炼、交流轮岗。年初面向社会公开招聘优秀青年后备人才11名。11月，选派20名年轻干部到村任职"第一书记"，做好选调生、大学生村官培养管理工作。

【干部教育培训】 抓好党的十八届三中、四中全会精神和习近平总书记系列重要讲话精神的学习培训，严格执行中组部、省委组织部加强教育培训期间学员管理的有关规定。围绕理论武装、知识更新、能力转型，全年举办现代服务业研修班、科级领导干部综合能力提升班等主体班次11期，培训干部1370人次，举办村党组织书记培训班等各类培训班146期，各类讲座38场次。推进领导干部在线学习，进一步丰富在线学习平台课程，全县730多名科级领导干部参加网络培训人均超过40小时。

【干部管理监督】 抓好公务员年度考核工作，审核鉴证全县1459名公务员和参公人员年度考核结果。会同县人社局完成公务员招录工作。对新录用公务员和优秀青年后备人才实施"育苗工程"。继续实行"双考积分、竞争选岗"，22名军转干部妥善安置到位。会同县人社局、公安局，有序推进公安系统行政执法类公务员分类管理改革工作。加强干部档案信息管理，集中整理在职干部档案，核查干部"三龄两历一身份"信息。做好领导干部出国(境)审核备案工作。

组织11名拟提拔对象全面报告个人有关事项，做好23名科级干部在婚丧嫁娶、建房购房、购置车辆方面的事项变化情况登记备案。从严推进"三责联审"工作，联审16家单位的18名主要负责人，对涉及调整的13名"一把手"实施离任经济责任交接。

会同县编办、人社等部门，开展行政机关、事业单位超编、超职数配备干部和在编不在岗专项整治工作，县物价局、旅游局、建管局等挂牌机构撤并到位，清理在编不在岗、不随转工资关系人员42人。清理规范党政领导干部在企业兼职（任职)工作，对退离休领导干部在社会团体兼职也按有关规定进行规范和清理。

【基层党组织建设】 全面推进以"基层组织运转规范化、村居干部管理严格化、党员教育管理制度化、服务阵地建设标准化、后备干部培养有序化"为目标的基层党组织"五化"建设，全年组织5次基层党建工作现场观摩活动，开展2次党委(组)书记管党述职活动。全县新建、改建、扩建村级为民服务中心135家，"七室四站二超市二栏一学校一场所"功能齐全，实行"一站式"便民服务。第三轮面向优秀村(社区)党组织书记招聘事业人员13名，落实村后备干部专项培养、管理、使用长效机制。开展海安"十大最美基层干部"评选工作，引导基层干部干事创业。实施非公企业党建"贯标行动"，制定出台非公企业党组织标准化建设实施意见和考核细则，细化6大类70项考核指标，126家企业通过先进等级验收。加强建筑业企业党建工作，开展"施工一线党旗红"主题实践活动，推行"指挥部+项目部+党支部"党建运行机制，集中组建42家重点工程项目临时党组织。县委组织部被中组部党建研究杂志社授予党建研究工作二等奖。

按照村党组织不低于10%、社区党组织不低于5%的比例，倒排薄弱村(社区)党组织22个。制定转化方案，实施一村(社区)一策，明确整改目标和整改举措，所有薄弱村在为民服务中心建设、村营收入渠道拓展、村后备干部选拔培养等方面均有所突破。海安代表南通通过省委组织部检查验收。

【党员发展和教育管理】 2014年新发展党员434人，其中，女党员191名，占44.0%；35周岁以下党员312名，占71.9%；高中及以上学历党员365名，占84.1%；一线人员中发展党员298名，占68.7%。

完善亚健康党员分色预警制度，稳步推进不合格党员处置工作。全面推行"党员统一活动日"制度，将每月25日定为全县党员统一活动日，集中开展党性教育、民主议事、服务群众等活动。组织在职党员到社区报到开展志愿服务群众活动，全县84家机关部门与32个社区、10个区镇机关党组织与所在地集中居住区党组织结成共建对子，3912名在职党员进社区选岗开展服务。巩固完善流动党员"风筝"工作法，在北京、大庆、乌鲁木齐三地新建流动党员服务站，《南通日报》等媒体予以推介。

【贯彻落实《干部任用条例》】 抓好新修订的《干部任用条例》的学习宣传和贯彻落实。根据主要领导"四个不直接分管"要求，制定出台《海安县干部人事工作管理办法》，对干部选任各环节的操作程序和工作要求作出具体规定，并指导基层用人单位制定配套实施办法。明确干部调整动议及配备环节必须遵循的六大基本原则(职数空缺、工作急需、政策规定、平级优先、控减量次、规范操作)，进一步规范新形势下干部选任工作。实施干部选任全程纪实制度，实现干部任前、任中、任后全过程监督。

【领导干部"帮村帮户"大行动】 全县90个县级机关部门534名副科职以上领导干部与137个村（居)4166名被帮扶对象结对。将低收入农户、计生特困家庭、贫困母亲、县级优抚对象、三峡移民、孤儿、特困职工等不同类型对象，集中到所在村，由对应的机关部门统一扎口帮扶。年内，全县帮扶贫困户资金总额344万余元，建档立卡的低收入农户家庭100%实现脱贫目标，所有村村营收入30万元以上。

【推行镇党代会年会制】 推进党代会常任制试点工作，全面推行镇党代会年会制。出台《关于进一步加强党代表工作室建设促进党代表直接联系服务群众的意见》，规范党代表工作室建设、党代表活动开展、党代表建议意见办理等，海安县党代表提案、提议制实施办法被市委组织部全文转发。全县1615名县镇党代表，全年约见接待党员群众1.7万多人次，收集意见建议4038条。

【远教富民工程】 在全县村(社区)统一安装"江苏先锋"智能TV系统设备，依托远程教育网络开展农村商务信息服务工作，改版、升级海安创富网，组织农业龙头企业参加中组部和国家商务部组织的新农村商网夏秋农产品购销对接会，确立40户远教中心示范户和20家远教示范教学实践基地。相关做法被省组工信息刊载推介。

【组工信息调研宣传】 修订完善信息调研宣传考核办法，定期举办信息会商活动。全年被中组部录用信息1篇，省组工信息录用5篇，市组工信息录用13篇，部机关人员在各级各类报刊发表理论调研文章200余篇。编发海安组织工作手机报57期，其中区镇特刊8期。

（吉清海）

【机关党建】 严格落实《中国共产党章程》和《中国共产党党和国家机关基层组织工作条例》关于机关党组织任期的相关规定，及时督促相关单位按期换届改选或补选，30个机关部门党组织、8个机关部门工会组织、2个机关部门团组织按期换届。3月7日、4月29日，先后两次召开机关党建业务培训会议，对县级机关200多名党组织负责人、党务干部进行政治理论和业务知识培训，组织编印《机关党建业务手册》，发放至全体支部委员，提升开展机关党建工作的能力水平。加强老干部党支部建设，新组建国税局、地税局、人社局等老干部党支部。

【机关创先争优活动】 开展年度民主评议党员工作，组织撰写优秀党员个性化事迹材料，利用多种方式，宣传表彰在双招双引、重点工程和项目建设中涌现出来的县级机关优秀共产党员。联合县新闻信息中心在《海安日报》开辟专栏，大力宣传"好税官"卢华、"国土小花"丁小琴、"三农卫士"杨光俊等身边优秀共产党员事迹。精选部分优秀共产党员事迹材料，汇编形成《机关党员风采》。"七一"期间，县委办、组织部、纪委监察局、国税局、地税局、总工会、财政局、药监局、事务局、工商局10个机关党组织和马善华、刘勇、李传俊、蒋爱东、毛迎丰、王立新、朱圣红、王永进、钱海兵、吕红梅10名优秀共产党员受到县委表彰。人大机关、政府办等21个机关党组织、吴俊刚、陈兴俊等18名优秀党务工作者和177名优秀共产党员受到机关工委表彰。汇编2013年7月至2014年6月创先争优成果，部门（单位）获得国家级奖项42个、省级239个、市级468个，党员干部个人获得国家级奖项38个、省级197个、市级417个。

【机关作风效能建设】 开展"三抓三提"机关作风效能建设主题教育，打造"快节奏、高效率、敢担当、善落实"的机关作风效能新名片。推进窗口单位和服务行业党员"三亮三公开"活动，机关各窗口单位和服务行业党组织积极配合行政同步推进硬件设施和软环境建设，精简手续、简化程序、缩短时限，全面落实规章制度和便民举措，并通过县内各媒体或部门公示栏、局域网公开、公示为民服务承诺。组织开展"为民服务"摄影作品征集评选活动，收到作品136幅，评选产生最佳奖5名、优秀奖15名、鼓励奖30名。8月12—22日，组织机关和区镇参评代表200人，对市级机关作风建设情况开展年中评议。11月20—26日，组织驻海安的省党代表、人大代表和部分机关干部代表，集中评议省级机关作风建设。12月27—31日，组织市、县人大代表、政协委员、党代表，县级机关、区镇、街道、社区代表和基层群众代表1183人，对市级机关作风建设进行年度评议。（景圣余）

宣　传

【概况】 2014年，海安县委被评为全省首届学习型领导班子建设工作先进集体及全省第二批学习型党组织、学习型领导班子建设工作示范点。海安被表彰为市文化产业发展速度先进地区，在市"濠滨夏夜"广场演出活动中获优秀组织奖，组织节目参加市江海之声合唱艺术节获优秀组织奖。县委宣传部被表彰为市文化产业统计工作先进单位。在国家、省市"五个一工程"评选中，海安获奖作品数南通第一。歌曲《我们的中国梦》荣获全国"五个一工程"奖歌曲类第一名，荣获中宣部等4单位举办的文艺作品征集活动音频作品一等奖第一名。歌曲《幸福航班》、话剧《又见桃花雨》、长篇小说《群芳》获省第九届"五个一工程"奖，歌曲《恋在里下河》、广播剧《江海狼烟》获市第六届精神文明建设"五个一工程"奖，县委宣传部获优秀组织工作奖。"打造文艺精品，丰富群众文化"荣获南通市2014年度宣传思想工作改革创新奖。

（涂祖凤）

【学习型党组织建设】 围绕党的十八大、十八届三中、四中全会精神、习近平系列重要讲话精神等专题，先后邀请罗平汉、桑学成等10多位专家教授为县委中心组作专题讲座。建立健全落实基层党委（党组）中心组学习旁听制度，对部分基层党委（党组）中心组学习进行旁听指导，督察一些区镇、部门和单位中心组学习情况。

【形势政策教育】 组织理论宣讲志愿者队伍，围绕习近平系列重要讲话精神，特别是关于建设中国特色社会主义等方面的新思想新观点新要求，到基层开展宣讲300余场，受众近3万人次。县委党校徐进被表彰为全省理论宣讲先进个人，入选省理论宣讲专家库。借助"海安发布"官方微博、"海安发布"政务微信、"海安组工"官方微博，结合习近平系列重要讲话精神、时政热点、基层干群共同关心的热点话题，每天发布理论微博、微信，吸引网友参与互动。组织基层党员干部党员冬训工作，高新区党工委被评为2013—2014年度全省冬训工作先进集体，南莫镇党委书记许剑波被表彰为全省冬训工作先进个人。

【应用性理论研究】 出台《海安县哲学社会科学优秀成果奖评选办法》，组织开展首届县哲学社会科学优秀成果奖评选活动，评出一等奖2个，二等奖4个，三等奖6个，优秀奖8个。组织申报的《南通市2014年度经济与社会发展热点问题》《关于解决成长型中小企业发展难题与对策研究》获得立项。在《海安日报》开辟"领导干部群众路线笔谈"专栏，刊登县处级领导干部、各区镇部门负责人学习心得文章120多篇。其中，5篇学习体会入选市委宣传部学习习近平系列重要讲话精神优秀文章汇编，全市第一。

（周德进）

【对外宣传亮点纷呈】 2014年，在上级主流媒体上用片用稿超过1000篇，多篇稿件被刊登在各级主流媒体的头版头条。借助重大活动，邀请40多家上级媒体到海安采访。《扬子晚报》《现代快报》整版宣传海安"动车时代　节点城市"新优势和科技创新工作成果；《新华日报》头版报道海安以创新促经济发展的做法；新华社、《新华日报》专题报道海安清水工程成果。县两台、两中心在对应的市级媒体用稿质量和数量均全市领先。《海安日报》在市级以上报刊用稿236篇,其中,《半月谈》1篇,《人民日报》1篇,《新华日报》22篇,《南通日报》181篇,其中头版19篇。县电视台在市台用片232条,县电台在市级台用稿211条。

【县内宣传有声有色】 《海安日报》传播形态从纸质媒体扩展到网络、官方微博、官方微信和移动终端,发展海安手机报用户3万多户,掌上海安用户1万多户,海安日报微博、微信粉丝5000多户,海安新闻网、海安地产网日点击量1000多人次,“6810”服务热线每天接收和发送信息200多条。海安广播电视台通过整合电台、电视声像资源,打造移动的广播电视台——海安播报网,访问量进入县独立网站前三名。 (吴秋月)

【开展群众文化活动】 组织开展“身边的感动”文艺作品征集、“践行核心价值观,争做最美海安人”诗联书画精品展暨首届楹联大赛、庆祝新中国成立65周年书画摄影作品展等活动;组织“欢乐送百姓”“海陵之夏”“文化志愿者在行动”“全县群众文艺创作节(剧)目会演”“全县艺术教师才艺大赛”“海安好声音”“劳动者大舞台”“全民读书节”“523艺术周”等活动;组织参加市“中国梦·江海风”文艺调演暨“濠滨夏夜”广场演出、江海之声合唱艺术节,均获演出金奖、优秀组织奖,均为第一名。将文化文艺送到村镇、企业、弱势群体集中居住地,全年巡演200多场。

【全民国防教育】 开展征兵宣传,参加国防动员指挥演练,联合举行“弘扬改革精神,争当强军先锋”国防教育主题演讲,组织县电视台常年持续在黄金时段播放“维护海洋权益,建设海洋强国”等国防教育电视公益广告,组织参加省、市国防专题研究班和国防教育骨干培训班,组织国庆期间国旗升挂和中坝路、通榆路两条“国旗一条街”建设。角斜红旗民兵团史绩陈列馆被命名为第五批省全民国防教育基地,南莫中学被命名为首批市国防教育示范学校。

【文化产业培育】 组织开展文化产业发展季度查评活动,促进各文化产业园区完成县委、县政府考核任务。组织文化产业发展推进人员到苏南、杭州、湖州、青州、沭阳、宿迁等地参观学习,形成考察调研报告和全委会关于文化产业发展的素材稿。组织5个单位12件作品参加2014首届江苏文化创意设计大赛、2个单位3类作品参加2014第七届中国南京文化创意产业交易会。经推荐上报,12个单位和个人成为市文化创意产业协会副会长、理事、团体会员和个人会员,“523”文化产业园、鑫缘丝绸文化艺术中心被命名为首批市改革创新教育基地,海安鑫缘环贸数码文化科技有限公司被确认为首批省重点文化科技企业。

(史礼根 徐 勇)

文明创建

【文明城市创建】 3月20日,召开文明城市长效管理机制建设暨城市环境综合整治工作推进会。下发中共海安县委、县人民政府《关于建立文明城市建设长效机制的意见》,制定《2014年海安县文明城市创建工作考核办法》。根据《江苏省文明城市测评体系》要求,督促指导各责任单位围绕城区所有社区、网吧、学校周边、窗口单位、主干道、非主干道、背街小巷、主要交通路口、集贸市场、大型商场超市、广场、商业大街、医院、剧场、公园、建筑工地、汽车站、火车站、三星级宾馆、小餐饮店、公交车、出租车等长效管理项目,制定管理办法。从市级以上文明行业、文明单位中招募65名城市文明程度指数测评志愿者,组建市民巡访团,参与每月一次的城市文明指数测评。全年组织五轮城市文明指数测评,测评结果在《海安日报》、海安文明网等媒体上公布。12月14—15日,省文明城市检查组到海安测评城市文明程度,海安通过省文明城市复检。 (涂开生)

【开展系列文明创建活动】 开展“践行核心价值观,争做最美海安人”主题实践活动。先后印发《关于在全县开展“践行核心价值观,争做最美海安人”主题实践活动的意见》《关于在全县深化“践行核心价值观,争做最美海安人”主题实践活动的通知》《关于培育和践行社会主义核心价值观的实施意见》,制定《海安县主题宣传教育实践活动长效机制》。设置核心价值观大型公益广告牌200多块(面),印发张贴核心价值观宣传画1万多张,组织县各新闻媒体常年开设专栏专题,各新闻媒体和电子显示屏常年刊播反映核心价值观基本内容的公益广告,各网站首页长期刊播核心价值观基本内容。在《海安日报》开设专栏刊发“海安人优秀特质(向上、法治、诚信、勤奋、创业)大家谈”专题征文,全年刊发征文32篇;开展“践行核心价值观,争做最美海安人”演讲大赛,210名选手参赛,“演讲大赛”获市主题教育实践活动优秀创新项目;制作“践行核心价值观,争做最美海安人”宣传招贴画2万张;选树“十大最美基层干部”“十大创业标兵”“十大法治人物”“十大道德模范”“十佳海安之子”“十大科技功臣”“十大文明职工标兵”“十大杰出青年”“十大女杰”“十大美德少年”等十个类别的先进典型。组织城乡普遍设立善行义举榜,评选“善行义举”“最美人物”“最美海安人”,举行最美海安人颁奖典礼。组织开展赵顺秋、卢华等先进典型学习宣传活动,举行赵顺秋先进事迹报告会17场次。参加市核心价值观和宪法知识网络竞赛,参赛人数均全市第一,均获优秀组织奖。

开展“做谦恭有礼海安人、建大美海安文明城”主题教育实践活动。以主题活动为载体,开展“文明有礼、礼貌待人”“学习雷锋、奉献他人”“人人动手、清洁家园”“文明出行、平安回家”“主动排队、主动让座”“爱绿护绿,保护环境”“远离香烟、关爱健康”“厉行节约、文明用餐”等八大行动。在公园、广场、交通要道、建筑工地等场所设置大型公益广告牌200多块;开展主题征文活动,报送征文200多篇,《海安日报》开设专栏刊登优秀作品;开展公共场所“不文明行为随手拍”活动,在《海安日报》、海安电视台等媒体设立专题专栏进行曝光。

(史礼根 徐 勇 涂开生)

【选树宣传道德模范】 每季度开展一次“海安好人”评选,遴选20名身边好人候选人,动员广大群众依托海安文明网、《海安日报》为候选人投票、发表感言,每季度评选5名海安好人。2014年,海安有5人入围中国好人榜,2人当选中国好人,3 人当选江苏好人。在省文明办、省红十字会、省见义勇为基金会、新华报业集团等联合主办的全省寻找“最美救护员”活动中，海安飞鹤公交公司杨万平、万晓燕获“最美救护员”称号。《海安日报》、海安电视台、海安人民广播电台等县主要媒体均开设、开辟好人宣传专题、专栏。将上年评选产生的 54 名海安好人事迹制成展板，在县城新世纪广场展出。另外,从 54 位海安好人中选出 8 位典型,制作海安好人专题片,在电视台“民生热线”栏目中播出,并在道德讲堂活动“看一部短片”的专题环节中宣传。

2 月 6 日，见义勇为典型赵顺秋因抢救车祸中的乘客不幸离世。2 月 10 日晨,市委常委、宣传部部长章树山,市委宣传部副部长、文明办主任陈冬梅代表市委书记丁大卫、市长张国华赶赴海安殡仪馆送别赵顺秋，并就下一步典型宣传工作作出部署。同日,县委、县人民政府作出追授赵顺秋“见义勇为好市民”荣誉称号并在全县开展向赵顺秋学习活动的决定。2 月 11 日,县文明委召开会议,布置学习宣传好人赵顺秋活动，并组织成立赵顺秋先进事迹宣讲团，分赴全县各区(镇)、机关企事业单位宣讲,全年宣讲 30 多场,受教育群众 8000 多人。

【未成年人思想道德教育】 4 月 23 日世界读书日启动“践行核心价值观 争做最美海安人”第九届未成年人读书节,5 月开展“书香伴我成长”——未成年人经典诵读比赛、“亲子共读、传承美德”——亲子读书比赛、“爱学习、爱劳动、爱祖国、爱家乡”——优秀童谣征集评选以及“童声里的中国”少儿歌唱比赛等活动。开展第三届十佳美德少年评选活动,同时组织各学校开展“小志愿者说唱美德少年”活动,用朗诵、校园剧等艺术形式展示美德少年候选人的事迹。

推进未成年人文明礼仪养成教育活动。4 月 23 日,举行全县未成年人文明礼仪养成教育活动启动仪式。开展文明礼仪公益广告征集评选、文明礼仪随手拍、文明礼仪童谣征集等活动,在《海安日报》、海安文明网等媒体上刊登优秀作品，在海安文明网建立文明礼仪养成教育专栏，编印文明礼仪养成教育专题简报。全年,市、县电视台采访报道文明礼仪养成教育活动 10 多次,省、市文明网录用活动信息 80 多条。下发《关于开展文明礼仪养成教育活动竞赛评比工作的通知》,在幼儿园、小学、初中、高中阶段挑选 18 所学校开展文明礼仪养成教育竞赛评比活动。建立“八礼四仪”工作群和联络员制度，指导督促各学校一月一礼、一校一重点礼。6 月中旬,对全县八礼四仪工作进行考核评比，在《海安日报》公布排名情况。

强化未成年人课外活动阵地建设。新建乡村学校少年宫 30 家,并和先期建立的 11 家少年宫一同推进一校一品建设，引导其重点推进一项非遗文化进校园项目。下发《乡村学校少年宫年度工作考核评比细则》,将考核结果作为下拨活动基金的重要依据。深化未成年人成长指导中心建设，全年举行 36 场集中宣讲,受众人数 10093 人次;组织开展“同在蓝天下”——关爱留守流动儿童夏令营活动；中心全年接听热线电话 113 人次,通话时长 1632 分钟,面询 32 人次,网络咨询 79 人次，积累相关典型案例 16 个。曲塘镇、开发区城东镇、立发中学、紫石中学、城南实验小学、第一实验幼儿园等示范工作站点建设基本到位。

(涂开生)

统 战

【举办党外代表人士培训班】 12 月 1—4 日，在省社会主义学院培训党外代表人士,全县科级党外干部代表、党外知识分子代表、新的社会阶层人士和新媒体从业人员中的骨干成员及各区镇统战委员等 55 名学员接受培训。学习内容有党的统一战线和多党合作理论、民族宗教政策以及当前宏观经济形势、国际形势与国家安全等，组织全体党外代表人士座谈交流学习心得体会。健全全县党外代表人士管理制度,建档立制,将每位学员培训情况、调研文章等综合情况,作为考核、任用及政治安排的一项重要指标,实行动态管理,优中选优。

【建立党外代表人士工作三大基地】 在县委党校开办党外代表人士培训班,并挂牌成立县党外代表人士教育培训学习基地,设置个性化培训课程。在雅周现代农业园挂牌建立农业科技服务基地,5 名党外农业农技专家定期服务农业园。在县中医院建立健康保健服务基地,全县 100 名党外代表人士接受健康体检。

【开辟基层统战工作阵地】 将统战工作向村居、街道延伸,在曲塘镇胡庄村、海安镇新陵街道建立统战工作室，通过书籍、板报、资料等,向基层群众宣传统战政策,展示统战工作成果。将统战工作向企业延伸,在中洋集团中洋河豚庄园、海迅集团蓉和怡心园开辟统战文化室,扩大统战工作影响。将统战工作向机关延伸,在县档案局开辟统战图书室,通过面向机关干部免费借阅图书等形式，推动统战工作进机关。将统战工作向楼宇延伸，在中洋高尔夫公寓成立楼宇统战工作室,利用人员集聚对象广泛的特点,面对面、点对点进行统战宣传。

【探索新媒体从业人员统战工作途径】 制定《关于开展新媒体从业人员统战工作的办法》，成立新媒体从业人员工作室,举办“我能为你做些什么”新媒体代表人员座谈会，团结引领新媒体从业人员。县新媒体从业人员统战工作获 2014 年度全国统战工作实践创新成果奖。

【打造家具行业全产业链】 县委统战部是县家具全产业链培育责任部门，依托家具业商会平台,积极作为。东部家具产业基地有 50 多家企业在建,20 多家企业投产，全球采购中心主体和原辅材料市场完工，辐射全国的多条家具物流专线开通,电子商务平台全力开发中。

【全面深化海台经贸合作】 年内，县委书记陆卫东，县政协主席朱春等县领导分别带队赴台开展“双招双引”活动,国家级海安经济技术开发区、省级海安高新技术开发区驻台招商实现常态化,分别在台北、台中、台南等地设立驻台经贸联络处。县滨海新区、李堡镇、曲塘镇也分别专程赴台招商，逐步探索驻点招商机制。

【重大台资项目有序推进】 全年新批台资项目 22 个,总投资 3.32 亿美元,到账台资 1.18 亿美元，各项指标稳中有升。

由台湾炎洲集团投资9900万美元兴办的万洲胶粘制品(江苏)有限公司粘胶项目一期工程开工建设。县国家级开发区与台湾台玻集团开展对接联系，台玻集团总裁林伯实多次到海安考察投资兴办中瑞蓝科纯电车辆生产基地项目，双方就项目签署合作备忘录。各区镇分别与台湾实联集团、绿阳光电、恒耀机电、和大工业、炎洲集团、永记造漆、宏伟电机、王佳实业等达成一批投资协议，并有序推进项目落户工作。

【涉台宣传精彩纷呈】 全年在县级以上媒体上发表涉台文章60多篇,宣传推介海安的投资环境和对台工作新业绩。创新方式做好涉台教育工作，做到坚持以“和平统一、一国两制”为主要内容的面向全县广大干部群众的涉台教育；坚持以台谊会为纽带的面向全县常住台胞、台属的涉台教育；坚持以对台经济工作为重点的面向全县招商人员的对台招商业务培训。

【开展“台资企业服务年”活动】 制定《集中走访台资企业活动方案》《定期走访慰问困难台胞台属家庭活动方案》《走访调研大陆新娘活动方案》等,利用县委台办、镇(区、街道)、村(社区)三级联动网络做到涉台问题及早发现，矛盾事项及早解决。全国台企联常务副会长、南通市台协会长刘璟芳对海安服务台商的举措给予肯定。 (张　明)

农村工作

【传统农业再创新佳绩】 全县稻麦种植面积110.4万亩，分别比全省平均单产每亩高105公斤和85.6公斤,实现稻麦年单产全省“九连冠”、十一年连增。年发蚕种28.2万张，产茧1.1万吨，总产值4.3亿元。畜禽养殖克服价格波动、禽流感等不利影响,保持供应稳定。水产品总产量4.6万吨，海安被表彰为全国平安渔业示范县。

【农业现代化取得新突破】 农业现代化、水利现代化水平继续处于全省第一方阵。在全国153家现代农业示范区中,综合排名第16位。全年新增千万元以上农业项目72个，其中进入农业园区32个。雅周现代农业园“三大中心”主体工程基本完工，宏瑞精品苗木等一批项目相继入驻。水利重点工程总投入5.2亿元，再创历史新高。农机化综合水平86.2%,高标准农田占比63.2%,继续位居苏中苏北第一。海安被表彰为全国标准化现代农业气象服务县、省“四有一责”建设先进县,获省“一事一议”财政奖补项目评比一等奖，成立首个国家级长江珍稀鱼类产业技术创新战略联盟。

【提升农业产业化水平】 新增市级农业龙头企业10家,龙头企业总数、增量全市第一。实现主营农产品销售收入239.5亿元,增长18.5%;带动农户24.5万户，增长10.9%。建立农民合作社640家,成员总数31.33万人。3家专业合作社被评为国家示范社，大公镇群益村被评为全国“一村一品”示范村。鑫缘集团、中洋集团被农业部认定为第六次监测合格的农业产业化国家重点龙头企业。“海安大米”“海安河豚”被认定为地理标志证明商标。

【农村改革彰显新活力】 推进土地经营权确权登记试点，构建县镇村三级土地流转供求信息网络,规模流转土地8220亩。培育家庭农场401家,200亩以上“全托管”经营主体63个。土地适度规模经营面积51.76万亩,占比64.4%。

【城乡环境呈现新面貌】 通过省级村庄环境整治全域性验收，实现星级康居乡村全覆盖。4个市级中心镇规划编制完成,建设全面展开。新增造林绿化2.5万亩,林木覆盖率23.9%。全面启动清水工程三年建设计划，一二级河道实行市场化保洁,三四级河道推行“以河养河”生态保洁。全县62%的河道达整洁河标准,60%的村通过达标村验收。全省秸秆燃料化利用现场会在海安召开。

【强村富民迈上新台阶】 新建标准厂房58万平方米;完成村营收入1.8亿元,增长12.6%;实现村营收入50万元以上的村156个。经济薄弱村标准厂房出租率70%。农村居民人均可支配收入15155元,增长11.1%。

【扶贫开发工作受国家表彰】 在10月17日国务院设立的首个“扶贫日”召开的社会扶贫视频会议上，苏中建设集团董事长笪鸿鹄被国务院授予社会扶贫工作先进个人。县扶贫开发工作由政府主导，鼓励社会公众积极参与。全县3272户低收入家庭、954名县级优抚对象、三峡移民、孤儿、特困职工、计生特困家庭、贫困母亲等政策救助对象，均落实副科级以上领导干部帮扶，每名领导干部至少3户。其中137个村的被帮扶对象由90个县级机关部门承担,其余各村由所在区镇机关负责。全年县镇机关部门、各区(镇)通过办公经费列支、个人捐赠等途径，为各类被帮扶对象提供现金329.34万元,物资14.71万元,确保每个低收入家庭至少得到1000元的现金资助,其他帮扶对象400元;省定7600名低收入人口脱贫任务超额完成，年内有4834户、8371人实现增收脱贫。县级机关各部门还通过节办经费，对照建设标准，指导帮助结对挂钩的各村开展为民服务中心达标建设工作，提供建设资金698万元。县人社局用节省的“三公”经费，直接资助雅周镇鸭湾村在县城购买门面房,通过出租增加村营收入。在全面做好省扶贫固定观察点村和农户工作的同时，对省拨付的100万元专项扶贫资金，全部落实到黄桥老区所在的3个区(镇)46个村1012户建档立卡的低收入农户，支持各困难家庭发展种养殖业等项目,并抓好跟踪督察。 (孟圣山)

党校教育

【干部培训】 县委党校举办各级各类培训班近10期,培训干部近1000人次。始终把用科学的理论武装干部，作为培训工作的重点。突出政治理论教学,把学习十八届三中、四中全会精神,县委全委会精神和群众路线教育实践活动结合起来，把深入学习习近平总书记系列重要讲话、马克思主义基本原理等内容作为培训重点。突出能力提升,先后在浙江大学举办现代服务业专题研修班，在复旦大学举办科级领导干部综合能力提升培训班。以新任科级干部、初任公务员等为主体,举办党性修养、公务礼仪、依法行政、阳光心态等专题讲座培训。按照上级要求和干部培训工作计划，圆满完成年度培训工作。

【教学研讨】 县委党校结合自身特色，继续开设“每周一课”推进学习型党校建设。专兼职教员结合时政热点、研究课题、海安实际，积极备课，讲授的主要内容有《做好新形势下群众工作的几个问题》《中央一号文件精神解读》《改革与发展的新机遇》《马克思主义大众化》《对人口红利的再认识》《十八大以来中央政治局13次集体学习情况梳理回顾》《重温群众路线历史沿革》《如何建设先进的网络文化——十八届三中全会精神解读》《事业单位改革政策解读》《用社会主义核心价值观凝聚民族复兴的强大力量》《习近平讲话的哲学思想》《马克思主义辩证法》《公平正义怎么保障》《习近平的经济思想——新丝绸之路的战略构想》《学习贯彻习近平在文艺座谈会上讲话精神》《全面推进依法治国的新阶段、新理念、新举措》《怎样看中国经济新常态》等。1名教员参加全市党校系统主体班精品课比赛，以《打铁还需自身硬——习近平同志与党性修养》一课获一等奖，并录制DVD，报送省委党校参评。

【理论宣讲】 常务副校长徐进两次为省委党校校长班、师资班授课。5月，徐进再次被评为全省理论宣讲工作先进个人，受省委宣传部表彰，其宣讲事迹入选省委讲师团《丹心铁嘴》一书。12月，省委宣传部聘请徐进为理论宣讲专家库首批专家。多名教员先后到区镇、部门(单位)、企业开展以十八大、十八届三中全会、十八届四中全会、习近平总书记系列重要讲话精神、中国梦、社会主义核心价值观、群众路线、网络舆情、公务礼仪、心理调适等为主要内容的宣讲。全年为基层干部群众进行理论宣讲逾百场，听众超4万人，其中开展群众路线专题宣讲活动40多场次，受教育的干部4000余人，还先后应邀到镇江、苏州吴中、扬州仪征、泰州兴化、南京栖霞及南通市县作群众路线讲座10余场。12月，全国党校系统第六次教学改革研讨会在江苏省委党校举行，县委党校撰写的《用宣讲拓展党性教育空间》入选《江苏市县党校党性教育交流材料汇编》，并在研讨会上交流。

【科研调研】 县委党校完成市级课题“中心镇人口市民化研究”；成功申报立项省委党校2014年度课题“城镇化进程中农民市民化研究”；完成市级思想政治工作课题“搭建三维体系，用好网络阵地”，并被推荐为中国政研会优秀课题申报成果；与市委党校联合申报省级课题“南通沿海快速集聚人才的路径研究”；《人民解放战争史上的光辉一页——苏中七战七捷纪念馆现场教学教案》入选第十一届长三角地区党校校长论坛“优秀现场教学基地”；立足党校常规工作，将帮村帮户工作与调研结合起来，撰写《制度帮扶：探索有效的帮促路径——海安县委党校帮村帮户工作创新的调研思考》在《南通论坛》发表。围绕群众路线教育实践活动开展科研工作，《走好网络背景下的群众路线》发表于《学习时报》，《为有源头活水来》发表于《江苏党校报》；《理论宣讲就是群众工作——以海安县委党校“全省理论宣讲先进个人”徐进为例》发表于《大众学堂》，并入选第11届长三角地区党校校长论坛党性教育专题论文集。全年发表各类各级报刊文章21篇。在县首届社科成果评比中分别在科研论文和调研报告类获得一、二、三等奖及优秀奖各1人，1人获评县社科先进个人。 (葛晓梅　杨红梅)

老干部工作

【概况】 2014年，全县有离休干部492人，退休干部7700多人。县委老干部局被表彰为全省老干部工作部门信息工作先进集体，老干部服务管理和自身建设的特色做法在全市老干部局长会议上介绍。《中国老年报》以“海安老干部局四个面向征求意见”为题介绍县委老干部局开展群众路线教育活动的做法，以“海安推行三送四问一协调结对联系制度”(送政策解惑、送关怀暖心、送服务解难，询问生活和思想情况、询问所思所盼、询问单位服务尽责情况、询问意见建议，协调为老干部排忧解难)为题介绍县委老干部局全体工作人员结对联系老干部的做法。

【落实老干部政治待遇】 1月和8月，县委、县政府主要负责人分别向县四套班子老领导、住县城离休干部和副科职以上退休干部400多人次通报全县经济社会发展情况和未来工作目标。此外，县党代会、县委全委会、县人代会和县政协会以及县领导民主生活会都邀请老干部代表参加，主动征询并虚心听取老干部的意见和建议。

县委、县政府全年两次组织县四套班子老领导和享受地市级政治生活待遇的离休干部参观考察。春节前，县四套班子主要领导分别带领有关部门领导登门慰问县四套班子老领导和享受地市级政治生活待遇的离休干部以及县四套班子已故负责人遗孀，并听取老干部的意见和建议。在此基础上，县委老干部局还代表县委、县政府走访慰问县其他离退休干部、老干部遗孀；平时注重慰问生病住院和家庭有特殊困难的老干部，全年走访慰问老干部992人次；重阳节登门慰问年满90岁的离休干部23人；10月，组织县四套班子老领导和享受地市级政治生活待遇的离休干部43人体检，并及时汇总分析，提醒老干部采取对策。同时各镇、各单位也组织老干部考察工农业生产建设情况，各镇和县直各单位党政负责人坚持老年节和春节向离退休干部通报单位情况。

【创新离退休干部党建工作】 按照“一年起步、两年拓展、三年常态”的目标，年内实施老干部党组织与“两新”党组织结对共建的“扩面提质”工程，建立分类指导考核细则，进行专题调研，举办现场观摩交流活动，实现59家区镇离退休干部党支部与两新组织党组织结对共建全覆盖。省委老干部局将此列为全省老干部工作转型发展典型案例。深化“三型”支部创建，将老干部党建工作列入全县党建工作责任制范围；实施“组织设置社区化、阵地建设功能化、队伍建设规范化”工程，全年新建离退休干部党支部6个，改选支部书记8人，全县59个区镇离退休干部党支部中建立社区党支部39家、各类学习活动兴趣小组106个。

【高质量运行“三个保障机制”】 全县离休干部离休金按时、足额发放，政策规定范围内的医疗费实报实销，各项专项经费不拖欠，按时发放。年初县委老干部局与县人社局社保中心续签2014年专项经费委托发放协议，落实全县企事业单位离休干部专项经费委托发放事项，对改制破产企事业单位离休干部的特需费、参观休养费委托人社局社保中心发放；与全县48家定点医疗机构签订医疗服务协议书，建立“一站式”医疗服务绿色通道，并禁止各定点医疗机构采取不当手段诱导过度医疗消费。加强监督管理医疗统筹金使用情况，强化对定点医疗服务单位和结报员的考核，加大对48家定点医疗服务单位履行服务协议情况的督察力度，严格执行违规举报奖励制度。提高离休干部医疗待遇，提高住院报销比例，协助相关单位对过世的离休干部进行丧葬服务，并为其中8名无固定收入的离休干部遗属，尤其是无固定收入的离休教师遗属专门拨款，及时办理职工医保手续。

【利用社区资源服务老干部】 发挥省市县三级利用社区资源服务离退休干部示范点的引领作用，以社会服务资源为依托，实现社区服务老干部工作与“一键通”服务网络有机对接，整体推进利用社区资源做好离退休干部服务工作。县高新区海南社区被省委组织部、省委老干部局、省人社厅授予“江苏省服务离退休干部示范社区”称号。

【加强退休干部服务管理】 建立健全退休干部学习培训、为副科级以上退休干部征订报刊、结对联系、健康体检及走访慰问等制度，完善退休干部分级、分类服务管理的工作机制。全年两次举办全县科职退休干部培训班，200多人参加培训，邀请县纪委相关负责人为老干部进行党的十八大以后党风廉政建设和反腐败斗争形势专题辅导，邀请部分退休干部代表以亲身感受畅谈党的十八大以后农村新形势、新变化，介绍如何健康快乐地过好退休生活，同时，组织科职退休干部瞻仰新四军联抗纪念馆，参观里下河地区新农村建设情况。

【帮扶特殊困难离休干部】 完善“政府救助为主导、老干部互助为基础、社会捐助作补充”的“三位一体”老干部特困救助长效机制，指导各区镇建立完善救助基金。争取到县财政安排特困老干部救助专项经费，对有特殊困难的离休干部、副科职以上退休干部以及离休干部遗孀149人进行特困救助，春节前将17.1万元救助金全部发放到老干部手中。同时，救助医疗费自费过多的20多名离休干部，救助金额近50万元。

【发挥老干部优势作用】 继续在全县离退休干部中组织开展“共筑中国梦，再展夕阳红”主题实践活动，引导老干部参与牵手大学生村官、调解社会矛盾、帮扶贫困、房屋征收、禁控秸秆焚烧和双招双引等工作。组织老干部宣讲团和文艺团体深入农村、企业、社区、敬老院宣传党的十八大精神，全年宣讲20多场次，受教育3000多人次；高新区（海安镇）、雅周镇、墩头镇等组织老干部宣讲63场次，听众达几千人。深化“老骥创新业，红心助和谐”主题实践活动，106名老干部调解志愿者参与调解矛盾纠纷，一些老干部调解矛盾的做法作为县人民法院的典型案例。年内，开发区老干部调解矛盾纠纷30余起，县人民法院于3月成立西场片老干部志愿调解工作室，高新区专门为调解志愿者贲坤生在海北街道新丰村成立个人调解工作室，雅周镇老干部协助调解纠纷50余起，大公镇老干部协助调解纠纷30余起，县工业经济研究会老干部深入全县调研，形成调研报告10多篇，墩头镇老干部支部书记王友和结合农村实际撰写2篇调研报告。

【老干部活动丰富多彩】 围绕宣传十八大和十八届三中、四中全会精神，庆“七一”、闹元宵、欢度重阳等开展适合老干部的文体活动。10月，举办全县第八届全运会老年部比赛暨“海安农商行杯”老干部棋牌球大奖赛，历时15天，66个单位的926名离退休干部（1150人次）参加扑克、麻将、象棋、围棋、乒乓球、台球、门球等7个项目比赛。县老干部局和老干部活动中心均获县八运会体育贡献奖。诗书画研究会卢守衡《崛起峥嵘·和谐康泰》、程奎连《七绝·国庆感赋》、华龙凤《鱼跃三峡》等书画作品，县老干部大学徐松山《七星湖之春》、仇金树《丰衣足食》等摄影作品参加全市老干部庆祝新中国成立65周年书画摄影作品展，青松艺术团舞蹈节目《海安美》参加庆祝新中国成立65周年全市老干部文艺演出，均获好评。县老干部活动中心全年举办较大活动50多场次，到中心活动的人数2万多人次，各协会接待到海安交流活动5次，县外交流15次。

【县老干部大学获“江苏省示范性老年大学”称号】 县老干部大学开设有政治、文学、诗词、书画、英语、电脑、保健、花卉、家电、太极拳、音乐、戏剧、舞蹈等16个专业，33个教学班，在校学员793人，1642人次参加学习。教师、学员作品经常见于报刊、展览，入集，获奖。副校长叶枫和学员顾太山、蔡庆萍的作品参加“大美海安”摄影展，被评为“十佳”作品，程奎连的书法作品、徐松山的摄影作品参加市教育系统比赛分获一、二等奖。家电维修班的师生坚持参加县海陵志愿者队伍，经常活跃于街道、村组，为群众免费维修家用电器120多件，发放摘编整理的安全节约用电资料200余份。县老干部大学被省老龄办、省老年大学协会授予“江苏省示范老年大学”称号。

（盛宝稳）

机构编制管理

【概况】 2014年，海安被确定为南通市唯一的省绩效管理试点单位，完善县级机关绩效考核体系，提高绩效考核实效。县编办被表彰为全市机构编制信息宣传先进单位、全市事业单位登记管理工作先进单位，获全市机构编制创新成果和全市机构编制调研成果一等奖。通过实行积分制考核加大信息宣传工作力度，全年在国家级期刊和网站发表信息、调研文章18篇，省级发表信息、调研文章89篇，市级发表信息、调研文章186篇。其中，《事业单位法人治理结构初探》在国家级期刊《机构与行政》和《编制管理研究》上发表；《关于海安县政府购买服务的实践与思考》在《机构与行政》和《人事政策法规专刊》上发表。

【行政审批制度改革】 成立县行政审批制度改革领导小组，领导小组下设办公室，办公室设在县编办。出台《海安县深化行政审批制度改革重点工作方案》，明确

2014年深化行政审批制度改革九项重点工作。12月31日，在全市率先对外公布行政权力、审批事项、投资项目、收费目录、基金经费等“五张清单”，接受社会各界监督。筹备并组织召开全县政府职能转变和机构改革工作会议、审改领导小组成员会议和审改工作部署推进会。在全市政府职能转变和机构改革工作会上，海安作为六县(市)代表作表态发言。建立审改重点工作推进落实机制，确保各责任部门按序时进度推进审改重点工作。海安高新技术产业开发区被列为省级行政审批制度改革试点园区，拟定《海安高新技术产业开发区行政审批制度改革试点方案》。开展政府公共服务热线平台整合工作，调研全县39个特服电话和54个部门联动热线，征求各相关部门意见，拟定县政府公共服务平台整合的实施方案。

【行政管理体制改革】 市级中心镇行政管理体制改革。按照市统一部署，在曲塘镇、李堡镇进行市级中心镇行政管理体制改革试点。邀请省市机构编制、法制部门负责人到海安指导试点工作；会同相关部门，结合实际，形成曲塘镇、李堡镇行政管理体制改革方案；以便民服务中心、综合执法局、社会建设管理局“三大平台”为重点，优化完善运作机制、管理模式、人员配备。

政府职能转变和机构改革。根据省、市统一部署，县委、县政府出台《海安县部分机构改革和职能调整的实施意见》。12月25日，召开海安县政府职能转变和机构改革工作会议，全面动员部署政府职能转变和机构改革工作。此次机构改革中，撤销县卫生局和县计划生育委员会，组建县卫生和计划生育委员会；撤销南通市海安工商行政管理局、南通市海安质量技术监督局、县食品药品监督管理局，组建县市场监督管理局；单独设置县民族宗教事务局；分别在县政府办公室、县商务局、县交通运输局增挂县政府外事侨务办公室、县口岸办公室、县铁路办公室牌子；将县级机关事务管理局更名为县机关事务管理局。同时调整商务局生猪屠宰等相关职能。

【事业单位分类改革】 根据省、市统一部署，研究出台《海安县事业单位分类实施意见》，3月20日，召开全县事业单位分类布置会，明确分类范围、分类标准、分类步骤。指导全县456家事业单位做好分类工作。围绕事业单位的社会功能以及职责任务、服务对象和资源配置方式，重点做好承担行政职能事业单位的界定，经县编委会研究，在“两个不突破”前提下，向市申报承担行政职能事业单位。

【机构编制管理】 落实“财政供养人员只减不增”任务。坚持编制使用年度预算制，加强编制使用计划管理，统筹编制使用，科学合理提出教育、卫生系统年度编制使用计划，从源头上确保全县全年在编人员“只减不增”，切实把好财政供养人员“入口关”。

强化机构编制实名制管理。以机构编制实名制信息系统为抓手，优化机构编制实名制管理的工作流程和办事程序，强化机关事业单位进人控编和职数使用管理，把好机关事业单位进人控编管理的“源头关”，全年办理机构编制实名制调整事项2975项。

完善机构编制沿革档案。县编办开展档案整理突击月活动，理清全县各机关事业单位的历史沿革脉络，全面梳理机构、编制、领导职数等文件，完善《机关、事业单位股级(相当股级)职数使用信息库》和《行政机关、事业单位历史沿革库》，实现机构编制精细化管理。

加强政府购买服务管理。规范机关事业单位政府购买服务，从严把关财政供养人员总量，科学合理核定政府购买服务限额，规范办理程序，实名制管理政府购买服务人员；严格按照“只减不增”的要求对保留租赁人员做好备案管理，及时续签编外用工承诺书，巩固编外用工清理规范成果。

【机构编制监督检查】 机构和人员编制核查。根据中央、省、市《关于开展机构和人员编制核查深化机构编制实名制管理的通知》要求，于8月5日召开县机构和人员编制核查工作会议，全面部署核查工作；按照信息采集、初步审核、联合审查、公示监督、实地督察、整改提高和汇总上报的程序，会同县组织、财政、人社、审计等部门严格落实“四清两对应”的工作要求，全面深化机构编制实名制管理，县机构和人员编制核查工作通过市评估组评估验收。

机构编制责任审核。根据新形势和新要求，充实、优化机构编制责任审核的内容、方法；根据县“三责联审”领导小组统一部署，对全县16个单位18名领导干部进行机构编制责任审核。

开展股级(相当股级)职数使用情况专项督察。按照省委组织部、省编办、省公务员局《转发〈关于严禁超职数配备干部的通知〉的通知》精神，会同县组织、人社部门联合开展股级(相当股级)职数使用情况专项督察，专项督察工作经过部门自查、联合督察、整改提高等步骤，梳理全县区镇和部门、单位股级(相当股级)干部使用情况，规范中层干部使用程序，严肃中层职数使用纪律。

做好“超编进人”问题专项治理。通过梳理已有资料和实地督察各区镇、部门，全面掌握全县超编进人现状，剖析存在问题原因，提出解决问题思路。

【事业单位登记管理】 事业单位法人年检制度改革。延长法人证书有效期至5年，要求各事业单位每年3月31日前向登记管理机关报送上年年度报告，并在相关网站向社会公示。2014年，县编办完成445家单位网上年度报告审核工作，同时完成469家事业单位(包括24家新设立不需要年检的单位)法人证书换领工作。

事业单位法人治理结构试点。评估首批试点单位南莫镇中心医院试点运行情况，分析查找不足，研究深化推进措施；指导第二批试点单位县社会福利院和城东镇壮志小学组建治理架构、制定章程及其配套制度。会同县组织、人社、财政等部门研究和会商如何给予试点单位适当优惠政策。

中文域名注册。出台《关于转发市编办〈关于做好政务和公益中文域名注册、网上名称和网站标识管理工作的通知〉的通知》，并召开县中文域名注册管理工作会议，全县完成383家机关事业单位中文域名注册工作，注册率77%。

(嵇桂荣)

海安县人大

综　　述

【概况】 年初召开海安县第十五届人民代表大会第三次会议。闭会期间,县人大常委会围绕既定工作目标,依法行使各项职权。2014年,举行县人大常委会会议11次,听取和审议"一府两院"专项工作报告17项,作出决议、决定6项,形成审议意见10项;开展执法检查活动2次、集中视察活动9次,审查县政府规范性文件6件;依法进行人事任免125人次;举行主任会议24次,听取政府相关工作情况汇报14项。

【人大监督】 按照法律规定,开展法定议题的监督。围绕县十五届人大三次会议通过的各项目标,开展上半年及全年计划预算执行情况的监督,听取和审议2013年度县级预算执行和其他财政收支审计情况的报告,审查和批准2013年县级财政决算,跟踪督察审计整改情况,做好下年度计划预算草案的审查工作。继续督办关于滨海新区和特色园区建设两个议案的实施。跟踪监督2013年度常委会决议、决定、审议意见和评议意见执行办理情况。

突出监督重点,在深化监督中增强工作实效。听取和审议加快产业集群培育情况的报告,视察调研商贸物流产业园。听取和审议加快现代农业园区建设情况的报告,调研农业综合开发、建筑业深化改革情况,视察旅游业重点项目。听取金融支持实体经济情况汇报,调研县政府债务管理情况,听取和审议科技创新载体平台建设情况的报告,开展《农业技术推广法》执法检查。

关注民生社会事业发展。听取和审议公共卫生服务体系建设、县政府民生实事工程情况的报告,听取健全社会养老服务体系、食品安全监管体系建设、安全生产、少数民族帮扶情况的汇报,审查批准城乡一体化发展五年行动纲要,调研重点中心镇建设情况,开展"水污染防治法"执法检查。

【代表工作】 建立常委会领导接待代表制度,完善代表联系选民制度,坚持邀请代表列席常委会会议等制度。通过组织代表参加执法检查、工作评议、集中视察、专题调研等方式,组织代表评议政府部门工作。加强对镇人大工作的指导,在五级人大代表中开展"大美海安,代表在行动"主题实践活动。加强对代表小组和代表之家活动的指导,促进基层民主依法有序地向前推进。

加强对县十五届人大三次会议代表议案、建议的督办工作,通过网上提交办理,全程跟踪督办。继续选择事关发展全局、社会普遍关注的问题作为重点建议,由县人大常委会负责人和相关工委牵头督办,推动整个建议办理从追求"满意率"向"办成率"转变。开展优秀代表建议评选活动,提高代表履职的主动性和积极性。

【人大平台载体】 继续办好"代表之声"和"代表访谈"两个平台载体。抓好常委会会报和《海安人大》内刊等宣传载体建设,全新改版海安人大网站。在"两台一报"开设"人大代表之声"和"人大代表访谈"栏目,常态化宣传代表履职情况。开展纪念人民代表大会制度建立60周年理论研讨活动,交流文章20多篇。做好人民代表大会、常委会会议、主任会议以及重大活动的宣传报道工作。加强对外宣传,组织参加省人大纪念人大制度建立60周年知识竞赛、征文评选和市人大好新闻评选,海安获奖人数列南通各县区之首,在市级以上媒体发表反映县人大工作的稿件70多篇次。

重要会议

【县十五届人大三次会议】 1月9—12日,县十五届人大三次会议在省海安高级中学体艺馆举行。大会通过关于县政府工作报告的决议、关于2013年国民经济和社会发展计划执行情况与2014年国民经济和社会发展计划的决议、关于2013年财政预算执行情况和2014年财政预算的决议、关于县人大常委会工作报告的决议、关于县人民法院工作报告的决议、关于县人民检察院工作报告的决议。大会通报此次会议议案立案情况,决定将黄梅等12位代表提出的《关于加快科技创新驱动发展的议案》以及张英来等10位代表提出的《关于实施环境整治清水工程的议案》交县人大常委会在大会闭会后审议并立案;其余22件议案作为重点建议,会后由县人大常委会交县政府及有关机关和组织在大会闭会后6个月内办理并答复代表。县委书记、县长陆卫东在大会闭幕式上讲话。

【县十五届人大常委会会议】 2014年,县十五届人大常委会召开11次常委会会议,即县十五届人大常委会第十四次

1月10日,海安县第十五届人民代表大会第三次会议开幕　(县人大办　提供)

会议至第二十四次会议。

第十四次会议　1月5日，在行政中心东附楼三楼第四会议室举行。县人大副主任孙进基、张佳生、肖正明、王锡林、章曙东及委员31人出席会议；副县长焦广琪，县法院、县检察院、县政府办及有关部门负责人列席会议。会议听取和审议副县长焦广琪代表县政府作《海安县人民政府关于调整2013年县本级财政预算的报告》，作出关于同意调整2013年县本级财政预算的决定。听取和初审县发改委主任屈祖平受县政府委托作《海安县2013年国民经济和社会发展计划执行情况与2014年国民经济和社会发展计划草案的报告》和县财政局局长张忠宏受县政府委托作《海安县2013年财政预算执行情况和2014年财政预算草案的报告》，听取县人大财政经济工作委员会主任花桂平作相关调查报告。作出关于召开县十五届人大三次会议的决定。会议讨论《海安县人大常委会工作报告》和县十五届人大三次会议的有关事项，通过《海安县第十五届人大常委会代表资格审查委员会关于代表变动情况的报告》和《海安县第十五届人民代表大会第三次会议列席人员名单》。

第十五次会议　1月27日，在行政中心东附楼三楼第四会议室召开。县人大副主任孙进基、张佳生、肖正明、王锡林、章曙东及委员29人出席会议；副县长焦广琪，县法院、县检察院、县政府办负责人列席会议。会议审议表决通过《县政府关于张元春等同志职务任免的议案》，任命张元春为县政府办主任，免去严长江县政府办主任职务，免去练庆农县商务局局长职务，免去吉临兆县人口和计划生育委员会主任职务。

第十六次会议　2月21日，在行政中心东附楼三楼第四会议室召开。县人大副主任孙进基、张佳生、肖正明、王锡林、章曙东及委员30人出席会议；副县长焦广琪，县法院、县检察院、县政府办负责人列席会议。会议审议通过《海安县人大常委会2014年度工作要点》。作出免去成宾副县长职务的决定；作出免去陶荣龙副县长职务的决定。

第十七次会议　4月2日，在行政中心东附楼三楼第四会议室召开。县人大副主任孙进基、肖正明、王锡林、章曙东及委员30人出席会议；副县长焦广琪、彭为杰、丁锋，县法院、县检察院、县政府办及有关部门负责人和部分镇人大主席列席会议。会议通报2014年人大代表评议工作的部门为县人社局。听取和审议县人大教科文卫工作委员会主任崔世平代表议案处理小组作《关于加快科技创新，促进经济转型升级议案》的调查报告，作出《关于加快科技创新，促进经济转型升级议案》的立案决定。听取和审议县人大办公室主任吴俊刚代表议案处理小组作《关于实施生态文明建设清水工程的议案》的调查报告，作出《关于实施生态文明建设清水工程的议案》的立案决定。听取和审议县人大执法检查组副组长严国和代表执法检查组作《关于〈中华人民共和国农业技术推广法〉贯彻实施情况的执法检查报告》，形成《关于〈中华人民共和国农业技术推广法〉执法检查报告的审议意见》。会议分别对听取和审议的各项报告进行电子表决并均获通过。会议决定免去严国和县人大农业和农村工作委员会主任职务；免去胡友明县城市管理局局长职务；任命陈名为县人大农业和农村工作委员会主任；任命袁加根为县城市管理局局长。

第十八次会议　5月16日，在行政中心东附楼三楼第四会议室召开。县人大副主任孙进基、肖正明、王锡林、章曙东及委员28人出席会议；副县长焦广琪，县法院、县检察院、县政府办负责人列席会议。会议决定任命葛志祥为副县长。接受吉顺平辞去县十五届人大代表职务的请求，其代表资格终止。

第十九次会议　5月28日，在行政中心东附楼三楼第四会议室召开。县人大副主任孙进基、肖正明、王锡林、章曙东及委员30人出席会议；副县长焦广琪、丁锋、卢忠平、吴麟麟，县法院、县检察院、县政府办及有关部门负责人和部分镇人大主席、三名县人大代表列席会议。会议听取副县长卢忠平代表县政府作《关于落实〈加快科技创新　促进经济转型升级议案〉实施方案情况的报告》和副县长丁锋代表县政府作《关于〈实施生态文明建设清水工程的议案〉实施方案情况的报告》。听取和审议县法院院长王平作《海安县人民法院关于执行工作情况的报告》和县人大内务司法工作委员会主任卢克龙作相关调查报告，形成《关于法院执行工作情况报告的审议意见》。听取和审议副县长吴麟麟代表县政府作《关于〈全县各级人大代表评议县国土局工作综合意见〉整改落实情况的报告》和县人大环境资源城乡建设工作委员会副主任何继生作相关调查报告。听取和审议副县长焦广琪代表县政府作《关于2013年度县人大常委会决议、决定和审议意见执行办理情况的报告》和县人大办公室主任吴俊刚作相关调查报告。会议分别对听取和审议的各项报告进行电子表决并均获通过。会议通过县人民法院人民陪审员的任命事项。

第二十次会议　6月10日，在行政中心东附楼三楼第四会议室召开。县人大副主任孙进基、肖正明、王锡林及委员29人出席会议；副县长焦广琪，县法院、县检察院、县政府办负责人列席会议。会议决定接受陆卫东辞去县人民政府县长职务的请求，任命顾国标为县人民政府副县长、代理县长。

第二十一次会议　7月29日，在行政中心东附楼三楼第四会议室召开。县人大副主任肖正明、王锡林、章曙东及委员25人出席会议；副县长焦广琪，县法院、县检察院、县政府办及有关部门负责人和部分镇人大主席列席会议。会议听取和审议县发改委主任屈祖平受县政府委托作《关于海安县2014年上半年国民经济和社会发展计划执行情况的报告》和县人大财政经济工作委员会主任花桂平作相关调查报告，形成《关于2014年上半年国民经济和社会发展计划执行情况的审议意见》。听取和审议县财政局局长张忠宏受县政府委托作《关于2014年海安县上半年财政预算执行情况的报告》和县人大财政经济工作委员会主任花桂平作相关调查报告，形成《关于2014年上半年财政预算执行情况的审议意见》。听取和审议县审计局局长吴玲受县政府委托作《关于海安县2013年度县本级预算执行和其他财政收支情况的审计工作报告》和县人大财政经济工作委员会主任花桂平作相关调查报告，形成《关于海安县2013年县本级预算执行和其他财政收支情况审计报告审议意见》。听取副县长焦广琪代表县政府作《县政府关于请求批准2013年度县本级财政收支决算草案的报告》,作出《关于批准2013年县本级财政收支决算的决定》。会议分别对听取和审议的各项报告进行电子表决并均获通过。会议听取县人大办公室主任吴俊刚作“监督法”讲座。

第二十二次会议　9月9日，在行政中心东附楼三楼第四会议室召开。县人大副主任肖正明、王锡林、章曙东及委员28人出席会议;县长顾国标,县法院、县检察院、县政府办负责人列席会议。会议决定免去焦广琪、丁锋县人民政府副县长职务，决定免去张元春县交通运输局局长职务。决定任命张亚曦、严长江、杨同标为县人民政府副县长，任命冯永进为县商务局局长，任命陈崇进为县交通运输局局长。

第二十三次会议　9月29日,在行政中心东附楼三楼第四会议室召开。县人大副主任肖正明、王锡林、章曙东及委员27人出席会议;副县长彭为杰、翁晓云、卢忠平,县法院、县检察院、县政府办及有关部门负责人和部分镇人大主席、三名县人大代表列席会议。会议听取和审议副县长卢忠平代表县政府作《关于加快产业集群培育、推进经济转型升级情况的报告》和县人大财政经济工作委员会主任花桂平作相关调查报告，形成《关于加快产业集群培育、推进经济转型升级情况的审议意见》。听取和审议县人大执法检查组副组长何继生代表执法检查组作《关于开展〈中华人民共和国水污染防治法〉执法检查情况的报告》,形成《关于开展〈中华人民共和国水污染防治法〉执法检查报告的审议意见》。听取和审议副县长彭为杰代表县政府作《关于加快现代农业园区建设情况的报告》和县人大农业农村工作委员会主任陈名作相关调查报告,形成《关于全县现代农业园区建设情况的审议意见》。听取和审议副县长翁晓云代表县政府作《关于我县公共卫生服务体系建设情况汇报》和县人大教科文卫工作委员会主任崔世平作相关调查报告,形成《关于全县公共卫生服务体系建设情况的审议意见》。通过《海安县人民代表大会常务委员会询问、专题询问和质询暂行办法》。听取7名南通市人大代表履职情况的报告,并作点评。

第二十四次会议　11月28日,分别在行政中心东附楼三楼第四会议室和东附楼四楼报告厅召开。县人大副主任孙进基、张佳生、肖正明、王锡林、章曙东及委员27人出席会议；副县长张亚曦、彭为杰,县法院、县检察院、县政府办及县环保局、住建局、水利局、城管局、农委负责人和各镇人大主席、60名县人大代表列席会议。会议听取副县长张亚曦代表县政府作《关于2013年度县本级预算执行和其他财政收支审计整改情况的报告》和县人大财政经济工作委员会主任花桂平作相关调查报告。听取副县长张亚曦代表县政府作《关于2014年县政府民生实事工程实施情况的报告》和县人大办公室主任吴俊刚作相关调查报告。听取副县长张亚曦代表县政府作《关于县十五届人大三次会议代表建议、批评和意见办理情况的报告》和县人大人事代表工作委员主任仲向阳作相关调查报告。专题询问清水工程实施情况,听取副县长彭为杰代表县政府作《县政府关于清水工程实施情况的报告》,通过《关于清水工程实施情况的审议意见》。会议对听取和审议的各项报告进行表决并均获通过。

工作监督

【经济工作监督】 依法开展计划预算审查监督。7月,听取和审议上半年计划和预算执行及审计等报告，审查批准上年度县本级财政决算，年底初审全年计划预算执行情况和计划预算草案，批准预算调整。同时,做好预算执行、决算审计的跟踪监督，主任会议听取金融支持实体经济发展、政府性债务管理等重点工作汇报。

积极推进科技创新驱动发展。常委会带领县政府及相关部门负责人，赴苏州高新区等地考察创新主体培育、载体平台建设和科技政策落实等，通过召开座谈会广泛征求意见，作出关于加快科技创新、促进经济转型升级的决定。

支持促进全县经济转型升级。常委会在对培育部门、重点区镇、重点企业等多层面调查基础上，通过听取和审议加快产业集群培育、推进经济转型升级的报告,组织视察滨海新区、商贸物流产业园，视察调研旅游业重点项目建设和主任会议听取深化建筑业改革情况的汇报等,提出可操作性的建议。同时,跟踪评议国土局工作整改落实情况，使国土资源配置更为合理。

注重推进农业现代化和城镇化。在审议政府相关报告时，常委会指出做大做强做优农业园区。主任会议听取政府农业综合开发情况汇报，要求做好项目建设。常委会组织调研视察中心镇,听取县政府及各镇情况汇报，提出要夯实发展基础。

【回应社会热点】 常委会组织部分委员和代表分三个专题组,调研“清水工程”整治验收、长效管理、河道清淤管护、生活污水处理、畜禽粪便处理、工业污水治理、奖励政策等情况,归纳和梳理基层干群反映强烈、普遍关注的问题。11月,常委会第二十四次会议上专题询问“清水工程”实施情况,9个委员和人大工委负责人提出21个方面的问题,县政府分管副县长和县环保、水利、住建、农委、城管等部门主要负责人到会应询。询问会上,播放常委会拍摄的专题片，县政府分管副县长、部门负责人与询问对象现场互动,县电视台等媒体全程实录询问过程。

常委会组织全县各级人大代表对县人社局工作进行历时两个月的评议活动。代表们就养老和医疗保险、劳动保障、人才引进等工作,提出800多条意见和建议。社保举报投诉处理、社保业务办理秩序、新农合转诊手续等问题得到解决,合理下达居保指标、完善意外伤害保险政策、提高技能培训针对性等意见修改落实中。

常委会将健全三级公共卫生服务体系、加强公共卫生基础建设作为年度重点审议议题。通过听取汇报、外出考察、组织视察、开展座谈、随机走访等形式，进行专题审议,提出改革要求。县政府及其卫生部门根据要求，完善城区社区卫生服务中心建设规划,70%的社区卫生服务站建设达标。进一步健全和完善基本药物制度。主任会议听取社会养老、少数民族群众帮扶、教育现代化等相关情况汇报,推进政府落实政策措施和责任,完善工作推进机制。

10月,常委会相关工委分别调研15

件实事工程进展情况。11 月,组织部分人大代表对政府年度实事工程和重点代表建议中的实事工程,开展专题视察,并听取和审议相关报告。督促县政府及各牵头部门强化责任,跟踪监督已建成和投入使用的实事项目质量,加快少数推进缓慢的工程建设进度。

【人事任免】 对提请常委会任命的人员,组织任前法律知识考试,主任会议提前听取提请说明,常委会会议听取任职承诺,进行小组讨论和全体会议审议,实行无记名电子表决,颁发任命书。年内,决定任命代县长和副县长 7 名,接受县长、副县长辞职 4 人次,任免县政府组成人员20人次,任免县人大常委会工作机构人员 5 名,任免县人民法院、县人民检察院人员 25 人次,任命人民陪审员 64 名。

【人大信访督办】 全年受理群众信访72件次,涉及司法、房屋征收、民生诉求等问题,均按程序进行转办、交办、督办。注重敏感时期的社会稳定工作,加大对区镇、部门信访稳控、化解工作的专项督察。

【发挥代表作用】 督办代表意见建议。县十五届人大三次会议期间,县人大代表提出建议、批评、意见 272 件,评选出优秀代表议案 2 件、优秀建议 24 件。继续将其中 10 件涉及经济、城镇建设、民生工程、安全等方面的建议列为常委会重点督办建议,推行分管副县长领办、常委会负责人领衔督办、人大相关工委跟踪推进的督办机制。启动代表建议意见网上办理平台,实现网上交办、答复和反馈。组织部分代表实地视察重点建议办理情况,并进行点评,听取县政府办理情况的报告。

完善代表服务保障工作。扩大代表对常委会活动的参与,邀请代表列席人大常委会会议,参加常委会组织的工作评议、专题询问、执法检查、集中视察、专题调研等活动。组织代表列席县政府常务会议、旁听法院庭审。定期向代表寄送人大杂志、常委会会报和《海安人大》内刊。按季组织省、市人大代表开展小组活动。加强人大代表之家建设,全县拥有 53 个代表之家,在市人大开展的代表之家"十面红旗"评选中,海安镇中心街道、城东镇立发街道两个代表之家夺得红旗。

加强对镇人大工作的指导。指导镇人大紧密联系镇特色工作和重点工作,围绕城镇建设、社区建设、"清水工程"和安置房建设管理等议题,按季度组织专项工作监督;指导镇人大规范办理代表建议、开展工作评议、执法检查等;指导镇人大推进"一个载体、两项制度"建设。在省委召开的全省人大工作会议上,海安镇人大作为唯一的基层先进典型作经验介绍。

代表议案建议

【县十五届人大三次会议议案】 县十五届人大三次会议,将黄梅等 12 名代表提出的《关于加快科技创新,促进经济转型升级的议案》以及张英来等 10 位代表提出的《关于实施环境整治清水工程的议案》(以下简称议案)交由县人大常委会审议处理。县十五届人大常委会第十七次会议,对两个议案及议案处理小组的调查报告进行专题审议,并作出《关于〈加快科技创新　促进经济转型升级议案〉的立案决定》和《关于〈实施生态文明建设清水工程的议案〉的立案决定》。

议案一:《关于加快科技创新,促进经济转型升级的议案》。案由:加快科技创新,促进经济转型升级。案据:推进科技创新是解决县经济发展瓶颈问题的有效途径和打造创新创业型城市的具体实践,推进科技创新的主客观条件基本成熟,推进科技创新成为政府推动经济社会又好又快发展的主要抓手。议案办理建议:以高新技术企业培育为抓手,强化企业创新意识,培育创新主体。以项目合作为核心,突出要素融合,深化政产学研合作。以提质增效为目标,建强载体平台,集聚创新要素。强势推进以产业(企业)研究院、工程技术研究中心等为主体的企业创新载体平台建设;加强创新核心园区建设,推进"三创"核心园区科技孵化器、加速器建设,招引高科技含量、高附加值、高成长性科技型项目落户;加强科技创业园、科技特色产业园(板块)建设,探索建立高新技术产业示范园。以发挥创造力为核心,注重环境营造,集聚创新人才。以激发活力为目的,完善体制机制,强化组织推进。综合运用财政、税收、金融、政府采购等政策杠杆,引导企业加大研发投入,不断提高研发经费占销售收入的比重;加强县镇科技服务队伍建设,提高服务能力和水平;培育壮大科技中介服务组织,建设面向创新需求的科技公共服务平台;引导金融资本加大对科技创新领域的配置力度,探索建立科技风险融资担保机制;在用好用足国家各项科技财税政策的同时,调整完善科技奖励扶持政策,做到奖励重点突出,考核导向鲜明;建立和完善科技创新工作联席会议制度,及时协调解决工作推进过程中的重大问题,确保各项政策措施及时全面贯彻落实。

议案二:《关于实施环境整治清水工程的议案》。案由:实施生态文明建设清水工程。案据:县城区水质和农村地表水水质不同程度存在污染,而造成县地表水污染的原因主要是随着城市建成区扩大、人口及工业集聚,城市用水量和污水排放量急剧增加,相应的污水收集、处理工程未能同步配套;城市防洪工程建成后,主城区河道均被闸涵控制,城区内河水体串通受阻,城区水体自净能力下降;畜禽养殖、秸秆乱抛乱堆、化肥农药的使用等污染内河水质;企业废水排放影响水环境质量;垃圾入河、城区部分河道多处垃圾和一些小城镇生活垃圾随意堆放等影响河道水质。议案处理建议:建议县镇两级政府出台相关扶持政策,推行畜禽粪便减量化、无害化、资源化处置。充分整合镇村水面,实施"以河养河"。健全农村"五位一体"的保洁工作机制,防止多头管理、考核过多、基层穷于应付而无心保洁等问题的发生。落实资金保障,健全完善资金筹措机制。通过 3 年努力,确保县城核心区污水管网全覆盖,各镇实现城镇集中居住区生活污水集中处理全覆盖。

【代表建议】 县十五届人大三次会议期间,县人大代表提出建议、批评和意见(以下简称建议)272 件。其中,工业经济、基础设施建设等方面 18 件,城建、交通、环保等方面 84 件,农业、农村工作、水利、国土资源等方面 57 件,科技、教育、文化、卫生、广电、计划生育等方面 39 件,财贸金融工作方面 21 件,人事、劳动和社会保障等方面 28 件,公安、司

海安县第十五届人民代表大会第三次会议代表建议表

表 9

编号	建议人	标　　题	分　　类	主办单位	协办单位
001	顾倩华	关于广电局为各村装置高音喇叭的建议	广电等方面	广播电视台	
002	顾倩华	关于加大投入改善农村基础设施的建议	农业、农村工作、水利等方面	交运局 水利局	财政局
003	邓忠健	关于尽快企事业保险双轨制，提高企业退休职工待遇的建议	人事、劳动和社会保障等方面	人社局	
004	黄立勇	关于进一步帮助少数民族困难家庭脱贫致富奔现代化的建议	人事、劳动和社会保障等方面	宗教局 总工会 工商联 民政局 农办 各区镇	
005	秦章彬	关于将粮食直补和禁烧禁抛挂钩的建议	农业、农村工作、水利、国土资源等方面	财政局	
006	申承群 罗志宏 林金生 缪云秀 吴晓琴 张秀芳 张　兵 万建明 何　凤 陈宝林 王　怀	关于稳定村干部队伍建设，充分调动村干部工作积极性的议案	农业、农村工作、水利、国土资源等方面	农办	人社局 财政局 组织部
007	张秀芳	关于353省道延伸至老坝港滨海新区与临海高等级公路对接的建议	城建、交通、环保等方面	交运局	
008	张　明	关于建立禁止秸秆焚烧长效机制的建议	城建、交通、环保等方面	环保局	农机局
009	杨余芳	关于加快制定拆迁安置房向政府限价房情况过渡措施的建议	城建、交通、环保等方面	住建局	国土局
010	朱兴来	关于提高失地农民养老保险待遇的建议	人事、劳动和社会保障等方面	人社局	
011	施　成	关于加强园区内公交线路建设，提高覆盖面的建议	城建、交通、环保等方面	交运局	
012	周海冰	关于城区区域供水公司改进便民措施的建议	城建、交通、环保等方面	住建局	
013	翁少波	关于将亿元以上规模企业归口管理到发改委的建议	工业经济、基础设施建设等方面	发展改革委	
014	杜开松	关于进一步规范城管行为的建议	城建、交通、环保等方面	城管局	
015	丁忠健	关于适当增加公园等娱乐场所的建议	科技、教育、文化、卫生、广电、计划生育等方面	住建局	教育局 文广新局
016	丁忠健	关于改进行政部门人员工作作风的建议	其他	纪委(监察局)	
017	吉　锋	关于提高基层工作人员待遇的建议	人事、劳动和社会保障等方面	财政局 人社局	
018	蒋万宏	关于建立应急担保中心的建议	财贸金融工作方面	发展改革委	李堡镇
019	陈　莲	关于对李平路设置标志的建议	城建、交通、环保等方面	交运局	
020	储开如	关于禁烧秸秆特别是烧毁树木的建议	农业、农村工作、水利、国土资源等方面	各区镇	
021	王武安	关于延伸鑫来路的建议	城建、交通、环保等方面	开发区 高新区	
022	王希桂	关于高度重视交通重点工程征地失地农民安置问题的建议	人事、劳动和社会保障等方面	政府办	
023	任　建	关于安置房配套服务的建议	城建、交通、环保等方面	各区镇	
024	季拥军	关于立即将路名、街名、巷名、楼号加以固定的建议	人事、劳动和社会保障等方面	民政局	
025	季拥军	关于加大西大街开放改造力度的建议	城建、交通、环保等方面	住建局	
026	季拥军	关于加大社区服务中心和后备干部建设的建议	人事、劳动和社会保障等方面	开发区 高新区	
027	季拥军	关于改造原328国道的建议	城建、交通、环保等方面	交运局	
028	周海冰	关于对早期征地过程中特殊对象适当给予补助的建议	人事、劳动和社会保障等方面	人社局	

续表 9

编号	建议人	标　　题	分　　类	主办单位	协办单位
029	周海冰	关于加大对精神病人救助的建议	科技、教育、文化、卫生、广电、计划生育等方面	卫生局	财政局
030	周海冰	关于规范整治二手房、租赁中介市场的建议	城建、交通、环保等方面	住建局	物价局
031	周海冰	关于进一步搞好城市建设的建议	城建、交通、环保等方面	住建局	城管局
032	周龙法	关于切实解决历次征地中一次性领取安置费人员基本生活保障的建议	人事、劳动和社会保障等方面	人社局	国土局
033	周建伟	关于在民建路设置斑马线的建议	城建、交通、环保等方面	住建局	
034	周建伟	关于将永宁小区花栏拆除除尘的建议	城建、交通、环保等方面	城管局	
035	周建伟	拆迁后居民户口登记或身份证登记的信息已不准确	公安、司法和社会稳定等方面	公安局	开发区 高新区
036	周建伟	关于园庄街道某丝厂污水问题的建议	城建、交通、环保等方面	环保局	高新区
037	孙银华	关于开展病死动物集中无害化处理的建议	农业、农村工作、水利、国土资源等方面	农委	财政局 国土局
038	高凤兰	关于秸秆禁烧工作中存在的问题与建议	农业、农村工作、水利、国土资源等方面	环保局	农办 农机局 财政局
039	缪昌平	关于请求减免围垦工程经费，增强新区发展后劲	财贸金融工作方面	财政局 水利局	
040	缪昌平	请求县政府举全县之力，支持发展资金	财贸金融工作方面	财政局	
041	吴晓琴	关于科学制定村干部报酬方案的建议	农业、农村工作、水利、国土资源等方面	农办	财政局
042	冯玉红	县相关部门需加强对区镇居民区、工业区、农业区的规划审查力度	城建、交通、环保等方面	住建局	
043	刘建华	关于国土用地指标分配做到点面平衡的建议	农业、农村工作、水利、国土资源等方面	国土局	
044	王卫东	关于切实减少政府行政审批手续的建议	其他	行政服务中心	
045	王永才	加大扶持企业力度，使企业做大做强	工业经济、基础设施建设等方面	发展改革委	
046	吴　萍	合理规划学校位置进行标准化建设的建议	科技、教育、文化、卫生、广电、计划生育等方面	教育局	
047	于　华	环境整治需长效管理	城建、交通、环保等方面	城管局	
048	周小军	缩小城乡差距，推进中心镇建设	城建、交通、环保等方面	农办	国土局 住建局 财政局
049	朱银富	从根本上解决秸秆禁烧禁抛的问题	农业、农村工作、水利、国土资源等方面	环保局	农机局
050	李友平	关于提高全县敬老院工作人员工资待遇的建议	人事、劳动和社会保障等方面	民政局	各区镇
051	夏友华	关于农民安置跨区安置管理	农业、农村工作、水利、国土资源等方面	农办	国土局 公安局 民政局
052	杨国华	提高失地农民养老保险待遇	人事、劳动和社会保障等方面	人社局	国土局
053	潘德富	关于加快推进边界村建设的建议	农业、农村工作、水利、国土资源等方面	农办	
054	施　成	关于在全县专业招商人员中提倡学习一门外语的建议	工业经济、基础设施建设等方面	招商局	
055	徐发明	关于进一步提升魅力农村新形象的建议	农业、农村工作、水利、国土资源等方面	财政局 农委 环保局 农办	
056	徐发明	关于稳定农村保洁队伍的建设	城建、交通、环保等方面	环保局	财政局
★057	施　成	改变“让利竞争”招商模式，推行“服务竞争”招商理念，提升海安对外来资本的吸引力	工业经济、基础设施建设等方面	开发区 高新区 滨海新区	

续表 9

编号	建议人	标　　题	分　　类	主办单位	协办单位
058	施　成	关于启动动力大道西延工程，方便项目招引，方便百姓的出行	城建、交通、环保等方面	交运局	开发区
059	施　成	关于在G15、S28高速出口增设“海安开发区”路牌的建议	城建、交通、环保等方面	交运局	
060	梅广稳	关于在立中门前的202省道开通路灯的建议	城建、交通、环保等方面	开发区	
061	梅广稳	关于恢复公交途经立中校门以方便师生及周边百姓出行的建议	城建、交通、环保等方面	交运局	
062	徐培根	关于清理路边无序广告牌的建议	城建、交通、环保等方面	城管局	开发区
063	于宽兰	关于提高城管执法协管员待遇的建议	财贸金融工作方面	财政局	人社局 编办
★064	王时明 于宽兰 刘德旺 吉顺平 徐利远 陈伯平 郜卫国 王武安 王建军 陈　杰 王希成	深化学前教育综合改革 推进教育事业协调发展	科技、教育、文化、卫生、广电、计划生育等方面	教育局 财政局 人社局 编办	住建局 物价局
065	王小白 陈　莲 曹许平 储开如 何　莲 蒋万宏 储兴圣 王孝元 徐福明 吴祥余 韩增安 吴宗屏	关于请求将李堡中心小学设为海安县实验小学本部分校的议案	科技、教育、文化、卫生、广电、计划生育等方面	教育局	
066	臧　忠 成　刚 丁冬和 张　明 卢文玉 曹爱根 卢丽云 时章永 汪如成 卢礼华	关于加快推进雅周现代农业园区发展的议案	农业、农村工作、水利、国土资源等方面	农委	财政局 农机局 水利局 农业资源局 气象局 国土局 交运局 科技局
067	王希桂 王时明 于宽兰 李加平 刘德旺 吉顺平 曹永山 季拥军 王武安 王建军 马和军 周龙法 严国和	关于加快推进城乡一体化发展，建成更高水平小康社会的议案	城建、交通、环保等方面	发展改革委	住建局 交运局 环保局 国土局 电信局 农办 人社局 政法委 教育局 卫生局 文广新局
★068	周宝林 吴志国 冯玉红 刘秀红 周　平 郜健民 王　健 方占旺 朱银富 吴　萍 丁凤喜 陶永红 金雪松 刘广建 田砚华	关于加快建立青墩遗址博物馆的议案	科技、教育、文化、卫生、广电、计划生育等方面	旅游局	
069	王荣贵 徐发明 刘海建 邓兴平 孙传芳 杭　芳 俞贵群 吴夕来 韩文英 范存生 沙子余 张怀栋 陈　杰 王资来 朱兴来 韩拥军 王建年 潘智勇 葛仁楼 施　成	关于依法加大清理闲置低效用地力度，推进节约发展的议案	农业、农村工作、水利、国土资源等方面	国土局	
070	丁冬和	关于请求政府落实新建社区卫生服务站	科技、教育、文化、卫生、广电、计划生育等方面	国土局	
071	崔世平	关于培育和发展家庭农场	农业、农村工作、水利、国土资源等方面	农委	农办 农业资源局
072	陈伯平	关于加大教育信息化建设投入力度 推动“三通两平台”中“班班通”的尽快实现 保障海安教育与时俱进的高位发展	科技、教育、文化、卫生、广电、计划生育等方面	教育局	财政局
073	仲跻和	建议政府将招商引资与招职业经理人同时进行并重奖职业经理人	其他	组织部	人社局
074	李友良	建议在墩头化纤特色产业园成立我县化纤研发基地	科技、教育、文化、卫生、广电、计划生育等方面	科技局	国税局 墩头镇
075	黄立勇	推进二、三产业分离，促进产业转型升级的建议	工业经济、基础设施建设等方面	发展改革委	财政局 国税局 地税局

续表 9

编号	建议人	标　　题	分　　类	主办单位	协办单位
★076	何小进 于　华 杨宏旺 崔世平 许应军 周国银 郭永安 陆道云 储祥兰 李友良	关于加强小区物业管理的建议	城建、交通、环保等方面	城管局	住建局
077	周　祥	建议县政府为中小学配备专职的合格的保安人员	科技、教育、文化、卫生、广电、计划生育等方面	教育局	财政局 编办
078	何小进	建议增加村干部报酬，以稳定村级干部队伍	农业、农村工作、水利、国土资源等方面	农办	财政局
★079	吴俊刚	关于完善我县独立的城市公交运行体系的建议	城建、交通、环保等方面	交运局	财政局
080	丁燕梅	关于加强交通安全的建议	公安、司法和社会稳定等方面	公安局	
081	盛庆怀	建议政府将粮食直补与秸秆焚烧挂钩兑现	农业、农村工作、水利、国土资源等方面	环保局	农委 财政局
082	周国银	关于对企业职工的培训	人事、劳动和社会保障等方面	人社局	
083	陈　杰	关于提升城市品质内涵的建议	城建、交通、环保等方面	住建局	城管局
084	邰俊琴	建议改变村干部报酬与工作量不成正比的情况	农业、农村工作、水利、国土资源等方面	县委办	农办 财政局
085	胡国婵	加大泵站维修运行人员及经费的建议	其他	水利局	
086	刘小芳	关于农业资源开发部门加大对墩头镇项目投入的建议	农业、农村工作、水利、国土资源等方面	农业资源局	
087	陈　焱	切实增加中心镇土地上市指标 加大对中心镇建设支持力度	农业、农村工作、水利、国土资源等方面	国土局	
088	杨宏旺	关于优化海安火车站区域整体开发规划,拉起动车时代经济发展新引擎	城建、交通、环保等方面	开发区	
089	许应军	加大中心镇特色产业园建设支持力度，推动城镇化更快发展	工业经济、基础设施建设等方面	发展改革委	财政局 行政服务中心 国土局
090	陈　焱	中心镇试点组建城管执法局，促使中心镇扩权强镇	人事、劳动和社会保障等方面	城管局	
091	储祥兰	进一步发挥广播媒介作用，将政府声音传遍每个角落	科技、教育、文化、卫生、广电、计划生育等方面	广播电视台	财政局 人社局
092	章荣春	关于增加退圩加固土方补助款的建议	财贸金融工作方面	财政局	
093	郭永安	关于加大农村灌溉车口投入、管理和统一计价标准的建议	财贸金融工作方面	农机局	物价局
094	陆道云	关于退圩加固挖废压废面积给予补偿的建议	财贸金融工作方面	财政局	
095	王裕银	关于通学桥21组化工大道一家化工厂(泰通化工有限公司)污染整理的建议	城建、交通、环保等方面	环保局	
096	曹永山	秸秆禁烧禁抛	财贸金融工作方面	环保局	财政局
097	李　军	重点扶持拟上市公司迅速发展	工业经济、基础设施建设等方面	发展改革委	
098	曹洪新	关于加强园区闲置厂房和土地管理的建议	其他	国土局	
099	王希成	关于完善农民弃宅进城相关配套政策的建议	其他	高新区	
100	许　宁	建议将孙庄街道黄柯村列入土地增减挂钩项目区域	其他	高新区	
101	严俊元	建议2014年推进"北三环"路道工程的建设	城建、交通、环保等方面	住建局	

续表 9

编号	建议人	标　　题	分　　类	主办单位	协办单位
102	徐利远	城乡社区卫生服务站标准化建设	科技、教育、文化、卫生、广电、计划生育等方面	高新区	
103	吉顺平	建议政府加强对灵车在经过镇区时管制	城建、交通、环保等方面	民政局	公安局
104	曹洪新	关于加强电瓶车管理的建议	公安、司法和社会稳定等方面	公安局	
105	陆惠玲	建议将粮食物流园区间路连接自由村朝阳北路	城建、交通、环保等方面	高新区	
106	凌　勇 王建年 田世存 邓兴平 刘海建 张怀栋 朱兴来 范存生 俞贵群 孙传芳 杭 芳	关于实施“清水工程”的议案	城建、交通、环保等方面	环保局	住建局 水利局 财政局
★107	施　成 韩文英 李友平 田世存 葛坤如 夏友华 朱兴来 潘智勇 仲跻和 蒋万仁	关于调整考核体系和方法从根本上克服特色产业园区存在同质化发展现象的议案	工业经济、基础设施建设等方面	发展改革委	
108	韩拥军 韩文英 俞贵群 徐发明 朱兴来 杭 芳 范存生 沙子余 张怀栋 孙传芳	关于提升学前教育办学水平的议案	科技、教育、文化、卫生、广电、计划生育等方面	教育局	财政局 人社局
109	施　成 韩文英 仲跻和 陈 敏 卞 童 刘佩云 陈荣根 黄海军 薛庆龙 陈 杰	关于科技创新平台建设的议案	科技、教育、文化、卫生、广电、计划生育等方面	科技局	
★110	李友平 仲向阳 田世存 沙子余 俞贵群 杭 芳 邓兴平 韩文英 朱兴来 张怀栋	关于完善社会救助体系建设的议案	人事、劳动和社会保障等方面	民政局	
111	李友良 章荣春 许应军 刘小芳 邵俊琴 储祥兰 陆道云 郭永安 胡国婵 盛庆怀	关于在墩头化纤特色产业园成立县化纤研发基地	科技、教育、文化、卫生、广电、计划生育等方面	科技局	国税局 墩头镇
★112	陈　焱 章荣春 许应军 郭永安 刘小芳 邵俊琴 储祥兰 胡国婵 陆道云 盛庆怀	关于切实加强里下河防汛基础调入建设的议案	农业、农村工作、水利、国土资源等方面	水利局	财政局
113	郭永安 章荣春 许应军 刘小芳 邵俊琴 储祥兰 胡国婵 陆道云 盛庆怀 李友良	关于加大农村灌溉车口投入、管理和统一计价标准的议案	农业、农村工作、水利、国土资源等方面	水利局 农机局	物价局
114	徐培根 刘海建 邓兴平 杭 芳 孙传芳 俞贵群 吴夕来 韩文英 范存生 沙子余 张怀栋 王资来 徐发明	关于加大环境保护执法力度的议案	城建、交通、环保等方面	环保局	
115	夏友华 孙锦坤 徐发明 蒋万仁 韩文英 吴夕来 刘海建 徐培根 范存生 沙子余	关于为发展村级经济提供土地供给指标的议案	农业、农村工作、水利、国土资源等方面	国土局	
★116	王希成 张英根 刘德旺 季拥军 严俊元 陆惠玲 张梅华 徐爱军 周龙法 李存根 周海冰	关于做好安置房建设管理的议案	城建、交通、环保等方面	住建局	开发区 高新区 国土局 城管局 环保局 供电公司 电信局 移动公司 行政服务中心

续表 9

编号	建议人	标　　题	分　　类	主办单位	协办单位
117	周小军 刘建华 冯玉红 王卫东 王永才 吴龙铁 朱银富 于 华 陈 鸣 吴 萍 周宝林	关于打通海安西北大门，加大对外沟通的议案	城建、交通、环保等方面	交运局	
118	周小军 刘建华 冯玉红 朱银富 王卫东 吴龙铁 王永才 于 华 陈 鸣 吴 萍	关于加快发展里下河金三角旅游示范区的议案	科技、教育、文化、卫生、广电、计划生育等方面	旅游局	发改委 财政局 文广新局 环保局 国土局 交运局 水利局 农委 南莫镇 白甸镇 墩头镇
119	周小军 刘建华 冯玉红 朱银富 吴 萍 吴龙铁 王永才 于 华 王卫东 陈 鸣	关于发展和壮大各区镇工业规划区的议案	工业经济、基础设施建设等方面	发展改革委	住建局 交运局 水利局 财政局
120	许 斌	建议调整农村基层干部工资	农业、农村工作、水利、国土资源等方面	农办	财政局
121	缪昌平	建议把滨海新区核心区道路桥梁、河道建设列入县对中心镇道路补助对象	财贸金融工作方面	交运局	
122	许 斌	关于非海安县城的公路两旁的路灯都打开的建议	城建、交通、环保等方面	各区镇	
123	梅从森	关于将楼板结构危房进行改造的建议	城建、交通、环保等方面	住建局	
124	缪昌平	建议把老坝港原 221 省道镇区段通海北路长 2.5 公里、宽 16 米交通道路列入县交通建设工程	城建、交通、环保等方面	交运局	
125	徐利远	加强基层社区办公用房的投入	财贸金融工作方面	高新区	
126	杨余芳	关于提高群众文化娱乐生活的建议	科技、教育、文化、卫生、广电、计划生育等方面	文广新局	教育局
127	梅从森	关于加快安置房建设的建议	城建、交通、环保等方面	高新区	
128	王建军	中坝路实施改造	城建、交通、环保等方面	住建局	
129	王建军	关爱职工、安全出行、做文明有礼海安人	其他	总工会	
130	徐希才	海安城镇化建设规模规划	城建、交通、环保等方面	住建局	
131	徐希才	建议学习外地实用经验治理雾霾	城建、交通、环保等方面	城管局	环保局
132	孙进业	关于农民新村建设管理的建议	农业、农村工作、水利、国土资源等方面	高新区	
133	徐爱军	建议县物业管理行政主管部门加大对物业公司管理，确保新老物业公司交接，更好地服务广大业主	城建、交通、环保等方面	城管局	
134	张梅华	建议研究办法减少程序合理使用小区维修基金	城建、交通、环保等方面	城管局	
135	张梅华	建议公共厕所要开放，不能老是锁着形同虚设	城建、交通、环保等方面	事务局	
136	徐爱军	关于将城区的老旧小区纳入物业管理的建议	城建、交通、环保等方面	城管局	
137	徐爱军	关于将一次性补偿安置人员统一纳入被征地农民保障体系的建议	人事、劳动和社会保障等方面	人社局	国土局
138	高广喜	建议中小学教学内容的改革	科技、教育、文化、卫生、广电、计划生育等方面	教育局	
139	马永来	关于请求整治河坡塌方一事	农业、农村工作、水利、国土资源等方面	水利局	财政局
140	高广喜	关于提高临时工作人员的工资待遇的建议	人事、劳动和社会保障等方面	人社局	财政局
141	黄文山	关于建设北凌河北岸道路的建议	其他	大公镇	

续表 9

编号	建议人	标　题	分　类	主办单位	协办单位
142	储绍清	关于完善医疗监管体系的建议	科技、教育、文化、卫生、广电、计划生育等方面	卫生局	
143	潘德富	建议将开发大道北延至东台沈海高速富安道口	城建、交通、环保等方面	交运局	
144	陈宝林	关于丁堡河河床塌方维护的建议	农业、农村工作、水利、国土资源等方面	水利局	
145	何　凤	建议县卫生局将卫生所建到村服务中心	科技、教育、文化、卫生、广电、计划生育等方面	卫生局	滨海新区
146	缪云秀	关于定期检测百姓饮用水的建议	科技、教育、文化、卫生、广电、计划生育等方面	卫生局	
147	缪云秀	关于建立村级工业园的建议	农业、农村工作、水利、国土资源等方面	各区镇	
148	缪云秀	关于开通新221省道海安至老坝港公交的建议	城建、交通、环保等方面	交运局	
149	彭　红	关于农村秸秆禁烧、环境整治问题	农业、农村工作、水利、国土资源等方面	农办 农委 农机局 环保局	
*150	卢克龙	关于将县殡仪馆迁址重建的建议	人事、劳动和社会保障等方面	民政局	住建局 财政局
151	卢克龙	关于加强对大气污染进行综合治理的建议	城建、交通、环保等方面	环保局	住建局 交运局 城管局 农委 公安局
152	彭　红	关于杜绝装棺重葬的建议	人事、劳动和社会保障等方面	民政局	
153	沈海萍	关于提高高中普及率的建议	科技、教育、文化、卫生、广电、计划生育等方面	教育局	
154	孙银华	关于强化全县区镇公益性农业服务体系建设的建议	农业、农村工作、水利、国土资源等方面	农委	财政局 农办 人社局 编办
155	王　怀	关于加大对因病致贫人群帮助的建议	科技、教育、文化、卫生、广电、计划生育等方面	卫生局	财政局 人社局 民政局
156	吴晓琴	关于对蔬菜种植实施良种补贴建议	农业、农村工作、水利、国土资源等方面	农委	财政局
157	吴晓琴	关于加大对边远村扶持的建议	农业、农村工作、水利、国土资源等方面	农办	
158	张　兵	关于做好秸秆还田后作物跟踪的建议	农业、农村工作、水利、国土资源等方面	农委	农机局
159	张　兵	关于加强农村私立医院管理的建议	科技、教育、文化、卫生、广电、计划生育等方面	卫生局	
160	张　兵	关于改进社区卫生室服务的建议	科技、教育、文化、卫生、广电、计划生育等方面	卫生局	
161	朱一林	关于加强电动车安全行驶的建议	公安、司法和社会稳定等方面	公安局	
162	王加明	建议镇政府与上级有关部门联系沟通，353省道向东延伸	其他	交运局	农办 财政局
163	储兴圣	关于海安飞鹤公交公司公交IC卡完善服务的建议	城建、交通、环保等方面	交运局	
164	张先怀	抓紧规划实施226省道的建议	城建、交通、环保等方面	交运局	
165	张先怀	建议对合并掉的老乡镇集镇环境进行治理	城建、交通、环保等方面	李堡镇	
166	王蓓蕾	建议各级卫生行政部门加强对医疗机构服务行为和费用的监管	科技、教育、文化、卫生、广电、计划生育等方面	卫生局	
167	徐福明	建议政府加快边远村农四路的计划安排	农业、农村工作、水利、国土资源等方面	交运局	

续表 9

编号	建议人	标　　题	分　　类	主办单位	协办单位
168	王孝元	建议县政府加大对原区划调整合并后老镇区的基础设施进行管理和投入	工业经济、基础设施建设等方面	各区镇	
169	吴宗屏	加快我县旅游业发展	科技、教育、文化、卫生、广电、计划生育等方面	旅游局	
170	储祥华	对当前税收征管工作的几点建议	财贸金融工作方面	财政局	
171	何　莲	加快落实226省道工程建设措施	城建、交通、环保等方面	交运局	
172	康宜培	建议县财政部门重新落实确定方案，加大对李堡镇街道办事处的经费投入	财贸金融工作方面	财政局	
173	王小白	关于规范农村建房的建议	农业、农村工作、水利、国土资源等方面	住建局	国土局
174	韩增安	加强城市道路交通和环境的规范和管理	城建、交通、环保等方面	各区镇	
175	丁凤喜	关于加快青墩遗址利用、保护、开发的建议	科技、教育、文化、卫生、广电、计划生育等方面	旅游局	
176	方占旺	县农业保险办公室适当提高村级农业保险协保员待遇	农业、农村工作、水利、国土资源等方面	农办	
177	丁凤喜	关于加强绿化工作的规范管理的意见	农业、农村工作、水利、国土资源等方面	农委	
178	刘广建	集中智慧、集中力量、集中投入，强势迈向新农村	农业、农村工作、水利、国土资源等方面	农办	
179	刘秀红	定期对农村教师进行免费体检	科技、教育、文化、卫生、广电、计划生育等方面	教育局	财政局
180	宋国平	建议县工行在南莫镇设立营业网点	财贸金融工作方面	工行	
181	邰健民	建议政府能否在当年度六月二十日以后发放田亩补贴	农业、农村工作、水利、国土资源等方面	财政局	农委
182	邰健民	建议政府加大力度，倾斜投入到农村路道建设	城建、交通、环保等方面	财政局	交运局 农办
183	邰健民	建议县政府尽早实施403省道工程	城建、交通、环保等方面	交运局	
184	陶永红	建议取消部分纸质媒体或减少印刷数	科技、教育、文化、卫生、广电、计划生育等方面	宣传部	发改委
185	田砚华	企业用人难的问题亟须解决	人事、劳动和社会保障等方面	教育局	职教园区
186	吴志国	建议实际调研镇村公交的运行状况	城建、交通、环保等方面	交运局	审计局
187	吴志国	建议参照政府购买服务的模式，解决保安联防队员的待遇。	人事、劳动和社会保障等方面	财政局	人社局
188	周　平	农村家庭电灯维修缺少人才，建议政府或相关部门牵头解决	工业经济、基础设施建设等方面	供电公司	
189	周　平	宁启铁路红线外取土坑劳力安置费牵涉到很多农户	农业、农村工作、水利、国土资源等方面	交运局	开发区 高新区 墩头镇 南莫镇
190	周　平	建议解决村级干部的工作与报酬不成正比问题	农业、农村工作、水利、国土资源等方面	农办	财政局
191	周　平	关于353省道工程建设的有关建议	城建、交通、环保等方面	交运局	南莫镇 墩头镇 高新区 大公镇 李堡镇
192	盛慧琴	建议加强小区的物业管理和加强对物业公司的管理	城建、交通、环保等方面	城管局	
193	吴志国	全面推进驻村警务室建设	公安、司法和社会稳定等方面	农办	
194	王　怀	综合整治，巩固提升农村环境整治成果	城建、交通、环保等方面	环保局	水利局
195	朱一林	关于在县人代会各项会议设解放军正式代表的建议	人大工作方面	人大办	

续表 9

编号	建议人	标　　题	分　　类	主办单位	协办单位
196	曹　平	角斜镇尚武南路至221省道连接线建设工程	城建、交通、环保等方面	交运局	滨海新区　财政局
197	孙锦坤	请海安县人民政府支持开发区物流园工作	其他	开发区	
198	孙锦坤	关于环境整治长效管理经费问题	财贸金融工作方面	财政局	
199	葛坤如	小区物业管理的建议	城建、交通、环保等方面	各区镇	
200	葛坤如	关于提高失地群众接对社会保障的待遇	人事、劳动和社会保障等方面	人社局	国土局
201	蒋万仁	关于扶持和减免社区公益建设项目相关费用	其他	住建局　消防大队　供电公司	
202	朱兴来	建议相关部门领导关心南屏医院拆迁安置	其他	开发区	卫生局
203	邓井江	建议设立沿海社区居委会	人事、劳动和社会保障等方面	开发区	民政局
204	潘智勇	加强废品回收点的集中整治	工业经济、基础设施建设等方面	商务局	工商局　公安局　住建局　环保局　城管局
205	王建年	要重视多给予村的创业园发展平台的建议	农业、农村工作、水利、国土资源等方面	国土局	
206	田世存	建议加强农民集中居住地的环境治理硬件建设(垃圾房、垃圾箱、公厕)	城建、交通、环保等方面	各区镇	
207	田世存	加强对农民安置房的质量管理	城建、交通、环保等方面	各区镇	住建局
208	范存生	建议进一步加强安置小区配套设施的建设与管理	城建、交通、环保等方面	各区镇	住建局
209	范存生	建议建设清水工程要加大对畜禽粪便直排、污水直排的处理和打击力度	农业、农村工作、水利、国土资源等方面	环保局	农委　水利局　财政局
210	范存生	建议加强小集镇镇区内环境整治	城建、交通、环保等方面	各区镇	
211	范存生	建议要加快落户企业建设速度	工业经济、基础设施建设等方面	各区镇	
212	韩文英	建议在工业园区区域规划服务业项目	其他	开发区	
213	吴夕来	秸秆禁烧禁抛问题	城建、交通、环保等方面	环保局	
214	沙子余	建议政府将村干部的医疗保险、养老保险财政补助的部分,由财政局统一缴纳	财贸金融工作方面	财政局	
215	黄海军	关于加强整治电瓶车辆占用机动车道的建议	公安、司法和社会稳定等方面	公安局	城管局
216	施　成	依法加大清理闲置低效用地力度，推进节约集约发展	农业、农村工作、水利、国土资源等方面	国土局	
217	束长青	加大重点中心镇教育投入	财贸金融工作方面	教育局	财政局
218	朱正发	建议法院离婚案件中明晰财产	公安、司法和社会稳定等方面	法院	
219	景圣忠	建议加大对农村基础设施的投入，特别是道路和小农车口的改造	财贸金融工作方面	水利局　交运局	财政局
220	景圣忠	农村环境整治，资金基层村实在无力承受,请加大投入	财贸金融工作方面	财政局	环保局
221	周宝云	加大对黄桥老区、边界村的帮扶力度的建议	农业、农村工作、水利、国土资源等方面	农办	财政局
222	朱正发	建议县行政服务中心加强窗口服务质量	人事、劳动和社会保障等方面	行政服务中心	政府办
223	刘金国	关于增强村一级文化建设	科技、教育、文化、卫生、广电、计划生育等方面	文广新局	
224	卢　锋	关于在全县加快江苏省公共文化示范区创建工作的建议	科技、教育、文化、卫生、广电、计划生育等方面	文广新局	财政局　编办　人社局

续表 9

编号	建议人	标　题	分　类	主办单位	协办单位
225	卢　锋	建议新建青墩遗址博物馆	科技、教育、文化、卫生、广电、计划生育等方面	旅游局	
226	任本善	关于取缔路边烧烤的建议	城建、交通、环保等方面	城管局	环保局 公安局 工商局
227	申振铎	建议提高城管执法协管员待遇	财贸金融工作方面	财政局	人社局 编办
228	程金平	建议公开一企一策情况	工业经济、基础设施建设等方面	发展改革委 人大办	
229	程金平	建议住建局采取措施保证住房建设有序健康发展	城建、交通、环保等方面	住建局	
230	周　祥	招聘在职编制幼儿教师，优化学前教育教师队伍	科技、教育、文化、卫生、广电、计划生育等方面	教育局 人社局 编办	
231	赵怀平	关于将凤山路延至古贲段的意见	城建、交通、环保等方面	住建局 交运局	
232	王良平	关于在海安县城区适度增加停车位和停车场的建议	城建、交通、环保等方面	住建局	
233	王良平	关于加强政府所辖公益性公墓建设和管理的建设	人事、劳动和社会保障等方面	民政局	
234	程瑞琴	加大对县城北部区域社会事业的投入力度，建好南通北大门	城建、交通、环保等方面	教育局 卫生局	交运局
235	朱江胜	关于支持和促进天鹅村村级经济发展的建议	人事、劳动和社会保障等方面	农办	
236	朱江胜	关于进一步加快农村土地流转进程的建议	农业、农村工作、水利、国土资源等方面	农办	国土局
237	杨余芳	关于加快水上旅游点建设的建议	科技、教育、文化、卫生、广电、计划生育等方面	旅游局	住建局 高新区 白甸镇 墩头镇 南莫镇
238	王裕银	建议逐月增加失地农民职工退休后的退休待遇	人事、劳动和社会保障等方面	人社局	国土局
239	王裕银	建立有关部门对化工园区的企业污染治理监管制度	城建、交通、环保等方面	环保局	
240	徐培生	关于加快北三环路道建设的建议	城建、交通、环保等方面	住建局	
241	张海燕	关于教师工资(四三三)尽快落实到位的建议	财贸金融工作方面	财政局 人社局	
242	张海燕	关于仁桥小学周边道路环境整治的建议	城建、交通、环保等方面	高新区	
243	高广喜	关于强化安全监管，杜绝各类安全事故发生的建议	工业经济、基础设施建设等方面	安监局	建管局
244	杨余芳	对于进一步完善农民弃宅进城、进镇政策的建议	农业、农村工作、水利、国土资源等方面	农办	国土局
245	张红旗	关于缩短电梯检测时间的建议	工业经济、基础设施建设等方面	质监局	
246	周于红	关于提升民众安全意识及防范和应对安全事故的能力的建议	公安、司法和社会稳定等方面	安监局	教育局
247	范加来	建议恢复农村广播喇叭，为党和人民服务	科技、教育、文化、卫生、广电、计划生育等方面	广播电视台	
248	周海冰	关于加快在建工程建设速度的建议	城建、交通、环保等方面	住建局 交运局	
249	周海冰	关于在新宁路与江海东路、永安路与曙光路口增设红绿灯的建议	城建、交通、环保等方面	住建局	公安局
250	王希成	关于建立农村无助精神病人扶助资金的建议	人事、劳动和社会保障等方面	财政局	卫生局
251	王希成	关于配备乡镇环境整治工作队伍的建议	城建、交通、环保等方面	编办 人社局	财政局 环保局
252	严国和	关于加大支持力度，促进我县家庭农场健康发展的建议	农业、农村工作、水利、国土资源等方面	农委	农办

续表 9

编号	建议人	标　题	分　类	主办单位	协办单位
253	许　宁	关于增加教育经费专项投入，尽快改造全县农村中小学煤渣运动场为塑胶运动场的建议	财贸金融工作方面	财政局	教育局
254	张梅华	关于商业保险老年人意外伤害保险、全家福保险不应纳入村居年终考核的建议	农业、农村工作、水利、国土资源等方面	农办 人口计生委 民政局	
255	张秀芳	关于加强对“三农”工作领导的建议	农业、农村工作、水利、国土资源等方面	农办	
256	张秀芳	关于加强全民道德建设的建议	科技、教育、文化、卫生、广电、计划生育等方面	宣传部	团委 教育局
257	陈兴俊	关于解决学生入校、离校高峰交通拥堵问题的建议	公安、司法和社会稳定等方面	公安局	
258	丁金凤	建议规范农村各项保险费的收取	农业、农村工作、水利、国土资源等方面	农办 人口计生委 民政局	
259	段仁贵	关于在全县继续开展安全生产知识培训的建议	工业经济、基础设施建设等方面	各区镇	
260	江培泽	关于“清水工程”的几点建议	城建、交通、环保等方面	水利局 农委 环保局 财政局	
261	江培泽	关于关注村后备干部成长的建议	其他	总工会 人社局 安监局 财政局 各区镇	
262	秦章彬	规范各类保险收取权限的建议	农业、农村工作、水利、国土资源等方面	农办 人口计生委 民政局	
263	陈红玲	建议有关部门规范落实农村各项保险	农业、农村工作、水利、国土资源等方面	农办 人口计生委 民政局	
264	秦章彬	抓好清水工程的建议	城建、交通、环保等方面	水利局 环保局	农委
265	张　明	关于进一步加强垃圾分类回收，提高资源利用率的建议	城建、交通、环保等方面	财政局 城管局	
266	张英来	关于支持我县中心镇发展服务业(旅游)的几点建议	科技、教育、文化、卫生、广电、计划生育等方面	发展改革委 旅游局	住建局 国土局
267	周宝云	建议对村级考核实行差别化考核	农业、农村工作、水利、国土资源等方面	农办	
268	周长禄	建议规范农村各项保险	农业、农村工作、水利、国土资源等方面	农办 人口计生委 民政局	
269	周建春	关于简化城乡居民免除基本火化费手续的建议	人事、劳动和社会保障等方面	民政局	财政局 公安局 人社局
270	周怀明	加强服务 切实帮扶企业的建议	工业经济、基础设施建设等方面	发改委	财政局 行政服务中心 人社局 环保局 国税局 地税局
271	时章永	关于提高村两委负责人退休待遇的建议	农业、农村工作、水利、国土资源等方面	农办	财政局 人社局
272	汪如成	关于减少村干部收取保险险种的建议	农业、农村工作、水利、国土资源等方面	农办 人口计生委 民政局	

说明：编号前标注★的建议为3月25日县人大常委会第38次主任会议上通过的2014年度海安县人大常委会重点督办建议

2014年海安县人大代表优秀议案和建议表

表 10

编号	建议人	优秀议案
1	黄　梅等12位代表	关于加快科技创新，促进经济转型升级的议案
2	张英来等10位代表	关于实施生态文明建设“清水工程”的议案

续表 10

编号	建议人	优秀建议
1	施　成	改变"让利竞争"招商模式,推行"服务竞争"招商理念,提升海安对外来资本的吸引力
2	王时明等 11 位代表	深化学前教育综合改革　推进教育事业协调发展
3	周宝林等 15 位代表	关于加快建立青墩遗址博物馆的议案
4	何小进等 10 位代表	关于加强小区物业管理的建议
5	吴俊刚	关于完善我县独立的城市公交运行体系的建议
6	施　成等 10 位代表	关于调整考核体系和方法从根本上克服特色产业园区存在同质化发展现象的议案
7	李友平等 10 位代表	关于完善社会救助体系建设的议案
8	陈　焱等 10 位代表	关于切实加强里下河防汛基础调入建设的议案
9	王希成等 11 位代表	关于做好安置房建设管理的议案
10	周海冰	关于加大对精神病人救助的建议
11	潘德富	关于加快推进边界村建设的建议
12	朱江胜	关于进一步加快农村土地流转进程的建议
13	孙银华	关于开展病死动物集中无害化处理的建议
14	缪云秀	关于定期检测百姓饮用水的建议
15	储祥华	对当前税收征管工作的几点建议
16	韩增安	加强城市道路交通和环境的规范和管理
17	王永才	加大扶持企业力度,使企业做大做强
18	周小军等 10 位代表	关于加快发展里下河金三角旅游示范区的议案
19	张　明	关于进一步加强垃圾分类回收,提高资源利用率的建议
20	周怀明	加强服务　切实帮扶企业的建议
21	束长青	加大重点中心镇教育投入
22	陶永红	建议取消部分纸质媒体或减少印刷数
23	陈　杰	关于提升城市品质内涵的建议
24	卢　锋	关于在全县加快江苏省公共文化示范区创建工作的建议

法和社会稳定等方面 9 件，人大工作方面 1 件,其他方面 15 件。3 月 29 日,县人大常委会召开代表建议交办工作会议,专题交办 272 件代表建议。县人大常委会第 38 次主任会议确定 10 件重点督办建议。8 月 13 日,县人大常委会召开建议办理工作督办会。11 月 21 日,县人大常委会组织部分委员和有关人大代表视察建议办理情况。此外,县人大机关相关委室在常委会副主任带领下常态化督办联系部门办理建议情况。至 7 月,64 家承办单位全部办结，并逐一答复代表。272 件代表建议中，已经解决或基本解决的128 件,占 47.06%;解决中或列入计划逐步解决的 123 件,占 45.22%;因条件限制,无法解决的 21 件,占 7.72%。代表反馈意见表示满意的 261 件,占 95.94%;基本满意的 8 件,占 2.95%;不满意的 3 件,占 1.11%。代表表示不满意的,部门均重新办理并答复代表。

（陈　磊）

海安县人民政府

综　　述

【概况】 2014 年,县十五届人民政府较好地完成年初确定的各项目标任务。累计实现地区生产总值 624 亿元，增长 11%;完成财政总收入 127.9 亿元,增长 11%;公共财政预算收入 54.1 亿元,增长 16%;全社会固定资产投资 442 亿元。实现城乡居民人均可支配收入分别为 31597 元和 15155 元,增长 10%和 11%。中意海安生态园成为全国唯一落户县级城市的国际合作园区。全国中小城市综合实力百强县、最具投资潜力中小城市百强县排名继续攀升,分别跃升至第 32 位和第 11 位。

【县政府办公室工作】 县政府办公室在县级机关形象测评中被评为先进单位。抓好领导公务活动和日常事务的协调,年内召开各类协调会 380 余次，协调解决问题 400 多项。全年制发县政府和县政府办公室文件 230 件，编发会议纪要 24 期,下发交办单 142 件。办理基层请示 1130 余件、上级来文 500 余件,转办领导批示 200 余件,无一疏漏、泄漏、误时、误事现象。向市上报政务信息 420 多条,被市委办、市政府办《南通信息》和《昨日要情》录用 55 条,《养蚕业"老龄化"倾向严重》《"单独两孩"新政亟须协调配套县级医疗教育交通社区服务》等 3 条信息上报中办。完成《政府工作报告》、政府全体(扩大)会议工作报告、各类工作汇报、专题会议讲话 600 多篇,在市级以上报刊发表或会议上交流文章 60 多篇。

贯彻中央八项规定和省市县委十项规定要求,开展会风整治工作,压减、合并各类会议,大力推行视频会议。做好政府常务会和县长办公会各项准备工作,先后完成 1 次县长民主生活会、11 次政府常务会、3 次县政府组成人员会议和 14 次县政府财政性资金审批小组会议的组织和服务工作。全面公开 65 项政府信息,及时丰富县政府门户网站"政务公开"栏目内容,行政权力事项均在海安门户网"政务大厅"对外公示,包括县领导分工、工作规则、县政府和政府办文件、发展规划等 10 大类 120 项。通过"12345"公共服务呼叫中心、网上回帖、新闻发布、电视图文点播等形式,公开教育、医疗、社会保障、劳动就业、房屋征收、食品药品监管等信息。全年主动公开各类信息 8000 余条,依申请公开信息 35 件,均依法依规办结。

县政府办与行政效能监察中心等部门联合开展督察,全年督察交办 155 项重点工作、470 个城乡建设管理工程项目、15 件为民办实事项目和 141 个存在问题、事项。跟踪督察市政府重点经济工作指标任务进展情况,在市重点经济工作综合考核中连续三年位列九县(市)区第一。抓好"两会"建议提案办理工作,办理人大代表建议 272 件,政协委员提案 241 件,答复率 100%,满意率和基本满意率 98.9%;办理市人大代表建议 11 件,满意率和基本满意率 100%。做好服务县政府负责人赴镇接访、信访接待日、县长信箱办理回应等工作,全年转办人民来信 200 余件;接听群众来电 1500 多次,接待来访群众 200 多人次。 (顾宏俊)

重要会议

【县政府全体(扩大)会议】 2014 年,县十五届人民政府召开 3 次全体(扩大)会议。

第五次全体会议　1 月 4 日,县十五届人民政府第五次全体会议召开。会议讨论修改提交县十五届人大三次会议审议的《政府工作报告》(征求意见稿)。县委书记、县长陆卫东要求,报告在总体基调定位上应与县委十二届五次全会保持一致;在文字表述方面,要力求准确贴切,注重语言平实,对 2013 年的工作回顾要客观中肯,对 2014 年的工作安排要具有指导性和可操作性。会议听取县委常委、常务副县长焦广琪作关于《政府工作报告》起草情况的说明。与会人员认真讨论"报告"(征求意见稿),对"报告"主题、结构、内容等给予肯定,同时也提出意见和建议。县领导成宾、彭为杰、翁晓云、丁锋、卢忠平、高斌,县政府党组成员、公安局局长葛志祥出席会议。

第六次全体(扩大)会议　4 月 16 日,县十五届人民政府第六次全体(扩大)会议暨一季度工作点评会召开。会议要求贯彻落实中央、省、市关于做好 2014 年工作的最新要求,以及县委十二届五次全会、县"两会"精神,回顾总结一季度工作,研究部署下一阶段工作,动员全县上下紧紧抓住"动车时代、节点城市"新机遇、新优势,扎实推进各项工作,为全面完成全年经济社会发展目标任务打下坚实基础。县委书记、县长陆卫东就加快发展工业经济,扎实推进招商引资、项目建设,加速突破现代服务业,着力抓好现代农业,大力实施城乡建设,不断加强民生保障,全面加强政府自身建设七个方面工作进行点评和部署。县委副书记顾国标宣读一季度"单项流动杯""季度综合优胜杯"考核竞赛结果,经济社会目标责任书考核加、扣分情况以及村级为民服务中心建设考核结果。会议举行一季度"单项流动杯""季度综合优胜杯"授杯仪式。县委常委、常务副县长焦广琪主持会议。县领导朱春、孙进基、周宗泉、李春旺等参加会议。

第七次全体(扩大)会议　10 月 9 日,县十五届人民政府第七次全体(扩大)会议召开。会议回顾总结前三季度全县各项工作进展情况和经济形势,研究部署第四季度工作,谋划 2015 年和"十三五"发展。县委书记陆卫东到会讲话,要求各区镇、部门主动适应增速换挡、经济转型这一新常态,全力保持经济平稳健康发展,有力有序推进城乡建设步伐,巩固海安发展的好势头。县委副书记、代县长顾国标作工作报告,他要求四季度全县上下要围绕全年目标任务,全力保持经济平稳较快增长,扎实推进项目载体建设,充分激发科技创新活力,全面推进新型城镇化,扎实做好惠及民生工作,积极稳妥推进各项改革。会上,开发区、高新区、曲塘镇以及发改委、科技局、住建局、水利局、卫生局、人行等区镇、部门作表态发言。县委常委、常务副县长张亚曦主持会议。县领导朱春、王锡林、彭为杰、翁晓云、卢忠平、葛志祥、严长江、杨同标等参加会议。

【县政府常务会议】 2014 年,县十五届人民政府召开 11 次常务会议。

1 月 4 日,召开县十五届人民政府第 18 次常务会。主要议题:县 2013 年国民经济和社会发展计划执行情况与 2014 年国民经济和社会发展计划草案的报告(征求意见稿)、县 2013 年财政预算执行情况和 2014 年财政预算草案的报告(征求意见稿)。

2 月 10 日,召开县十五届人民政府第 19 次常务会。主要议题:研究决定授予赵顺秋"见义勇为好市民"荣誉称号,并在全县开展向赵顺秋学习活动。

3 月 13 日,召开县十五届人民政府第 20 次常务会。主要议题:关于加快电子商务发展的实施意见;县促进电子商务发展扶持办法;关于县粮食购销公司参股"江苏三零海安面粉"项目建设的请示;关于县粮食危仓老库维修改造财政配套资金的请示;关于开展"平安海安"技防五期工程建设的请示;关于建设县法制宣传教育中心的请示;关于调整交存住宅专项维修资金标准的请示;县商品房预售资金监督管理暂行办法;关于延长财政封闭运行期限的请示;关于县直管公房管理情况清查及其完善的建议请示;关于发布县 2013 年度企业工资增长指导线的请示;关于进一步加强招工引劳的补充意见;2014年校企合作举办“冠名班”考核办法;县高层次人才资助实施办法;关于深化和谐企业创建工作的意见;关于免除焦港北闸相关建设费用的请示;关于353省道下穿新长铁路立交工程委托代建相关事项的报告;关于迎接全国文化先进县复查需要县政府协调解决的主要问题的请示;关于相关政府投资工程建设项目变更情况的剖析报告;海安县突发公共事件总体应急预案;关于开除沙云权公职的决定;关于开除余端林公职的决定。

3月23日,召开县十五届人民政府第21次常务会。主要议题:县2014年南通市劳动模范和先进工作者推荐评选工作汇报。

5月28日,召开县十五届人民政府第22次常务会。主要议题:关于县商业学校取消学历教育后职工及资产处置建议方案的请示;县消火栓管理办法;关于请求批准重型消防车辆购置及部分政府专职消防队站升级改造计划的请示;关于县城公共自行车系统建设工作的请示;关于采购环卫新能源电动车的请示;县县直事业单位投资举办企业国有资产及其收益管理暂行办法;关于县投资建设有限公司等投融资平台兼职人员免职的通知;关于鲁德平等任职的通知;关于王荣贵等任职的通知;关于组建海安鑫港投资建设有限公司的请示;关于单一来源谈判确定施工单位和监理单位的请示;县农村土地承包经营权登记工作方案;县征地补偿和被征地农民社会保障办法;县建筑物停车设施配建标准;关于县广播电视中心专业设备设施工程项目的请示;关于实施通扬河沿线高低水系控制闸涵拆建更新和丁堡河综合整治并先期安排前期工作经费的请示;关于县城区防汛物资储备仓库应急修复工程相关费用减免的请示;关于民政定补对象提标扩保方案的请示;关于进一步实施惠民殡葬政策免除遗体接运费的请示;县自然灾害救助应急预案;县深化教育领域综合改革推进教育现代化建设情况汇报;关于卫生系统定向培养医学生的请示;关于购买殡仪车的请示;关于购置路灯抢修车辆的请示;海安县执法和专用车辆更换(添置)审核表(公安局);县执法和专用车辆更换(添置)审核表(李堡镇农产品质量安全监管所)。

7月12日,召开县十五届人民政府第23次常务会。主要议题:关于县飞鹤公交公司新增城市公交车辆的请示;关于2013年城乡垃圾焚烧相关费用结算及有关事项的请示;关于追加2014年度城市环境综合整治项目预算经费的请示;关于政府参股引导建立创投基金相关事项的请示;2014年度农村公共服务运行维护建设实施意见;关于继续实施师范生定向培养工程的请示;淮南—南京—上海1000千伏交流特高压输变电工程1000千伏交流线路工程(海安段)建设情况汇报;关于县残疾人联合会新建县残疾人托养服务中心职业技能培训用房工程项目的请示;县突发地质灾害应急预案;县燃气事故灾害应急预案;关于开除陈飞飞公职的决定;县执法和专用车辆更换(添置)审核表(公安局)。

8月16日,召开县十五届人民政府第24次常务会。主要议题:2014年保持全县经济平稳较快发展的若干政策意见;“五大专项行动”情况汇报;关于江淮文化园(苏中植物园二期工程)建设的政策建议;关于西泊度假区暨乡村旅游农家乐集聚区开发建设的方案;中洋河豚庄园创建AAAA级景区旅游配套设施投资方案;县河道保洁工作实施方案;县区镇公共资源交易管理办法;关于开办政策性淡水养殖保险的请示;关于公共自行车系统建设情况的请示;关于2013年县城规划区工程(房地产)建设项目规划执行情况的报告;关于调整2015年城镇居民医疗保险筹资标准的请示;县蓝领技能人才租购住房管理办法(试行);县第十届法治文化节活动方案;关于赋予曲塘镇、李堡镇部分县级经济社会管理权限的通知;关于为于金旺记个人三等功的请示;关于开除金仁楼公职的决定。

9月23日,召开县十五届人民政府第25次常务会。主要议题:县重大行政决策程序规定;县人民政府重大行政决策后评估实施办法(试行);县深化行政审批制度改革工作方案;县中小企业信用担保基金管理办法;关于建立政府性债务风险预警和财政性资金投资项目审核机制的意见;关于进一步深化政府性公司分类管理改革的意见;县推行公务消费一体化监管工作实施意见;关于实施县县级公立医院医药价格综合改革方案的请示;关于县广电网络公司整合资产入股事项的请示;县物业管理老旧小区扫盲、农民安置房达标、新小区创优实施方案;县农村公路老旧危桥管理改造工作实施方案;县农村灌溉车口管理实施办法(试行);关于贯彻落实安全生产“党政同责、一岗双责”要求的工作意见;关于报请县政府批准第二批三级重大隐患挂牌督办整改的请示;关于追加2014年城镇居民医疗保险县级财政补助的请示;关于调整征地补偿社会保障资金标准的请示;县畜禽养殖污染防治设施建设计划;关于申报“萧雅纺织”“苏豪恒鑫”非法集资专案组记集体三等功的请示;关于购置特种防暴车的请示;县执法和专用车辆更换(添置)审核表(公安局);县执法和专用车辆更换(添置)审核表(李堡中心卫生院);县执法和专用车辆更换(添置)审核表(角斜镇农产品质量安全监管服务所)。

11月14日,召开县十五届人民政府第26次常务会。主要议题:2015年城乡建设、交通工程、城市管理重大项目计划安排;关于深化教育领域综合改革创建县域教育现代化的意见;县人民政府法律顾问工作规则;县人民政府职能转变和机构改革方案;关于调整完善县区镇财政管理体制的通知;县政府关于促进股权投资基金发展的若干意见;关于设立科技型中小企业贷款风险补偿资金池的请示;关于鑫缘茧丝绸集团股份有限公司股权转给县国有资产管理中心的请示;关于请求变更融资平台有关事项的请示;关于完善县客运出租车运价结构的请示;县违法建设监督管理工作实施意见(试行);县审计机关公告审计结果办法;县新通扬—通榆河水环境区域补偿实施方案(试行);关于调整社会保险缴费基数的请示;关于拟申报县劳动保障监察大队等20家单位为参照公务员管理事业单位的请示;关于提高离任村“三大员”生活补贴的请示;关于发布《关于对未取得绿色环保检验合格标志机动车实施限制通行的通告》的请示;县黄标车提前报废奖补办法;中大街步行街整治方案;关于采购环卫考核及维修车辆的请示;县执法和专用车辆更换(添置)审核表(法院);县执法和专用车辆更换(添置)审核表(中医院)。

12月18日，召开县十五届人民政府第27次常务会。主要议题:关于进一步规范因公外出管理的若干规定；县党政机关公务接待管理实施细则；关于在全县推行政社互动，促进基层社会治理方式创新的意见；县政府机构改革重点任务分工方案。

12月20日，召开县十五届人民政府第28次常务会。主要议题:县2015年区镇经济社会目标责任制考核意见;县2015年县级机关目标绩效考核办法修改说明;县2015年“新型工业化杯”竞赛办法；县2015年新型工业化发展意见；关于加快新型工业化发展若干政策的补充意见;县2015年产业集群培育考核办法;县2015年全产业链培育发展工作意见;县2015年“科技人才杯”竞赛办法(科技部分);县2015年“科技人才杯”竞赛办法(人才部分);县2015年科技工作意见；关于调整科技创新有关政策意见的通知;关于调整“县级机关服务企业科技行”活动考核办法的通知;县2015年招才引智工作意见；关于大力开展人才集聚工作的实施意见;县2015年县级机关部门招才引智考核办法;县2015年用工保障服务工作意见；县2015年招工(生)引劳工作考核办法;县2015年新三板挂牌工作考核办法;县2015年金融工作意见；县2015年金融工作考核意见；县2015年“银政企携手攀新高”行动考核办法；县2015年质量强县工作意见；县2015年质量工作目标考核办法;县2015年安全生产工作意见；县2015年安全生产目标管理考核办法;县2015年工商行政管理工作意见;县2015年区镇放心消费创建“百千万”工程考核办法；县2015年“农业现代化杯”竞赛办法;关于加快推进农业基本现代化建设的实施意见；关于加快推进农业基本现代化建设的若干政策意见；关于推进农业生产全托管家庭农场等新型农业经营主体建设的实施意见；关于加快推进雅周现代农业园区建设的工作意见；县2015年“全民创业杯”竞赛办法;县2015年全民创业工作意见;县2015年“帮村帮户”工作意见;县2015年水利工作意见;县拆坝建桥(涵)工程实施意见;县2015年造林绿化工作意见;县2015年农产品质量安全建设重大动(植)物疫病防控工作意见;县2015年农村环境长效管理和村庄环境整治工作考核办法;县2015年农村河道长效管理工作考核办法;县2015年“开放型经济杯”竞赛办法;县2015年开放型经济工作意见;县2015年招商引资工作意见;县2015年“工业项目建设杯”竞赛办法;县2015年中意海安生态园建设工作意见;县2015年“现代服务业杯”竞赛办法、县2015年“电子商务新兴服务业杯”竞赛办法、县2015年服务业工作意见;县2015年“现代服务业杯”(旅游业)竞赛实施细则;县2015年旅游发展工作意见;县2015年民营经济考核办法;县2015年生态文明建设暨环境保护实施意见;县2015年生态文明建设考核办法;县2015年“城镇建设管理杯”竞赛办法；县土地利用规模和年度计划管理实施意见;县2015年房屋征收(第一期)考核办法；县2015年建筑业工作意见；县2015年建筑工程管理工作考核办法；县2015年公共资源交易管理工作意见；县2015年公共资源交易管理考核办法；县2015年区镇“财税增收杯”竞赛办法；县2015年财税部门收入目标任务考核办法；县2015年综合治税专项考核办法;县2015年区镇和部门统计工作考核办法；县全面建成更高水平小康社会工作考核办法;县2015年社会事业发展工作意见;县2015年人力资源和社会保障工作意见;县2015年人力资源和社会保障重点工作目标考核办法;县2015年沿海开发工作意见;县2015年社会养老服务体系建设考核办法；关于创新推进物业管理工作的试行办法、县2015年城市管理工作考核办法;县2015年信访工作要点；县2015年信访工作绩效考核办法;县2015年党政领导干部接访和下访工作意见;县“12345”政府服务热线办理工作实施意见;县2015年“12345”政府服务热线办理工作考核办法；行政审批制度改革“五张清单”;县城市公交线路优化调整试运行方案；关于加强肇事肇祸等严重精神障碍患者救助工作的实施办法；关于县商业学校实施整体回购及人员处置方案的请示；关于调整县企业最低工资标准的请示;关于对2013年度星级“双招双引”人员进行嘉奖、记功的请示；关于落实老年人有关优待政策的请示；关于通过单一来源谈判方式确定施工单位和监理单位的请示；关于续购新能源车辆的请示；县执法和专用车辆更换(添置)审核表(机关事务局)。

(张志刚)

外事侨务

【概况】 2014年,县外侨办外事侨务工作取得新进展。利用侨务资源服务经济建设，借助市外侨办搭建的海外知名侨商南通行——海内外企业合作恳谈会这一平台，组织海安国家经济开发区和海安高新技术开发区招商局人员与之对接，推荐欧贝黎新能源科技股份有限公司现场进行推介活动。做好侨务外宣工作,在《环球华报》和东亚新闻网刊登《海安专版》,介绍海安区位优势、经济社会事业发展状况以及风土人情等情况。

【因公出国(境)管理】 贯彻执行《海安县关于进一步规范因公外出管理的若干规定》,根据因公出国(境)团组可执行计划,严把初审关,对不符合规定的坚决不受理。推行因公出国(境)公示制度,坚持因公出国(境)人员回国提交出访报告制度。全年因公出国(境)组团数明显下降,县政府组团3批16人次；双跨团组12批13人次;4批出国团组不符合规定,未予受理。为企业办理因公出国(境)团组28批62人次。为民营企业经营管理者新申办APEC商务旅行卡8张，构建准外交护照“绿色通道”。

【涉外管理】 严把外国人到华申请初审关，动员和组织重点企业进行企业诚信等级评定工作。全年办理邀请外国人到华66人次。发生5起劳务人员境外意外死亡事件，及时做好死亡人员家属安抚工作,并指导家属办理相关手续,处理后事。牵头建立县涉外突发事件协调和应急处置工作联席会议制度,马航MH370客机失联事件发生后，迅速启动应急处置预案,县政府办召开应急办、公安局、信访局、宣传部、教育局、民政局、外侨办、海安镇以及失联人员所在街道和海安高级中学负责人会议，并成立海安协助处理马航失联事件应急工作组，设立对上联络组、应急维稳组、疏导救助组和宣传舆论组四个小组，同时，安排失联人员所在区镇、社区人员和辖区内民警与其家人一对一做安抚工作。

【对外友好交流】 4月，美国奥克兰郡副郡长马修·吉布及部分官员访问海安。马修·吉布与县委书记陆卫东先后就推动双方企业交流合作，鼓励支持有意向的企业到对方区域投资发展以及建筑、教育、青少年交流互动等方面的合作进行交流。马修·吉布表示，双方不仅企业间加强合作，还可以建立深度教育合作，支持双方学生交流学习。9月，意大利能源服务公司首席执行官南多·帕斯夸里一行17人到海安参观考察，交流洽谈中意海安生态园共建方案。12月3日，德国法兰克福(奥德)市市长马丁·威尔克一行到海安考察投资环境，县委常委、国家级开发区党工委副书记周宗泉陪同考察。

【海安与美国奥克兰郡缔结国际友城】 1月，中国人民对外友好协会批准海安与美国奥克兰郡缔结国际友城。2月28日，县委书记、县长陆卫东在奥克兰郡签订海安与奥克兰郡友好县郡协议，实现海安友城工作零突破。

【依法护侨】 强化侨法宣传，各区镇利用广播、橱窗、板报等形式宣传侨法及侨务方针政策。维护拆迁侨眷权益，主动与拆迁部门对接，协助做好拆迁侨眷思想工作，为5名拆迁侨眷办理身份证明。认真处理涉侨信访，挪威籍华人蒋某经政府招商到李堡投资，因相关政策因素一直未能投产，经多次协调后与李堡镇政府签订回收协议，李堡镇政府出资1100万元收回蒋某的土地及附属物，蒋某多年信访得以解决。认真执行侨务政策，为7名“三侨生”办理相关证明。

【举办外事业务知识讲座】 10月31日，邀请市外事侨务办公室副主任张智强、出国来华管理处处长王猛到海安作因公出国(境)团组任务审批、领事认证、APEC商务旅行卡申办、邀请外国人到华的相关知识专题讲座。组织办理因公出国(境)团组任务审批较多的商务局、开发区、高新区等部门业务人员，申办APEC商务旅行卡的企业业务人员，有邀请外国人到华的企业和出国劳务公司相关业务人员参会。 (于 萍)

行政审批

【概况】 2014年，县行政服务中心办理各类事项12.98万件，同比增长25%，按时办结率100%，群众满意率99.9%。至年底，中心对进驻的37个窗口评选出服务标兵56人次，红旗窗口48个。县行政服务中心被表彰为2014年度机关作风效能建设先进集体、帮村帮户大行动先进集体以及项目服务建设先进单位等。

【推行项目联合审核】 年初，县政府出台《海安县项目审核工作暂行办法》，县行政服务中心牵头组织县发改委、住建局、国土局等部门实行项目建设服务新机制，通过集中服务和上门服务，及时进行项目联合预审、联合核准开工、联合会办。全年，组织项目预审23次，通过预审194个，核准开工项目208个。

【优化审批流程】 工业项目凭工商注册登记、平面规划初步设计、设备订购清单等进行预审；通过预审后，凭预审意见到县发改委、住建局等部门办理立项、审批平面规划、审查施工图(住建、消防、气象)等手续；项目核准开工后，凭开工通知书进行安全报监和工程质量监督先期介入，进入实质性开工建设。10月起，将消防图纸设计审查纳入县行政服务中心施工图审查室窗口进行，与建设工程施工图同步审查。至年底，受理消防图纸审核项目50个，其中出具消防审查意见43个，审核面积48.51万平方米。

【实施项目联办会办】 为企业、项目服务召开协调会30余次。重点解决2013年12月31前竣工未进行工程质量监督的部分工业项目，通过房屋安全鉴定替代竣工验收备案进行房产登记的问题；解决已竣工并取得土地权属证明，但未投产的项目，办理工程竣工验收备案须环保前置验收的问题；解决项目建设提前介入，消防设计技术审查由审图室受理的问题。通过与市房管局多次协商，6月，南通天平房屋安全司法鉴定所把海安作为群众路线教育实践活动的首家合作点，对海安需要房屋安全鉴定的项目开展服务，并实行统一优惠收费。

【健全代理代办制度】 指导各区镇明确二、三产重点项目代理员，对全县新落户亿元以上重点项目，指导各区镇建立项目经理服务责任制，并建立项目服务经理QQ工作群。全年，组织培训各区镇项目分管负责人、全县招商人员、项目服务代理员400多人次。 (陈晓兰)

公共资源交易

【概况】 2014年，县公共资源交易中心进场交易项目1921项(宗)；进场交易项目累计预算金额(不含直接发包)117.65亿元，累计交易额98.58亿元；工程建设(不含直接发包)、政府采购项目节约资金19.2亿元，土地使用权出让、产权交易项目增值1283.91万元。招投标下浮率全市第一，净节约6.9亿元，推荐选用地方产品1.3亿元，地税窗口征收印花税370.5万元。房屋、市政、交通、水利工程全部实行全程电子化招投标，国有投资工程项目电子招投标率和省级平台远程异地评标率100%，并延伸到邀请招标、监理招标、材料设备采购。

【增收节支】 工程建设进场交易830项，节约资金18.7亿元。继续推行政府投资工程建设项目财政投资评审机制，2014年评审项目355个，送审金额89.46亿元，审定金额84.44亿元，核减5.02亿元，核减率5.61%。继续实行一次招标失败两次招标控制价再调整办法，李堡中心小学项目经过2次招标，最终节约资金728.51万元。推行建设工程招标“二次平均评审法”，县政府投资工程预算价95.57亿元，中标价77.05亿元，平均下浮率23.39%。

政府采购进场交易612项，成交金额2.26亿元，节约资金4904.7万元，节约率17.86%。推进和探索政府采购公共服务类项目，实施公车保险、绿化养护、环卫保洁、公共卫生、河道管护等领域相关项目的采购。实行通用电子电器产品批量集中采购制度，组织电子竞价45轮次，涉及400多个项目，采购金额600多万元，节约资金近百万元，与江苏省协议供货最高限价相比，节约率均在15%以上。

土地出让370宗，成交额18.48亿元，增值1114.48万元。其中南莫镇原派出所区域两宗地，拍卖增值率分别为42.08%、26.60%。

产权进场交易91宗，成交金额7204.79万元，增值资金144.28万元。推动区镇集体资产进入公共资源交易中心交易；配合开发区成功处置南通绿山集成电路有限公司闲置资产；公开拍卖纪委罚没物资。

县政府投资项目建设和政府采购中，累计优先选用地方产品合同额约1.3亿元，其中海安名牌西蒙电气、联荣水泥、瑞恩变压器和爱登堡、三洋、斯特朗电梯合同额均在千万元以上。

【交易监督管理】 完善交易管理制度。出台《海安县政府投资工程建筑业企业信用管理办法(试行)》《海安县政府分散采购管理办法》《海安县工程建设招标投标异议、投诉处理程序》等制度。

拓展进场交易范围。将法院涉诉资产、检察院(纪委、公安局)罚没物资、县属直管公房、区镇涉农“三资”处置、大型户外广告权、出租车经营权等公共资源纳入进场交易范围。建立药品集中采购交易系统，全面实施县以下医疗机构药品集中采购，提供医药用品网上“在线交易、在线竞价、在线监管”服务。

完善评标体系。采用综合评估法的项目投标报价评审实行“二选一”现场随机抽取，并实行中标候选人公示和中标人公告制度。开发县公共资源交易信用管理平台，县公管办、住建局、建管局将相关管理和考核数据录入系统，初步进行考核公示，并进行全面测试。

强化政府投资工程变更责任追究。出台《海安县政府投资工程建设项目变更责任追究办法》，明确工程建设项目相关责任追究的主体、追究方式、处理办法。要求所有工程建设项目招标文件中都列入相应的变更责任追究条款。

规范区镇公共资源交易中心建设。研究出台《海安县区镇公共资源交易管理暂行办法》，首次将区镇规模以下的工程建设、政府采购、服务项目纳入公共资源交易平台管理，统一明确区镇交易规模、交易方式、交易程序等。高新区、李堡镇等6个区镇交易中心建成。

【加大监管力度】 组织标后监管领导小组成员单位集中检查全县96项政府投资工程建设项目，会同县水利局、交运局开展水利、交通项目标后监管大检查。检查情况录入“海安县建筑业信用管理系统”，作为企业信用分的依据，实现施工现场和投标市场两场联动。年中召开标后监管大检查推进会，对检查中发现的问题向各区镇、部门、建设单位进行责任分解，并限期整改落实到位。

集中约谈所有中标项目法人代表、项目经理，约谈工程建设质量、进度、人员到位、廉政建设等内容，全年对水利、交通、房建、市政等政府投资重大工程建设项目中标单位法人代表和项目负责人计195人实施廉政预警。约谈未按合同进行履约的中标单位48次。

根据《招标投标法》及投标文件承诺函，因投标人涉嫌串通投标，暂扣39个项目197家次单位投标保证金3325.4万元。移送住建局处罚11家单位，移送公安机关处理3家、刑事拘留5人，公示有不良行为的企业27家。

定期组织评委专家检查项目履约情况。引入未中标供应商参与履约验收检查，充分发挥群众监督作用。针对采购单位众多、地域分散验收难的问题，对批量集中采购项目采取先验收后发放的模式，按合同验收，确保产品质量。

(王　吉)

县政府投资项目工程建设

【概况】 县政府投资项目工程建设中心全年承接建设项目54项，总投资约34.95亿元，总建筑面积91.7万平方米，竣工交付项目33项。出台《县建设中心重大工程项目招标文件集体会商制度》《县建设中心代建工程竣工验收办法(试行)》等规范性文件；补充修订《县建设中心2014年度工作目标考核办法》，完善《监理工作考核办法》，出台《招标代理机构考核管理办法》。

【质量管理规范】 全年组织实施代建工程全面巡查12次、重点工程巡查24次、暑期校安工程专项检查3次，下发整改通知单86份，组织监理、施工、建设等单位召开质量、进度安全专题会议56次，向施工单位、监理单位发出整改联系函51份，约谈31次；对违约施工单位、监理单位实施处罚25项，处罚违约金20.33万元(在工程付款时及时扣减)；向县公管办发出暂停投标通知1份，公示履约情况不良企业，促进施工、监理单位履行合同。

【节约政府投资】 及时盘点项目资金使用情况，严格控制项目建设投资，全年直接节省工程投资775万元。文化艺术中心屋面排水建筑中，用重力式排水取代虹吸式排水，节约资金80万元；广电中心室外景观方案中，取消亲水平台及硬质驳坡，节约投资约200万元；全民健身中心工程中，将原设计采用的聚苯颗粒混凝土进行材料找坡调整为水泥珍珠岩找坡层，节约投资40万元；曲塘法庭建设工程中，调整泵房、保温做法及桩型，节省费用约85万元；将体育馆墙面穿孔铝板调整为木质吸音板，节约投资约140万元；广电中心、体育中心、地税局等项目施工中协调强、弱电管线及桥架的布置，减少投入约50万元。全年完成136个标段(含政府采购)的清单审核，实施工程招标项目111项，招标金额5.33亿元。严格按照项目概算确定设备方案和控制工程变更，全年核减申报费用700多万元。(唐莹莹)

机关事务管理

【概况】 县机关事务管理局贯彻执行国务院《机关事务管理条例》和《江苏省机关事务管理办法》，被评为市机关企业事业单位治安保卫工作先进集体、市机关事务管理系统信息宣传工作先进集体，县级机关会计记账中心被市“巾帼建功”活动领导小组评为“巾帼文明岗”。

因机构改革和职能调整，按照县委、县政府《关于印发海安县部分机构改革和职能调整实施意见的通知》精神，县级机关事务管理局更名为县机关事务管理局。

【公务用车服务管理】 统一管理全县重大会议、重要活动、公共突发事件、招商接待、老干部活动等用车，定期对公务车辆驾驶员进行安全教育，检测、维保车辆。全年车管中心安全行驶142多万公里，调度用车覆盖全县100多个部门(单位)，提供车辆保障4900趟次。

【机关后勤服务保障】 全年会计记账中心代理记账单位82家，完善内部审计工作制度，定期内审和互审，做到各项业务和核算资金无差错。协助各部门做好"三公经费"申报工作，同时协助县审计局核查20多家代理记账单位的"三公经费"。配合县财政局检查2013年度财政票据；根据财政部新会计制度的要求，与财务软件公司对接做好记账系统升级以及账户设置调整工作，组织会计人员参加新软件操作培训。为各部门（单位）做好2015年部门预算编制和申报工作。加强会计财务档案管理，将记账中心2008—2012年近6000本会计凭证及会计账簿、报表等档案送县档案局归档。配合审计部门、财政部门做好县发改委、农办、安监局、计生委的经济责任审计，县物价局、水利局部门预算执行审计以及财政财务收支情况的检查审计工作。

全年完成日常会议服务2571场次，保障县委、县政府总结表彰大会、全县三大建设暨社会事业工作会议、全县机关作风效能建设暨主要领导"四个不直接分管"工作推进会、全省秸秆燃料化利用暨秸秆禁烧动员会议、县委全会、县"两会"、经治会、中科院走进海安及全县党的群众路线教育实践活动相关会议的后勤服务。

加强监督管理物业管理公司及机关食堂，每月进行测评，将日常检查和每月满意度测评结果与承包考核费挂钩。全年做好20万多人次的餐饮服务，处理日常报修1525余次。

【建设节约型机关】 县行政中心被评为全国第一批节约型公共机构示范单位，李堡镇行政中心被评为省级公共机构节能示范单位。协同县发展改革委等单位组织"全国节能宣传周"活动；牵头组织培训全县机关各部门和各区镇行政事业单位能源消耗统计业务。重点围绕水、电管理，指导督促各公共机构严抓细管，全年水电能耗下降率达年初目标。进一步简化接待工作，严格控制公务接待费用和会议活动经费，各项运行费用支出节约10%以上。

【机关安全保卫】 完善行政中心应急预案，召开驻行政中心各部门消防责任人和办公室主任会议，落实安全防范工作责任。开展安全教育月活动，采用每日一条短信提醒和悬挂、电子显示屏滚动播放宣传标语等宣传方式，联系消防大队组织驻行政中心各部门、服务单位开展消防实战演练。升级行政中心视频监控系统，年底监控系统一期改造工程完工。规范行政中心进出入登记制度，全年接待外来办事人员3万余人次；协助县信访、公安全力维护上访秩序，协助信访局接访650批，8560余人次，其中集访142批，3520余人次。24小时监控214个监控点，每夜至少巡逻5次，及时发现门窗未关100余次、钥匙未拔30次、电瓶车钥匙未拔80余次，发现遗失现金转账支票和医保卡等及时与当事人取得联系。投入70多万元，升级改造地下停车场智能管理系统，做到一人一车一卡，实行双重身份验证；清理地下停车场长期停放车辆，解决地下停车场安全隐患，缓解停车难问题。

节约型公共机构示范单位荣誉奖牌
（县机关事务管理局 提供）

【机关小区及国有资产管理】 组织改选机关5个小区业主委员会，及时为小区居民和驻行政中心外其他部门提供上门服务、限时服务，帮助代收水电费、物业管理费、房租等。全年维修桌椅、门窗等36次，管道疏通78次，道路修补630多平方米，楼顶防水施工370多平方米，水电维修1320多人次，清理楼顶26幢，屋顶维修11户，拾、换瓦460多平方米，清理违章种植220多平方米，绿化植补280多平方米，同时做好国家卫生县城周期复评及中大街社区、星海社区创建市先进社区工作。投入80多万元对机关南小区进行电改造，实行分时计费。

配合国资办做好办公用房权属管理、出租房管理等工作，公开招租、拍租到期国有房产，及时签订租赁合同，收缴年度租金，全年收缴国有资产房租111.72万元，收缴物业费、水电费26.5万元。

【专项清理活动】 2013年12月，县成立由县委办、政府办、县纪委、编办和机关事务管理局参加的5个督察小组，逐一督察66个县级机关部门和10个区镇办公用房清查整改工作。2014年9月，分乡镇、基层站所和县级机关部门及下属单位两个层次，再次进行"回头看"。县政府机关部门及区镇腾出办公用房161间。县四套班子负责人正处职人均办公室使用面积29.8平方米，副处职人均办公室使用面积17.86平方米，全县科级干部人均办公室使用面积13.34平方米，一般工作人员人均办公室使用面积6.43平方米。

出台《海安县公务用车消费监管一体化工作制度》，机关公务用车管理中心车队的车辆和各单位保留的执法车辆统一安装GPS定位系统和OBD视频管理系统，实行全程监控。加强节假日公务车辆管理，节假日使用公务车辆提前报县纪委审批备案，所有公务车辆要求回单位停放。10月8日，召开全县公务用车制度改革基础情况调查工作会议，各部门、单位进行公务用车改革调查摸底工作，反复核对人员、车辆信息以及2012—2014年公务用车支出，各项数据通过省、市初审。

【原海安商城装修改造】 牵头改造装修原海安商城，作为海安县政务服务中心。

与设计院联系对接，多次修改完善设计方案。委托市房管局进行安全鉴定，经鉴定认为该房屋由经营场所改作为办公场所，在不改变结构的前提下，可满足相关安全要求。至年底，采光顶玻璃、电梯口封堵、卫生间加固等工程施工结束。

（吴信林）

政协海安县委员会

综　述

【探索协商民主的实现形式】 抓好全委会议集中协商。三次全体会议期间，常委会组织委员列席人代会，听取“一府两院”工作报告，并围绕“一府两院”工作报告及县经济社会发展的重大问题开展协商，议政建言。组织常委会议专题协商。三季度常委会围绕2014年县委、县政府两项为民服务重点工作“清水工程”和“村级为民服务中心”建设开展专题协商。推进对口协商。各专门委员会结合各自工作实际，主动通过专委会会议、调研座谈、相互走访等多种形式，密切与政府对口职能部门沟通联系，组织委员与相关部门协商议政。城建法制委持续关注“老有所养”问题，与县民政局、人社局、财政局等相关部门开展协商讨论；学习文史委牵头组织，开展与县住建局、旅游局、文广新局等部门以“城市建设中的文化融入”为主题的对口协商。探索开展基层协商。各基层工委在提案办理协商、决策恳谈协商以及协商成果转化等方面积极探索，取得丰硕成果。墩头镇工委在市政协基层联络机制工作交流会上作经验介绍。

【委员参政议政】 通过委员视察知情明政。各专委会、镇工委、工作组组织委员就滨海新区沿海开发建设、重点项目建设、电子商务发展、“新海安人”企业项目建设等开展视察活动。抓住重点热点建言献策。经科委围绕《打造长三角北翼物流节点名城》牵头组织专题视察协商，提案委牵头组织视察协商县电商发展情况。发挥组织优势服务中心。县政协主动加强与上海、浙江等地区政协和“新海安人”、在外知名海安人士联络交流，争取更多的人才、资金、技术、信息向海安汇聚。动员金融部门、科技战线的委员服务企业发展，助推企业壮大。

【监督民生事业发展】 关注民生服务质量。4—7月，组织政协委员、社会各界对全县“水、电、气、网络”等窗口单位为民服务情况开展民主评议。提高提案办理落实率。委员提交提案292件，其中集体及联名提案36件，立案241件。主席会议成员带领相关委员就5份县长领办、主席督办的重点提案，实地察看并召开座谈会，进一步交流意见建议。委员对提案办理的满意率99.6%。加强社情民意工作。规范社情民意流程，充分利用提案信息化办理工作软件进行运转。2014年，收到社情民意信息65份，编印社情民意28期，其中16条信息分管县长作了批示，委员们提出的关于民工就业、居民区垃圾清运、整治路边烧烤摊、加强渣土车管理、公共场所禁烟等信息引起相关单位关注，为其开展工作提供参考。

【科学发展政协事业】 团结关心新阶层代表人士、“新海安人”、民族宗教界代表人士、少数民族群众，经常走访座谈、交流沟通，帮助其解决生产生活中遇到的困难，鼓励他们为促进地方经济社会发展贡献智慧和力量。组织常委会组成人员、部分区镇工委负责人集体外出学习调研，同时安排机关干部轮流赴北京大学、复旦大学、浙江大学等参加短训班。定期召开文史顾问座谈会，调动民间力量，征集海安历史发展、文物古迹、人文精神、风土人情等方面文史资料。组织书画联谊会20多位会员赴圆通寺举行创作实践活动，会员们即兴创作近六十幅书画作品赠送寺院展出。编辑出版《海安墨迹》，介绍海安历代颇具价值的墨迹遗存，囊括海安有文字记载以后各个时期文人贤达书画的代表性作品。继续办好《城市印象》、政协网站、《海安政协》上的“文化海安”栏目，大力弘扬海安历史文化传统。组织委员视察县法治建设情况，听取全县法治建设情况汇报，并建言献策。参与依法治县、综合治理、国家宪法日、“六五”普法和法治文化节方案制定和筹划组织等活动，安排政协委员参加法院审判旁听和重要文件政策出台前的听证工作，参与部门行风监督，关心和参与社会管理创新工作，为建言法治政府建设、促进社会管理创新和社会稳定做出贡献。

【提升政协工作科学化水平】 加大委员学习培训力度，全委会期间，邀请市政协郭继荣、叶沈良，分别为全体委员作当好政协委员的实践和思考、习近平总书记讲话的风格与语言魅力专题讲座。5月，邀请人民政协理论研究会秘书长原冬平作社会主义协商民主专题讲座。组织委员学习中共十八届四中全会、习近平总书记在庆祝中国人民政治协商会议成立

5月13日，县政协主席朱春（前排左二）带队视察中油燃气西气东输如皋郭园门站

（赵丽丽　提供）

65周年大会上的讲话精神。对委员的职责与任务、履职权益与保障、履职活动的数量和质量、表彰与问责、考核与管理等提出明确要求，把委员权利和义务具体化，委员管理工作有章可循。继续在完善基层政协工作委员会职责、提高履职能力、拓展工作空间等方面开展探索。组织委员届中述职，增强履职意识。政协各委组开展委员届中述职活动，县政协主席会议召开各镇工委、工作组负责人届中述职会议。

重要会议

【政协海安县第十三届委员会第三次会议】 1月9—12日，召开政协海安县第十三届委员会第三次会议。会议听取和讨论县委书记、县长陆卫东作讲话。会议赞同《政府工作报告》、"两院"工作报告及其他报告，同意县政协副主席吉传稳作的政协海安县委员会常务委员会工作报告和副主席蔡祝平作的提案工作情况报告。会议期间，委员们提出许多意见建议，专门召开建言献策会，形成《委员建言献策汇编》。会议分别表彰2013年度政协工作中产生的9个先进集体和39名优秀政协委员以及县政协十三届二次会议后的20件优秀提案和10件社情民意信息。会议组织委员视察县经济建设、社会事业重点工程，对委员进行专题培训。

【县政协常委会会议】 2014年，政协海安县十三届常委会召开4次常委会会议，即政协海安县十三届常委会第九次常委会至第十二次常委会。

十三届九次常委会　1月4日，县政协召开十三届常委会第九次会议。会议协商讨论政协常委会工作报告和提案工作情况的报告，并对《政府工作报告》(征求意见稿)提出修改意见。审议通过《关于召开政协海安县第十三届委员会第三次会议的决定》以及政协海安县第十三届委员会第三次会议议程、日程，秘书长、副秘书长名单，秘书处各工作组负责人名单。副县长焦广琪代表县政府通报2013年县政协建议案、提案和社情民意办理的基本情况。

十三届十次常委会　1月11日，县政协十三届常委会第十次会议在行政大楼召开。会议听取关于县委书记、县长陆卫东讲话讨论情况的汇报；听取关于县政府工作报告讨论情况的汇报；听取县政协常委会工作报告和提案工作报告讨论情况的汇报；听取提案审查委员会关于提案征集情况的汇报。审议通过县政协十三届三次会议决议(草案)。

十三届十一次常委会　4月10日，县政协第十三届常委会第十一次会议在县行政中心召开。副县长卢忠平应邀参加会议。二季度，县政协动员和组织政协委员、社会各界对县区域供水有限公司、县供电公司、海安新奥燃气有限公司、海安中油燃气有限公司、中国电信海安分公司、中国移动海安分公司、中国联通海安分公司、县广播电视信息网络公司等8家单位进行民主评议。会上，副主席蔡祝平对民主评议进行动员部署，副县长卢忠平代表县政府对被评单位提出要求。8家被评单位负责人作表态发言，会议还协商通过有关人事事项。

十三届十二次常委会　9月25日，县政协召开十三届常委会第十二次会议，就推进县"清水工程"和"为民服务中心"建设两项工作开展专题协商。县政协党组副书记、副主席吉传稳主持会议。会上，朱春部署四季度工作。四季度，县政协组织视察重点提案的办理落实情况，对民主评议"水、电、气、网络"的整改落实情况开展一次回头看活动，并结合年终总结开展委员届中述职活动。会议协商通过《政协海安县委员会主席会议、党组成员联系政协常委，政协常委联系政协委员制度》及有关人事事项。

重要工作

【持续发力帮村帮户工作】 2014年，县政协机关分别帮扶海安镇谢庄、拥徐、祖师庙的52户低收入家庭和12户计生特困、县级优抚对象、孤儿、特困职工等困难家庭。其间，筹措资金13.72万元，用于缓解帮户对象生活上的困难。政协机关干部为谢庄村为民服务中心达标建设、村营经济发展、特困家庭生计等多方协调，逐个解决问题。2014年，谢庄村村营收入由30多万元上升至50多万元，村综合考核排名上升至全县第139名，在星级村评比中由二星级村上升至三星级村。

【民主评议部分窗口单位(行业)为民服务开展情况】 4月起，组织政协委员和社会各界通过调研视察、社会走访、互动交流、座谈了解、对标找差、民主测评等形式，重点视察调研和民主评议全县供水、供电、供气、网络四个服务窗口单位依法办事、规范收费、办事公开、优质服务、清正廉洁五个方面内容。评议中，汇总收集到意见建议194条(供水公司23条、供电公司30条、新奥燃气20条、中油燃气20条、电信公司27条、移动公司24条、联通公司22条、广电网络公司28条)。从民主测评情况看，对"水、电、气、网络"四个窗口单位的平均满意率为88%。《海安日报》开辟民主评议活动专栏，9次系列报道评议活动。海安电视台、海安政协网站跟踪报道活动情况。

【专题协商"清水工程"和"为民服务中心"建设情况】 三季度，县政协组成4个调研组深入到全县10个区镇的30多个村开展专题调研。活动由县政协主席朱春挂帅，分管主席率队开展专题视察调研活动，全体政协常委参加活动，所在地政协委员参加各自区域的活动，同时邀请一定数量的群众代表、企业代表、基层干部代表参与活动，保证协商建立在最广泛的民意基础之上。邀请水利、环保等方面的专家全程参与，协同各小组筛选、分析调研、视察、座谈的信息，提出高质量的协商意见。委员们围绕加强长效管理、控制污染源头、加大河道清淤力度、保持生态自然、提高村民素质等方面，提出"清水工程"建设建议；围绕科学规划布局、整合服务资源、减少村级负债、提高医务人员素质、人性化考核等方面，对"为民服务中心"建设提出意见和建议。《中国政协》杂志、《江苏政协》杂志均给予报道。

建言献策

【概况】 2014年，县政协委员提交提案292件，集体及联名提案36件，个人提案256件。经审查，立案241件，转相关部门参考51件。

委员们围绕促进工业转型升级，打造长三角北翼物流节点名城，加快发展乡村旅游等方面提出提案53件，占

22%。围绕抢抓新型城镇化建设先机,加强保障房建设监管,规范管理好公共维修资金等方面提出提案50件,占21%。围绕加强环境保护,重视空气污染治理,建立空气质量预警机制,加强污水治理排放等方面提出提案29件,占12%。围绕建设老龄康复护理中心,推进农村居家养老服务,建立支出型贫困群体救助机制,加快文化品牌建设,加强学校教育环境建设等方面提出提案65件,占27%。围绕促进被征地农民再就业,完善涉农补助资金发放,加强农业现代化特色发展,加强农村电网改造,招引返乡民工海安就业,科学有序进行农村土地流转,关注农村留守儿童等方面提出提案17件,占7%。另外,委员们就提高公民法治素养,及时处理物业纠纷案件,加强校园安保工作,切实加强劳动监察,配备高层消防设备,加强流动人员服务管理,加强药店处方管理等方面提出提案27件,占11%。这些提案都得到承办单位的认真办理,效果明显。

69家承办单位在规定时间内,提案办结率100%;已落实或基本落实的提案118件,占提案总数的49%;落实中或列入计划逐步落实的提案116件,占提案总数的48%;因客观条件限制或其他原因暂不能落实的提案7件,占提案总数的3%。委员对提案办理的满意率为99.6%(其中,218人次满意,22人次基本满意,1人次不满意)。

【优化提案立案机制】 提前征集线索。通过召开政协各组成单位、提案工作座谈会,协商重点部门或具有行业特点急需解决的问题;从专题建言献策会上,筛选出能够在委员中产生共鸣的问题;组织委员深入基层一线,开展"支持发展、关注民生、促进和谐"为主题的调研活动,倾听民情民意,收集民生问题。注重选题质量。通过向重点承办单位了解年度工作要点,邀请政府部门通报年度工作情况,组织委员列席县委全会、政府常务会,让委员知情明政,围绕中心,提出"党政所需、群众所盼、界别所长"的意见建议。慎重审查立案。在提案审查工作中,坚持数量服从质量,细化提案立案标准,在充分尊重和保护委员民主权利的基础上,把握原则,突出重点。采取初审、复审、会审三审制的工作流程。同时,让承办单位提前介入,对内容不够全面的建议,及时约见委员,进一步充实和完善。对于不符合立案标准的建议,采取转社情民意和撤、并、改以及供相关部门参考的形式进行处理。

【提高提案办理实效】 主席会议协商,确定5件重点提案,分别由县长领办、主席督办。对热点提案做到先协商后办理、先见面后答复。对于委员集中反映的水、电、气、网络方面的提案,专门开展民主评议供水公司等8家为民服务窗口单位(行业)的活动。综合提案联合办理。提案委及时掌握提案办理进度,加强与承办单位沟通协调,及时召开办理工作推进会,公布办理进度,交流办理经验,共同研究办理工作措施。对委员集中反映的提高老旧小区物业管理水平、加强安置房建设管理、关注老龄事业、提高长江区域供水质量等问题,集中召开提案协商办理交流会,面对面解答委员提出的问题。专业问题对口协商。政协各专门委员会跟踪对口协商部门承办的提案,参与提案办理协商视察调研等活动,利用界别活动,共同交流提案办理情况,跟踪督办。

优化提案办理机制。三次会议后,提案首次实现网上办理,从提案的立案、交办、督办、面商、答复、反馈等方面形成一套比较完善的机制。提案办结后,通过走访委员,了解对提案的办理意见。选择提案办理大户,有针对性地进行"回头看",听取重点承办单位办理情况介绍。同时,重点对医疗卫生、教育公平、幼教队伍建设、公交线路优化、物业归口管理等问题与承办单位进一步交流意见。将提案承办单位的办结时间、办理等级、满意率、面办率在《海安政协》和政协网站上公示,接受社会监督。主动邀请新闻单位参加政协组织的协商办案、重点督办、跟踪调查、专题调研等活动,宣传提案办理成效,扩大政协提案工作的社会影响。提案办结后,由"四办"形成联合考核组综合考评承办单位办理工作,将综合考评得分计入相关区镇和县级机关部门依法行政、三大建设考核得分。

【县政协主席会议督办重点提案】 四季度,县政协主席会议先后督办年初确定的5件县政协重点提案。

10月30日,县政协主席朱春带队督办县政协委员朱志亮提出的145号提案《关于强化功能设计、提升社区建设水平》,实地查看中大街社区、西园社区、南屏社区、新桥社区以及部分小区物业管理现场。视察结束后,重点提案人及各委办负责人与政府相关部门进行互动交流。

11月4日,县政协主席朱春带队督办县政协委员谢静提出的19号提案《关于重视城市发展中的文化融入》,实地查看体育中心建设工程、广电中心建设工程等地,了解在这些建筑中文化融入情况。视察活动结束后,政协委员与县住建局、旅游局、文广新局等部门负责人就提案办理进行互动交流。

11月11日,县政协主席朱春带队督办县政协委员朱志亮提出的1号重点提案《打造长三角北翼物流节点名城》,实地察看腾龙物流园、广汇家居材料市场等处,了解项目推进、项目运营以及发展规划等基本情况。视察活动后,政协委员与县发改委及开发区、高新区分管负责人就商贸物流业发展进行互动交流。委员们建议,要不断加大交通、运输等基础设施投入和建设进度,放大"公铁水"无缝对接立体扩张的优势;要重视商贸物流产业整体规划,形成特色鲜明的专业物流园,将物流业建成吸引各类人流、物流、资金流、信息流的"强磁场"。

11月19日下午,县政协主席朱春带队督办县政协城建法制委员会提出的25号重点提案《关注老龄事业,不断提高老龄工作水平》,实地察看永安街道居家养老服务站、县社会福利院等处,了解养老设施建设、社会养老保障推进、社会养老服务体系建设开展等基本情况。座谈会上,政协委员与县民政局、财政局、住建局、国土局、人社局、残联等部门负责人就全县老龄事业发展情况进行互动交流。委员们建议养老机构的工作人员要及时改变服务观念,提升服务质量;政府和社会力量要齐心协力,多形式、多途径发展居家养老、社区养老、机构养老并举的养老工程,满足百姓不同层次的养老需求；政府要在民办养老机构的起步阶段给予大力支持。

11月25日上午，县政协主席朱春率队督办县政协委员王世荣提出的201号提案《抓住机遇实现海安电商弯道超车》，实地察看淘海安、江苏网美、电商物流产业园等地，了解电商企业发展现状、电商物流产业园项目进展情况。座谈会上，政协委员、重点提案人、提案委组成人员与县发展改革委等部门负责人进行协商互动，并对电子商务发展提出意见和建议。委员们认为要打好基础，实现企业电子商务平台全覆盖；做好关键，整合好数据通道、实体通道、资金流、物流等资源；多形式培养电子商务人才，要特别注重增强外来人才的荣誉感和归属感。

（缪爱莲）

11月25日，县政协重点提案办理协商会　（赵丽丽　提供）

海安县政协十三届三次会议委员提案办理情况一览表

表11

提案编号	提案人	提案名称	主办	办理情况		
				办结时间	办理等级	是否满意
001	海安镇政协工委	打造长三角北翼物流节点名城	发展改革委	06.30	A	满意
002	林克文	做大做强专业市场　促进现代物流业发展	发展改革委	06.30	A	满意
003	冯永进	关于西大街保护与旅游开发的建议	住建局	07.10	B	满意
004	周小平	关于进一步完善“居家养老一助一”服务工作的建议	各区镇	07.10	A	满意
005	文宣组	关于改进城区部分社区体育设施的建议	住建局等	07.18	B	满意
006	杨得智	关于建好老通扬河观光带的建议	住建局	07.10	B	满意
007	尤正海	调整物管职能部门　努力开创物业监管新局面	编　办	07.10	B	不满意
008	李堡镇政协工委	推进万顷良田工程建设　促进城乡统筹发展	国土局	06.20	B	满意
009	农业农村界别	健全机制　有效推进农村土地流转	农　办	05.19	B	满意
010	石高祥	调整调优产业结构　进一步优化税收税源	财政局	05.21	B	满意
011	胡　明	合理引导利用民间资本　大力推进金融创新	发展改革委	06.30	B	满意
012	经济界别	海安县城乡产业一体化发展的建议	发展改革委	05.26	B	满意
013	雅周镇政协工委	关于促进边界边远镇快速发展的建议	住建局	07.10	B	满意
014	大公镇政协工委	关于农村房屋征收的建议	住建局	07.10	B	满意
015	城东镇政协工委	关于加强老旧小区提升改造的建议	住建局	07.10	B	满意
016	许明全	关于促进宗教事业健康有序发展的建议	住建局等	07.10	B	满意
017	南莫镇政协工委	关于加强农村文化建设的建议	各区镇	07.18	A	满意
018	唐仁惠	防止劳资关系中隐性侵权	人社局	05.16	A	满意
019	谢　静	重视城市发展中的文化融入	住建局	07.10	B	满意
020	白甸镇政协工委	关于农村环境保洁方面的建议	环保局	07.10	A	满意
021	无党派界别	关于农村环境整治公司化运行模式的建议	环保局	07.10	B	满意

续表 11

提案编号	提案人	提 案 名 称	主 办	办理情况		
				办结时间	办理等级	是否满意
022	陈宏峰 钱国华	强化环境监测 建设生态宜居海安	环保局	07.10	B	满意
023	医卫组	强化弱势群体医疗救助管理的建议	民政局	07.03	A	满意
024	政协经科委海外联络委	加快发展残疾人托养服务体系建设的建议	残 联	05.12	B	满意
025	政协城乡建设社会法制委	关注老龄事业 不断提高老龄工作水平	民政局	07.08	B	基本满意
026	张 政	关于加强食品安全监管工作的建议	卫生局	06.10	A	满意
027	经济组 经济科技委员会	加快新型工业化跨越发展 为打造海安经济升级版提供战略支撑	发展改革委	06.30	A	满意
028	角斜镇政协工委	抢抓新机遇 推进沿海开发跨越发展	发展改革委	06.30	A	满意
029	界 清	关于加强规范农村施工队伍建设的建议	建管局	07.27	B	满意
030	黄立彬	关于进一步规范护工市场的建议	卫生局	06.10	A	满意
031	侨联界别	发挥我县新华侨华人作用的建议	侨 联	06.02	C	满意
032	刘凤鸣	加强对单亲贫困母亲帮扶的建议	妇 联	07.10	B	满意
033	曲塘镇政协工委	对少数民族家庭扶贫帮困的实践与思考	宗教局等	07.02	A	满意
034	陆爱红	关于加快农村低收入家庭增收脱贫的建议	农 办	04.10	B	满意
035	孙琳琳	关爱和重视农村留守儿童	各区镇	07.10	A	满意
036	墩头镇政协工委	关于农村居民住房情况的建议	农 办	05.28	B	基本满意
037	周 道	优质供水 保障民生	住建局	07.10	B	满意
038	孙亚萍	关于建设高标准安置房的建议	住建局	07.10	B	满意
039	鞠井怀	征地拆迁工作必须有序推进 促进征地拆迁工作和谐稳定	住建局	07.10	B	满意
040	顾建春	切不能把《海安日报》办成像“广告报”	新闻中心	07.10	B	满意
041	顾建春	对社会健力器材加强跟踪服务管理	住建局等	07.10	B	满意
042	田 旻	关于加强孤儿心理健康关怀的建议	教育局等	04.23	B	满意
043	李永琴	招商引资要注重“质”和“量”并举的建议	招商局	07.31	A	满意
044	薛青明	关于提升“枢纽海安”优势 完善“物流天下”目标	交运局	07.10	C	满意
045	郑红武	关于在老328国道与双楼路交叉路口设立安全警示灯的建议	交运局	07.10	A	满意
046	王荣建	打造海安地方特色美食城、发展旅游服务业经济	旅游局	07.08	B	满意
047	周建春	建议加大拆迁安置小区物业管理力度的建议	城管局	05.06	B	满意
048	周建春	关于切实解决物业费征收难问题的建议	城管局	05.06	B	满意
049	孙 强	关于编制海安县生态建设专项规划的建议	环保局	07.10	A	满意
050	崔 健	建议完善安置房配套设施,改善其居住环境	开发区等	07.18	B	基本满意
051	缪爱莲	关于改进我县中小学学校体育场地的建议	教育局	05.20	B	满意
052	朱秀英	关于加强农村公墓建设和管理的建议	民政局	07.08	B	满意
053	何 隽	关于加快推进农村电网线路改造工程的建议	供电公司	05.16	A	基本满意
054	徐永宏	对我县促进工业经济转型升级的几点建议	发展改革委	06.30	A	满意
055	徐永宏	关于切实保护百姓生存环境的建设	环保局	07.10	B	满意
056	刘宝和	关于加强统筹农桥建设管理的建议	财政局	05.22	B	满意

续表 11

提案编号	提案人	提 案 名 称	主 办	办理情况		
				办结时间	办理等级	是否满意
057	政协提案委	集聚职教资源 一体化推进现代职业教育	职教园区	07.06	B	满意
058	贲栋斌	关于切实加强对农业面源污染防治的建议	农委;水利局;环保局	06.25	A	满意
059	董留彬	关于继续加强银政企攀新高的建议	发展改革委	06.30	A	满意
060	孙亚萍	关于进一步推动我县中小企业科技创新的建议	科技局	06.16	A	满意
061	徐晓军	关于加大对地方金融机构支持力度的建议	发展改革委	06.30	A	满意
062	夏野萍	关于规范发放粮食直补和良种补贴等惠农款项的建议	农办等	06.19	B	满意
063	魏 伟	加大公共交通投入,缓解城市交通压力	交运局	07.10	A	满意
064	樊海燕	政府应对幼儿园的数字化建设予以资金投入	财政局	05.21	B	满意
065	樊海燕	关于二幼本部园舍改扩建的建议	教育局	05.20	A	满意
066	田 尧	减少雾霾 改善生存环境	环保局	07.10	A	满意
067	王世荣	教师要正确对待“正业”与“副业”	教育局	05.10	B	满意
068	吉英宏	加快旅游景点建设 促海安一日游早日成行	旅游局	07.08	B	基本满意
069	冯 骐	关于治理雾霾的建议	环保局	07.10	A	满意
070	周永清	关于继续深化机关作风建设的建议	监察局	07.15	A	满意
071	吕兴盛	关于加快农村基础设施建设的建议	发展改革委	06.30	A	满意
072	陈锦璜	关于金融保险行业加大对经济社会发展支持力度的建议	发展改革委	05.20	B	满意
073	顾维斌	关于强化河道生态化治理的建议	水利局	06.25	A	满意
074	陈宏峰	关于尽快启动“海安县第一高级中学”建设项目的建议	开发区	07.18	B	满意
075	王子健	加快东大街A区域规划方案的制订 着力打造海安历史文化新亮点	住建局	07.10	B	满意
076	卢荣翔	打造特色企业文化 解决企业人才瓶颈制约	发展改革委	06.30	A	满意
077	陶昌银	关于建议环保局购买环境监测车的建议	环保局	07.10	A	满意
078	周建春	关于加强对业主委员会监督管理的建议	各区镇	07.10	B	基本满意
079	邓卫东	实施北凌新闸下迁 同步建设中心渔港	水利局	06.25	B	满意
080	杨 斌	关于加强学校教育教学环境建设的建议	教育局	06.10	B	满意
081	常 琦	关于加强垃圾压缩设备和畜禽粪便处理设备专业管理的建议	环保局	07.10	B	满意
082	钟志生	加强药店处方药管理 减少药物的不合理应用	药监局	06.20	A	满意
083	苏建华	关于主要工业门类投入成本及产出效益的建议	发展改革委	05.12	B	满意
084	韩家荪	关于慎重确定安置小区名称的建议	住建局	07.10	B	满意
085	陆爱红	关于农业产业化发展经营的建议	农办等	06.16	A	满意
086	张羽翼	关于将民意诉求办理情况纳入综合监察系统的建议	监察局	07.18	A	满意
087	史建军	加强城区非机动车秩序管理	公安局	07.18	B	满意
088	苏建华	关于对全县建设用地成本分析的建议	各区镇	07.06	B	基本满意
089	陈晓红	关于统筹解决注册托幼机构卫生保健人员短缺问题的建议	教育局	07.01	B	满意

续表 11

提案编号	提案人	提案名称	主　办	办理情况		
				办结时间	办理等级	是否满意
090	袁良元	关于落实县麻风残老院工作人员待遇的建议	民政局	07.25	B	二次满意
091	陈蓉蓉	关于建立大排档夜市市场的建议	城管局	05.27	B	满意
092	苏中潜	关于加强镇体育场馆规划建设,进一步提升城镇化水平的建议	各区镇	07.09	B	满意
093	任　镇	用科技创新提升海安经济核心竞争力	科技局	06.16	A	满意
094	唐翠芳	关于把好食品安全的关口的建议	卫生局	06.10	A	满意
095	严咏梅	整治洗车行业　促进城市文明	城管局	05.15	B	满意
096	陆模珍	配备高层消防设备,确保人民生命财产安全	消防大队	04.02	A	满意
097	许习白	建议停止在小学低年级开设英语课	教育局	07.01	B	满意
098	任德善	关于建立自行车免费租用点的建议	城管局	05.07	B	满意
099	唐忠年	关于我县改善交通标线和信号灯的建议	公安局	07.18	A	满意
100	张志坚	关于治理学校乱象的建议	教育局	05.10	B	满意
101	唐忠年	关于解决明道小学生均占地严重不足问题的建议	住建局	07.10	B	满意
102	张贤荣	关于强化住宅小区电梯安全管理的建议	城管局等	07.10	A	满意
103	胡友明	关于人民法院受理物业纠纷案件的建议	法　院	05.28	A	满意
104	顾　玲	关于工业企业用工荒问题的对策和建议	人社局	07.02	A	满意
105	朱　丽	加强县城区环境管理营造良好的人居环境	城管局	05.15	B	满意
106	朱　丽	多方并举　促进职教事业健康和谐发展	教育局	05.10	B	满意
107	朱　玲	关于把中大街建成商业步行街的建议	城管局	05.06	B	满意
108	时金春	关于完善、清晰道路交通标志线的建议	住建局	07.10	B	满意
109	丁维春	关于新形势下重视发挥我县新华侨留学生作用的建议	侨　联	06.02	A	满意
110	侨联组	关于尽快成立海安县归侨侨眷活动中心的建议	侨　联	06.02	C	满意
111	刘晓峰	关于加强环境保护　重视空气污染治理的建议	环保局	07.10	A	满意
112	唐仕俊	关于实现科学招商引资的思考	招商局	07.31	A	满意
113	唐仕俊	保护环境　努力走向社会主义生态文明	环保局	07.10	A	满意
114	袁　锋	关于尽快建设海安老年康复护理中心的建议	民政局	07.08	A	满意
115	王春蕙	关于进一步促进被征地农民再就业的建议	人社局	07.02	A	满意
116	吴志梅	提高公民健康素养　统筹建设健康海安	卫生局	07.10	A	满意
117	周余庆	发展农业电子商务　促进农产品流通	发展改革委	06.30	A	满意
118	徐向东	关于加强村(居)公共服务中心规范建设的建议	农　办	04.28	B	满意
119	法制组	切实加强城区停车位的规范管理	公安局	07.18	A	满意
120	都宏伟	关于抢占新型城镇化建设先机的建议	住建局	07.10	B	满意
121	都宏伟	关于设立光伏新能源应用鼓励政策的建议	发展改革委等	06.30	A	满意
122	陈锦璜	关于加大村(社区)公共服务中心建设　提升整体服务功能的建议	各区镇	07.10	B	满意
123	刘文正	关于对沼气池运行状况进行全面普查的建议	农　委	06.25	B	满意
124	陈锦璜	关于“让社区职能回归为民服务本位”的建议	民政局	07.08	A	满意

续表 11

提案编号	提案人	提　案　名　称	主　　办	办理情况		
				办结时间	办理等级	是否满意
125	蔡红卫	建议适当调整中学生上学时间	教育局	05.10	B	基本满意
126	蔡红卫	提高计划生育手术并发症人员医疗费在新农合的报销比例	人社局	04.21	C	基本满意
127	许明全	关于加快新型农村社区建设的建议	民政局	07.08	A	满意
128	常　融	关于支持鼓励宗教寺院开办养老院的建议	民政局	07.08	A	满意
129	徐祥稳	关于加强工程监理的管理建议	公管办	05.10	B	满意
130	孙　力	关于尽快出台《大气重污染天气应急预案》的建议	环保局	07.10	A	满意
131	吴忠义	关于延长崔母村高架桥至328国道姜海收费站路灯建设的建议	曲塘镇	06.20	B	满意
132	华卜泉	研究出台全面吸引大学生回海工作的招聘机制	人社局	06.05	A	满意
133	丁兴育	优化农村法制环境　构建全民法治思维型新社区	司法局	07.02	A	满意
134	储亚琴	关于加强农村社区文化体育建设的建议	各区镇	07.04	B	满意
135	唐海荣	关于简化城乡居民免除基本火化费申请手续的建议	民政局	07.08	A	满意
136	周　平	关于加强商品房小区物业管理的建议	城管局	05.06	B	满意
137	谢爱珠	关于基层村干部缴纳“五险一金”的建议	农　办	06.04	B	满意
138	谭德稳	加强治理环境污染的建议	环保局	07.10	A	满意
139	吉　剑	关于稻秸秆机械还田的建议	农机局	05.28	B	满意
140	卢兆华	关于采取措施解决城区停车难的建议	住建局	07.10	B	满意
141	吴海嫣	关于加强治理向汽车乱发名片小广告的建议	城管局	05.16	B	满意
142	夏野萍	关于成立环保志愿组织的建议	环保局	07.10	A	满意
143	姜　宏	关于进一步完善我县惠农补助资金发放制度的建议	农委等	06.25	A	满意
144	祝和娟	关于加快我县乡村旅游发展的建议	旅游局	07.08	B	满意
145	海安镇政协工委	强化功能设计　提升社区建设水平	民政局	07.08	A	满意
146	祝和娟	关于解决停车难的建议	住建局	07.10	B	满意
147	常　琦	加快农村环境整治长效化管理的建议	环保局	07.10	A	满意
148	唐仁惠	关于加强医院老年病人护理的建议	卫生局	06.10	A	满意
149	陈存宏	进一步提高全县职能部门服务意识的建议	监察局	07.10	A	满意
150	郑红武	关于进一步支持发展蛋鸡标准化养殖基地的建议	农　委	06.25	A	满意
151	胡友明	关于小区规划建设经营性用房的建议	住建局	07.10	B	满意
152	胡友明	关于加强住宅专项维修资金管理的建议	编　办	07.10	B	满意
153	冒朝阳	关于进一步加强二手房交易市场规范管理的建议	住建局	07.10	B	基本满意
154	郑红武	关于加强对我县职业高中教学和管理的监管的建议	教育局	07.10	B	满意
155	林克文	关于加强多种形式消防队伍建设的建议	消防大队	04.02	B	满意
156	林克文	关于提高城管执法协管员待遇的建议	财政局	05.10	B	满意

续表 11

提案编号	提案人	提案名称	主办	办理情况		
				办结时间	办理等级	是否满意
157	王凤琴	关于杜绝秸秆焚烧的建议	农机局等	05.28	B	满意
158	郝　波	城市环保工程要高起点建设	城管局	05.20	B	满意
159	冶　然	关于加强村民小组长队伍建设的建议	民政局	07.08	A	满意
160	王　涵	关于鼓励企业、行政事业单位内部停车场开放的建议	公安局等	07.18	B	满意
161	许才铨	加大农业政策性保险对蚕桑生产投入的力度	农　办	05.19	B	满意
162	姚小平	关于切实减轻中小学生学业负担的建议	教育局	05.10	B	满意
163	吴先明	加强道路管护　为枢纽海安建设提供强力支撑	住建局等	07.10	B	满意
164	张家华	加大夏粮收获季节气象预报服务的建议	气象局	05.20	B	满意
165	杨吟东	关于做强李堡镇锻压机械特色产业基地的建议	李堡镇	07.18	B	满意
166	许立群	关于律师参与房屋征收(拆迁)工作的建议	住建局	07.10	B	满意
167	马善华	关于倡导重养薄葬文明新风的建议	民政局	07.08	B	满意
168	石高祥	积极应对建筑业“营改增”税收新政	财政局	05.22	B	满意
169	石高祥	关于减少财政对房地产业税收的过度依赖的建议	财政局	05.22	B	满意
170	石高祥	关于完善主城区体育休闲设施的建议	住建局	07.10	B	基本满意
171	张　政	加强养老保险政策宣传　透明养老保险缴纳费用	人社局	06.30	A	满意
172	石高祥	逐步实施“老楼加装电梯”为居家老人谋福祉	住建局	07.10	B	基本满意
173	李成凤	关于节约土地资源的建议	住建局	07.10	B	满意
174	何成稳	关于民营企业职工社保与医保问题的建议	人社局	05.15	A	满意
175	许才铨	关于进一步充实县镇蚕桑技术推广人员的建议	编办等	06.03	A	满意
176	范应友	关于对草坝路实施整体规划分步建设的建议	住建局	07.10	B	基本满意
177	姜　海	关于开放海陵公园“茗香阁”的建议	住建局	07.10	B	满意
178	孙中翔	关于加强对台农业招商的建议	农委等	05.20	B	满意
179	张建君	关于尽快打通南北快速通道草坝路的建议	住建局	07.10	B	满意
180	胡友明	关于相关部门参与小区规划评审的建议	住建局	07.10	B	基本满意
181	徐　斌	关于进一步重视老年残疾人养老问题的建议	民政局	07.08	A	满意
182	胡小蕴	广场舞活动场所的改善及管理	开发区等	07.18	A	满意
183	朱朝书	关于加强农村污水治理的建议	环保局	07.10	B	满意
184	崔小勇	如何加强农村道路管理养护的建议	交运局	07.10	A	满意
185	郜永宏	关于改造提升社区服务功能的建议	住建局等	07.18	B	满意
186	冒朝阳	关于加强地域文化品牌建设的建议	文广新局	07.09	A	不满意
187	杨金水	促进农村少数民族家庭和谐稳定	各区镇	07.04	A	满意
188	范应友	试点“自建—公有—民营”模式　推进农村民办养老机构发展	民政局	07.08	B	基本满意
189	丁维春	营造中小企业生存和发展的空间	发展改革委	06.30	A	满意
190	季　瑜	加快推行智能医保卡的建议	人社局	05.04	A	满意
191	华志刚	关于支持我县科技型小微企业发展的建议	发展改革委	06.30	A	满意

续表 11

提案编号	提案人	提案名称	主办	办理情况		
				办结时间	办理等级	是否满意
192	孙永珍	关于加强河道清理力度的建议	环保局	07.10	B	满意
193	景圣红	关于加强城区环境保护 建设生态宜居城市的建议	环保局	07.10	B	满意
194	徐 春	关于力促农家乐健康发展的建议	旅游局	07.08	B	满意
195	徐 春	发展家政服务业的对策和建议	人社局	07.07	A	满意
196	徐 春	进一步优化我县的投资环境	监察局	07.15	A	满意
197	陆海惠	整治路边烧烤 维护城市环境	城管局	05.16	A	满意
198	徐 翔	加快推进农村居家养老服务	民政局	07.08	A	满意
199	林桂芳	关于建立支出型贫困群体救助机制的建议	民政局	07.03	A	满意
200	刘万春	发挥青年企业家作用 增强海安工业永续力	工商联	07.21	B	满意
201	王世荣	抓住机遇 实现海安电商弯道超车	发展改革委	06.30	A	满意
202	唐慧敏	关于解决中小企业融资难的建议	发展改革委	06.30	A	满意
203	蒋晨曦	关于建立海安公共物流信息平台的建议	物流园	07.30	B	满意
204	崔 斌	建议提高灵活就业人员退休金待遇	人社局	05.13	C	满意
205	周 烈	切实加强劳动监察 构建和谐劳动关系	人社局	04.14	A	满意
206	钱国华	强化科学规划 努力建设平安交通	住建局	07.10	B	满意
207	金山存	关于明晰海安农业现代化特色发展道路的建议	农 委	06.25	B	满意
208	陈井平	乡镇中心卫生院不能"私有化"	卫生局	07.20	A	满意
209	李素琴	关于加强校园安保工作的建议	教育局	06.10	B	满意
210	仲四清	加强空气质量监管,减少 PM2.5 细颗粒物	环保局	07.10	A	基本满意
211	卢克虎	关于发展代理记账业的建议	财政局	05.20	B	满意
212	王一欣	关于打通南北通道 改善中坝路出行难的建议	住建局	07.10	B	满意
213	袁良元	关于农村土地管理的建议	国土局	07.08	B	满意
214	李建国	关于加快新华河治理的建议	住建局	07.10	B	基本满意
215	黄春莺	促进我县商贸物流业全面、健康、和谐发展	发展改革委	06.30	A	满意
216	王成硕	关于供水公司"改进工作作风,提升服务水平"的建议	住建局	07.10	B	满意
217	崔建军	关于着力解决县城出行难、停车难的建议	住建局	07.10	B	满意
218	刘凤鸣	关于加大对高校科研成果转化管理考核的建议	科技局	06.16	A	满意
219	尤正海	规范管理好公共维修基金 确保老百姓未来居住安全	城管局	05.06	A	满意
220	尤正海	积极指导乡镇政法委员 全面提升社会管理能力	政法委	06.25	A	满意
221	尤正海	加大本地反腐实例宣传 弘扬社会风气正能量	监察局	07.15	A	满意
222	尤正海	加强土地执法巡查力度 消除重大财产损失隐患	国土局	07.08	B	基本满意
223	尤正海	科学规范交通秩序 凸显"枢纽海安"优势	公安局	07.18	B	基本满意
224	尤正海	科学合理划分用电单元 确保高层电梯运行秩序	供电公司	05.14	B	基本满意

续表 11

提案编号	提案人	提案名称	主办	办理情况		
				办结时间	办理等级	是否满意
225	尤正海	协同提升签约水平　助推合同全面实际履行	公管办	05.30	B	基本满意
226	尤正海	提高道路建设监管力度　夯实“枢纽海安”基石	交运局等	07.10	B	满意
227	苏海涛	关于进一步拓宽城区绿化空间改善生态环境的建议	住建局	07.10	B	基本满意
228	陆建军	严格商铺在商业经营活动中使用高音喇叭的建议	公安局	07.18	A	满意
229	姚本林	关于加强县城城区内机动车辆管理的建议	公安局	07.18	A	满意
230	周杰祥	关于禁止“毛地出让”并及时处理遗留问题的建议	国土局	07.08	B	满意
231	曹　中	关于引进具有危险废物处置资格的企业设立分支机构的建议	环保局	07.10	B	满意
232	解　华	关于进一步规范完善城乡道路路标指示牌的建议	各区镇	07.03	A	满意
233	景世泽	关于在东区西园兴建商业服务业网点和文化娱乐场所的建议	开发区等	07.18	A	满意
234	达　霖　冯　骐　界　清	关于推进广福寺 AAA 景区创建加大拆迁工作力度的建议	高新区	06.20	B	满意
235	周　道　钱义华	关于加强安置房建设监管的建议	纪　委	07.15	A	满意
236	夏野萍　李春连	关于对减少大米过度和不当加工的建议	商务局等	07.14	C	满意
237	王奇寅	海安县书画院编制配置	编　办	07.10	B	满意
238	刘才进	关于合理落实房屋征收安置政策的建议	各区镇	05.28	B	满意
239	刘才进	关于提升招引人员素质、壮大招引人员队伍的建议	招商局	07.31	A	满意
240	薛海骏	关于鼓励和支持使用本地名优产品的建议	发展改革委	06.30	A	满意
241	薛海骏	关于加强涉税信息情报交换的建议	财政局	07.10	B	满意

(朱昌军)

纪检　监察

综　　述

2014 年，全县各级纪检监察组织进一步明确定位，转变职能、转变方式、转变作风，积极履行党章和行政监察法赋予的职责，深入推进惩防体系建设，在体制机制改革创新、维护政令畅通、作风效能建设、坚决惩治腐败、有效预防腐败和干部队伍教育管理等方面取得新成效。县纪委监察局机关和个人多次获得各项表彰和奖励，其中获县级以上荣誉 23 项，19 人次受到省、市、县表彰。

5 月 11 日，海安县开展科级领导干部廉洁从政教育轮训　　(张　俊　摄)

重要会议

【全县党政干部反腐倡廉教育大会】 1月26日，全县党政干部反腐倡廉教育大会在县行政中心东附四楼报告厅召开。省预防腐败局副局长陈良灵作专题讲座，县委书记、县长陆卫东主持会议。陈良灵结合案例，分析反腐倡廉建设的新形势、新任务和新要求，阐明腐败造成的严重危害，并对党员干部特别是领导干部廉洁从政提出具体要求。与会人员观看警示教育片《迷航悲歌》。县四套班子全体负责人，各区镇和县级机关各部门、各单位副科职以上干部代表参加会议。

【县纪委十二届四次全体会议】 中国共产党海安县第十二届纪律检查委员会第四次全体会议于2月15日召开。县委书记、县长陆卫东出席会议并发表讲话，他充分肯定2013年全县反腐倡廉建设取得的成绩，提出2014年全县各级党政组织和广大党员干部要深刻领会习近平总书记重要讲话精神，推动反腐倡廉建设各项任务有效落实。县委常委、县纪委书记李春旺代表县纪委常委会作《聚焦中心任务，坚守责任担当，以改革精神推动党风廉政建设和反腐败斗争取得新成效》工作报告。会议审议通过《中国共产党海安县第十二届纪律检查委员会第四次全体会议决议》。

【全县机关作风效能建设暨主要领导“四个不直接分管”工作推进会】 5月11日，全县机关作风效能建设暨主要领导“四个不直接分管”工作推进会在县行政中心东附四楼报告厅召开。县委书记、县长陆卫东出席会议并作讲话，县委常委、县纪委书记李春旺主持会议。陆卫东对全县机关作风效能建设暨主要领导“四个不直接分管”工作进行全面部署，提出具体要求。与会人员观看作风效能明察暗访专题片《聚焦正风提效，坚守责任担当》。县四套班子全体负责人，各区管委会主任、常务副主任，各镇（场）党委书记、镇长，县级机关各部门主要负责人、纪检监察分管负责人出席主会场会议；各区镇和县级机关各部门全体机关干部在分会场参加会议。

【全县惩防体系暨“三清”示范县建设推进会】 7月2日，全县惩防体系暨“三清”示范县建设推进会在县行政中心19楼东会议室召开。县委常委、县纪委书记李春旺出席会议并讲话，县纪委副书记、县惩防办主任王启涛作工作报告，县委常委、常务副县长焦广琪主持会议。李春旺阐述推进惩防体系及“三清”示范县建设的重大意义，并就推进工作提出明确要求。焦广琪强调，各区镇、各单位、各部门要扎实抓好部门、单位惩防体系及“三清”示范县建设工作，争创“三清”示范县先行单位。开发区、曲塘镇、县人社局、县工商局四家单位主要负责人进行大会交流发言。县惩治和预防腐败体系暨争创“三清”示范县领导小组成员，县纪委常委、县监察局负责人，县级机关各部门主要负责人、纪检负责人，各区管委会主任、纪工委书记，各镇（场）党委书记、纪委书记，县纪委监察局机关各工作室主任、各室（中心）主任参加会议。

【全县教育实践活动专项整治暨机关作风效能建设专项行动推进会】 9月5日，全县教育实践活动专项整治暨机关作风效能建设专项行动推进会在县行政中心东附四楼报告厅召开。县委书记陆卫东出席会议并作重要讲话，县委常委、县纪委书记李春旺，县委常委、组织部长成宾分别部署全县深入开展作风效能建设专项行动和教育实践活动专项整治工作，县委常委、常务副县长焦广琪主持会议。陆卫东阐述作风效能建设专项行动和教育实践活动专项整治工作的重要意义，并提出具体要求。与会人员集中参观星海花苑、光华花苑、田庄花苑三个农民安置小区，高新区、白甸镇、雅周镇、县城管局、县住建局五家单位进行交流、表态发言。县四套班子全体负责人，各区镇、县级机关各部门主要负责人参加会议。

【全县国有企业惩防体系建设工作交流会】 11月28日，全县国有企业惩防体系建设工作交流会在县区域供水公司召开。县委常委、县纪委书记李春旺出席会议并讲话。李春旺总结和点评2013年全县国有企业惩防体系建设工作，指出存在问题和不足，同时全面部署推进下一步国有企业惩防体系建设工作，提出明确要求。县区域供水公司、县农商行、邮政公司、汽运公司、盐业公司5家单位进行交流发言。

【县委反腐败协调小组会议】 12月3日，县委反腐败协调小组会议在县党风廉政建设教育中心召开。县委常委、县纪委书记李春旺出席会议并讲话。李春旺对进一步完善反腐败协调工作机制，形成反腐败工作合力提出明确具体要求。会议审议通过《关于进一步加强反腐败协调工作的实施意见》。

纪律检查监督

【深化作风建设】 加强对中央和省市县委作风建设规定执行情况的监督检查，全年开展明察暗访168批次，检查区镇、机关部门和基层站所325个，餐饮娱乐场所152家，会议场所71个。开展公款大吃大喝、违规公务接待、公款送礼、侵害群众利益等专项治理行动，强化对县委“减轻村级负担”等专项治理行动开展情况的监督检查。制定出台《海安县公务接待申报备案制度》《海安县机关事业单位工作人员举办升学庆典的暂行办法》，推动出台《海安县推行公务消费一体化监管实施意见》，强化对制度执行情况的监督检查，2014年全县“三公”经费同比下降12.67%。加大惩治和曝光力度，全县17名机关人员因违反中央“八项规定”和省市县委“十项规定”被追究责任，通报党员干部醉酒驾车和酒后驾车典型案件37件37人。

【优化机关行政效能】 开展“三抓三提”机关作风效能建设主题教育活动和作风效能建设“三类九种”问题专项整治行动。推进机关“绩效对账”工作制度，全面推行三级联网审批，提高行政审批效率。深化行政权力网上公开透明运行，全年网上办件15万余件，办结率98.13%，在2014年度全市行权工作考核评估中，海安名列第一。深化政务公开，加强政务服务，建立部门权力清单制度，349项政务服务事项在《海安日报》上“晾晒”。出台《关于做好基层请办和群众诉求事项自办、转办、交办有关规定的通知》，着力解决在服务基层、服务企业中出现的推诿

11月18日，县委常委、县纪委书记李春旺(左一)做客省纪委“清风扬帆”网访谈间，与广大网友交流海安纪检监察特色亮点工作和经验做法　　(县纪委　提供)

扯皮问题。深化政风行风热线“四位一体”模式和“五联动”工作机制，全年受理群众投诉建议780多件，办结率96.3%，为群众办理实事126件。构建综合电子监察管理制度体系，开展常态化县镇联动明察暗访，全年组织开展各类明察暗访100多次，办理效能投诉28件，效能问责32人，发现并纠正问题40多个。

【强化监督检查】　加强对中央深化经济体制改革和关于生态环境保护各项决策部署落实情况的监督检查，推动简政放权，防止发生各种权力寻租行为。先后组织对县级177个城乡建设重点工程实施季度集中查评4次，开展重点专项督察26次。加强对房屋征收、国土资源管理、清水工程建设、安全生产、政府投资工程建设项目标后管理等工作的监督检查和责任追究，全年开展监督检查43次，组织联合执法19次，形成督察报告34份，提出督察建议71条，实施责任追究13人。

【规范权力运行】　制定《2013—2017年县域惩防体系建设工作规划实施方案和“三清”示范县建设实施意见》，将惩防体系暨“三清”示范县建设任务细化分解为168个工作项目，并抓好落实。全面推行主要领导“四个不直接分管”工作制度，“一把手”权力得到有效监督制约。制定并执行《海安县“三重一大”事项集体决策、层级备案、定期督察和责任追究暂行办法》，提升决策的科学化、民主化、公开化水平。组织对县环保局、商务局实施党风巡查，发现和纠正问题18个。组织对114个政府投资重大工程建设项目实施廉政预警、廉政约谈235人次，保证工程优质、资金安全、干部廉洁。加强反腐倡廉教育和廉政文化建设，先后组织四个批次800余人科级领导干部廉政教育轮训活动。2014年，全县党员干部主动上交礼金、礼券、购物卡114.3万元。编排的廉政情景剧《情理之中》《用心良苦》在全市岗位廉政情景剧大赛中，分获金奖和银奖。推进农村基层党风廉政建设，《关于推行“村务监督工作积分管理体系”的实施意见》被评为2013—2014年度南通市反腐倡廉“好制度”。建立民生信访直查快办机制，加大查处损害群众利益案件，2014年全县查处损害群众利益案件85件，《中国纪检监察报》给予报道推介。

【纪律检查体制改革】　按照中央纪委“三转”工作要求，精简对外议事协调机构，调整合并内设科室。参照上级纪委做法，取消或不再参与议事协调机构105个，保留或继续参与议事协调机构19个。撤销党风廉政建设室、纠正行业不正之风室，新设立党风政风监督室和纪检监察二室。调整后，县纪委监察局从事一线办案人数42人，占比68.85%。强化上级纪委对下级纪委的领导，严格执行下级纪委向上级纪委报告线索处置、案件查办情况制度，纪委书记、副书记提名和考察以上级纪委会同组织部门为主。规范区镇纪(工)委书记和派驻纪检组长分工，明确不分管其他业务工作，确保集中精力抓好纪检监察工作。

纪律审查

2014年，全县纪检监察系统受理纪检监察范围内信访举报328件，实施信访提醒、诫勉谈话107人，信访按期优质办结率、实名举报办结回访满意率均98%以上。全县纪检监察组织立案查处违纪案件171件，同比增长10.3%，其中，查处副科级以上干部案件13件，贪污贿赂类案件45件，失职渎职类案件14件。移送司法机关6人，没收违纪款664.67万元，挽回直接经济损失2756.31万元。县纪委严肃查处吉顺平、陈勇、崔小勇、张小卫、郑华等一批有影响的案件，向案发单位发出纪检监察建议书5份，提出整改建议21条。

党风廉政建设

贯彻落实省、市委实施意见，协助县委研究制定《关于落实党风廉政建设党委主体责任、纪委监督责任的实施意见(试行)》，分别明确各级党委(组)领导班子8项、班子成员6项和纪委(纪检组)7项责任，强化制度保障，形成责任链条。在《海安日报》上开辟“落实‘两个责任’争创‘三清’示范县”专栏，刊登各级党委(组)、纪委(纪检组)负责人署名文章18篇。以落实“两个责任”为重点，组织对10个区镇和13个县级机关部门2014年度落实党风廉政建设责任制开展检查考核。严格党风廉政建设责任追究，牵头组织对2013年度责任制检查考核排名靠后的单位党政主要负责人实施提醒谈话。　(姜小兵)

社会组织

Social Organizations

中大街 毛平平绘

◎责任编辑 贡柠华

县工商业联合会(总商会)

【概况】 截至12月,全县工商联系统会员总数2254个。下辖10家镇级商会,42家行业商会,3家异地商会。2014年,县工商联在全市工商联系统综合考核中排名第一,被南通市工商联表彰为宣传信息工作先进单位,在县级机关年度绩效考核中位列优良单位。

【调查研究】 组织工商联界别政协委员围绕经济发展、社会进步等方面的议题深入基层,广泛调研,认真听取基层意见,收集社情民意,撰写集体提案1件、个人提案9件、社情民意1件,在政协全会进行专题发言2次。委员们提出的《发展公共自行车系统的建议》以及《关于支持电子商务发展的建议》得到县委、县政府的重视和采纳。

县工商联会同有关部门、行业商会形成《海安县民营经济发展报告》《海安县海洋工程和船舶配套业发展报告》《海安县汽车零部件业发展报告》等一批有价值的研究成果,入选《南通民营经济发展报告》。

【商会组织建设】 新成立商会2家,到期换届1家。4月29日,县汽车零部件业商会召开第二次会员大会,江苏鹰球集团董事长申承秀再次当选会长。8月8日,海安县首家电子商务业商会——县经开电子商务业商会成立,江苏网美电子商务有限公司董事长崔益元当选为会长。11月3日,县江海企业家俱乐部成立,天安集团董事长戴强当选会长。

县工商联首次在全县重点产业行业商会中开展行业商会规范化建设达标评估工作,县化纤业商会、县节能环保业商会、县锻压机械业商会、县新材料业商会等4家行业商会被省民政厅认定为AAAA级社团组织。

【服务会员企业】 县工商联启动国际商务咨询服务工作,并设立驻沪联络处。2月20日,县工商联(总商会)国际商务咨询服务中心(驻沪联络处)成立,县政协副主席、工商联主席蔡祝平揭牌。服务中心通过商会简报的形式陆续向会员企业发布自贸区基本概况、自贸区总体方案、自贸区业务知识解答、自贸区相关政策规定等21项内容,为会员企业提供国际商务咨询服务、协助会员企业接待国外客商商务考察洽谈、为会员企业商务活动提供礼仪指导和翻译服务等近20次。

海安是全省首批开展中小微企业监测点试点工作地区,县工商联在完成上级要求的监测点数据收集任务外,积极创新,打造“集成服务惠千企”的工作品牌,通过实施金融服务,全年为小微企业增加授信额度2.01亿元。

【产业集群商会考核】 县工商联组织各行业商会继续抓好产业规划贯彻落实工作,聘请规划编制单位专家为经济顾问,为海安特色产业的发展把脉问诊。年初,制定并下发《2014年县重点行业商会考核细则》,明确奖惩措施,加大考核力度。经过县培育办综合考核,年终评出产业集群培育工作先进商会7家,分别为县化纤业商会、县新材料业商会、县节能环保业商会、县新能源业商会、南通市电梯部件业商会、县汽车零部件业商会、县锻压机械业商会。

【会长轮值】 从10月起,县工商联试行工商联(总商会)主席(会长)轮值制,县工商联企业家会长分成9组,每组轮值三个月。轮值期间,轮值会长要参加一次会务工作,开展一次走访调研,组织一次交流联络活动。10月16日,县工商联召开第一次轮值会长会议。 (陆晓静)

县总工会

【概况】 全县基层工会组织2464个,会员25.38万人。2014年新建工会215家,发展会员1.09万人。县总工会通过全国文明单位复检,获得全国经审工作先进集体、省“安康杯”竞赛组织工作优秀单位等市级以上荣誉25项。接待全国和江苏省、南通市总工会有关部门检查、审查和调研15批次,邻近县市学习5批次。召开十四届二次会员代表大会。在盐城建立劳务合作基地,输入劳务工10名。同时在两节期间开展外来务工人员关爱慰问及平安返乡系列活动,节后返工率99%。

根据县委、县政府《2014年全民创业工作意见》精神,积极开展宣传发动、创业培训、典型培育工作,完成农民工创业项目191个。江苏瑞吉达建材科技有限公司等3家企业被评为“南通市十佳创业示范基地”,顾菲等3人被评为“南通市十佳创业带头人”。指导基层工会组织职工开展“六小”活动,鼓励职工科技创新。西蒙电气(中国)有限公司“LED面板灯装配系统”等10项职工发明成果,苏中建设集团“超厚基础筏板混凝土施工工法”等6项职工先进操作法,江苏鹏飞集团“Y311300滚齿机工作台传动系统改造”等14项六小竞赛成果获表彰。

提升职工道德文化素质。通过举办海安好人赵顺秋事迹报告会、组织参与“践行核心价值观、争做大美海安人”演讲等活动,引导职工“存好心、做好事、当好人”;开展“劳动模范”“十大文明职工标兵”“十佳外来务工人员”评选等活动,引导职工学模范、赶先进、当标兵;开展“道德讲堂”进企业活动,凝聚职工正能量,在职工中树立“海安是我家,发展靠大家”的理念。开展“创建学习型组织、争当知识型职工”活动,建好企业职工文化活动中心、职工书屋、职工学校。南通市烟草公司海安分公司被命名为江苏省“职工书屋”示范点建设单位。提升职工岗位技能素质。结合区域版块和行业特色,组织各级工会开展技能大比武活动,以赛代训,县水利局万进等7名选手获县“技术能手”称号。同时指导基层工会通过校企合作、送培代培等多种形式开展职工岗位技能培训活动,促进职工岗位技能素质提升。开展“中国梦·劳动美——我的安全家园”安全文化主题活动;建立开发区化工园区劳动保护监督检查员片区服务站;围绕安全生产目标,组织905家企业、6010个班组、17.89万职工参加“安康杯”竞赛活动,提升职工劳动保护素质,维护职工安康权益。孙月被中华全国总工会经审委表彰为全国工会经审工作优秀干部。

切实贯彻《县政府关于深化和谐企业创建工作的意见》,加强部门协作,坚持促进企业发展与维护职工权益相统一,不断提升和谐企业创建质量。48家企业被县政府命名为“海安县和谐企业”,高新区、海安联发棉纺等6家单位获江苏省劳动关系模范和谐园区（企业）称号。通过挂钩联系、典型示范、星级评选等活动，促进企业职代会制度的落实。开展工资集体协商春秋要约行动，签订工资专项集体合同755份，区域性工资专项集体合同29份，实现工资集体协商全覆盖，工资集体协商工作获全省优秀奖。

结合普法宣传月、“12·4宪法”日开展送法进企业、进社区、进工地活动，先后对100家企业职工进行劳动法律监督宣讲，增强职工维护自身合法权益的能力。县职工法律援助工作站办理职工援助案152件，调解结案138件，仲裁或诉讼结案14件，办结率100%，维权金额428万元；联合人社部门开展劳动法律监督，督促企业落实整改意见48项。通过进一步健全镇、街道（村、社区）、企业三级代理网络，采取代办、帮办等方式做实职工事务代理。全年各级工会组织为职工代理各类事务1万多件，惠及职工3万多人次。积极探索转变服务方式、深化服务内涵，尝试推行实名制“海安工会会员卡”服务活动，实现“困难帮扶”向“职工普惠服务”的转变。关爱困难群体，县总工会对660多名困难劳模、困难职工、特困职工等开展送温暖活动，全年发放助困、助学、助医救助金120多万元。“职工解困”项目全年助困、助学、助医被县政府授予“2011—2013年度”优秀慈善项目。关爱女职工，开展女职工素质拓展活动，凝聚广大女工干部向心力。全县有100多家企业，2.12万人次参与女职工生理、心理健康知识培训。建立职工爱心互助基金，指导全县百人以上规模企业建立职工爱心互助基金，全县有119家百人以上规模企业建立职工爱心互助基金。开展心理关爱，特邀或聘请专业心理咨询师，为职工开展心理健康知识讲座、心理咨询。

县职工文化活动中心按计划推进。50%以上区镇职工活动中心达到验收标准。指导企业工会因企制宜，依托职工食堂等资源建好职工文化活动阵地，开展职工喜闻乐见的文体活动，丰富职工业余文化生活。县总工会与县委宣传部、县文广新局联合推出特色品牌“劳动者大舞台”，组织全县基层职工展示劳动美、宣传企业文化、弘扬企业精神、凝聚职工正能量。各区镇、系统、行业工会结合实际，通过搭建活动舞台，开展送戏、送电影、送文化进企业、进车间、进社区等活动，丰富职工文化生活。劳动者大舞台也真正成为职工群众喜爱的活动舞台，被市委评为优秀创作项目奖。举办海安县第八届全民运动会暨第三届职工运动会，通过广泛发动、层层选拔，区镇系统工会的23个代表队，700多名职工参加决赛，让职工快乐工作、快乐生活。

指导区镇工会召开好工代会，做好工会干部增（替）补工作，充实区镇工会干部队伍，为区镇工会工作注入新的活力。以开展党的群众路线教育实践活动为契机，组织机关干部开展自查自纠活动，改进机关工作作风，增强服务职工意识。完善机关各项制度，明确工作责任，规范服务行为。组织工会干部举行法律培训，同时按基层需求，送培训到镇、企业，提升工会干部依法维权能力。此外，先后选派工会干部20多人次到全国总工会、省市总工会参加培训，提升工会干部业务素质。

组织县镇企三级工会积极探索新形势下工会工作新思路、新途径，推进工会工作创新发展。指导基层工会通过总结提炼工作经验，形成创新成果并推广，全面提升工会工作创新水平。43项创先创优成果参加发布评审，评选出区镇、系统、基层工会创新成果一、二、三等奖及优秀奖。高新区总工会开展的“建立企业主工会工作共商机制、破解工会工作难题”活动，开发区总工会推出的开展“三带三促”活动，提升建家工作整体水平，滨海新区总工会开展的“建立海上职工之家”等特色亮点工作在全国相关会议和新闻媒体交流报道。区镇、系统、行业、直属工会及其下属基层工会形成一批特色鲜明、亮点纷呈的创先工作。

【加强与职工交流】 1月3日和12月19日，县总工会主席周于红先后两次走进县《政风行风热线》节目直播室，介绍全县工会组织在服务经济发展、服务职工方面的特色和亮点工作，春节送温暖工作，欠薪问题、职工权益维护等问题，以及爱心互助基金建立和申请、会员卡发放、帮扶救助实施办法、职工权益保护等问题与广大职工进行在线沟通。

6月17日，县总工会副主席唐仁惠走进《法治热线》节目直播室，从高温作业岗位类别、用人单位应当落实的高温劳动保护措施、高温津贴的发放等方面，为职工解读《防暑降温措施管理办法》，现场解答听众的疑难问题。

【走访慰问企业职工】 1月21日、26日、28日，县总工会机关工作人员陪同县领导分五组到各区镇及相关系统进行走访慰问，各级工会也陆续开展春节送温暖活动。元旦、春节期间，向660多名困难劳模、特困职工、困难职工、大病救助对象、优抚对象、三峡移民发放慰问金60多万元。

1月28日，县委书记陆卫东（左一）在县总工会主席周于红（左二）陪同下，慰问特困职工 （陆义军 摄）

7月28日、31日和8月5日，县领导陆卫东、顾国标、王锡林、王炜、卢忠平、朱春、翁晓云、吉传稳、彭为杰和县总工会经审委主任陆威生等分批慰问高温一线职工。9月3日，市总工会主席、党组书记葛玉琴一行先后到江苏鹏飞集团股份有限公司、江苏文凤集团了解企业发展情况，同时慰问部分困难职工、劳模。11月19日，周于红到县人民医院，看望慰问县公安局刑警大队因公负伤的民警张松斌、濮紫阳。

【通过全国文明单位复检】 县总工会扎实开展文明单位创建工作，成为省文明单位标兵，通过全国文明单位复检。

学习赵顺秋先进事迹。2月13日上午，市总工会党组副书记、副主席瞿刚，县总工会主席周于红，县总工会党组书记、副主席黄志平带着奖章、证书以及慰问金看望、慰问赵顺秋家属。瞿刚代表市总工会对他们表示亲切慰问，并追授赵顺秋南通市五一劳动奖章。4月2日，县总工会在河北招待所餐厅二楼会议室举办赵顺秋先进事迹报告会。县总工会机关全体干部职工，各区镇、系统、行业、直属工会以及规模以上企业工会300余人聆听事迹报告。

开展道德讲堂活动。8月27日，海安县总工会在江苏威尔曼科技有限公司的大礼堂举办的"道德讲堂"观摩活动，县文明办、总工会、高新区党工委相关人员，县20余家省级文明单位负责人，威尔曼集团80名职工代表参加活动。

开展志愿服务活动。9月26日下午，县总工会机关党支部21名在职党员进社区志愿服务活动在城东镇南屏街道泰宁社区举行，走访慰问该村的10多户贫困家庭，送上慰问金和物品。

12月9日，县总工会召开机关全体人员会议，动员部署文明交通志愿服务工作，12月14—15日，分批次在长江路—通榆路路口开展文明交通志愿服务，做好该十字路口文明交通引导服务等事宜。

【助学活动】 1月22日上午、5月26日下午，县总工会经审委主任陆成生等分别到雅周镇初级中学和李堡镇"春蕾班"，看望慰问帮扶的孤儿，为"春蕾班"26名学员送上1.2万元资助金。

7月3日，县总工会启动2014年度"金秋助学"申报工作，同时要求各区镇、系统、行业、直属工会积极开展阳光就业行动，引导辖区内企业为困难职工家庭高校毕业生优先提供暑期实践、就业见习机会，优先吸纳困难职工家庭高校毕业生就业；为有创业需要的高校毕业生积极出谋划策、提供指导。

8月13日上午，县总工会2014年度"金秋助学"发放仪式在墩头镇举行。县总工会主席周于红、经审委主任陆威生、墩头镇党委副书记储祥兰出席发放仪式，对现场的19名贫困学子发放助学金。8月13—15日，县总工会机关干部分四组赴各区镇、相关系统开展助学金发放活动。全年，县总工会对200多名特困职工、困难职工家庭学子开展助学活动，发放助学金30多万元。

【劳模系列活动】 2月26日，海安县全面部署市劳动模范和先进工作者推荐评选工作。副县长、县劳模推荐评选委员会主任翁晓云，县劳模推荐评选委员会组成人员，各牵头单位负责人，各区镇、各部门、各直属单位负责人参加会议。

3月12日，海安县召开2014年南通市劳动模范和先进工作者推荐评选工作会议。30名县劳动模范评选委员会组成人员出席会议，县总工会主席周于红分别介绍候选人先进事迹。县劳动模范评选委员会组成人员对74名劳动模范和先进工作者候选人进行投票推荐。

4月29日上午，县召开2014年庆"五一"劳模座谈会，欢送劳动模范和先进工作者赴通参加南通市劳动模范和先进工作者表彰大会。30名市劳动模范和先进工作者和全国五一劳动奖章获得者陈新军、省五一劳动奖章获得者陈文凤参加欢送活动。

5月15—18日，280名市劳动模范和先进工作者、省五一劳动奖章获得者以及享受市劳动模范待遇人员，在县人民医院体检中心体检。县总工会主席周于红，党组书记、副主席黄志平看望和慰问参加体检的劳动模范。

【职工文体活动】 3月4日，县总工会在"龙之梦"运动馆开展由区镇、系统、行业、直属及规模企业女工干部100多人参加的"庆三八·添活力"素质拓展培训活动，县总工会主席周于红、县妇联主席李广珍、县心理协会理事长王益鹏参加活动。4月27日，由县总工会联合县委宣传部、县文广新局举办的"中国梦·劳动美"劳动者大舞台启动仪式暨滨海新区职工文艺会演开幕。

7月12日上午，由江苏灏峰置业有限公司独家冠名，县委宣传部、县总工会、县教育局、县新闻信息中心等7家单位联合主办，麦香人家、南通丝乡丝绸等商企协办的"星湖湾"杯2014海安第二届广场舞大赛在星湖湾广场举办。

8月23日，由市委宣传部、市总工会和市广播电视台联合主办的"中国梦江海风"——"舞动江海"广场舞大赛决

4月20日，职工岗位技能大比武活动现场 （顾华夏 摄）

赛在南通职业大学举行，海安高新区、大公镇、曲塘镇、滨海新区4支代表队代表海安参加角逐。最终，海安高新区总工会代表队获一等奖第二名。

11月12日晚，县“劳动者大舞台”文艺展演在新世纪广场举行。4月底启动，历时近7个月，在全县各区镇、系统工会组织文艺会演的基础上，经过精心筛选、层层把关，最后选出8个优秀节目参加当晚文艺展演。晚会现场还为“南通市五一劳动奖章”获得者、县“十佳外来务工人员”和优秀节目等颁奖。县政协、县委宣传部、县文广新局、县级机关党工委、县妇联等部门相关人员观看演出。

【职工法律援助】 4月2日，县总工会举办全县工会干部法律法规专题辅导讲座，各区镇、系统、行业、直属工会干部，规模企业工会主席和县总工会机关人员近300人参加。

5月21日，县总工会联合县人社局等部门组织劳动法律专家、职工法律援助团律师、法律服务志愿者在县人力资源市场举办大型劳动法律咨询活动。接待咨询150多人次，发放《江苏省“一办法七条例”法规汇编》《企业用工手册》《女职工劳动保护特别规定》和工会维权小常识等法律法规文本和宣传材料800多份。

12月4日是国家首个宪法日，县总工会工作人员和法律援助工作站律师专程到南莫镇向职工群众发放宪法、《江苏省“一办法七条例”法规汇编》《女职工劳动保护特别规定》等法律资料，同时现场提供法律咨询服务。全县工会系统组织法律咨询活动11场次，接待职工群众2300多人次，发放宣传资料4200多份。

【调研走访企业】 5月20日开始，县总工会主席周于红结合工作实际到各区镇调研走访企业。下午到位于国家级经济开发区的南通昌荣机电有限公司、海安西场缫丝有限公司、海安佳友机械有限公司走访。21日上午，周于红到白甸镇，走访江苏升辉装备集团、南通恒通机械制造有限公司、中材集团南通分公司、海安荣圣机械制造有限公司以及镇职工文化活动中心等职工阵地建设。

6月23日，周于红到南通志高重工科技有限公司、海安启弘纺织科技有限公司建设工地，实地了解服务重点项目工程建设进度、安全施工等情况。

【评选十佳】 6月6日，由县总工会、县人社局、县发展改革委联合开展十佳外来务工人员评选揭晓，海安县申菱电器制造有限公司杨兴国等10名职工被评选为县第八届“十佳外来务工人员”。12月26日，由县总工会、县人社局、县发展改革委等相关部门联合开展的县“十大文明职工标兵”评选活动揭晓，江苏中矿重型装备有限公司丁宝勤等10名职工被评选为县“十大文明职工标兵”。

【和谐企业创建】 9月3日下午，县总工会、政法委等部门在县总工会二楼会议室召开联席会议，就如何进一步整合资源，统筹力量，切实有效地推进和谐企业创建工作全面融合进行讨论研究。

11月14日，市总工会纪检组长叶新春到海安调研和谐企业创建工作，并专程到省级海安高新区举行“江苏省模范劳动关系和谐园区（企业）”授牌仪式，授予中尧机电、恩达通用、联发棉纺、西场纺机和鑫缘丝绸5家企业“江苏省模范劳动关系和谐企业”称号。

【工资集体协商】 8月4日，市总工会召开工资集体协商典型案例评析会，江苏瑞恩电气集团有限公司报送的《协商共进　共同发展》、中山合成纤维有限公司报送的《开展绩效工资集体协商，建立工资合理增长机制》被评为2014年度南通市工资集体协商优秀典型案例，县总工会被评为市工资集体协商典型案例优秀组织单位。

10月16日，海安县协调劳动关系三方会议在县人社局二楼会议室召开。成员单位负责人及科室负责人出席会议。会议通报2014年全县工资集体合同工作情况，讨论通过《关于进一步深化集体协商工作的意见》，同时研究部署全县和谐企业创建工作、企业规章制度建设工作和2015年三方协调工作重点。

10月23日，2015年工资集体协商要约行动启动仪式在江苏天成科技集团有限公司举行，县总工会要求全县各类企业要按照《中华全国总工会深化集体协商工作规划2014—2018年》和省政府办公厅《关于深入推进企业工资集体协商指导意见》的精神，强化协调配合、提示引导、程序规范和监督检查，全面开展2015年全县工资集体协商工作。

（张子清）

共青团海安县委

【概况】 共青团海安县委员会（简称团县委）有基层团（工）委64家，14—35周岁青年数21.95万人，团员4.88万人。

2014年，团县委深入青年、植根青年、依靠青年、服务青年，荣获江苏省希望工程“圆梦行动”十周年优秀组织奖和“圆梦行动”十周年爱心成就奖、2014年度南通共青团工作优秀创新创优项目三等奖和瑞海杯“践行核心价值观，争做最美海安人”优秀组织奖；被评为全省团属报刊宣传工作先进单位、2013年度南通共青团工作优秀单位、2013年度综治平安建设工作先进集体和县级机关服务企业科技行先进单位。全县7个团组织获省级表彰、53个团组织获市级表彰，全县团员青年中2人获国家级表彰、108人获省级表彰，246人获市级表彰。

【基层团组织和团干队伍建设】 探索开展基层服务型团组织建设工作，打造标杆团组织，选树省级、市级五四红旗团委团支部6个。继续推进“走听转办”活动，参与团干部251人次，结对联系青年1170人，召开座谈会24次，收集落实意见15条、微心愿85条。开展农网中国平台建设，在全市率先完成镇村两级网站建设的两个100%任务并长期保持满分，2013年10月始录入青年创业项目237个、青年人才234个。开展农村基层团组织星级评定，县级命名授星137个团组织。实施团干部素质提升教育工程，举办培训活动18场，覆盖277人次。全面活跃学校共青团工作和少先队工作，省海中团委被评为省十佳中学共青团组织，罗湘军被评为省中学共青团工作先进个人；选树4个市级活力团支部，12个市级少先队红旗大队、中队和100名省好少年；县少工委作为全省唯一的县级单位在2014年省少工全委会上围绕“促进少先队辅导员群体专业发展”作经验交流，同年承办全市少先队活动课观摩活动；全县146篇少先队工作论文获市级表彰，位居全市第一；团中央未来网、南通少先队网信息上传量分别居全省第一和全市第一；102人在省少先队基本知识竞赛中获奖，获奖人数超过11个地级市，得到省少工委领导的充分肯定。12月30日，团省委书记万闻华到海安调研并给予充分肯定。

【服务青少年成长成才】 深入推进未成年人保护和青少年权益维护工作，全年新创青少年维权岗省级1个、市级9个，命名215个县级未成年人零犯罪社区。继续实施希望工程，圆梦大学行动，为78名贫困学生发放爱心助学款25.4万元，春秋季助学为全县140名特困中小学生募集助学金4.1万元，获省希望工程"圆梦行动"十周年优秀组织奖、爱心成就奖和市优秀组织奖。组织全县59个市级以上青年文明号与社区(村)开展长期结对共建，并在暖冬行动中为34户贫困家庭送上总价值1.36万元的爱心礼包。深化青少年教育引导工作，开展青年畅谈两会心声、公益相亲交友、共青团联系服务农村青年月、未成年人思想道德宣传引导、五四青年联欢节、六一表彰、保护母亲河等活动，选推市"母亲河奖"优秀项目2个，先进个人、优秀集体各1个。

【典型示范】 海安发挥优秀青年和青年集体示范带头效应，牵头开展第六届"海安县十大杰出青年"评选。全年选树农民专业合作社青年示范社省级1家、市级4家，省级青少年农业科普示范基地1家，市级青年文明号6家，市级青年岗位能手5名，陈敏、曹加圣、郑红武、李申分别被评为全国农村青年致富带头人、省农村青年致富带头人标兵、省最敢创业好青年和市十大优秀青年企业家，罗湘军、韩彧分别被评为省级青年岗位能手和市十佳青年文明号号长，全年表彰131名县级青年岗位能手。推动青年职工创先争优，联合县人社局举办首届海安技校杯车工技能大赛，联合县旅游局举办海安县旅游行业第五届综合职业技能竞赛。推进金融乡镇编外团委副书记工作，全年发放青年创业小额贷款66笔407.9万元，带动就业400余人；开展"送金融知识下乡"活动6次，发放各类宣传手册2万余册；将大学生村官列入公职人员，提供免担保贷款且利率只上浮30%，借款额度可达年收入3倍。首家电子商务业商会团建工作站揭牌，开创共青团联系服务电子商务领域创业青年的新平台，获2014年度南通共青团工作优秀创新创优项目。组织优秀青年参加各级创业大赛，获省级1个第二名、2个三等奖和市级1个二等奖、2个三等奖、1个优秀奖，全市领先。举办全县青年创业知识培训班和知识竞赛，100余名青年和基层团干参加活动。新增14家"创业青年就业基地"，提供见习岗位130余个。吸引海安籍在外青年和外地青年到海安创业就业，举办海安籍在外青年人才交流座谈会和河海大学大学生到海安暑期创业调研系列活动。关注外来务工青年，发动各区镇团委围绕服务外来务工青年开展调研活动，形成调研报告10篇。 (刘　浩)

12月30日，团省委书记万闻华(女，右二)到海安调研基层服务型团组织建设工作 (刘　浩　摄)

县妇女联合会

【概况】 县妇联下属10个区(镇)妇女联合会，228个村(居)妇代会，25个机关、(企)事业单位妇委会。全县各级妇女组织积极履行组织妇女、发展妇女、服务妇女和维护妇女儿童合法权益的职责，努力把妇联建设成为党开展妇女工作的"坚强阵地"和深受广大妇女信赖和热爱的"温暖之家"，推动县妇女儿童事业得到新发展。2014年，县妇联被表彰为全省妇女儿童工作先进集体和市妇女维权工作先进集体，妇联目标考核综合工作获市特等奖和创新奖，"春蕾计划"获评2011—2013年度优秀慈善项目，调研报告《构建婚姻家庭纠纷社区调解模式》获省妇联三等奖。建立健全来信来访接待制度，接待来信来函93件，件件有落实。与法院主动沟通，争取名额，13名妇女干部通过初审、考试，获得人民陪审员任命，参与司法，维护妇女儿童合法权益。县妇联主要负责人到党校，为县镇机关中层(部门)干部轮训班学员进行"马克思主义妇女观和男女平等"国策专题讲座。举办来料加工女经纪人培训班，提升女经纪人的素质和管理水平。

【实施"妇女创业促进行动"】 在海安妇女网开辟女性创业专栏，宣传创业政策、发布创业信息。在网站、电视台、报纸等宣传媒体展示28名自主创业女性风采。"三八节"期间拍摄电视专辑《巾帼创业风采》在电视台新闻频道播出，集中宣传8名优秀创业女性。表彰城乡妇女岗位建功活动先进集体32个、先进个人100名、巾帼文明岗10个。杭永兰获南通市"十大巾帼创业明星"荣誉称号。积极组织参加县第二届创业知识竞赛。8月18日，组织妇女创业知识竞赛初赛，10支代表队、30名选手参加，筛选出2支代表队参加县复赛，其中1支妇女代表队进入决赛，并最终获得三等奖，1名选手获个人风采奖。2014 年，全县 39 名创业妇女享受到贴息贷款 452 万元，新增妇女创业项目 518 个，完成年初任务的 209%。

【举办大型女性专场招聘活动】 3 月 5 日，在县劳动力市场举办 2014 年“春风送岗位　真情助姐妹”大型专场招聘活动。近 80 家企业进场招聘，提供岗位 3500 多个，其中服装加工、酒店服务、电子装配等女性岗位需求 70%以上。在招聘会现场广泛宣传妇女就业及妇女权益保障知识，向女性求职者发放妇女维权、小额担保贷款等资料 2000 多份。据统计，2000 多名女性求职者应聘，820 多人签订意向性协议。

5 月 16 日，海安首期月嫂“好苏嫂”培训班现场　（县妇联　提供）

【举办“好苏嫂”培训班】 5 月 13—16 日，举办江苏“好苏嫂”海安首期月嫂培训班，特邀江苏“好苏嫂”培训中心主任范卉、高级讲师张予宁授课。9 月 24—26 日，举办第二期培训班，邀请南通市妇幼保健院主任秦玲授课。10 月和 11 月中旬送教到曲塘镇和开发区，各举办一期月嫂专业培训班，培训学员 210 余人，其中 140 余名学员通过理论考试和实践操作考核，获省人社厅就业培训中心、省妇联就业服务中心与江苏好苏嫂职业培训学校联合发放的岗位培训证书。至年底，海安“好苏嫂”专业月嫂已有 20 多人，其他家庭保洁、护工、居家保姆等工种 60 多人获培训证书。

【举办公益相亲活动】 为帮助在海安工作生活的各界单身人士搭建寻伴交友平台，留住海安经济发展人才，全年妇联举办公益相亲活动 4 期。4 月 26 日，举办“约会春天”大型公益相亲活动，1182 名单身青年男女报名参与，现场 8 对男女成功牵手。8 月 2 日，举办“缘聚七夕——白领专场”，吸引 100 多名单身男女参加。11 月，在开发区和高新区各举办一场企业外来职工相亲专场。

【女企业家协会活动】 3 月 8 日，县妇联、县女企业家协会组织女企业家协会会员与县农行开展对接活动。农行分析金融市场，指出融资难的内部原因并提出建议，并邀请南通市人民医院专家进行女性养生知识、女性形象讲座。

全县 28 位女企业家与女大学生和有创业意愿的女性进行对接。15 家女企业家企业与高校、科研院所实施产学研合作项目，开发省高新技术产品，增强企业自主创新能力和市场竞争力。

【家庭文明建设】 创新“五好文明家庭”创建活动，突出关注家庭美德。3 月 6 日，在“三八”节总结表彰大会上，对 36 户文明家庭、22 户平安家庭、22 户诚信家庭标兵户等进行表彰。5 月 28 日，结合庆“六一”活动。表彰 96 名“好孩子、好爸爸、好妈妈和社会妈妈”，弘扬社会正能量。突出关注家庭健康。开展“送女性健康知识”活动。3 月 6 日，县妇联邀请上海红房子医院妇科专家魏美娟作保健讲座；10 月 11 日，送健康知识下乡。邀请市第一人民医院妇产科主任刘曼华讲课；各区镇各单位举办多场妇女保健讲座；各企业女工委正常组织妇女健康体检。突出关注家庭教育。就如何培养一个“好学生、好孩子、好公民”，逐步完善学校、家庭、社会三位一体教育网络。县家长总校老师等给社区老人们先后 15 次送上精彩的隔代教育课。3 月 22 日下午，南通市“关注青少年心理健康　完善儿童人格”巡讲海安专场在县行政中心东四楼报告厅举行，300 多名家长和老师聆听了南通市心理专家徐晓芳的精彩

8 月 2 日，县妇联联合团县委举办“缘聚七夕”白领专场相亲会，为单身白领搭建温馨“鹊桥”，100 多名单身男女参与活动　（县妇联　提供）

讲座。

【评选表彰系列活动】 为宣传表彰在海安经济社会发展中做出重大贡献的杰出妇女,通过层层推荐、候选人公示、评审表彰三个环节,产生"海安县十大女杰":丁华萍、申承秀、孙秀芳、狄进、张燕、郜蓓蕾、周建莲、韩铭、谢燕、薛建,2015年3月由县委宣传部和妇联联合予以表彰颁奖。

上半年,全县各级妇女组织依托"妇女儿童之家"阵地,以群众自荐、互相学习、共同分享为宗旨,组织开展寻访"最美家庭"活动,深入挖掘、选树和宣传群众身边的"最美家庭"感人故事。全县评出"最美家庭"8户,其中墩头镇侯朝英、曲塘镇陈广明家庭被评为市"最美家庭"。

县妇联联合县人社局、人才办等部门开展"十佳'新海安人'家庭"评选表彰活动。由区镇推荐上报符合评选条件,在海安创业、经商、务工、生活三年以上的非海安县户籍家庭,县人社局、人才办、妇联、全创办等相关部门进行初审,评审委员会进行评审和票决确定海安县"十佳'新海安人'家庭"入选名单。公示无异议后,由相关部门联合表彰,并给予物质奖励。

【举办专场演讲比赛】 7月24日下午,在县瑞海集团二楼会议室举办"践行核心价值观 争做最美海安人"女性专场演讲比赛。全县各区镇、行业妇女组织在初赛的基础上推荐18名选手参加比赛。比赛围绕"海安是我家,发展靠大家"等主题,弘扬主旋律,颂赞身边先进妇女和优秀家庭典型。经过激烈角逐,县人民医院丁亚梅等5名选手入围全县"践行核心价值观 争做最美海安人"复赛,1名选手在决赛中获三等奖。

【法制宣传】 在法律讲堂进村、进企业、进社区、进学校等传统法制宣传的基础上,创新宣传方式,寓教于乐,以"模拟法庭"、拍摄微电影等方式宣传相关法律法规,受到普遍好评。3月4日,通过县"法治热线"栏目宣传妇女权益保护法律法规,现场接听热线电话,解答妇女群众的问题。3月,9名未成年人组成"模拟法庭"对一起抚养费纠纷进行审理,县妇联现场对庭审程序穿插说明,旁听的未成年人及其家长、社区干部等积极参与讨论。5月,穿越法制小品《怀橘遗亲》由10多名小志愿者在县法院演绎。7月,《晚间新闻——平安家庭专辑》在西园社区举行,20多名志愿者及其父母参加活动。活动全程录像在海安互联网新闻中心发布,受到普遍好评。10月,在海安高新区海师附小海光校区,青少年"模拟法庭"为全县六年级学生演示一起学生抢劫案"庭审"情景。审判长等参与庭审人员均由学生扮演,县法院、检察院、妇联和高新区妇联、校方专家现场点评,让学生们接触到法院审判活动,加深对违法犯罪行为的认识,进一步增强法制观念和自我保护意识。

【"老舅妈"婚姻家庭纠纷调解】 5月到8月,结合群众路线教育实践活动,县妇联负责人率队,组织镇、村妇女干部、"老舅妈"调解员等到各基层法庭开展旁听一场庭审、举行一次实务培训、进行一次表彰、展开一次座谈、进行一次工作部署等"五个一"婚姻家庭纠纷调解工作推进活动,提升"老舅妈"婚姻家庭纠纷调解工作水平。法院副院长、各人民法庭庭长、干警等参加活动。针对"老舅妈"调解工作良莠不齐的现象,制发《受委托调解案件情况反馈表》作为卷宗附件,进一步完善联动调解工作机制。8月,分管主席带队深入各区镇就婚姻家庭纠纷调解、维权工作现状等开展调研。

【海安县妇女第十三次代表大会】 8月25日下午,海安县妇女第十三次代表大会隆重开幕,全县各条战线的280名妇女代表出席大会。大会回顾总结县十二次妇代会后的主要工作和基本经验,科学谋划未来五年全县妇女工作的任务,选举产生县妇联新一届领导班子。市妇联主席钱锁梅、县委书记陆卫东、县长顾国标及四套班子领导出席开幕式。县正科职女干部、县妇联老领导、各界知名女性代表等,应邀出席大会开幕式。市妇联主席钱锁梅、县委书记陆卫东作重要讲话。会议表彰海安县"三八"红旗手和集体。大会主席团常务主席李广珍代表海安县妇女联合会第十二届执行委员会,作题为《求真务实 开拓创新 团结带领全县妇女为续写海安科学发展美好篇章而努力奋斗》的工作报告。会议期间,县妇联还向全体妇女代表就妇女儿童关心的热点难点问题,广泛征集建议和意见。

【建立"海上妇女之家"】 县滨海新区紫菜养殖基地是闻名全国的"海上牧场"、全国农产品安全出口示范基地,紫菜养殖面积突破20万亩,有职工660人,其中女工近300人。全年,县妇联创新妇女组织创建模式,挂牌成立南通市首个"海上妇女之家",使远离陆地的妇女们在枯

8月25日下午,县妇女第十三次代表大会隆重开幕 (县妇联 提供)

燥单一的工作之余，充分体验到妇女组织“家”的温暖，扩大了妇联组织覆盖面。4月11日，市妇联副主席钮曦，县妇联主席李广珍与滨海新区领导一行清晨出海，零距离接触海上女工，钮曦为“海上妇女之家”揭牌，县、区妇联送上电视机、书籍、药品和生活用品等暖心礼物。

【开展慰问活动】 走访慰问从基层妇代会主任岗位上退休、因重病致困的10名妇女干部，给她们送上慰问金，带上娘家的温暖。重阳节前夕，县妇联党组书记柴宝清率机关党员看望慰问县城洋港社区吉恪珍、殷文华2位空巢老人。组织发动各级妇联组织开展关爱空巢老人活动，引导广大群众弘扬中华民族尊老、敬老、爱老、助老的传统美德，营造关爱空巢老人的良好社会氛围。春节前夕，慰问全县新中国成立后受表彰的48名省级以上“三八”红旗手。

【关爱贫困母亲】 年初，对全县贫困母亲、婴幼儿等弱势群体进行调查摸底。1月，组织全县30余名0~3岁贫困婴幼儿家庭，集中领取市妇联、市红十字会救助的奶粉，登门慰问部分特困婴幼儿、母亲，慰问金额3万多元。同月，县妇联机关工作人员分组走访、慰问全县167名贫困母亲，送上慰问金5.53万元，鼓励她们自立自强，早日脱贫。3月，举行“贫困母亲两癌救助”中央专项彩票公益金发放仪式，为12名宫颈癌、乳腺癌患者发放“贫困母亲两癌救助专项基金”12万元。组织区镇妇联全面调查登记2011年后患“两癌”的农村贫困母亲，严格把关，整理资料，符合救助条件进行网上申报，5月、10月两批申报84人。协助全国“两癌”项目评估调研组开展非项目县现场调研工作。调研中，组织县妇联、县民政局、县卫生局等妇儿委成员单位及农村妇女小组、“两癌”贫困母亲受助代表进行访谈；抽取滨海新区、墩头镇200名35~64岁农村妇女开展问卷调查等，多渠道、多层面摸查全县农村妇女对“两癌”防治知识和政策的知晓情况，了解“两癌”免费检查和贫困母亲“两癌”救助项目实施的基本情况、成效及存在问题，并形成相关意见和建议。

【单亲贫困母亲救助工程】 县妇联组织人员走村入户，逐个调研全县单亲贫困母亲，建立359人的单亲贫困母亲信息库，实行一人一档，加强跟踪调研，实施动态管理。联合县慈善会，协同民政、人社等部门及女企业家协会等，制定送资金、送岗位、送生产资料等救助方案，使救助活动常态化、制度化、规范化、实效化。1月，与县慈善会联合启动2014年单亲贫困母亲慈善救助项目。县委常委、宣传部部长王炜出席活动并讲话。县慈善会、人社局、民政局等相关单位负责人及各区镇妇联参加活动。活动中，为全县123名单亲特困母亲每人发放400元救助金。5月，县妇联全体人员分三组深入镇村，走访慰问单亲贫困母亲48人，赠送化肥百余袋，慰问金额近万元。协同县巾帼志愿者协会、县级机关妇工委联合开展单亲贫困母亲圆梦行动。县级机关各部门成立巾帼志愿队，与40名单亲贫困母亲结对，通过爱心捐赠、就业扶持、法律维权、亲情陪护等帮扶活动，使单亲贫困母亲生活状况得到改善，利益诉求得到满足，精神面貌得到改观。

【“春蕾班”建设】 全年新增春蕾班3个，分别为5月新建“金夫人·普泽春蕾班”，10月新建“公管办春蕾班”，11月新建“华艺金店春蕾班”。新增加困难儿童60名，每年资助金额近3万元。全县有春蕾班36个，累计募集到“春蕾”资助款400多万元，945名孤困儿童(7000余人次)得到长期、稳定的资助直到完成义务教育阶段的学业。

5月28日，举办全县“春蕾班”学员书画作品展，120件“春蕾”学员作品参加展览。同日下午，副县长、公安局局长葛志祥等领导与“公安局春蕾班”学生共庆“六一”，并送上学习用品和慰问金，观看“春蕾班”学员文艺演出。县工商局春蕾班开展“老少情、春蕾梦”集中捐助、校社对接、庆六一文艺演出等活动。县国税局组织开展“税收伴你成长”系列活动。“125名爱心志愿服务者”走进开发区小学，向结对帮扶的“春蕾班”学员赠送学习、文体及日常生活用品等，共同演出节目——《常怀一颗感恩的心》。5月31日，县发改委“春蕾班”开展“阳光 励志 关爱”的主题活动，邀请国家级心理治疗师，海安县心理协会委员、县第三人民医院医务科科长吕军为同学们作题为“怎样做一个阳光的孩子”的讲座，还组织学员们观看电影《背着爸爸上学》，并赠送“让心不再留守，让爱传递温情”套盒及其他学习用品和生活用品。县法院、检察院、地税局、总工会、烟草公司春蕾班等都开展丰富活动，通过活动传递正能量，让同学们感受到社会大家庭的温暖。中国移动通信集团江苏有限公司海安分公司“春蕾班”获江苏儿童慈善敬业奉献奖。

【“爱心助孤”品牌】 实施“领导结对、企业赞助、学校培养、镇村监护、社会关爱”的孤儿帮扶机制，全县145名孤儿全由县四套班子领导及相关部门一一帮扶对接，并落实免费门诊。逢年过节时，县四套班子领导登门看望孤儿，有些领导在寒、暑假还把孤儿接到家中，同吃同住，零距离关爱。县妇联继续实施“心灵滋养”工程。邀请县心理协会专家进行有针对性的跟踪和帮助，与所有孤儿进行结对交流，让这些承受过家庭变故、亲情缺失的幼小心灵逐步得到滋养，切实感受到社会的关怀和人间的温情。

【关爱留守流动儿童】 利用“妇女儿童之家”阵地，对留守流动儿童进行信息登记动态管理。推动建立跨部门合作机制，因地制宜开展安全知识、心理健康、关爱生命等教育活动，鼓励留守流动儿童以绘画、书信等形式与父母亲感情互动，丰富留守流动儿童课外生活。发动各区镇组织“五老”、巾帼志愿者等社会热心人士与留守儿童结成帮扶对子，进行心灵沟通，给予学习上的辅导、生活上的帮助，形成有效的家庭、学校、社会三位一体关爱网络，确保留守儿童健康成长。南莫镇妇联建立“留守儿童朝霞之家”，海安镇丹凤村一对老教师吴兴宝、谢世萍创建留守儿童活动室等，让留守儿童在家庭和学校之外又有温馨的“家”。与县法院继续开展“周末我有约”活动，组织孩子们观看视频教育片、海安半日游、参观法院、旁听庭审、举行模拟法庭等，让孩子学法、懂法。牵头与邮政局继续开展“让心不再留守，让爱传递温情”儿童安全守护公益活动，6月送上“平安四季盒”,在毕业考试前为毕业班的孩子寄上糕粽,祝愿他们考出优异的成绩。

【妇女创业】 县妇联出台《关于加快推进妇女创业促进行动的实施意见》,明确各区镇妇女创业的目标任务、工作重点和考核措施。实行一周一提醒、一月一公示,一季一考核,全年四个季度按2:3:3:2比例对完成情况予以结分。对完成妇女创业目标任务前3名的区镇分别奖励2000元、1000元、500元。将妇女创业纳入对区镇年度党建工作中妇女工作考核的内容,设基本分1.5分。凡不能完成目标任务末二位的区镇及所属行政村妇女组织和个人不得参加评先评优。2014年全县新增妇女创业项目518个,新增妇女创业典型宣传52个,典型培育6个。

(杭辉国)

县归侨侨眷联合会

【概况】 完善美国同乡会组织构架;在加拿大各分会之间建立工作联系QQ群;接待海外华侨华人和知名人士回海探亲考察80余人次,邀请和接待海外侨领、社团到海安交流6批次。春节走访慰问侨界困难群众及代表人士150多人次。春节前,举办侨界新春联谊会,邀请侨界代表委员、侨商企业家代表及相关领导出席活动。接待中国华侨历史博物馆馆长黄经凯、市老归侨联谊会和崇川区学田街道侨联分会、如东通州侨商考察团等到海安考察交流。9月底,组织区镇统战委员和部分街道负责人赴兴化市考察侨界空巢老人关爱行动经验做法。12月,市侨联主席吴亚军带队到海安调研侨联工作和基层组织建设工作。

2014年,组织市县侨界人大代表、政协委员视察侨企4次,宣传侨法2次;开展评议社保、金融机构、视察侨资企业及新海安人创业等专题调研活动4次,完成调研课题1个;为经济建设建言献策,提交委员提案18条,社情民意6个,人大议案2个,被县政协列为重点提案1条,在县政协全会上,丁维春代表侨联组作经验介绍;年内组织部分侨界代表委员分别赴北京、昆山、兴化等地考察交流。

组织专题宣传侨法2场次,发放宣传材料1500余份。妥善接待处理涉侨来信来访30余人次。为侨企瑞恩电气、亚威机械等人才引进、专利申报、产学研合作牵线搭桥,提供服务。帮助加拿大海安同乡会会长刘树华的妹妹刘树花解决房屋拆迁安置问题;帮助加拿大同乡会常务副会长张明的妹妹解决安置、就业问题;帮助阿联酋侨联常委吕波的父亲解决宅基地的房产证更名问题。落实十多户侨眷在拆迁安置中的优惠政策。

全年,县侨联2篇《侨情专报》被省委办公厅录用,在《中国侨联》《江苏侨联》等省级刊物发布信息、调研文章6篇,《南通日报》录用1篇,被市级以上系统网站录用宣传信息、理论文章等60余条,在海安发布、政务内网等平台宣传侨联、商会工作20多篇次。

【县华侨医疗保健中心】 换发侨联个人会员证,侨界群众凭会员证在华侨医疗保健中心看病就诊享受“三优三免”服务,即优先(设立专门为侨服务的窗口,归侨侨眷就诊挂号、检查治疗、住院手术优先)、优质(门诊接诊安排具有较高水平的医生和专家教授)、优惠(归侨侨眷就诊检查住院手术等,均按照医疗收费标准给予20%的优惠,特殊检查给予20%~30%的优惠),三免:华侨、归侨、侨眷就诊凭会员证或护照免收挂号费;医生、护士上门服务,在县城免收出诊费;常年为归侨侨眷提供免费义务健康咨询和体格检查。

【侨界空巢老人关爱活动】 贯彻落实“侨界空巢老人关爱行动”工作,出台关爱侨界空巢老人文件。11月中旬在高新区(海安镇)召开全县关爱侨界空巢老人行动现场会,推广海安高新区关爱行动经验和做法,县侨谊会会长、南通金石置业公司董事长周杰祥带头捐赠20万元建立侨界空巢老人关爱基金,上海《侨报》、省侨联网站、《江苏侨联》杂志以及《南通日报》、南通侨联网站报道。侨眷空巢家庭现象比较突出,侨联除节日走访慰问一些归侨侨眷外,平常通过侨谊会、镇和街道侨联小组,了解归侨侨眷生活工作情况,经常看望年老体弱的侨眷,嘘寒问暖,对个别重病或遇有特殊困难的侨眷家庭,给予特殊照顾和救助。

【侨联六届四次全委扩大会】 3月14日,县侨联召开六届四次全委扩大会,县侨联兼职副主席陈飞传达省侨联六届三次全委会议和市侨联七届三次全委扩大会议精神,通报2013年度省市侨联系统先进单位和先进个人的表彰决定。丁维春代表侨联班子总结县侨联2013年工作,部署2014年侨联工作。会议确定2014年侨联的工作重点。

【海外交流沟通】 建立健全海外侨情资料信息库,通过QQ群、微信群等平台,与海外侨胞保持联络沟通,实现全天候零距离跟踪联系和服务。在香港爆发“占中”危机期间,侨联利用QQ群及时传递正面信息,鼓励香港同乡参加爱国游行,反“占中”、爱港爱国。加拿大海安同乡会常务副会长张明先后建立旅加海安人QQ群、微信群,逐步吸纳美国、新西兰、日本等侨胞,利用“海安发布”实时发布家乡的政策、信息和动态。通过交流接触,新西兰罗加法(新西兰皇家科学院院士)、阿联酋吕波(阿联酋侨联常委)、美国钱勇(博士、美国著名癌症治疗专家)等杰出代表被推选为侨领。

【县华侨武术文化社建设】 2013年12月,由侨眷范扬、顾桂华等牵头筹建海安县华侨武术文化社。2014年5月19日,经县民政局社会法人团体审查登记,确认合格正式挂牌。截至年底,先后参加省市县相关比赛活动6场次,取得较好成绩。

(丁小震)

县残疾人联合会

【概况】 2014年,全县残疾人工作以健全残疾人社会保障和服务体系为主要任务,不断提升县残疾人联合会(简称残联)组织建设、队伍建设和服务机构建设水平,积极开展“助就业、助康复、助解困、助就学、助就医”五大助残工作,着力构建“康复机构、托养机构、就业服务机构、培训基地、扶贫基地”五大服务平台,圆满完成年度工作任务,多项工作受到省、市、县表彰。

在墩头、白甸、城东、李堡、海安5个镇(街道)开展残疾人辅助器具免费发放全覆盖工作,发放各类辅具计6000多件,受助残疾人3820人。

【调查就业年龄段残疾人失业情况】 6月19日,全县就业年龄段残疾人就业失业情况调查业务培训会在县残疾人托养服务中心召开,各区镇残联理事长、残疾人专职委员、部分村残协委员及调查骨干70多人参加培训。此次调查涵盖残疾人基本信息、就业及未就业情况、就业需求、就业能力、技能培训等内容,涉及残疾人就业各个方面,调查项目多、时间紧、要求高,是一项复杂的系统工程。通过调查,摸清就业年龄段已就业、有就业能力而未就业和无就业能力确需政府兜底保障的残疾人底数,将为省政府及职能部门完善促进残疾人就业、提高残疾人保障水平政策提供决策依据。按持证残疾人信息统计,全县有被调查对象9108名。

【残疾人劳动就业】 与县人社局两次联合举办"就业帮扶·真情相助"和"千企万岗"大型残疾人就业招聘会,残疾人进场应聘近1000人次,全年新安置164名残疾人就业,扶持48名残疾人个体创业。5月21日县残疾人就业服务机构规范化建设顺利通过省考评验收。7月18—19日,南通市残联在南通技师学院、南通特教学校举办残疾人职业技能竞赛,全市9个代表队137名残疾人选手参赛。海安县14名选手参加计算机组装、海报设计、网页制作、文本处理、封面摄影等9个项目比赛,吕庆军(听力残)、吉祥(听力残)、周晶晶(听力残)囊括封面摄影项目前三名;周刘坡(肢体残)、马丽娟(肢体残)、丁笑阳(听力残)、赵群(听力残)获得网页制作、文本处理、室内摄影、水彩绘画四个项目第二名。海安县代表队获团体第四名。8月,在省人社厅、省残联联合举办的全省残疾人职业指导竞赛中,县残疾人劳动就业服务所王爱芳获个人赛第三名、团体赛第二名,受到省人社厅、省残联表彰。9月15日,在省人力资源和社会保障厅、省残联举办的第五届江苏省残疾人职业技能竞赛中,县聋人选手丁笑阳、王冯标分别获室内摄影第一名、工艺染织制作(扎染)第二名。10月,海安职业教育中心与县人社局联合举办残疾人计算机应用、电子商务、烹饪三个职业技能培训班开班,35名残疾人免费参加培训并取得职业资格证书。县残联被评为"2014年度按比例安排残疾人就业工作先进集体",受到省、市政府残工委表彰。

【残疾人文化】 3月6日,全省残联宣传文化体育工作会议在南通市召开,与会人员在省残联副理事长肖敏带领下,专程到海安县参观首批江苏省残疾人文化创业示范基地—海安县阳光文化培训中心。4月,由县残联与523阳光文化培训中心主办"美的世界——残疾人油画作品展"在上海展出,数百位艺术爱好者、收藏家前来参观。5月,海安县10件残疾人油画作品代表南通市被征集参加江苏省残疾人书法美术工艺精品推介会,有2件作品现场竞拍成功,副省长许津荣、理事长高晓平等领导对海安画工吕庆军的参展作品大为赞赏。7月,由省残联、省残疾人事业新闻宣传协会共同举办的2013年度"江苏省残疾人事业好新闻奖"评选结果揭晓,海安县选送的作品获二等奖2件、三等奖2件,县级获奖作品数量全省第一。9月3—8日,由澳门特别行政区政府社会工作局、中国残疾人联合会、中国残疾人福利基金会联合举办的"内地与澳门残疾人展能艺术墟"在澳门塔石广场举行。海安县有听力障碍的吕庆军作为南通市唯一残疾人艺术家代表参加此次交流活动。11月22日,第51届金马奖颁奖典礼在台湾举行,大公镇90后眼睛失明的女孩张磊凭借在电影《推拿》中的小孔这个角色的演绎获最佳新演员奖。

【残疾人社会保障】 6月30日起,按省统一部署,特殊困难残疾人生活救助的申请受理、审核审批及救助金发放职能由民政部门划转到残联。在全县实行三级联网审批,农村残疾人可在村(社区)便民服务中心直接办理补贴申请,经过网上申报,电子盖章审核等程序,让残疾人快捷、方便办理各项申报补贴手续。全年,残联系统通过财政打卡发放残疾人生活救助金1552.04万元,救助残疾人8771人。

【专门协会有序开展活动】 5月17日,由海安县盲人协会、海安义工联主办的"关爱盲人　为梦想而歌"首届盲人文化艺术节在县图书馆举行。5月25日,海安县聋人协会在县残联举办摄影培训班。县聋人协会副主席吕庆军为9名爱好摄影的听力失聪的学员讲授摄影理论、摄影技巧、图像处理等知识,同时组织听力失聪的学员到有关现场点学习拍摄技巧。8月9日,结合全国第五次"肢残人活动日"系列活动的开展,县肢残人协会组织"出一次远门——一日游"活动,县残联理事会全体负责人与全县肢残人代表及助残志愿者40多人参加活动。10月18日,县

3月6日,省残联副理事长肖敏(女,右一)率全省残联宣传文化体育工作会议与会人员,参观首批江苏省残疾人文化创业示范基地——海安县阳光文化培训中心
(江春颖　摄)

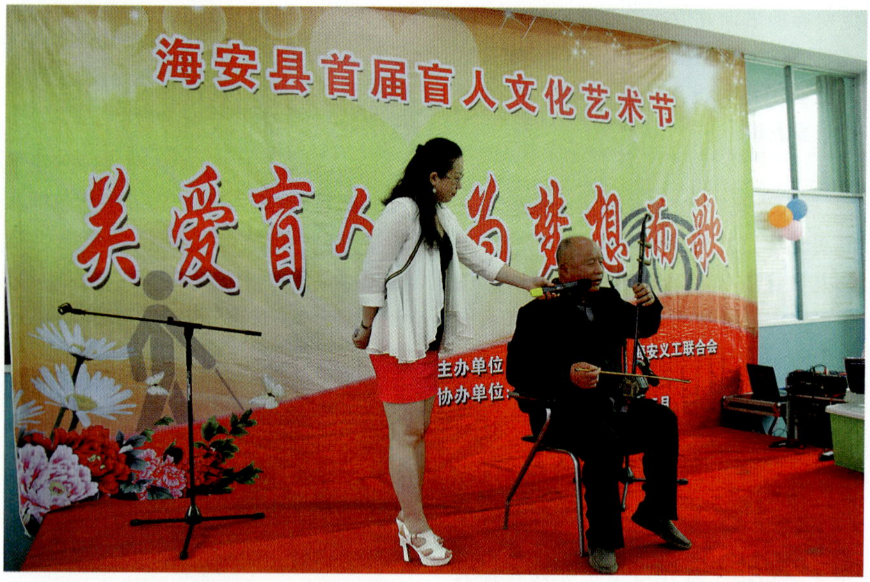

5 月 17 日,县首届盲人文化艺术节在县图书馆举行　　(江春颖　摄)

盲人协会、县义工联和江苏幸福蓝海影院海安影城举办第二次盲人“看”电影活动,20 多名盲人参加活动。

(陈　赟)

县文学艺术界联合会

【概况】 县文联有作家协会、戏剧家协会、音乐家协会、舞蹈家协会、美术家协会、摄影家协会、书法家协会、曲艺家协会、群众文化学会、民间文艺家协会、电影评论工作者协会、江海印社、老干部诗书画研究会,县诗联书画研究会、县网络文化协会、海安镇、李堡镇、曲塘镇文联、海安检察官文联等 19 个团体会员,共有学会、协会、研究会会员 1600 余人。

4 月 15 日,省文联副主席、书记处书记郑泽云率“中国梦江苏新篇章”中青年艺术家采风团版画组 13 名艺术家到海安县考察采风,采风团实地参观县 523 文化产业园、青墩遗址、韩国钧故居、苏中植物园等处。

【张贤华书画展】 1 月 22 日,由县委宣传部、教育局、文广新局、文联主办,县图书馆、书画院承办的张贤华书画展在县书画院展出。是学习贯彻党的十八届三中全会精神暨海安书画院成立十五周年系列活动之一。作品由省美术家协会会员、县紫石中学教师张贤华创作,展期从1 月 22 日至 2 月 15 日,展出作品 40 幅,其中书法作品 8 幅、绘画作品 32 幅。县人大常委会副主任肖正明、县政协副主席朱卫民以及县艺术爱好者参加活动。开幕式后召开张贤华书画作品研讨会。

【《三角洲·青墩》创刊】 2014 年起,县委宣传部、文联与《三角洲》编委会协商,开辟《三角洲·青墩》特刊,一年四期,特刊编辑部设在县文联。《三角洲》由中共南通市委宣传部主管,南通日报社、南通市文学艺术界联合会主办,江苏省一级期刊。全年出刊 4 期。文联驻会副主席叶晨玲任编委兼执行编辑。

【吴文凯诗词书法展】 2 月 16 日,吴文凯诗词书法展暨学岭书山全国书法名家作品邀请展在县图书馆举行。展期从 2 月 16 日至 2 月 26 日,展示吴文凯和全国各地 30 多名书法家的 120 多幅作品,其中吴文凯个人作品 70 余幅。作品涉及章草、楷书、隶书、行书、篆书等多种字体。总参谋部书法创作院院长王学岭,市委常委、宣传部部长章树山,县委常委、宣传部部长王炜,县人大常委会副主任肖正明,县政协副主席朱卫民以及全国各地的书法爱好者参加活动。

【县作家协会换届】 3 月 23 日,海安县作家协会(简称县作协)召开第六次会员大会,县作协 100 多人出席。会议选举产生新一届县作协领导班子,蒋琏当选第六届县作协主席,并受县作协第五届理事会主席团委托,向大会作第五届理事会工作报告。省作协会员从 13 人增至 27 人。

【县摄影家协会换届】 4 月 18 日,县摄影家协会召开第六届会员代表大会。县摄影家协会第五届主席姜海作第五届理事会工作报告,选举产生新一届摄影家协会领导班子,姜海当选第六届摄影家协会主席,杨一秋、董玉龙、陈月斌为名誉主席。第五届摄协开展有规模、有影响的影赛影展 60 多场次,集中组织 30 多次摄影采风创作活动,参加人数 100 多人次。同时,摄影创作队伍不断壮大,20 人加入市摄协,5 人加入省摄协,4 人加入中国摄协。

【“五月风”文艺展示月】 “五月风”文艺展示月活动时间从 4 月 20 日到 6 月底。举办海安县中小学美术教师才艺大赛。比赛分现场比赛(初赛)、专家点评、二次创作、决赛(展览评比)四个阶段。5 月 23 日,在 523 文化产业园举办“五月风”文艺展示暨“中国梦·海安美”全县美术教师才艺大赛优秀作品展启动仪式,邀请南通市书协、美协的书画家担任评委,对进入决赛的 116 幅作品进行评定。举办海安县中小学音乐教师才艺大赛。大赛由初赛和决赛两部分组成。音乐教师在独唱、独奏、独舞及其他表演艺术 4 个项目中选择报名,鼓励 4 项全选。6 月 5—6 日在县实验小学少年宫小剧场进行决赛,50 多名音乐教师参加角逐。两项才艺大赛结束后,面向全体参赛选手开展“我参与,我感悟,我提升”征文活动,并将大赛情况刊登在《三角洲·青墩》第二期上。才艺大赛在全社会尤其在文艺界和教育界产生积极影响。

举办中国工艺美术大师焦宝林扎染艺术进校园活动。6 月 5 日县文联牵头邀请江苏非遗传承人、中国工艺美术大师焦宝林扎染艺术走进城南实验中学。全校 550 名师生在焦宝林的指导下,自己动手,共同体验扎染艺术的魅力。11 月焦宝林扎染艺术又走进城南实验小学。

5 月 21 日下午,“南通·海安书画装裱艺术联展”在海安拉开帷幕。本次展览展出南通市 20 多位装裱艺术家装裱的

5 月 23 日，县领导参观"中国梦 海安美"全县美术教师才艺大赛优秀作品展
（姜 明 摄）

60 幅书画大师的作品。

【《下河笠语》等文艺作品获奖】 由海安县退休职工艺术团参演的舞蹈《下河笠语》，6 月获"中国梦，我心中的梦"江苏舞蹈新人新作决赛创作、演出双铜奖，11 月获省舞蹈莲花奖创作、表演双金奖。江苏舞蹈新人新作决赛是由省委宣传部、省文联、省文化厅等单位主办，全省 150 多个节目参加角逐，52 个节目参加决赛，《下河笠语》是南通市唯一取得决赛资格的节目。舞蹈《莲香映荷》获全国莲湘舞蹈邀请赛银奖。

【摄影大赛活动】 1 月 18 日下午，2013"大美海安"手机摄影大赛在苏中尚城售楼中心举行颁奖仪式，优秀作品首展同时启动。大赛自 2013 年 8 月底全面启动，分为 9 月赛、10 月赛、11 月赛、总决赛四阶段进行，历时近 5 个月。大赛由县委宣传部、县新闻信息中心、县文联、江苏苏中投资股份有限公司、县网络文化协会联合主办，南通苏中置业有限公司协办。大赛征集手机摄影作品近 3000 幅。

5 月 10 日，在安达中心广场举行润宇杯首届"大美海安"艺术摄影大赛颁奖仪式，活动由县新闻信息中心（海安日报社）、县文联联合举办。自开赛后，主办方收到 120 多位参赛者的有效作品 680 件，参赛作品从多角度、全方位展现海安的自然之美、文明之美、和谐之美。经专家评选，最终评选出一等奖 1 幅、二等奖 2 幅、三等奖 3 幅、优秀奖 21 幅。7 月，第二届润宇杯"大美海安"艺术摄影大赛，由县建管局、县新闻信息中心、县文联联合主办，参赛作品须以"大美海安"为主题。征稿时间截至 2015 年 7 月底。

【书法名家再聚苏中天澜湾】 5 月 24 日，县文联组织书法界名家再次走进苏中天澜湾，为"三塘十景"景点名现场题字，将历史景观赋予浓郁的人文气息。2012 年 11 月 24 日，县文联曾组织文化艺术界人士集聚苏中天澜湾，为其江海文化景观出谋划策。经过一年多的精心策划和研究，确立打造以"三塘十景"为主题景观的江海文化主题公园。

【楹联书画系列活动】 7 月 25 日，由县委宣传部、县文广新局、县文联联合主办，县诗书画研究会、县老干部诗书画研究会、县书法家协会、县美术家协会、县图书馆联合承办的"践行核心价值观，争做最美海安人"楹联书画系列活动推进会暨首届楹联讲习会举行。县政协副主席、县委统战部部长储开泉，著名楹联家徐俊杰、市政协原副主席储长林、市楹联学会会长沈建华，各主办单位负责人，120 余名诗书画研究会成员、中小学国学教师、书画家、楹联爱好者参加会议。9 月 14 日，由全国著名诗人、楹联家季世昌、舒贵生、谷万祥、沈建华、徐勇俊等组成评审专家组，评审收到的 480 余幅楹联大赛作品。45 幅楹联获奖，其中一等奖 3 幅，二等奖 7 幅，三等奖 9 幅，优秀奖 26 幅。

【《仲贞子艺术馆书画篆刻作品集》捐赠仪式】 8 月 3 日，《仲贞子艺术馆书画篆刻作品集》捐赠仪式在县图书馆举行。县人大常委会副主任肖正明参加活动。

《仲贞子艺术馆书画篆刻作品集》由湖州市观音文化研究会会长、佛教协会副会长、铁佛寺监院智根法师个人出资出版。智根大师久仰仲贞子先生的诗书画印作品，耗时一年，通过拍摄仲贞子艺术馆的作品，并经过中国美院、湖州市书画界相关专家学者的校对编排，整理编印成册。作品集收录仲贞子书画作品 55 幅，篆刻作品 94 幅。

捐赠仪式上，智根法师向县档案馆、图书馆、书画院、仲贞子艺术馆、书法家协会、美术家协会等 6 家单位捐赠作品集，县文联负责人向智根大师回赠书法作品。

【作协开展佛教慈善文化研讨活动】 8 月 20 日，县作家协会组织部分会员赴圆通寺，开展佛教慈善文化研讨活动。圆通寺管委会修复委员会主任常融介绍圆通寺复建过程，以及建成之后弘扬佛法、服务众生的打算。县委统战部副部长、民宗局局长许明全参加活动。

【"瑞海杯"演讲大赛决赛】 8 月 30 日，瑞海杯"践行核心价值观，争做最美海安人"演讲大赛举行决赛。县委常委、宣传部部长王炜出席活动。大赛由县委组织部、宣传部主办，高新区特邀主办，县级机关党工委、县新闻信息中心（海安日报社）、县教育局、县总工会、团县委、县妇联、县文联承办，江苏瑞海投资控股集团有限公司总冠名。近 300 名参赛选手经过海选、复赛，10 名选手进入决赛。经过激烈紧张的角逐，胡蓉获一等奖，仲娴静、王敏、曹小云获二等奖。

【南京大学教授潘知常作讲座】 9 月 20 日，由县文广新局、县教育局、县文联主办，南通图书馆、海安图书馆承办的"没有爱是万万不能的——红楼梦解读”讲座在海中体艺馆举行。

潘知常是南京大学新闻传播学院教授、博士生导师,南京大学国际传媒研究所所长,澳门科技大学人文艺术学院副院长,著名美学家、战略咨询策划专家,被誉为国内著名的“政府高参”“企业顾问”“媒体军师”。他用两个小时,将他所品之《红楼梦》、他所思之“中国梦”缓缓道来。第二天上午,潘知常在曲塘中学举办“第三只眼睛看三国”专题讲座。

【周文当选中国作家协会会员】 1989年周文在《小说林》发表处女作《农村景点》,至今发表文学作品300余万字,作品散见于《黄河》《长城》《大家》《百花洲》《当代作家》《青年作家》《小说家》《小说》《人民文学》《青年文学》等全国40余种一线杂志。其中《老马的驳壳枪》在《中篇小说选刊》(1999年1期)选载,《去屠宰场的路上》在《小说选刊》(2011年2期)杂志第二届全国笔会中获奖并刊载,其代表作有《种田的九叔》(《峨嵋》1995年1期)《太阳黑子》(《红岩》1998年5期)《遥望祖母》(《大家》1995年6期)《去岛上》(《莽原》2011年5期)。尤以写作中篇小说见长。2014年7月,他加入中国作家协会,是省、市作家协会会员,海安县作家协会理事,海安县党外知识分子联谊会理事。

【编制文学艺术创作成果集】 2013年度全县文艺创作取得的丰硕成果,131名文艺家获文艺创作成绩优异、优秀奖,作家协会、美术家协会、书法家协会、摄影家协会、民间文艺家协会、县诗书画研究会等6个协会获评2013年度先进协会。文联编制文学艺术创作成果集,收入县文学艺术工作者近3000多件水平较高的作品名录,部分作品获国家级、省级大奖。

【“523国际版画节”开幕】 11月27日,由《美术报》主办、海安523文化产业园承办的2014第七届美术报艺术节——“523国际版画节”在523文化产业园举行。美术报艺术节总策展人谢海,来自乌克兰、美国、马其顿等国家的艺术家,国内知名艺术家以及县文联负责人、文联委员和书画摄影艺术家参加活动。

第七届美术报艺术节于11月26日在南通开幕,以“艺术,全城热恋”为主题。为期8天的艺术节里,由近30位国内外策展人策划的24个大型展览在南通各大艺术展区全面铺开,海安523文化产业园是展区之一。活动当天,523文化产业园内,由南通籍艺术家王慧琴等策划的“留痕——国际版画邀请展”引来众多观众,共展出国内外30多位知名艺术家的艺术作品60多幅。

【书法美术摄影作品展暨艺术家进校园活动】 12月30日上午,县第二届青墩文化艺术奖书法美术摄影作品展暨艺术家进校园活动启动仪式在县职教园区举行。县委常委、宣传部部长王炜宣布活动正式启动,副县长翁晓云致辞,县政协副主席朱卫民及县委宣传部、职教园区、文联等相关部门负责人,参展作者与文艺爱好者代表,职教园区各学校师生代表参加活动。活动展出书法作品39件、美术作品20件、摄影作品32件。艺术专业学生聆听艺术家们“艺术与人生”讲座,并现场接受海安县文联所属协(学)会国家级会员的创作辅导。

(谭承燕)

县慈善基金会(慈善会)

【概况】 2014年,县慈善基金会(慈善会)年末资产总额6192万元。接受捐赠1577.6万元,其中一日捐捐款收入1280.8万元,冠名捐款收入215.5万元,定向捐款收入4.5万元,村慈善工作站捐款收入33万元,日常捐款收入4万元。全年实施情暖学子、百户爱心助困、千户阳光、园丁慰藉、月月情浓、职工解困、情系低保、贫困母亲、生育关怀、老区扶贫、造血脱贫、博爱送万家、正义之光、慈善关爱、阳光之肾、儿童大病救助、癌友之光、美丽夕阳、爱心助行、慈善义工等20个慈善公益项目,县慈善基金会救助支出1009万元。

9月23日,在中华慈善总会成立20周年纪念大会上,海安县慈善会获“中华慈善突出贡献组织奖”称号,全省获此殊荣的县级慈善组织共5个。

【召开一届三次理事会】 3月28日,县慈善基金会在河北大酒店迎宾楼二楼会议室召开一届三次理事会,出席会议的有基金会理事长、副理事长、理事70多人,县政府副县长彭为杰、相关部门负责人应邀参加会议。会议由基金会副理事长、秘书长袁金官主持,理事长王秀和作工作报告,副秘书长于俊卿作财务预决算报告。会议通报县审计局对慈善基金会2013年审计报告,讨论通过2014年救助项目安排计划和冠名基金实施办法。彭为杰副县长参加会议,并讲话。

【全县慈善大会召开】 5月12日上午,全县慈善大会在县行政中心四楼会议大厅召开。县四套班子及各部门、各区镇负责人和接受表彰的先进单位和先进个人参加会议。县委常委、宣传部长王炜主持会议。会议宣读县委书记、县长陆卫东对慈善大会作的批示,县委副书记顾国标作报告,与会四套班子领导现场捐款。会议宣读县人民政府表彰决定,9家企业获“慈善明星企业”荣誉称号,18家企业获“慈善捐赠诚信企业”称号,20人获“慈善捐赠楷模”称号,16人获“慈善行为楷模”称号,10个项目获“优秀慈善项目”称号,12人获“优秀慈善工作者”称号。

【情暖学子助学项目】 县慈善会全年资助大学生515人,其中,县慈善会直接资助385人,每人3000元;拨款团县委资助10人,每人3000元;德荣置业冠名基金资助40人,每人3000元;丝乡丝绸冠名基金资助80人,每人2000元。县慈善会直接资助高中生198人,每人2000元;资助初中生156人,每人1000元。8月18日下午,在海中体艺馆举行2014年度情暖学子助学款发放仪式,188名高中生、340名大学生参加,代县长顾国标到会勉励受助学生感恩图报,接受爱心,传递爱心,刻苦学习,为家乡发展多做贡献。

【百户爱心助困工程】 县慈善会继续实施百户爱心助困工程。由镇区推荐,县镇两级慈善组织逐户核查,经公示无异后确定104户困难家庭受助。1月18日下午,在苏中七战七捷纪念馆举行百户爱心助困工程助困款发放仪式，上年确认的100名困难群众参加。县委书记陆卫东、县长顾国标、副县长彭为杰参加发放仪式。陆卫东在发放仪式上讲话，勉励受助者通过助困款发放，感受人间大爱，感受党和政府的温暖，增强战胜困难的信心。南莫镇砖桥村孙泉、杨红霞是一对袖珍夫妻，身高分别为130厘米和120厘米。7月生一早产儿，因缺少护理费用陷入困境。县慈善会将其列为百户爱心工程助困对象，副会长袁金官等专程登门送上助困款1万元，解其燃眉之急。

【"阳光之肾"助医项目】 2011年起，县慈善基金会开始对低保家庭尿毒症患者实施救助，项目命名为"阳光之肾"。2014年县慈善会继续救助全县低保家庭尿毒症患者，全年受助对象193人，每人救助5000元。1月15日上午，在苏中七战七捷纪念馆举行发放仪式，王秀和主持，县委常委、常务副县长焦广琪参加仪式并讲话。上年确认的145名患者现场领款(后来增加3名)。受助代表曲塘镇胡颂文、海安镇季纹如讲话。

【"千户阳光" 春节慰问活动】 1月15日上午，县慈善会在海安福利院举行2014年"千户阳光·情暖海安"春节慰问困难群众物资发放仪式，各镇民政助理及县福利院住院老人参加。会长王秀和主持发放仪式，副县长彭为杰出席并讲话。他要求各镇政府统筹安排，周密部署，把慰问物资发放到最需要的困难群众手上。此次共安排慰问物资1000份。每份有被子、被套和茶食，价值28万多元。

【儿童大病救助】 县慈善会继续配合省慈善总会实施儿童大病救助项目。对18周岁以下困难家庭儿童患大病在医保报销后自付部分，按孤儿、低保家庭、低保边缘家庭分别给予100%、80%、50%的慈善救助，全年救助45人次，支出35.8万元。

【联合实施慈善救助项目】 年内，县慈善会联合县红十字会、总工会、妇联、残联、公安局、邮政局、教育局、机关工委、计生协会、老区扶贫促进会、癌友协会等共同实施博爱送万家、职工解困、贫困母亲、爱心助行、正义之光、爱心包裹、园丁慰藉、慈善关爱、生育关怀、老区扶贫、造血脱贫、癌友之光等12个救助项目，支出善款207万元。

【省市慈善总会关心海安困难群众】 省、市慈善总会继续关心海安困难群众。1月，省慈善总会拨款4万元，市慈善总会拨款14万元，慰问海安县180户困难群众，每户1000元。8月，市"中南慈善助学"项目资助海安6名新入学困难大学生，每人4000元。市慈善总会"江海阳光·慈善福彩助学"项目资助海安23名新入学困难大学生，每人4000元。

5月17日，市慈善总会在海安举行慈善牵手助医救助款发放仪式，全县11名大病患者每人获1万元救助金，还有南通市爱心人士捐助的微波炉、电风扇等"心愿物资"(按受助者心愿购买的物资)。

【贝因美集团赠奶粉】 5月16日，贝因美集团向海安困难老人赠送奶粉810箱，价值80多万元，这是贝因美集团第三次向海安弱势群体伸出援助之手。县慈善基金会将奶粉分发到各镇敬老院，改善老人生活。

【孔锦文被评为省"最具爱心慈善捐赠个人"】 2013年12月26日，在第二届江苏省慈善大会上，颁发由省政府设立、每两年表彰一次的第二届"江苏慈善奖"。海安县九旬老人孔锦文获"最具爱心捐赠个人"荣誉称号，全省24人获此荣誉。2014年年初，孔锦文在家喜领奖状。1920年2月出生的孔锦文是退休职工，他和老伴王爱廉一直坚持帮助身边有困难的人，2012年，捐赠毕生积蓄100万元设立冠名基金，用于扶贫济困，当年被评为"江苏好人"。

【省慈善总会领导到海安调研】 3月30日上午，省慈善总会会长俞兴德一行到海安慈善会调研。市慈善总会会长程亚民、秘书长李云生等陪同。县慈善会会长王秀和汇报海安慈善工作情况。俞兴德认为海安设立慈善日是个创举，希望海安在基层慈善组织建设上再下功夫。

10月10日上午，省慈善总会常务副会长赵顺盘、副会长陆素洁、秘书长周文志等到海安，调研基层慈善组织建设情况。赵顺盘对海安慈善扎口募捐、统筹救助，特别是协议募捐的长效机制十分赞赏，在全市、全省乃至全国都走在前面。并具体指导海安慈善基层组织建设、慈善购买服务等。

【"海洲杯" 慈善征文】 县慈善会联合《海安日报》、海洲集团举办"海洲杯"慈善征文活动，活动从2013年9月开始，截至2014年5月，收到征文105篇。7月29日举行征文颁奖仪式，3篇文章获一等奖，5篇获二等奖，8篇获三等奖，20篇获纪念奖。县慈善会领导王秀和、袁金官、《海安日报》副总编李传俊、海洲集团董事长刘长明等参加。

(章万凤)

县关心下一代工作委员会

【概况】 深入开展"践行中国梦，三爱见行动"主题教育活动。3月17日，在城东镇新生小学举行启动仪式。随后，各镇组织五老(老干部、老战士、老专家、老教师、老模范的简称)宣讲队，深入学校、企业、校外辅导站和村组、社区进行宣讲。全县组织宣讲员941人，编写宣讲材料737份，参听宣讲的青少年20.31万人次。各镇利用校外辅导站阵地，通过学党史、忆传统、讲故事、写征文、开演讲会、出手抄报、办书画展和访道德模范、劳动模范、海安好人等多种形式，丰富教育内容，增强教育效果。根据省关工委的要求，部署各镇结合重大节日，上好"童心向党""争当践行核心价值观小模范""国防教育""劳动最光荣""争当三好(德、智、体三方面发展好)标兵、做美德少年"五堂课，积极开展礼仪教育，通过班会、队会，组织学生讨论制定行动计划，把主题教育活动与学雷锋活动、争当"三好"标兵活动结合起来。组织开展植树绿化、保护环境、美化校园、美化家乡、孝敬父母长辈、慰问孤寡老人、学做家务事、学干农活、打扫街道楼院、捐款救灾等多种社会实践活动。

建立宣传队伍，全年在有关报刊上

发表200多篇文章。做好《海安关工》的编辑出版工作。做好《关心下一代周报》和《中国火炬》的宣传征订工作。

经过三年努力，全县80%以上村和社区实现“五有(有班子、有队伍、有阵地、有经费、有制度)五好(领导班子建设好、五老作用发挥好、制度健全执行好、积极探索创新好、活动经常效果好、)”基层关工委的要求。海安镇关工委获江苏省“五有五好”基层关工委先进集体称号。县关工委获评南通市关心下一代工作先进集体、市未成年人思想道德建设先进集体，获市网吧义务监督工作组织奖。

【建好校外辅导站】 组织有特长的教师充实辅导员队伍，全县447名在职教师参与辅导工作。建设好村(社区)中心辅导站电子阅览室。省、市关工委支持海安县电脑115台，县委、县政府拨出专款，购置电脑600台，分发各村和社区支持电子阅览室建设，至年底全县有6台以上电脑的电子阅览室203个。年底从硬件建设、辅导员队伍、活动开展、电子阅览室建设、管理工作等五个方面考核全县村中心辅导站，实行以奖代补。

【创建未成年人零犯罪社区(村)】 协同县委政法委，组织有关法律工作者编写青少年法制宣讲教材20篇，组织“五老”法制教育报告团，定期对青少年作法制教育报告，全县作法制教育报告讲座等362场，听讲青少年15.63万余人次。“五老”与失足青少年和有不良行为的青少年开展“结对帮教，引领人生”活动。全县参与帮教的“五老”800多人，帮教对象339人，转化率96.2%。做好网吧义务监督工作，全县226个社区(村)实现未成年人零犯罪。

【服务青少年弱势群体】 全县各级关工组织筹集资金79.62万元，帮助特困学生1448人。全县农村青年政治科学校197所，参加科技培训的青年15.04万人次。参加“三扶(扶志、扶技、扶创业)两创(培育青年农业创业基地、评选青年农业创业之星)”的老农业科技工作者292人，创建青年农民创业示范基地228个，评选青年农民创业之星63人。抓好民企青年的思想教育和技术培训工作，全县共建民企关工委579家。 (顾升瑞)

县老区开发促进会

【概况】 县财政向市老区扶贫基金会增资300万元。争取市县有关机构资助18.19万元。其中市台资企业协会16.51万元、海安海天教育基金会1.68万元。市台资企业协会16.51万元中有2.2万元资助6名贫困大学生、4名高中生；12万元资助县黄桥老区人才培训中心贫困学生120名；慰问海安麻风病残老院病人2.31万元。海安海天教育基金会资助10名学生，其中6名高中生1.2万元，4名初中生0.48万元。8月22日，南京中医药大学学生唐培培代表县受助的10名贫困学子，在市台资企业协会新学年的资助发放仪式上发言。

元旦春节期间，县“两会一处”(县老区开发促进会老区扶贫开发协会、南通市老区扶贫基金会海安办事处)慰问李堡、城东、曲塘、雅周、墩头等老区区镇敬老院，每院2000元；委托各区镇分会慰问散住老区困难群众100户，每户200元。向全国第一所纯慈善、全免费、全寄宿民办高级中学——广东国华纪念中学输送一名贫困学子。在全市率先出台《海安县关于扶贫开发项目管理实施细则(草案)》，进一步规范扶贫项目管理。接受市审计局对县2011—2013年度市项目扶贫资金管理延伸性审计，结果显示资金管理规范、使用得当、账目清楚。

【老区工作宣传】 1月2日，县委副书记、代县长顾国标在《关于海安县“两会一处”2013年工作总结及2014年工作要点的汇报》上批示：“县‘两会一处’2013年工作很有成效、很有影响。”县委办公室下发文件转发，《海安日报》策划专版，以《我县老区开发促进工作“很有成效 很有影响”——2013年县“两会一处”工作纪实》为题宣传；组织全县“两会”系统全体人员进行专题学习；利用《海安老区》内刊宣传；在县外老促会系统刊物、网站上宣传，国内唯一面向老区的全国性综合性期刊《中国老区建设》2014年第四期《官员在线》栏目刊登顾国标批示并作出相关说明；南通老区网于2月11日、25日先后刊载《海安老区开发促进工作“很有成效 很有影响”》和《海安县委办公室转发县“两会一处”2013年工作总结及2014年工作要点》文章、信息。全年在老区系统县外刊物用稿43篇(条)，其中《中国老区建设》5篇(条)、《江苏老区》8篇(条)、《大江南北》7篇(条)、南通老区网(含《南通老区》)23篇(条)。

全年编发《海安老区》12期。目录增设《栏目标题》，开设《上层声音》传递中央、省市县党委、政府及其领导人声音，《工作交流》分享区镇分会等单位老区及老区扶贫工作好做法、好经验，《红色史料》介绍海安红色历史，《海安亮点》宣传海安经济社会发展特色，《老区新事》宣传海安的典型人和事，《工作动态》反映老促会和扶贫帮困工作信息等。注重海安特色之路和扶贫开发示范项目典型的宣传。

全县有六个单位被评为全国老区宣传工作先进单位，县老促会获特等奖，海安镇、城东镇、南莫镇、县委组织部和双楼中专分别获三等奖。县《大江南北》联络站受到《大江南北》杂志社表彰，获一等奖。

【老区调研】 扶贫项目调研。根据各区镇申报的23个扶贫项目，会同区镇政府、分会负责人逐一调研，按照规定审批程序，最终批准省、市、县扶贫项目14个，其中省扶贫项目2个、市扶贫项目9个、县慈善会扶贫项目3个。在项目实施过程中，与区镇政府、分会负责人逐一跟踪服务，提出建设性意见。项目验收前，县“两会一处”逐单位检查项目实施情况、指导项目档案资料完善工作。

农业现代化专题调研。在农委听取县现代农业发展现状、发展现代农业的做法和成效的介绍，县“两会”理事长朱知和认为，全县农业土地产出率大幅提升、劳动生产率大幅提高、农村环境得到保护、农业技术得到普及、农民收入有所增加。在大公镇参观调研现代农业产业园、古贲村全民创业园、农机服务中心，走访扶贫项目实施单位山羊市场。

农业综合开发工作走访调研。县“两会一处”专门走访县农业资源开发局，了解县高沙土革命老区10多年扶贫开发的措施、业绩、问题，建议县委、县政府整合各部门扶贫资金、项目，引导企业尝试工业反哺农业，要正确处理基础设施建设与帮村帮户关系，坚持"一村一策""一户一策"。

"帮村帮户"工作走访调研。先后到县农业资源开发局和滨海新区(角斜镇)老庄村，分别了解开展帮扶工作的做法和被帮扶后的变化。各区镇分会联系实际选择专题调研，如城东镇分会建议政府要重视县银杏资源的开发和利用，墩头镇分会希望党委要加强村民组长队伍建设并提出五点建议，专题调查全镇水利工作情况，针对镇水利工作存在问题提出建议。

【扶贫济困】 向省市扶贫开发协会、老区扶贫基金会(以下简称"两会")争取无息借款项目2个，借款额20万元；市"两会"贴息项目9个，贴息额36万元。县慈善会"造血扶贫工程"贴息项目3个，贴息额12万元。

实施省无息借款扶贫项目的企业扶持贫困学生6人，扶助金额1.2万元。市、县贴息的12个项目新增贷款555万元，形成净利润38.3万元，新增职工132人，人均年收入2.13万元，带动低收入1094户3001人增收。其中，人均纯收入5000元以下的贫困户164户231人，年人均增加收入5000元左右。省市县扶贫项目全部通过验收，有关资金兑现到位。

(崔敏之)

社会志愿服务

【志愿服务制度化】 5月13日，县文明委召开全县推进志愿服务制度化建设工作会议。完善队伍建设机制，凡参创省、市、县级文明行业(单位)、文明镇的，志愿者注册人数分别要达到各自全体工作人员总数的60%、50%、40%，其他行业(单位)、区镇志愿者注册人数要达到各自全体工作人员总数的20%。各行政村、社区志愿者注册人数达到村(社区)总人口的10%。建立和完善志愿者星级评定和嘉许制度，制定《海陵志愿者星级评定实施办法》《海陵志愿者礼遇十条》。完善服务保障机制，要求各区(镇)、单位投入经费，为志愿服务活动提供场所、设备等，同时根据活动需要，为志愿者购买保险。完善组织协调机制，县文明委调整充实志愿服务协调小组，每季度召开一次讲评例会。完善供需对接机制，各志愿服务组织对社区的孤儿、农民工、失独家庭、留守儿童、空巢老人等特定人群的志愿服务需求进行调查，发放志愿服务需求卡。

组织志愿服务活动。牵头县公安局、交运局组织开展"新训驾驶人文明交通志愿服务"活动，8000多名新训驾驶员参与。在县城区10个交通路口、汽车站、火车站、新世纪广场、海陵公园等地组织县城区65家文明单位参与"学雷锋文明交通志愿服务周周行"等活动。2月、3月，组织开展"邻里守望、情暖海安""学习雷锋好榜样、践行核心价值观""名师名家进社区"等志愿服务集中行动，120多家单位及志愿服务组织的6000多名志愿者参与200多项志愿服务活动。福缘志愿服务大队、海安义工联等民间志愿服务组织坚持每周组织一次志愿服务活动，通过网络征集志愿服务需求、网络招募志愿者、网络获取活动评价反馈。县城餐饮企业红老头餐厅、十八里铺(四家门店)饭店等每月提取营业额的2%作为志愿服务爱心基金。

加强志愿服务基地建设。组织县社会福利院、实验小学、特殊教育学校、图书馆、长途汽车站等分别建立一个志愿服务基地。26个省级文明单位在结对的社区或所在社区内按"六有"(有特色鲜明的站点名称、有特定的服务对象、有一支招募的志愿者队伍、有常态化的服务内容、有翔实的服务措施、有具体的保障和激励办法)要求建立一个志愿服务点。各区(镇)同样按"六有"要求建立1~3个便民志愿服务点。

加强志愿服务品牌建设。2014年，海安福缘志愿服务大队与国税老兵志愿服务队获评市十佳志愿服务组织。海安中行获评市文明交通志愿服务活动先进单位。海安义工联组织的"我是你的眼"为盲人讲电影志愿服务项目被表彰为市优秀志愿服务项目。

(涂开生)

【青年志愿服务】 开通志愿者打卡器，建立统一的青年志愿者服务认证和考评体系，组织100余人次青年志愿者参与全县的年度表彰大会、创新创业在海安、经贸洽谈会等3次重点活动，开展情暖江海路·青春志愿行、关爱农民工子女志愿服务送温暖、首个扶贫日关爱慰问贫困老人、青年志愿者助残阳光行动等志愿活动，并创新打造移动式"希望来吧"服务体系，项目入选全国基层团建创新典型案例征集展示、荣获市优秀志愿服务项目。

(刘　浩)

【福缘志愿者服务大队】 2012年7月成立，2013年5月注册登记，建立QQ群，群号：7975253，284406385。每次活动前，大队根据弱势群体的服务需求，制定活动方案，将活动概况、具体要求、时间、地点、服务对象、交通工具等进行周密计划和详细安排，由大队负责人在QQ群里发布消息，群成员报名参加活动。队员们放弃周六、周日休息时间，志愿奉献服务。开辟为民服务热线电话88869126。10月起，先后建立无锡馄饨工作站等3个工作站，方便群众联系。2014年2月，10个镇建成分队。

【福缘被评为市十佳志愿者服务组织】 2012年7月14日，48名志愿者冒雨为特困家庭送上并且安装自费集资购买的电扇，2013年月月有行动，进行清洁城市志愿服务。积极组织志愿者到城区广场、旅游景点、火车站等公共场所清扫白色垃圾，为创建文明城市贡献力量，同时也增加志愿者自身的主人翁意识；组织志愿者到新世纪广场发放民政法律法规等宣传资料，现场咨询，释疑解惑；开展"蓓蕾护航"志愿服务活动，关爱陪伴孤儿；开展"一助一"结对帮扶、组织医护人员去敬老院和行动不便的空巢老人家中开展就医就诊、送医送药活动，与空巢老人一起包饺子等；参加文明交通劝导志愿服务活动。全年组织大小志愿服务活动243次，参加人数2600人次。2014年组织"大手牵小手　关爱伴我行""敬老院里唱大戏　孤寡老人笑声朗""夏日送清凉""冬日送温暖""心系残老情随衣动""我和国旗合个影""激情残运会""三峡移民梨滞销　爱心传播盼解难""昆山有爱海安有真情——有你'救'有希望""菜价贱　民心寒　福缘广本帮解难""手足情深温暖寒冬""文峰孤老心连心　又是一年感恩时""走进三院　福缘冬日送欢乐"

11 月 16 日,福缘志愿者送温暖 (吴志元 摄)

等 27 次活动,招募志愿者 1298 人,服务受益 4026 人,服务范围遍及全县 10 个乡镇,为爱心人士提供宽广平台。部分志愿者获得市、县 2013 年度“优秀志愿者服务标兵”称号。2014 年 2 月被市文明委评为“市十佳志愿者服务组织”。

(志 元)

【海安文化志愿者活动】 海安文化志愿服务大队有注册志愿者 62 人,常年参与文化志愿服务活动的 562 人,志愿服务队伍覆盖全县 10 个区镇,218 行政村(居)、社区。围绕“中国梦”主题,为广大群众送去文艺演出、科普图书、电影、培训、展览、讲座等志愿服务,取得良好社会效益。组织开展的“传递书香 见证成长”图书馆志愿服务活动、“精彩生活 幸福使者”文化馆志愿服务活动、“共享历史 感受快乐”博物馆志愿服务活动、“文化惠民 为您服务”文化惠民工程志愿服务活动、“文化暖心 点亮生活”关爱特殊群体文化志愿服务活动、“欢乐节日 爱我中华”节日纪念日文化志愿活动、“文化公益 社会责任”企业文化志愿活动、“关爱成长 快乐生活”乡村学校少年宫志愿服务等系列活动范围广、影响大、效果好。 (张潇允)

【巾帼志愿服务】 完善巾帼志愿服务组织网络,壮大注册巾帼志愿者队伍,全县新增巾帼志愿服务队 16 支,新增注册巾帼志愿者 4000 人。因地制宜开展“1+5+X”巾帼志愿服务活动,巾帼志愿者新结对空巢老人 200 对、单亲母亲 50 对。建立完善巾帼志愿者、巾帼志愿服务组织和实践区等巾帼志愿服务典型信息库。

(杭辉国)

【县义工联年度概况】 海安义工联合会建立助老轮值制度,安排常规活动轮值表,当值义工负责当周活动的招募帖发布及其组织、策划和总结。全年组织活动 50 次,其中,敬老助老 43 次(海安县社会福利院,海安、城东、曲塘、李堡等镇敬老院),暖心助学 2 次,骑行宣传、“助盲实践培训”培训 1 次,盲人艺术节、为盲人讲电影、扫墓等各 1 次。参加活动 1430 人次。《海安日报》报道 4 次;海安电视台民生热线报道 5 次。

2 月,义工联“我是你的眼——为盲人讲电影”项目被市文明办评为“南通市 2013 年优秀志愿服务项目”;5 月,义工联被县政府评为“2011—2013 年度慈善工作”优秀单位;5 月,在县召开的“志愿服务”现场会上,作为志愿服务组织代表做经验介绍;12 月,会长周丽被市文明办授予“五星级江海志愿者”称号,秘书长徐颖、副秘书长吴海惠被授予“四星级江海志愿者”称号。

【义工联特色活动】 5 月 17 日,由义工联和县盲人协会共同策划的“海安县首届盲人艺术节”在县图书馆盲人阅览室举行,28 名盲人、40 位义工参加活动。

6 月 1 日上午,47 名义工带着书籍、文具、衣服、饼干、水果等礼物到胡集砖瓦厂陪同 12 名外来务工人员的子女过儿童节,并邀请他们到县城看电影、到肯德基吃大餐。8 月 3 日上午,义工联特邀县残联为义工们提供“陪护盲人定向行走”技能培训。8 月 18 日,53 名义工带着蛋糕和歌声为城东镇敬老院百岁老人陈老太祝寿。10 月 18 日,在第 31 个国际盲人节后的第一个周六,24 名义工陪护 22 名盲人走进海安幸福蓝海影城,一起感受经典影片《泰坦尼克号》。12 月 25 日,义工联 15 位义工参加“县公共自行车系统开通骑行宣传”活动,以实际行动倡导“低碳环保,绿色出行”的理念。2015 年 1 月 1 日,义工联在县社会福利院举办 2014 年年会。年会上,由两位学生义工宣读十佳义工名单及颁奖词,以及其他获奖名单,义工们进行了精彩表演,并与福利院老人愉快互动。 (徐 颖)

社会组织管理

【概况】 2014 年,新增社会团体 8 个,注册民办非企业单位 66 个。全县社团总数 226 家,民非总数 609 个,社区民间组织数 2340 个,平均每个社区超过 10 个。

【社会组织规范化建设】 开展社会组织规范化建设评估,海安县化纤总商会和海安县老年体育协会通过江苏省民政厅组织的 5A 级验收,县锻压机械业商会、县新材料商会、县节能环保商会和县农民体育协会通过由南通市组织的 4A 级社会组织验收,85 家社会组织通过 3A 级以下验收。

【社工培训】 实施社工培养教育工程,组织参加 2014 年全国社会工作者职业水平考试,为考生送审资料、免费组织培训、集中送考,报名考试人数 500 多人,62 人取得资格证书。 (夏宏年)

法治 军事

Rule of Law   Military

联抗烈士纪念馆　毛平平绘

◎责任编辑　李国良

法　治

人大法律监督

【法治建设】 2014年,县人大常委会坚持依法行使职权,推进法治海安建设。加大规范性文件备案审查力度,继续跟踪法制宣传教育工作。强化司法监督,听取和审议县法院执行工作情况的报告,听取检察院民行检察工作、公安刑侦工作、县政府司法工作情况的汇报。为让人民群众在司法案件中感受到公平正义的要求落到实处,常委会把法院执行工作作为监督重点,深入开展"百名代表评、百案当事人说、百件卷宗查"调查活动,通过书面发函、座谈、走访、约谈等形式,请100名人大代表对法院执行工作进行评议,征求100件案件中的150多名案件当事人的意见,随机抽取100件程序终结案件卷宗,进行逐件审查。围绕有效化解法律"打白条"难题,常委会会议审议要求法院进一步优化执行环境,强化社会公众依法支持执行工作的意识,坚持执行工作的强制性和规范化、信息化,提高执行质效,建立南通首家执行指挥中心。主任会议听取检察院民事行政检察工作、公安刑侦工作、司法行政工作情况汇报,要求检察机关提升法律监督水平,加大工作创新力度,督促县公安局拓展公安刑侦工作惠民渠道,加大对小案值侵财案件的办理力度,督促政府加快推动司法行政体系建设,维护群众的切身利益,为全县经济社会发展营造良好的法治环境。

【执法检查】 开展执法检查活动,建立水污染防治法执法检查组,明察暗访有关排污企业、污水处理厂、畜禽粪便处理中心、城区"四河"的部分地段,督促强化水环境保护的宣传教育,高起点编制水污染防治规划,加强非规模化养殖场、农业面源污染治理,加快污水管网建设,加大环保执法力度,促进改善水环境。针对技术推广经费投入不足、农技人员年龄老化、断层现象突出等问题,在农业技术推广法执法检查中,要求加大法律实施力度,加强农技队伍建设,提高经费保障水平,深化管理体制改革,创新开展推广服务。主任会议听取安全生产法贯彻实施情况汇报,推进责任落实、安全培训、基础管理、隐患排查、专项治理等重点工作,全县安全生产形势稳定。配合上级人大开展固体废物污染环境防治法执法检查。

(陈　磊)

政府法制

【概况】 全年收到行政复议申请27件,受理20件。受理的案件中,维持8件,撤销1件,确认违法4件,驳回复议请求2件,主动撤回申请5件,涉及信息公开、工伤认定、盐务执法等领域。办理行政应诉案件21件,承办市政府行政复议案件答复10件,变更率为零。审核规范性文件及其他文件16件,向市政府、县人大报备规范性文件7件。被省全面推进依法行政工作领导小组确认为"省级依法行政示范点",行政机关负责人出庭应诉制度作为基层实践素材写入行政诉讼法。

【重大行政决策】 建立健全公众参与、专家论证、风险评估、合法性审查和集体决定相结合的行政决策机制,出台《海安县重大行政决策程序规定》《重大行政决策后评估实施办法》。在全市率先建立系统化的法律顾问队伍,实现法律顾问制度区镇、执法部门全覆盖。先后召开出租车票价调整、江苏沪通国际石材城环境影响等听证会。

【规范文件制定机制】 完善规范性文件制定机制,拓宽公众参与法治建设的途径和范围,通过公开听取意见、听证、辩论、公众意见采纳反馈等机制,广泛吸纳社会各方面尤其是基层群众、专家学者的意见建议。加强规范性文件备案工作日常监督检查,完善登记、审查、商讨、公布等制度。

【行政执法监督】 细化执法流程,明确执法环节和步骤,执法人员持证率、年检率、亮证率均100%。加大对食品药品安全、环境资源、安全生产等领域违法犯罪的打击力度,加强"两法衔接"工作,一批危害市场经济和社会管理秩序的犯罪行为受到刑事制裁。严格、依法办理行政执法证,278人次参加全县行政执法人员法律知识统一考试,考试合格的发放行政执法证。开展重点领域的行政执法责任追究专项行动,对国土局、住建局、环保局等部门实行重点检查。

【行政管理体制改革】 按照清权、减权、制权、晒权四个阶段推进行政权力清单梳理工作,经历部门自查、集中审核、合法审查、对照整改等主要环节。经县政府常务会议审议,县政府各部门有行政权力事项6880项,其中行政审批事项(包含行政许可)348项。开展曲塘、李堡镇两个中心镇行政管理体制改革试点工作,试点方案全面组织实施,试点镇综合执法机构、便民服务中心的工作职能、领导职数、人员编制等均已确定。

【行政复议、诉讼】 强化案件审查力度,对受理的行政复议申请,建立"一案一表",及时登记备案,跟踪办理进程。依照法定程序,通知被申请行政机关限期答复并提供证据,严格审查具体行政行为的合法性、合理性。主动邀请县法院、人大内司委专题研讨会商,确保定案准确,保护申请人合法利益。对审理中发现的苗头性、倾向性执法问题,及时提出意见、建议,发放行政复议意见书3件。顺应司法体制改革要求,出台《关于行政机关负责人出庭应诉的指导意见》,形成"八案"(收案入册、逢案必报、每案必研、联案掌握、全案跟踪、结案归档、个案回访、类案研讨)式出庭应诉工作机制,深入推进行政机关负责人行政诉讼出庭应诉"海安样本"建设。建立行政执法与行政诉讼联席会议制度,研究解决行政执法、审判领域的新情况、新问题。

(吴先泉)

法治海安建设

【法治政府建设】 积极推动简政放权,原有的554个政务服务事项核减为444项。许可事项办理时限压缩为5个工作日或即办(即办件占比35%)。公开36个部门349个与群众生产、生活密切相关的政务服务权力事项,依法接受群众监督。推行政府法律顾问制度,组建顾问团,配备68名法律顾问。县政府负责人、各区镇、部门负责人和村(社区)法律顾问配备率均100%。全面对照省政府信息公开要求，所有行政权力事项均在海安门户网“政务大厅”对外公示，做到行政权力“全上网、真上网”。

【法治惠民工程】 深入推进“关爱民生法治行”活动，完善司法救助制度和司法援助工作制度，对经济困难的诉讼当事人减、缓、免诉讼费，办理法律援助案件1157件，确保当事人不因缴费困难而打不起官司，使当事人获得平等的法律服务和相应的司法保障。完善县、镇、村三级公共法律服务机构建设规划。镇级公共法律服务中心建成率90%，135个村建成“一栏一窗口一室一站”的村级公共法律服务平台，建成率64%。

【提升全民法治素养】 发挥社会普法团体作用，组织海安歌舞团、乡村小剧团开展百场法治文艺巡演，全年演出80多场次。开展法治宣传“四百”(百场法治培训进机关、百场法治宣讲进校园、百场法治文艺进村居、百场法律体检进企业)活动。组织“12·4”国家宪法日大型法律宣传咨询、法律知识竞赛、专场文艺演出等系列活动，推动宪法在海安全面贯彻实施。

【提升公正司法水平】 实行行政案件、刑事案件处理公开制度；实现立案、庭审、执行全程公开，在互联网公布裁判文书1772份，庭审网络直播12场次。开展执法办案风险评估预警和社会风险研判，注重在办案中体现“情、理、法”的有机融合。推进“合议制”人民陪审方式，基层群众比例不低于三分之二，保证陪审意见的代表性。实行检务信息网上公开，当事人及其法定代理人，依照规定提交申请，可实时查询案由、受理时间、办案进程、处理结果、强制措施等程序性信息。

【法治系列创建】 推进村(居)委会规范化建设，完善自治功能，引导公民有序参与基层民主法治实践，全县民主法治示范村(居)县级232个、市级222个、省级72个，创建率分别达99.5%、95.3%、30.9%；通过企业“平安法治联创”，将法治建设融入企业文化，30家企业被命名为首批县级诚信守法企业，新申报诚信守法企业57家。加强校园法治文化建设，创建省级依法治校示范校1所，市级10所，县级27所；创建市级首批学校法制教育特色项目4个。实施法治文化阵地村居延伸工程，全县235个村居建成达标级法治文化阵地42个，良好级185个，优秀级8个，实现村级法治文化阵地全覆盖。 (温淑平)

社会治安综合治理

【概况】 全县创新社会治理方式，完善工作体制机制，以维护社会大局稳定，促进社会公平正义，保障人民安居乐业为抓手，着力推进平安法治建设，为经济社会发展营造良好的社会环境。海安县连续10年荣膺“省平安县”称号，连续四届获评“省法治县创建工作先进单位”，被省委、省政府表彰为“2011—2014年全省社会治安综合治理先进集体”“法治建设示范县”。公众安全感省市第一，法治建设满意度省市领先，政法队伍满意度全市第一。

【综合治理和长安建设】 健全超前联动矛盾纠纷排查机制。按照“属地管理、分级负责，谁主管、谁负责”的原则，全面排查化解以信访突出问题为重点的矛盾纠纷，对排查出的矛盾纠纷和突出信访问题，一律实行县镇(部门)两级包案，确保青奥会期间以及重点敏感时期全县社会稳定。创新社会矛盾纠纷联合调处模式，以县镇社会管理综合服务平台为载体，搭建以矛盾纠纷调处为主，集法律服务、法律援助为一体的综合服务平台。全县受理调处矛盾纠纷4476件，矛盾纠纷调处率100%，调解成功率99.4%，有效防止民转刑案件8起、越级上访96件251人、群体性事件19件306人。

打造立体化社会治安防控体系。对城乡接合部、城中村、出租房屋、黄赌毒等影响治安秩序的突出问题进行全面排查整治，排查整治重点地区2个，消除治安隐患32个，查处治安案件149起，化解矛盾纠纷134起。5月19日，全市社会治安重点地区排查整治现场会在海安召开。投入2619.5万元高标准实施现代技防五期工程，构建更加严密的三道闭合安防圈，加快推进县际接边地区、治安复杂区域技防村建设。发挥现代技防城优势，建立“科技+传统”立体化情报导巡、“人眼+天眼”全时空监管的监巡对接新机制，建立“三纵三横”巡逻架构，形成县级城市特色的巡逻重组体制。全年通过监巡对接巡逻防控抓获街面现行犯罪嫌疑人311名。

建设基层综治信息系统平台。构建县镇村三级综治信息系统网络，整合导入9个部门的信息资源，完善十大功能模块的基础数据。为全县10个区镇和238个村居全部配备综治专用电脑，县、镇、村三级实现综治信息联网，并分别明确专(兼)职工作人员，负责综治信息系统的日常管理和维护，为238名专职网格员配备并开通“综治e通”手机终端，为实现实时信息采集、报送、查询提供便利条件。

【国家安全工作】 在涉外、涉稳重点部位、重点群体、重点领域布建群众信息员，将全县236个村(居)、5845名村民小组长及389名楼栋长全部纳入社情民意信息收集队伍；在重点行业领域和企业建立二级国家安全领导小组，由专人担任信息联络员。县政法委、公安、信访、民政、统战、大调解、维稳办、外侨办等部门建立共享资源数据库，采集供电、供水、房产、社保等三大类、十七小项的社会化数据，集中实行数据资源动态监管。

8月30日，海安县第十届法治文化节开幕 (政法委　提供)

南通市社会治安重点地区整治推进会在海安召开　　(政法委　提供)

将国家安全宣传教育融入第十届法治文化节、“我看法治海安这十年”图片展等系列活动中;在全县“六五”普法宣传工作中,把“国家安全意识的提升与教育”作为专门的研究课题。利用海安普法微信平台、海安普法手机报、《海安日报》法治广角、“小司说法”等媒体形式,传播国家安全知识。

【第十届法治文化节】 8月30日,海安第十届法治文化节开幕式暨2014江苏海安公共法律服务公益广告大赛颁奖活动在苏中七战七捷纪念馆举行。该届法治文化节以“法治文化与公共法律服务建设”为主题。法治文化节期间,举办“2014江苏海安公共法律服务公益公告大赛获奖作品展示”“扬州、泰州、盐城、南通苏中四市法制小品邀请赛”“我看‘法治海安这十年’图片展”等活动,在全县范围内积极营造浓厚的法治氛围,扩大法治文化影响。

【评选首届“十大法治人物”】 县委政法委、县依法治县领导小组办公室、县法制宣传教育工作领导小组办公室联合举办首届“十大法治人物”评选。评选候选人是在各区镇、各部门法治建设中,从事执法、司法、法制宣传、法律服务和法律监督工作,做出突出贡献的先进人物;社会各界坚持诚信守法、维护公平正义,具有感人事迹,对社会法治风尚具有引导作用的典型人物。　(温淑平)

审　判

【概况】 县法院坚持司法为民、公正司法的指导方针,不断推进审判工作和自身队伍建设,法院工作取得新业绩。全年新收各类案件8982件,旧存919件,合计9901件,结案9148件,未结753件,收案、结案、未结案同比分别下降16.48%、8.06%和18.06%。县法院先后被省法院记集体二等功;被共青团中央表彰为“全国青少年维权岗”;被表彰为“全国法院司法警察体能达标活动先进单位”;档案室被评为全省AAA级数字档案室;曲塘法庭被表彰为全省法院“优秀人民法庭”;丁培培被表彰为“全国法院人民法庭工作先进个人”“全国法院办案标兵”。全院42人受到县级以上表彰。

【依法惩治刑事犯罪】 审结刑事案件509件,判处罪犯659人。建立快速办理轻微刑事案件机制。采取集中时段内依次、连续开庭方式,指定专人进行审理,并当庭宣判。积极配合地方党委政府做好涉众非法集资案件善后工作,强化对受害人的解释说明和引导。坚持以庭审为中心和证据裁判理念,依法独立认定罪名和犯罪事实,审慎确认自首、立功等法定情节。就证人出庭、涉众型案件追赃、附带民事调解、涉案风险防控、拒执刑事责任追究等工作,主动加强与公安、检察的互动联动,切实保障刑事诉讼顺利进行。

【着力化解民商事纠纷】 审结民、商事案件6430件,其中普通民事案件5247件,商事案件1183件。与县司法局、大调解中心联合出台诉调对接“212”网络工作方案,整合片区法官、民调主任、专职调解员资源,形成纠纷解决合力。全年片区法官进村居586人次,及时处理纠纷219件次,开展法制宣传48次,并对南莫、白甸涉及农村土地承包经营权纠纷开展专项服务。继续聘请105名老干部调解志愿者,协助化解纠纷;与妇联工作联动,推行婚姻家庭、相邻纠纷诉前调解前置制度。人民法庭委托调解纠纷150

当庭刻录庭审录像　　(法院　提供)

起，邀请参与调解76起，最终调解成功89起。审理金融借贷纠纷案件，向金融管理机构提出规范金融借贷五点建议。加强对商事纠纷类案研判和对企业的指导，提出保险行业部分商业保险合同存在问题并分析原因；走访亚威变压器厂、双弘纺织公司等24家企业，为企业应对交易风险建言献策。

【充分履行行政审判职能】 审结行政案件67件，非诉行政审查案件546件。全县行政机关负责人出庭应诉率继续保持100%；推行开庭传票送达县法制办备案、诉状副本送县依治办存档，合法性审查与合理性审查同步；规范行政诉讼中协调行为，确定"五个不协调"规则；积极推动重点执法部门制定行政裁决路线图，规范行政执法。实行年度行政执法问题"面对面"点评，摆出问题分析原因，并提出指导意见。探索行政争议实质解决新途径，把保障行政相对人合法权益与监督依法行政有机结合。全面启动资源环境纠纷案件"三审合一"集中审判，审理5起涉及资源环境类的刑事案件。

【执行工作】 执结各类案件2066件，到位标的额3240.05万元。组建执行指挥信息中心，配备单警视频执法仪、4G移动车载指挥系统，执行现场影像直接传输至指挥信息中心，及时处置执行突发事件。借力县人大常委会审议执行工作的契机，大力推进与相关部门配合执行联动建设。与县农村商业银行共同开发联网系统，执行人员无需上门，直接实现网上查询、冻结、扣划等工作，与其他各大银行实行网上查询单位或个人存款。启动与国土局、住建局、公安局、住房公积金管理机构人财物查控网上联动工作，尽最大努力保障当事人权益的实现。

【积极服务重点工程】 县法院明确3个业务部门分别挂钩沿海大市场、新华河北侧、种子公司三个区域城市房屋征收工作，在征收过程中遇到适用法律和政策的问题及时商讨和解决，为征收工作组提供法律帮助55次，协调纠纷26起，参与疑难问题会商32次，直接促成23户居民签订房屋征收协议。曲塘、雅周、墩头、城东四个镇11户被征收户提起民事诉讼，全部协调处理。妥善审理破产案件，对南莫镇破产企业恒固微粉公司账目委托审计，责成原法定代表人退出私自占用的公司资金，满足职工债权优先受偿。全年审理破产案件11件，无群体事件、无职工上访、无债权人投诉。

【强化知识产权保护】 审结知识产权案件11件。坚持保护为重点，兼顾利益平衡的办案思路，发挥调解功效，促进智力成果转化。本地产品"黄金大米""柔洁卫生纸"被诉侵权案，查明商标标识的历史沿革、宣传力度和功效作用，依法驳回原告诉讼请求；"罗马假日"商标侵权案，双方自愿达成许可协议。走访南通百味食品、鹰球集团等23家企业，召开知识产权协会会员座谈会，现场解答问题，提供保密、竞业禁止协议范本。举办县知识产权协会第三次年会暨法律讲座，邀请全国、省高院知识产权专家为协会会员讲授反不正当竞争、商标注册知识，提高海安企业知识产权创造、保护、管理水平。

【维护未成年人权益】 审结涉少案件97件，其中未成年人犯罪案件15件19人。组织模拟法庭；进校园举办"女生专场"报告会；制作动漫警示教育片，利用开学季、假期主动开展未成年人人身、心理安全教育活动；注重未成年犯心理感受，实施分离式审判。落实未成年犯轻罪前科封存制度；推行"一看二听三思"判前体验工作法，尽力感化挽救失足未成年人。10名未成年被告人被判非监禁刑，无一人重新犯罪。

【维护社会诚信】 主动把推进诚信诉讼、打击虚假诉讼、制裁诉权滥用纳入社会诚信体系建设。公开披露失信被执行人"黑名单"5批次250个对象，其中上报最高法院50人次。专项评查审结的民间借贷案件，复查"以房抵款"案件，严防各类隐性高利贷，坚决打击虚假诉讼，对虚假诉讼发现一起、纠正一起、制裁一起，对3名当事人决定司法拘留并处罚款。对34起民间借贷案件进行再审审查。开展"法院开放日""宪法知识专档""天平志愿者进社区""法律早市""世界知识产权宣传日"等普法活动。在各级媒体发表法制宣传文章850篇，联合制作法制节目67档。

【畅通群众诉求渠道】 县法院充分发挥"柜台式"诉讼服务大厅功能，提供便捷服务。增设妇联和保险行业接待站两个窗口，设置案件信息查询触摸屏、庭审实播、手机充电柱、打印机、诉讼文书制作指南，设立当事人休息室，安装收费联网设备，方便群众诉讼。坚持院、庭长接待制度，开通最高法院远程视频接访专线，倾听群众诉求，督办与疏导相结合，弱化对立情绪。接待信函和到访471人次，院领导接访193人次，庭长接待站接待咨询、释疑285人次。法警工作时间"全装"不间断巡视，安检排除安全隐患332人次。

【司法救助】 畅通拖欠劳动报酬、交通事故、"三养"、医患纠纷、工伤赔偿等案件维权"绿色通道"，让确有经济困难的当事人打得起官司。扩大司法救助对象的范围，增加对特定对象的涉诉信访户和侵犯公民人身权利刑事案件特困被害人的司法救助。对普通民事案件当事人减、缓、免诉讼费9.56万元。积极稳妥应对破产企业中涉及社会稳定和民生问题，加大减、缓、免力度，仅涉及泰明纺织的案件就免收诉讼费用近50万元，苏豪恒鑫公司因资不抵债进入破产清算，对8起清收到期债权的民事案件全部缓交诉讼费。对119名特困当事人发放执行救助款26.7万元，对2名刑事被害人救助1.3万元。

【基层法庭基础建设】 全新改版门户网站，开通县法院和下属各部门22个微博、短信发送平台。强化人民法庭建设，继续坚持"法官下沉""案件下移"和待遇向法庭倾斜。人民法庭办案人员58名，同比增加26%；全年受理民商事案件5123件，占全院民商案件总数的79.54%，让司法更贴近百姓需求。高新区法庭投入运行，重建的曲塘法庭完成地基工程，李堡、墩头、开发区法庭相关诉讼服务站、审判庭、当事人休息区域开始新一轮改造。对"三养"（抚养、赡养、扶养）、人身损害等民生案件实行"即立、即调、即审"。坚持巡回审判1502次，就地化解纠纷1083件。

【法院文化建设】 "以牵手百姓、牵手法治、牵手和谐"为主题的开放式司法文化广场被市委政法委命名为“市级法治文化建设示范点”。12月4日首个国家宪法日当天,全体法官手捧宪法、面对国旗庄严宣誓,增强职业使命感、责任感和荣誉感。诉讼服务大厅、执行接待大厅、法治文化长廊、执行指挥信息中心、法治图书馆等全部对外开放,让社会各界人士近距离触摸法院文化、感悟法治精神。组织城南中学师生代表观看预防青少年犯罪的动漫视频,引导青少年树立法治意识。图书馆收藏法律等图书近4000册,正式对外开放。

【司法公开】 扎实开展以审判流程公开、裁判文书公开、执行信息公开为内容的三大平台建设。案件当事人可以点击电子触摸屏查询案件流程信息,方便群众观摩庭审直播,播出38次。启动研发“审判流程全公开”软件,打造诉讼服务掌上平台,实现案件基本信息、案件审理执行流程节点、司法便民措施等全面公开,网上立案、掌上立案工作稳步推进。全面实现庭审同步录音录像、同步显示记录和同步演示,每庭必录并可提供刻录光盘。实行以执行信息、日志、进度、措施、联络和节点为内容的执行“六公开”。坚持上网为原则不上网为例外,全年通过互联网公开裁判文书3790份,公开率100%。

【司法民主改革】 首创“合议制”人民陪审方式改革。全院有陪审员115人、听审员38人轮流参与案件审理。向陪审员、听审员群发庭审信息,自由选择旁听,赋予庭前了解案情、申请参加合议庭或旁听庭审的权利。庭审结束后,由作为合议庭组成人员的陪审员召集全体听审人员集体评议案件,形成统一陪审意见向合议庭提供,努力实现法律判断与尊重普遍的价值判断、风俗习惯二者之间的有机平衡。扩大人民陪审范围,首次推行人民陪审员参与独任审判案件听审并提出意见,人民陪审员在与法官意见不一时,有权提请审判委员会讨论,并可陈述陪审意见。陪审意见必须写进裁判文书,并明确意见是否被采纳及其理由,保障陪审员权力的正确行使。

【试行裁判权运行机制改革】 高新区人民法庭被确定为全省法院首批审判权运行改革试点法庭之一,制定实施方案,把落实主审法官、合议庭的审判职权和办案责任作为审判权运行机制的核心内容,实行“1+1+1”审判模式,努力实现让“审理者裁判、由裁判者负责”。院班子成员开展“点对点”案件饱和度调研,确定一线法官承办案件的负荷,推动优秀法官向审判一线集聚,适时采取业务庭案件向综合部门分流措施,推行院长、庭长直接办案,人人明确具体办案指标,院长、庭长和院综合部门审理各类案件2661件。

【推进人员分类管理】 积极推进书记员管理体制改革全省试点工作。着力提升法院书记员专业技能,聘请专业教师驻院教学,开展速录技能培训,24名学员顺利通过专业速录技能测试。有15名合同制书记员通过全省书记员技能考核,陆续转为法院聘用制书记员。建立合同制书记员、驾驶员工资确定体系和增长机制,促进专业化建设。

【加强业务知识培训】 联合知名高校建立法学教育实践基地,组织全体审判人员和审判一线书记员赴高等院校法学院集中进行能力素质培训。组织业务部门法官每周一次视频业务培训。举办“法律沙龙”,邀请上级法院专家到院讲授裁判文书制作和案例编纂,点评裁判文书。

【接受各界监督】 完善人大代表、政协委员联络机制,与市级以上驻海安人大代表定向联络,主动上门听取意见。邀请代表、委员视察法院、参与庭审观摩、强制执行、公开评议、监督审判,广泛听取对审判质量、工作作风、司法公开等方面的建议。注重听取行风监督员意见,认真办理并及时反馈代表、委员的意见和建议,累计编送法院工作季报和年报3000余份。

(王　林)

检　察

【概况】 全年,县人民检察院以服务大局、保障民生、维护公正为着力点,认真履行法律监督职能,各项检察工作取得新进展。先后获得“全国检察宣传先进单位”“全国检察机关减刑假释暂予监外执行专项检察活动先进集体”等荣誉称号,并成为南通市唯一一家获评“全省人民满意的公务员集体”的机关单位,连续12年稳居南通市基层检察院综合考评第一方阵。

【服务保障经济社会发展大局】 始终把检察工作放在社会发展大局中来谋划和推进,主动适应新常态,充分发挥各项检察职能,有效维护社会和谐稳定,保障群众安居乐业。积极服务和保障城镇化建设,被县委表彰为“城市重点工程建设先进单位”,开展房屋征收领域职务犯罪专项预防的经验做法得到市委常委、政法委书记曹斌批示肯定,《服务保障沿海开发的实施意见》和关于强化安全生产的

刑事被害人送来锦旗感谢救助　　(检察院　提供)

《检察建议书》得到县委书记陆卫东批示肯定。助力生态文明建设，专门成立环保检务站，办理污染环境类案件5件18人，并积极督促整改，提升办案效果。对于司法办案中发现的社会问题加强调查研究，法律职业人士隐性干预司法问题的情况反映被中央办公厅、中纪委采用，涉农补贴、邪教犯罪等5篇信息被省委办公厅采用，医院护工犯罪、涉及留守妇女犯罪、食品安全犯罪等5篇调研报告被市委办公室采用，为领导决策和创新社会治理提供了参考。

【积极惩治和预防职务犯罪】 坚持“老虎苍蝇一起打”，着重查办发生在群众身边的贪污贿赂和渎职侵权案件，查办职务犯罪17件23人。查办贪污贿赂案件13件18人，其中正处级1人(县外)，科级4人，涉农领域职务犯罪案件8件12人，百万元以上大案2件6人；查办渎职案件4件5人，其中科级1人(县外)。狠抓源头治理，深入开展职务犯罪预防工作。组建“检察长宣讲团”，深入税务、教育、医疗等系统开展职务犯罪警示教育24次，受教育人数2000余人；结合司法办案向有关单位发出预防职务犯罪检察建议10件，均被采纳，推动建章立制13件；开展行贿犯罪档案查询2051次，录入行贿、受贿犯罪信息90条。先后召开重大工程预防推进会、重大案例剖析会、预防职务犯罪志愿者推进会等大型活动，积极构建预防职务犯罪人民防线。

【严厉打击刑事犯罪】 全年受理提请逮捕案件128件175人，依法批准逮捕123人，无捕后判缓、撤案、不诉、判无罪的案件；受理移送审查起诉案件507件665人，提起公诉339件568人，无诉后判无罪、改变定性的案件。受理刑事和解案件88件88人，审结78件78人，达成和解70件70人，和解成功率85.4%，涉及民事赔偿金额2918.5万元，决定不起诉3人，向法院提出从宽量刑建议53件。受理各类信访138件，其中依法移送其他机关32件，流转院相关部门办理106件，继续保持涉检赴省进京零上访。办理刑事被害人救助案件8件，发放救助金9.9万元，有效地修复破损的社会关系。深化青少年维权，办理涉及未成年人犯罪案件23件30人，提供法律援助4件12人，封存犯罪记录13件14人，开展法律宣讲进校园活动6次。探索推行办理涉众型经济犯罪“四步工作法”，成功办理该类案件10件11人，涉案金额1.4亿余元，被害人200余人，无一例因涉检环节处理不当引发上访，相关经验材料被省检察院转发。

【诉讼监督】 充分发挥法律监督职能，维护宪法和法律权威，严防冤假错案，确保人民群众在每一起案件中都能感受到公平正义。全年提出书面纠正侦查、审判违法17件(次)，监督立案1件1人，监督撤案1件，依法纠正漏犯2件3人，纠正漏罪6件7人，纠正漏捕1件2人。对一起危险驾驶案件提出二审抗诉，二审法院审理后改判实刑，成为2014年南通市唯一一起二审抗诉被改判的案件。在刑罚执行和监管活动监督工作中，处理在押人员及其家属财产型申诉50件，为在押人员追回财物折合人民币1.9万余元；向办案机关发出即将羁押期满提示函27份，未发生一起超期羁押现象。认真贯彻上级部署，扎实开展减刑假释暂予监外执行专项检察活动，成功办理通州监狱两名正科职干部徇私舞弊减刑假释窝串案2件2人，该案在最高人民检察院新闻发布会上被作为全国五个典型案例之首予以发布，并被中央电视台、《检察日报》等多家媒体报道。坚决捍卫司法诚信，办理出国劳务领域受害人数51人，涉案金额100余万元的23起虚假诉讼系列案件，被媒体广泛报道。

【检察队伍建设】 狠抓队伍建设根本，牢固树立监督者更要接受监督的意识，进一步完善和落实内外监督制约机制，确保队伍清正廉洁，提升队伍整体素能。实施“骄阳工程”，以“异岗锻炼”“青年干警讲坛”等方式强化干警培养，提升综合素能。全年，在省市检察院及各条线比赛中，共获得2个团体第一、2个二等奖，1个组织奖、1个优秀团体奖，其中，在全市检察机关第十二届业务技能大赛中同时包揽团体第一和个人第一，1名干警在省、市检察院民事行政检察业务竞赛中获得6项综合及单项奖，1名干警被省检察院评为“最佳新人奖”，1门课程被评为全省检察机关首批教育培训优秀课程，1幅摄影作品获全国政法机关“中国梦，法治路”新闻摄影大赛优秀奖，海睿法学社被评为全省检察机关优秀法学社。

【严格管控办案质量】 设置AB岗每日负责案件流程监控，A岗负责流程审查，重点监控不起诉、撤案等案件进程；B岗负责文书制作规范性审核，重点监控格式不规范、内容差错等问题。全年评查案件135件，组织专项检查6次，进行办案风险预警6次，期限预警88次。创新“1+2+4”整改模式，坚持案管层面可以沟通解决的“马上改”，需各业务部门共同完成的“限时改”，制定案件事实认定、证据审查采用、办案程序执行、案件依法处理、法律文书制作等5大方面40多项内容及相应评查标准，方便评查人员逐条对照评查，确保办案质量。

【切实深化检务公开】 围绕人民群众对司法的新期待，进一步深化检务公开，确保检察权在阳光下运行，增强司法公信力和透明度。高度重视代表、委员联络工作，安排班子成员和中层干部与人大代表和政协委员对接，定期通报检察工作情况，听取意见和建议，及时反馈办理情况。院党组书记、检察长李平登门走访驻海安的1名全国人大代表和5名省人大代表，主动接受监督；适时邀请代表、委员参加院党组民主生活会情况通报会、党的群众路线教育实践活动总结大会、重大案件案例剖析会等重要活动；6月，县人大常委会主任会议专题审议县检察院民事行政检察工作。在院门户网站增设“网上群众工作区”，提供检察长信箱、密码举报、律师预约阅卷、行贿犯罪档案查询等服务功能，极大地便利群众办事。制作《检察之窗》宣传海报，张贴在全县10个区镇150多个村的村务公开橱窗内，提升基层群众对检察机关的知晓率。创建微信、微博、微动画“三微一体”工作平台，“海安预防”微信关注人数350余人，推荐报送工作信息55条，架设检民交流互动的新桥梁。推行案件信息网上公开，依法公开案件程序性信息、法律文书、重大案件信息。

(刘合臻)

公　安

【概况】 全县公安机关紧紧围绕“争创全省最安全县、争当苏中公安排头兵”总目标,以打造升级版“平安海安”为主线,求真务实,聚力争先,全力推动警务工作“五大特色发展”,取得社会治安满意度全市第一,公安队伍满意度全市第一,综合绩效全市第一,维护稳定、治安防范、110接处警、社区警务、刑事技术、科技创新、交通管理等工作全市领先的优异成绩,用实实在在的工作业绩向县委、县政府和全县人民交上一份满意的平安答卷。县公安局先后被省“扫黄打非”工作领导小组表彰为江苏省“扫黄打非”工作先进单位,被市公安局表彰为全市公安机关综合考核先进集体并荣获2014年度全市公安机关警务工作创新优秀组织奖,县看守所连续12年被公安部评定为“一级看守所”,县车管所连续3年荣获“全国优秀县级车辆管理所”称号,全局先后有572人次和集体受到上级记功、表彰,涌现出张松斌、吕晓松、王勇等一批先进典型。

【维稳处突】 健全完善以信息会商、扁平指挥、跟踪督导为核心内容的实战研判制度,建立重大不稳定因素每日即时研判、涉稳涉众每周集中研判、工作情况每周定期通报等工作机制,形成常态化“集中式”研判机制。进一步完善矛盾调处机制,推动联动调解和矛盾纠纷分流,最大化减少矛盾存量,交通事故联调快处、“王峥嵘民意诉求工作平台”等一批经验做法得到上级公安机关充分肯定。优化突发事件处置预案,做优做强机关合成队,打造实战特勤队,稳妥超前处置63起涉稳事端和群体性事件,全县未发生有影响的涉稳事件,未发生有影响的舆情危机,未发生有影响的集访事件,青奥会、十八届四中全会等重要节点维稳工作得到省市县领导充分肯定。

【打击犯罪】 积极整合刑侦警力资源,探索实践刑事犯罪类案侦查机制,加强类案侦查专业队建设,全面推动侦查方式的转变创新,稳步实施侦审机制改革,全面厘清侦查、预审、法制职责,牢固树立“命案必破”的观念,紧盯现行大要案件不放,扎实开展春季打防攻势、夏季百日破案竞赛、打击治理“两盗一骗”犯罪、打假等专项行动,破获各类刑事案件910余起,抓获刑事作案成员719人,八类案件破案率100%,破获经济犯罪案件45起,挽回经济损失6000余万元。命案连续21年全破,社会治安满意度蝉联全市第一。

【立体防控】 深入推进“平安海安”技防五期工程建设,重组、打造三道闭合安防圈,完善“3·20”工程补点,加大重点要害部位技防升级加密建设力度,稳步推进单位、小区技防设施升级。全面实施“精细巡防”工程,建立“三纵三横”巡逻架构,每天保持8支巡逻力量在街面实行“有警处警、无警巡逻”,实现常态化对重点单位目标、重要路段开展巡防,最大限度地把警力投向街面,形成县级城市特色的巡逻重组体制,先后通过巡逻防控、“监巡对接”抓获街面现行犯罪嫌疑人311名,全县刑事发案同比下降19.3%。

反恐演练考核先进　　　　(县公安局　提供)

【安全监管】 以深入开展第二次安全领域保卫战、“五大专项行动”及“打非治违”等专项行动为契机,进一步完善交通安全隐患排查整改机制,加大隐患排查整改和源头监管力度,深化应用智能交通管理系统,促进交通安全管理升级。推动消防安全网格化管理和消防重点单位“户籍化”管理模式,进一步加强消防基础设施和火灾报警远程监控信息化系统建设,深化危险物品安全达标创建活动,严格落实安全监管责任,实现对危险品生产、运输的全程动态管控,全县未发生一起重特大交通、火灾安全事故,公安监管领域安全形势持续平稳。

【基层基础融合发展】 深入推进社区警务前移战略,创新开展警务站主导勤务机制,在“三队两室”标准化建设的基础上,以综合勤务指挥室、警务室(站)建设为核心,全面加快推进警务室入驻社区服务中心,构建以综合勤务指挥室为中枢、警务站(室)为实战单元的一体化社区警务新模式,并大力推行“八进社区”,最大限度地做到“警力下沉、警务前移”,先后共建成警务室124个,中心警务站22个,社区民警熟悉率保持全市前列。同时,强化对突出治安问题的专项整治,中大街、七星湖地区整治成效显著,全市社会治安重点地区整治推进现场会在海安召开。

【规范执法】 充分运用互联网、微信微博等新兴媒体服务于警务执法公开,通过完善网上办事服务平台,进一步扩大刑事、行政案件公开范围,打造“公安服务在线,平安永不掉线”网上公安局。依托群众满意度测评、接处警、案件回访等常态化机制和王峥嵘民意诉求工作平台,及时跟进、整改群众不满意的警情、案情、诉求,首创110语音回访平台,警情处置满意度一直保持全市领先。严格落实规范接处警和执法办案场所使用管理“四个一律”工作要求，坚持强制入轨，狠抓习惯养成，确保接处警和执法办案的全程同步录音录像。建立法制员垂直管理制度，成立执法管理委员会，出台《民警执法过错责任追究办法》，执法质量连续四年保持优秀。

【信息警务】 强化对平台数据质量的动态监管，组织开展“实有人口、实有单位、实有组织、实有场所”的社会面数据资源信息采集会战，明确信息采集的项目和要求，加强与学校、医院等企事业单位的协作，集中采集供电、供水、医院、房产等三大类、十七小项的社会化数据，并将数据质量监管和外源数据资源采集作为常态化工作推进，每日通报各单位数据质量情况和数据采集进度，确保警务基础数据鲜活、准确。全年采集信息数据305万余条，为县级警务数据池的建设搭建了必备的基础平台。

【便民举措】 制定出台“转作风、惠民生”为民办实事30项措施等一系列惠民举措，建立5个群众工作随岗培训基地，并在认真总结群众路线教育实践活动成功经验的基础上，推出假日服务、延时服务、限时服务、上门服务、跟踪服务等一系列举措，全面升级改造服务窗口，降低服务台面，大力实施全县公安机关深化为民实践50项承诺，切实提升公安队伍群众工作水平。依托互联网构建服务群众的“警民直通车”平台，开通运行全市首家县级公安机关微信公众平台。通过海安县网上公安局向群众提供办事预约、表格下载、在线受理、业务咨询等服务，更好地方便群众。　（席国栋）

司法行政

【概况】 海安认真贯彻落实党的十八大和十八届三中、四中全会精神，以打造人民满意服务型司法行政机关为抓手，以推进“法治宣传、矛盾纠纷化解，公共法律服务、特殊人群管理”四个全覆盖为目标，着力提升社会法治意识，全力维护社会和谐稳定，努力促进社会公平正义，全县司法行政工作取得新进展。

【公共法律服务框架建设】 深化法律服务“四万”工程，认真开展“法治惠民春风行动”，组织法律服务人员深入企业、社区、农贸市场等场所开展法律需求意见征询及专项法律服务活动。县委、县政府制定出台《海安县公共法律服务体系建设实施意见》，制定县、镇、村三级公共法律服务机构建设规划。扎实推进区镇公共法律服务中心建设。全县建成区镇公共法律服务中心9家，镇级公共法律服务中心建成率90%。认真推进政府法律顾问工作，调整充实政府法律顾问团，县政府负责人、各区镇、部门负责人和村(社区)法律顾问配备率90%。认真开展12348公共法律服务网上、网下平台建设，打造司法行政服务公共平台。公证处、法律援助中心认真践行群众路线，推出延时服务、周末值班、缩短出证时间等便民举措。法律援助中心主动介入涉企群体性事件，妥善解决泰明纺织、瓦甸路易纺织等15家企业欠发职工工资事件。全年律师法律服务人员办理案件5042件，新增法律顾问单位164家；法律援助中心办理法律援助案件1430件，接待群众咨询9830人次；公证处办理公证9843件。

海安12348法律服务热线现场　（司法局　提供）

【矛盾纠纷化解】 按照实战化要求，推进社会矛盾纠纷排查调解全覆盖。认真组织开展区镇、村居省级规范化人民调解委员会建设，全县10个区镇人民调解委员会全部达到省级规范化人民调解委员会标准，85%以上的村居人民调解委员会达省规范化标准。认真组织开展基层矛盾纠纷调解现场指导、观摩活动，先后在区镇组织开展调解现场观摩活动24场次，开展调解优秀案例征集评比，提升基层调解员调解能力。整合调解资源，建立诉调对接“212”(每村居2名片区法官、1名民调主任、2名专职调解员)工作网络，完善调解联动机制，实现全县调解资源共享。按照专业化要求，分层次，多方式开展专职调解员培训活动，200余名调解员参加培训。结合两会、青奥等重要时点，认真组织开展矛盾纠纷专项排查活动。全年受理调处矛盾纠纷4802件，调解成功4773件，调处成功率99.4%，县中心直接调处55件，对132件重点复杂疑难案件进行个案补贴。

【法治宣传教育体系建设】 创新普法载体，海安普法微信平台、海安普法手机报、《海安日报·法治广角》、海安发布@小司说法常态化运行。强化与大众媒体合作，联合省电视台城市频道开展为期一周“法治海安、和谐海安”公益法治巡演活动，城市频道滚动播出。打造普法品牌，成功举办主题为“法治文化与公共法律服务建设”的第十届法治文化节，与全国普法网、省电视台、《江苏法制报》、法制网江苏频道联合开展“公共法律微广告征集”活动，该活动历时一个多月，得到社会各界的积极响应和广泛参与，大赛征集阶段吸引山西、辽宁、重庆、福建、上海、广西、河南等18个省市106家单位和个人的投稿，大赛收集到平面作品129件，视频作品51件。积极发挥社会普法团体的作用，组织海安歌舞团、乡村小剧团开展百场法治文艺巡演，全年演出80多场次。积极开展宪法日宣传活动，组织开展宪法知识竞赛、法律需求调查等活动。开展法制宣传“四百”活动，与县委宣传部联合出台《全县法制宣传教育“四百”活动方案》，开展农村普法宣讲、企业法律体检等系列活动。强化阵地建设，认真实施法治阵地普及工程、出台《法治文化建设阵地普及工程实施意见》,做到一镇一品,打造城东七星湖廉政法治文化公园、大公鹏飞法治文化广场、李堡法治文化广场等一批法治文化阵地。

【特殊人群管理】 认真落实社区矫正工作三级网格管控责任制,实现有效管控。强化社区矫正管理现代化工具运用,在全省率先开发"海安司法"社区矫正管理系统,全面投入使用。创新教育手段,推广"中心+基地"社区矫正工作模式,建成安置帮教阳光就业基地。全年接纳2000多人次参加公益劳动。创新矫正方式,拍摄制作服刑人员监内监外"十对照"人在矫途专题教育片,并在全市推广。强化春节、两会、青奥期间社会稳定工作,对全县刑释解教和社区矫正人员进行全面走访,对40余名生活困难对象给予帮困扶助和钱物支持。开展假释人员专项执法检查活动,组织专门工作组逐个与假释人员谈话,查找问题,征询意见。积极组织"护航青奥"专项行动,制定重点特殊对象走访、脱逃撤销缓刑人员追逃等方案,成功抓回在逃人员1名。全年新接纳社区矫正对象319人,接收刑释解教人员343人,重新犯罪率低于省控指标。

(李海建)

军　事

人民武装

【概况】 县人武部紧紧围绕强军目标,狠抓以军事斗争准备为龙头的各项工作落实,聚焦使命任务,大抓实战化训练,军事训练工作稳步推进,参加全军"134"海上民兵侦察演练,完成任务突出,受到南京军区和省军区通报表彰。在军分区组织的"学、训、整"考核中,取得队列训练第一名、理论考核第二名。用创新理论统思想带班子,按作战要求抓准备带基层,民兵整组工作高效、规范,征兵工作连续6年在全省保持100%高中以上文化程度。宣传报道稳保省、市先进行列。持续推进争先创优活动,以科学管理促安全保稳定,安全管理工作进一步落实,民兵武器装备仓库代表全省县级人武部接受总部检查,得到充分肯定。

【战备工作】 按照上级日常战备工作综合整治要求,区分作战指挥、维护稳定、应急救援3类战备物资进行补充完善,自购请领指挥作业箱、标图工具12种132件,申请下发补充野外指挥帐篷等6种21件,用于加强人武部机关战备库室配套建设。对作战室、作战值班室、战备器材室、战备资料室和战备图库等进行整治。1月,结合春节战备组织海安镇、城东镇民兵应急分队紧急出动演练。6月,结合省军区防汛检查,组织里下河地区各镇拉动点验,检查防汛方案、人员编组、物资储备情况。配套完善重点部位安全设施,修订完善防暴恐袭击预案,购置盾牌、应急防护器材等人手一套,投资8.2万元在机关办公楼前安装防护栏。7月,组织全县70人防暴恐骨干集训,聘请市武警支队教官组训施教,有效提高全县党政机关办公场所防暴恐能力。

【组建县海洋与渔业局人武部】 为充分发挥沿海区位优势,维护全县海域安全稳定和群众利益,4月,海安县组建"海洋与渔业局人武部"。5月8日,成立首支海上民兵侦察区队——海安县海洋与渔业局人武部暨海上民兵侦察区队,县委常委、常务副县长焦广琪,县委常委、县人武部政委陈辉,县政府党组成员、公安局局长葛志祥等参加成立仪式。县海洋与渔业局人武部的成立,标志着海安县民兵建设进入新的发展阶段。侦察区队设三个班,由既有船只和优秀渔民组成。侦察区队参加南京军区组织的军事演习,获得江苏省国动委表彰的"海上侦察先锋集体"称号,苏海安渔00101船获得"先锋船"称号;海安县国动委表彰县农委为"海上侦察行动先进单位"。

【征兵】 针对出现的应征青年积极性下降、身体素质减弱和征兵标准变化的新情况,县人武部早入手、早计划、早展开、早实施。围绕完成征兵任务、提高兵员质量、杜绝退换兵,加大宣传力度,县、镇、村(居)和各类参与征兵人员层层签订责任状,落实责任制。全县兵役登记8500人,到县站体检1350人,体检、考核双合格550人,连续6年征集新兵100%高中以上文化程度,无一退兵。县委书记陆卫东作为全省唯一地方领导代表参加军区表彰大会,并作经验交流发言。

【参加全军"134"海上侦察演练】 7月16—31日,海安县角斜"红旗民兵团"5艘侦察船编队参加全军"134"海上民兵侦察行动演练。27日7时33分,苏海安渔00101号侦察船在任务海域,第一时间发现外国导弹观测船,迅即行动、灵活应对,抵近外舰环绕侦察和摄取珍贵视频情报资料,为上级联指提供可靠情报,开创人民解放军历史上首次利用民船与美军尖端侦察船实施侦察与反侦察对抗的先河。南京军区、省军区分别发贺电表扬,6人被省军区表彰为海上侦察先进个人,县人武部部长袁九胜被荣记三等功,苏海安渔00101号船被授予"海上侦察先锋号"荣誉称号。

【总参动员部副部长王文清检查民兵武器装备仓库】 11月5日,总参谋部动员部副部长王文清率装备局局长白晓东等一行6人,在省军区副司令员陈德亮、动员部副部长段梦飞、军分区司令员徐国安等陪同下,检查海安县民兵武器装备仓库,对武器装备存储、人员管理、制度落实等进行全面检查,给予充分肯定。海安县作为全省唯一一家县级人武部民兵武器装备仓库接受总部检查。

【省军区司令员何卫东到海安调研】 2月12—13日,省军区司令员何卫东一行,在南通军分区司令员徐国安、政委苏西群陪同下到海安调研。12日下午,何卫东视察角斜"红旗民兵团",参观民兵团史绩陈列馆,与地方党政领导和老一辈民兵代表座谈,了解民兵团建设情况。他称赞民兵团在革命战争年代和和平建设时期创造的光辉业绩,为支持地方经济建设和维护社会稳定发挥的积极作用,希望民兵团继承和发扬优良传统,加强民兵队伍建设,在新的形势下发挥更大作用,谋求更新作为。13日上午,何卫东还参观苏中"七战七捷"纪念馆,缅怀老一辈革命家的丰功伟绩,要求省军区部队继续弘扬"七战七捷"革命精神,再创社会主义建设时期"七战七捷"的奇迹。

(葛坤山)

2月13日，省军区司令员何卫东在南通军分区司令员徐国安、政委苏西群，县领导顾国标、丁锋、陈辉等陪同下参观苏中“七战七捷”纪念馆　　（县人武部　提供）

人民防空

【概况】　全县人民防空工作深入贯彻落实党的十八大精神和十八届三中全会精神。围绕县委、县政府中心工作，积极开展群众路线教育实践活动，深化拓展人防应急准备的核心能力、持续提升人防工程的建管水平、积极创新人防宣传教育的有效形式，全面加强人防队伍的素质建设，完成全年目标任务，人民防空各项工作取得新进展，连续两年获全省人防工作先进单位称号。

【人防工程建设】　积极推进人防工程建设，结合民用建筑修建防空地下室。全年新批立项修建人防地下室项目19个，完成人防工程新立项16个，新开工人防工程15个，竣工人防工程7个。

人防工程结构不断优化。结合城市建设和民生需求，规范全县人防工程建设，明确人防指挥所工程、专业队工程及配套工程建设，逐步形成指挥工程、专业队工程、人员掩蔽工程、医疗救护工程及其他配套工程等功能完善、体系健全的城市防护体系。

【人防资金筹集】　依法行政，严格审批，对不能结合民用建筑修建防空地下室事项，继续加大对人防易地建设费的收缴力度，按照法定要求，对人防工程易地建设费不减不缓。筹集易地建设费1300万元，超额完成年度目标任务。

【组织指挥体系建设】　人防地下指挥所获省民防部门批准建设，按照新理念、高标准和严要求开工建设，完成底板、钢筋绑扎，进入浇注阶段。

积极做好人防军事斗争常态化准备工作。按规定要求修编《海安县城市防空袭方案》；7个防空专业队伍进行整组；根据上级人防部门的统一部署，投资5万元升级改造防空警报系统，新增两个防空警报点，18台防空警报器战备状态良好，实现与省、市防空警报系统的技术统一和联网，并成功组织防空试鸣，鸣响率100%。

应急疏散基地标准化建设初步形成。县人防办充分利用盈拓生态园既有的社会资源创新发展，投入20万元左右对生态园内进行功能区的规划、标识标牌的设置、接收安置指挥所改造等建设，战时能容纳安置1.5万人的盈拓人口疏散基地基本框架已成型，疏散基地内标识牌、指示牌及宣传图片资料等基本设施落实到位。拟定党政首脑机关疏散基地、疏散地域对接落实工作，人口疏散的区域位置、疏散路线、疏散组织和保障措施明确，形成疏散地域、疏散基地、疏散点“三位一体”的人口疏散体系。

【人防宣传】　开展“人防全覆盖回头看”工作，指导社区健全人防志愿者队伍和组织机构。及时为中大街社区、西园社区补充完善人防应急器材，送知识进社区并指导各街道办事处开展社区防空防灾居民疏散演练活动，举办人防志愿者队伍业务培训班，帮助社区干群掌握防空防灾基本知识和逃生技能。结合“六五”普法活动，广泛开展人防法律法规“进学校、进机关、进企业、进社区、进网络”宣传活动，努力营造人防建设良好的法治环境。共印发宣传材料1万多份，编印人防（民防）知识手册3000多册，开展人防法制知识广场咨询活动3次；向社会发放知识问答1万余份；为城区学生免费提供人防教材4000余册，宣传图片资料100余套；与县教育局联合下发《关于开展人防知识教育工作意见》，初中二年级学生参考率和合格率均100%，进一步扩大了人防的社会影响。向国家、省、市人防网站以及《人防科技》《人防信息》等报刊和新闻媒体报送县人防建设动态的各种稿件30余篇。　（陈希韩）

武装警察

【县武警中队】　武警海安县中队主要担负县看守所外围武装警戒任务。2014年，中队重点开展“学习践行强军目标、做新一代革命军人”主题教育。有组织、有计划地开展多项文体娱乐活动，做到每月体育有比赛，利用周末、节假日时间组织官兵开展篮球、乒乓球、羽毛球、军棋、象棋比赛、电子竞技，以及卡拉OK演唱活动。每天坚持“三个半小时”制度的落实，确保官兵能及时掌握时事、大事，有针对性了解社会治安形势，增强执勤的忧患意识。加大对图书阅览室的建设和管理，全年计购进更新图书150余册，其中包括科普、时政、社交、科技、军事六大类，给官兵再学习、再深造提供平台。

贯彻落实《基层正规化管理规定》，以“正规化”规范中队，以“条令条例”管理部队，以中心任务牵引官兵。中队依据《军事训练考核大纲》，大力加强军事训练，完成训练场地的扩建，完善反恐应急装备，成立反恐应急班，加大追捕、搜索、逮捕等专业训练。6月，中队联合县公安局、交警大队、目标单位等多个单位,以海安县发生恐怖事件为背景进行联合反恐方案演练,提高友邻之间的协同配合能力,进一步强化官兵反恐处突能力。全年,中队出动兵力30余人次,完成15起武装押解勤务。因中队指导员杨奇君、班长尹阳工作成绩突出,支队各计三等功一次。

【武警执勤】 以中队党支部"议勤"为核心,研究并制定固定勤务方案,并进行层层动员,利用墙报、板报、宣讲等形式进行广泛宣传教育,在营区醒目位置设置警示牌,时刻提醒官兵牢记使命,认真履行职责。严格落实勤务制度,形成哨兵互控、监控员监控、干部查控的良好机制,有效杜绝了执勤中的"常见病""多发病"。积极开展"三共"活动和联席会议,加强中队与看守所、中队与公安局的联系和协调,并与目标单位签订执勤目标安全责任书,明确责任区分,使勤务指挥通讯更加便利。中队严格按照上级要求配齐配强各项执勤设施。对执勤信息化系统进行升级,安装哨位集成箱,加强硬件设施建设,并对损坏或到期的对讲机、电话、探照灯、报警器等设施进行维护和更换,刷新"三区一线"标识和所有的警示牌,让官兵对执勤更有信心。

(杨奇君)

【消防武警】 2014年,全县有消防队伍11支、专职消防队员100余人,有消防车辆28辆、器材总储量1万余件(套)。县消防大队协调开发区管委会投入500万元新建经济技术开发区政企联合消防站,成立联合消防站理事会,确定《联合消防站管理章程》和《入会协定》;滨海新区管委会出资对辖区专职队进行迁建,增购一辆25米举高喷射车;县财政安排400万元购置一辆25米举高喷射车及部分消防装备器材,完成采购招标。

强化从严治警,抓好文化育警。投入180余万元建设荣誉室、廉政教育室、消防教育馆。结合警营文化建设,投入50万元加强营区政治氛围和廉政文化建设。做好警地文化共建,聘请地方专业师资到队授课,培养警营文化骨干,组建吉他乐队、排练龙舞、舞蹈《橙色动力》等节目,投入20万余元建设宣泄室、军人俱乐部,投入2万余元配备电吉他等音乐器材,活跃官兵文化生活。

(单仁勇)

【边防武警概况】 海安县公安局老坝港边防派出所,接受武警南通公安边防支队和海安县公安局的双重领导,主要负责海安县沿海地区海上、滩涂、港口、陆上的边防治安管理和反偷渡反走私工作。辖区海岸线长7.8公里,管辖船舶210余艘,渔船民2075人,管辖沿海边防管理区面积60多平方公里,常住人口3791人。

(许宝军)

双拥共建

【概况】 县人武部以结对子、办实事为载体,积极开展拥政爱民活动,先后与26家企业和部门开展共建活动,主动与共建单位勤联络、办实事,增进军民友谊。扎实开展"帮村帮户"工作,积极协调地方有关部门为帮扶对象加快经济发展出谋划策,帮助解决实际困难,从紧张的经费中挤出10多万元帮扶困难群众、老党员和角斜镇周庄村,慰问军分区干休所、海防第三团保障连官兵。人武部在地方形象不断提升,综合考核排名在上年基础上提升11位。2014年,海安第五次获得省双拥模范县称号。

(葛坤山)

【军民共建】 县政府、企业单位和群众对县武警中队官兵关怀备至。县政府、公安局、民政局、拥军办领导经常到中队慰问官兵,企业单位、学校和中队签订双拥共建协议,在物质、教育等各方面给中队支持。每逢八一建军节,县民政局安排地方电影放映公司到中队为官兵呈现视觉大餐,丰富节日文化生活;中队也通过走访慰问驻地困难群众、到广场小区义务劳动等方式回馈驻地群众,开创"军民鱼水情深、共建和谐社会"的良好局面。

(杨奇君)

【社区双拥】 全县积极开展"双拥在基层"活动,将双拥工作进社区作为工作重点,全力推进社区双拥工作深入开展。抓好组织建设,成立以社区支部书记为站长的双拥工作站。抓好调查工作。认真做好信息的收集、整理、分析和利用,为社区双拥工作奠定基础。抓好活动开展,成立以社区双拥工作站主导的政策咨询、家政服务、精神抚慰、居家养老、助耕助种等志愿者服务队。建立以驻区的企事业等单位为基础的优惠、便捷的服务点,将社区内愿意并签订服务协议的商家等列为双拥服务点,服务点类型齐全,涉及超市、饭店、理发店、电器修理铺、的士、药店等日常生活各个行业,服务项目遍及生活、生产的各方面。制发优待证、社区双拥工作手册。同时充分发挥优抚对象的政治优势,鼓励优抚对象参政议政和参与文明社区、和谐社区、平安社区创建,为社区居民提供服务。抓好标准建设工作。全县确立社区双拥工作标准,对机构名称、工作制度、活动内容、服务项目和服务流程、工作经费筹集使用、台账资料种类等进行规范。2014年,海安镇、大公镇建成双拥工作站50个,其中星海社区和中大街社区有双拥工作网点46个,服务队18支,发放优待证385张。

年底,召开现场会,积极推广海安镇、大公镇试点经验,在全县推进社区双拥工作开展。

(夏宏年)

经济事务管理

Administration of Economic Affairs

韩公馆内巷　毛平平绘

◎责任编辑　周宏文

综　　述

【规划编制与实施】 2014年,全县经济和社会发展计划主要目标:地区生产总值增长10.5%,地方公共财政预算收入增长13.2%,固定资产投资增长19.9%,社会消费品零售总额增长12.7%,外贸进出口总额15亿美元,注册外资实际到账2.5亿美元,二三产业增加值占比提高1个百分点,服务业增加值占比提高1个百分点,全社会研发投入占比2.4%,新兴产业产值占规模以上工业比重提高3个百分点,高新技术产业产值占规模工业比重提高2个百分点,城镇居民人均可支配收入增长9%,农民人均纯收入增长11%,城市化率提高0.5个百分点,城镇登记失业率小于2.6%,环境质量综合指数、万元GDP能耗下降幅度、主要污染物减排完成市指标。2014年国民经济计划执行情况良好,主要经济指标基本完成,有的指标超额完成。

【产业结构调整】 二三产业增加值占比90.7%。第一产业增加值56亿元,增长3.9%;第二产业增加值304.13亿元,增长11.3%;第三产业增加值264.01亿元,增长12.2%。高新技术产值830亿元,增长25%。新兴产业产值636.5亿元,增长30%。努力促进企业转型升级,新增建筑板块转型升级创业项目102个,其中新批资质22个、资质增项15个、资质升级5个、成立子公司48个、建筑产业类项目11个、新引进企业1个。商贸物流加盟创业稳步增长,新增入驻华中五金机电城、蓝岳装饰城、腾龙物流园、亚太亿发物流园等创业项目150个,其中总代理22个、总经销67个、总批发10个,物流专线51个。

【经济运行监测】 2014年,海安县加强经济运行动态监测与分析,实行县发展改革委、统计局与各区镇、规模企业联动,定期召开经济运行分析会议,多次召开重点企业座谈会。按时完成月度、季度全县经济运行情况统计和分析报告。全年各项计划指标执行情况良好,经济社会主要目标顺利完成。 (海　凌)

管理体制改革

【财政改革】 按期完成县镇财政体制调整,新的体制坚持财权事权相结合、效率优先、城乡统筹,合理划分收支范围,突出财力下倾,兼顾公平公正,切实提高县镇两级政府提供公共服务的能力和效率,促进各区镇间公平竞争和经济协调发展。促进财政资金阳光运行。

细化公务卡消费范围,强化财政投资评审与政府投资项目资金来源审查工作。全年预算评审324个项目,核减2.49亿元,核减率4.87%;估算评审42个项目,核减3.05亿元,核减率7.68%。认真开展财政供给(补贴)人员及项目“吃空饷”清查工作,全年查处“吃空饷”人员94人,涉及金额13.24万元。完成公务消费一体化监管并且开展好试点工作,做好县主要领导经济责任审计及全国国土资源专项审计的迎审及整改工作。

(海　财)

【管理机构改革】 12月26日,县委、县政府召开全县市场监督管理改革动员大会,整合县食品药品安全办、食药监、工商、质监的职责以及卫生局食品安全监管职责,组建海安县市场监督管理局,同时加挂海安县食品药品监督管理局、海安县工商行政管理局和海安县质量技术监督局牌子。12月30日,选举成立县市场管理局第一届党委、纪委。全局设办公室、人事教育科、法规科、财务科、稽查科(加挂投诉举报维权中心牌子)、行政服务科(加挂登记注册科、外商投资企业登记科牌子)、食品安全综合协调科、食品安全监管科(加挂餐饮安全监管科牌子)、药品医疗器械监管科(加挂化妆品监管科牌子)、市场主体信用监管科(加挂网络商品交易监管科牌子)、质量监管科(加挂消费者权益保护科牌子)、特种设备安全监察科、标准计量科13个科室,同时设置纪检组,作为县纪委派驻机构;设置监察室,挂审计科牌子。此外还设有7个直属事业单位(质检所、计量所、咨询服务中心、个私协会、药检所、不良反应监测中心、稽查大队),若干社会团体(消协、工商、质量、广告等协会),具有大市场监管的体制优势、队伍优势和资源优势。在全县10个区镇分别设10个市场监督管理分局(加挂食品药品监督管理分局牌子),为县市场管理局派出机构。 (丁晓峰)

12月27日,县召开卫生和计划生育委员会(简称县卫计委)机构改革动员会议,县委组织部负责人代表县委、县政府宣读关于卫生计生机构改革的文件和领导班子人事任命通知;副县长翁晓云对新成立的机构提出明确要求。县卫计委党委书记、主任吴志梅代表新领导班子讲话。县纪委、县编制办等有关部门负责人、各镇计生办负责人、各医疗机构负责人和县卫计委机关全体人员参加会议。县卫计委设办公室(信息统计科与其合署、挂党委办公室牌子)、人事科、行政服务科(挂政策法规科、流动人口计划生育服务管理科牌子)、综合监督科、医政医管科(挂中医科牌子)、基层卫生科、疾病预防控制科(爱国卫生科与其合署、挂卫生应急办公室牌子)、妇幼健康服务科、宣传教育科(挂计划生育家庭发展科牌子)、财务科10个科室。另按有关规定设置纪检组,作为县纪委派驻机构;设置监察审计室。卫计委辖县人民医院、县中医院、县第三人民医院、县皮肤病医院、县疾病预防控制中心5个县直单位。

(徐春勇)

固定资产投资

【概况】 全县固定资产投资坚持以转型升级为导向,以优化结构为主线,以设备投入为核心,加快构筑高层次、多元化、强带动的大项目建设体系,充分发挥重大项目建设在拉动经济增长、优化投资结构、转变发展方式等方面的牵引作用。2014年,完成固定资产投资448.95亿元,增长19.9%。投资总量九县(市)区排名第四,增幅第一,工业投入总量286.54亿元,增幅12.9%,总量九县(市)区排名第四,增幅第一。其中亿元以上工业项目投资220亿元,增长35.1%;高新技术产业投资165.5亿元,增长17.7%;工业技改投资1.92亿元,增长16.1%。全县完成增值税抵扣设备投资额34.9亿元,增速8.99%,总量、增速分别位居南通市九县(市、区)第一、第二。全县15个市级重大项目2014年计划投资73亿元,全年完成投资额110.8亿元，完成年度计划的145.8%。计划开工项目全部开工，前期项目全部转化为新开工项目。

（周启玉　范海林）

【固定资产项目审批】 2014年，县发展改革委审批、核准、备案固定资产投资项目483件，其中工业项目317件，三产服务业项目66件，政府投资项目100件。县行政权力网公开透明运行事项704件，无预警、无异常，群众满意率100%；江苏省技术改造网办理备案类项目47件，省发展改革委网站转报审批、核准、备案类项目16件。全年收取散装水泥和新墙材两项基金1105.92万元，返退两项基金398.70万元，基金征收做到应收尽收。

【提速增效规范审批事项】 县发展改革委认真梳理权力库事项，优化申报材料、办理流程、审批时限等环节，精简申报材料4项，优化流程19项，审批时限从法定的20个工作日均压缩至5个工作日内，申报材料齐全的项目全部改为即办件。并做到“一日三清”，即受理事项当日清、行权网事项当日清、材料归档当日清。全年发展改革委行政服务中心窗口即办行政审批事项478件，即办率99%，群众满意率100%。

【前移服务转报省市项目】 为确保转报省、市审批的重点项目，特别是落户于海安县常安纺织园的纺织印染项目早开工，县发展改革委全程跟踪项目初审、转报、备案等环节，明确专人负责，一线指导企业编制申报材料，细心审核材料要件，及时拟定转报请示文稿，避免企业向上申报项目过程中走弯路、反复申报现象的发生，确保申报材料准确无误，项目转报及时，全年向上转报备案印染项目10个，全部获省发展改革委批准备案。远程指导技改投入项目，利用省企业技术改造网服务平台，采取企业技改投入项目打包服务方式，远程指导区镇项目代理员一次性集中网上申报、统一受理审核、集中审批。全年通过网上办理技改、转报项目63件。

【联合会办重大工业项目】 县发展改革委按照项目联办工作机制要求，定期主动联系各区（镇），及时了解、分类整理各区镇重大工业项目在推进中遇到的亟待解决的难点问题，主动与县行政服务中心对接，协助中心组织相关部门及时召开项目联办会议，逐一协调、落实相关问题。全年组织召开项目联办会议12次，联办项目29件，协调解决涉及项目立项、规划设计、用地规划、消防、用电、用水等方面的问题64项，深入区镇企业服务项目10次。

【民生实事工程】 县发展改革委主动与涉及民生工程建设单位对接，专辟民生实事工程审批绿色通道，通过提前介入、精减流程、联合办理等措施，缩短审批时限，提高审批效率。全年先后审批办结相关民生实事工程100项，主要包括全县农村公路桥梁建设工程、农村公路大中修工程、353省道南莫连接线工程，焦港北闸改造工程，人民医院急诊、门诊楼改造工程以及各区镇安置房建设工程，全县中小学校舍加固、新建长江路幼儿园、新生小学教学楼、城南实验学校二期等校安工程建设项目。

（陈阳春　王　晟）

【项目建设检查】 海安开展项目建设“月月看，家家到”项目观摩活动，检查新开工项目、新增生产设备项目和园区基础设施建设、标准厂房建设、产学研合作项目、校企研发平台、招工引劳企业、清水工程和村级为农服务中心。坚持落户特色产业园区项目单独供地，经过预审并核准开工，主体生产厂房施工达到±0项目，作为新开工项目观摩。把开发区、高新区设备投资规模超600万元，其他区（镇）超300万元的企业作为新增设备项目观摩。把当年有高校、科研院所、专家教授与企业签订合作协议，具有创新性，市场前景好，新增申请发明或实用新型专利1件以上的项目作为产学研合作项目观摩。2014年，开展11次“月月看，家家到”项目观摩活动，观摩项目492个，其中新开工项目120个，新增生产设备项目151个，产学研合作（企业研究院）项目97个，招工引劳企业58个，为民服务中心34个，清水工程32个。

（周启玉　范海林）

财　政

【概况】 2014年，全县实现财政总收入127.9亿元，实现地方公共预算收入54.1亿元，增长16%，增幅南通五县市第二；地方公共预算收入中税收占比85.4%，南通五县市第一。一般预算收入58.13亿元，按可比口径增长14.0%；基金支出47.42亿元，增长3.2%。

【组织收入】 海安强化纳税申报和纳税评估，坚决不收“过头税”；确保各项减免税政策到位，不越权减免税；组织开展建筑业、房地产业、资产与股权转让、政策兑现奖励资金、所得税六大专项清理工作；核实和认定区镇家具行业基础数据，规范建筑行业材料采购及租赁业务管理；严禁区镇间恶性税收竞争行为，规范有序的征管秩序。完善财政收入增长监测分析机制，建立健全综合治税组织构架，强化区镇综合治税职能，配齐综合治税力量，实现县镇联动管理。下达2014年财税部门、区镇收入任务及部门各项非税收入工作目标，修订和完善区镇“财税增收杯”竞赛办法和经济社会目标责任制考核意见。

【培植财源】 县财政局会同县发展改革委、科技局、金融办等部门完善出台《县政府关于加快新型工业化发展的若干政策意见》《海安县促进电子商务发展扶持办法》等政策意见，争取省财政资金500万元，设立科技型中小企业贷款风险补偿资金池。会同县相关部门认真审核把关，对照奖励标准，及时兑现工业经济考核、建筑业发展、建筑业使用县内配套产品、旅游业发展、服务业发展、金融、外贸工作等各项奖励1.06亿元，其中安排先进设备投入奖励2400万元。

【农业财政资金投入】 出台扶持政策，推进村级为民服务中心建设。投入资金1.2亿元，完成高标准农田水利建设、河道疏浚整治、圩堤加固工程、北凌河低洼区治理工程、农村饮用水等建设任务；投入资金4000万元，进行硬质渠道、机耕路等基础设施建设；投入资金1577万元改造农桥103座，年内建成验收达标率

100%;投入资金3000万元,建成“一事一议”财政奖补道路190公里;投入资金2618.5万元,补助农机具购置及秸秆综合利用,拨付区镇、村垃圾清运、垃圾设施配套资金2134万元,省财政厅、省环保厅表彰县财政局为全省农村环境连片整治示范工作先进集体。全年实现政策性农业保险保额17.27亿元,总保费6983.57万元,其中农户缴费2205.08万元,理赔支出3179.36万元。

11月,县财政局开展道德讲堂活动。图为捐赠活动　　(财政局　提供)

【社会保障财政支出】 县财政及时拨付1.17亿元,保证新型农村合作医疗和城镇居民医疗保险水平不断提高;追加安排资金113.5万元,调整城镇和农村低保保障标准;补助300.65万元,支持惠民殡葬改革;发放计划生育家庭奖励扶助金3049万元,独生子女退休职工一次性奖励2607万元,筹集计划生育家庭特别扶助补助1219万元;全年安排基本药物制度改革专项资金8736万元,安排600万元专项经费为城乡社区卫生站统一配置标牌标识、医疗器械、办公设备;投入4215万元用于基本公共卫生服务和重大公共卫生服务项目,投入100万元改造10个公立医院数字化预防接种环境。

县财政投入5538万元,建设城南实验中学二期及长江路幼儿园。拨付义务教育学校公用经费4485.35万元,补助完职中和幼儿园办学经费4541.27万元,筹措8169万元稳步推进中小学校安工程建设。落实困难学生补助资金及减免学费3311万元,资助3.38万人次。

【财政管理】 加强财政预算管理,除2个涉密部门外,全县145个部门预算单位按时公开收支预算及“三公”经费预算,县财政总决算与部门预算单位决算信息同步公开。进一步规范部门及区镇预算管理,强化收支分析,严格落实厉行节约有关规定,从严控制公务消费及公务外出等一般性支出,切实降低行政成本

【国有资产管理】 县国资委规范国有资产拍卖拍租工作,制定2014年海安国有企业经营目标绩效考核方案,修订中小企业信用担保基金管理办法,提出规范事业单位投资办企业的建议意见,加强行政事业单位、国有企业、投融资平台动态信息化系统管理,回购海安县园林绿化有限公司,清理和规范全县党政干部在企业任(兼)职,完成瑞海集团市场化、实体化运作工作。

【规范政府性债务管理】 县财政局组织检查全县政府投融资平台2013年年底的债务,并将检查情况向县委、县政府做专题汇报;建立偿债准备金制度,加强政府性债务预警及政府平台公司分类管理,按照“举债有度、偿债有源、成本求低、效益求高”的原则,建立“借、用、还”的衔接机制,严控县镇两级债务规模,切实防范债务风险。

2014年海安县财政收入情况表

表12　　单位:万元

项　目	2014年预算数	2013年执行数	增减%
财政总收入	1268000	1151937	10.0
公共财政预算收入	536000	466341	15.0
(一)税收收入	461000	392073	17.6
1.增值税(25%)	56600	49645	14.0
2.改征增值税	7000	5634	24.2
3.所得税(40%)	57200	50041	14.3
4.其他地方税收	340200	286753	18.6
(二)非税收入	75000	74268	1.0
1.专项收入	13800	11453	20.5

续表 12

项　　目	2014 年预算数	2013 年执行数	增减%
2.行政性收费收入	14000	20956	-33.2
3.罚没及其他收入	47200	41859	12.8

2014 年海安县财政支出预算安排情况表

表 13　　单位:万元

项　　目	地方预算			省市专款		
	2014 年	2013 年	可比口径增减%	2014 年	2013 年	增减%
一、一般支出预算	581300	509904	14.0	129207	117461	10
1.一般公共服务	88747	86030	14.7	1422	1293	10
2.公共安全	25598	22230	15.2	712	647	10
3.教育	176878	148185	19.4	4629	4208	10
4.科学技术	25655	21747	18.0	3628	3298	10
5.文化体育与传媒	3807	3121	22.0	732	665	10
6.社会保障和就业	29440	24575	19.8	13374	12158	10
7.医疗卫生	24977	26848	5.4	13640	12400	10
8.节能环保	6395	5848	22.9	10440	9491	10
9.城乡社区事务	26302	21501	22.3	6813	6194	10
10.农林水事务	88443	73174	20.9	46762	42511	10
11.交通运输	4861	4297	13.1	6018	5471	10
12.资源勘探电力信息等事务	8747	8314	5.2	3454	3140	10
13.商业服务业等事务	759	660	15.0	5358	4871	10
14.国土资源气象等事务	5666	10378	2.7	237	215	10
15.住房保障支出	8171	5561	46.9	10544	9585	10
16.其他支出	56854	47435	19.9	1445	1314	10
二、基金支出	474210	459413	3.2	5646	5133	10
其中:社会保险基金支出	113000	108721	3.9	—	—	—
合　　计	1055510	969317	8.9	134853	122594	10

(海　财)

税　　收

【国税概况】 2014 年,海安县国税局干部职工 224 人,承担全县范围内货物与劳务增值税、部分企业所得税、消费税、车辆购置税、进出口税收和涉外税收等征收管理和稽查工作。全局 7 个内设机构、7 个派出机构、1 个直属机构和 1 个事业单位。内设机构包括:人事教育科、政策法规科、征收管理科、收入核算科、税政管理科、办公室和监察室,派出机构分别为第一至第七税务分局。其中第一税务分局(纳税服务科)为专职纳税服务机构,其余分局为专业应对机构,第七税务分局同时还承担大企业和国际税收管理职能。稽查局、信息中心分别为直属机构和事业单位。截至 2014 年 12 月底,全县由国税部门负责征管的纳税人 22212 户,其中企业 10253 户(增值税一般纳税人 6189 户,所得税管户 7730 户),个体纳税人 11959 户(个体增值税一般纳税人 244 户,达点户 1429 户)。海安县全口径国税收入 30.71 亿元,同比增长 11.52%,收入总量首次突破 30 亿元。完成地方公共财政预算收入 8.41 亿元,同比增长 16.67%,总量居全市第四,增幅居全市第二。中央级收入占比从 1 月份的 66.94%大幅提升至 12 月份的 71.12%,含调增值税增幅 (剔除营改增)9.86%,居全市第三,超过全省平均增幅。海安国税局在南通市国税系统目标管理考

核中取得总分第一的佳绩,连续第五年获得全市先进集体。(王　磊)

【地税概况】 2014年,海安地税局内设8个科室,分别为办公室、税政法规科、规划财务科、征管科技发展科、数据管理科(同时挂第七分局、税收风险评估分局的牌子)、人事教育科、监察室、机关党委(总支);下设海安地税稽查局1个直属行政机构,下设8个派出机构:分别为第一税务分局、第二税务分局、第三税务分局、第四税务分局、第五税务分局、第六税务分局和第七税务分局和南通地税局稽查局二分局检查执行三科。海安县地税系统组织各项收入45.73亿元,同比增收6.66亿元,增长17.03%;完成地方公共财政预算收入37.82亿元,同比增收5.82亿元,增长18.18%,增幅全市第二。组织入库各项基金费23.42亿元,同比增收2.28亿元,增长10.81%;其中社保费20.08亿元,同比增收2.24亿元,增长12.57%。

(周　俊　柯　群)

11月28日,"我是海安地税人"集体宣誓　(地税局　提供)

【税务管理】 县国税局密切关注经济税收变化,完善分层级收入分析监控机制,定期开展分地区、分税种、分行业、分企业收入质量分析评价。精心撰写收入分析和各类专题分析报告,其中,1篇经济税收要情得到省委书记罗志军批示,3篇分析报告被市国税局编发,并转呈市政府和省国税局研究参考。成立欠税防控项目组,制定《欠税预警监控管理办法》,设置5类19项预警监控指标,根据指标提示的风险等级,实施分阶段的一般性或应急性防控措施,欠税风险大幅下降。认真贯彻执行结构性减税政策,及时足额兑现各类税收优惠13.88亿元。

县地税局全年审理案件69户,累计入库税款、滞纳金、罚款1100万元。制定出台《土地增值税清算审核工作实施意见》和《建筑项目管理实施办法》等,全年完成40个土地增值税清算项目审核,审核补税1800多万元;对1500多个建筑项目发起清算或预清算流程,组织入库税款3000余万元。依照法定权限和法定程序规范行政处罚、行政许可、行政强制等税收执法权,加强税收执法风险的事前防范和事后处置,深化税务行政审批改革的后续监管,完善税收执法案卷评查长效管理。实施"招投标"式检查,组织房地产、建筑业等行业专项检查,加强发票违法案件和举报案件查处,全年查处结案54户,自查140户,入库总额8459.14万元(直接查补入库1238.87万元),连续多年,地税局被评为江苏省依法行政示范单位,社会综合满意率一直保持在99%以上。

10月30日,地税开放日　(地税局　提供)

【税收征管改革】 县国税局研究制定2014年国税改革实施办法、纳税服务分局改革方案和各项配套制度,实施的"有需求即服务,无需求不打扰""无风险不应对,无审批不下户"措施,成为税收服务与管理的新常态。以征管科为"龙头",规划统筹全局情报管理、风险分析、任务管理、应对管理等工作,"一条龙"风险管理流程运行顺畅。全年分析产生应对任务1836户次,实施风险应对1625户次,实现应对总成效2.15亿元。其中,实地检查88户次,占比5.77%,较改革前下降近七成,随意执法、任意下户现象得到扭转。按照省国税局职责清单要求,取消157个业务流程调查节点和46个审批节点,实现服务任务扎口管理、办税前台受理、后台调查、核批衔接的"一体化"运作,全年减少调查巡查工作量近万户次,审批办结时限提速超过30%。以执法风险防控为导向,建立健全流程化内控体系,筑牢流程、纠错、核查、问责四道防线。累计执法督察9大类17小类28个具体事项,责任追究和经济惩戒涉及执法过错和工作差错的47人次。以体制机制变革为重点,针对制度缺失、职责推诿、衔接不力等问题,全面梳理、统一税收业务事项与执法事项的执行标准,清理税收规范性文件,补充新增40多项流程运行和衔接制度,建立起与改革要求相统一、与基层实际相适应的"一整套"

制度体系。

海安地税局率先推行"无疑点提示自查预警",出台《税企双控共防指引》,全年开展纳税人预警辅导969户,经纳税人自我评估、自查修正,上报评估情况说明645份,反馈风险信息和整改措施756条,申报补缴税款3650余万元。"海安模式"成为全市征管体制建设的样板,市地税局发简报专题推广,《中国税务》杂志宣传介绍。出台《纳税人涉税风险信息采集实施意见》,立体布控情报采集,全年采集各类风险疑点信息1.64万条;建立覆盖4类事项、11个税种、3个重点行业的风险监控体系,全面拓展分析识别范围;借助网上应对沙龙、风险例会,发动业务骨干献计献策,全面拓展分析识别视角和手段。海安地税局出台《税源基础管理事项业务处理管理规范》等7个业务管理制度,明确各事项责任主体、处置方式、工作标准,规范业务流程、时间节点、表证单书;强化欠税欠费追缴管理,依法追缴238户次欠税款403.56万元,清缴286户次社保费欠费款365.9万元。海安地税局集中开展自查预警、案头分析、查前审议,做到统一自查预警内容、统一案头分析模板、统一约谈核查规范。全年组织27批次2050户(高、中、低)的识别推送和风险应对,实现风险应对税款3.65亿元,应对贡献率8.76%,实际经营户风险应对覆盖面32.6%。

【税务队伍建设】 县国税局实施常态化明察暗访、委托第三方调查活动,广泛征求社会各界意见,制定整改措施87项,建立、完善制度28项。建立部门日常监管清单和干部清正、机关清廉指数测评体系,党风廉政建设"两个责任"有效落实。制作专题板报28块,开展向"中国好人""江苏好人""全省国税系统为民务实清廉先进典型""最美南通人""海安好人"卢华学习活动。

县地税局全面实施岗位双向选择,全系统组织实施人员岗位双向选择,65人调整岗位,占总人数的33%,提拔任用10名中层干部和11名业务主管,研究确定15名中层副职后备人员。建立以"基础理论、基本知识、基本技能;严格要求、严密组织、严谨态度"为主体的多元化教育培训模式,全年7人通过注册税务师考试,全系统"三师"人数总和38人,占比近20%;全系统389人次报名参加县地税局季度测试。修订出台《人力资源考评考察动态积分管理办法》,注重分业务序列的绩效横向评价,实现"量质并重、双向激励"的个人绩效管理。全系统获得县处级以上集体荣誉33项次,先进个人61人次。县地税局"三正"廉政文化建设品牌被省地税局领导批示推广,通过江苏省"廉政文化示范点"验收,连续11年被评为江苏省文明行业。

【税收执法督察】 县国税局累计执法督察具体事项,对涉及执法过错和工作差错的47人次进行责任追究和经济惩戒;以体制机制变革为重点,针对制度缺失、职责推诿、衔接不力等问题,全面梳理、统一税收业务事项与执法事项的执行标准,清理税收规范性文件,补充新增40多项流程运行和衔接制度,建立起与改革要求相统一、与基层实际相适应的"一整套"制度体系。

县地税局开展房地产业、建筑业代开发票、零散税收社会化征收、欠税公告、行政处罚等税收执法督察;通过内控平台核实督察执法风险点1601条,确认执法问题53条,整改补税、退税、调库税收计42.23万元。制定出台《海安地税效能督查管理办法》,对领导层失管、失察、失究,执行层失为、失范、失责进行责任界定和追究,多次组织作风纪律执行情况专项检查,下发检查通报。

【纳税服务】 县国税局以建立"文明、规范、现代化"的办税服务厅为目标,全面提高办税服务厅整体效能,合理设置办税窗口,严格执行服务制度,深化特色服务项目,切实做到"服务一把尺子、办税一个标准";以"便民办税春风行动"为契机,与全县8800多家企业逐一签订"服务发展 合作遵从"税企共建协议书,向个体纳税人发放征纳共建协议2694份。在《海安日报》公示40项便民措施,作出19条服务承诺,主动接受社会监督。以特服号为载体,建立专业咨询团队和业务科室专家团队,整合应用省国税局短信平台、办税厅咨询辅导区、智能管理平台实时交互功能,构建纳税人联系国税新机制。累计发送提醒短信25万条,接听咨询电话1.4万次。以多元化办税方式为依托,大力提升网上培训、网上申报、网上受理、自助办税、邮寄信函等非接触式服务方式的比重,持续推广CA认证和影像办税系统;以办税员评价激励系统为平台,累计对547名办税员进行评价反馈。实施项目协同合作,确定13个重点创新项目,定期通报项目进展情况,分析项目推进难点,研究部署成果推广。其中,自主开发的风险应对智能平台,固化风险应对规定动作,实现在线约谈交流、信息传递,文书网上流转、自动审核,大大缩短案

5月4日,县国税局在实验小学开办"税法小讲堂" (国税局 提供)

头审核时间，得到基层应对人员和纳税人一致好评，此项成果获全县科技进步二等奖。编制“流程嵌入式”岗职说明书，综合运用“流程管理”和“人力资源管理”理论，明确岗位具体要求和流程衔接关系，使各项业务流程与具体岗位职责真正融合。率先开发绩效管理系统，实现全过程信息化。

海安地税局做强实体办税平台，强化办税管理，统一业务流程，做实做优前台窗口的申报征收、发票资格认定、发售、滞纳金加收等管理服务。拓展网上办税功能，便捷高效运用综合管理系统，扩大“订单式”服务内容，推进网站和大集中系统、办公自动化系统信息共享，通过网上办税服务厅，全年办理税收业务2464笔。加大纳税宣传辅导，分类实施“万人税收培训”，按需推行“一企一策”个性化辅导，提升纳税人办税能力，化解涉税风险。打造“纳税遵从分类治理”品牌。以税收遵从分类引导策略，建立税收遵从评价指标，实施差别化管理服务，初步构建税收自愿遵从、引导遵从、约束遵从、强制遵从的纳税遵从分类治理体系，全方位提升纳税人的税收遵从能力，该项工作获全市创新项目一等奖。

(王　磊　周　俊　柯　群)

9月4日，国税志愿者送文化进社区　　(国税局　提供)

【地税四分局获市群众满意十佳基层站所称号】 2014年，南通市表彰2011—2013年度南通市“十佳人民满意基层站所”，海安地税四分局榜上有名，成为海安县唯一一家获此殊荣的基层站所。海安地税四分局积极转变服务理念，开展差别化宣传辅导，分类确定税法宣传内容和方式，促进税法宣传与纳税咨询、纳税人权益保护等工作的互动。依托税务网站和实体服务场所，采取各种形式，分类开展经常性纳税辅导，提高纳税人税法遵从度。分局积极参加小康村共建活动，与黄桥革命老区所辖雅周镇迮庄村作为新农村共建村，多次走访该村了解情况，充分利用税收政策扶持村级经济发展。2013年，海安地税四分局组织各项县级税收收入1.4亿元，其中一般预算收入1.09亿元，占同期9057万元的120.05%。征收教育费附加、地方教育费附加1718万元，工会经费178万元，综合基金1143万元，残保金188万元。征收社保费1.56亿元，征缴率96%以上。全年征收各项收入3.28亿元，全年总收入首次突破3亿元。

(常　俊)

2014年海安县国税收入情况表

表14　　单位：万元

项　目	全年完成实绩	上年同期实绩	比上年增减(%)
一、税收收入合计(含调库)	307136.63	275398.40	11.52
税收收入合计(不含调库)	268136.63	243898.40	9.94
1.增值税(含调库)	228529.62	204211.96	11.91
①直接征收	189529.62	172711.96	9.74
其中：营改增	10366.89	5634.25	84.00
A县属营改增	9814.93	5634.25	74.20
B省属营改增	551.96	0.00	
②免抵调库	39000.00	31500.00	23.81
2.消费税	1343.68	1455.15	−7.66
3.企业所得税	59609.55	54294.83	9.79
其中：①内资企业所得税	38790.20	33670.96	15.20
A内资县属企业所得税	28574.43	21453.25	33.19
B内资省属企业所得税	10208.15	12204.75	−16.36

续表 14

项　　目	全年完成实绩	上年同期实绩	比上年增减(%)
C 内资跨省总机构预缴税款	5.10	12.52	−59.27
D 内资跨省总机构汇缴税款	2.52	0.44	472.73
②外资企业所得税	20819.35	20623.87	0.95
A 外资县属企业所得税	20595.37	20371.50	1.10
B 外资跨省总机构预缴税款	223.87	245.78	−8.91
C 外资跨省总机构汇缴税款	0.11	6.59	−98.33
4.个人所得税	2.30	21.60	−89.35
5.车辆购置税	17651.48	15414.86	14.51
二、出口退税	71488.04	66862.86	6.92
三、免抵调库	39000.00	31500.00	23.81
四、提退税金	13370.17	13431.37	−0.46
其中:①增值税退税	5313.75	5276.57	0.70

说明:中央级收入为 218431.06 万元,占税收收入 307136.63 万元的71.12%。不含营改增增值税增幅 9.86%　　(王　磊)

2014 年海安县地方税收完成情况表

表 15　　单位:万元

序号	项　　目	2014 年	2013 年	增减%
1	税收合计(全口径)	457295	390735	17.03
2	营业税	131700	140067	−6
3	其中:省级收入	23046	20811	10.74
4	市县级收入	108654	119256	−8.89
5	企业所得税	50418	45459	11
6	其中:省级收入	0	0	−100
7	市县级收入	20164	18175	10.94
8	个人所得税	42988	37711	14
9	资源税	1455	1749	−17
10	城市维护建设税	17805	16992	5
11	房产税	11355	10132	12
12	印花税	7776	8037	−3
13	城镇土地使用税	16685	19685	−15
14	土地增值税	82652	27961	195.6
15	车船税	2649	2224	19.11
16	契税	80211	73161	9.64
17	耕地占用税	11601	7557	53.51
18	地方公共财政预算收入合计	378202	320013	18.18

(周　俊　柯　群)

审　计

【概况】 2014年，海安县完成审计和审计调查项目278个，查出违纪违规金额3615万元，管理不规范金额152.89亿元，收缴财政758.9万元，减少财政拨款2.02亿元，移送案件线索21件，9名干部受到党纪政纪处分，1名科级干部受到刑事处理，审计论文、信息被市级以上新闻媒体录用460篇次。海安先后获得全省审计信息宣传工作成绩突出县、全省审计通联工作成绩突出单位、全市审计机关综合考核一等奖、市审计信息宣传工作先进集体等殊荣。

县"三责联审"暨第18次经济责任审计工作联席会议　　（审计局　提供）

【财政预算执行审计】 先后组织实施县财政、地税2个县本级预算执行单位审计，在全面审计分析县直148个部门预算执行情况的基础上，重点对14个部门预算执行情况实施立项审计和延伸审计；延伸审计756个非部门预算户，重点审计抽查军转办、民发办等5个非部门预算单位；审计3个区2个镇财政决算和江苏海安商贸物流产业园财政收支情况。

重点揭示部分预算收入未按实缴库、违规返还税收和土地出让金、融资渠道不合规、债务增长幅度较大等问题；揭示部分单位预算指标调整幅度大、资金拨付率偏低、挤占专项业务费、违规发放津补贴等问题；揭示税费缴纳不及时、违规收费、列支条管部门费用、违规出借政府性资金、向个人集资等问题。针对审计发现的问题，提出"进一步强化预算编制管理、规范预算执行管理、加强专项资金管理、控减三公经费及会议费、规范政府举债行为"等审计建议。

同级财政审计得到县人大充分肯定，票决满意率96%，委员们一致认为，同级审工作拓展了审计范围，创新组织方式，突出审计监督重点资金、重大建设项目和民生事项，亮点多，工作成效显著。为强化整改、规范今后，全县先后举办县级机关会计记账中心代理记账单位财务管理培训班和全县区镇部门"一把手"财经法规业务培训班，审计局主要负责人结合审计案例，进行财经审计业务知识讲解，收到较好效果。

【领导干部经济责任审计】 县委组织部、纪委、监察局、审计局等部门联合出台《海安县区镇部门（单位）街道村（居）主要负责人经济责任审计制度》，组织修订完善，以县政府名义出台《海安县领导干部任期经济责任审计结果公告办法》和《海安县党政主要领导干部"三责联审"实施办法》。县审计局与组织部、编办联手，打出干部监督的"组合拳"，开好经济责任审计对象预告会、经济责任审计进点会。

创新审计内容，除重点审查债务及担保、任期内解决历史遗留问题等情况外，将资源环保和生态文明建设情况纳入审计内容，重点审计资源环境政策执行、资源利用及生态保护资金投入绩效以及资源环境责任履职情况，界定领导干部经济责任审计中发现问题的责任，全面反映和评价党政主要领导干部的工作业绩。2014年，县审计局实施2个镇9个部门4个学校1个医院18位党政主要领导干部任期经济责任审计。

【政府投资工程审计】 全年完成工程审计项目215个，审计核减金额2.02亿元。同时，实施保障性安居工程、9个校安工程、353省道海安段建设、开发区科研大厦建设、体育中心建设、广电中心建设、艺术中心建设等重大项目跟踪审计和跟踪审计调查。

组织跟踪复核县新华河北侧8个企业单位房屋、种子公司区域3个事业单位房屋、353省道工程涉及江苏飞鹏重型设备有限公司等25家企业单位房屋以及装饰装潢和附属物超过每平方米1000元的8户房屋征收情况，出具评估报告与评估技术规范不一致的跟踪审计意见6份，初步复核意见5份，促进房屋"阳光征收"。

首次复核社会中介机构出具的东大街等城区8个区域房屋征收财务审计报告，重点复核项目投入资金的来源、增值、安全情况以及工程实际支出的合理性、合法性、合规性等，经审计复核，核增收入670.85万元、核增项目支出246.52万元、核减项目支出154.55万元，出具8份复核报告。

【八项规定执行情况审计】 县审计局组织实施"三公"经费及会议费专项审计调查，审计调查涉及全县10个区镇、68个部门以及商贸物流产业园，其中对5个区镇、20个部门进行立项审计。审计发现少数区镇部门单位公款购买高档酒、香烟，公款购买土特产，违反公务用车制度，未正常使用公务卡，会议费列支补助和礼品等问题，有针对性地提出"进一步强化预算管理，规范会计核算行为，建立和完善管理办法，强化公务用车管理"等审计建议，出具25份审计报告，向县政府提交审计结果报告。

【民生资金和项目审计】 县审计局把保障和改善民生放在突出位置，完成县慈

4月2日,审计局党员干部在"七战七捷"纪念馆重温入党誓词

（审计局　提供）

善基金、困难群众物价补贴、高龄老人尊老金、计生奖励扶助资金、204国道改建工程资金、农村改厕资金等惠民资金审计。

审计组逐户逐人调查，高龄老人尊老金审计调查10个村居1331人，发现尊老金在发放过程中存在政策执行不及时、部分符合条件的老人未能享受尊老金、部分死亡人员尊老金未及时停发、个别人员重复享受尊老金等问题，审计进行成因分析，提出"进一步加强尊老政策宣传、畅通信息交互渠道、落实公开公布制度以及规范死亡证明出具"等审计建议;计生奖励扶助资金专项审计调查10个村(居)1322人,发现存在政策执行不及时、部分死亡人员计生奖扶金未及时停发、个别人员错发计生奖扶金、部分打卡账号非奖补本人等问题。

审计老204国道海安段改建工程拆迁、用地补偿及辅道工程资金,审计总金额1.78亿元，查出违纪违规金额1276.81万元，收缴县财政76.22万元,移送审计案件线索18件(其中:2013年移送5件,2014年移送13件)，审计期间立案查处3人,另有1人因涉嫌违纪,接受组织调查。审计发现专项资金长期游离账外,补偿资金长期滞留账面,无依据超合同付款,工程未施工已付款,多支付、重复支付工程款和补偿款,挤占挪用专项资金，高标准套取用地补偿款,虚列、多列支出套取专项资金,违规出借专项资金,白条支出,补偿款打入个人卡中等问题。

县审计局组织局机关部分审计人员和区镇全体审计人员开展2011—2013年农村改厕专项资金绩效"一条鞭"审计，审计延伸10个区镇113个村居,涉及696个村民小组1.81万户。审计总金额4058.71万元，查出违纪违规及管理不规范金额1485.66万元，收缴县财政81.75万元,移送审计案件线索6件。审计发现存在虚报改厕户数套取资金、挤占挪用改厕资金、虚列工程支出移作他用、超合同付款、白条列支招待费、改厕工程款打入村会计个人卡、部分改厕工程未按规定要求实施到位等问题。

【国土资源审计】 根据审计署、省市审计部门统一部署,审计局统筹安排14名审计人员，赴常州金坛市开展国有土地出让金收支及耕地保护审计，完成国家审计署交办的审计项目任务。

【区镇内部审计】 县政府在区镇经济社会目标责任考核意见中，规定区镇审计工作被作为常规重点工作由县审计局负责考核,出台《海安县区镇审计工作考核办法》,重点考核各区镇审计工作、经济运行监管以及审计整改到位等方面情况。制定下发区镇审计工作指导意见和审计项目计划，修改完善区镇审计局(所)审计工作综合考核办法,每季度召开区镇审计工作例会,年末实施考核,考核结果作为县委、县政府表彰审计工作先进集体、先进个人的重要依据。

组织内审人员52人次参加省内审协会举办的固定资产投资审计与内部审计准则等培训班；组织区镇审计人员参加审计局冬夏训及其他培训活动；以审代培，将新录用的区镇审计人员编入局审计组进行审计全过程、全方位的培训和指导；对有内审培训需求的县海迅公司开展业务培训指导。组织开展内部优秀审计项目评选活动，评选出一等奖1个、二等奖2个、三等奖3个、鼓励奖2个，并选送其中5个项目参加市内审协会评选。同时,开展2013年度内部审计项目质量检查活动。各区镇完成审计项目108个，查出违纪违规及管理不规范金额5166.15万元，收缴镇财政193.62万元,移送案件线索9件。2014年,高新区审计所被表彰为省内部审计先进集体，李仁华被表彰为省内部审计先进工作者；老坝港滨海新区审计科等3个内审机构被表彰为市内部审计先进集体，赵华等3人被表彰为市内部审计先进工作者。

【社会维稳审计】 2013—2014年,全县有8家企业因企业法人代表逃跑,导致企业停工、职工上访,造成社会不稳定,审计局积极跟进,迅速抽调人员,聘请社会中介机构,组建资产清查组,摸清企业资产状况。清查审核中发现企业法人代表因非法吸收公众存款、借高利贷造成企业经营亏损严重、资金链断裂等问题,及时移送公安部门,其中,苏豪恒鑫公司法人代表张俊被判处有期徒刑7年6个月。

【审计回访整改】 县审计局通过审计回访促整改，凡所审项目都发放审计回访通知书,通过到被审计单位听、看、查,了解审计决定的执行情况和审计建议的采纳情况。审计回访结果表明,各相关责任单位促进清理结余资金1053万元,用于安排奖励性绩效工资，拨付专项资金结余8001万元用于项目支出;收回发放的慰问金、活动费等3.73万元;追回多发放的尊老金50.57万元和计生奖扶金4.81万元；清收出借给非政府性公司和个人的借款 3.19 亿元；清退个人集资 9.93 亿元；清收陈欠往来 168.55 万元；促成 1 条水泥路、1 条砂石路开工并实施到位。

县政府采纳县审计局在县担保公司负债情况审计中提出的 7 条审计建议，由县政府办公室牵头，相关部门共同调研，出台《海安县中小企业信用担保基金管理办法》。县发改委、财政局、国资办、金融办研究出台《2014 年国有资本出资人代表和职工薪酬考核办法》和《2014 年县内担保机构金融工作考核办法》。县国资办、发改委清算县担保公司 2003—2012 年股利分配、股权结构情况和股权股值情况以及县中小企业应急互助基金管理中心 2007—2013 年贴息情况，国有股本未分配股利 2443.06 万元转作担保公司资本公积金专项用于风险补偿，国有股本增值 3875.55 万元，投入的应急互助基金 500 万元增值 213.87 万元。

【审计质量控制】 县审计局研究出台 5 个文件，开展"审计质量提升年"活动，县审计局组织分析讲评海安审计项目质量情况，提出工作意见，制定出台《审计现场管理办法（试行）》《审计执法责任制度》和《审计执法责任追究制度》，明确落实审计项目质量责任。推行审计项目质量即查即改，法制综合科对审计项目实施过程中审计复核发现的问题，向各业务科室出具书面整改通知书，确保项目质量即查即改到位。推行审计项目预审制，凡是全局统一组织实施的大型项目和经济责任审计项目在审计实施过程中、审计征求意见前，均召开由县审计局负责人、法制综合科复核人员、职能科室负责人和审计组成员参加预审会，把好审计项目质量关。

【审计信息化建设】 2014 年，县审计局投入资金 10.6 万元用于新增和更新 7 台高配置的笔记本电脑、8 台台式电脑，投入资金 47 万元用于增配服务器、网络防火墙、内网安全管理软件以及网络设备维保。完善考核机制，对审计信息化工作单独实行百分考核，考核结果折算到全年业务百分考核中。及时升级完善联网审计系统，截至年底，采集 2008—2013 年电子数据 1000 多账套。所有项目统一在 AO 系统中建立，审计人员根据授权下载审计数据。审计局修订完善网络版《工程审计项目管理系统》功能，部署到网络中用于工程审计项目管理，随时掌握了解项目审计进度，及时督察督办。在实施县民政局负责人经济责任审计中，针对民政部门工作人员由于不会使用计算机进行多数据核对，导致尊老金、低保发放过程中存在不符合条件人员发放或多发等问题，计算机审计中心组织研发核对软件，在全县民政系统推广应用。县民政局运用此软件比对 2014 年上半年尊老金申报数据，筛选出不符合规定领取条件的 2390 人次，挽回经济损失 86.04 万元。

县审计局开展结合型信息系统审计，充分利用联网审计系统以及从社保、公安、民政、工商等部门采集的数据，加大加深财务数据和业务数据综合分析，通过数据分析比对，在再就业基金财务收支审计、高龄老人尊老金专项绩效审计、计生奖励扶助资金专项绩效审计和"三公"经费及会议费审计中，查深查透，审计人员采用 Excel 数据透视表，分析预算调整与执行情况；利用 AO 审计脚本语言开展"三公"经费及会议费审计；利用 SQL 查询语句开展大额票据等审计工作。在再就业基金财务收支审计中，经过数据分析比对，发现某单位多发托管补差补贴 1.41 万元；在高龄老人尊老金专项绩效审计中比对发现：360 名符合条件的高龄老人未能及时领取尊老金；1958 人次死亡后未能及时停发尊老金，累计多发放尊老金 50.57 万元等问题。

完成县政府交办的县中小企业信用担保有限公司审计、县机关幼儿园资产负债损益审计、苏中植物园收入支出情况复核、角斜龙洲丝绸有限公司资产清核等 11 个临时交办项目。

（李　进　顾宝梅）

市场管理

物价管理

【医药价格改革】 实施医药价格改革。经县政府第 25 次常务会议研究同意，县物价局牵头组织实施县人民医院、中医院启动县级公立医院医药价格综合改革。切实保障县级公立医院药品取消加成，实行零差率销售。改革方案顺利出台实施。

【价费调研】 召开蒸汽用户代表座谈会，评估 9 月份下调蒸汽价格执行情况；到热电企业开展调研，修订煤热联动办法征求意见；到泰州市物价局学习煤热联动办法，草拟新的煤热联动办法。开展物业服务收费及汽车停放费调研。联合县城管局邀请中鸿物业、万宝物业、绿城物业等 10 多家物业公司，召开小区车辆停放费和租金标准征求意见座谈会；到有关物业小区进行实地调研，发放成本调查表，征求对汽车停放费和物业服务收费实施细则的意见，征求业主代表和业委会意见，修订出台新的物业服务收费管理实施细则。

【行政事业性收费年审】 从 3 月中旬起，开展 2013 年度收费许可证审验工作，重点审验收费许可证基本信息、政策执行情况以及 2013 年度年审发现的收费问题、违规行为的自纠、整改情况。根据县深化行政审批制度改革工作方案要求，对照各收费单位收费许可证及国家、省取消、调整的行政事业性收费项目和标准，清理海安县行政事业性收费，及时整理行政事业性收费目录清单，于 12 月向社会公布。

【价格惠民】 全面推进平价商店建设管理。紧抓平价商店长效质量管理，完善考核办法，建立动态管理与奖惩退出机制，建立平价商店管理 QQ 群。鼓励和引导平价商店增加平价商品品种，稳定农产品销售价格。

拓展价格公示内容。重点排摸海安县 7 家商业银行 49 大类服务收费项目，核实、确认、理清商业银行收费项目和标准，指导商业银行严格执行服务价格信息披露的有关规定，督促商业银行按有关规定做好服务价格公示工作。

争取价格优惠政策。经争取，省物价局及时发文明确海安县鲜茧收购加工用电和农村饮水安全工程用电价格享受农业生产用电价格，年减轻企业负担 200 多万元。

【市场价格监管】 贯彻国家发展改革委《关于建立完善价格监管机制的意见》要求，建立网格化市场监管制度，实现市场价格监管广覆盖，组织开展节日市场价格检查，严肃查处价格欺诈案件。上半年专项检查银行收费价格和汽车销售、维修行业明码标价情况，以及相关医疗单位的检查调研工作；在商贸领域有重点、分步骤、重成效地推进明码实价工作，加大市场价格监管力度。下半年专项检查曲塘中心卫生院医药卫生服务价格，初步完成各项违法收费行为的统计、取证。到曲塘镇等地开展涉农收费排查治理工作；深入仇湖、章郭粮站秋粮收购现场，了解秋粮收购工作，要求秋粮收购部门认真执行国家收购政策，切实维护农民利益，稳定粮食生产。畅通价格投诉举报绿色通道，“12358”价格举报电话实行三个副局长轮流值守，确保24小时畅通，对广大人民群众举报反映的来访、来信、来电等价格热点、难点问题，按照价格举报规定程序期限及时办理，全年办理价格举报、投诉及咨询50多件，答复率100%。

【规范房地产市场价格行为】 调整普通商品住房价格备案制度，严格执行商品房销售“一价清”和明码标价制度，规范房屋登记收费等涉房收费，清理明显不合理的收费标准。针对少数房产开发商严重偏离备案价格降价销售商品房行为，与有关房产开发商约谈和劝说，要求他们从稳定大局出发，理性对待商品房销售形势，规范销售价格行为。

【农本调查和成本监审】 2014年，海安县首次开展对家禽类鸡蛋、生猪生产成本收益预报预警；在春茧、秋茧收购前进行价格预测，对丝绸产业现状进行分析和剖析并提出相关建议。县委、县政府主要负责人进行批示。针对北凌菜农包菜烂在菜田及时对卖菜难的问题调研，写出调研文章《充分发挥政府有形之手避免菜贱伤农》，被南通市委作为调研文章。开展小规模生猪、规模肉山羊、桑蚕茧、粳稻农产品成本调查工作，海安姜曲海土猪养殖成本收益比较调查专项调研被《江苏物价》刊登。

县物价局强化市场禽类、肉羊商品价格监测预警工作，承担国家、省、市物价部门下达的监测任务13大类、168个规格品种价格监测，定期在报纸、电视、电台、网络、车载等媒体公布重要民生商品价格和服务。指导商业银行严格执行服务价格信息披露的有关规定，及时准确上报服务价格信息。

省物价局副巡视员曹俊一行到海安调研夏粮收购工作　　(县物价局　提供)

开展海北幼儿园、海南幼儿园、曲塘敬老院、海安老干部大学、殡仪馆相关项目成本调查工作，为制定收费项目价格提供科学成本数据支撑。

【价格认证】 2013年年底开始，海安组成专门小组，对全县33个片区(涉及物业类型11种)，采集住宅小区240个(共2103幢)；商业78个区段，认定基准价格数量358个，2014年在全市率先完成存量房数据上线工作。完成涉税价格认定116件，认定金额9378.76万元。在涉案财产价格鉴证方面完成刑事案件价格鉴证142件，115.7万元；行政案件价格鉴证10件，91.75万元；民事诉讼案件价格鉴证5件，97.5万元。交通事故损失价格认证101件，61.3万元。价格纠纷调处5个，调处金额5200元，调处成功率100%。 (崔朝晖)

工商行政管理

【概况】 年初，南通市海安工商行政管理局设办公室、法规股、登记注册股(外商投资企业登记注册股)、监督管理股、市场合同监督管理股、消费者权益保护股(食品流通监督管理股)、财务股、人事教育股10个职能科室，另按规定设置纪检监察机构(监察室)，直属行政机构经济监督检查大队。下辖角斜、李堡、大公、城中、开发区、墩头、南莫、胡集、曲塘、雅周10个分局，另设事业单位县个体私营经济协会、县工商信息咨询服务中心。全局在职干部197人，其中，公务员176人，行政附属编制8人，事业编制13人。离退休干部132名，其中，离休干部11名，退休干部121名。海安工商局墩头分局杨文翔登上二季度海安好人榜。先后投入110多万元，装修改造城中、墩头、李堡、开发区、角斜等分局办公用房，添置一批办公电脑、办公家具、空调、复印机、执法办案设备。年度新录用公务员7人、军转干部2人，退休10人。2014年，海安工商局及所属单位受到表彰奖励65项，个人受到表彰奖励108人次。高玉平的论文获省工商局2014年度全省工商系统反腐倡廉优秀论文一等奖。

【市场监管执法】 推行市场主体联动监管机制，清理无照经营1145户，查处无照经营95件，移送416户。重点落实百日执法行动，查处“霸王条款”合同案件32件、网络案件21件、广告案件56件、房地产案件44件、违规直销案件1件。严厉打击侵犯知识产权和制售假冒伪劣商品行为，查处“双打”案件58件。全年立案查处各类案件463件。

【登记注册】 全县有个体工商户71459家,企业29704家(其中私营企业27702家;内资企业1517家;外资企业485家),农民专业合作社758家,市场41家。2014年新增各类企业2452户,资金总额132.9亿元,其中:股份有限公司33家;有限公司2066家,注册资本123.9亿元;个人独资企业292家,资金总额0.88亿元;合伙企业4家,资金数额54万元;农民专业合作社64家,成员出资总额1.99亿元;个体工商户8082家。

【品牌信用建设】 进一步完善商标培育规划,提请政府召开全县商标战略推进会,邀请专家开展专题培训,中国驰名商标总数位居全市第一,"海安大米""海安河豚"被认定为地理标志证明商标,实现海安零的突破;海安县江山米业有限公司"华江"、江苏天成科技集团有限公司"天成"、江苏天楹环保能源股份有限公司"天楹"、江苏省苏中建设集团股份有限公司"苏中建设"、南通市龙顺粮油有限责任公司"龙顺"、江苏瑞恩电气集团有限公司"瑞恩"商标被认定为江苏省著名商标,新认定南通市知名商标19件。加大企业年报力度,推动企业信用建设,引导8万多家企业、个体户自主年报,新培育海安县中丽化工材料有限公司、江苏新龙兴建设发展有限公司、江苏建达工程项目管理有限公司3家国家级"守合同重信用"企业,总数15家,位居全市第一。

【消费维权】 全年监测商品质量322批次,接处消费者申(投)诉891件,为消费者挽回经济损失602万元,处理率100%,满意率94%。建立"红盾法律援助中心",司法部领导到海安检查中心运行情况;省级青少年维权示范岗创建通过验收;全县建立"一会两站"(消费者协会、12315申诉举报站、消费者投诉举报站)223个,基本实现村、居、社区全覆盖。建立青少年、老年人、妇女儿童、汽车领域四大类消费教育基地19个;通过大型广场活动、"海安政风行风热线""法制热线"开展新《消费者权益保护法》宣传,在系统内、零售业、服务业、保险业广泛开展新《消费者权益保护法》学习培训,编印发放宣传资料2万余份,宣传工商打假维权。

【放心消费创建】 海安工商局开展汽车、房地产消费调查与评议;组织开展餐饮行业诚信自律放心消费承诺、"诚信丝绸经营示范单位"评比、药品零售店"假一赔十"集中承诺以及"大众美食暨健康餐饮"研讨交流会、"无理由退货"的服务承诺等活动;放心消费示范一条街创建工程入选南通十佳为民办实事工程;探索放心消费创建环境指数测评,放心消费创建百千万工程在全省放样,接受全省现场观摩。

【依法行政】 坚持以普法教育为先导,及时调整依法行政工作领导机构,每季度开展一次机关人员学法测试,利用"3·15""质量月"等现场进行法制宣传活动。坚持以制度建设为保障,及时出台年度工作意见,制定、完善实施强制措施、案件核审和集体通案等制度,规范行政执法行为。组织开展"四督四评",利用案卷评查、执法检查等途径加强执法督察,实施执法全程监督。开展岗位技能竞赛,不断充实和补强依法行政工作队伍。

(丁晓峰)

【市场整治】 开展打击注水猪肉专项整治活动。监管人员结合县西南片生猪屠宰现状,采取"两统一、一保证"管理措施,即:两个屠宰点统一生猪进场静养时间,统一生猪屠宰时间,保证出场猪肉质量安全。执法人员采取调查、走访、蹲守伏击、突击检查的方法,对县西南片、县城城郊接合部点外私宰以及加工注水嫌疑户进行7次执法检查。

开展肉品市场专项整治行动。元旦、春节、"五一"、中秋、国庆等节假日期间,县商务局牵头组织工商、农委、卫生、公安等部门执法人员,检查城区各农贸市场、超市、肉品市场、肉品经营户。督促各区镇生猪办组织相关部门拉网式检查辖区。全年出动执法人员4118人次,执法检查364家次,检查农贸市场733家次,检查集体伙食单位581家次、超市703家次,检查定点屠宰企业268家次。查获注水肉案件1起,抓获犯罪嫌疑人4人,移交公安机关处理,查获违规屠宰企业2家,罚没款10万元。

牵头协调全县"双打"(打击侵犯知识产权和制售假冒伪劣商品)专项行动。县各主要成员单位独自或联合开展的主要行动有37项、主要宣传活动30多个,捣毁制假售假窝点12个,公检法机关查处的案件涉案金额近4000万元。

开展单用途预付卡专项检查。调查摸底全县商业预付卡发卡企业,联合走访《重点发卡目录(海安县)》中的10家企业,指导发卡企业制订《单用途预付卡销售(发行)管理规定》,督促企业开展自查自纠。开展单用途预付卡备案,完成备案企业3家。

(商务局)

【农资打假】 全年开展春夏冬季农资打假行动,出动执法人员868人次,检查生产经营单位929家,立案查处违法案件38起,其中,种子8起、肥料8起、农药3起、兽药7起、饲料11起、农产品1起。受理群众举报案件8起,立案查处3起。参与省农委组织开展的农业行政处罚案卷评查活动,参评的"生产经营以此种饲料冒充他种饲料案"和"水稻药害调解案"案卷,分获全省农业行政处罚优秀案卷和农业行政调解优秀案卷。

(胡永生　陈兴惠)

质量技术监督

【概况】 年初,南通市海安质量技术监督局(简称海安质监局)设办公室、法制科、质量管理与监督科、标准计量科、特种设备安全监察科、食品生产监管科、计划财务科、行政服务科8个科室,辖直属单位县质量技术监督稽查大队、县产品质量监督检验所、县计量检定测试所。全年,海安质监局努力做好名牌申报、技术标准、安全监管、技术平台建设等多项工作,认真落实特种设备安全、食品安全监管工作,全年出动执法人员2300人次,检查生产、销售企业900多家,受理投诉举报80多起,立案查处各类行政案件52件。海安质监局获省质监系统先进单位称号。

【质量管理】 海安质监局邀请国内知名质量专家段学良到海安,为全县200多家规模以上骨干企业高层进行《卓越绩效评价准则》系统性培训,培训投入近

10万元。2014年,中洋集团获江苏省质量奖,苏中建设集团获南通市市长质量奖,联发纺织获省质量管理优秀奖,鑫缘茧丝绸集团获全国纺织行业质量奖。鑫缘集团、华强纺织、华艺服饰获省工业企业质量信用AA级企业,联发纺织获省工业企业质量信用AAA级企业。双弘纺织、万宝磁石2家企业获2013年度市质量标兵企业称号。丝乡丝绸、明诺机械、海建股份、奇香饼干食品厂4家企业获2014年度市现场管理良好行为企业称号。

【品牌战略】 全县名牌梯队培育工作坚持"抓规划、重培育、促提升"战略,并形成滚动示范效应。2014年,鑫缘集团等12家企业(其中复评8家,新增4家)获得江苏名牌,丝乡丝绸、文凤化纤等39家企业(其中复评19家,新增20家)获得南通名牌。推进中洋集团全国河豚养殖产业知名品牌创建示范区创建工作,做好验收各项准备(全县拥有2家知名品牌创建示范区,1家在建,1家获批)工作。邀请省质监局领导到海安指导锦纶长丝优质产品生产示范区创建工作,邀请市纤检所有关专家,会同县化纤商会一起专项执法检查锦纶长丝生产企业,示范区通过省质监局验收。

【组织企业参加国家标准制定】 海安鼓励企业参加国家行业标准制定,江苏瑞安特机械集团有限公司主持起草的国家标准《复合肥(缓控释)生产成套设备》、南通联发印染有限公司参与的国家标准《纺织品·色牢度试验·耐家庭和商业洗涤色牢度》和《纺织品·耐磨性能试验·曲磨法》等2项行业标准、鑫缘茧丝绸集团股份有限公司参与的行业标准《桑蚕丝/羊毛混纺绢丝》均已发布。中洋集团主持起草的《松江鲈鱼》等4项国家标准、鹏飞集团主持起草的《水泥工业用回转窑》等2项国家标准、江苏信托建设股份有限公司主持起草的行业标准《混凝土基体植绿护坡技术规程》、南通跃通数控设备有限公司主持起草的行业标准《数控门扇四边锯》、中洋集团主持起草的省级地方标准《龙纹斑亲鱼培育和人工繁育技术规范》正式立项。在省级标准化项目方面,1月17日,海安县第一个工业标准化项目,联发纺织的省级"功能性色织面料"自主创新标准化试点项目以96分的高分通过验收。8月4日,江苏中鸿物业管理有限公司承担的省级住宅物业服务标准化试点项目以95分的高分顺利通过验收。5月,鑫缘集团的"纯天然家蚕彩色茧产业化"高新技术自主创新标准化试点批准立项(全省高新技术自主创新标准化试点15项,全市2项)。在标准化基础力量建设方面,3月14日,全国锻压机械标准化技术委员会二辊卷板机工作组在海安县挂牌成立。9月,中洋集团获批承担长江珍稀鱼类产业标准化委员会秘书处工作,是江苏省唯一设在县级企业的秘书处。

9月30日,省蚕桑产业综合标准化示范区验收评审会 (付 景 摄)

【技术载体平台建设】 3月,计量检定机构通过62项国家实验室校准项目,成为南通质监系统县级技术机构中首家通过国家实验室认可的法定计量机构,6月通过法定计量机构授权复查考核。8月,产品质量监督检验机构通过质检机构资质认定获证实验室专项监督评审验收。11月,省锻压机械检测中心通过省质监局组织的评估,其二期工程按序时建设。11月8日,县质监局与沈阳变压器研究院签订海安技术中心建设协议。

【计量检定】 海安质监局完成31家农贸市场1724台件和44家区镇社区卫生服务站及14家计划生育指导站523台件计量仪器的免费检定工作。4月26日开始,为民免费检定修理家用血压计,每天检定修理10台件左右,截至11月5日免费检定修理家用血压计1330台件。深入开展2014年度为民办实事项目集贸市场公平秤统一配置工作。在全县31家集贸市场免费安装公平秤30台。完成"民用四表"计量器具专项调查摸底和监督检查工作,完成4家重点耗能企业能源计量审查材料审查工作。

【执法打假】 海安质监局做好全省质监稽查案件交流评析会承办工作,与公安、工商、农业等部门加强联动,重点开展"农资打假下乡""保障房建筑材料"专项整治,推动以变压器、剪切机械行业协会为主体经济板块健康发展,督促企业签订行业自律公约。实行轻微违法行为首违不罚制度,加大监管和打击力度。在查办案件中,食品类占23%、特种设备类占20%。专项执法检查海安20家蚕丝被生产企业,巩固鑫缘茧丝绸优质产品示范区成果。 (付 景)

食品药品监督

【概况】 年初,海安县食品药品监督管理局设办公室(政策法规科与其合署,挂监察室牌子)、保健食品化妆品监管科、药品医疗器械监管科、药品稽查科(挂县药品监督稽查大队牌子),下属两个事业单位县药品检验所、县药品不良反应监测中心。全年新开办药品零售企业3家,医疗器械批发企业3家,医疗器械零售企业6家,保健食品经营企业40家。全县有药品生产企业2家(医用氧生产企业1家、药用辅料生产企业1家)、药包材生产企业1家、药品批发企业3家、药品零售连锁企业3家、药品零售企业(含连锁门店)237家,医疗器械生产企业8家、医疗器械经营企业(批发)15家,化妆品生产企业1家、保健食品经营企业420家。药品零售企业分级分类管理试点工作全省推广,食品药品安全监管综合评价全市第一。

【网格化监管】 全年完成监管单位712家,完成率100%,全年监管次数1206次,完成计划数的168%。上报药品(医疗器械)不良反应(事件)报告1925份,药品不良反应和医疗器械不良事件监测报告工作位居全市前列。监督检查含特殊药品复方制剂、药源性兴奋剂、基本药物配送企业、冷藏药品经营质量、互联网药品信息服务及交易服务,及时排查安全隐患,全县未发生特殊药品流弊事件和药品安全事故。

【药品、医疗器械规范化管理】 组织培训新修订《药品经营质量管理规范》,督促企业对照新修订GSP要求加强规范化管理,在全市率先规划设置药店阴凉区,完成42家药品零售企业GSP认证工作,认证率100%。制定GSP认证跟踪检查方案,成立跟踪检查组,落实跟踪检查重点内容,全面完成GSP跟踪检查任务。南通苏中医药物流有限公司、江苏普泽医药有限公司通过省食品药品监督管理局组织新版GSP认证现场检查;南通市三和生物工程有限公司通过GMP认证和跟踪检查;南通市瑞德医疗机械有限公司通过产品注册证再注册现场检查。

【药品零售企业分级分类管理】 结合企业新开办、新建(改扩建)营业场所和仓库,药品经营许可证、药品经营管理规范认证证书到期认证,推进分级分类管理试点工作。按照企业经营条件、管理水平、服务能力和信用等级等综合因素,将药品零售企业经营等级划分为三级,并核准相应经营范围。有126家药品零售企业通过检查实施分级分类管理,占零售药店总数的54%,经检查其中4家被核定为三级药品零售企业,120家被核定为二级药品零售企业,2家被核定为一级药品零售企业(仅经营非处方药)。制定出台《规范药品零售连锁经营指导意见》,鼓励发展药品零售连锁经营,全县药品零售连锁门店发展到152家,占比65%。 (徐松明)

统　计

【统计调查】 海安县组织常规统计调查,完成农业、工业、服务业等10多个专业2013年年报表和2014年定期报表工作。按要求开展规模以下工业抽样、限下贸易抽样、企业景气、非工企业景气、工业品、气象服务满意度、劳动力抽样调查、党风廉政建设满意度调查、"脱贫奔小康"建档、设施农业、小麦苗情和小麦产量快速调查等专项调查工作。继续进行名录库建设,严格把关"四上企业"申报审批工作,2014年,全县列入统计企业1648家,继续保持全市规模第一。

【统计法制】 县统计局制定《2014年全县统计法制工作要点》和《关于印发统计监督检查工作计划的通知》,全年对曲塘镇等50家单位开展统计监审,监审单位涵盖工业、投资、劳动工资、贸易、建筑、房地产、工业品价格、农业和名录库等专业。通过宣讲、全文登报等形式,开展《江苏省统计条例》宣传活动,县统计局负责人深入曲塘镇崔母村,走进县广播电台《法治热线》开展宣讲活动,强化调查对象和社会公众的统计法律意识。

【统计从业资格教育培训】 2014年,统计教育工作,按照市统计局的统一要求和部署,重点清理检查机关、企事业单位的持证上岗情况。全年组织379人参加统计从业资格培训考试,789人参加统计继续教育培训,参培人数较往年有所提高。

【统计资料】 县统计局编发《2014年海安统计月报》《2013年海安统计手册》《2013年海安统计年鉴》。撰写统计信息441条,撰写统计分析、专报47篇。全年立项统计课题研究10项,内容涉及一二三产、收入、GDP等全县经济社会发展的多个层面。撰写的《海安县人口发展现状与趋势研究》获市统计学会分析评比二等奖,《长三角新一体化背景下海安服务业发展路径探索》《南通海安县物流业发展SWOT分析》分获全市第四届县(市)、区青年统计干部优秀论文评选分别获一、三等奖,并在《江苏统计》上专辑刊登。《南通海安县工业经济转型升级思考》一文被《统计科学与实践》和《江苏统计》刊登。

【全面建设小康社会统计监测】 海安按照全面建设小康社会监测指标体系和标准,及时、准确收集数据资料,科学反映海安全面建设小康社会的现状和进程,召开全面建成小康社会年报会审会,与各部门逐一核对会审2013年小康社会年报指标值,要求各部门对指标值实现程度、形成原因、采取的措施等进行监测分析,确保全县建设全面小康社会目标按序时实现。根据省反馈的结果,海安县综合得分达89.6分,在苏中、苏北各县市中仅次于靖江、海门。

【统计规范化建设】 建立并印发《2014年度全县统计规范化建设工作方案的通知》。加强对工业企业量化考核。认真贯彻执行《江苏省"三上"企业统计工作规范(试行)》,制定《海安县规模以上工业企业统计基础工作量化考核标准(试行)》,进一步推进全县工业统计基础工作规范化。分层面、分专业召开统计规范化建设推进会,要求区镇、企业以规范化创建为契机,夯实基础工作,规范工作流程,提升数据质量。印发工作小手册,介绍工作要求和先进做法,并组织人员参观先进单位台账、报表和创建资料,确保申报单位有例可循、少走弯路。

【第三次全国经济普查】 按照"规范有序、全程管控、重点突出"的原则,顺利完成南通市第三次全国经济普查入户登记、数据审核验收、事后质量抽查等重要工作。按"普查对象、现场登记、资料完备三个100%"的目标组织开展入户登记工作,截至3月31日全面完成入户普查登记上报工作，及时开展查遗补漏，确保普查对象“应统尽统”，海安县第三次经济普查登记单位12811家，个体户75778家。组织区镇集中进行经普图片上传、普查表审核和数据处理工作，保证普查数据与图片保持一致。作为南通唯一接受省第三次经济普查事后质量抽查地区，县经普办精心谋划，充分准备，圆满完成抽查任务。县第三次经济普查领导小组办公室获全国第三次经济普查先进集体。

【文化产业统计】 成立由县委宣传部、统计局、文广新局等部门组成的文化产业统计监测联席会议制度，并将文化产业统计工作纳入精神文明建设考核，明确部门分工。建立以宣传部为牵头单位的文化产业统计协调小组，每季度对文化产业的建设项目、文化产业重点部门以及文化产业重点区镇进行实地调研，及时掌握县文化产业发展的新情况、新趋势。建立县、镇两级文化产业名录库，及时更新，确保做到应统尽统。最新的第三次经济普查文化产业的名录库为：法人单位854家，产业活动单位15家，个体经营户3055家。县统计局被南通市文化改革发展领导小组办公室表彰为2013年度南通市文化产业发展速度先进地区和南通市文化产业经济普查工作先进单位。

【百强县参评工作】 海安主动做好百强县评比数据资料收集分析上报工作，与百强县评审部门做好沟通联系。县域经济基本竞争力百强县位次53位，比2012年前移2位。全国中小城市综合实力百强由上年的35位提升到33位，全国最具投资潜力的中小城市百强由上年的13位提升到12位。（钱安云）

农村经营管理

【概况】 2014年，海安农业现代化、水利现代化水平继续处于全省第一方阵。在全国153家现代农业示范区中，综合排名第16位。全县新增千万元以上农业项目72个，其中进入农业园区32个。成立首个国家级长江珍稀鱼类产业技术创新战略联盟。新增市级农业龙头企业10家，龙头企业总数、增量全市第一。实现主营农产品销售收入239.5亿元，销售增长18.5%，带动农户24.5万户。3家专业合作社被评为国家示范社，大公镇群益村被评为全国“一村一品”示范村。“海安大米”“海安河豚”被认定为地理标志证明商标。稳妥推进土地经营权确权登记试点，加快构建县镇村三级土地流转供求信息网络，规模流转土地8220亩。培育家庭农场401家，200亩以上“全托管”经营主体63个。海安通过省级村庄环境整治全域性验收，实现星级康居乡村全覆盖。海安农业龙头企业、农民专业合作社、一村一品、农民体育等四项工作获国家级表彰，村级“四有一责”建设、财政奖补项目建设等两项工作受到省表彰，多项工作受到南通市委、市政府表彰。

【健全农民收入倍增机制】 海安贯彻《全省农民收入倍增计划实施方案》，海安规范执行“一事一议”筹资筹劳政策，组织实施富民强村工程，推进全民创业，创新农业经营体制机制，加快形成以家庭经营收入为基础、工资性收入为重点、财产性收入和转移性收入比重稳步提高的农民收入长效增长机制，农民收入增长与县域经济发展水平同步。全县一事一议筹资以村为单位，人均不超过20元，筹劳每劳不超过5个工日，符合政策规定的上限控制标准。启动5个万亩桑园更新改造项目，拉长茧丝绸产业链，增加农民收入。利用“三资”投入农业41.28亿元，新开工建设1000万元以上农产品加工项目42个。其中：新开工建设亿元以上农产品加工项目9个，完成投资额8.6亿元。以创建首批省级创业型县为目标，坚持财富创造与创业就业并举，通过区（镇）精心组织、部门分类助推、社会广泛参与，催生出一批建筑能人、创二代、大学生、外来人员、外出务工返乡人员等搏击商海的创业主体。全县新增创业项目1686个，新增纳税个体工商户1653户、纳税私营企业518家。46家工业龙头企业围绕业务分流、上下游产品配套，利用闲置厂房、副业用房带动创业项目68个，新增设备投入3323.8万元，新增销售1901.6万元。2014年全县农民人均可支配收入15155元，增长11.1%。

【完善土地承包关系】 海安推进农村土地承包经营权确权登记工作，全县累计106个村开展确权登记，其中2014年新增确权登记90个村。截至2014年年底完成确权登记80个村，其中南莫和白甸两镇整镇推进，南莫镇和白甸镇4个村民小组开展土地测绘试点，登记村数和质量在全市领先。强化农村土地流转服务，健全县有服务平台、镇有交易市场、村有信息员的农村土地流转三级服务网络。妥善化解农村土地承包经营纠纷。依法开展流转服务，探索建立农业经营能力审查制度、土地流转风险防范机制和流转价格市场机制，保护和提高农民的土地流转收益。2006—2014年，全县处理204件土地承包纠纷，其中县仲裁委员会处理40件，各区（镇）调解164件。2014年县农办受理办结土地承包纠纷案件4件，其中裁决1件、调解3件。

【培育新型经营主体】 海安采取奖励补贴等多种办法，扶持发展种养大户、家庭农场、农民专业合作社等新型农业经营主体。涉农补贴和项目重点向新型农业经营主体倾斜。推进符合改制条件的村组进行社区股份制改革，组建社区股份合作社。探索发展富民合作、劳务合作、资金合作等新型合作形式。实现土地规模流转，将服务内容向产前、产后延伸，实现较大规模经营。吸纳社会资金投入农业，使闲置土地从转包、代耕等农户间小范围流转逐渐向具有资金、技术、管理等优势的专业大户、专业合作组织、农业企业、工商企业、社会能人手里集中。加大农村土地规模流转补贴力度，引导农村土地向专业大户、家庭农场、土地股份合作社等规模经营主体流转。制定下发《关于推进农村土地流转促进片区农业经济发展的意见（试行）》，县财政安排300万元专项资金用于奖励土地流转和规模经营。对新增土地流转面积连片50亩以上从事设施栽培的，由县财政按每亩100元奖励，奖励村工作费用每亩10元；土地承包农户应享受的惠农政策仍由原承包农户享受。土地流转连片规模在1000亩以上从事设施栽培（土地股份合作社入股面积300亩以上）的，对前四名的镇分别给予10万元、8万元、6万元、4万元的奖励。每建立一个连片300亩以上土地股份合作社奖励6000元。

【农业规模经营】 坚持农民主体、规模适度,发展多种形式的农业适度规模经营。年内全县农业适度规模经营面积比重达到省农业现代化建设考核指标序时要求,土地适度规模经营面积52.41万亩,占全县总面积的65.2%。其中专业大户31.22万亩,家庭农场1.38万亩,土地股份合作12.09万亩,土地全托管3.29万亩,农业企业1.74万亩,其他规模经营2.7万亩。以蚕桑、蔬菜等为主体的规模服务型适度经营占全县承包土地总面积的26.6%。培育经营主体,采用"企业建基地,基地联农户"的方式,即"公司+基地+农户"规模经营模式,建立市级以上农业龙头企业生产基地56个,基地直接带动农户6.55万户。白甸镇官垛村土地流转面积占比80%。各镇都建立300亩以上的土地股份合作社。全县规模以上农业龙头企业187家,其中:国家级、省级、市级、县级龙头企业分别为2家、9家、53家和46家。规模以上龙头企业销售收入368亿元,连续5年增幅超过15%。其中销售超30亿元企业1个,超10亿元企业5个,超1亿元企业39个。农产品加工销售额与农业总产值之比3.58:1,全市第一,稳居全省前列。鑫缘集团、中洋集团经专家评审,被农业部认定为第六次监测合格农业产业化国家重点龙头企业。建立一批各具特色和竞争优势的农产品生产基地,重点建设蚕桑、紫菜、畜禽、水产品生产基地,集聚形成较有影响的农产品加工(物流)园区。建成1个省级农产品集中加工区——老坝港紫菜集中加工区,2个县级农产品加工集中区——开发区茧丝绸集中加工区、高新区农产品加工物流园区。全县形成蚕桑、畜禽、水产、优质粮油、瓜果蔬菜、山羊、优质粮油等传统产业和特色产业专业村、镇85个。9月,大公镇群益村经专家评审,被农业部命名为第四批全国"一村一品"示范村。鼓励农业龙头企业和农民专业合作社在各专业村、镇建立自有农产品生产基地,和农户签订长期的产、供、销合同,全县有65个村与农业龙头企业和合作社建立有紧密的合作关系。老坝港"兰波"紫菜、李堡光明村"绿浪"蔬菜、大公群益村"鑫缘"蚕桑,在省内甚至全国具有一定的品牌知名度,以上3个单位相继被农业部命名为全国"一村一品"示范村(镇)。

【农民合作组织建设】 制定《海安县2014年加快推进农业基本现代化建设若干政策意见》,促进农民合作社规范化发展,建立140家农民合作社扶持名录,市抽查合格率100%。在全省率先开展列入名录农民专业合作社的动态监测工作。4月,组织开展农民合作社理事长、辅导员和财务软件业务培训;9月下旬组织区镇辅导员和部分理事长到市参加培训。开展县级以上"五好"示范社创建活动,建立县、区(镇)、社三级联创机制,全县创建市级以上农民专业合作"五好"示范社19家,宏润畜禽、群利渔业、泓寿食用菌专业合作社被农业部命名为国家农民合作社示范社。完成2014年度"六有"档案达标社69家,比上年增加18家。全县有工商注册"三大"农民合作社640家,成员总数31.33万个,农户参加各类合作经济组织比重122.8%,其中农民专业合作社注册成员总数21.83万个,成员入社率85.5%,居全市之首。全县拥有注册商标66件,其中新注册22件,占年初任务的110%。《中国农民合作社》期刊编辑到海安专访,在《中国农民合作社》第八期整刊专题报道"海安合作社规范化建设与发展工作"情况。全县财政扶持合作社发展资金100多万元,争取省扶持资金259万元,为合作社理事长新办建行"白金卡"13张,推荐农行"金农贷"、邮行"富农贷",化解合作社资金瓶颈。

【农村集体资产管理】 切实加强农村集体"三资"监管和日常督察工作,全面推行农村"三资"票据管理软件,利好农村集体"三资"监管平台,监督各镇村执行招投标制度、大额支出审批制度、非现金结算制度等重点制度的情况,发现有个别村存在不及时建账、结账、记账,不及时开展年初预算,不按时上报报表等拖拉现象,经批评教育得到纠正。按季检查全县各村开展民主理财和村务公开活动情况,及时通报少数村开展活动不及时、公开不规范的情况,逐村落实整改措施。深化集体产权制度改革,对人均集体经营性资产超过2000元的村,开展社区股份合作制改革工作,促进集体资产保值增值。指导各村在开发资源、经营资产、盘活资金、发展物业上下功夫,大力发展村级集体经济。全县实现村营收入1.78亿元,增长12.55%。村营收入全部超过30万元,其中156个村超过50万元,48个村超过100万元,2个村超过500万元。5月,海安县通过省委农工办等五个部门的联合验收,成为南通市第一个获得省"四有一责"先进县称号的县(市)。

【一事一议项目奖补】 全县各区(镇)及时做好奖补村的村民议事方案、现场勘察、项目预算和申报工作。4月,县委农办完成2014年财政奖补方案制定、工作部署和业务培训工作;5月中旬,县奖补办将实施方案及相关报表报上级部门备案。6月底,全县各村完成一事一议筹资筹劳方案计算归户和负担监督卡到户工作。县委农办指导各村及时将村民议定、经过审批的一事一议筹资筹劳方案计算到各农户,发放农民负担监督卡,使用专用票据向各农户筹集一事一议资金3100多万元,全县筹收率96%,所筹资金全额上缴到区(镇)农经站专户储存,按照议立事项进行列支核算。海安对各区(镇)申报的83个奖补项目,落实招投标管理,明确监管责任,实时跟踪施工,建成逐项钻孔检测,保证工程质量,顺利通过省综改办组织的验收,并获省一事一议奖补配套资金1881万元,其中奖励建设资金120万元。

(孟圣山)

公共管理

Public Administration

乡村的早晨　毛平平绘

◎责任编辑　季陈娟

人口管理

县公安机关围绕社区警务前移战略,扎实开展实有人口管理,制定与新型社区管理相配套的实有人口管理工作制度,以人口实际居住地为主开展入户调查、信息采集、矛盾化解、防范宣传等工作。突出治安类重点人员动态管控,实时采集重点人员现实表现,掌握动态。创新流动人口管理服务机制,推行特殊情形居住证优先办理和送证上门服务。建立起建筑工地、用工单位流动人口报备制度,健全日常管控机制,切实掌握流动人口数据。优化实有人口户籍服务,将临时身份证制证全面下放至派出所办理。年底,全县实有人口981669人,其中,常住人口941794人、流动人口39875人。全年办理居住证8361张、身份证35146张。 (席国栋)

计生服务

【概况】 2014年,海安符合政策生育率99.40%,流动人口服务管理率95%,优质服务率95%,计划生育奖励政策兑现率100%,人口信息化建设指数95%以上,免费孕前优生健康检查覆盖率90%,人口文化知识普及率90%,生育关怀居家养老服务率85%,生育关怀心理援助服务率80%。1月10日,全国计划生育家庭扶助关怀工作会议在南通召开,与会代表参观海安县角斜镇生育关怀圆梦养老院。4月,在城东镇召开计生证件村居代理办理现场会,至年底,全县区镇全部实现计生证件村居代理办理。

【实施单独两孩政策】 3月28日,江苏省全面实施单独两孩政策。4月2日县召开实施培训会,4月4日在《海安日报》人口纵横栏目专题介绍单独两孩政策及办理事项,同时,利用广播电台、网友论坛、微博、微信、QQ群、手机报等新媒体宣传单独两孩政策及办理程序等。《民生热线》及时报道单独两孩政策实施情况,并专访人口计生委主任、部分拟生育的城镇单独夫妻。4月15日,为墩头镇仇湖中学一对符合条件的夫妻现场颁发出海安第一张单独两孩生育证。4—12

4月15日,颁发出的海安第一张单独两孩生育证 (县卫计委 提供)

月,办理364对城镇单独夫妻再生育审批。

【幸福家庭计划】 人口文化建设纳入政府年度差别化考核。7月,启动"大美海安·幸福家庭"人口文化系列活动,开展"快乐双胞胎、欢乐度暑假宝贝风采秀"等十大系列活动。9月,专题召开人口计生领导小组会议,印发《关于全面深入推进幸福家庭计划的意见》《海安县全面深入推进幸福家庭计划实施方案》。是月24日,在曲塘镇胡庄村召开幸福家庭计划暨人口文化系列活动推进会,表彰22个示范村居和48户幸福家庭。

【免费孕前优生健康检查】 全年检验、分析评估、随访4342对新婚及拟生育二胎对象,面对面指导高危人群563对。对全县拟生育二胎的未孕对象独立完成孕前优生检查的19项全套筛查。两次接受省实验室室间质控均获得优秀成绩。9月12—18日,开展以"预防出生缺陷从孕前开始"为主题的出生缺陷预防宣传周活动。

【第二个免费避孕药具优质服务月活动】 1月16日至2月24日,组织开展以"药具服务均等化,真情关爱你我他"为主题的"免费避孕药具优质服务月"活动。全县利用广播宣传40次,集市宣传服务12次,发放宣传资料2万多份,免费发送避孕药具2340副,接待咨询70多人次。对55名春节未返乡的育龄夫妇登门服务,为1100多名流出返乡使用药具的育龄妇女发放宣传资料、送药上门、进行随访。组织各镇对40岁以上的服药人员进行量血压、称体重等健康服务,对其中20多名血压、体重超标的人员动员其更换避孕措施。

【走进计生特殊家庭主题活动】 以纪念"5·29"为契机,县镇组织开展"走进计生特殊家庭"为主题的活动。开展集中宣传服务20多场次,参与的计生志愿者及会员2400多人次,为计生特殊家庭提供心理疏导、健康检查、慰问救助、帮收帮种等服务780多户次,赠送羊羔36只、送化肥农药等家用物资6000多公斤,帮收帮种530多亩。

【流动人口"三送三帮"活动】 通过信息采集,建立完善档案,提高人员入库率,登记流入人员10262人,其中女性5045人;流出人员42180人,其中女性8043人。工作中坚持便民原则,开展"三送三帮"活动,即"送政策、送宣传、送服务,帮学到人,帮困到户,帮扶到位"。利用务工人员集中返乡、探亲等有利时机,利用广播、手机短信、横幅、标语、文艺演出等宣传载体,在菜市场、商贸区、车站等人流集中区设置咨询点,投放宣传品,发放宣传品1.2万余份,悬挂横幅标语30多条,开展生殖健康服务4516人次,办理流动人口婚育证明615本。春节期间，各镇牵手关工委、工会、妇联等组织，由退休教师、志愿者为40位在海安过节的流动人口子女和留守儿童义务辅导功课；组织亲情志愿者慰问未能返乡过节的流动人口留守困难亲属。

【奖励扶助】 1月，组织各镇集中登记新增的奖励扶助对象、特别扶助对象、持证退休职工、持证城镇老年居民四类对象。经村级审议、镇级审核、县级审批，全县新增奖励扶助对象8814人，特别扶助对象317人，持证退休职工3710人，持证城镇老年居民128人。全年向47021人发放奖励扶助金6191万元。完成奖励扶助系统身份证号升位等相关信息的更新工作。

【圆梦养老院管理】 圆梦养老院按月核定住宿人员住宿天数，按季核发住宿补助和用工补助。5月14—15日，会同县财政局相关科室督察圆梦养老院资金运行情况，调查入住人员满意率，及时整改发现的问题。同时，依托民政建立的村居居家养老服务站平台，围绕“失独”“独残”等计生特殊家庭居家养老，建立网络和制度，逐步拓展服务。

【“连心家园”项目】 海安被省计生协确定为“连心家园”项目点。3月底，举办“心灵家园心理援助骨干培训暨团体疏导示范”活动，邀请县外专家及县心理协会人员参与培训示范，推动全县计生特殊家庭心理援助工作的深入开展。10月，召开“连心家园”培训会，安排与会的各镇计生助理、协会工作人员及心理协会人员参观李堡镇心灵家园志愿服务站，交流探讨下一步工作。

【计生系列保险】 全县完成保险87688份，投保额343.69万元(人寿295.475万元，太平洋48.215万元)。其中，“全家福”保险3.54万份，投保额177.7万元，平均每村168分；独子费转型保险50142份，投保额155.27万元；母婴安康保险2146份，投保额10.73万元。全家福保险理赔114.56万元，理赔率65.21%，角斜、南莫镇理赔率超过90%，角斜镇98.81%的理赔率。11月13日，县计划生育协会被江苏省卫生和计划生育委员会、中国保险监督管理委员会江苏监管局、省计划生育协会表彰为全省计划生育系列保险工作先进单位。

(徐春勇)

人力资源管理

【公务员管理】 县人社部门配合上级主管部门完成公务员招录报名、面试、体检、政审等工作，全县有6800多人报名，2200多人具备报考资格并缴费参加笔试，141人参加面试，47人通过面试进入体检、政审，最终录用47人。组织全县新录用公务员及新分配公安干警60人进行初任培训和岗前培训。

【事业单位人事管理】 全县新招聘事业人员163人，其中县、镇属事业单位61人，医疗卫生系统57人，教育系统45人。稳步推进事业岗位设置管理工作，严格按照岗位数聘用人员。事业单位聘用合同签订率100%，岗位设置和人员聘用信息入库率98%。严格按照相关政策，办理各类事业单位人员流动208人次。全年举办事业单位人事管理干部业务培训2次，印发《事业单位人事管理文件汇编》。

【科技人员管理】 新增专业技术人员3100人，职称评定通过2798人，其中，正高级30人、副高级254人、中级656人。首次开展职称评审面试网上远程视频答辩，方便单位和申报人。第四轮公需科目培训网上学习新增2000人，发放继续教育证书3000本，晋升验证2000人。开展区镇企业职称知识培训活动，培训企业职称管理人员400多人。加强人才载体建设，海迅集团申报省博士后创新实践基地并通过，全县博士后工作站7家，其中国家级1家、省级6家。苏中集团、天楹集团创建市专业技术人员创业示范区并通过验收。

【人事考试培训】 完成机关事业单位岗位工人考核工作，2人申报高级技师评聘考核，3人申报技师评聘考核，49人申报岗位升级考核，265人报名参加机关事业单位工人第三轮继续教育培训考核。完成职称资格考试现场审核工作，现场审核经济师报考材料近500人，合格400多人；审核二级建造师报考材料1600多人，合格1200多人。完成教育、卫生以及各单位招聘考试，近1500人参加笔试，近600人参加面试。

【工资管理】 提高公务员津贴补贴标准和事业人员绩效工资总量水平，调整公务员津贴补贴3345人次，事业人员基础性绩效工资12282人次，同时相应提高垂直管理部门公务员津补贴标准。完成机关事业单位正常晋升工资工作，全年调整1.62万人次。核定新进人员工资待遇，其中，公务员71人、军转干部26人、事业人员227人、青年后备人才9人、优秀村支书7人。办理机关事业单位421人退休手续，其中，机关公务员128人、事业单位人员293人。举办一期工资福利业务及工资管理软件培训班，120人参加培训。

【军转安置】 全县接受军队转业干部28名，其中，副团职干部5名、营职以下干部16名、技术干部7名，全部得到妥善安置。 (谢志军)

【退役士兵接收安置】 2014年，接收并妥善安置退役士兵491人，退役士兵职业技能培训报名率99.4%、参训率99.3%、就业率98%。积极助推退役军人创业，制定出台《退役军人创业工作实施办法》，41个创业项目通过县全创办评审，其中达到星级的项目27个。

(夏宏年)

【公共人力资源市场】 全年举办实体招聘会104场，其中，大型招聘会11场、行业专场8场、重点缺工企业专场11场，进场招聘单位681家次，提供就业岗位36348个，累计进场求职20多万人次。海安就业网有效注册个人会员9992人、审核通过单位会员1027家，全年发布求职信息61610条，访问量300多万人次。掌上就业、数字电视就业频道正常运转，远程招聘充分应用，职业指导应用子系统开发公开招标。海安就业微网站、海安就业微信公众平台上线运行，云就业手机平台初步方案形成。

【人才招引】 组织611家次重点企业赴外招聘63场次，收到毕业生求职材料10260份、求职简历5241份，达成到海安就业意向1600多人，引进高校毕业生5281人。组织高校大三、大四学生到海安就业实习1400多人。邀请24位高校学生处处长参加“创新创业在海安”活动，并聘任为创新创业指导员。企业人才站新吸纳55名重点企业优秀人才，人才公寓二期申购工作全面启动。弘扬海安人“向上、法治、诚信、勤奋、创业”的优秀特质，开展“十佳海安之子”评选活动。

【人才项目】 启动2014年度留学人员科技活动项目择优资助经费申报工作，组织开展海外高层次人才和项目需求信息征集工作，帮助6家重点企业申报21项岗位、专业、工作内容及方向需求，提供37个硕士以上高层次人才需求。申报引进国外技术、管理人才项目10个，入选7个，其中1个项目被列入国家级。盟芯微电子、铁锚玻璃、蚕种场3家企业获得国家级、省级引智资金计划，海迅集团、华源氢能、万宝集团3家企业入选市引智项目，海安县蚕种场成功申报并取得省引进国外智力成果示范推广基地命名。组织申报省创业类博士集聚计划3个，1人成功入选。组织9家重点企业申报省六大人才高峰项目12个，2个项目入选。 (谢志军)

【实施“海纳英才”行动】 出台《关于进一步加强人才队伍建设的补充意见》和《海安县引进创业类高层次人才资助实施办法》，重点扶持高端人才实施产业化项目。组织开展高层次人才招引活动。先后组织电梯、新材料、电子、机械、轨道交通、节能环保等行业200多家次企业赴天津、北京、上海等地高校开展产学研暨人才对接洽谈活动40多场次。5月，举办“创新创业在海安”活动，8位院士、40多名国家“千人计划”专家和海归人才、500多名专家教授和投资客商参加产学研和人才对接活动，签订产学研人才合作项目50个、高新技术项目30个，省委组织部副部长胡金波应邀出席并对活动给予肯定。组织海外专家行活动。10月，美国加州专家协会一行5人到海安考察，并进行对接洽谈。全年引进国家“千人计划”等顶尖产业人才16人，高层次人才267人。

1月24日，“学子归巢”返乡大学生岗位对接洽谈会 (县人社局 提供)

【实施“学子归巢”行动】 加大高校毕业生引进力度，制作《百川归海、圆梦未来》的宣传光盘及企业宣传手册，先后组织春节返乡大学生“学子归巢”岗位对接等人才交流活动，组织136家次重点企业参加西安、安徽大型人才招聘会、“感恩江海、发展南通”——2014年高校毕业生春季交流大市场、上海春季人才交流洽谈会暨长三角地区高校毕业生就业招聘会、上海理工大学校园招聘、“才聚海陵”暑期公益性高校毕业生专场交流会等活动。组织81家企业与录取普通高校学生签订定向培养协议，首批签订500人；组织1000多名海安大学生利用暑期到县内重点企业就业实践。聘请北京大学等重点高校人才科技部门负责人50人担任创新创业指导员。

(吉清海 谢志军)

老年服务

【养老服务体系】 制定出台《海安县养老服务体系建设实施意见》，明确养老服务工作职责和要求，促进养老服务体系政策的落实。在全市率先实现“星级敬老院”全覆盖，海安镇胡集敬老院、墩头镇敬老院、白甸镇敬老院通过省三星级敬老院检查验收，曲塘镇敬老院被评为全国农村五保供养工作先进单位。大力扶持社会力量兴办养老机构，2014年建成并投入运行的海安县福康爱心护理院，集医疗、养老于一体，拥有专业护理型床位216张，至年底收住老年人50多名。年底，全县养老总床位6920张，每千名老人拥有养老床位28.5张。

【居家养老“一助一”服务】 镇、社区(村)居家养老服务中心(站)全面建成，全县纳入“一助一”居家养老政府购买服务对象1024人，服务满意率95%。养老保障范围不断扩大，全县有老年人口24.46万名，80周岁以上享受“尊老金”人数3.75万名。居家养老志愿服务活动持续开展，2014年，海安民政福缘志愿者服务大队先后组织开展为辖区内孤寡、空巢老人送医送药、家政服务、文艺演出等活动13次，参加人数785人次，服务群众962人次。县居家养老“一助一”服务被评为省现代民政建设创新成果。

双拥优抚

【“两证”换(补)发】 根据民政部要求，年内对所有残疾军人(人民警察)证和烈士证明书换发新证。年初结合海安实际情况，制定实施方案，召开民政工作会议，下发《关于做好烈士证明书换发(补发)工作的通知》和《关于做好残疾军人证换发工作的通知》，部署县“两证"换发工作。至9月底,全县残疾军人证全部换发到位,换发残疾证768份;12月,完成残疾人民警察证换证13本,完成烈士证明书的换证、补证,全县换烈士证852份(本)。

【烈士公祭】 9月30日是首个烈士纪念日,全县组织公祭烈士活动。四套班子全体成员、驻海部队、烈属代表和社会各界代表600多人参加公祭仪式,县委书记陆卫东发表讲话,县委副书记、县长顾国标主持仪式。各镇组织机关干部、烈属代表等在镇烈士陵园举行公祭活动。

【分散烈士纪念设施改造】 年内,做好14家镇烈士陵园和慰烈园整体规划,筹措资金近800万元,用于陵园建设。所有慰烈工程建设项目都通过规定立项、政府采购、竣工验收和工程决算审计,经县审核、县财经小组审批后,拨付资金。至年底,角斜、城东、曲塘、雅周、李堡、白甸6个镇完成年度改造任务,另有3个镇在建设之中。同时按"四有"(有制度、有专人、有经费、有考核)标准,建立长效管理机制,推进慰烈工程管理规范化、常态化、制度化,实现陵园提档升级。

【优抚对象身份认定】 严格按照省民政厅文件精神,做好伤残人员伤残鉴定,认真审查申报对象,认定每一个申报人员的资格,调档审核每一份申报材料,确保无差错,上半年申报20名,其中,新评2名,补评残3名,调残12名,换证3名。按省市要求,先后组织伤残人员赴南通、无锡等地进行伤残鉴定,最终符合条件的11名获省民政厅审批发证。下半年,对申报的7名伤残人员组织鉴定。

各镇按照上级文件精神,认真调查带病回乡退伍军人,严格审核申报材料。县民政局组织人员到各镇人武部和人社局,调档复核每一位申报人员的材料,确保申报材料与档案一致,与真实情况一致。在核实基础上,组织25名申报人员集中到南通进行病情鉴定,22人通过体检鉴定,后组织材料报市、省民政部门审批,解决部分在部队期间患病的退役军人生活困难。

另外,及时做好60周岁农村籍退役士兵、烈士遗属、已故复员军人配偶、参战参核人员身份认定和抚恤补助金发放工作。

【优抚对象康复疗养】 根据省民政厅和市民政局安排,4月、5月,县组织四批140名解放时期的复员、伤残军人到南通紫琅医院进行短期康复疗养;下半年,组织6名伤残军人参加市假肢站组织的浙江杭州短期疗养。疗养期间,开展健康体检、疾病诊治、爱国教育、参观旅游和文化娱乐等活动。

【优抚对象抚恤补助优待】 按优抚对象抚恤补助优待标准自然增长机制规定,10月1日起按不低于15%的标准调整抚恤补助标准。同时,按市要求,调整复员军人补助标准,抗日战争时期的复员军人从每月1050元提高到每月1845元,解放战争时期的复员军人从每月1000元提高到每月1720元,新中国成立后的复员军人从每月950元提高到每月1600元。义务兵家庭优待金从2013年12300元提高到2014年14150元。全年发放优待金和现役军人立功奖励金1857.4万元。

【优抚对象医疗保障】 做好重点优抚对象参加医疗保险工作,全县重点优抚对象参保率100%,同时县民政局为所有重点优抚对象缴纳意外伤害保险。完善优抚医疗费一站式结算工作,优抚对象出院时,其参保的报销补偿、医疗机构的优惠减免、大病医疗救助等同步落实、即时结清。优抚对象住院基本医疗费报销率95%。

实施大病二次救助。年初,对2013年度患大病的优抚对象给予二次救助,县民政局向个人自付医药费5000元以上的140多名患大病、重病优抚对象发放救助款90多万元,对个人自费5000元以下的对象各镇也进行救助;12月,救助2014年度患大病的520多名优抚对象,救助金额160多万元。

4月,为全县重点优抚对象进行免费体检。各镇于5月10日前完成体检工作,全县3758人参加体检,其中70人查出重大疾病。

【修配康复器具】 4月、11月,市假肢站专程到海安为71名伤残军人修配假肢、病理鞋、腰围等辅助器具。年内,县继续开展夕阳关爱工程,采购86.84万元电动三轮车、制氧机、呼吸机、护理床、轮椅、助听器、手杖等577件康复器具,在"八一"前夕发放给400多名优抚对象。

【"一助一"扶优工作】 继续开展"一助一"帮扶困难优抚对象活动,对县级机关、县属企事业单位的帮扶对象、帮扶任务作调整,确定县级帮扶对象308名、市级帮扶对象102名、镇级帮扶对象612名。各级机关、企事业单位采取有效措施,切实为优抚对象解决实际困难,坚持春节和"八一"期间上门看望,全年帮扶资金或慰问金每人不少于800元。全年帮扶资金物资50多万元。

社会行政管理

【婚姻、收养登记】 2014年,办理结婚登记7001对,离婚登记1163对,补领登记893对,出具婚姻登记证明4667件,婚姻登记合格率100%。全年办理收养登记62例,登记合格率100%。

【殡葬管理服务】 7月1日起,在减免460元基本火化费的基础上,又免除遗体接运费。同时,细化惠民殡葬减免流程及结报程序,到县殡仪馆直接免费,方便群众。继续开展殡葬服务单位行风建设"回头看"活动,殡葬服务单位行风建设取得实质进展。

【区划地名管理】 全面贯彻执行新颁布的《江苏省地名管理条例》,停止使用2005年出台的《海安县地名管理办法》《海安县地名有偿使用办法》《海安县城镇地名命名更名实施意见》。全年核准公用地名7条、房地产项目地名7条。加强行政区划界线管理,与毗邻5县市区分别开展平安边界创建和界线联检活动。在全市开展新标界桩更换试点工作,设置新标界桩6个。

村级组织和社区建设

【"为民服务中心"建设】 全面启动以"一站式社区服务管理站、卫生服务站、居家养老服务站"为核心的村级为民服务中心建设。采取“月检查、季考核、年评估”的办法,逐镇逐村现场督察,强势推进为民服务中心规范达标建设。2014年57%的村达建设标准。

【“政社互动”签约】 县委办、政府办下发《关于在全县推行政社互动促进基层社会治理方式创新的意见》,将村居事务梳理为“基层村居委会协助政府工作事项”和“基层群众自治组织依法履行职责事项”两份清单,其中基层协助政府工作事项,必须由政府委托村居委会开展服务。全县8个镇签订委托服务协议。

(夏宏年)

民族宗教

【概况】 全县有少数民族36个,常住人口2780人,少数民族外来务工人员2097人。佛教、道教、基督教、天主教、伊斯兰教五大宗教齐全,全县设立宗教活动场所16处,信教群众10万多人。古林禅寺和报恩寺获批重建,8月13日古林禅寺开工建设;圆通寺万缘宝塔落成庆典;12月底,经南通市旅游局检查评定,新藏寺获批为国家AA级旅游景点。各宗教活动场所募集资金1063万元,用于完善宗教活动场所设施。其中,超过百万元的有广福寺342万元、护国寺153万元、惠民寺139万元、圆通寺100万元。年内,建设施工较大的工程有南莫护国寺投资200万元建设中的藏经楼、圆通寺万缘宝塔主体竣工后室内装修和环境的整治、惠民寺的东厢房、李堡佛教居士林的大雄宝殿和观音殿等殿堂。支持教职人员参加地方成人院校、宗教院校在职培训活动,先后有18人参加南京大学、扬州大学、中国佛学院栖霞分院、南京金陵神学院的脱产或函授学习。全县举办读经典、练书法、学写作等培训班16期,提升僧人文化素质。民宗信息工作全市领先,全年上报国家、省、市民宗局信息206条,获省民宗网站录用129条、国宗局网站录用2条,位居全市第二。县民宗局被省政府表彰为全省民族团结进步模范集体。

【少数民族扶贫解困】 5月起,县民宗局配合县人大民宗侨台委再次调查全县少数民族家庭状况,并将少数民族扶贫工作列入2015年的“帮村帮户”大活动中。利用省民委下拨的50余万元少数民族扶贫资金,在墩头镇苏中纺织有限公司、角斜镇五虎织网厂、曲塘镇好福来食品有限公司、角斜镇穗邦食用菌有限公司、雅周镇惠农草制品专业合作社、南莫镇砖桥村经济合作社、海安镇夏岔村经济合作社、曲塘镇南通凯信家具有限公司等10个单位分别建立少数民族扶贫基地,照顾安排少数民族人员就业200多人。通过政府拨款、民间筹资等渠道筹集资金14万多元,走访慰问少数民族贫困家庭及贫困生160户次。政府下拨3万元解困基金,救助少数民族贫困家庭,每户慰问金400~1000元,慰问60余户。开展“金秋助学”活动,与市爱心人士取得联系,落实20名少数民族贫困生定向长期捐款,每月资助2人500元、4人300元,每年一次性资助14人500元。发动103家爱心企业与77户少数民族贫困家庭签订帮扶协议书,16家企业照顾安排16名少数民族妇女就业;帮助32户少数民族妇女成功创业;海安镇发动爱心企业向贫困家庭捐助资金每户2000元以上,有的达5000元;墩头、南莫等镇的结对企业扶助金额都在1000元以上。

【少数民族流动人员服务管理】 全县有近200人为青海、甘肃、新疆等地信仰伊斯兰教的撒拉、回、维吾尔族等少数民族外来务工人员。县民宗干部深入重点企业、单位、社区,向企业管理人员和社区干部宣传党的民族政策,要求企业尊重少数民族风俗习惯,维护少数民族同胞的权益,不得做任何有损民族团结的事。同时,逐一登记新疆、西藏流动经商人员,引导其依法经营,配合城管事先进行法制宣传引导,主动帮助安排摊位,避免矛盾冲突,年内新疆、西藏到海安流动经商的10多批次人员,未发生影响稳定的事情。每年斋节、古尔邦节,帮助在海安开办清真拉面馆的撒拉族、回族穆斯林群众联系宗教活动场所,并到场做好保卫和管理工作。帮助解决7名入学、入托和转学借读少数民族学生的学习问题,全年办理少数民族子女变更民族成分60名,办理中高考加分手续82名,群众满意率100%。

【星级宗教活动场所创建】 各寺观教堂加大环境综合整治力度,广福寺、圆通寺、惠民寺、报本寺、新藏寺等场所投入600余万元,改造升级和地面绿化。海安被市民宗局确定为宗教场所主要教职任职备案试点县,严格按照省、市宗教部门工作要求,认定、备案和登记全县宗教活动场所主要教职任职人员和实际负责人。6—8月,全县参加宗教活动场所主要教职任职备案4人,参加实际负责人登记12人,备案率和登记率均100%。各宗教活动场所狠抓内部管理,严格执行请假报告制度,坚持财务公开,全部建立接待室、问询处,设立意见箱和道风监督员,适时召开监督员评议会议,广泛听取服务意见。9月15日,市民宗局在海安召开宗教活动场所主要教职任职备案、星级宗教档案室和星级宗教活动场所创建工作现场推进会。全市10个县(市、区)民宗局领导、五大宗教团体负责人50余人参加会议,县民宗局在会上作创建工作经验介绍,与会人员参观广福寺创建现场。

【星级宗教档案室创建】 成立星级档案室创建工作领导小组,着重抓档案管理人员业务培训、档案设施建设、邀请档案专业人员到场所指导、召集场所负责人开会等四个环节。广福寺、报本寺、观音寺、护国寺、如来寺、新藏寺、镇海寺等7个档案室完成相关工作,全县投入近百万元,购买档案密集架等设备,基本符合档案管理工作要求。广福寺将历史资料整理上架。经市档案局验收,广福寺、观音寺被评为三星级档案室,如来寺、护国寺、报本寺被评为二星级档案室。

【法规宣传进宗教活动场所】 6月12日,县民宗局与县司法局组织海安维多利等10所律师事务所的律师,集中在广福寺为宗教教职人员和信教群众免费提供法律咨询服务,200多人参加活动。咨询的问题包括寺庙用地、用电、用水、养老保险、医疗保险、老人赡养、劳资、工伤赔偿等涉及寺观教堂权益和老年人权益保障等方面的问题。海安维多利律师事务所与广福寺、海安慧眼律师事务所与惠民寺现场签订法律服务责任书，承诺常年免费提供法律咨询服务。宗教活动场所法律服务站和民族宗教法律服务站分别在广福寺和维多利律师事务所挂牌。

【宗教慈善活动】 2014年，全县佛教、道教、基督教活动场所向社会捐款15万余元。8月，开展“金秋助学”活动，县佛教慈爱功德会向全县53名少数民族贫困生发放资助款4.9万余元；9月，开展“宗教慈善周”等系列活动，全县各宗教活动场所捐助资金1.6万元，受助人数450人。报本寺、观音寺、如来寺、圆通寺先后向周围特困群众送去救助金；护国寺出资7600元，购买月饼等食品送到当地敬老院。争取外援善款，上海青浦观音寺慧康法师（大公镇人）带领部分上海佛教信徒，资助大公小学20多名贫困学生和高新区孙庄街道10名少数民族贫困生，资助金额近4万元；上海嘉定曹王寺曙红法师（曲塘镇人）出资2万元到曲塘敬老院慰问100多名老人。同时，动员宗教界捐资助困，全县宗教场所和宗教界人士筹集善款4万余元慰问40多户特困家庭。

【圆通寺万缘宝塔落成庆典】 8月26日，位于海安城东镇的圆通寺万缘宝塔落成，同时举行佛祖舍利入塔供奉祈福法会。佛祖舍利由香港西方寺捐赠，是香港回归时中国佛教协会赠予的三枚舍利之一，也是江苏第三枚佛祖舍利，在圆通寺万缘宝塔永久供奉。108名法师聚集在万缘宝塔前齐诵《吉祥经》，18位高僧主法开光，祈祷世界和平、国泰民安。省民委、省宗教局和市委统战部、市民宗局以及县四套班子领导到会祝贺，香港佛教联合会执行副主席、香港西方寺方丈宽运大和尚，省佛教协会副会长秋爽、能开、俊才、昌鉴，以及上海、辽宁、广东和苏南等地60多处寺庙的大德高僧应邀参加佛像开光活动，参加庆典活动的香客信徒、善男信女5000多人。圆通寺始建于明朝万历年间，有500多年历史，2004年恢复重建。万缘宝塔为圆通寺标志性建筑，地面10层，地下1层，共11层，用三公斤黄金打造塔尖，塔高77.6米，为苏中地区最高佛塔。宝塔于2011年4月奠基，建设历时3年零1个月，宝塔的落成改写了海安有寺无塔的历史。

【宗教文化考察团赴港台活动】 12月26—31日，组建海安宗教文化考察团，政协主席朱春任团长，成员有政协副主席、县委统战部部长储开泉，统战部副部长、民宗局局长许明全，县委宣传部副部长、县史志工委主任董玉龙，政协文史委员会主任谢静，白甸镇党委书记周小军，县佛教协会副会长常融法师。考察团一行赴中国香港、台湾地区收集志开法师弘法的生平资料，先后到香港拜访道平法师，考察台北华严莲社和高雄佛光山等宗教活动场所，为建立志开纪念馆征集资料。 （唐仁礼）

信　访

【概况】 2014年，全县群众到县上访688批3291人，同比，批次和人数分别下降30.5%、29.8%。上级通报县发生越级上访总量17批25人次（居全市末位），同比，越访批数和人次分别下降78.5%和80.8%，无去省集体访（全省唯一）、无到市集体访。圆满完成各级“两会”、南京青奥会、党的十八届四中全会等重大政治敏感时期信访维稳工作任务。4月22日，在全市信访工作会议上，海安作《畅通渠道、创新机制，切实解决好群众合理诉求》经验交流发言，市联席办专题全文印发，在全市推广。县信访工作获全市信访目标绩效管理综合考核“十年冠”，连续三年获全省信访工作绩效考核优秀等次，获省嘉奖。

【领导接访下访制度化】 坚持领导信访接待日制度。县委、县政府负责人轮流于每周二、周五在县信访局接待来访群众，接访情况在每日的《昨日要情》上体现；推行乡镇党政领导挂牌群众点名接访制度，各区镇和部门每个工作日安排1名负责人在各区镇、部门信访接待室接待来访群众，将群众信访诉求解决在基层。完善“到镇赴村下访”工作日制度。每月第二个周五为县、区镇（部门）负责人固定赴镇下访接访日，到分工联系的区镇接待来访群众。深化基层信访代理制度。在全县建立上下联动、立体覆盖的三级代理网络，帮助群众代理、代办各种复杂事务，切实解决信访诉求，及时疏导和化解矛盾。

【矛盾纠纷排查化解常态化】 构建点、面、条、块相结合的排查工作网络。点，即针对重点问题、重点人群，重点方面；面，即开展全面排查，确保全覆盖；条，即以部门为主，排查问题；块，即以区镇为主，按照“属地管理”原则，确保本地区和谐稳定。完善日、周、旬、月相结合的排查工作机制。各区镇、公安部门每天实行“日报告”“要情快报”制度，发现不稳定因素随时报告；各区镇、部门每周集中排查一次矛盾纠纷，县信访联席办各个专项工作小组每旬开展一次集中排查；县联席办、县信访工作领导小组办公室每月对排查出的问题实行集中书面交办，重要时期即时交办。

【开展领导包案化解工作】 县委办、政府办下发《关于在全县开展“践行党的群众路线·做好领导包案化解”工作的实施方案》，县联席办在认真排查梳理的基础上，将2013年后发生的进京访和去省上访案件全部纳入领导包案处置化解范围，以联席办形式书面交办64件重点问题。同时，县联席办牵头组织联合督察组，定期督察领导包案化解工作推进情况。

【推进矛盾纠纷排查化解专项行动】 县委办、政府办下发《在全县开展矛盾纠纷排查化解专项行动的实施方案》。县、区镇均制定完善应急预案，成立应急处置工作队伍，确保5分钟内快速出击，处置区域突发事件。县委宣传部、县公安局、县互联网中心对网络舆情实施24小时监控，宣传“正能量”，对一些不利于社会和谐稳定的负面帖子，做到及时发现、快速处置、妥善应对。县委、县政府派出10个督察组进驻各区镇，实行不间断督察，发现问题立即督促整改。

【重要时期信访稳定工作】 南京青奥会、党的十八届四中全会等重要时期的信访维稳工作实现“零越访”的工作目标，得到省、市通报表扬。期间，一律实行

“一日三报”及“零报告”制度,对各种不稳定因素实行拉网式、地毯式、不间断滚动排查,并集中交办,明确领导包案和处置、稳控要求。并结合县领导下访和接访活动,带案下访,综合施策,限时办结。同时,各区镇、部门成立信访应急工作小组;县联席办从重点镇和部门抽调人员,组织到汽车站、火车站等重点场所参与信访值班应急工作;县成立专门驻外应急组,有效化解和处置越访问题。

(钱海兵)

社会信用

【概况】 2014年,全县40家企业通过省级信用管理贯标,7家企业获评市级信用管理示范企业,至年底全县有95家企业取得省级信用管理贯标证书,12家企业成为市级信用管理示范企业。海安在南通市县(市、区)中率先建成公共信用信息二级平台。 (县发改委信用办)

【企业信用建设】 加大企业年报宣传力度,引导8万多家企业、个体户自主年报。注重打造企业信用高端品牌,在指导12家国家级“守合同重信用”企业通过复查的基础上,新培育3家国家级“守合同重信用”企业,稳居全市第一。发挥动产抵押和股权出质两大登记职能助企融资22.33亿元。 (丁晓峰)

【药品安全诚信体系建设】 11月,按照《零售药店药品安全信用等级评价标准(试行)》,在企业自查自评的基础上,结合日常监督检查、药品不良反应监测报告、药品进销存数据上传、执业药师履职和行政处罚等情况,组织开展药品经营企业信用等级评定工作,评定出守信(A级)药品零售企业216家、基本守信(B级)药品零售企业21家。开展“十佳医院药房”“十佳药品零售企业”和“十佳药学技术人员”评选活动。9月,初审参评申报单位和申报人,确定候选单位和候选人,在《海安日报》公布候选名单、投票办法等。11月,根据投票情况确定评选结果并进行表彰。 (徐松明)

【推进诚信建设制度化】 印发《海安县推进诚信建设制度化实施意见》。开展“诚实守信”专题教育活动,推进诚信文化进家庭、社区、单位。推进社会征信体系建设,全面汇集整合政府在公共管理、公共服务、行业服务中依法可公开的信用信息,方便企业和个人查询自身信用状况和相关失信记录。推进诚信经营“一十百千”创建活动,营造放心消费、守法经营的市场环境。建立红黑名单发布制度,各职能部门通过自身系统平台和报纸、广播、电视、户外电子屏等媒体以及单位网站,发布诚信行为“红名单”和失信行为“黑名单”,逐步建立企业诚信“红黑榜”、个人诚信“红黑榜”,以及孝道“红黑榜”等分类榜单。同时,利用新闻传媒进行舆论监督。

(涂开生)

公共安全管理

安全管理

【概况】 2014年,全县上报事故504起,事故死亡107人。其中,道路交通事故214起,死亡104人;工矿商贸企业和建筑业发生安全生产事故3起,死亡3人;火灾事故287起。消防、农机、海洋渔业、铁路运输均未发生死亡事故。全年未发生一起死亡3人以上的较大事故,各项事故指标均控制在市政府下达的目标管理范围内。海安被农业部、国家安监总局表彰为全国平安渔业示范县;全县安全生产工作全市考核综合排名第一,被市政府表彰为2014年安全生产目标管理先进单位;县安监局连续三年被省安监局表彰为全省冶金等工贸企业安全监管工作先进集体。全市化工企业管理现场会在海安召开,“打非治违”工作经验在《中国安全生产报》上介绍。

【化工企业安全管理】 贯彻落实市安委办《关于立即开展化工等工矿商贸企业安全专项检查工作的通知》精神,及时召开有关会议,布置开展以化工企业为重点的安全大检查,重点在化工企业中开展项目审批手续合法性专项检查,约谈提醒化工企业主要负责人专项行动,化工(作业现场)安全措施落实、规章制度执行、人员培训情况专项检查,化工企业应急处置和与区镇、部门联动情况专项检查,对存在可燃粉尘企业的专项检查等五大专项检查活动。推动化工企业二道门建设,做到生产区与非生产区分开设置。全县化工企业新建二道门(栏杆)67处,部分企业实现智能化管理。在前期实施重点监管高危工艺自动控制改造的基础上,对涉及“两重点一重大”(重点监管的危险化工工艺、危险化学品和重大危险源监管)企业再次进行提升改造,对存在易燃易爆介质正常生产时在线作业人数超过10人的独栋建筑采取措施,将在线作业人数控制在10人以内。全县需要进行自动化改造的38家化工企业均改造到位,67家正常生产的化工企业在线人员控制,除两家在12人左右外,其余企业均控制在10人以内。11月23日,全市化工企业安全管理工作现场会在海安召开,海安在会上作经验介绍。

【冶金等工贸行业安全管理】 在全县开展粉尘防爆专项治理、有限空间专项治理、液氨制冷企业检查整改专项行动,专题举办液氨制冷企业、冶金企业、粉尘企业主要负责人和安全管理人员安全管理知识培训班,聘请市安委会专家检查5家冶金铸造企业、18家液氨制冷企业、75家粉尘企业,全县冶金等工贸行业的安全生产状况明显提升。

【健全安全生产责任体系】 县委常委扩大会先后四次研究安全生产工作,强调重大节日和重点时段的安全稳定,组织学习习近平总书记关于安全生产工作的一系列重要指示和新颁布的《中华人民共和国安全生产法》。县政府常务会先后四次研究安全生产工作,专题讨论通过40条县级挂牌督办重大隐患。县委、县政府常务会研究出台《海安县安全生产工作“党政同责、一岗双责”实施办法》,强化党政领导安全生产工作职责。按照“属地管理”“谁主管、谁负责”的原则,各分管副县长向县长递交安全生产责任书,10个区镇、62个部门负责人向县政府递交安全生产责任状。印发《致全县生产经营单位主要负责人的一封公开信》分送至每个企业负责人,提醒其认真履行安全生产职责。

【基层安监机构和队伍建设】 县政府常务会专题研究同意安监系统在职在编人员享受国家规定的岗位津贴待遇，确保执法车辆到位，做到大镇2辆、小镇至少1辆。县编委会专题研究落实市委组织部、市编办、财政局、人社局、安监局《关于加强基层安全生产监管机构建设的若干意见》精神，决定各区镇安监机构单独设置，其中，高新区、开发区配备10名以上具有安全生产执法资格的人员，其他区镇配备6名以上具有安全生产执法资格的人员。滨海新区、曲塘镇、李堡镇安监站相继通过省级组织验收，全县10个区镇安监站有5个通过省基层安监机构能力建设验收。全县各街道和村(社区)均建立安全管理工作站，安全生产专(兼)职人员配备不少于1人，同时聘请区镇安全生产工作较好的企业及业务素质较高的企业安全员作为街道和行政村的兼职安全员，定期在辖区内组织安全生产的宣传、培训、检查等工作，发现安全隐患及时整改，并向上级安监机构汇报。

【安全生产行政执法】 组织日常执法检查324家，下达整改指令书202份，对148家生产经营单位的违法行为进行行政处罚，对7家生产经营企业或建设项目实施停产、停业整顿。推行联合执法，查处无证经营烟花爆竹违法行为5起、非法储存烟花爆竹违法行为2起、超量配送烟花爆竹违法行为1起、非法渠道进货4起、私自变更烟花爆竹经营地址6起，查获非法烟花爆竹1600多件(箱)。查处非法储存工业气体2起、非法储存油漆行为2起。查处未经批准擅自生产储存危险化学品1起、未经批准擅自经营储存汽油1起。

【坚持安全检查日制度】 每月7日，由县委、县政府一名负责人带队督察全县面上“安全检查日”活动开展情况，副县长带领各自分管部门负责人抽查所属企事业单位安全生产情况。结合元旦、春节、“五一”、国庆等重大节日以及夏季、冬季、“两会”等重要时段，适时开展安全生产大检查。自2001年4月确定每月7日为全县“安全检查日”后，已连续坚持开展166个“安全检查日”活动，适时联合县纪委、工会等督察区镇、部门检查活动开展情况，按月将督察情况在全县通报。在安全检查整改行动中，县纪委、县安监局联合督察提出的整改建议，由县委、县政府主要负责人分别作出书面批示，及时转发各区镇、部门，要求限期整改。同时，县委、县政府主要负责人多次带队深入一线开展检查。县四套班子其他负责人，各区镇和部门负责人参加各自分管范围内的安全检查。认真汲取如皋“双马”、昆山“中荣”事故教训，汇总各条线检查的情况及查出的隐患，每月一次书面通报，跟踪督促整改，确保发现一例、整改一例。

【实施安全生产政府购买服务】 发挥社会中介机构在安全生产工作中的技术支撑作用，邀请安全专业人士和专家，对重点工程、重点项目、重点企业进行安全检查服务。10个区镇与中介机构签订购买安全服务的协议，检查服务规模以上企业和重点建设项目900多个。县安监局与安全技术服务公司签订安全服务协议，对42家红色企业聘请专家开展专业化、制度化检查，推进隐患整改闭环管理，强化安全监管实效。

【“七打七治”打非治违专项行动】 下发《海安县“七打七治”打非治违专项行动方案》，专项行动从8月中旬开始，12月底结束，分动员部署和自查自纠、集中打击整治、巩固深化3个阶段，重点开展油气管道、危险化学品、交通运输、建筑施工、消防、海洋渔业、非法设计和无资质设计7个行业领域打非治违行动。专项行动期间，要求实行“一案双查”制度，严格责任追究，即同一企业1个月内发现2次严重非法违法行为的，一律予以关闭，并严肃追究企业主要负责人的责任。吸取昆山“8·2”事故教训，组织开展铝镁加工等涉及可燃粉尘作业企业安全生产隐患排查整治，要求铝镁机加工企业立即停产，达不到安全要求不得开工生产。对“七打七治”过程中发现的非法违法行为零容忍，一律停产整顿、关闭取缔、上限处罚和严厉追责。下发整改指令书245份，行政处罚105家生产经营单位的违法行为，关停7家生产经营企业，查处建筑业违法案件3起、违规违章案件16起，关停51家“三合一”场所，行政拘留违反消防法人员25人、酒驾69人，查处危化品运输违法行为47起、水上违法施工3起。

【“安全生产月”主题活动】 在新世纪广场举办安全生产咨询及万人签名活动；在《海安日报》开辟专版，13个专项治理牵头部门连续报道安全生产工作推进情况，县公安消防大队、县住建局、县供电公司连续刊登火灾、燃气、用电安全常识；组织3万人参加“安康杯”安全知识竞赛活动；组织各区镇、部门、单位悬挂安全生产横幅、张贴安全生产标语3000多条(张)、举办安全生产专题讲座、向全县广大手机用户发送安全生产公益短信。县安监局在市安监系统第五届行政执法大比武活动中获团体第一名和专项执法竞赛第一名。

【企业安全标准化创建】 开展“百镇助百企”“安全社区”“安全文化示范企业”等创建活动，促进从业人员熟知岗位危险、危害因素，熟练掌握操作规程和应急处置方法。在高危行业和其他行业的重点企业，全面推行以岗位达标、专业达标和企业达标为主要内容的安全标准化创建活动，督导企业加强全员、全过程、全方位安全管理，严格执行安全标准，规范安全生产行为。全县576家企业通过安全标准化三级评审，其中，浙江油田海安采油作业区通过国家安全标准化一级验收，西蒙电气(中国)有限公司、海安县益岷烟花爆竹有限公司、中石化江苏油田海安采油站、江苏威尔曼科技有限公司、江苏鹏飞集团股份有限公司5家企业通过省级安全标准化二级验收。全县三级达标工贸企业1193家，其中，一级标准化企业1家，二级标准化企业6家。小微企业注册申报数532家，达标287家。

【应急管理体系建设】 组织相关部门修订完善重点领域应急救援预案，编制安全生产总体预案1个、专项预案12个、子预案14个，全县有401家生产经营单位应急预案在县级备案，其中，一般工业企业预案备案168家，危险化学品生产经营单位预案备案233家。重点组织全县化学品泄漏火灾事故应急救援演练，县四套班子领导参加演练活动。

(郭垂国)

【安全监管】 海安质监局推行食品安全“三位一体”(食品监管、检验检测、行政执法)监管模式,组织开展大桶水、豆制品、明胶、添加剂、肉制品等20项专项整治,全县213家企业接受省市级监督抽查267批次,合格率97.4%。开展《特种设备安全法》宣传及特种设备安全知识进校园活动,召开全县特种设备生产单位负责人会议,落实特种设备生产单位安全主体责任,签订使用单位安全责任承诺书163份,900多家特种设备使用单位进行自查自纠。开展气瓶安全专项治理工作,检查气瓶检验充装单位35家次。开展电梯使用维保专项治理工作,电梯维保单位自查自纠20家,抽查电梯使用单位21家。

(付 景)

农产品安全监管

【农产品例行监测】 全年完成省级例行监测抽样送检蔬菜180个样,畜禽及产品90个样,生鲜乳10瓶,全部合格。县农检中心全年抽检3703个样品,完成70977项次监测。其中,蔬菜药残监测抽检40个品种,2896个样品,平均合格率99.0%;水果药残监测抽检8个品种,20个样品,平均合格率100%;食用菌违禁物监测抽检5个品种,146个样品,平均合格率98.6%;生猪“瘦肉精”监测抽检100个样品,平均合格率100%;生鲜乳违禁物监测抽检41个样品,平均合格率100%;水产品药残监测抽检6个品种,500个样品,平均合格率100%。印发《海安农业——蔬菜药残检测专刊》12期。各区镇开展蔬菜产地检测样品总数5241个,平均合格率99.8%。

【举行检测技能比武竞赛】 9月18日,县农委在县农检中心举办海安县第三届蔬菜农药残留检测技能竞赛活动。全县各区农村工作局、各镇农业服务中心、全县主要蔬菜生产基地、县农副产品批发市场等近30名从事农产品质量安全监管及检测工作的人员参加竞赛。竞赛分理论知识考试和仪器操作考核两个部分,其中,理论知识考试采用闭卷方式,主要考查农产品质量安全法律法规、检验检测基本知识和实验室操作技能知识等;仪器操作考核项目要求选手按照标准,对所提供的青菜样品进行农药残留定性速测。最终大公镇农产品质量安全监管服务所张和兰获技能竞赛个人一等奖,大公镇、海安镇、雅周镇农产品质量安全监管服务所分获技能竞赛团体一、二、三等奖。

【县农检中心通过“计量认证监督评审”和“能力验证考核”】 1月18日,省质监局认证处组织专家考评小组对海安县农产品质量检测中心进行计量认证中期监督评审及地址变更评审。考核小组通过查阅资料、现场考察、组织考试、盲样检测等程序,依据中心组织和管理、资源配置和管理、检验实施和管理体系运行等方面的100项内容,逐一对农检中心的基本条件和管理体系的完整性、有效性和适宜性进行符合性审查。最终专家组认为海安县农检中心质量体系完善,相关工作规范,符合《实验室计量认证评审准则》要求,通过考核。12月5日,海安县农检中心参加省农、畜检中心组织的能力考核,并顺利通过。

(季应明 林爱华)

【建成“1234”架构农产品监管网格】 落实镇级农产品质量安全属地管理责任,出台《关于进一步推进农产品质量安全网格化监管工作的通知》,各区镇不断健全监管服务机构,按照定对象、定人员、定任务的要求推进网格化监管,开展“一屏、二图、三表、四责”建设,即电子显示屏宣传监管工作概况、农产品质量安全法律知识等内容;监管网络图和监管对象分布点位图,明确每一网格内监管人员和被监管对象的地理位置;区镇监管、检测人员联系表,村协管员联系表,被监管对象联系表,方便监管联系;制定镇监管机构、监管员、检测员和村协管员工作职责。

(储 亮)

【农产品质量安全工作考评获省一等奖】 1月16日,省农委畜产品质检中心主任姜加华带队,由省农委农产品质量安全监管局、无锡市农委农产品质量安全监管处组成的考评小组,考评海安2013年度农产品质量安全工作。市农委副主任范袁斌、监管处处长郭建华等陪同参加。考评采取听汇报、查资料、看现场等方式,重点核查县级和2个镇级资料档案、检测室建设,实地检查种养殖业现场和农资经营点。海安在67个县(市区)考评中获一等奖,位列全省第三。 (张小青)

【全国绿色食品原料(水稻、小麦)标准化生产基地通过年检】 年初,全县完成4家绿色食品续展企业(城东米业、横江精米、龙顺粮油、桃园粮油)检查、材料组织上报、网上录入工作,3家绿色食品企业(季和、东吴、百川)年度现场检查工作。10月,受省农委委托,市农委专家组对全国绿色食品原料(水稻、小麦)标准化生产基地进行年检,检查组到基地、龙头企业现场检查和听取工作汇报、看台账资料,对基地考核,海安以高分通过现场验收,同时对基地稻、麦产品进行检测,全部合格。

【省级农产品质量安全追溯管理示范单位暨“放心吃”网成员企业获认定】 6月24日,省农委认定南通新高果业有限公司、南通市龙顺粮油有限责任公司、南通市百味食品有限公司、南通季和米业有限责任公司、鑫缘蚕丝绸集团股份有限公司5家为省级农产品质量安全追溯管理示范单位暨“放心吃”网成员企业,5家企业根据要求均明确一名信息发布管理操作员,与南京旺睿信息科技有限公司签订技术服务合同,应用农产品质量安全追溯信息系统,按要求进行企业数据信息录入、图片上传、对外发布相关产品信息,开展品牌推介及在线推广工作。信息录入及时、完整、准确,加强日常质量监控,2014年度5企业产品质量零投诉。 (张小青 储 亮)

【创建全国农业综合执法示范窗口】 开展全国农业综合执法示范窗口创建活动,完善农业综合执法体系,提升农业综合执法能力。10月29日,南通市在海安召开农业综合执法体系建设现场推进会;10月30日,省农委副主任李俊超到海安检查创建全国农业综合执法示范窗口工作情况;11月27日,在东台举办的全省农业执法培训班上,海安介绍创建全国农业综合执法示范窗口准备情况。

（胡永生　陈兴惠）

【农业依法行政】 借助新闻媒体宣传农业法制，营造依法治农氛围。加强机关干部职工普法学习，提高行政管理水平。修订完善重大行政决策、法律顾问制度和农作物生产事故技术鉴定办法；加强行政执法监督，全年办结行政处罚案件53件、行政许可297件、其他160件，没有发生行政复议或行政诉讼。加强行政执法与刑事司法衔接，梳理出62个行政处罚转化为刑事处罚的标准、罪名。列出9类465个行政权力事项的清单，并向社会公开。推进行政权力网上公开透明运行，在老坝港设渔政许可审批服务中心，方便渔民。开展提质增效行动，对办理频率较高的42个行政审批服务事项进行流程再优化，在《海安日报》上公示。健全涉农、涉海矛盾纠纷调处机制，全年化解矛盾纠纷10多起，无积案、无上访。

（陈友强　储　存）

食品药品安全

【“假一赔十”服务承诺活动】 5月30日，在县城新世纪广场举办药品零售企业“假一赔十”诚信服务承诺活动启动仪式，全县172家药品零售企业签名承诺，递交《销售药品“假一赔十”服务承诺书》，承诺销售假药自愿按照药品货值10倍的金额赔付给消费者，增强药品企业质量安全责任主体意识，调动社会公众参与药品质量安全监督的积极性。

【药械安全专项整治】 先后组织开展药品安全风险“大排查”、医疗器械“五整治”、食品药品安全打假和暂停销售药品、药源性兴奋剂、中药鳖甲、隐形眼镜等专项整治行动，下达责令改正通知书，及时督促整改检查中发现的轻微违规行为，严肃查处违法行为。在医疗器械“五整治”专项行为中，检查生产、经营、使用单位242家，检查医疗器械350余批次，查获涉嫌经营、使用无产品注册证的医疗器械案件9起，提出处理意见300余条，下达责令整改通知书5份，送达行政警示书4份。开展食品药品安全打假专项行动，快检药品300批次，针对性抽样90批次，查获假药穿山甲粉、丹栀逍遥片和劣药复方丹参片、复方蛤青注射液等，专项检查暂停销售药品，发现4家单位存在违规销售现象，均立案查处。

【涉药案件查处】 全年完成药品抽样数216批次，其中，基本药物抽样100批，全部合格；监督抽样116批，不合格36批。立案查处各类案件51件，罚没款到账64.7万元。向公安部门移送涉嫌犯罪案件5件，配合公安部门辗转北京、上海、天津、武汉、深圳等地，抓获犯罪嫌疑人13人，捣毁假药生产销售窝点4个。查获“1·6”网络经营假药案，被公安部和省药监局列为督办案件，在上海、武汉等地抓获犯罪嫌疑人3人，查获“太田胃散”“便秘锭”等假药55个品种。查获“3·12”网络销售假冒进口抗肿瘤药品案，抓获犯罪嫌疑人2人，被公安部列为2014年深化“打四黑除四害”工作第二批督办案件，被省药监局列为督办案件。查获“5·7”网络销售“珍草活胰康”等假药案，其销售网络涉及江苏、北京、河北、辽宁、吉林、黑龙江、江西、海南、陕西等20多个省市，案值3900多万元，在北京、武汉等地抓获犯罪嫌疑人5人，被国家食品药品监督总局和省药监局列为挂牌督办案件。

【保健食品、化妆品监管】 全面检查40家保健食品和化妆品生产、经营重点企业，把好生产源头质量安全关，规范经营行为。组织开展保健食品安全风险隐患专项整治工作，现场监督检查2家保健食品生产企业、36家经营企业，抽查保健食品42个批次，快检15个批次，发现2个批次保健食品涉嫌非法添加药品，查处3起保健食品非法宣传行为。开展化妆品标签标识专项监督检查，检查1家化妆品生产企业、16家化妆品经营企业、3家祛痘美容院，抽查化妆品45个批次。开展化妆品不良反应监测工作，县人民医院、县中医院、县皮肤病医院3家哨点医院向市药监局上报化妆品不良反应报告77份。开展保健食品动态监测抽样工作，抽取样品40批次，经检测全部合格。积极开展“保健食品质量安全示范店”创建活动，全县16家保健食品经营企业被命名为保健食品质量安全示范店。

【食品药品安全知识科普宣传】 按照“六有”标准新建村（社区）科普宣传站126家，走进村（社区）、学校、企业、农村庙会等开展食品药品安全知识科普宣传活动30多场次；走进14个居民小区开展“清理家庭小药箱”活动，回收家庭过期失效药品4000多盒；利用“3·15”消费者权益日、“食品安全科普宣传周”“全国安全用药月”“12·4”国家宪法日等活动开展广场咨询宣传，受到普遍欢迎。

（徐松明）

【食品安全监管】 先后开展农村食品市场、食用农产品非法添加、滥用食品添加剂、企业食堂、建筑工地食堂、敬老院食堂以及重大节日食品安全等专项整治，查处149家违法经营单位，查扣各类假冒伪劣食品108.60公斤，移送司法机关案件1起。召开食品安全管理相关人员培训会议29场次，培训食品生产经营单位负责人近3000人次。

紧扣时节特点和曝光问题食品，突出重点，快速反应，完善食品安全月度督察制度，适时开展农村食品、校园内食品等安全专项整治和不合格食品清查活动，抽检各类食品417个批次，查处各类食品案件202件，没收不合格食品721公斤。（孙瑞根　徐春勇　丁晓峰）

疾病预防控制

加强传染病及突发公共卫生事件信息报告与管理，法定报告甲乙类传染病同比下降8.33%，开展埃博拉出血热疫情应急处置模拟演练，先后处置突发事件相关信息15起，其中1起达到突发公共卫生事件标准，所有事件均及时规范处置。完成12.5万人次的艾滋病抗体初筛检测，在5个镇25个村开展354.2万平方米春季血防查螺，新增登记管理肺结核病人432例，其中涂阳病人116例，各项指标达到或超过省市要求。检出12例输入性疟疾病例，均得到及时有效的治疗处置。免疫规划一类疫苗安全接种14万针次，基础、加强接种率以镇为单位均大于95%，免疫规划针对疾病总发病率控制在省指标之内。完成10家政府办卫生院数字化门诊建设。"苏中低洼圩田平原地区鼠类种群及其抗药性研究"及"高血压社区管理不同干预方案及交互作用对高血压控制效果的评价"两个课题被省卫生厅立项。

(孙瑞根 徐春勇)

互联网信息安全

【网络舆情监管】 2月25日,全县召开网络宣传管理工作会议,点评上年网络建设管理工作,部署全年网络宣传管理工作。7月22日,召开半年总结会议,在点评工作的基础上,加强全县网络发言人工作培训。全年在各大网站、论坛、微博、微信收集网络舆情1199条,组织全县网络发言人收集民生类帖子2374条,已答复2216条,答复率93.3%。其中,为民办实事145件,政策解答505条,得到网友高度评价的137条。

【网络舆情应急预警】 县互联网新闻中心建立各区镇、部门、单位网络发言人QQ工作群,每天实行签到工作制度,及时互通网络舆情,督促检查回复应对。建立县四套班子、区镇部门主要负责人、分管负责人及网络发言人手机工作群,突发舆情发生后能迅速应对,在第一时间进行处置。在"青奥会"期间,开展以净化网络内容为重点的网上舆论引导专项行动,县互联网新闻中心落实24小时网上巡查观测机制。县互联网新闻中心、公安网安大队、民间网站管理员三位一体,切实加强互联网监管,积极倡导健康向上的网络文化,严厉打击危害国家安全、色情、暴力等网络不良信息。

【网络舆情应急处置】 县委办、县政府办、县应急办、县互联网新闻中心、县信访局、县公安局、县网络文化协会等部门建立良好的会商沟通机制,确立"网络联系人"制度,互通舆情、协调动作、各司其职。县互联网新闻中心建立舆情快报、专报、简报及研究报告制度,周密监控、科学研判、快速反应;对全县网络发言人队伍进行网络舆情处置实际演练操作,提高网络舆情处置水平、加大网络宣传力度;内部考核上,完善各项管理制度和分工责任制度,开展流动红旗评比和技能比拼等活动,挖掘工作人员的潜能。

(景圣红)

【政务网络信息安全维护】 县网管中心机房实行24小时值班制度,随时监控网络运行情况,及时对系统进行升级和漏洞、补丁的完善,对网络用户实施流量控制,做好网络整体安全保密和网络病毒日常检测查杀工作。建立防范黑客和病毒攻击的技术措施,制定信息安全应急预案,网络系统具备灾难恢复能力,确保数据安全。使用最新网络版杀毒软件,加强防护,内外网络用户安装率95%以上,保证网络安全。

(县委办)

消　　防

【概况】 2014年,全县有消防队伍11支、专职消防队员100余人,有消防车辆28辆、器材总储量1万余件(套)。县消防大队协调开发区管委会投入500万元新建开发区政企联合消防站,成立联合消防站理事会,制订《联合消防站管理章程》和《入会协定》;滨海新区管委会出资对辖区专职队进行迁建,并增购一辆25米举高喷射车;县财政安排400万元购置一辆25米举高喷射车及部分消防装备器材,完成采购招标。

【基础消防设施建设】 制定《海安县2014年城镇消防规划及公共消防设施建设实施计划》,出台《海安县消火栓管理办法》,明确市政消火栓的管理责任。同时,督促所有消防安全重点单位全面落实"户籍化"管理,引导落实建筑消防设施巡查监测系统接入工作,对江苏新时代电器有限公司等存在的重大火灾隐患实行政府挂牌督办,全面强化社会消防安全基础。

【提升灭火救援能力】 开展打造消防铁军活动和执勤岗位练兵活动,重新完善辖区内重点单位的预案,加强"六熟悉"和适用于实战的业务、战术训练,开展全员练兵活动,协助县政府在双惠橡胶南通有限公司举行2014年化学品泄漏火灾事故应急救援演练,成功处置江苏天成生化制品有限公司爆炸火灾、华润食品冷库火灾等较大影响事故。

【消防安全专项检查】 各行业、系统主管部门均将消防工作纳入本行业系统管理内容,先后开展"清剿火患"战役,商场市场专项检查、公共娱乐场所错时夜查、消控室专项检查、小场所和"三合一"治理、重大火灾隐患集中整治、消防安全"打非治违"等专项行动;县民政、安监、卫生、教育等部门发动归口行业及所属单位开展火灾隐患排查整治工作,全面落实消防安全监管责任,提高防范火灾能力。

【全警联勤执法初具成效】 县公安局将消防工作纳入公安整体工作,成立派出所消防工作指导办公室,配备2名治安

7月10日,县行政中心消防安全应急演练　　(县机关事务管理局 提供)

民警轮流常驻大队办公。分管负责人每月带领督察、治安、消防等警种督导各派出所消防工作开展情况，提高多警协作效能。2014年，全县各派出所检查单位4857家，发现并督促整改火灾隐患4153处，罚款70余万元；15个基层派出所组织举办培训班70余期，发放各类消防宣传资料2万余份。

【消防安全宣传】 在消防宣传“五进”活动的基础上，协调县电视台在重点时段播放流动字幕、《身边的消防安全常识》知识短片；利用100余家商铺的户外视频、LED显示屏等新兴媒介，滚动播放消防宣传标语、消防安全知识等内容；走进县人民广播电台“政风行风热线”栏目，普及消防安全常识；邀请县电视台、广播电台、政府网、海安日报社等媒体召开消防工作新闻发布会；联合移动、电信、联通等媒体定期向手机用户免费发送消防安全提示信息；依托县工商局证照发放、集中审证之机，随同发放消防宣传资料，提高社会公众消防安全意识。

（县消防大队）

应急管理

【应急预案修编】 完成1件县级总体预案，10件区镇级总体预案，38件县级专项预案修编工作。各有关部门以县级专项预案修编为契机，深化部门和企事业单位预案的修编工作，县安监局编制部门专项预案12件、子预案14件，指导并备案全县401家重点生产经营单位的应急预案；县环保局指导编制28家有较上环境风险企业的应急预案。围绕区域风险隐患，有针对性地开展相关应急预案演练，县安监局牵头组织双惠橡胶南通有限公司化学品泄漏火灾事故应急救援演练，县工商局组织流通市场应急预案演练，全年各区镇相继组织10余场应急救援演练。

【风险隐患排查】 开展以化工企业为重点的“拉网式、地毯式”风险隐患排查，查出化工企业隐患62条，下达整改指令书11份；整治汽车站及农用拖拉机、电动三轮车，检查公交206辆、出租车346辆、客车112辆、危化品运输车辆161辆、其他车辆593辆；检查全县消防重点单位、人员密集场所、消防基础设备，检查社会单位971家，督促整改火灾隐患830处；对签证出港的164艘渔船进行安全检查，查出隐患89条，下达指令书6份；专项检查全县小锅炉、人员密集场所、特种设备、电梯等，下发指令书13份，查出隐患153处。2014年，查出安全隐患1828处，已整改1822处，整改率99.7%，下达整改指令书274份。

【监测预警预报】 完善灾害信息系统，建立健全24小时灾情监测系统和灾情预测会商制度。水利部门加强水文监测网络和防汛指挥决策系统建设，在全县建立11个雨情、22处水情监测点，做到水情、雨情全覆盖，为防御汛期强降雨雨涝，县防指先后启动Ⅳ和Ⅲ级防汛排涝响应3次，下达防汛排涝指令12次。县气象部门建立预报预警CMACast数据服务器、资料处理服务器，升级预报视频会商系统，改善由广播、电视、网络、传真、电子显示屏、手机短信和“96121”自动答询电话组成的预警信号发布系统，全年发布气象预警书面服务材料300多份、灾害性天气预警信号31次、气象短信76万余条。县地震局建立全省第一家地震信息自动速报系统。

【突发事件处置】 成功应对、妥善处置4月26日天成生化制品有限公司双乙烯酮爆燃事件、6月4日南通华润食品有限公司火灾事故。动物疫情防控有力，3月中旬后，海安部分地区出现羊小刍疫情，根据省防指统一部署，启动重大动物疫情应急响应，采取疫情排查、限制移动、关闭市场、组织消毒等综合防控措施，全县设置13个处置疫点，扑杀山羊5600多只，对病死羊实施无害化处理，控制疫情蔓延。

【应急新闻发布】 巩固和放大以“海安发布”政务微博为主体的新闻发布平台，第一时间、第一速度公开回应各类突发事件。在4月26日天成化工爆燃和5月9日靖江长江段水污染等事件中，“海安发布”第一时间发布正面、权威的信息，向公众公布真相。在6月13日召开的全省党委政府新闻发言人培训班上，海安作为全省6家发言单位中唯一的县级政府在大会上作交流发言，受到省委常委、宣传部部长王燕文高度赞扬。

【应急宣教工作】 开展多种形式的应急知识宣传和培训，让应急知识进社区、进农村、进家庭、进学校、进企业。县应急办安排人员赴南京信息工程大学参加市应急办组织的专题培训班；县安监局组织各类企业的主要负责人、分管负责人、安全管理人员培训4600余人次；县海洋与渔业局和滨海新区创新宣教形式，将渔业法律法规和安全规定编排成群众喜闻乐见的文艺节目，由艺术团巡回宣传演出；县气象局利用“3·23”世界气象日、科普宣传周、安全生产月等活动，发放宣传资料5000余份，利用广播、电视、报纸、网络等多种形式宣传气象灾害应急常识；完善提升社区灾害应急机制，县海陵社区顺利通过全国综合减灾示范社区申报。 （顾宏俊）

边防检查

【边防社会管理】 加强边防社会管理创新，落实每日走访登记、每周汇报点评制度，将“三访四见”大走访活动与边防辖区不稳定因素排查整治、户口登记项目清理整顿、“利剑”系列专项行动、收缴枪爆物品管制刀具、矛盾纠纷排查化解、重点人员管控等工作相结合。年内，边防民警进行防盗防骗宣传、禁毒宣传、反诈骗宣传、防范假币宣传各2次，走访常住人口868户、2424人，暂住人口130人，企事业单位23家，出海船舶168艘、船民1378人，民警向辖区群众汇报工作6次，发放警民联系卡300余份，收集意见建议16条，依托警务室累积提供法律援助18次，成功化解矛盾纠纷46起，救助群众3名，发放便民服务卡400余份。

【边防安全检查】 扎实开展“青奥会”边防安保、边防辖区不稳定因素排查整治、缉枪治爆、夏季破案攻坚会战、收缴枪爆物品管制刀具等专项行动，建立不定期治安清查、安全检查、治安巡逻设卡等制度。年内，组织开展夜间治安巡逻60余次，暂住人口大清查8次，重点场所安全大检查7次，发放限期整改通知书22份，整改安全隐患24处。

【边防行政执法】 以执法规范化建设为抓手，对发现的执法问题能整改的立即整改，不能当场整改到位的，明确责任人限期整改到位，对每一起案件纠纷都坚持事后走访，跟踪问效，确保案件不升级和纠纷不复发，年内，调处矛盾纠纷83起，妥善处理非正常死亡事件2起，化解群体性事件5起，扑灭火灾2起，完成各类安保任务9起。

【港船安全管理】 抓住敏感时期、渔汛和紫菜养殖季节等重要时机，加大违章查处、法制宣传、安全监督力度，年内，组织集中查港查船60余次，检查船舶600余艘次，渔民2300余人次，其中联合渔政、海事部门开展4次集中查港查船联合执法行动。重点整治出海不报关登记、安全措施不落实、携带无证人员出海和私自买卖租赁船舶等情况，提高渔船民的持证、签证、年审和安全意识。

(许宝军)

知识产权管理

【专利管理】 8月，县开发区成功申报国家知识产权试点园区，成为苏中苏北第一家获此殊荣的国家级开发区。12月，县开发区成功获批省首批知识产权示范园区，全省6家，全市唯一。全年申请专利4245件，其中，发明专利1286件，授权专利2313件，万人发明专利拥有量15.58件。鑫缘集团、联发纺织、华艺服饰参加第八届国际发明展览会，鑫缘集团的“天然彩色桑蚕茧丝关键技术研发及产业化”项目获得金奖、联发纺织的“纺织面料的一种防污、防水、免烫后整理方法”、华艺服饰的“艺术染整工艺服饰”等7个项目获得银奖，另有1个项目获得铜奖。申菱电器、文凤化纤、欧贝黎、明芯微电子等4家企业通过省知识产权标准化建设验收。结合保护知识产权宣传周和“4·26”世界知识产权宣传日，开展知识产权执法维权“护航”专项行动，打击侵犯知识产权和制售假冒伪劣商品行为。

(刘礼文)

【商标战略工程】 进一步完善商标培育规划，提请政府召开全县商标战略推进会，邀请专家开展专题培训，新认定中国驰名商标1件，总数位居全市第一；新认定地理标志证明商标2件，实现海安零的突破；新认定江苏省著名商标6件；商标国际注册7件。

(丁晓峰)

4月25日，世界知识产权日宣传活动 (县科技局 提供)

【版权管理与宣传】 加强对出版物市场的整治，开展“扫黄打非”专项行动。年内，组织日巡夜查印刷、打字复印、出版物书报刊、音像制品市场。4月18日，将依法没收的1万张非法光盘和2000册非法图书送至南通市扫黄打非办，参加全省在常州市举办的侵权盗版及非法出版物集中销毁活动。

加大世界知识产权保护日的宣传力度，增强全体公民对知识产权保护意识。向全县出版物书报刊、音像制品、打字复印、印刷企业、网吧、娱乐场所、影剧院等经营单位业主，以及县广播电视台、站工作人员开展著作权法、《著作权法实施条例》等版权知识宣传，完成400余份市扫黄打非办公室下发的《南通市版权保护知识竞赛试题》答题任务。

(张潇允)

科　技

Science and Technology

石板街　毛平平绘

◎责任编辑　赵蓉蓉

综　　述

2014年,科技工作以打造创新创业型城市为目标,以增强企业自主创新能力为核心,以“县级机关服务企业科技行”活动为抓手,举办“创新创业在海安”“中科院专家走进海安” 主题活动,取得较好成效。8月,开发区申报国家知识产权试点园区,成为苏中苏北第一家获此殊荣的国家级开发区。12月,开发区成功获批省首批知识产权示范园区,全省6家,全市唯一。大公镇被评为省创新型试点乡镇。省政府参事室调研海安构建县域创新体系情况,调研成果得到肯定。全年新增校企共建研发平台64家;新增国家重点新产品1个;新增省级企业研究生工作站21家,总数居全市第一。

高新技术产业

海安以培育创新型企业为突破口,加快推进高新技术产业化进程。采取专题培训、培育后备企业、开展“一对一”辅导服务等措施,不断加大高新技术企业培育力度。全年实现高新技术产业产值825.32亿元,同比增长24.15%,占规模工业总产值比重46.58%,总量和占比均居南通第一。新认定国家高新技术企业38家,总数98家;新增省高新技术企业14家;新增省高新技术产品213个,全市第一。

电梯板块龙头企业爱登堡电梯先进生产线　　(县科技局 提供)

科技机构

【平台载体建设】 2014年,南京大学海安高新技术研究院、上海交大海安智能装备研究院、苏州大学海安先进机器人研究院建成运行。围绕“集聚创新要素,集聚创新成果,引领创新发展,引领技术领先”的“双集聚、双引领”目标,重点推进16家企业研究院建设,建成联发、欧贝黎、西蒙、鑫缘、天楹、双弘、莘翔、通润、申菱、升辉、亚太、鹏飞、铁锚13家企业研究院。新增省工程技术研究中心3家;省企业研究生工作站21家,市工程技术研究中心11家。　(刘礼文)

【3家企业被列入全省首批重点企业研发机构】 江苏省启动重点企业研发机构建设工作,计划到2015年培育1000家省级重点企业研发机构。2月,省科技厅发文公布省首批重点企业研发机构名单,江苏中洋集团股份有限公司、海安县申菱电器制造有限公司、江苏铁锚玻璃股份有限公司被列入省首批重点企业研发机构名单。　(丁　宇)

科技计划项目

全年组织申报省以上科技计划项目157项,获立项73项,争取经费(包含分年度拨款)2735.1万元,其中亚太轻合金(南通)科技有限公司实施的“汽车控制臂用可锻6X82合金及纳米颗粒复合强化挤压材关键技术开发与产业化”项目获省成果转化专项资金900万元。申报国家创新基金项目3项;省创新资金项目6项。　(刘礼文)

2014年海安县各类科技计划立项情况一览表

表16　　单位:万元

序号	项目类别	项目名称	承担单位	争取资金
1	国家星火计划	蛋鸡生态链养殖技术产业化实施和示范	南通文圣生态特种养殖有限公司	
2	国家星火计划	高效缫丝关键技术的应用及产业化	海安县苏豪制丝有限公司	
3	国家星火计划	高性能秸秆纤维复合材料的产业化关键技术应用	南通升环木业有限公司	
4	国家星火计划	工厂化杏鲍菇高效栽培生产技术开发与推广	南通三盛鑫生物科技有限公司	
5	国家星火计划	规模化四元商品猪的养殖与推广	南通兴安牧业有限公司	
6	国家星火计划	海安山羊高架舍饲技术的应用与示范	海安恒益羊业专业合作社	
7	国家星火计划	海参系列产品综合加工技术应用及产业化	江苏海辰科技集团有限公司	

续表 16

序号	项目类别	项目名称	承担单位	争取资金
8	国家星火计划	粮食淀粉加工废水生物发酵产生可燃气体再利用技术推广	润禾粉业南通有限公司	
9	国家星火计划	母猪发情鉴定新技术的示范与推广	南通乐生生态农庄有限公司	
10	国家星火计划	农大3号节粮蛋鸡高效养殖技术的示范与推广	海安县婷婷农副产品有限公司	
11	国家星火计划	全自动化重叠式蛋鸡养殖方法应用示范与推广	海安县科飞畜禽器械厂	
12	国家星火计划	食品级猪血浆血球蛋白粉生产关键技术示范与推广	海安县华润食品有限公司	
13	国家星火计划	万吨优质无公害大米产业化开发与技术推广	南通汇益食品有限公司	
14	国家星火计划	优质水稻低碳生态种养高产高效技术集成与示范	南通百味食品有限公司	
15	国家星火计划	有机葡萄优质栽培及深加工技术的示范与推广	海安百岁休闲农庄有限公司	
16	国家火炬计划	筒内循环式球封密封水平旋转干馏炉	江苏鹏飞集团股份有限公司	
17	国家火炬计划	直流无刷变频马达用极异方烧结铁氧体磁环	南通万宝磁石制造有限公司	
18	国家火炬计划	飞机用ITO透明导电镀膜玻璃	江苏铁锚玻璃股份有限公司	
19	国家火炬计划	高速重载直线导轨	江苏瑞安特机械集团有限公司	
20	国家火炬计划	高性能车用电动玻璃升降器永磁直流电机	海安联科汽车零部件有限公司	
21	国家火炬计划	精梳涤棉高性能赛络纺纱线产业化	南通华强布业有限公司	
22	国家火炬计划	高磁性径向异性干压永磁铁氧体	海安县巨力磁材有限责任公司	
23	国家火炬计划	LSY-01型压裂酸化工作液动态滤失仪	海安县石油科研仪器有限公司	
24	国家火炬计划	超柔易染抗起球纱线加工关键技术及产业化	南通双弘纺织有限公司	
25	国家重点新产品	回粉中进式闭路粉磨节能球磨机	江苏鹏飞集团股份有限公司	50
26	国家科技支撑	纺织品无甲醛免烫复合功能整理关键技术	江苏联发股份有限公司	200
27	国家创新基金	基于双嵌入式制动测厚技术的高精度复合高强钢带无齿永磁同步曳引系统	圣三一电机南通有限公司	80
28	国家创新基金	基于管壳双侧传热强化的变流量螺旋槽管缠绕式冷却器	海安天润机械有限公司	66
29	国家创新基金	地下管线检测专业技术公共服务平台建设	江苏晟利探测仪器有限公司	100
30	省创新资金	高电导率电磁屏蔽型高强高模聚乙烯/聚苯胺复合纱线的研制与开发	南通宝缘生物新材料科技有限公司	25
31	省创新资金	蚕丝织物天然染料喷墨印花技术及产品开发	南通丝丝缘丝绸有限公司	25
32	省创新资金	基于智能与视觉的钻井自动送杆、装夹机械手	南通金牛机械制造有限公司	25
33	省创新资金	导电银浆、抗菌涂料用高性能超细银粉	南通建陵纳米科技有限公司	25
34	省创新资金	五自由度经济型弧焊机器人	海安交睿机器人科技有限公司	25
35	省创新资金	新型页岩含气量测试仪	江苏珂地石油仪器有限公司	25
36	国家林业公益性行业科研专项	油胶茶杜仲林分类培育及分级加工研究与示范	江苏宏博机械制造有限公司	166
37	省科技支撑(工业)	基于溶剂染色和微结构调控技术的高档色织液氨面料清洁生产关键技术研究	江苏联发纺织股份有限公司、东华大学	80
38	省科技支撑(工业)	高速轨道车用轻质防火玻璃的定量灌注成型关键技术研究	江苏铁锚玻璃股份有限公司、江苏大学	60
39	省科技支撑(农业)	桑蚕茧丝绸产业关键技术集成创新示范推广	海安天蚕投资管理有限公司	150

续表 16

序号	项目类别	项目名称	承担单位	争取资金
40	省科技支撑(农业)	基于信息化的设施水产生态健康养殖技术及装备系统研发	江苏中洋集团股份有限公司	50
41	省科技支撑(农业)	设施梨新品种高效栽培技术集成创新与示范	南通新高果业有限公司	30
42	省科技支撑(社会发展)	“智慧西园”——海安镇西园智慧社区建设示范	海安镇园庄街道办事处	15
43	省产学研联合创新资金——前瞻性联合研究项目	永磁电机用低镝面朝热超强稀土永磁体	江苏晨朗电子集团有限公司	60
44	省产学研联合创新资金——前瞻性联合研究项目	智能化履带式苗木及林果多功能作业装备	南通市广益机电有限责任公司	15
45	省产学研联合创新资金——前瞻性联合研究项目	鸡蛋活性蛋白及多肽的高效提取关键技术开发	南通康德生物制品有限公司	15
46	省产学研联合创新资金——前瞻性联合研究项目	基于多酶协同的全棉色织物生物退浆关键技术研究	江苏联发纺织股份有限公司	15
47	省产学研联合创新资金——前瞻性联合研究项目	基于全聚纺技术的高可织性针织纱生产系统关键技术研究	南通双弘纺织有限公司	15
48	省产学研联合创新资金——前瞻性联合研究项目	面向离散型电梯零部件系统制造的数字化、智能化关键技术研究与系统开发	海安县申菱电器制造有限公司	15
49	省产学研联合创新资金——前瞻性联合研究项目	甲醛超低释放新工艺脲醛树脂制造关键技术及在胶合板中的应用研究	江苏龙马绿色纤维有限公司	15
50	省产学研联合创新资金——前瞻性联合研究项目	城市地下燃气管道泄漏在线监测及预警成套装备研究	海安县石油科研仪器有限公司	15
51	省产学研联合创新资金——前瞻性联合研究项目	环境友好型阻燃热塑性弹性体材料的研发与应用研究	江苏兴华胶带股份有限公司	30
52	省产学研联合创新资金——前瞻性联合研究项目	特大型液压卷板机床可靠性优化设计	南通恒力重工机械有限公司	15
53	省产学研联合创新资金——前瞻性联合研究项目	基于机器视觉的电梯平衡补偿链自动化检测线	江苏兴华胶带股份有限公司	15
54	省产学研联合创新资金——前瞻性联合研究项目	改性淀粉阳离子表面活性剂制备工艺开发	海安县国力化工有限公司	15
55	省产学研联合创新资金——前瞻性联合研究项目	汽车离合器面片用无金属碳纤维复合线的研究与开发	南通新源特种纤维有限公司	15
56	省产学研联合创新资金——前瞻性联合研究项目	基于动态膜分离的PVA退浆废水预处理技术开发与应用	南通联发热电有限公司	15
57	省产学研联合创新资金——前瞻性联合研究项目	抗高载荷冲击复合玻璃的研究开发	江苏铁锚玻璃股份有限公司	15
58	省成果转化专项资金项目	汽车控制臂用可锻6X82合金及纳米颗粒复合强化挤压材关键技术开发与产业化	亚太轻合金(南通)科技有限公司	900
59	知识产权示范区域建设推进专项引导资金 (省级试点示范单位)		海安经济技术开发区	10
60	省工程技术研究中心	江苏新型输送机械工程技术研发中心	江苏中矿重型装备有限公司	
61	省工程技术研究中心	江苏省自补偿超大型数控锻压设备技术研究中心	江苏中威重工机械有限公司	
62	省工程技术研究中心	江苏省新型换热结构装备及工艺工程技术研究中心	南通曙光机电工程有限公司	
63	省企业研究生工作站		江苏铁锚玻璃股份有限公司	5

续表 16

序号	项目类别	项目名称	承担单位	争取资金
64	省企业研究生工作站		江苏鹏飞集团股份有限公司	5
65	省企业研究生工作站		江苏天成生化制品有限公司	5
66	博士集聚计划		南通升环木业有限公司	15
67	博士集聚计划		江苏兴华胶带股份有限公司	15
68	博士集聚计划		南通万宝实业有限公司	15
69	博士集聚计划		江苏联发纺织股份有限公司	15
70	博士集聚计划		南通超力卷板机制造有限公司	15
71	博士集聚计划		上海神舟汽车节能环保海安有限公司	15
72	博士集聚计划		江苏中洋集团股份有限公司	15
73	博士集聚计划		南通双弘纺织有限公司	15
74	市级工程技术研究中心	南通市万达汽车摩擦传动工程技术研究中心	南通万达摩擦材料有限公司	
75	市级工程技术研究中心	南通市华兴高性能软磁锰锌铁氧体材料工程技术研究中心	南通华兴磁性材料有限公司	
76	市级工程技术研究中心	南通市曙光新能源装备及工艺工程技术研究中心	南通曙光新能源装备有限公司	
77	市级工程技术研究中心	南通市联源振动机械工程技术研究中心	海安县联源机械制造有限公司	
78	市级工程技术研究中心	南通市绿叶环保除尘设备工程技术研究中心	江苏绿叶机械有限公司	
79	市级工程技术研究中心	南通市丝乡丝绸服装定制智能生产管理工程技术研究中心	南通丝乡丝绸有限公司	
80	市级工程技术研究中心	南通市华洋尼龙新型纳米聚酰胺67树脂工程技术研究中心	江苏华洋尼龙有限公司	
81	市级工程技术研究中心	南通巨邦可移动式垃圾处理智能装备工程技术研究中心	江苏巨邦环境工程集团股份有限公司	
82	市级工程技术研究中心	南通瑞隆高性能工程塑料改性工程技术研究中心	南通瑞隆新材料有限公司	
83	市级工程技术研究中心	南通亘德科技自动化专用型机器人工程技术研究中心	江苏亘德科技有限公司	
84	市级工程技术研究中心	南通一森污泥脱水系统工程技术研究中心	江苏涞森环保设备有限公司	

2014年科学技术进步奖获奖情况一览表

表 17

序号	项目名称	获奖单位	获奖等次
1	高磁性能高稳定性磁材的关键制备技术与应用	南通万宝实业有限公司	省科学技术二等奖
2	新型复合催化剂连续制备乙酰乙酸甲酯关键技术开发与应用	江苏天成生化制品有限公司	省科学技术二等奖
3	先进电子制造用高性能纳米抛光材料	江苏海迅实业集团股份有限公司	市科技进步二等奖
4	高速轨道车用轻质防火玻璃的定量灌注成套技术研发	江苏铁锚玻璃股份有限公司 海安县科技成果转化服务中心	市科技进步二等奖
5	高灵敏度手性识别氨基酸检测传感系统	江苏威尔曼科技股份有限公司	市科技进步二等奖
6	特种高纯度抗氧剂4,4,−双（α,α−二甲基苄基）二苯胺的研发（商品名:KY−405）	江苏飞亚化学工业有限责任公司	市科技进步二等奖

续表 17

序号	项目名称	获奖单位	获奖等次
7	面向中小型企业的服装定制智能生产系统	南通丝乡丝绸有限公司	市科技进步二等奖
8	全聚增强柔洁纱线的研制与开发	南通双弘纺织有限公司	市科技进步二等奖
9	磁力耦合式泡沫驱油装置	江苏华安科研仪器有限公司	市科技进步二等奖
10	单炉大吨位往复式机械炉排焚烧炉	江苏天楹环保能源有限公司	市科技进步二等奖
11	自分离湿尘气体除尘式清扫车	南通明诺机械有限公司	市科技进步二等奖
12	真空高效吸尘车	上海神舟汽车节能环保海安有限公司	市科技进步二等奖

科技成果

全年海安获省科技进步奖 2 项，市科技进步奖 10 项，其中省科学技术二等奖 2 项。(详见表 17)

服务企业科技行

【产学研合作】 海安开展高频率、多层次的产学研对接活动，促进校企牵手联姻。全年实施 30 万元以上产学合作项目 184 项，成功组织“创新创业在海安”“中科院专家走进海安”等“千企进百校”系列产学研活动 281 次，参加省市大型产学研洽谈会 6 次，开票销售 2000 万元以上工业制造企业产学研合作覆盖率 90%以上。

【“创新创业在海安”活动】 4 月 18 日，召开“创新创业在海安”主题活动暨企业研究院建设推进会。副县长卢忠平、吴麟麟，各区镇、各挂钩服务部门相关负责人参加会议。5 月 24—25 日，举办“创新创业在海安”活动，中科院上海技术物理研究所、中国科学院院士薛永祺等 8 位院士，太原科技大学副校长、教授黄庆学等 10 位大学校长，27 名国家“千人计划”专家齐聚海安，活动邀请各级领导、专家、客商 500 多人，共同推动海安创新创业。活动签约 50 个产学研项目，总投资额 67 亿元。其中高新技术产业项目 30 个(中外资项目 7 个，内资项目23 个)，投资额 46 亿元。 (刘礼文)

【海安与中科院开展产学研对接】 7 月 10 日，县政府在北京举行“海安县——中科院产学研合作洽谈会”，海安 30 家重点企业参加产学研对接活动。会上，中科院过程工程研究所、国家纳米科学中心、中科院国家生态中心、中科院自动化研究所、中科院理化所、中科院半导体研究所先后推介各自单位研究的重点科技成果。参会企业与中科院各科研院所开展对接交流活动。10 月 9 日，老坝港滨海新区赴北京中科院过程工程研究所开展共建联合研究中心合作交流对接活动。中科院过程工程研究所领导、专家分别介绍研究课题，重点介绍与老坝港滨海新区南通大明玉新材料科技有限公司合作研发的 5G 微晶材料项目进展情况。双方就如何深度开展产学研合作进行对接交流。 (丁 宇)

【“中科院专家走进海安”活动】 12 月 13 日，县科技局牵头举办“中科院专家走进海安”主题活动。中科院 35 家院所的 96 名专家与海安党政领导、区镇和部门主要负责人以及 460 多家企业主要负责人交流恳谈，共商“院地合作”大计，助力海安打造创新创业型城市。活动达成意向性合作协议 65 项。

【县级机关服务企业科技行】 县委、县政府启动“县级机关服务企业科技行”活动，全年 69 个机关部门挂钩服务 203 家科技型企业，服务部门主动“向上跑高校寻项目、向下跑企业助发展”，取得明显成效。203 家“科技行”企业中，有197 家企业与高校院所开展实质性合作，其中 160 家企业实施合作经费 30 万元以上产学研项目 183 项，支付经费 6000 多万元；197 家企业建立研发平台。(刘礼文)

科技宣传

【概况】 海安加快科普教育阵地建设，培育认定市级科普教育基地 4 家、省级

联发集团省级生态染整重点实验室 (县科技局 提供)

3家。新增省级科普惠农服务站2家,市级科普惠农服务站2家。1人获全国"讲理想、比贡献"活动标兵称号。先后举办科普知识讲座5场次、科普知识展览活动10次。

【科普宣传周】 4月24日,县第二十六届科普宣传周暨世界知识产权日大型广场科普集市活动在新世纪广场开幕。省科协副主席冯少东、省科协科普部部长张宏斌、市科协主席姜晓军及县四套班子相关领导出席开幕式。活动以"携手创新,科普惠民"为主题,时间为4月26日至5月2日,利用产品展示、现场咨询、展板宣传、资料发放等形式,展现科技创新成果。

【农业科技】 3月26日,江苏农村科技服务超市年度考评和万村行活动走进海安。省生产力促进中心、南京农业大学、淮阴工学院、南通市科技局的领导和考评专家组现场核查海安桑蚕产业科技服务超市分店及便利店、新建的海安畜禽产业科技服务超市分店及便利店的建设、运行情况。

南通文圣、海安苏豪等公司的15个项目获2014年度国家星火计划项目立项。全年承担省科技支撑农业项目3项,省科技支撑社会发展计划项目1项。鑫缘集团申报国家级农业科技园区,中洋集团召开联盟创建大会。新增明盛畜禽生态养殖公司承建的科技服务超市分店1家、便利店2家(南通市唯一新增)。全年开展"强农惠民"送科技下乡系列市县联动大型活动1次、较大规模的集中特色活动8次,累计举办培训班28期,培训科技示范户、技术骨干、致富带头人及农户万余人,发放技术书籍资料6万余份。黄俊明、王军、徐建华的2014年农民培训教学资源课件(桑园冬管冬栽技术)获省农委二等奖,徐建华的2014年农民培训教学资源课件(创业与营销36计之胜篇)获省农委二等奖。

【"强农惠民"系列送科技下乡活动】 4月28日,县2014年度"强农惠民"系列送科技下乡活动在滨海新区通港村拉开帷幕。由县科技局、科协牵头,联合县农委、地震局、气象局、环保局、法院、检察院、角斜镇医院等部门进行有关农业科技、法律知识、防震减灾、节能环保、养生保健等政策的宣传与咨询服务。29日,"强农惠民"送科技下乡队伍走进曲塘镇万杨村,开展科普集市活动,宣传普及农业科技成果,培育新型职业农民。30日,"送科技下乡"活动走进南莫镇塔墩村,活动现场向村民宣传普及现代农业科学知识,推广农业先进技术。 (刘礼文)

【农业气象服务】 与电视台合作"气象节气与农事"专题节目,全年录制24期。通过"农业气象灾害预警""特色农业气象服务""海安生态与农业气象"等服务产品发布为农服务材料70期,内容涉及蚕桑生产,水稻、小麦、大棚西瓜、油菜生长,紫菜、河豚养殖等。发挥镇、村气象信息工作站和气象协理员、信息员作用,开展气象科普宣传,送服务到田间地头,科学指导农民趋利避害进行生产。

(吴　亚)

【防震减灾科普宣传】 海安建有省级防震减灾科普基地,并正常对学生和社会开放。5月,编印6万份防震减灾彩页,发放至全县小学生,在全省乃至全国率先完成公民个人和家庭防震减灾知识完整覆盖工作。"3·1"防震减灾法颁布实施日、"3·5"志愿者日、"5·12"防灾减灾日、5月科普宣传周、"7·28"唐山地震纪念日、9月"安全生产月"、全国科普日、"12·4"法制宣传日等,开展防震减灾广场宣传或"进机关、进学校、进农村、进企业、进社区"活动。全年向学校、机关、企业30多个单位赠送地震科普影视、图书资料和讲座PPT,特定纪念日开展大型广场宣传、讲座和"五进"活动16场次,制作展板200多平方米。 (凌　峰)

科技服务

气象预报

【概况】 县气象局加强地面业务人员技术培训和岗位技能训练,全年地面测报总错比0.0‰,地面气象报表无错,自动站资料上传、气象电报上传及时率高于99.9%。全年发布书面气象服务材料339份,通过气象预警预报服务平台,为县领导和相关部门负责人以及重点服务对象和用户编发气象短信76万余条(次)。利用"重要天气报告""海安气象传真"及时滚动发布2014年元旦、春节、清明节、五一节、端午节、中秋节、国庆节期间的天气预报,制作专题服务材料20多期。1月15日至2月24日,通过"海安气象传真"发布春运专题气象预报、预警41期,为县各部门负责人和春运领导小组成员编发各类气象预报预警信息2.6万条(次)。在高温、台风等灾害性天气影响期间,发布高温、台风预报预警和防灾减灾建议。主要包括:第8号台风"浣熊",第10号台风"麦德姆",第12号台风"娜基

9月28日,防震减灾科普宣传 (丁云峰　摄)

莉”,7月4—5日以及8月7—8日强降水预警预报,第16号台风“凤凰”。

县气象局与海安电视台协调电视天气预报的改版工作,7月1日起,县气象预报节目采用市代县模式,由原先1.5分钟延长到2.5分钟。全年接受电台、电视台、报社采访57次,专题采访报道强冷空气影响、寒潮天气、春节天气、高温、高考、入梅、台风、强降水等与农业生产、群众生活相关的热点天气问题,解答如何应对气象灾害等有关问题。

【规范气象科技服务】 行政服务中心气象窗口进一步简化审批手续,优化办事程序,平均每个事项缩短办理时间近50%。全年办结许可事项275件,其中施工图设计审核199件、竣工验收76件,办结率100%。现场查勘全县范围内近40家补办的新建、改建、扩建项目。加强系留气球施放的社会管理,该项许可进入行政服务中心气象窗口办理。

按照《江苏省防雷装置检测技术服务规范》《江苏省气象服务用户回访工作管理暂行办法》要求,提升防雷科技服务能力和水平。全年,防雷、防静电检测单位541家,其中易燃易爆场所检测覆盖率100%;检测协议签订率100%,服务用户回访表发放率100%。

【气象现代化建设】 在防虫网内建成稻田小气候观测站(三层温湿度、水温),开展防虫网内水稻气象适应技术的研究和服务。2—3月,完成服务器系统的采购和安装,卫星资料、文件服务、数值预报处理、资料存储等基本满足气象现代化需求。4月,全面检查地面测报仪器装备,检查全县观测网所有中尺度站、农业气象观测站的设备运行情况,确保汛期设备安全运行。5月,升级预警广播服务器、观测网中心站服务器,检查CMA Cast接收、短信服务平台等应用系统。

(吴　亚)

地震预测

【概况】 县地震局实行基地饲养动物与自然生物、定点宏观测报人员与社会公众相结合,开展群测群防工作,全年无漏报。县地震台各观测项目资料及时准确、连续可靠。及时核实、上报和处置疑似地震异常,全年配合省地震局核查地电阻率异常2次,现场处置微观异常3次,落实疑似地震宏观异常4次,回应网络舆情12人次,电话解释群众咨询90多人次。5月,县地震信息自动速报系统投入运行,是省内第一家县级自动速报系统,可即时将全球大震、全国强震和省内有感地震的信息自动发送到县四套班子负责人、有应急职责的机构负责人、可能产生地震次生灾害的企业负责人及南通市地震局全体人员、各县区地震局局长等人的手机上,地震信息接收对象有582人。

县行政服务中心地震局窗口严把建设工程抗震设防要求确认关,持续保持两个百分之百(即一般性建设工程百分之百在窗口即时办理审批,重大建设工程百分之百开展地震安全性评价工作),全年审批一般建设工程86件,海安金石翡丽郡等10个重大工程依法开展地震安全性评价工作,协助省、市地震局检查海安信拓总部项目,“安评”结果应用情况,领导和专家均满意。

【地震应急避难场所建设】 县城规划建设60万平方米固定和临时应急避难场所27处,2014年联合县住建局在七星湖生态园等6处设置地震应急避险设施,建成3个Ⅱ类标准地震应急避险场所,基本做到步行20分钟可到达最近的固定应急疏散场所。编制完成《海安县地震应急避难场所疏散安置预案编制指南》,出台《地震应急疏散场所管理制度》。

【地震应急演练】 根据新修订的《海安县地震应急预案》,完善县长、分管副县长、地震局局长和镇长地震应急指挥卡,地震局编制下发学校、企业、社区、机关地震应急演练模板,全年组织开展地震应急演练(观摩)活动10余次。汶川地震纪念日期间,县地震局、民政局、红十字会联合在海安镇海陵社区、星海社区组织应急演练活动,推进基层组织开展地震应急疏散演练工作。县教育局、地震局联合下发《关于在全县中小学、幼儿园开展“防震减灾”主题教育系列活动的通知》,各学校均组织开展地震应急疏散演练。

【地震安全示范社区建设】 坚持“标准要求统一、抗震设防优先、配套工作跟进、政府投入为主、社区单位组织、地震部门服务”的创建工作基本原则和“多快好省”(目标全覆盖,多方合力推进创建工作;街居全动员,快速落实地震安全举措;建筑全设防,好事做实确保创建质量;过程全服务,省钱省心省时完成创建)的创建工作思路,快速推进地震安全示范社区创建工作。星海社区获省地震安全示范社区命名。到年底,全县有国家级地震安全示范社区1个,江苏省地震安全示范社区11个,市地震安全社区17个。

(凌　峰)

5月12日,社区组织地震应急演练　　(邱道友　摄)

教育　体育

Education　Sports

海安花鼓进北京　毛平平绘

◎责任编辑　何忠斌

教　育

综　述

【概况】 全县有各级各类学校91所。其中,小学46所,初中25所,完中6所,县教育系统职业中学2所,教师进修学校1所,特殊教育学校1所,社区教育中心(成人教育中心学校)10所。在各类学校中有四星级高中2所,三星级高中4所,四星级中等职业学校2所,省现代化示范初中11所,省级实验小学10所,省重点成人教育中心校2所,省级社区教育中心3所,市级社区教育中心7所,省特殊教育示范学校1所。全县47所幼儿园中,有省优质幼儿园39所。2014年秋季,全县中小学和幼儿园在校学生总人数87265人,在职教职工总数7804人,离退休人员总数5212人。全年有48人通过高级教师(含高级讲师)职称评审,101人通过一级教师职称评审。幼儿园小班招生4978人,三年入园率100%;小学招生5069人,毕业学生5769人,适龄儿童入学率、毕业率、升学率均100%;初中招生5738人,毕业学生5779人,毕业率、升学率均99.8%以上;普高招生2998人,毕业学生4273人;职业学校招生3342人,毕业学生3068人。

高考高分段人数连续15年在全省106个县(市、区)中名列第一,全省文科前20名,海安有3人;全省理科前60名海安有7人;前100名有17人,前1000名有119人,全县本二以上达线率大幅上升。944人参加职业学校对口高考,达线率和录取率均100%。2014年中考,总均分继续名列全市第一,总分700分以上114人。

推进学校文化建设,开展学校创新管理案例、标识设计评比和十件大事评选,推动校(园)歌大家唱活动。召开书香校园推进会,为学生营造读书的环境和氛围。开展"优秀门卫室"创建工作,实施校园"红袖套"工程,推进校园人防、技防、物防达标升级。牵头10区镇和15个部门三次开展校园周边环境整治,提请县政府交办安全整改32项,有效压降校园意外伤害事故,保证学校安全稳定,在全县安全生产综合考核中排名第一。强化学校食品卫生安全,43家食堂升级改造为A级食堂。召开全县学校安全工作推进会,承办市学校安全管理现场会。2014年,创建省平安校园14所,市长安学校14所,市依法治校示范学校3所,依法治校先进学校16所。发挥质量评估导向作用,40所幼儿园被评为保教质量优等幼儿园,47所小学被评为质量优等小学,15所初中被评为四星级初中。

全面推进素质教育。承担市教育领域改革重点课题《优化"立德树人"的长效机制和环境研究》,制定德育工作三年规划,实施有效德育。创新德育管理模式,建立中小学德育联盟,组建5大校际联盟和11个子联盟组,聘请德育专家加强德育活动指导。强化活动育人和心理健康教育,开展社会主义核心价值观、"四礼八仪"文明礼仪养成教育活动。加强劳动实践场所建设,5.31万人次参加实践活动。强化学校社团活动,推进中学特色项目创建和体育活动特色建设,确保学生每天体育活动一小时。举行中小学文艺调演,举办合唱节、体运会、智运会、手足双门球等赛事。学生参加各类比赛,获国家级奖16人,省级奖449人次,其中一等奖68人次,市级奖千余人次。参加全国"纵横码"比赛获团体特等奖;2名学生参加省中学生作文大赛获特等奖;参加省"金钥匙"科技竞赛获团体一等奖;参加省仿生机器人创意大赛获特等奖;墩头初中1名学生获得两项国家发明专利;参加市"三独"比赛,获奖层次和获奖人数全市领先。曲塘中学双语课程基地、南莫中学生物综合实践基地成功申报省级课程基地;1所学校创建国家级节能示范学校;2所初中创建省节水型学校;1所学校创建省绿色学校;8所学校创建市级绿色学校;1所学校创建省科技特色学校;2节课例入选全国、省"消防安全示范课";参加市"学生模拟法庭"比赛,获市金奖1个,银奖2个。

预算内教育拨款15.66亿元,比上年增加1.58亿元,增长6.96%。全面完成校安工程和年度重点工程。全县校安工程投入资金4321万元,新建和加固校舍3.38万平方米,其中加固项目暑期全部竣工交付。长江路幼儿园、职教中心二期、城南实验中学二期、第一实验幼儿园东扩、少年宫改建、体育中心等县级重点工程按序时推进。开发区实验学校、宋庆龄基金会幼儿园、李堡小学、雅周中心园等区镇负责的重点工程如期完成年度目标任务。立发中学顺利通过省三星级高中复评,实验中学创建省四星级高中通过现场评估。海北园、第二实验幼儿园分部、南莫镇中心园顺利通过省优质园评估。四区镇通过首批"县学前教育改革发展示范区镇"验收。制定《教育信息化建设规划》和三年行动方案,21所学校通过市数字化校园验收,海陵中学创建省数字化学习示范学校。全面落实职业教育免学费政策和各级各类学校助学金制度,补助中职免学费910万元,发放助学金和困难补助100多万元,为130名大学生办理助学贷款,全年资助各级各类在校学生33494人次,资助金额2663.6万元,被评为全省学生资助工作优秀单位。按照《海安县教育系统固定资产管理办法》,规范全县教育系统资产验核、登记、造册、监管和处置等事项,指导基层学校进行资产清查,规范资产处置审批程序,全年审核审批67家单位,同意处置资产2233.97万元。对布局调整中撤并学校资产及时办证确权,上交国资办24份土地证,划拨土地使用权面积32.39万平方米。

强化岗位练兵。开展教师信息技术应用、网络团队教研等装备应用培训,参培教师1200多人。建立7个名师工作室,发挥名师的示范辐射作用。曲塘、墩头两镇实施镇内教师流动试点工作,50名教师参与校际交流,让教师在不同的学校接受锻炼。推进在职教师学历提升工程,鼓励教师攻读教育硕士学位。利用暑期在华师大举办校(园)长高级研修班,100多名校(园)长参加培训。教师参加各类教学竞赛,获国家级奖9人次,省级奖21人次,市级奖112人次。25人被评为市级学科带头人,35人被评为市级骨干教师。

全面推进工学结合、校企一体化办学,建立校企合作组合30个,企业冠名班35个。海安中专高水平现代化学校通过省级初审,电子技术应用、畜牧兽医专业被评为省级品牌(特色)专业。职业学校学生参加技能大赛获省级奖5个,市级奖37个；参加职业学校文明风采大赛，获国家级奖1个，省级奖39个。参加职业学校创新大赛获省级奖2个，市级奖3个。

着力构建终身教育体系，创建学习型社会。基本形成以县社区学院为龙头的社区教育三级网络。海安镇创建全国学习型社区示范街镇，被联合国教科文组织确认为“农村社区学习中心能力建设”试验点。墩头镇创建省级社区教育中心。创建8个省级标准化居民学校。全县从业人员培训率52%，社区居民活动年参与率56%。规范民办教育办学行为，出台民办非学历教育设置与管理暂行办法，会同有关部门对全县100家民办非学历教育机构进行全面督察、评估，从严把好“准入关”“年检关”。

强化监督执纪，跟踪监察20多个项目，总金额4000多万元；完成18个审计项目，审计总金额2.22亿元，立案查处违纪案件3起。强化教育资产监管，规范资产处置。根据要求，制定、完善“四个不直接分管”（人事、财务、采购、工程）管理办法。进一步完善公用经费管理制度，强化教育经费监管。推进教育公平，被评为全省学生资助工作先进单位，教育统计工作获评省“部门统计示范点”。规范招生、考试工作，全年组织考试30次，继续保持“零差错、零事故、零举报”。

【创建县域教育现代化动员大会】 11月22日下午，县委、县政府在行政中心召开创建县域教育现代化动员大会，按照省市工作部署，全面推进县域教育现代化建设工作。市教育局局长郭毅浩，县委书记陆卫东，县委副书记、代县长顾国标，县领导朱春、焦广琪、孙进基、张亚曦、肖正明、翁晓云、朱卫民等出席会议。县各相关部门负责人、各区镇政府主要负责人，教育局机关全体人员，各区镇教育助理和全县各中小学、幼儿园校（园）长、成人校校长300多人参加会议。会议由县委副书记焦广琪主持，县长顾国标对创建县域教育现代化进行部署，市教育局局长郭毅浩、县委书记陆卫东发表重要讲话。会上，各区镇及相关部门负责人递交创建教育现代化责任书。县教育局、财政局、高新区和城东镇西场小学等相关单位部门、区镇和学校负责人分别作表态发言。

【教育督导】 加强学校常规管理。建立责任督学挂牌督导制度，通过省、市教育工作督导和市学前教育五年行动计划专项督导。根据省政府教育督导委员会要求，3月，制定县中小学责任督学挂牌督导工作制度，为每一所中小学配置责任督学，监督、检查和指导学校办学行为。责任督学的基本情况、督导事项、联系方式等在学校校门醒目位置向社会公布，便于公众联系与沟通。开展中小学规范办学行为常规督导，节假日发放提醒通知，双休日加大督察力度，有效预防各类违规办学行为的发生。

完成2013年度县级政府教育工作市级和省级督导考核。根据省、市政府教育督导室的工作安排，对照评估细则准备各项资料档案，协调其他部门开展县级自查整改，分别在4月和5月，通过市级和省级考核。

完成农村义务教育学校基本办学条件专项督导。根据省政府教育督导办公室《关于开展农村义务教育学校基本办学条件专项督导的通知》，教育督导室组织责任区督学对全县10个乡镇农村义务教育学校基本办学条件情况开展县级自查，对各学校D级危房、课桌椅配备、寄宿学生床位、饮用水安全、食堂满足师生就餐要求、厕所满足师生需要、教室和寝室门窗完好、学生上学放学突出安全隐患、数字教育资源接收和播放设备配备、按规定拨足公用经费、开齐开足国家规定课程等情况逐校摸清底数，造册登记，建立督察台账，对存在问题提出整改建议。

【举办“深化县域教育综合改革的政策研究”开题论证暨高级论坛】 4月25日，县教育局举办省教育科学“十二五”规划2013年度课题“深化县域教育综合改革的政策研究”开题论证暨高级论坛。省教育科学研究所原所长成尚荣、《江苏教育研究》杂志社社长金连平、省中小学教学研究室文科部主任朱芒芒以及市教育科学研究中心有关专家参加活动。海安以“努力办好人民满意的教育”为教育工作出发点，开展一系列教育改革，先后获得“全国义务教育发展基本均衡县”等一系列荣誉。海安致力于研究深化县域教育领域综合改革的目标，把握、分析县域教育改革与发展的问题及成因，探索深化县域教育综合改革的实践策略，制定、实施深化县域教育综合改革的教育政策，促进县域教育优质、均衡、可持续发展，实现教育场所内“人人发展、人人幸福”。专家们对海安教育的创新之举给予肯定。

【召开市初中学科基地工作会议】 1月8日，南通市初中学科基地工作会议在海陵中学召开，市教科研中心、各县（市、区）教研员以及30所初中学科基地校校长、业务骨干约200人参加会议。会议主要对2013年市初中学科基地工作进行总结，表彰优秀学科基地学校，同时解读《2014年南通市课堂教学改革指导意见》，部署2014年市课堂教学改革工作。海陵中学校长田玉龙介绍学校学科基地建设方面取得的成绩，海陵中学教师向与会者呈现14节观摩研讨课。

【海安获省金钥匙科技竞赛团体一等奖】 11月29日，第26届“国际科学与和平周”全国中小学生（江苏地区）金钥匙科技竞赛团体赛在南京闭幕，由海安高级中学卢徐、紫石中学杨善越、明道小学张迅恺三位学生组成的县代表队代表市组队参赛，夺得团体总分第三名，获团体一等奖。杨善越获“最佳选手”称号。

【参加“CKC杯”全国纵横汉字输入大奖赛】 7月25日，海安县13名中小学生赴苏州大学，参加2014年CKC杯全国纵横汉字输入大赛。经过激烈角逐，海安13名选手均获佳绩。其中俞舜尧等5名同学获小学低年组全国前五名，安景婕等3名同学获小学高年组全国前三名，许晨等4名同学获中学组全国前四名。10多年间，全县中小学生在全国、省、市中小学生纵横码比赛中均取得优异成绩，囊括所有赛事的特等奖和参赛组别一等奖。海安县教师进修学校附属小学是全国纵横信息数字化学习实验示范学校。

【县少年宫召开开班协调会】 12月22日，县少年宫开班协调会在少年宫会议室召开。会议由副县长翁晓云召集并主持，县编办、财政局、物价局、教育局、图书馆、电视台等单位和部门相关领导参加会议。原县少年宫创办于1999年，坐落于县中坝南路6号，管理隶属于海安实验小学。2013年年初，县教育局提出重建县少年宫。6月，由县教育局、财政局、编办、建设局等单位提交，经海安县城市建设重点工程指挥部2013年度第八次城建专题办公会讨论通过，报经县政府同意，决定建设独立的新海安县少年宫，隶属县教育局为正股级单位。县政府将少年宫建设工程列为2014年为民办实事工程，由县教育局具体负责县少年宫筹建工作。县少年宫重新选址在县城长江西路4号，充分利用原海安中专校舍进行改扩建，占地4360平方米，建筑面积8600平方米。县少年宫建有舞蹈活动、书画活动、科技活动、音乐活动、体育活动、语言活动六大中心，同时按标准建设活动配套用房。

学前教育

【概况】 根据《海安县学前教育五年行动计划》推动幼儿园建设。新建长江路幼儿园、宋庆龄基金会幼儿园，改扩建幼儿园13所。第二实验幼儿园开发区分园、海北幼儿园顺利创建省优质园，南莫镇中心园通过省优质园材料评审和现场评估。制定"海安县学前教育改革发展示范区镇评估办法"，由县政府办公室牵头，联合县财政局、编办、监察局、教育局等部门综合考核10个区镇学前教育工作，角斜镇、大公镇、曲塘镇、白甸镇等4个区镇成为首批县学前教育改革发展示范区镇。

建立学前教育六大研究基地，开展多种教科研活动，研究水平不断提升。6所幼儿园被评为市课程游戏化项目建设单位。组织评选第二批幼儿园优秀校本课程，评出优秀校本课程20个。组织幼儿园教育质量评估活动，经过自评申报、区镇审核、资格验核、材料评审、现场考察等程序，评出保教质量优等幼儿园40所。教师参加教学比赛，1人获国家级一等奖，3人获省一等奖，5人获市一等奖。

秋季，幼托班招收幼儿614人，幼儿小班招生4978人，在园幼儿总数1.57万人。

县第二实验幼儿园唱响新童谣活动　　(教育局　提供)

【两所幼儿园成功申报省课程游戏化建设项目单位】 11月，省教育厅公布50个幼儿园课程游戏化建设项目单位，县第二实验幼儿园、南莫镇中心幼儿园顺利通过省教育厅评审，并获省专项奖补资金40万元。两所幼儿园重视游戏在幼儿教学中的作用，以综合课程架构为基本建设思路，以提高教师观察分析、设计创作、应对调适等教育能力为核心，以课程园本化为基本途径，将游戏理念融入幼儿园教育全过程，在游戏促进幼儿全面、协调发展等方面取得一定成绩。

【丁月玲获全国教学比赛一等奖】 11月23—24日，由中央电教馆主办的第六届"SMART杯全国互动教学大奖赛"在天津举办。县第二实验幼儿园教师丁月玲一举摘得上课和说课两个活动的一等奖。专家评委给予"理念新，说课思路清、有激情"，"传统与现代交融、优势互补，充分激发幼儿学习兴趣，让幼儿充分自主互动的活动中，有效达成教学目标"的高度评价。

充满活力的课堂　　(教育局　提供)

小学教育

【概况】 加强小学特色学校建设工作，出台学校办学特色评估细则，启动新一轮办学特色建设规划与认定。深入开展小班化教学研究，在胡集小学召开小班化教学实验工作会议，展示小班化教学的思路、做法、成果，进一步明确小班化教学的研究方向、实施措施。开展情境教育实验研究，组织各情境实验学校参加省市研讨交流活动，提升情境教育理论与实践的研究能力，加强情境教育与学科教学的融合。推动数字化学习研究，实验小学接受省数字化学习试点学校评估验收，西场小学接受市数字化学习试点学校评估验收，各试点学校的硬件投入与资源开发得到评估专家肯定。推进小学社团活动建设，普查全县社团活动，结合随机巡查，调研和指导有关小学社团建设情况。组织学校参加市厨艺大赛、智力运动会、小巧手比赛等活动，获两个团体一等奖，20多个单项一等奖。组织评选县第二批小学优秀校本课程，评出优秀校本课程30个。

加强学校校园文化建设。举行学校标识设计及标识解读评比活动，所有学校均根据自身理念、历史与特色，设计、完善学校标识，标识文化建设成效明显。举行小学校歌展评活动，让每所学校都拥有校歌，让每位师生都能娴熟地传唱校歌，让校歌成为对外展示的窗口，进一步丰厚学校文化建设。制定《中小学书香校园建设工作意见》，在曲塘小学召开书香校园现场推进会，全面启动县书香校园创建工作。与县委宣传部联合举办"童心里的海安"第二届小学生微作文大赛，通过征集展示、入围复选、现场决赛，评出"十佳少年作家"。

加强教育教学管理。召开初中、小学招生工作会议，进一步优化外来人口子女入学办法，实行"阳光、公正、有序、和谐"招生，做到"零差错、零举报、零上访"，圆满完成招生工作。组织参加市教育质量监测、省学业水平测试，全县小学学科质量合格率、优秀率均超过省颁现代化标准。建立小学教育研究共同体，设立16个研究领域，立足于研究解决小学教育管理实践中存在的问题，促进管理创新，实现共同进步。组织小学校长、中层干部参加创新管理案例评比活动，进一步提升管理理念，优化办学行为。组织评选小学2013年度十件大事活动，表彰十件大事工作先进单位。组织小学教育质量评估活动，通过自评申报、区镇审核、资格验核、材料评审、现场考察等程序，评出小学质量优等学校47所。

海师附小课本剧表演　　（教育局　提供）

秋季，小学招收学生5069人，在校学生总数3.38万人。

【学生参加省首届仿生机器人大赛获特等奖】 10月25日，由省教育厅、科协主办，《科学大众》杂志社承办的"江苏省首届power tech仿生机器人创意大赛"在常州市嬉戏谷举行。县明道小学张迅恺、顾畅、季思雨、吴天雨、刘畅、袁翌等6名同学组成的代表队与全省700多位中小学生同台竞赛。明道小学的小选手们经过精心设计，制作出精美且富有创意的机器人，得到大赛裁判组的肯定，获特等奖。《现代快报》《金陵晚报》、网易新闻、扬子晚报网、南报网等媒体进行报道，称其作品"最有创意"。

中学教育

【概况】 加强中学生德育工作，创新德育模式。率先在全市制定德育工作三年规划，牵头组建五大德育联盟及11个子联盟，初步实现问题共研，资源共享，团队共进。指导各学校使用好中学生地方教材《我的海安我的家》，从爱家乡、爱家庭教育入手，引导学生爱祖国、爱社会。组织教师参加职业生涯规划师培训，强化高中生职业生涯规划。组织县中小学心理健康教育微视频评比活动，打造海安德育创新品牌。

加强特色学校创建工作。召开中学特色项目推进会，开展优秀校本课程评选，在全县各中学确立特色教育思想，明确特色项目定位，建立特色运行机制。曲塘中学双语课程基地、南莫中学生物综合实践基地成功申报省级课程基地。李堡初中和角斜初中成功创建省节水型学校，立发中学等8所学校成功创建市级绿色学校，海陵中学创建省数字化校园。

素质教育成效显著。恢复并圆满举办中小学文艺调演，社会反响强烈。紫石中学曹颖和海陵中学成天奕获省教育厅举办的"苏教国际杯"省第十四届中学生作文大赛特等奖（全省设20个），紫石中学崔秦溶获网络人气奖，县教育局获优秀组织奖。学生参加市"三独"（独唱、独奏、独舞）比赛，获奖层次和人数均领先全市。

2014年，初中招生5738人，在校学生总数1.8万人；普高招生2998人，在校学生总数1.08万人；职业学校招生3342人，在校学生总数9029人。

紫石中英体育文化之旅 (教育局 提供)

【成立县首家少年警校】 4月18日下午,海安少年警校在城南实验中学成立。海安少年警校是由县公安局、教育局提议,由开发区交巡警中队与城南实验中学联合创办,旨在推进素质教育、普及交通安全知识。授牌仪式上,41名“小交警”身穿制服,在交警老师指挥下学习交通指挥常识,包括慢行、停车、左右拐弯等交通手势,学员在这个特殊的学校中接受交通安全、消防安全等方面的教育培训。

【海安中学创新学生综合素质评价方式】 教育部先后印发《关于积极推进中小学评价与考试制度改革的通知》《关于加强和改进普通高中学生综合素质评价的意见》,要求普通高中建立综合素质评价体系。海安高级中学在实施中发现纸质学生成长记录表和学生成长材料档案袋存在诸多问题:指标的分解难以量化操作、常态的评价难以持之以恒、评价的结果难以保证可信度、纸质的载体难以有效运转,最终导致学生综合素质评价形同虚设。综合素质评价失去评价最重要的激励与导引、反馈与修正,进而促进学生健康成长,提升学生综合素质的功能。

针对存在问题,海安中学创新学生综合素质评价方式,围绕学生成长体验设计电子平台,充分发挥电子平台的引导、监督、便捷、高效的功能。电子平台主要内容包括成长体验、成长轨迹、学期目标和学期评价等。学校通过职责明确到人、对新生进行统一培训、为学生搭建社团舞台、适时进行榜样引导、定期检查反馈等方式,保障电子平台运行。电子平台建设和使用取得初步成效。4月18日,《江苏教育报》以《海安中学建学生综合素质评价电子平台》为题作专题报道;11月,《中小学管理》刊登《电子平台建设:让学生综合素质评价精彩纷呈》,从多方面介绍该校具体做法以及对学生综合素质提升的深远意义;《人民教育》以《综合素质评价的“怪圈”如何破解》一文肯定该校在学生综合素质评价方面的成功经验:“江苏省海安高级中学则坚持公开透明的原则,规定除学生的文化成绩、体质、体能数据以及学生违规处分可以作为隐私不公开、不可查外,其他所有可以公开的内容,尤其是学生参加的社会实践活动、个人获得的荣誉等,都必须在综合素质电子平台上展示,用事实说话,用行动证明。”

【城南中学学生参加市中学生模拟法庭比赛获金奖】 城南实验中学一直重视青少年法制教育,通过开设模拟法庭将弘扬法治精神、提高普法意识贯穿于整个德育活动之中,取得实效。10月26日,城南实验中学学生模拟法庭在县人民法院少年庭开庭,海安电视台《民生热线》进行报道。11月18日,城南实验中学学生参加市中学生模拟法庭比赛获金奖。

【林丰获四项国家发明专利】 墩头初中林丰继2012年“输液保温器”和“输液报警器”两项发明获国家“实用新型发明专利证书”后,2014年他的两项新发明“太阳能烘鞋机”和“溺水救生包”再次获国家“实用新型发明专利证书”。

输液保温器,解决了冬天病人输液的不适;借助于光的折射原理发明的输液报警器,可以用来提醒护士换药水、拔针头,避免危险;太阳能烘鞋机相比市面上的烘鞋机则是利用太阳能这种清洁能源且无用电安全隐患;溺水救生包可以保障救助落水他人时自身安全。

【两人分获省市高考文理第一名】 2014年江苏省高考,海安中学吉淳以410分夺得全省文科第一名。吉淳从小爱好读书、善于思考、独立自强,为人诚实,穿着朴实,做事踏实,在物质生活上从来不与人攀比,而在学习上总是对自己严格要求,从小学开始一直是学校的优秀学生。另外,海安中学张冉以总分419分获市理科第一名,全省第四名。

职业教育

【概况】 中等职业教育全面推进工学结合、校企一体化办学。建立校企合作组合30个,企业冠名班35个。瞄准产业集群板块需求,坚持过程导向推进课程改革,知行合一,注重实践,提高职业教育人才培养水平。学生参加职业学校文明风采大赛获国家级三等奖1个,省级一等奖2个、二等奖8个、三等奖7个、优胜奖22个。参加省技能大赛获二等奖2个、三等奖2个。参加省市职业教育创新大赛获二等奖2个,市级一等奖2个、三等奖1个。海安中专高水平现代化学校通过省级初审,电子技术应用、畜牧兽医专业被评为省级品牌(特色)专业。

(张怀民)

【职教园区】 职教园区有学校5所,各类培训中心5个,社区学院1个。其中,国家级重点职业学校1所,省艺术教育特色学校1所,省重点技工学校1所,高职卫生学校1所，建工学校1所。园区有教职工541名，全日制在校生5057人，其中，高职890人、普高259人、中职3908人；成人教育2877人；社会培训2万人。高一招生1935人，县外招生或直接引劳1725人。

职业教育事业规模不断扩大。生源基数稳中有升，中高职招生实现两年增，高一注册入学1935人，增长19.9%；成人教育规模继续扩大，成人学历教育2877人，增长10.4%。提高办学层次，打通专科、本科至研究生的办学通道，开办3个研究生班，海安中专有专科班1个，进修学校有本科班2个，海安中专与韩国大田大学签订合作协议。二期工程加快推进，6月教学工厂各项配套工程交付使用，机械工程类、电子工程类、纺织服装类实训设备陆续整合入驻教学工厂，12月底图文信息大楼竣工。

加强职业教育基础能力建设。创建示范学校，推动海安中专创建现代化学校，海安中专获省立项资金300万元；推进技工学校创建国家重点技工学校；协调推动卫校配合本部创建现代化学校。强化专业建设，减少质量管理、船舶制造、模具制造、机械装配与维修、市场营销、钢结构制造、计算机网络应用7个专业，新增五年制会计、美发与形象设计、纺织高分子材料工艺（化纤）、机电设备安装与维护、农村医学5个专业。海安中专建成计算机应用、机电技术应用、电子技术应用、畜牧兽医4个省级品牌特色专业，其中，电子技术应用被确定为省中等职业学校品牌专业，畜牧兽医被确定为中等职业教育特色专业；牵头成立市级烹饪职教集团。技工学校形成机电工程、电梯工程、汽车运用工程三大专业体系。卫校建成康复治疗、农村医学2个新兴专业。教学工厂建设稳步推进，引企入校6家。海安中专稳步推进机电技术运用、计算机网络技术、现代农业3个省级高水平示范性实训基地建设，技工学校加快建设省级电梯实训中心，建工学校初步建成特种作业人员实训基地。4个省级基地建设获省级财政资金300万元。强化师德师风建设，推进“双师型”教师队伍建设，鼓励教师参加各级教学大赛、技能比武、教师研修。海安中专王小云、刘月华参加省示范课比赛均获一等奖，海安中专、进修学校大力推进名师工作室建设，技校、卫校、建校积极选派教师参加省级培训。

教学质量显著提高。学生参加普通高考本科录取96人，本科录取率50%；参加对口高考本科录取62人，本专科录取率99.6%。海安中专参加省级技能大赛获二等奖1个、三等奖3个；技工学校参加市车工技能大赛获2个一等奖；卫校参加南通大专院校学生军训会操比赛，获团体一等奖；艺术学校参加经典诵读演讲比赛、“中国梦·江海风”大合唱比赛获市一等奖；管委会代表参加县创业知识大赛获一等奖、参加“践行社会主义核心价值观、争做最美海安人”演讲比赛获二等奖。海安中专获省教学质量奖40万元，艺术学校特色教育继续保持市领先地位，技工学校被省教育厅等6部门表彰为省职业教育先进集体，卫校针灸推拿专业全省一流，建工学校建筑施工培训规模、质量位居北三县第一。

举办首届海安县学企对接会　　　　（教育局　提供）

教育培训不断扩大。校校合作层次提高，与江南大学、江苏大学、南通大学合作举办研究生班，3个专业193人；与北京大学、四川大学、东北师大等高校合作举办成人教育本专科学历班，18个专业2363人，新建南京航空航天大学函授站1个；与韩国大田大学签订合作办班协议，与华东师范大学合作举办校长培训班2期，与南京中医学大学合作办班2期。社会培训不断扩大，全年累计培训2万人次。举办建造师、心理咨询师、会计师、按摩师、施工员、安全员等国家资质培训班10个，学员1348人。面向二、三产业开展机电、纺织服装、机械、电子、化工、旅游服务、家政、烹饪、物流等培训，学员1.2万人，其中高级技师等高技能人才400人；启动“企业评价工程”，完成500人的培训任务。面向在校生、企业工人开展创意知识培训，学员近5200人。参加县第二届创业知识竞赛获个人风采奖、团体三等奖。建成国家计算机智能化考试站、省创业指导服务站和创业指导培训中心、县旅游职业教育培训基地、县人力资源培训考试基地、县安全生产宣传教育中心。技工学校被省人社厅表彰为省职业技能培训先进单位。

提高服务县经济社会发展能力。建成贵州独山、安徽阜南、安徽砀山、河南虞城、江苏沭阳、陕西石泉州5个县外生源基地，县外招生1725人，增长13.6%。组织联发集团、礼德铝业、江苏恩达、万力集团等重点缺工企业外出招工近200人。加强与10个区镇合作，举办冠名班35个，其中新建海建股份、远东新材料、申菱电器、江苏恩达、欧贝黎、锦龙国际、金锻工业、中洋豪生、鹰球集团、瑞安特机械10个冠名班。引进无锡东建机械有限公司、南通依瑞服饰有限公司、南通鑫臣新材料有限公司等5家企业入驻实训工厂，与雅周现代农业园共建现代农业实训基地1个。与联

2月28日，县职教园区召开党的群众路线教育实践活动动员大会

（职教园区 提供）

发、华艺等企业共同招引学生，共同制定培养方案，共同开发培训课程，共同培养学生近百名。高二学生100%进入县内企业顶岗实习，高三县内学生就业率超80%，县外学生就业率40%。（主办由10个区镇、43家企业、881名学生参加的2014年海安县学企对接活动，签订顶岗实习协议576个，签订委培协议11个）。引导近60%在外就读的高职学生回乡就业创业。

【举办首届学企对接活动】 4月28日，在职教园区体育场操场举行全县2014年对口单招学企对接会，副县长卢忠平、高斌，县政府办公室、人社局、教育局等部门负责人，各区镇分管负责人，53家重点缺工企业及海陵技校、技工学校、海安中专、双楼中专近千名学生参加活动。此次对口单招学企对接会在海安属首次，让企业、学生面对面对接交流，推动学校和企业在用人、实习、就业等方面合作共赢。对接会上，740名学生与53家企业达成实习意向。

【联合办学取得实效】 3月10日，安徽省砀山职教中心输入“0.5+2.5”联合办学模式学生55人、“1.5+1.5”联合办学模式学生39人到海安职教中心就读。3月16日，河南省漯河市第一中等职业学校输送华艺集团订单培养学生43人到海安。4月10日，贵州独山职教中心输送两地合作招生、联合办学学生319人至海安职教中心就读。4月20日，江苏沭阳中等专业学校输送75人至江苏联发集团、海安鹰球集团、江苏万力集团实习。5月15日，江苏沭阳商贸高等专业学校输送68人至金锻制造、瑞安特、礼德铝业实习。6月12月，河南省开封技师学院12名高技学生到瑞安特、港华机械就业。10月8日，河南省虞城县第一职高输送“0+3”模式学生14人到海安就读。

（吴开林）

高等教育

2014年，海安职教中心成功申报会计大专专业，从而使大专专业达到4个。招收工程造价、电子商务、机电一体化、会计等四个大专专业学生135人。探索五年制高职办学规律，提高五年制高职办学水平，加大课程改革力度，适应“4.5+0.5”学制变化，努力实现技能培养、文化素质、专业基本理论教学三方面的五年一贯性。开放教育春季招生73人，秋季招生98人，全年招生171人。远程教育招生298人，秋季招生321人，全年招生619人。严格按照国家开放大学、江苏开放大学教学管理要求开展教学工作。做好学员选课、约考、教学面授辅导、统考送考等工作，按照教学规程开齐开足课程，初步形成“学员网上学习、面授辅导、小组学习”相结合的教学模式。

全县4808人参加普通高校招生文化考试，高考高分段人数连续第十五年在全省106个县(市、区)中名列第一。全省文科前20名，海安有3人；理科前60名有7人；全省前100名有17人，前1000名有119人。本科录取3809人，专科录取1196人（含高职院校提前单招360人）。2名学生被空军飞行学院录取，海安中学和曲塘中学被省高等学校招生委员会和南京军区空军政治部联合表彰为“空军招飞工作先进单位”，曲塘中学被国家空军招收飞行学员工作局表彰为“空军招飞优质生源基地”。944人参加职业学校对口高考，达线率和录取率均100%。

社会教育

【概况】 县综合县域社区教育基础能力、办班办学水平、各类活动开展和国家、省、市级品牌项目创建等继续保持全省领先。海安镇社区教育中心被确认为联合国农村居民学习中心联系点；全市获批全国社区教育实验项目3个，全部落户海安；省级社区教育中心创建率50%、市级社区教育中心创建率100%，继续领先全市。

依托县职教中心成立县社区学院，建成国家级计算机、普通话培训考试点、县级会计培训考试基地、退役士兵职业技能培训基地、建筑技能培训鉴定基地和农业科技培训示范基地。各区镇社区教育中心全部按照省规定标准规划和配置，培训室、图书室、报刊阅览室等标准化程度明显提高；学校网站开通率100%，点击率逐年提升，最多达110万人次；海安镇社区教育中心按“全省一流、全市领先”的目标进行全新规划布置，成为南通地区的样板和典型；曲塘镇政府投入资金50万元，用于社区教育中心主阵地的搬迁和设备更新。

2014年，全县各级社区教育机构举办各类长短班316个，办班5066天，培训10.29万人次。其中，完成农村劳动力转移培训2208人，现代农民教育培训1.63万人，岗位技能培训5.66万人次，职业资格培训766人次，转岗培训3171人次。各区镇通过开办专门技术讲座培训15.99万人次，举办各种社区服务活动涉及37.06万人次。南莫镇、李堡镇、墩头镇等社区教育中心先后编写具有区域特色的社区教育教材读本23册。成功举办以“魅力镇南·放飞梦想”为主题的第十二届社区艺术节。海安镇社区教育中心参加“第三届全国社区教育音乐活动展播”选送的《海安美》获全国二等奖。

【高新区被选为“农村社区学习中心能力建设”试验点】 海安高新区重视社区教育工作，社区教育工作始终走在全省前列，2012年被评为全国社区教育示范镇。2014年4月19日，中国成人教育协会常务副会长谢国东一行，到海安高新区考察与评估，选定该区为联合国教科文组织亚太地区农村社区学习中心(CLC)项目实验点。联合国教科文组织在江苏首批试点有4个项目，海安高新区社区教育中心是苏中和苏北地区唯一入选单位。

教师队伍

【概况】 制定《海安县教育局干部人事管理办法》，严格执行主要负责人不直接分管干部人事制度，清理规范干部在企业和社会团体兼(任)职行为。暑期，调整和补充部分学校干部，提拔干部24人。组织48名幼儿园园长，65名小学、初中校长分两批赴华东师范大学公共管理学院参加校(园)长高级研修班，提高其管理水平和能力。

加强教师队伍建设。大力推进在职教师学历提升工程，下发《关于做好在职教师攻读研究生学历（学位）工作的通知》，与南通大学合作，举办“同等学力申请硕士学位(海安)班”。继续实施县城学校与城郊学校联合办学，互派教师学习交流。试点区(镇)内教师校际流动工作，曲塘、墩头两镇50名教师参与流动。鼓励县城学校教师到农村学校(薄弱学校)任教，将教师到农村学校任教经历和成绩作为评先评优、职称评定、岗位晋升的重要条件。开展教师资格认定工作，37人取得相应教师资格。组织2013年新聘教师考核工作，101名教师全部考核合格。做好职称评定工作，48人通过副高级职称评审，91人通过中小学一级教师资格评审，10人通过幼儿园一级教师资格评审。新教师招聘过程透明、公正，公开招聘新教师45人。

名师工程扎实推进。4人被评为省第十三批特级教师，4人被表彰为省优秀教育工作者，2人获市第十一届园丁奖，8人获县“专业技术拔尖人才”称号。制定《海安县名师工作室章程》，组建7个县级名师工作室，发挥特级教师的引领作用。第六期骨干教师研修班37名学员完成研修任务全部结业，第七期骨干教师研修班如期开班。

【海安中小学校长高级研修班开班】 8月1—4日，由县教育局主办、华东师范大学承办、县教师进修学校协办的江苏省海安县中小学校长高级研修班在华东师范大学公共管理学院举行，全县义务教育学校的66名校长参加培训学习。研修班历时4天，学员们聆听8位专家的讲座，从“教育改革与校长使命”到“学校管理的思路与出路”，从“教师教学行为的关注”到“教师的专业发展”，从“有效教学”到“智慧型教师”等各具特色的讲座使校长们的思想受到冲击，理念得到更新。

【首批中青年名师工作室成立】 4月29日，县首批中青年名师工作室启动仪式在城南实验小学举行。副县长翁晓云出席启动仪式，并向名师工作室领衔名师授牌和颁发聘书，向各工作室学员颁发证书。7个首批中青年名师工作室分别以钱俊元、许卫兵、徐金贵、董裕华、杨斌、许习白、李宝银等在职省特级教师的姓名命名，每个工作室从全县各遴选5名学员，运行周期3年。名师工作室充分发挥省特级教师对海安教育的示范、引领作用，打造创新型、建构型教育教学研究的专业发展共同体。

【举办“老师，你好”主题活动】 9月10日上午，县委、县政府主办的“老师，你好”主题颁奖活动在省海中体艺馆举行，庆祝第30个教师节。县委书记陆卫东，县委副书记、代县长顾国标，县教育局、财政局等相关部门负责人及全县各学校教师代表参加活动。活动现场先后颁发“优秀教育工作者”“十佳最美乡村教师”“十佳班主任”“十佳校(园)长”“教育突出贡献奖”等奖项，88人获奖。其中吕建、许卫兵等8人获首届教育突出贡献奖；50人被表彰优秀教育工作者。

【四人被评为省特级教师】 9月，於德甫、崔益林、储冬生、周振宇等4人被江苏省教育厅授予特级教师称号。

於德甫，男，1984年毕业于苏州大学。先后在县胡集中学、省海安高级中学任教高中语文17年。2001年8月调至县教育局教研室从事初中语文教研工作。1998年8月被评为中学高级教师，2012年7月被评为市学科带头人。曾是学校高三语文把关教师，高考成绩突出。多次在省、市开展语文示范教学，2013年获全国“教育艺术杯”语文课堂教学大赛初中组一等奖。担任教研员期间，全县中考成绩持续在南通领先。多次参加市中考命题、审卷工作，曾担任中考语文命题组长。五年间，在省级以上杂志发表论文13篇，其中5篇在全国中文核心期刊发表。2013年，出版个人专著《中考语文命题研究》。

崔益林，男，1989年毕业于南通师范学院。2006年被评为市教学骨干，2010年被省教育厅表彰为支教先进教师，2012年被评为市学科带头人，2012年被表彰为市优秀教育工作者。倡导“快乐作文”教学理念深受校内外同行好评，先后指导学生在县级以上报刊上发表文章1000多篇，指导学生参加各级各类作文竞赛多人多次获省级以上一等奖。在《中学语文教学参考》等省级以上杂志上发表教育教学论文200多篇，其中20多篇文章被中国人民大学书报资料中心《初中语文教与学》全文转载，出版个人专著《语林中穿行》。

储冬生，男，1998年毕业于如皋师范学校，现任县实验小学副校长兼教导主任。先后被评为县十大杰出青年，市小学数学学科带头人，市第一梯队名师培养对象预备人员，市“226高层次人才培养工程”中青年科学技术带头人，市优秀教育工作者，省特级教师后备人员，省“333高层次人才培养工程”中青年科学技术带头人。海安电视台《记录生活》，《江苏教育》杂志“呼唤名家”、

《小学教学》杂志“人物聚焦”等栏目先后专题报道他的成长经历和研究成果。倡导“问题驱动式数学教学”,潜心打造“生动且深刻”的活力课堂,任教班级学生数学素养发展良好。曾获全国第七届信息技术与学科整合优质课评比一等奖,省“蓝天杯”小学数学优质课评比一等奖,省“领航杯”网络团队教研比赛一等奖。执教省市县观摩课、展示课100多节次,应邀在全国20多个省执教观摩课或交流成长体会。先后在《人民教育》《中国教育报》等30多家省级以上报刊发表文章100多篇,3次获得省“教海探航”征文一等奖,4次获得省“师陶杯”教育科研论文大赛一等奖,被省教育厅表彰为“教海探航”征文“杰出水手”。

周振宇,男,1993年毕业于如皋师范学校。先后在雅周小学、实验小学任教,2003年破格晋升小学高级教师,2009年被评为中学高级教师。现为市学科带头人、市“226”人才培养对象,省特级教师后备人选。开展共生科学课堂研究,建构“研讨—探究—梳理—发散”四步教学法,形成自己的教学思想和风格。多次参加教学比赛,曾两次获省一等奖,四次获市一等奖,在省内外作公开课、学术报告20多次。主编《南通市小学科学活动课程》一书,成为全市使用的教材。近五年,在省级以上刊物发表研究论文近20篇。

教育研究

【概况】 深入实施科研兴教战略,深化教育领域综合改革。邀请省市专家开展省级课题《深化县域教育综合改革的政策研究》开题论证暨高级论坛。围绕市级课题《优化“立德树人”的长效机制和环境研究》,先后召开立德树人专题研讨会、德育校际联盟推进会、习惯养成教育示例研讨会、学校德育及班主任工作创新沙龙、家长教育活动课研讨会、家长义工联示例研讨会,开展“立德树人的学科教学实践”主题征文。县地方课程《学生习惯养成教育》(共3册)荣膺市“未成年人思想道德建设工作优秀创新案例”。编印县地方课程《我的海安我的家》,免费发放给全县中学生,作为爱家乡教育主题读本。《海安教育研究》被评为首届全省优秀教育内部期刊。

教学研究工作以《2014年南通市课堂教学改革指导意见》为指针,优化教师引导下学生自主学习的课堂教学。正常开展“一周两校”调研,做到常规调研与个别调研相结合,着重对薄弱学校、薄弱学科、薄弱教师进行诊断、剖析,促进改进提高;教研员全年听课人均超110节以上,开展县级以上教研活动208次。采取多种方式,搭建多样平台,切实加强师资队伍建设,促进教师专业成长。教师在全国、省、市级基本功比赛和优课评比中获国家级奖2人次,省级奖13人次,市级奖69人次。学生在各学科竞赛中,获国家级奖3人次,省级奖446人次(其中省一等奖68人次)。

“海陵之春”教学研讨活动 (教育局 提供)

【《海安教育研究》被评为省首届优秀教育内部期刊】 《海安教育研究》创刊于2001年,是由县教育局主办的教育内部期刊。《海安教育研究》一直倡导接地气、重实效的微型课题研究,倡导短小质朴、言之有物的文风,打造教师教研成果展示与思想交流的平台。栏目设计力求顺应教师研究规律,彰显实践性(如《行走·课堂》),凸现情境性(如《对话·现场》),提升思辨性(如《关注·热点》),增进表达形态的丰富性(如《师说·心语》)。每期用编者按、编后语,对一些文章进行点评;每期与一个基层学校合作,促进全县各学校教研氛围的形成,也为教师发展提供更贴身、贴心的服务。为适应信息时代的数字阅读方式,从2012年起,《海安教育研究》开始编发电子版,更好地服务基层学校和教师。

9月,在由省教育新闻工作者协会与江苏教育报刊总社联合开展的首届全省优秀教育内部期刊评比活动中,《海安教育研究》获省首届“优秀教育内部期刊奖”。

【省“教学新时空”直播仲剑峰的课堂教学】 6月19日,“教学新时空·名师课堂”栏目对县教育局教研室仲剑峰的课堂教学及其教学主张进行专题推介。仲剑峰主持的省“十二五”教育科学规划重点课题“儿童阅读与写作即时链接语用范式的实践研究”取得阶段性研究成果,其教学主张“基于语用的阅读教学”在小学语文教学界产生一定的影响。“教学新时空”首先网络直播仲剑峰执教的《揠苗助长》一课,然后由其阐释“基于语用的阅读教学”的教学主张。直播活动由省特级教师,市教科研中心王爱华主持,省特级教师徐金贵、如皋市教育局教研室陈兰担任点评专家,专家们围绕“基于语用的阅读教学的意蕴及价值——仲剑峰课堂教学及其主张”主题进行研讨、点评,并向全省小学语文教师推介。 (张怀明)

体 育

江苏省一线社会体育指导员太极拳培训 (体育局 提供)

体育设施

【概况】 积极推动体育城乡一体化进程。进一步做好城乡全民健身工程点提档升级；协同住建局做好城区健身步道的建设工作；完成主城区“10分钟健身圈”建设工作，做好全民健身电子地图编制的基础工作，实施成人体质监测工作。指导区镇按照“两室、一场、一路径”（乒乓球室、棋牌室、篮球场或其他球场，一条健身路径拥有10件体育设施）的标准完成村级为民服务中心建设。

【县体育中心】 完成体育馆、游泳馆二次结构主体结构验收和内墙粉刷；内装修完成施工图设计进入招标程序。完成全民健身中心主体结构封顶和二次结构主体结构验收，内装修完成施工图设计、施工图审查。完成室外工程规划、施工图设计。

群众体育

【全民健身活动】 积极筹划和协调举行县第八届运动会，运动会设6个部，历时6个月，3200多名运动员参加26个单项比赛。开展“体育志愿服务乡村行”活动和“全民健身志愿服务”活动，指导大公镇组织实施第51届北凌农民运动会。5月24日，在海安宾馆举办2014年省第七届象棋棋王争霸赛；7月20日，卫岗黄金钙奶“激情秧歌 活力江苏”海安赛区选拔赛暨2014年县健身秧歌比赛在新世纪广场举办，7月11日举办县第二届广场舞大赛；7月26—28日，举办县民间羽毛球争霸赛；8月23—24日，举办县大众跆拳道比赛，海安东方跆拳道馆以6金9银13铜的成绩，荣获团体总分第一名；8月，县武术比赛在龙之梦健身会所举行；10月18日，县足球比赛在海陵中学举行。

【体育社会指导员培训】 申报一级体育社会指导员206人，培训186名三级社会指导员；先后承办市健身花鼓与健身气功二级社会体育指导员培训、省健身气功一线社会体育指导员培训，组织116人参加省一线社会体育指导员培训，社会体育指导员的人口占比在省市领先。

【新特优项目——“健身芦花”】 海安代表队先后参加省排舞比赛、市体育日等活动，分别获省、市一等奖。健身气功队代表南通市参加华东六省一市比赛获两个一等奖，参加省比赛获4个一等奖、5个二等奖，并荣获团体总分第二名、体育道德风尚奖。 （张睿涵）

【第三届职工运动会】 9月13日上午，由县政府主办，县总工会、县体育局承办的县第八届运动会职工部赛事暨第三届职工运动会在职教园区开幕。此次比赛

7月19日，江苏省健身秧歌大赛海安分赛区 (体育局 提供)

分为事业、企业两个组别,每个组别分别以男、女组队参赛。设有羽毛球、乒乓球,4×100 米,1500 米四项赛事。全县各区镇、系统工会的 23 个代表队,700 多名职工运动员参加。 (张子清)

【参加全国亿万农民健身项目比赛取得佳绩】 5 月 27—29 日,由海安县农民组成的参赛队,代表省参加中国农民体协在上海奉贤举办的全国“亿万农民健身活动”乡镇田径特定项目比赛。参与竞赛的各个项目均进入复赛且全部进入前八名,分别获得男子 3 人四足跑第三名、拔河第四名,跳绳、女子 80 米担运粮食、50 米收谷赛等 4 个项目的第五名以及男子 80 米担运粮食、100 米推轮胎跑、60 米抢收抢种等 3 个项目的第七名,被大会组委会授予优秀组织奖。9 月 20 日,组织完成各区(镇)参加的县八运会农民部比赛工作。

(县委农办)

学校体育

【概况】 组织召开县中小学生校园体育活动一小时推进会,实验小学 4500 多名师生同台展示校园体育活动;组织召开县中小学校园体育特色现场会,城东镇西场小学、壮志小学、延寿小学作经验介绍,观摩西场小学莲湘特色展示。组织全县小学、初中毕业生体能追溯评价测试。该成绩列入小学、初中年度教育质量评估和校长(主任、助理)年度绩效考核。

【体育教育研讨】 举办省级“十二五”教育科学规划课题《手足双门球课程资源开发与应用研究》的开题与研讨活动,县内外 42 所子课题研究单位子课题负责人参加研究活动;组织初中、高中体育教师选手参加南通市教学基本功评比,获一等奖 2 名,二等奖 3 名;组织县级课程资源手足双门球“同课异构”评比活动。完成中小学《国家学生体质健康标准》测试工作,上报率 100%;印发《海安县中小学体育工作评估实施办法》。

(张睿涵)

【海安中学篮球队获市高中组第一名】 由市教育局主办,海安中学承办的市第五届中小学生篮球比赛 7 月 16—20 日在海安中学体艺馆举行,全市 34 个代表队、近 300 名学生参加比赛。海安中学获市高中组第一名,吴斌和陈谦锋获市“优秀教练员”称号。 (张怀民)

体育竞训

【概况】 组织县八运会学生部第七届中小学生阳光体育体能运动会、中小学冬季长跑暨体育特色评比活动、第五届中小学生手足双门球比赛。组队参加市教育局组织的第四届阳光体育节,荣获小学组一等奖、中学组二等奖,代表队获得优秀组织奖。曲塘中心小学代表县参加市女子篮球赛获冠军,这是海安第一次获得此项赛事冠军;县实验小学荣获市男子篮球赛少年组冠军;开发区实验小学参加摔跤比赛获得四块金牌。

【体育业余训练基地创建】 在巩固足球、排球、摔跤、女子篮球等项目校办成果的基础上,扩大联办项目学校范围,将 6 类项目全部落实到 24 所学校,发挥业余训练基地引领作用。 (张睿涵)

【组织参加省市残疾人运动会】 7 月 31 日,南通市第七届残疾人运动会在市体育运动学校举行,海安县选派 20 名残疾人运动员参加田径、游泳两个项目比赛,丁海祥获 T37 男子 100 米、200 米决赛第一名;吴丹、周永祥分别获 T60 女子 200 米、400 米决赛和 T36 男子 100 米、200 米决赛第二名。县代表队获体育组织奖。8 月,江苏省第九届残疾人运动会——乒乓球项目比赛在南京顶山残疾人体育运动中心举行,县 4 名聋人运动员取得 1 枚金牌、2 枚铜牌的优异成绩:李春蕾获听力残女子组单打第一名,王荣杰、陈卫龙获听力残男子组双打第三名,徐浩、陈卫龙、王荣杰获听力残男子组团体第三名;陈卫龙获听力残男子组单打第 4 名。

【举办县第五届残疾人运动会】 7 月 11 日,海安县第五届残疾人运动会在县职教园区田径场举行。10 个区镇代表队的 143 名运动员分肢残组、脑瘫组、盲人组、聋哑组、智残组参加了田径和乒乓球两大竞赛项目的 9 项比赛,海安镇、白甸镇、城东镇分获团体一、二、三名。县残联被海安县第八届运动会组委会授予“体育贡献奖”。 (陈 赟)

体育经济

【体育彩票销售】 体育彩票销售总量同比增长 20.2%,增幅居南通市第一,销量首次超过亿元。

【体育场所检查】 按省、市“六普”的相关要求,成立体育场地普查机构,招募普查员,按序时进度完成体育场地实地普查、普查表审核、数据登录工作。对全县范围内的健身和游泳场所进行拉网式检查,对照标准颁发行政许可证。

(张睿涵)

文化事业

Cultural Work

平倭亭　毛平平绘

◎责任编辑　贲柠华

综　　述

【概况】 2014年,海安县进一步完善城乡文化设施和文化服务功能,再次通过全国文化先进县复查验收,并通过全省第三批新闻出版依法行政示范点复查验收。申报创建江苏省第三批公共文化服务体系示范区。曲塘镇、白甸镇被公布为省第二批乡镇(街道)公共文化服务体系示范区。文化艺术中心主体工程封顶。7个区镇通过国家首批乡镇(街道)综合文化站评估定级。在南通市率先实现农家书屋先进镇全覆盖。1件作品获全国精神文明建设"五个一工程"奖,4件作品获江苏省第九届精神文明建设"五个一工程"奖。20件作品角逐江苏省"五星工程奖",2金4银1铜的成绩列全省各县(市)区第二、南通市第一。参加南通市小戏小品曲艺大赛,获2金1银2铜成绩,全市第一。新编海安民间歌舞《梦里老家》参加南通市"濠滨夏夜"暨全市群众文艺会演,获节目金奖第一名和优秀组织奖。组织实施"五送工程",常态化开展形式多样的群众性文化活动。县退休职工艺术团、白甸镇分别获省"特色文化团队"、市"特色文化之乡(号子之乡)"称号。争取到省文物专项补助资金100万元,其中韩公馆80万元,七战七捷纪念馆20万元。协助慧源文化产业园、鑫缘数码城、锦华扎染文化园先后争取到国家、省文化产业扶持资金。

【"五送"工程】 海安县继续开展以送戏、送电影、送图书、送展览、送培训为主要内容的"五送"活动。全年组织送戏下乡126场,各区镇送戏到村218场,送电影3342场,送图书1.5万册,送展览15次,培训1.43万人次,受到基层群众好评。

文化设施

【文化设施工程建设】 投资5.72亿元、建筑面积5.65万平方米的县文化艺术中心工程按序时推进,钢结构、外立面、幕墙等施工进展顺利。文化馆面积2900平方米,图书馆面积4080平方米,博物馆、七战七捷纪念馆等面积1.07万平方米,10个区镇文化站面积1.38万平方米。

【公共文化服务新平台】 创新"城乡一体"公共文化服务新模式:标准化定制。定制10大类近100项产品,包括展览、演出、培训、电影等,并集中配送到各区镇,区镇逐步实现"天天有大片、周周有培训、月月有演出、季季有赛事、年年有节会"。专业化生产,根据群众需求,落实专业的生产机构和团队进行文化产品生产。均衡化配送,让区镇与县城群众能享受到均衡统一的公共文化服务。精细化服务,组建20人的公共文化服务团队,确保各项活动组织、服务、配送到位。科学化考评,解决公共文化服务的效果检验问题。制度化保障,体制、经费、人员三方面的保障逐步到位。

【7区镇文化站通过国家首批综合文化站评估】 高新区、开发区、滨海新区、曲塘镇、大公镇、白甸镇、墩头镇综合文化站单体面积均超过800平方米,各项硬、软件指标达标,通过国家首批乡镇(街道)综合文化站评估定级。其中高新区、曲塘镇文化站被评为一级站,白甸镇、滨海新区文化站被评为二级站,大公镇、墩头镇、开发区文化站被评为三级站。

【农家书屋】 海安镇三塘村、钟涵村、田庄村、通学桥村、孙庄村,白甸镇施溪村、傅舍村,曲塘镇胡庄村,南莫镇邓庄村,墩头镇杜楼村,大公镇常河村,城东镇泰宁村,角斜镇顾陶村,李堡镇李堡村等14个村农家书屋通过2014年度南通市四星级示范农家书屋验收,通过数量居南通市第一。钱如娟、周承平、于丽丽、吴同梅、仲庆等5名农家书屋管理员被评为南通市优秀管理员。

向省新闻出版广电局争取的212台农家书屋电脑,4—5月全部配送至村(社区)农家书屋。筹集资金近20万元,全县218个农家书屋"一卡通"软件全部安装到位。村(社区)农家书屋协同关工委组织开展形式多样的读书用书以及面向农村流动、留守儿童,贫困家庭儿童的"暑期乐园"和结对帮扶等活动。

公共文化

【区镇群众文艺创作节(剧)目会演】 1月21日下午,由海安县委宣传部、县文广新局、县文联主办,县文化馆承办的2013年度海安县区镇文艺创作节(剧)目会演在县城星光大剧场举行,舞蹈《笠语》、小品《转移》、音乐剧《阳光路上》、群口相声《拉票》等15个原创节(剧)目脱颖而出。现场评出金奖节目4个,银奖节目8个,铜奖节目3个。省、市专家评委给予"县级平台,大市水平"赞誉。

【"欢乐送百姓"送戏下乡】 "欢乐送百姓"从正月初一到正月十五在全县10个区镇巡演20场。节目多数选自年度区镇文艺创作节(剧)目会演的原创优秀节

正月初一到十五,送戏下乡　　(崔　明　摄)

目，邀请江苏青春舞蹈、东北二人转、魔术等优秀节目加盟，给全县万余观众送上温暖丰盛的文化大餐，传递县委、县政府对城乡群众的问候和文化工作者对父老乡亲的节日祝福。"欢乐送百姓"项目参评省"五星工程奖"创新服务奖。

【"梦里老家"新编民间歌舞】 9月6日，"梦里老家"新编海安民间歌舞参加"中国梦·江海风"南通市濠滨夏夜广场群众文艺调演海安专场演出，获优秀组织奖和节目金奖第一名，崔世莹获最佳策划(编导)奖。24日，由县文广新局主办，县文化馆、县歌舞剧团承办的专场文艺演出在海安镇复兴社区拉开帷幕，先后赴10个区镇巡演。巡演节目是海安群众文艺会演涌现出来的获奖节(剧)目，如说唱《甸上记忆》、无伴奏组唱《车水号子》、舞蹈《莲花落》、萨克斯与舞蹈《渔光曲》、三人组唱《看不够的海安美》、微型音乐剧《阳光路上》等。演出配备高清大屏、高端灯光音响，参演人数近100人，观众约1万人次。

10月24日，"梦里老家"海安民间歌舞专场参加由文化部、上海市人民政府主办的第十六届上海国际艺术节"天天演"首场文艺演出，受到主办方高度肯定，赢得现场千余名观众的阵阵掌声，组委会颁发优秀演出奖。

【首届公共文化展示月】 10月1日，以"中国梦·江海风"为主题的海安县首届公共文化服务展示月活动正式启动。展示月在全县范围内集中开展以文化阵地服务、群文品牌活动、遗产保护传承和舞台精品演出等方面的近40项文化活动，推出一批具有海安地域特色、健康向上、群众喜闻乐见的优秀文化产品和服务项目，有效提升公共文化服务的群众知晓度和满意率。县文广新局被表彰为南通市首届公共文化服务展示月先进单位，"乐一天"农民艺术节被评为最佳服务项目，县文化馆馆长葛志华被评为先进个人。

【"劳动者大舞台"文艺演出】 11月12日晚，由县委宣传部、县文广新局、县总工会联合举办的"中国梦·劳动美"海安县"劳动者大舞台"文艺展演在新世纪广场举行。舞蹈《盛世龙腾》、诗音画《因为这个家》、打鼓说唱《联发纺织创辉煌》、诗朗诵《我的厂，我的梦》、说唱快板《移动明天更美好》等一批由职工文艺骨干编排的节目精彩纷呈，现场掌声不断。县委副书记焦广琪、县人大常委会副主任章曙东、副县长翁晓云、县政协副主席赵剑波，相关部门、单位负责人及观众1000多人观看演出。"劳动者大舞台"以"展示劳动美、凝聚正能量"为主题，4月启动后，历时近七个月。

【文化馆(站)业务干部技能展演获金奖】 10月28—30日，全省文化馆(站)业务干部技能展演在南通举行，县文化馆馆长葛志华编导的舞蹈《海子牛》获舞蹈类金奖，吴田玉创作的国画《花诗鸟韵》获美术类金奖，获奖作品数量名列全省县级文化馆前茅。

9月6日，"梦里老家"参演节目之一：萨克斯与舞蹈《渔光曲》　（崔　明　摄）

文化艺术

【文艺创作成果】 文艺作品获国家级奖项1件，省级11件，市级18件。歌曲《我们的中国梦》《幸福航班》、话剧《又见桃花雨》、长篇小说《群芳》获江苏省第九届"五个一工程"奖。其中，歌曲《我们的中国梦》在全国"五个一工程"奖歌曲类评选中排名第一，在中宣部等4单位联合举办的"我们的中国梦——讲述中国故事"文艺作品征集活动中获得音频作品一等奖第一名。广播剧《江海狼烟》、歌曲《恋在里下河》等6部作品获南通市"五个一工程"奖，蝉联全市优秀组织奖第一名。20多件作品角逐省"五星工程奖"，舞蹈《莲花落》、广场舞蹈《龙舞太平》获金奖；音乐剧《阳光路上》、道情小唱《水乡三阳》、合唱《五洲人民齐欢笑》、国画《春韵四景》获银奖；舞蹈《磨》获铜奖，2金4银1铜的成绩位居全省各县（市）区第二、南通市第一。朱万川编剧的小品《情理之中》获南通市廉政情景剧大赛金奖。

（张潇允　谭承燕）

【《又见桃花雨》南通更俗剧院首演】 3月25日晚，由县文化馆朱万川和南通剧作家高龙民编剧，南通籍导演、省话剧院院长杨宁执导的大型话剧《又见桃花雨》在南通更俗剧院首演。南通市委常委、宣传部部长章树山，副市长朱晋，县委常委、宣传部部长王炜，副县长翁晓云等领导及1000多名观众观看演出。该剧以海安支教群体的事迹为原型，艺术再现海安老师告别故乡，告别父母妻儿，远赴美丽却贫瘠的云南小凉山支教的感人故事。全剧融思想性、艺术性、观赏性于一体，生动反映海安支教群体为民族团结、科教兴国、为西部大开发战略的实施所做出的特殊贡献。

【王奇寅再获人物造像奖优秀国画家称号】 5月18日，由中国西部发展促进会、中国民间文艺家协会、中国名家收藏委员会联合主办的"影响中国收藏界经典人物艺术造像"评选活动结果揭晓，县书画院王奇寅国画作品《宋美龄》获全国提名创作一等奖. 成为全国唯一连续两年获评此奖项的优秀国画家。中国名家收藏委员会常务副主席高为华这样评价其作品：要把握好宋美龄的时代特征和风貌有一定的难度，王奇寅巧妙处理人物和时代的关系，人物形象形神俱佳、栩栩如生。 (张潇允)

【童国华、李建中诗歌佳讯】 童国华诗歌《让爱永驻》入选第一部中国公安文学年度精选诗歌散文卷。中国公安文学年选由全国公安文联选编，公安部下属群众出版社出版，代表年度全国公安文学的最高创作水平。李建中的诗歌《中国梦：一个春天的童话》参加江苏省委宣传部、省作家协会、《扬子江》杂志社主办的“中国梦·心中的梦”诗歌大赛，获三等奖。作品在《诗刊》6月上半月刊发表。

【郑忠获年度优秀艺术人才荣誉奖】 郑忠三幅水墨作品《碣石篇系列》入选“大象无形——中国当代抽象艺术邀请展”，3月1日，在北京今日美术馆1号馆展出。4月，郑忠16幅作品参加在上海帕奇艺术酒店举办的“艺术和酒——三人艺术邀请展”。5月，宁波中艺文化中心举办“郑忠水墨艺术作品展”，三幅水墨作品入选巴基斯坦国家艺术委员会和中国外交部联合举办的“中巴艺术交流展”，在巴基斯坦首都伊斯兰堡展出。6月，在北京亮马河饭店举办的“中国进行时——中国当代艺术春季拍卖会”上，郑忠两幅《碣石篇系列》拍出。7—10月，郑忠作品展出或入展多次（幅）。《艺术在线》10月刊推介其水墨作品《异境系列》。10月，应邀参加北京99美术馆“美国著名艺术家萨利姆与中国艺术家互动与论坛”，并获北京99美术馆、美国纽约艺术联社颁发的“2014年度优秀艺术人才荣誉奖”，同月，郑忠三幅水墨作品入选“出格——巴黎当代艺术展”。11月，郑忠应邀参加国家商务部主办的，在武夷山举行的首届国际书画贸易论坛暨碧水丹山当代名家实景写生。12月，郑忠两幅水墨作品入选《美术报》2014艺术节“中国水墨现场”，同月，《美术报》艺术节郑忠工作室开放展，《中国艺术家》杂志推出专访《汲物万形通真元，象中寓道任圆成——当代著名水墨画家、版画名家郑忠先生》。

【徐泽两部中篇小说集出版】 徐泽，省作协会员，南京市文联签约作家。1990年毕业于北京鲁迅文学院作家班。2010年后在《中国作家》《十月》《钟山》《清明》《天涯》《作品》《天津文学》《雨花》等刊物发表作品，部分作品曾被《小说月报》《中华文学选刊》等多家刊物选载，著有《请与我同行》《怀念家园》《风中的小鸟》《徐泽诗选》等诗文集。6月和10月，徐泽中篇小说集《谁都不容易》《尘埃》，分别由中国书籍出版社和南京出版社出版。两部小说集均描写底层普通百姓生活，《谁都不容易》主要写作者十分熟悉的工厂生活和打工生活，《尘埃》描写打工的妻子为生活所迫到夜总会坐台，两口子在生活的大潮中起伏跌宕。 (柠 华)

10月6日，郑忠应邀参加北京99美术馆举办的国际著名艺术家萨利姆教授学术交流活动，图为郑忠(左一)与萨利姆教授、穆拉德博士合影 (县文联 提供)

【小戏小品曲艺大赛成绩优秀】 9月26日，历时数月的2014年“中国梦·江海风”南通市小戏小品曲艺大赛落下帷幕，海安县选送的道情小唱《水乡三阳》、音乐剧《阳光路上》获金奖，女子相声《拉票》获银奖，小品《转移》、江淮评话《刘景韶西场平倭记》获铜奖，小戏《范大铁事》获优秀奖，获奖数量列全市第一。

(张潇允)

【《李堡古今山水人》出版】 80岁乡土作家仲新平的新书《李堡古今山水人》由苏州大学出版社出版。作者通过近两年时间，挖掘出家乡李堡镇历史人文、重大战斗、风景名胜、传统节日、乡土美食等素材，从多方面、多角度写出李堡民俗的风土人情，以满腔激情描绘古镇李堡的风韵，全书20多万字，内容真实感人，有不少珍贵的史料。

【《联发之路》作品研讨会】 10月，陈寅生长篇报告文学《联发之路》由南京出版社出版。12月13日，南通市作家协会、海安县文联、江苏联发纺织股份有限公司联合举办研讨会。出席会议的有南通市作协主席储成剑，南通大学教授、著名文艺评论家徐景熙，文艺评论家张松林，市作家协会原主席冯新民等南通市及海安县的部分作家出席研讨会。 (谭承燕)

文化遗产保护

【韩公馆被评为AAA级旅游景区】 县博物馆邀请扬州阳光文创文化创意有限公司编制《全国重点文物保护单位——韩公馆创建国家AAA级旅游景区规划方案》。按序时完成游客中心建设、停车场平整等创建硬性指标，12月23日，省旅游局公布韩公馆为AAA级旅游景区。

6月14日,海安非物质文化遗产进校园活动　（崔　明　摄）

【可移动文物普查】 海安摸底调查154家国有企事业单位的可移动文物，邀请南通博物苑相关专家鉴定曲塘中学的60多件器物，其中29件器物被列入可移动文物范围。按照省文物局统一安排，派员参加省可移动文物普查培训班，可移动文物普查工作有序推进。

【开展"5·18"国际博物馆日活动】 "5·18"国际博物馆日期间，以"博物馆藏品架起沟通的桥梁"为主题，加大免费开放的宣传力度，发放宣传资料1500多份。县博物馆组织10名藏友参加在海门市委党校礼堂举办的"文物免费鉴定"活动，馆藏有争议的一幅刘墉书法中堂，在这次鉴宝中被确定为真迹，成为县博物馆一件具有相当收藏价值的藏品。

【文化遗产进校园】 开展"送文博知识进校园"活动，先后5次走进校园，400多师生参加听课。组织中学生到博物馆参观，受教育学生超过3000人次。在第九个"中国文化遗产日"期间，举办省级非遗项目《海安花鼓》《海安龙舞》图片展及《莲厢》走进西场小学等传承活动。5月，焦宝林走进实验中学开展《海安扎染》传承活动。曲塘小学编印《苍龙舞》教材、南莫小学编印《海安花鼓》教材，西场小学编印《打莲厢》教材，墩头小学编印《剪纸》教材。4月，西场小学、南莫小学、曲塘小学、雅周小学通过自我组织传承活动，顺利通过市传承学校验收。

【非遗保护项目成效显著】 县文化馆申报省首批非遗传承基地；生产《焦氏扎染》的锦华服饰有限公司申报省第二批生产性传承基地；糯米陈酒、莲花落、唱凤凰、唱麒麟、车水号子等5个项目申报省级非遗保护项目；县文化馆、格莉诗服饰有限公司、锦华服饰有限公司申报南通市第三批非遗传承基地；海安镇申报非遗保护优秀基层政府；焦宝林被评为省非遗保护先进个人。9月9日，文化部非遗司专家到海安专题调研《焦氏扎染》。

【打造非遗类文艺节目】 打造《莲花落》《水乡三阳》《栽秧号子》《莲厢乐》《唱凤凰》等一批非遗类文艺节目，其中《莲花落》《水乡三阳》等作品获得省"五星工程奖"，这些作品充分彰显海安地域文化元素，是海安非物质文化遗产保护在传承中发展的集中体现。6月，市级非遗项目《唱凤凰》赢得各级媒体的关注，南通电视台城市频道专程赴南莫镇采风，并予以专题报道。选送的《海安苍龙舞》《海安花鼓》《莲厢乐》等节目参加全市非遗进校园成果展演，是全市入选节目最多的县(市)。

【《青墩记忆》首发式】 10月1日，《青墩记忆》首发式在县文化馆举行。由崔世莹总策划的《青墩记忆》是海安第一部关于非物质文化遗产的专著，该书深入挖掘、整理、研究海安代表性非物质文化遗产项目，全书介绍23个项目，包括省级项目《海安花鼓》《海安罗汉龙》《海安扎染》等，市级项目《角斜灯彩》《海安糯米陈酒》等，还包括有着独特风格、内涵丰富，尚待申报的《里下河秧号子》等。该书从非遗项目的历史渊源、基本面貌、表现形态、美学和工艺上的重要特点，以及有代表性的传承人等方面一一呈现，图文并茂，内容翔实，是县非物质文化遗产保护工作阶段性成果的集中展示。　（张潇允）

新闻媒体

【广播民生宣传】 广播电台开辟17个专栏，连续报道14篇。县委书记陆卫东等5名县委、县政府领导和30多个部门、窗口单位主要负责人先后走进《政风行风热线》直播室，与听众沟通交流，接受群众建议与投诉。电视时政新闻开设《践行群众路线·切实转变作风》《心系群众·真情为民》等专栏，组织《创新创业在海安》主题活动宣传报道。民生新闻关注重点工程的推进，让老百姓身临其境感受发生的变化；关注群众诉求，建言式开展舆论监督，敦促政府部门解决群众反映强烈的问题；报道文明新风，聚焦身边好人，以赵顺秋为代表的勇救车祸伤者的见义勇为群体、突发心脏病将公交车停稳的好司机秦爱东以及出手抢救司机的乘客群体等两条新闻在中央台播出，社会反响强烈。《民生热线》栏目被评为2013—2014年度南通市新闻工作先进集体。　（张潇允）

【新闻信息中心走媒体融合发展之路】 2014年，县新闻信息中心坚持"全心服务，离你最近"的核心价值观，秉持"宣传无小事，创新无止境"工作理念，走传统媒体与新兴媒体融合发展之路，全面推行内部管理新体制，8月26日，新闻信息中心召开总体改革动员会，推行"模块化生产、项目化运营、团队化作业"总体改革，把新闻中心产品生产划分为新闻部、编辑部、组版中心、活动策划部、新媒体发展部五个模块，每个模块自成一体承担一个特定的功能,各模块有机联系组合为一个整体,设立掌上海安(含环球影城)、海安画报、手机报广告运营、手机报征订、手机报编发、中国海安新闻部分和海安新闻网上载及手机报用户管理、视频制作、6810新闻热线(含用稿通知)、《海安日报》微信九个项目。全县的重大活动、重要会议、重大事件等通过《海安日报》及其新媒体产品传播,贴合媒体受众心理。综合传播受众10万人次。建立外宣、评论、媒体融合发展三个团队。把办公室、财务部、报刊发行部列为服务新闻中心新闻生产、广告经营、报纸发行、日常运转与管理的支撑部门。实行自主管理、独立运营,办报规模、发行量、主动阅读率、广告经营等核心指标均居全省48家县(市)新闻中心首位。《海安日报》适时调整或扩大报纸投送范围,增加报纸赠阅点,让报纸入户进社区,由邮局发行和自办发行每期3.2万份。其中,邮局每期发行1.3万份,海安城区以及白甸、墩头、曲塘、李堡4个南通市中心镇每期发送1.9万份。

(徐瑞平　汤　文)

【外宣工作】　广播新闻在市台用稿200多篇,省台用稿50多篇,中央台用稿6篇,继续保持南通六县(市)区领先。14条电视新闻、专题在中央电视台播出,其中新闻联播播出2条,遥遥领先于南通其他县(市)区电视台,创历史最高纪录;省电视台用片100多条;南通电视台用片200多条,名列全市前茅。农历腊月二十九央视《经济信息联播》和除夕夜《新闻联播》,报道海安春节民俗"捕鱼节"。由海安民生热线报道以及与央视联合报道的赵顺秋事迹在央视密集宣传,央视《新闻联播》《新闻直播间》《晚间新闻》《朝闻天下》《共同关注》等新闻栏目先后播出7次,部分省级卫视也相继报道。《江苏海安:公交司机突发病,昏迷前安全停靠》《外地小伙晕倒街头,海安市民合力相救》等反映海安好人和海安文明新风新闻在央视播出,进一步提升海安的美誉度。6月28日,与央视合作的新闻专题《台湾老兵王成松:隔断的亲情》在央视新闻频道由白岩松主持的《新闻周刊》播出。海安台与央视共同采制的新闻《海安艇退役引起多方关注》在央视新闻、中文国际频道播出。

《海安日报》在上级各类主流媒体上推出一批宣传海安、展示海安的重点报道,宣讲海安故事,传播海安声音。《海安日报》全年完成市以上外宣稿件313篇,创历史新高。完成省级以上外宣稿件40篇,是上年的4倍,其中《新华日报》头版用稿7篇,为南通市各县市(区)第一。《河通了 水清了 鱼多了 海安重绘水乡生态画》《海安行政部门晒权力清单》《海安500院士教授同播创新种子》《海安:经济洼地变身产业高地》《风雪中,送行的人流绵延数里——追记海安"见义勇为好市民"赵顺秋》等一批重头稿件在《新华日报》《南通日报》头版或重要版面刊发。其中,《现代物流看海安》刊登在2014年《半月谈》第一期,《江苏海安:送别好人赵顺秋》刊登在2月10日《人民日报》。

(张潇允　徐瑞平　汤　文)

【获奖广播电视作品】　《全媒体时代如何加强职业道德建设,提升媒体公信力》等3篇作品在中国广播电视协会全国县级广播电视系统论文评比中获奖;省市广播电视优秀作品评选中,1件作品获省二等奖、4件作品获省三等奖,9件作品获市一等奖、12件作品获市二等奖。

【报社记者进社区活动】　3月11日,县新闻信息中心记者"进社区、听民声、送服务"活动在高新区新陵街道正式启动。一周时间内,中心所有采编人员纷纷走进挂钩联系社区,将印有记者名字、电话号码、电子邮箱的联系牌挂进县城区7个街道、27个社区。记者一周至少一次联系社区,为社区群众提供一项服务,发一篇社区报道。中旬,《海安日报》开辟"来自记者联系点的报道"栏目。一个多月,该专栏累计刊登基层报道近30篇,涉及社区最新动态、策划组织活动、社会管理创新、帮扶困难群众和弱势群体以及基层创业典型展示等各个方面,引起社会广泛关注。18日,记者从永安街道中坝社区得知,家住人民西路的王凤翔,儿子患有尿毒症,家庭经济拮据,发出报道呼吁更多的人关心。不久,县红十字会送上1000元慰问金,王凤翔家庭被列为帮扶对象,获得相关救助。26日,A5版刊出通讯《"小巷总理"曹黎黎:"女汉子"是这样炼成的》,用整版篇幅介绍一个普通社区干部一天紧张、忙碌的工作。社区干部感言:报社用整版篇幅介绍社区工作,让社区居民体会和理解这份工作,从而彼此关系更加融洽。27日通讯《年轻夫妇"穿针走线"绣出精彩创业路》,记录社区一对80后小夫妻罗熙熙和张伟伟的创业历程。刊出当天,就有一家企业打来电话,向其咨询十字绣店的情

3月11日,县新闻信息中心记者"进社区、听民声、送服务"活动启动

(姜　明　摄)

况，表示打算购买一批十字绣。报道吸引省级电视台等多家媒体关注，生意增长近三成。

新闻中心创新性地开展“进社区、听民声、送服务”活动，组织“名医义诊进社区”“美化环境进社区”“党团支部送爱心进社区”等系列活动，推动新闻工作者用心走基层、用情转作风、用功改文风，努力在社区“结一个对子、交一批朋友、出一批好稿、留一片赞誉”，真正把“炼为民之功，融干群之情，领发展之先”落到实处。

【《海安日报》开辟新栏目】 《海安日报》先后开辟“党的群众路线领导笔谈”“改进作风在行动，服务群众向我看齐”“整改在行动”“科学创新，彰显活力”“技改投入，驱动发展”“创新创业在海安”“打好攻坚战，冲刺双过半”“践行社会主义核心价值观，争做最美海安人”“冲刺四季度，攻坚保目标”“平安海安惠民生”等专栏，集中报道各项工作的推进情况及涌现的先进典型，为海安经济社会科学发展、跨越发展集聚正能量。增加评论数量，开辟本土化“紫石时评”栏目，针对群众关心的社会现实问题，提供分析和观点，倡导主流价值。

大力宣传县城市重点工程建设、民生实事工程等群众关心、政府操心的“热点”，为群众排忧，为县委、县政府解忧。继续办好“68106810”“特别报道”等专栏，重点推出好人赵顺秋、卢华的系列报道，积极褒扬真善美、鞭挞假恶丑，引导良好的社会风尚。

【广告创收】 县新闻中心调整广告创收结构，拓展广告经营创收渠道，开辟新市场，服务新老客户，保持广告经营创收总量适度增长。全年新闻中心广告创收总量1250万元、广告到账1077万元，在全省48家无刊号县（市）报中，首家广告创收连续三年突破千万元。先后成功举办2014年新春灯会、2014海安“五一”房博会、首届艺术摄影大赛、“践行社会主义核心价值观，争做最美海安人”主题性演讲大赛、海安县第二届广场舞大赛、第二届润宇杯“大美海安”艺术摄影大赛等活动。

（徐瑞平　汤　文）

图书发行与管理

【新华书店概况】 县新华书店连续第九年承办“新华杯”未成年人读书节，举办“作家校园人文行”等有重要影响的活动，邀请晓玲叮当、王一梅等著名作家到海安签售演讲近十场。带上农业科技、健康养生、孩子教育等贴近老百姓生活方面的书到各镇设摊供应，受到社会各界一致好评。2014年，县新华书店选定书籍《感恩于心　责任于行》，传递“学会感恩，承担责任，用感恩和责任铺就成长之路”理念。

2013年8月新华健身会所开业后，承办各类比赛数十场，涉及全县的比赛四场，拥有固定会员百余名，是移动全球通金卡用户俱乐部。2014年将生活馆经营面积扩大，调整经营品种，从柴米油盐到日常洗化、休闲食品等，品种繁多，满足各个层次的消费人群，书卡销售逆势上扬，稳步增长。签约苏中图书物流分公司，首批项目诚意金498万元到账，进入土地拆迁挂牌阶段。

【新华书店创建省文明单位】 每个季度均举行一次“新华道德讲堂”活动，通过身边的人讲身边的事，将道德教育深入人心。与海安镇新陵敬老院建立长期结对关爱关系，组织员工定期看望老人，问寒问暖，在节日的时候送上礼品，为他们排忧解难，捐款4000元，两次组织员工到献血站无偿献血，年均献血量4000~5000毫升；常年有8名交通志愿者参与文明交通创建活动；拥有2名文明城市测评志愿者；援助兄弟书店患病员工陆贵堂，捐款10200元。

（韦圣兰）

【贲友兰成为省新闻出版行业感动人物】 1月16日，江苏省新闻出版局举行“江苏省新闻出版行业感动人物”事迹报告会，10名先进典型涵盖服务群众、爱岗敬业、创新创业、科研攻关、依法行政、全民阅读等方面。江苏慧源文化传播有限公司董事长贲友兰作为“行业感动人物”之一出席报告会，并作演讲《尽情释放生命的正能量》，介绍其积极面对人生的创业事迹，与会人员深受感染和震撼。

【慧源企业获评省服务业创新示范企业】 10月15日，江苏省服务业创新发展暨省服务业发展领导小组会议在无锡市召开，江苏慧源文化传播有限公司被认定为省服务业创新示范企业——业态创新型企业，是南通市首家获此殊荣的企业。

慧源书城首开全国先河，全城图书对外借阅，将阅读服务直接升级到“私家图书馆”时代。2013年开工建设的慧源文化广场项目作为企业业态创新的新起点，整合出版社、出版物和读者资源，融合创意餐饮、艺术创意、文创生产、教育培训、影视传媒、文化物流等关联业态，打造苏中地区最大的文化中转基地。

（钱舜华）

5月15日下午，新华书店校园人文行活动——作家晓玲叮当在西场小学做讲座、签名售书

（张月华　摄）

5月30日,南通市公共图书馆分馆工作现场交流会在海安县曲塘镇召开
(黄海涛　摄)

【公共图书馆】 总藏书量43万册,流通图书10万册次。采购新书6005册,征订报纸67种,期刊309种。新增服务器2台、歌德电子阅读器3台,办理借书证1758个。举办读者园地4期,新书介绍4期。全县文化系统有图书馆(室)18个,其中公共图书馆1个,图书馆分馆18个(包括文化站分馆10家,村级图书室分馆2家,看守所分馆1家,企业分馆4家,社区分馆1家)。举办大型展览8次,大型讲座15次,组织基层文化站管理员集中培训3次以及读者活动十余次。送书下乡13050册。区镇文化站电子阅览室补充设备通过政府采购,组织安装完毕。

【第四届海安全民读书节】 从8月15日至12月31日,是以“倡导全民阅读,建设书香海安”为主题的第四届海安全民读书节涵盖机关读书活动、企业读书活动、农村读书活动、社区读书活动、校园读书活动等五大板块,通过打造电视访谈、网络展示、电台传声、法律讲座、特色分馆建设等读书平台,将书香海安建设推向新高度。县文广新局被南通市文广新局评为2013年度全民阅读先进单位,县图书馆馆长丁兆梅被评为南通市全民阅读先进个人。

读书节期间,“紫石讲坛——名家讲座”活动作为全民读书节系列活动之一,深受读者欢迎。举办大型讲座10余场,分期组织赵凯的《高考心理辅导讲座》、潘知常的《说红楼》《品三国》、周录恒的《中学生如何写作》等大型讲座进校园、进企业、进农村,影响面广,受益群众万余人次。 (张潇允)

社会科学

【概况】 2014年,海安县社科联大力推进应用课题研究、组织开展社科知识宣传普及,加强自身队伍建设,社科工作取得新成绩。县社科联获全省社科联系统工作创新奖,被评为全市先进社科联,市学会工作先进单位。

【首届哲学社会科学优秀成果奖评选】 活动收到作品54件,经评奖委员会组织评审及社会公示,南通市青墩文化研究中心王其银撰写的《青墩部落的踪迹》、县委党校葛晓梅撰写的《推进县域工业经济转型升级的对策思考》获一等奖。活动还评选出二等奖4项、三等奖4项、优秀奖6项。专题召开颁奖大会,邀请市县领导为获奖作品作者颁奖。获奖作品汇编成册供县委、县政府及相关部门决策参考。

【第三届社科普及周】 以“践行群众路线,拓展社科服务”为主题,成功举办第三届社科普及周。在广场咨询活动现场,县社科联下属30多家学会、11家社科普及示范基地,近百名社科专家、志愿者为市民提供面对面的咨询答疑服务。慧源书城为市民提供最新社科类图书,县图书馆现场为市民免费办理图书借阅证,雅周镇老区书画院的老干部现场向市民免费赠送书法作品。普及周期间,各协学会、基地联合各区镇、各部门,面向广大市民,以研讨会、社科普及讲座、主题报告会、专题系列教育活动、征文大赛、演讲比赛等多种形式,围绕心理健康、劳动保障、法律、青少年教育等举办80多项人文社科普及宣传活动。

【社科队伍建设】 县社科联表彰2013年度全县优秀社科学会4家、优秀社科工作者4名。组织召开社科协(学)会秘书长、社科普及示范基地负责人座谈会。督促指导县心理协会、县统计学会等部分学会换届和领导班子配备工作。先后同意“海安县仲子历史文化研究会”“海安县周易文化艺术研究会”等民间社科团体筹建并加入县社科联。命名认定县图书馆、523文化产业园、江淮文化园为海安县第三批社科普及示范基地。 (周德进)

文化产业

【拓展产业领域】 海安研究制定全县文化产业发展政策意见。跟踪服务12家列入市重点文化企业、项目,督察进展情况。组织相关文化企业负责人赴上海、宁波、苏州等地参加文化产业发展推介会、博览会,拓宽文化产业发展的新思维。523文化产业园、慧源文化园、华艺服饰、锦华扎染加入省文化产业协会,523文化产业园为市文化产业协会副会长单位,慧源文化产业园为市文化产业协会理事单位。其中523文化产业园加入文化部成立的中国文化产业示范基地协会。

【争取文化产业扶持资金】 组织相关文化产业园申报国家、省引导资金,慧源文化产业园、鑫缘数码城、锦华扎染文化园先后争取到国家、省文化产业扶持资金300万元、60万元、50万元,总额位居全省前列、全市第一。

【第七届《美术报》艺术节暨523国际版画节】 11月27日上午,由《美术报》主办，海安县文广新局、县文联、海安523文化产业主题公园承办的“2014第七届美术报艺术节暨523国际版画节”，在海安523文化产业主题公园举行，国内知名版画家董倩、付河江以及美国、斯洛文尼亚、乌克兰、加拿大等国家知名艺术家30多位，参加开幕式并展示自己的作品，南通市相关文化艺术单位和海安县文广新系统以及海安文学艺术界的专家、代表100多人参加活动。

文化市场管理

【保持“扫黄打非”高压态势】 按照国家、省、市“扫黄打非”工作领导小组办公室下发的关于开展“扫黄打非·清源2014”“秋风2014”“净网2014”、迎青奥加大对出版物市场监管专项行动的相关通知要求，结合实际，制定专项行动方案，协助成立专项行动领导小组，召开专题会议4次。全年开展文化市场专项行动9次，出动检查人员1662人次，检查经营单位1468家次，受理举报12起，办理行政处罚案件15起，其中，立案查处12起；查缴非法出版物图书4206册、非法音像制品6983张；取缔无证经营出版物图书、音像制品等地摊游商11个；对违规经营单位实施行政罚款近13万余元，到账8万余元。“4·26”世界知识产权保护日，参与集中销毁1万张非法光盘和2000册非法图书。

【鼓励群众主动上缴“小耳朵”】 在南通市率先出台政策，鼓励群众主动上缴“小耳朵”，对自行拆除并主动上缴非法“小耳朵”的单位或个人不进行行政处罚，还可到县广播电视信息网络有限公司优惠办理数字电视业务。自行拆除上缴“小耳朵”454只，占全年拆除和集中销毁非法“小耳朵”535只的84.9%。被省广播电影电视局表彰为2014年度江苏省“无小耳朵社区”创建工作先进县。

【查处非法电台】 9月，涟水籍周某等4人，为牟取私利，擅自在海安境内安装使用无线电台，干扰正常的广播电台传播秩序，违反《广播电视管理条例》的相关规定。县文广新局作为执法主体，联合相关部门，根据规定，没收周某等4名违法当事人电台设备一套，罚款4.21万元，此案在全省尚属首例。12月，该案被国家文化部评为2014年度全国文化市场重大案件。县文化行政综合执法大队被文化部表彰为2014年度全国文化市场重大案件的办案单位。

（张潇允）

档　案

【概况】 县档案局修订完善《海安县档案馆收集档案范围细则》，调整档案接收名册，切实把对国家和社会、对广大人民群众具有保存和利用价值的档案纳入档案馆收集范围。依法开展到期档案的接收进馆工作，接收2家单位文书、会计档案9991卷(件)。征集家谱、海安籍院士、高考状元资料、照片等25册(张)。接收40个单位政府已公开信息1200余件。及时规范整理接收的县委统战部捐赠书籍1635册。制定档案年度检查考核细则，通报县、镇机关、事业单位98家单位档案年检情况，对未完成年度归档和档案数字化建设的单位下发整改通知书，限期进行整改。开展档案“进企业、进学校、进农村”活动，开展档案知识讲座，发放宣传画册，召开座谈会。档案宣传工作被省档案局表彰为全省先进集体；县档案馆在全市率先被授予全省中小学档案教育社会实践基地，率先通过AAA数字档案室验收；档案工作综合考核在南通市名列前茅，为先进集体。

【档案业务培训】 全年分期分批举办各类档案业务培训。邀请市档案局专家进行档案法律法规知识讲座，参训人员130多人。组织区(镇)人员到高新区学习档案规范化管理，组织局馆人员参加中国人民大学、苏州大学档案继续教育学习。举办档案目标管理培训、企业档案人员培训、财务人员会计档案业务培训，参训人员120人。

【档案服务】 县档案局推行局馆长查档接待日制度，每周一由局馆领导班子成员轮流在档案查阅大厅接待群众来访、办理群众查档及有关业务咨询，为群众提供面对面的服务，帮助群众解决实际问题。采取预约查档、函电查档、延长查档时间、休息日特办及服务效果跟踪等服务方式，把文明、高效的服务贯穿档案利用的全过程。全年接待查档9383人，提供档案资料110796卷12635件，查档满意率100%，为全县经济社会发展发挥积极作用。县档案馆与县实验小学联合举办为期一个半月的“走进档案馆、追寻海安美”小记者夏令营活动，48名小记者参加活动。开展江海小记者有奖征文比赛，选聘5名小记者为县档案馆义务讲解员，在全市率先被授予江苏省中小学档案教育社会实践基地。充分利用和挖掘馆藏档案资源，开展档案史料编研工作，汇编老行当、馆藏老照片画册。组织机关干部、企业档案人员、中学生走进档案馆参观展览，观看《周恩来》《焦裕

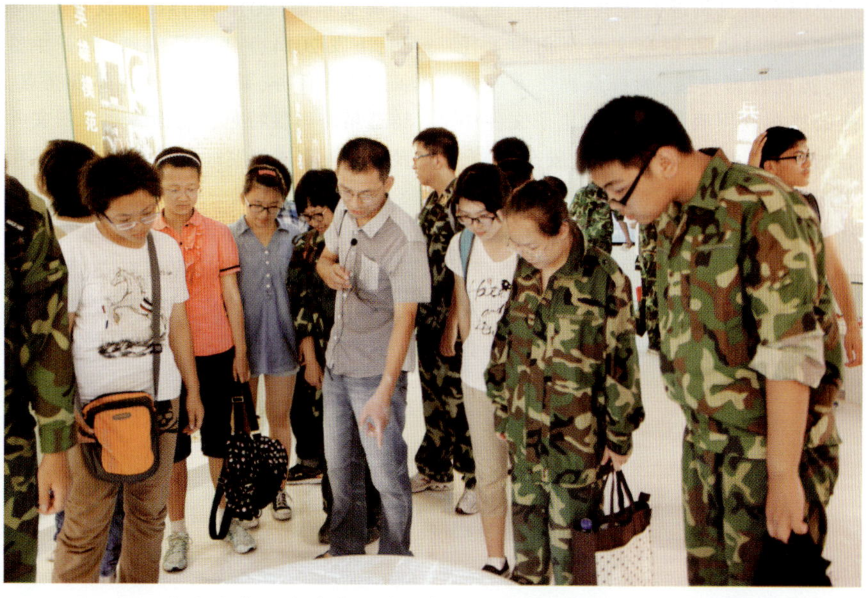

8月17日，省海安高级中学高一学生参观档案史料陈列馆　（史卫星　摄）

禄》等影片,进行革命传统教育,全年接待1200人。

【规范基层档案管理】 到区镇档案管理中心调研,加强国有和民营企业档案业务指导,重点对县区域供水公司、瑞海集团等5家国有企业及联发集团等4家民营企业进行业务指导。督察指导发展改革委系统10家破产企业档案工作,规范档案整理和处置,及时接收进档案馆,确保破产企业档案的完整与安全。规范全县宗教场所档案管理,抓好10家宗教场所的建档工作,全市宗教场所档案规范化建设现场会在县广福寺召开。

实施年度归档业务指导日制度,改变原来邀约被动指导为主动上门服务,确保县级、区镇机关、企事业单位文件材料年度归档全面完成。引导机关、企业事业单位开展目标管理创建活动,采取以点带面、先易后难的工作方法,跟踪服务,全年27家单位档案室达省星级标准。

严格执行重点建设项目档案专项验收制度,以"跟踪服务,全程监管"为目标,做好重点工程建设项目档案备案登记,保证其完整、安全保管。加强房屋征收档案管理,督促指导县征收办、区镇征收办及时做好房屋征收档案的收集、归档工作。

【档案信息化建设】 海安以数字档案室创建为载体,以数据库建设为核心,加快档案信息资源共建共享进程。县档案馆完成150万页全文数字化加工任务,实现数据挂接,为群众提供方便快捷的档案利用服务。加强对电子文件中心的监管,做到数据规范,安全保密。实施馆室一体化项目建设,进入安装调试阶段。与县政协联合组织教育、文体、卫生界别20名委员视察县档案馆、法院、开发区档案信息化工作,县档案信息化建设走在全市前列,县档案馆、县法院在全市率先通过AAA数字档案室验收。定期发布档案信息,开辟网上档案展览,档案展览的范围更大,影响效果更持久。强化档案信息化数据安全体系建设,落实档案登记备份工作。对馆藏及基层单位报送的机读目录和数字化成果进行集中光盘刻录、存储管理,对所有已形成的数字化档案在浙江永嘉档案馆实行异地异质备份,确保档案数据安全,万无一失。加强重点档案抢救保护,将老区委、商业局、志书790卷10.58万页送省档案局进行全文数字化。 (王 玲)

史 志

【概况】 党史三卷本、年鉴、二轮修志等史志工作有序进行。3月参加(1978—2008)省党史工作会议,明确编史工作新要求,按中央党史研究室新要求重新修改海安县党史三卷本纲目。完成2014年度《江苏年鉴》《南通年鉴》海安县部分撰稿、校核工作。指导镇志、部门志出版发行,《海安军事年鉴》《墩头镇志》《海安镇志》《城东镇志》《白甸镇志》等完成初稿。3月和9月,应高新区党工委和法院党组邀请,县委宣传部副部长、史志工委主任董玉龙为高新区党员干部500多人、法院新进党员干部30多人作党史讲座《让历史照亮未来》。

【《海安年鉴(2014年)》出版发行】 年初,下发2014年年鉴征编函,部署年鉴征编工作任务,要求突出重点体现亮点,铸造精品彰显特色,全面客观、图文并茂。4月,完成年鉴征集任务,5月完成年鉴文稿初编,形成一校稿,6月送方志出版社审稿,8月签字付印。《海安年鉴(2014)》设特载、媒体聚焦海安、海安概貌、大事记、中共海安县委、海安县人大、海安县人民政府等42个栏目。全面真实地反映2013年海安政治、经济、文化、社会事业等方面发展的基本情况和"枢纽海安,物流天下""动车时代、节点城市"的新特点,是全面了解海安发展现状的综合地情资料丛书。

【《海安县志(1993—2008)》编纂有序】 根据南通市地方志办公室终审意见,再次修改《海安县志(1993—2008)》,补充、增加历史文化等内容,志书内容更加完善。7月形成验收稿,报送南通市地方志办公室、方志出版社审核,同时请省志办专家缪小咏等通审志稿,志书质量得到进一步提高。志稿10月下旬通过南通市方志办验收。根据验收意见,进一步修改完善后报省志办审核备案。

【史志研究】 完成党史专题研究《海安之路》《宁蒗支教》等,走访部分老领导,征集部分"县长书记访谈录"资料。为纪念首个抗战纪念日,编写文章介绍海安人民的抗日斗争历程和奋勇抗击日伪军的主要战事,概述日伪军在海安犯下的罪行,该文于9月3日在《海安日报》上发表。周宏文撰写的《论粟裕领导苏中反"清乡"斗争的艺术》发表在《中共党史论丛》第九辑上,《浅谈续志随文插图的编纂》《浅谈续志体育篇的编纂》发表在《广西地方志》第2、5期上,《浅谈续志军事篇编纂》《海安之路"发展历程"回顾》发表在《江海春秋》第3、6期上,《浅谈续志突出地方特色之方法》发表在《广西地方志》第6期上。

【新四军研究会】 制定2014年新四军研究会工作计划,并发放至每个会员。4月,召开理事会议并组织理事到如皋红十四军纪念馆参观学习、接受教育。11月,召开理事会总结2014年工作,研究2015年工作计划。 (赵蓉蓉)

医疗卫生

Medical Service and Public Health

韩公馆正门　毛平平绘

◎责任编辑　吉贻平

综　述

2014年，全县有医疗卫生机构393个，城区社区卫生服务站10个，农村社区卫生服务站215个，总床位4235张，卫生技术人员4137人，其中执业(助理)医师1859人，副主任医师、主任医师741人，注册护士1537人。海安通过国家卫生县城复评。卫生局获江苏省基本公共卫生服务项目工作优秀奖、市卫生科教管理工作先进单位、市妇幼卫生重点工作综合质量考评优秀奖。海安县红十字会获全国红十字报刊宣传先进集体、全国“应急救护百万培训”工作先进集体。

卫生保健

【妇幼保健】 深入开展“妇幼健康服务年”活动，2014年举办县级妇幼健康技能竞赛活动，组队参加市级竞赛荣获二等奖，县人民医院陆月梅代表南通市参加省级竞赛。

孕产妇健康管理和儿童健康管理工作。住院分娩率100%，孕产妇系统管理6108人，系统管理率98.26%，未发生孕产妇死亡。7岁以下儿童数34971人，保健管理率99.1%；3岁儿童数16268人，系统管理率98.53%，婴儿死亡率3.38‰，5岁以下儿童死亡率4.99‰，出生缺陷儿发生率3.64‰，均达指标要求。全县新生儿听力筛查5954人，筛查率95.79%，筛出可疑儿135例，确诊23例，先天性甲状腺功能低下和苯丙酮尿症筛查5935人，筛查率95.48%，发现先天性甲低可疑患儿93例，确诊1例。孕妇产前筛查5376人，产后访视6164人，访视率99.16%。为4744对新婚青年提供免费婚检服务，婚检率99.75%。

重大妇幼卫生服务项目。农村孕产妇住院分娩补助标准为每人500元，发放住院分娩补助245万余元(4901人)，完成全年任务的121.64%，做到应补尽补；服务网络健全，农村妇女免费增补叶酸发放4634人，完成全年任务的117.32%；规范实施预防艾滋病、梅毒和乙肝母婴传播项目。为乙肝表面抗原阳性产妇所生的261名活产儿，提供免费注射乙肝免疫球蛋白服务，各项工作服务率均为100%；农村妇女“两癌”检查完成30204人，完成全年任务的100.68%，确诊宫颈癌9人，宫颈癌前病变199人，乳腺癌10人。

【公共卫生服务】 全县完成12.5万人次的艾滋病抗体初筛检测，在5个镇25个村开展354.2万平方米春季血防查螺，新增登记管理肺结核病人432例，其中涂阳病人116例，各项指标达到或超过省市要求。共检出12例输入性疟疾病例，均及时得到有效治疗处置。免疫规划一类疫苗安全接种14万针次，基础、加强接种率以镇为单位均大于95%，免疫规划针对疾病总发病率控制在省指标之内，完成10家政府办卫生院数字化门诊建设。

启动全县健康生活方式指导员工作，完成3000名高血压病例社区规范化管理监测项目，累计登记管理高血压12.06万人、新增登记12214例、随访522615人次，累计登记管理糖尿病3.05万例、新增登记4569例、随访117262人次；新增登记管理重性精神病人1106名，检出率由上年的3.07‰提高到4.49‰；肿瘤发病报告3227例，死亡2222例，海安县肿瘤报告数据被国家肿瘤登记报告中心收录。全县14.2万名65岁以上老年人健康体检13.9万人，7.6万人接受中医体质辨识服务。大力加强省健康促进学校创建工作，组织申报金奖学校3所，银奖学校9所，铜奖学校44所。完成5镇20个行政村居民户盐300份、碘盐批发部和超市盐样108份、饮用水水碘15份监测工作。全年完成食品动态安全监测样品562份，餐具消毒监测样品820份，食源性疾病监测人数182例；监测生活饮用水水样184份、4140项，合格率95.1%；完成60多家企业作业场所职业病危害因素监测、50多家医疗机构5000余份消毒质量样品监测。“苏中低洼圩田平原地区鼠类种群及其抗药性研究”及“高血压社区管理不同干预方案及交互作用对高血压控制效果的评价”两个课题被省卫生厅立项。

【城乡社区卫生】 城乡社区卫生服务站标准化建设与村级为民服务中心建设同时推进，纳入县四套班子负责人“月月看、家家到”重点必看内容。以区镇为单位，每季组织考核，考核结果在媒体公布，并与年度绩效考核挂钩。在确保已出台资金投入的前提下，对村营收入一般的村，90个县级机关部门通过节约办公经费，一对一支持帮助挂钩村6万~20万元，用于农村社区卫生服务站标准化建设。全年在建或已完工的有192个站，占建设任务数(226个)的85%，其中：新建126家、扩建8家、改建58家。超额完成县委县政府下达的年度建设任务，其中有9个站被命名为“省示范村卫生室”。强化社区卫生管理，建立电子信息化考勤制度、第三方满意度调查制度，分批组织乡村医生集中培训。创新开展健康管理团队服务，推动乡村医生与居民建立契约服务关系，签约率75%。

医　疗

【医疗价格改革】 完成县级医院价格综合改革，取消药品加成，实行零差率销售。对现有医院信息系统进行换代升级，落实平均住院费用，大处方、药占比、抗菌药物管理、临床路径网络管理为重点的监督管理措施。人民医院新系统于7月上线，上线后三个月的运行数据表明，门诊次均费用下降30%；住院次均费用、药占比明显下降。

【医疗健康服务】 建立拥有47人的海安县人民医院联合体专家组，共派出专家120多人次到两家中心医院坐诊、查房、讲座，双向转诊约280人次。探索医院—社区医师共同参与的居民健康管理模式，进一步加强糖尿病、高血压人群的健康监测和慢性病预防。延伸优质护理服务。人民医院定期组织护师开展科普大讲堂、进社区、进家庭活动。专科小组护士进社区进行科普宣传系列活动14场次，受众人数近800人，开展出院病人家庭访视226例，每两月开展一次糖尿病及静脉治疗大讲堂，深受患者及家属欢迎。强化基层慢性疾病的专病诊治、管理能力。

【卫生应急管理】 加强传染病及突发公共卫生事件信息报告与管理，法定报告甲乙类传染病较2013年同期下降8.33%，开展埃博拉出血热疫情应急处置模拟演练，先后处置突发公共卫生事件相关信息15起。

【卫技人员培训】 强化住院(全科)医师培训和卫技人员继续教育工作。2014年，全县31名临床医务人员参加全科医师转岗培训，22名2010年后入职的基层临床人员参加全科医师规范化培训。全年全县业务学习及培训20余场次，3000多人次参加，6月、11月两次组织全县45周岁以下的医护人员参加三基考试。依托江苏省医学会糖尿病学分会的“蓝梦计划”暨《江苏省医学会糖尿病学分会乡镇糖尿病医师项目》，开展有40名学员参加的首批“乡镇糖医培训”。省医学会糖尿病学分会的专家教授亲临海安人民医院进行授课、教学查房、病案讨论等多种形式的教学指导，积极探索糖尿病诊断、治疗和血糖监测、筛查、管理新模式。

【医学科研】 2014年，海安县人民医院获市科研立项20项，“外周血中食管鳞癌相关肿瘤分子标记物mRNA的表达及临床意义”获江苏省科研立项；获市新技术引进奖4项，“基因芯片技术快速诊治颅内细菌感染”获省新技术引进二等奖。县中医院获南通市科技计划指导性项目3项，“痛风茶对急性与慢性痛风性关节炎的疗效及其作用机理探讨”获江苏省中医药项目立项资助课题。“电针联合柳氮磺治疗溃疡性结肠炎的研究”“复方南星止痛膏配合颈椎牵引治疗颈型颈椎病”获南通市优秀中医药项目奖。

卫生管理

【卫生监督】 认真抓好食品安全综合协调和餐饮行业的监管和专项治理，全年立案查处485家违法食品生产经营单位，罚款68.81万元，没收违法所得1.38万余元，没收不合格食品560公斤，2014年未发生食品安全事故。推行餐饮服务食品安全监督量化分级管理，量化分级率100%。制定《海安县餐饮服务食品安全违法行为记分管理规定》，对40种违法行为予以记分。继续加强农家宴管理，推行农家宴食品安全管理“八项制度”。强化公共场所卫生监管。开展“健康江苏2014卫监一号执法行动”。推进中央空调通风系统清洗消毒、游泳场所的专项整治、公共场所控烟专项检查、公共场所量化分级和卫生监督信息公示等工作，严格实施生活饮用水监测和监测结果公示。强化医疗服务市场监管，严厉打击非法行医行为，立案查处非法行医案件57起。向公安机关移送5起非法行医案件。落实学校卫生综合监督，开展学校校园卫生综合监督量化评价试点工作。

义诊服务进社区 关爱健康零距离

（县卫计委 提供）

【妇幼卫生行业管理】 全县母婴保健技术服务机构和执业人员持证上岗率100%。把“数字化儿保门诊建设”列为政府为民办实事十大项目之一，强化爱婴医院长效动态管理和托幼机构卫生保健管理，全县注册托幼机构49家，卫生保健合格48家，合格率97.96%。

【中医药事业】 坚持“中西医并重”的办医方针，充分发挥中医药特色优势，强化县有中医院、镇有中医科、村有中医药服务的中医药三级服务体系建设。加强基础设施建设。县中医院门急诊大楼已完成主体封顶。全县中心(乡镇)卫生院采用重建或改扩建的方式，优化中医科室设置，实施中医综合服务区建设。以社区服务站标准化建设为契机，给予配备针灸针、火罐、理疗仪等中医药设备，完善中医药设备设施建设。加强中医药服务能力建设，县中医院进一步提升中医药服务内涵，增加中医药服务比重，邀请施杞等多名上海市名老中医助力“膏方节”，扩大活动影响力。做实“中医药就在你身边”活动品牌，面向全县基层医院和社区卫生服务站的中医药人员和城乡居民，分片区开展“夏季养生”“腰腿痛防治”“怎么看中医”等专题巡讲，普及中医药服务知识，增强中医文化底蕴。中心(乡镇)卫生院加强中医药特色优势建设，海安镇中心卫生院成功申报省乡镇卫生院示范中医科建设单位，城东镇中心卫生院康复理疗科及滨海新区卫生院针灸推拿科申报省级乡镇卫生院特色科室建设。利用适宜技术推广基地平台，精心选取无创易操作以及基层百姓容易接受的适宜技术，采用讲课与现场演练相结合的方式积极推广，确保卫生院能开展10项、社区服务站至少开展4项中医药适宜技术。加强中医药人才队伍建设。精心选拔7名县中医院专家作为带教老师与19名中医院及基层医院中医骨干结成对子，促进中医药后备人才的培养。

（徐春勇）

县级医院选介

【海安县人民医院】 始建于1950年，现已发展成为三级综合性医院、爱婴医院、南通大学附属医院。医院占地9.8万平方米，总建筑面积19.44万平方米，实际开放床位1280张。医院拥有一支素质较高的专业技术队伍，医院有职工1172人，其中专业技术人员1139人，高级职称147人，中级职称289人，硕士研究生69人，博士生3人。

医院奉行“一切以病人为中心”的服务宗旨，发扬“敬业、严谨、廉洁、文明”的医院精神，全心全意为病人服务。医院先后被评为省爱国卫生先进单位、省文明医院、省十佳医院、省卫生系统先进集体、全国卫生系统先进集体。

2014年，医院紧紧围绕医疗和三级综合医院标准化建设两大主题，不断提高医疗质量、医疗技术和服务水平，开展

“三好一满意”主题活动,巩固“无红包医院”“平安医院”创建等工作。全年医院完成门诊工作量45.64万人次,收治病人4.90万人次,分别比上年同期增长29%和16%,手术1.01万台次,危重病人抢救成功率98%。

推行以全员聘用制为核心的人事制度改革、以绩效工资制为主导的分配制度改革、以三级成本核算为主线的财务管理改革。2014年12月1日零时起,取消药品加成,实行零差率销售,按照“总量控制,结构调整”原则,调整诊疗、护理、手术等医疗服务项目价格,让利百姓百万元。支援基层医疗机构,积极做好医联体相关工作,累计开展双向转诊450余人次,派出专家272人次,在合作医院门诊2206人次,讲座15场,极大地提升基层医院的技术水平。开展高质量的志愿服务活动,全年医院志愿者走进社区25次,涉及偏远镇、村13个,义诊病人3500余人,接受咨询4000余次,发放宣传资料近3万份。通过缩短平均住院日、降低药占比、临床路径管理,住院病人人均费用下降900余元,门诊处方次均费用下降120元。对急危重病人实行先抢救、后结算,为“三无病人”垫付诊治费用200多万元,保证患者及时得到救治。

成立江苏省人民医院冠脉介入中心海安分中心、江苏省急危重症远程会诊网络医院。拟与上海中心医院对接,成立协作医院。开展新技术27项,新增二类技术8项,肿瘤免疫治疗实施40余例,微创手术1547名次,介入检查治疗1030名次。申报市科研成果2项,申报市科研项目24项,申报市青年科研基金32项,受理18项。发表论文68篇,其中核心期刊13篇,统计源期刊24篇,SCI论文2篇。获市紧急医疗救援院前应急处置能力技能竞赛集体一等奖,市妇幼技能竞赛一等奖,省卫计委三基抽考成绩优秀。

抗菌药物专项整治成效明显。实施临床路径2000多例。抗菌药物使用强度从70DDD下降到52.3DDD,住院抗菌药物使用率降至61.02%,门诊抗菌使用率24.1%,急诊抗菌素使用率降至59.3%。定期组织护师开展科普大讲堂,进社区、进家庭活动,延伸护理服务,和谐医患关系。专科护士进社区进行科普宣传系列活动共14场次,出院病人家庭访视226例,各专科对本病区出院患者进行家庭访视,指导功能锻炼、服药指导、换药、更换负压球、尿管、胃管留置、测量血压、家用血糖仪的检测和校正、糖尿病饮食指导、检查胃管留置情况及自血鼻饲食物的指导、产妇母乳喂养情况、促进泌乳量增加的方法、脐炎护理、小儿臀部护理、喂养指导、PICC维护、压疮、造口护理等。每两月开展糖尿病大讲堂及静脉治疗大讲堂,受到患者及家庭欢迎,取得良好社会效益。

建成以His、Lis、Ris、Pacs为基础的医院信息化平台,完善了合理用药、抗菌药物管理、临床路径管理、医疗质量控制、不良事件网络直报、传染病管理、办公自动化等应用模块,为提高医疗护理质量提供了信息支撑。 (钱梅军)

【海安县中医院】 1983年4月建院。1994年8月成为二级甲等中医院;1997年8月成为国家级爱婴医院;2007年11月成为南京中医药大学教学医院;2009年11月,医院与新疆伊宁市维吾尔族医院缔结“友好医院”;2013年1月成为国家三级乙等中医院。

医院占地2.53万平方米,建筑面积2.96万平方米。主要有门急诊楼、综合病房楼、医技楼和药库楼。医院现有职工546人,其中,卫生技术人员466人(高级职称102人,中级职称147人)。全院从事临床的执业医师136人,其中中医类别执业医师82人,占60.3%。医院有享受国务院特殊津贴者1名,省名中医4名,市名中医8名,县名中医8名,省“333”工程人才1名,市“226”工程人才3名;市县级中青年技术拔尖人才7名,市医学领军人才1名,医学重点人才1名。医院开放床位580张,设11个病区,17个一级临床科室。

2014年,医院完成门急诊28.91万人次,收治病人1.70万人次,完成手术6980例。开展医联体对口支援工作,与城东镇中心卫生院、墩头镇中心卫生院、白甸镇卫生院三家公立医院结为医联体,医院派出24名中青年骨干医师对口支援、17名专家定期下乡协作,就医院管理、科室建设等方面进行全方位指导和帮扶36人次。做好中医药师承带教,推动中医药学术传承。细化考核细则,进行全面质控检查,找出存在问题,做好医患沟通,持续质量改进。切实加强人才队伍建设,2014年招聘医药院校毕业生30名,其中硕士研究生7名,本科生22名,逐步解决专业技术人员梯队建设及人才储备问题。

积极开展科研工作,全年有58篇论文在各级医学期刊上发表,其中中文核心期刊论文6篇,中国科技统计源期刊10篇。12名研究生积极申报2014年南通市青年科研基金课题项目、8名研究生申报2015年市青年科研基金课题项目;8名获得2014年青年科研立项课题。申报市科技局及省中医药局的中医科技计划项目各两项;申报二项县科学技术进步奖,获县科技进步三等奖。根据临床医疗需要投入资金600万元,添置更新了医疗设备90余台(件)。加大信息化建设投入,9月,医院的信息化系统工程完成招标。11月13日召开项目启动会,信息化建设全面启动。做好下乡义诊、征兵体检及中考高考保障等工作。组织“学雷锋”“践行党的群众路线实践活动”“健康海安.服务百姓”“名医名家进社区”等义诊活动,全年有120名医护人员参加义诊活动,惠及百姓1600余人,发放健康教育处方2000余份。(周建军)

【海安县第三人民医院】 海安县唯一县级公立精神卫生医疗机构,是南通市首批评审通过的二级精神病专科医院。医院以“专科有特色,综合有发展”担负着全县精神心理疾病和综合基本医疗的临床医疗、科研教学、预防康复、心理咨询和精神残疾鉴定等任务。

医院分设本部和仁济医院两处,有职工120多人,卫生专业技术人员100人,其中高中级职称35人,初级职称65人。医院诊疗科室齐全,设有精神科、心理科、精神残疾鉴定专科、无抽搐治疗中心、神经内科、普内科、消化内科、心血管内科、肝病科、普外科、妇科、肾病科(含血透中心)、男性科、中医科、中医理疗科、检验科、影像科(含放射科、CT、DR、B超室、脑超)、心电图、脑电图、药剂科等临床医技科室。医院精神病房设置床位150张,实际开放床位250张以上,分设一病区、二病区、三病区和心身疾病康复病区。 (徐春勇)

社会保障　人民生活

Social Security　People's Life

广福寺　毛平平绘

◎责任编辑　杨　斌

劳动就业

【招工引劳】 县镇两级分别建立企业用工保障服务专门机构，县企业用工保障服务领导小组每月组织各区镇调查辖区内企业用工状况，摸清底数，开展有针对性的服务，对区镇招工引劳工作实行“周通报、旬反馈、月点评、季考核”。全县建立县外劳务合作基地32个、县外生源基地5个，签订校企合作“冠名班”协议36份。引进蓝领技能员工签订劳动合同1.15万人，其中5612人缴纳社会保险，全县缺工人数从年初9700多人降至年末1382人。完善用工保障服务配套措施，高新区、开发区蓝领员工生活服务中心建成投入使用，600多名外来员工入住。县妇联、县总工会、县人力资源和社会保障局联合举办“相约春天”相亲活动，县人力资源和社会保障局、县总工会、县妇联、县全民创业领导小组办公室联合组织开展县外人员在海安工作的十佳优秀大学毕业生、十佳技术能手、十佳创业明星、十佳“新海安人”家庭评选表彰活动，使外来务工人员“引得进、留得住、用得好”。

【基层平台建设】 年初，下发文件，明确全县劳动保障协理员“五个一”年度就业创业重点工作任务，即及时维护一套信息系统、成功帮扶一名以上失业人员实现就业、成功帮扶一人实现创业、树立一名创业典型、提升一项岗位技能。组织开展劳动保障协理员创业知识竞赛、征文竞赛和演讲比赛等活动。开发劳动保障协理员网上考勤系统，强化作风效能建设。精心组织年度考核，成立考核小组，分赴各区镇，通过现场考试、提问和电话抽查等方式全方位考核全县306名劳动保障协理员，评选出28名优秀劳动保障协理员和18名星级劳动保障协理员。

【就业再就业】 城镇新增就业8650人，城镇失业人员再就业3560人，就业困难人员再就业428人，城镇登记失业率2.25%，新增农村劳动力转移4955人。全面落实就业扶持政策，审核确认就业困难人员445名，按期发放就业困难人员社会保险补贴1208人、401万元。审核发放失业保险待遇1.22万人次、1235.37万元，就业扶持政策到位率100%。

【就业技能考核、培训】 加强职业技能培训机构管理，出台《海安县定点职业技能培训机构培训绩效考核办法》，从政策执行、基础工作、培训监管、培训业绩、培训质量五个方面考核。举办“海安技校杯”车工大赛、“海安供水杯”技能大赛，并推荐选手参加市车工、电焊工、美发及家政服务员、养老护理员和育婴师技能大赛。企业职工岗位技能提升培训1.57万人，城乡劳动者就业技能培训4700人，城乡新成长劳动力技能培训1506人。

2月14日，县委副书记、代县长顾国标(前排左一)视察人力资源市场

(县人社局　提供)

【职业技能鉴定】 印发《关于进一步加强职业技能培训和高技能人才培养工作的通知》《关于开展企业高技能人才评价工作的通知》《关于在建筑施工企业中开展高级工、技师培训鉴定工作的通知》等文件，促进职业技能鉴定工作有序开展。强化职业技能鉴定管理，新建职业技能鉴定题库，94名考评员实行挂牌上岗。7月31日，海安职业技能鉴定题库运行管理及专项职业能力考证认证工作通过省、市职业技能鉴定中心检查组实地检查评估验收。职业技能鉴定取证1.87万人，职业技能鉴定统考972人，新增高级工以上高技能人才5759人。

劳动管理

【劳动用工管理】 规模以上企业劳动合同签订率99.1%，已建工会企业集体合同签订率95%。加强企业职工工资调控，发布劳动力市场部分职位工资指导价位和工资调控指导线，企业职工最低工资标准从每月1280元提高到1460元。开展和谐劳动关系创建活动，5家企业被评为省劳动关系和谐企业，高新区被评为省模范劳动关系和谐工业园区。组织开展县民办培训学校评估和职介机构年检工作，1家职介机构被评为省人力资源诚信服务机构。

【劳动保障监察】 县劳动保障监察大队主动监察用人单位520家，实施书面审查1546家。通过书面审查，56家用人单位被列入劳动保障诚信创建培育名单，其中1家企业被评为省级劳动保障诚信企业，4家企业被评为市级劳动保障诚信企业。受理举报投诉案件222件，其中立案99件、责令改正92件、实施行政处罚24件，按期结案率100%。通过投诉案件查处，责令补签劳动合同1246份，新增社会保险登记35家，补发拖欠职工工资420万元，退还押金、保证金31.7万元。行政调处劳资纠纷案件123件，调处成功率100%。省级联动举报投诉平台运行实现全程监控，平台信息录入率和按期运行率动态保持100%。组织开展专项整治活动，监察用人单位1463家，涉及劳动者8.7万人，责令补签劳动合同3240份，办理社会保险登记65家，督促支付工资630万元。积极创建省级劳动保障监察示范网格，白甸镇、开发区、曲塘镇获评全省劳动保障监察示范网格，创建成功数居全市首位。

【劳动人事争议调解仲裁】 县劳动人事争议仲裁院受理劳动人事争议案件418件，涉及劳动者1003人(其中受理集体争议案件21件，涉及劳动者541人)，案件按期结案率100%，案件涉及经济标的额2473.62万元。完善六方联动劳动人事争议调解机制，相关做法作为南通经验做法之一在全国政法系统社会管理创新工作座谈会上作经验交流。规范劳动保障维权中心窗口服务，职工法律援助服务更加便捷。(谢志军)

【农民工工资保障】 开展解决拖欠工程款和农民工工资治理工作，全年收取农民工工资保障金2888.78万元，检查施工单位80多家，涉及农民工2000多人，接待并调处因拖欠工程款、农民工工资的上访事件100余起，涉及拖欠金额1500多万元。(陆金成)

社会保险

【企业职工养老保险】 企业职工养老保险参保16.54万人，净增缴费7206人，享受离退休待遇4.94万人；基金征缴收入10.2亿元、支出10.88亿元，清欠372万元，基金累计结余14.11亿元。审批企业职工退休7525人，企业退休人员基本养老金再次上调，养老金按时足额发放率100%。完善企业职工养老保险关系转移接续办法，省内省外转移3181人。

【机关事业单位养老保险】 机关事业单位养老保险缴费7884人，享受离退休待遇2313人。基金征缴收入1.41亿元、支出1.20亿元，基金累计赤字1515万元。

【城乡居民社会养老保险】 城乡居民社会养老保险累计覆盖41.6万人，其中20.7万人参续保缴费(标准档以上19.67万人缴费)，8.3万人享受基础养老金，12.6万人享受退休待遇。基础养老金从每人每月80元提高到90元。城乡居民社会养老保险基金收入4.39亿元、支出5.64亿元，基金累计结余12.12亿元。

【被征地农民社会保障】 出台《海安县征地补偿和被征地农民社会保障办法》《海安县被征地农民社会保障、城乡居民基本养老保险和企业职工基本养老保险衔接办法》。累计有10.83万人被纳入被征地农民社会保障，刚性对接率100%。其中6.66万人转入企业职工基本养老保险，3.58万人转入城乡居民社会养老保险，5904人保留被征地农民基本生活保障。

【医疗保险】 职工基本医疗保险22.66万人参保缴费，基金征缴收入6.36亿元；享受门诊待遇313.52万人次、住院待遇4.64万人次，政策范围内报销比率82.86%，基金支出5.48亿元，累计结余5.86亿元。城镇居民医疗保险11.24万人参保缴费，基金征缴收入6307万元；享受门诊待遇19.73万人次、住院待遇1.4万人次，政策范围内报销比率72.15%，基金支出5613万元，累计结余2351万元。调整2015年城镇居民医疗保险筹资标准，个人缴纳部分老年居民400元、困难重残居民300元、学生130元、婴幼儿200元，相应财政补助分别为360元、460元、360元、360元。新型农村合作医疗参保缴费50.81万人，基金征缴收入2.23亿元；享受门诊待遇197.95万人次、住院待遇8.18万人次，基金支出2.23亿元。实施农村居民重大疾病救助，全年救助2140人次、1990万元。城乡居民大病保险享受待遇9330人次、3470万元。实施特殊药品医疗保险救助，救助105人次、225万元。

【工伤、生育、失业保险】 工伤保险参保15.40万人，基金征缴收入9610万元。工伤保险待遇支付2057人次，基金支出7918万元，结余1692万元。受理工伤认定1413件，组织劳动能力鉴定755人，其中工伤鉴定641人、病退鉴定114人。组织729人参加工伤预防培训，对15家企业进行工伤预防评估。生育保险参保10.60万人，基金征缴收入2312万元。生育保险待遇支付3480人次，基金支出2294万元，结余2266万元。失业保险参保9.17万人，基金征缴收入6134万元，支出4828万元，累计结余1.68亿元。

【医疗保险监管】 完善定点医疗机构日常百分考核办法，与全县定点医疗服务机构签订服务协议。县医疗保险稽查大队通过日常巡查、网上监控，结合专项稽查、突击检查、举报稽查，加强对定点医院、定点零售药店监管，实地检查率100%。出台《海安县社会医疗保险服务医师管理暂行办法》，规范定点医疗机构执业医师医疗保险服务行为。查处违规定点医院、定点零售药店42家次，暂停违规医院2家、药店12家、社区卫生服务站1家，追回违规费用57.95万元，上缴违约金8.12万元。

【社会保险经办管理】 全力推进市民卡(社会保障卡)项目建设，采集信息64.8万条，发卡40.2万张，市民卡(社会保障卡)初步具备医疗保险结算功能和银行金融、商业服务功能。优化“金保工程”应用软件，升级改造中心机房硬件，提升数据处理能力。医疗保险信息系统全面升级，城镇基本医疗保险市内异地就医联网结算率98.7%，生育医疗费实现医院直接刷卡结算，二等乙级伤残人员医药费实现定点医疗机构联网结算。人力资源社会保障影像档案综合管理系统一期工程上线运行初见成效。12333综合咨询服务热线人工接通率97%，满意度99%。(谢志军)

社会救助

【提高困难群体生活保障标准】 2014年，城镇低保保障标准提高到每人每月530元，农村低保保障标准提高到每人每月360元；农村“五保”集中供养标准提高到每人每年7400元，分散供养标准提高到每人每年5800元；孤儿集中养育标准提高到每人每月1560元，分散养育标准提高到每人每月1000元；城市“三无”老人供养标准提高到每人每月 1110 元。20 世纪 60 年代精简退职人员生活补助、特殊困难残疾人生活救助标准参照城乡低保标准同步调整。

【社会救助机制更加完善】 出台《海安县社会救助工作联席会议制度》,完善申请救助家庭经济状况核对机制。对救助对象进行动态管理,做到应保尽保、应退尽退。2014 年,全县新增城乡低保对象 593 户 1303 人、农村“五保”对象 135 人、孤儿 4 人;核减城乡低保对象 1070 户 1830 人、农村“五保”对象 197 人、孤儿 20 人。至年底,全县有城镇低保对象 560 户 1006 人、农村低保对象 8893 户 1.45 万人、农村“五保”对象 5087 人、孤儿 113 人。

【海安县社会福利院】 县社会福利院是民政局所属的综合性社会福利机构。全院占地 2 万多平方米,建有综合楼近 8000 平方米、公寓楼 2000 平方米、附属用房 2000 平方米,有标准化床位 300 张,设有多功能厅、健身房、电子阅览室、书画室、医务室、康复室等。福利院绿化面积占总面积的 60%、集城市“三无”收养、孤儿收养和城乡老人寄养于一体。至年底,入住“三无”老人 21 人、社会寄养老人 62 人、社会孤儿 7 人。

【福利生产和福利彩票销售】 全年福利企业实现工业产值 23.6 亿元;销售收入 21.1 亿元,实现利税 1.28 亿元;安置残疾职工 1676 人。拥有福彩投注点 119 个,比上年增加 7 个。全年彩票销售 1.2 亿元,进入省前 10 名,同比增长23.44%,其中电脑彩票销售 1 亿元,“刮刮乐”彩票销售 810 万元,“中福在线”销售 1219 万元。争取项目资金和正常性补助资金 1.38 亿元,完成县下达的指标任务。

(夏宏年)

【残疾人保障】 自 6 月 30 日起,按省统一部署,特殊困难残疾人生活救助的申请受理、审核审批及救助金发放职能由民政部门划转到残联。在全县实行三级联网审批,农村残疾人可在村(社区)便民服务中心直接办理补贴申请,经过网上申报、电子盖章审核等程序,让残疾人能快捷、方便办理申报补贴手续。全年残联系统通过财政打卡发放残疾人生活救助金 1552.04 万元,救助残疾人 8771 人。

(陈 赟)

住房保障

房屋征收有序推进,严格执行征收政策,坚持“三榜公示”制度,强势推进新华河北侧、种子公司、沿海大市场 A 区等区域房屋征收工作,加快推进已上市未交地区域房屋征收。新华河北侧区域 238 户全部签订协议、搬迁交房;种子公司区域 30 户,累计签订协议、搬迁交房 25 户;沿海大市场 A 区 204 户,累计签订协议、搬迁交房 200 户,火车站原广场区域和种子公司区域所剩房屋征收工作依法有序推进。加大县级安置房建设推进力度,努力实现房等人目标。全年县级安置房开工建设 160 多万平方米,在建安置房 160 万平方米,竣工 62.9 万平方米。超额完成省市下达的年度新开工公共租赁住房 400 套任务,基本建成 1200 套,发放廉租住房租赁补贴 20 户;新开工安置房 2000 套,基本建成 2200 套保障性安居房。争取保障性安居工程专项资金 6362 万元,位列南通 5 市县第一。

(陆金成)

居民生活

【城镇居民生活】 据抽样调查,城镇常住居民家庭人均居住建筑面积 49.3 平方米,人均可支配收入 31597 元,比上年增加 2609 元,增长 9.0%,其中,工资性收入 18320 元,增长 8.2%;经营净收入 5630 元,增长 7.9%;财产净收入 2539 元,增长 10.2%;转移净收入 5108 元,增长 12.4%。人均消费性支出 20125 元,比上年增长 8.2%,其中食品烟酒、衣着、居住、生活用品及服务、交通和通信、教育文化和娱乐、医疗保健、其他用品和服务支出分别为 5745 元、1660 元、3696 元、1350 元、2977 元、2853 元、1264 元、580 元,分别增长 5.4%、7.7%、9.5%、6.6%、10.4%、10.9%、8.5%、8.6%。

每百户城镇常住居民家庭拥有家用汽车 56 辆,电冰箱 105 台,洗衣机 107 台,热水器 121 台,空调 253 台,固定电话 96 部,移动电话 248 部,家用电脑 120 台。

【农村居民生活】 据抽样调查,农村常住居民家庭人均居住建筑面积 54.6 平方米,人均可支配收入 15155 元,比上年增加 1502 元,增长 11.0%,其中,工资性收入 8426 元,增长 9.9%;经营净收入 3564 元,增长 12.9%;财产净收入 493 元,增长 10.0%;转移净收入 2672 元,增长 12.3%。人均消费性支出 12447 元,比上年增长 11.5%,其中食品烟酒、衣着、居住、生活用品及服务、交通和通信、教育文化和娱乐、医疗保健、其他用品和服务支出分别为 3908 元、816 元、1991 元、788 元、1424 元、2051 元、1187 元、282 元,分别增长 9.8%、10.6%、12.8%、12.9%、14.4%、12.6%、9.5%、9.3%。

每百户农村常住居民家庭拥有家用汽车 17 辆,电冰箱 109 台,洗衣机 95 台,热水器 104 台,空调 119 台,固定电话 98 部,移动电话 240 部,家用电脑 62 台。

【居民消费价格】 县城区居民消费价格总水平比上年上涨 1.5%。其中,食品类上涨 1.1%,烟酒类下降 1.8%,衣着类下降 4.9%,家庭设备用品及维修服务上涨 3.1%,医疗保健和个人用品类上涨3.7%,交通和通信下降 1.3%,娱乐教育文化用品及服务上涨 2.2%,居住类上涨1.1%。另外,服务项目价格上涨 2.3%,商品零售价格上涨 0.9%,农业生产资料价格下降 0.8%。

(钱安云)

人 物

Figures

春到里下河 毛平平绘

◎责任编辑 贡柠华

组织机构与领导人

县级领导机构

中共海安县委员会

书　记　陆卫东
副书记　顾国标　焦广琪(9月任)
常　委　陆卫东　顾国标　焦广琪
　　　　周宗泉　李春旺　王　炜
　　　　朱一林(5月免)　成　宾
　　　　盛慧琴(女)　张亚曦
　　　　陈　辉(5月任)
　　　　丁　锋(9月任)
　　　　黄　忠(5月任,挂职10个月)

海安县人民代表大会常务委员会

主　任
副主任　孙进基　张佳生　肖正明
　　　　王锡林　章曙东
党组书记　单晓鸣(女,3月免)
党组副书记　孙进基　张佳生

海安县人民政府

县　长　陆卫东(6月辞)
　　　　顾国标(6月任副县长、代理县长)
副县长　焦广琪(9月辞)
　　　　成　宾(2月辞)
　　　　张亚曦(9月任)
　　　　彭为杰　翁晓云(女)
　　　　陶荣龙(援疆,2月辞)
　　　　丁　锋(9月辞)　卢忠平
　　　　葛志祥(5月任)
　　　　严长江(9月任)
　　　　吴麟麟(挂职)
　　　　高　斌(12月任,挂职1年)
　　　　杨同标(9月任,挂职2年)
　　　　贾韶军(12月任,挂职2年)
党组书记　陆卫东(8月免)
　　　　　顾国标(8月任)
党组副书记　焦广琪(9月免)
　　　　　　张亚曦(9月任)

政协海安县委员会

主　席　朱　春
副主席　吉传稳　蔡祝平　朱卫民
　　　　赵剑波　储开泉
党组书记　朱　春
党组副书记　吉传稳

县纪检、武装、审判、检察机构

中共海安县纪律检查委员会

县监察局与其合署
书　记　李春旺
副书记　朱　斌　王启涛

海安县人民武装部

党委第一书记　单晓鸣(女,3月免)
　　　　　　　陆卫东(3月任)
党委书记　朱一林(3月免)
　　　　　陈　辉(3月任)
党委副书记　陈　辉(3月免)
　　　　　　袁九胜(3月任)
部　长　陈　辉(2月免)
　　　　袁九胜(2月任)
副部长　陆雪峰
政　委　朱一林(2月免)
　　　　陈　辉(2月任)
纪委书记　陆雪峰

海安县人民法院

院　长　王　平
副院长　章智敏(女)　秦晓东　许金海
　　　　李宏林　周国庆　孙卫华
党组书记　王　平
党组副书记　章智敏(女)
纪检组长　王志平
执行局局长　王德俊

海安县人民检察院

检察长　李　平
副检察长　王　骅(女)　崔　丹(女)
　　　　　刘伟峦　秦建军
党组书记　李　平
党组副书记　王　骅(女)
纪检组长　张英祥
政治处主任　陈　新
反贪局局长　景立维(12月免)
反渎职侵权局局长　孙建华(女)

县委工作机构及直属单位

办公室

县委研究室与其合署
主　任　储开泉(2月免)
　　　　严长江(2月任,12月免)
　　　　张元春(12月任)
副主任　孙中翔　刘松建　华志刚
　　　　王群飞　刘建军(12月免)
　　　　王晓聪(8月聘)

研究室

正科级建制,与县委办公室合署
主　任　华志刚
副主任　王晓聪(8月免)

台湾工作办公室

县委办公室管理,挂县政府台湾事务办公室牌子,正科级建制
主　任　孙中翔
副主任　袁铁明　周　兵

机要局(县国家保密局)

县委办公室管理,县委保密委员会办公室(县国家保密局)与县委机要局(县国家密码管理局)一个机构、两块牌子,正科级建制
局　长　刘松建
副局长　顾元清　王代军

接待办公室

县委、县政府直属事业单位,相当正科级建制
主　任　孙中翔

组织部

县级机关党工委、新经济新社会组织党工委与其合署,挂"中共海安县委党代表联络办公室"牌子
部　长　顾国标(1月免)
　　　　成　宾(1月任)
副部长　陈兴俊(12月免)　陈锦璜
　　　　周小军(12月为副部长人选)
部务委员　景　凯　景世泽

党代表联络办公室

在县委组织部挂牌,正科级建制
主　任　陈兴俊(12月免)

新经济新社会组织党工委

与县委组织部合署,正科级建制
书　记　陈锦璜
副书记　王宝勇

县级机关党工委

与县委组织部合署
书　记　吴忠林
纪工委书记　景圣余

人才工作办公室

与县委组织部合署办公,正科级建制
主　任　景　凯
副主任　陈兴斌

老干部局

县委组织部管理

局　长　景世泽

副局长　陆向红(女)　杨训荣　黄晓兵

宣传部

挂“县精神文明建设指导委员会办公室”牌子

部　长　王　炜

副部长　王东升　董玉龙　陈　琳
　　刘万春　张　军

精神文明建设指导委员会办公室

在宣传部挂牌,正科级建制

主　任　王东升

副主任　陈岳来(8月免)　刘友斌

史志工作委员会

主　任　董玉龙

副主任　李仁旺(12月免)　杨　斌

新闻信息中心

主　任　张　军

副主任　李传俊　陆志强　卢　锋

统一战线工作部

县民族宗教事务局与统战部原为一个机构、两块牌子,12月县机构改革,调整为单独设置,为县政府工作部门。

部　长　储开泉

副部长　许明全　丁维春　王长荣(女)

政法委员会

县社会管理综合治理委员会办公室与其合署,设依法治县领导小组办公室

书　记　盛慧琴(女)

副书记　葛志祥
　　陈月斌(负责日常工作)
　　徐向东　张元根

社会管理综合治理委员会办公室

与政法委员会合署

主　任　徐向东

副主任　王庆荣　朱万龙

依法治县领导小组办公室

设在政法委员会

主　任　盛慧琴(女)

副主任　张英存

国家安全办公室

与县委政法委合署办公,正科级建制

主　任　张元根

农村工作办公室

挂“县政府农村工作办公室”牌子

主　任　朱立稳(2月免)
　　臧　忠(2月任)

副主任　卢厚龙　陆爱红(女)
　　张　杰　于木军

机构编制委员会办公室

县委、县政府工作机构

主　任　陈关飞

党　校

挂“行政干部学校”牌子

校　长　顾国标(9月免)
　　焦广琪(9月任)

常务副校长　徐　进

副校长　秦德建　程卫国(聘)

档案馆(局)

县委、县政府直属事业单位

馆　长　韦圣霞(女)

副馆长　王劲松　陆海鸥(女)
　　钱　建(女)

县人大常委会工作机构

办公室

研究室、信访督办室与其合署

主　任　吴俊刚

研究室

主　任　印丽琳(女)

信访督办室

主　任　王世平

副主任　钱　钧

内务司法工作委员会

主　任　卢克龙

副主任　姜同泉

财政经济工作委员会

主　任　花桂平

副主任　刘厚宏

农业和农村工作委员会

主　任　严国和(4月免)
　　陈　名(4月任)

副主任　王　英

环境资源城乡建设工作委员会

主　任　童明昆(12月任)

副主任　何继生

教科文卫工作委员会

民宗侨台工作委员会与其合署

主　任　崔世平

民宗侨台工作委员会

主　任　陈　鸣

副主任　袁成义

人事代表工作委员会

主　任　仲向阳

副主任　许应军(12月免)
　　储祥兰(12月任)

县人民政府工作机构及直属单位

办公室

挂县政府法制办公室、县政府外事侨务办公室、县人民防空办公室、县政府金融工作办公室牌子。

主　任　严长江(1月免)
　　张元春(1月任,12月免)
　　陈兴俊(12月任)

副主任　程　杰　陆尔宁　孙中翔
　　丁兴育　杨国来　李仁平
　　陆建银(聘)　许　栩

纪检组长　许祥法

法制办公室

主　任　丁兴育

副主任　周卫东

外事侨务办公室

副主任　朱文生

人民防空办公室

副主任　韩　美(女)　吴荣和

金融工作办公室

主　任　仲伟平

应急管理办公室

县政府办下属事业单位,相当正科级建制

主　任　程　杰

副主任　周克祥(12月免)

民族宗教事务局

正科级建制,原与统战部一个机构、两块牌子。12月县机构改革,调整为单独设置,为县政府工作部门。

局　长　许明全

副局长　左爱华

行政服务中心

县政府直属事业单位,相当正科级建制

主　任　钱祥健

党组书记　严长江(2月免)

机关事务管理局

县委、县政府直属事业机构,正科级,县政府办公室管理。县政府投资项目工程建设中心与其合署。12月县机构改革,县级机关事务管理局更名为县机关事务管理局。

局　长　张　顺

副局长　沈志荣(9月免)　储瑞斌
　　景存甫(9月任)

党组书记　陈　杰(9月免)
　　张　顺(12月任)

党组副书记　张　顺(12月免)

纪检组长　钱　梅(女)

县政府投资项目工程建设中心

与机关事务管理局合署，隶属县人民政府,全民事业性质,相当正科级。

主　任　唐仁圣

副主任　周建华　邓壮志

党组书记　周建华

党组副书记　唐仁圣

纪检组长　谢富林

发展和改革委员会

挂县经济和信息化委员会、县物价局、县中小企业局牌子。12月县机构改革,将原人口和计划生育委员会的研究拟定人口发展战略、规划及人口政策职责划入县发展和改革委员会。

主　任　屈祖平(12月免)
　　　　夏卫军(12月任)

副主任　黄玉斌　吉临兆(10月任)
　　　　孙　强　仲伟平　徐　伟
　　　　吴金祥　康　健

党委书记　袁加根(3月免)
　　　　　夏卫军(12月任)

党委副书记　屈祖平(12月免)
　　　　　　黄玉斌　崔益俊
　　　　　　吉临兆(2月任)
　　　　　　吴晓明(9月任)

纪委书记　吕忠圣

纪检组长　吕忠圣

物价局

县发展和改革委员会挂县物价局牌子,9月撤销县物价局党组。

局　长　崔益俊(2月免)
　　　　吉临兆(2月任)

副局长　许仁楼　黄元成

党组书记　吴晓明(9月免)

党组副书记　崔益俊(2月免)
　　　　　　许仁楼(9月免)
　　　　　　吉临兆(2月任,9月免)

党组成员　季善明(9月免)

中小企业局

牌子挂在县发展和改革委员会

局　长　黄玉斌

沿海地区发展办公室

主　任　孙　强

教育局

挂县体育局牌子

局　长　汪　宁

副局长　张永强　孙启根(2月免)
　　　　华卜泉(聘)　颜　敏(聘)

党委副书记　汪　宁　陈伯平

纪委书记　王　成

纪检组长　王　成

体育局

县教育局挂县体育局牌子。

局　长　汪　宁

副局长　王剑锋(2月免)
　　　　华卜泉(4月聘,主持日常工作)
　　　　李　春　邱祥新

科学技术局

挂县“知识产权局”牌子。

局　长　罗正锡

副局长　赵爱玲(女)　杭永明
　　　　任　镇　孙　祥

党组书记　赵爱玲(女)

党组副书记　罗正锡

纪检组长　卢克山

公安局

设县委防范和处理邪教问题领导小组办公室、维护社会稳定领导小组办公室

局　长　葛志祥

督察长　葛志祥

副局长　张贤荣　章群峰　任善智
　　　　席玉龙　卢　寒(4月免)
　　　　季峥嵘　于志海
　　　　杨宝虎　杨　军

政　委　张贤荣

副政委　徐　清

党委书记　葛志祥

党委副书记　张贤荣　章群峰

纪委书记　章群峰

纪检组长　章群峰

维护社会稳定领导小组办公室

设在县公安局

主　任　章群峰

副主任　王　俊

县委防范和处理邪教问题领导小组办公室

设在县公安局

主　任　张贤荣

副主任　何世俊　蒋龙生

监察局

与县纪律检查委员会合署办公，列入政府工作部门序列,不计政府机构个数。

局　长　朱　斌

副局长　刘小松　祝和娟(女)　祝增福

纪委监察局工作室

正科级建制，分别设纪委监察局第一、二、三、四、五工作室

第一工作室主　任　陈金国
　　　　　副主任　王大明
　　　　　　　　　王桂明(9月任)

第二工作室主　任　徐明春
　　　　　副主任　陆殿勇

第三工作室主　任　印创新
　　　　　副主任　吴丽华(女)

第四工作室主　任　姚仕友
　　　　　副主任　徐希林

第五工作室主　任　韩雪峰
　　　　　副主任　邓锡存

民政局

局　长　周小平

副局长　徐松建　戴卫权　于俊卿(聘)
　　　　顾庆瑜　胡松峰

党委书记　王　健

党委副书记　周小平

纪委书记　戴丽君(女)

纪检组长　戴丽君(女)

司法局

局　长　张建华

副局长　沙祥生　张维林
　　　　周　平(女)　周　林

党组书记　沙祥生

党组副书记　张建华

纪检组长　王龙海

财政局

挂“县政府国有资产监督管理办公室”牌子。

局　长　张忠宏

副局长　鲁德平　孙友庚　周月琴(女)

党组书记　陈玉琨

党组副书记　张忠宏　鲁德平

党组成员　崔　惠(女)　许秀平

纪检组长　朱松艳(女)

国有资产监督管理办公室

主　任　鲁德平

人力资源和社会保障局

列县委机构序列,既是县委工作机构,又是县政府工作机构。

局　长　李如生

副局长　吉拥海　华宝桐(12月免)
　　　　刘　勇　葛铁宏　钟晓卫

党组书记　吉拥海

党组副书记　李如生
　　　　　　华宝桐(12月免)

纪检组长　周干海

环境保护局

局　长　丁国祥

副局长　柳培文　周　晖　顾世和

党组书记　郜宝龙
党组副书记　丁国祥
纪检组长　李　澄

住房和城乡建设局

挂县建筑工程管理局、县规划局、县旅游局牌子

局　长　周　道
副局长　贾伯根(10月任)　韩良跃
曹瑞敏(女)
徐　刚(12月免)
邓　进(2月免)
吴　昊　季宜海　蒋爱东
杨　治　钱义华　董德荣
张　健(4月免)
党组书记　韩良跃
党组副书记　周　道
冯永进(8月免)
贾伯根(9月任)
徐祥稳(9月任)
纪检组长　夏玉林

建筑工程管理局

县住房和城乡建设局挂县建筑工程管理局牌子,9月撤销县建管局党组。

局　长　贾伯根
副局长　徐祥稳　储祥文
徐培鸿(女,聘)
党组书记　徐祥稳(9月免)
党组副书记　贾伯根(9月免)

旅游局

县住房和城乡建设局挂县旅游局牌子。

局　长　冯永进(9月免)
副局长　周颖亚(女)　夏宏建

城市管理局

挂“城市管理行政执法局”牌子。

局　长　胡友明(4月免)
袁加根(4月任)
副局长　吕兴中　周晓建(聘)　李润之
钱晓兵　花海燕　史有光(聘)
党组副书记　胡友明(2月免)
袁加根(3月任)
纪检组长　陈仁旭(8月任)

交通运输局

挂县铁路办公室牌子

局　长　张元春(9月免)
陈崇进(9月任)
副局长　梅崇存　陈　峰　崔　剑
高卫东(聘)
党委书记　陈　曦(12月免)
陈崇进(12月任)
党委副书记　张元春(8月免)
陈崇进(8月任,12月免)
任本善
纪委书记　邵景江
纪检组长　邵景江
总工程师　曹劲松(女)

农业委员会

挂县林业局、县海洋与渔业局牌子。管理县农业机械管理局、县农业资源开发局。12月县机构改革,将县商务局的生猪屠宰监督管理职责划入县农业委员会。

主　任　郑　华
副主任　仲政凯　余端进　唐友根
周发亚(聘)　周福余(聘)
杜明军　卢礼华(女)
党委书记　陈　名(3月免)
严国和(3月任)
党委副书记　郑　华　徐幼松
纪委书记　徐志平
纪检组长　徐志平

农业机械管理局

县农业委员会管理的正科级直属事业单位

局　长　魏德平
副局长　吴爱国　王德明　王宝刚
党组书记　王晓波
党组副书记　魏德平

农业资源开发局

县农业委员会管理的正科级直属事业单位

局　长　顾维斌
副局长　张　进　沈　杰(12月免)
王文池
党组书记　王虎林
党组副书记　顾维斌

水利局

局　长　徐　泷
副局长　严　勇　章本林　王宝新
邓　琴(女)
党委书记　沈绍春
党委副书记　徐　泷
纪委书记　王佳旺
纪检组长　王佳旺
总工程师　张宏林

商务局

挂“县粮食局”“县口岸办公室”牌子

局　长　练庆农(1月免)
冯永进(9月任)
副局长　程　杰(2月任,主持工作;
9月免)
王文贵　陆学祥　丁锁年
张宝根　汪晓炜(12月免)
郑庆荣(2月免)
袁瑞尧(12月免)
张庆华(10月任)
党委书记　王文贵
党委副书记　练庆农(2月免)
程　杰(2月任,8月免)
冯永进(8月任)
陆学祥　王其江
纪委书记　邹广荣
纪检组长　邹广荣

招商局

县政府下属非常设议事协调机构，相当正科级建制

局　长　练庆农(2月免)
程　杰(2月任,9月免)
副局长　胡国祥　汪晓炜(12月免)
陆爱红(女)
局长助理　梅　军
党委书记　练庆农(2月免)
程　杰(2月任,8月免)

文化广电新闻出版局

局　长　陈　琳
副局长　丁建民　郁东惠(女)　姜　坚
党组书记　丁建民
党组副书记　陈　琳
纪检组长　管秀祥

广播电视台

台　长　陈　琳
副台长　李春连(12月免)　陈永祥
张小卫　徐瑞明　蒋　霞(女)
纪检组长　陈　松

卫生和计划生育委员会

12月县机构改革，将县卫生局职责、县人口和计划生育委员会的计划生育管理和服务职责整合，组建县卫生和计划生育委员会,为县政府工作部门,不再保留县卫生局、县人口和计划生育委员会。

主　任　吴志梅(女,12月任)
副主任　蔡红卫(女,12月任)
季永东(12月任)
陈德祥(12月任)
刘晓峰(12月任)
李传忠(12月任)
孙瑞根(12月任)
陈礼柏(12月任)
党委书记　吴志梅(12月任)

党委副书记　张　虎(12月任)
纪委书记　王　云(12月任)
纪检组长　王　云(12月任)

卫生局

12月县机构改革，将县卫生局的职责、县人口和计划生育委员会的计划生育管理和服务职责整合，组建县卫生和计划生育委员会,不再保留县卫生局。

局　长　吴志梅(女,12月免)
副局长　季永东(12月免)
　　刘晓峰(12月免)
　　孙瑞根(12月免)
党委书记　梅周芹(2月免)
党委副书记　吴志梅(女,12月免)
纪委书记　陈礼柏(12月免)
纪检组长　陈礼柏(12月免)

人口与计划生育委员会

12月县机构改革，将县卫生局职责、县人口和计划生育委员会的计划生育管理和服务职责整合，组建县卫生和计划生育委员会，不再保留县人口和计划生育委员会。

主　任　吉临兆(1月免)
副主任　储爱民(2月免)
　　蔡红卫(女,12月免)
　　陈德祥(12月免)
　　李传忠(12月免)
　　张　虎(12月免)
党组书记　张　虎(12月免)
党组副书记　吉临兆(2月免)
纪检组长　王　云(女,12月免)

市场监督管理局

12月组建，挂县食品药品监督管理局、县工商行政管理局、县质量技术监督局牌子,为县政府工作部门。

局　长　卢忠平(12月任)
副局长　张　育(12月任)
　　邓　澄(12月任)
　　韩志刚(12月任)
　　郑延江(12月任)
　　陈　洪(女,12月任)
　　张　政(12月任)
　　苏海涛(12月任)
　　金晓晋(12月任)
　　徐瑞竹(12月任)
　　杨妹莉(女,12月任)
　　顾　斌(12月任)
　　於昌友(12月任)
党委书记　卢忠平(12月任)
党委副书记　张　育(12月任)
　　邓　澄(12月任)
纪委书记　徐永全(12月任)
纪检组长　徐永全(12月任)

食品药品监督管理局

12月撤并至县市场监督管理局,不再保留县食品药品监督管理局。县卫生和计划生育委员会负责食品安全风险监测评估工作，县农业委员会负责农产品和水产品质量安全监管工作。

局　长　沈宏华(12月免)
副局长　张　政(12月免)
　　韩志刚(12月免)
　　徐瑞竹(12月免)
党组书记　沈宏华(12月免)
党组副书记　韩志刚(12月免)
纪检组长　於昌友(12月免)

审计局

局　长　吴　玲(女)
副局长　吉远忠　韩家荪(女,2月免)
　　王建伟　崔爱莲(女,4月任)
党组书记　吉远忠
党组副书记　吴　玲(女)
纪检组长　张庆寿

统计局

局　长　马善华
副局长　王　鲲
党组书记　花　平
党组副书记　马善华　王　鲲
纪检组长　陶荣平

安全生产监督管理局

局　长　童明昆(12月免)
　　沈宏华(12月任)
副局长　葛乃华　苏　静　范平东
　　王建群
党组书记　陈一鸣
党组副书记　童明昆(12月免)
　　沈宏华(12月任)
纪检组长　王　立

信访局

局　长　陆尔宁
副局长　陶长彪　张羽翼(女)
　　崔元兵　程广元(10月任)
纪检组长　景　春

供销合作总社

主　任　郑建华
副主任　吴永生　周　华(12月免)
　　梁晓东(9月任)
党委书记　吉让余
党委副书记　郑建华　吴永生
纪委书记　吴永生

地震局

与江苏省海安地震台合署，委托县科技局管理

局　长　于清山

驻南京办事处

为县政府直属行政管理型事业单位,相当副科级建制

主　任　周广喜

江苏省海安高级中学

校　长　吕　建
副校长　钱俊元　吉传勇　杨　斌
　　董裕华
党委书记　吕　建
党委副书记　钱俊元
纪委书记　钱俊元

政协海安县委员会工作机构

秘书长　张　华

办公室

主　任　刘　晖
副主任　周素华(女)　季永华

提案委员会

主　任　顾万盛
副主任　朱昌军

经济科技委员会

海外联络委员会与其合署

主　任　王希成

城乡建设、社会法制委员会

主　任　范应友
副主任　郜永宏

学习、文史委员会

文教卫体委员会与其合署

主　任　谢　静
副主任　朱小翔

垂直管理单位

江苏省海安地震台

与地震局合署,相当于正科级事业单位

台　长　于　华
副台长　徐连胜

地方税务局

局　长　何瑜燊
副局长　吴　建　宣熊辉(11月免)
　　刘　平
党组书记　何瑜燊
纪检组长　张东栋

国家税务局

局　长　薛海骏

副局长　朱海雷　唐圣俊　蒋雪俊

党组书记　薛海骏

纪检组长　王　欣

工商行政管理局

12月撤并至县市场监督管理局，不再保留南通市海安工商行政管理局。

局　长　张　育(12月免)

副局长　苏海涛(12月免)

金晓晋(12月免)

顾　斌(1月任，12月免)

党组书记　张　育(12月免)

纪检组长　徐永全(12月免)

南通市海安质量技术监督局

12月撤并至县市场监督管理局，不再保留南通市海安质量技术监督局。

局　长　邓　澄(12月免)

副局长　陈　洪(女，12月免)

郑延江(12月免)

杨姝莉(女，3月任，12月免)

党组书记　邓　澄(12月免)

党组副书记　郑延江(3月任，12月免)

纪检组长　郑延江(3月任，12月免)

国土资源局

12月县机构改革，将推进土地登记、房屋登记、林地登记、草地登记、海域登记等不动产登记职责整合到县国土资源局。

局　长　苏建华

副局长　田建华　茆根明

陶　明(10月任)

党组书记　苏建华

纪检组长　朱加纯

供电公司

总经理　张可嘉

副总经理　王生强(4月免)　石　健

周　鑫　郁劲虎(4月任)

党委书记　金　炎

党委副书记　张可嘉

纪委书记　高剑英(3月免)

曹　巍(4月任)

电信局

局　长、总经理　孙　军

副局长、副总经理　张世海

刘　建(9月免)

陈建华(8月免)

李云中(9月任)

党委书记　孙　军

纪委书记　张世海

邮政局

局　长　孙志泉(2月免)

宋小宾(女，2月任)

副局长　沈　荣　黄海泉(4月免)

邱　郡(4月任)

党委书记　孙志泉(2月免)

宋小宾(女，2月任)

纪委书记　黄海泉(4月免)

邱　郡(4月任)

气象局

局　长　陆志刚(3月免)

副局长　葛亚东(1月免)

郁　健(1月任，3月主持工作)

张开进(6月任)

盐务管理局、盐业公司

局长、经理　许卫华

副局长、副经理　袁忠汉(4月免)

陆俊峰　王　新(女)

仇玉林(4月任)

党支部书记　许卫华

烟草专卖局、烟草公司

局长、经理　刘　群

副局长　李建坤

副经理　刘　生

党组书记　刘　群

中国人民银行海安县支行

行　长　丛　勇(12月免)

副行长　夏　敏(女，12月主持工作)

崔晨霞(女)

党组书记　丛　勇

纪检组长　刘长进

中国工商银行股份有限公司海安支行

行　长　张　璇(9月免)

冯雨楠(9月任)

副行长　徐　捷(女，4月任)　王　曙

彭　瑞

党委书记　张　璇(9月免)

冯雨楠(9月任)

纪委书记　陶　林(4月免)

彭　瑞(4月任)

中国银行股份有限公司海安支行

行　长　张金国

副行长　成明强　戴亚琴(女)

顾峻蓉(女)

党支部书记　张金国

党支部副书记　季　强

中国建设银行股份有限公司海安支行

行　长　夏雪峰

副行长　章仕斌　姜旭宇(3月任)

王志彬(11月任)

党委书记　夏雪峰

纪委书记　章仕斌

中国农业银行海安县支行

行　长　方向明(11月免)

吴海勇(11月任)

副行长　吴海勇(11月免)

章海涛(3月免)　林　克

陆毛茅

党委书记　方向明(11月免)

吴海勇(11月任)

纪委书记　林　克

江苏海安农村商业银行股份有限公司

董事长　徐建强(4月免)

徐晓军(4月任)

行　长　徐晓军(4月免)

黄建新(4月任)

副行长　江炜鑫　解　文　章　勇

秦宏卫(4月任)

监事长　张晓波

党委书记　徐建强(4月免)

徐晓军(4月任)

党委副书记　徐晓军(4月免)

黄建新(4月任)

纪委书记　张晓波

中国农业发展银行海安县支行

行　长　黄　健

副行长　王卫东　丁　炜

党支部书记　黄　健

中国人民财产保险股份有限公司海安支公司

经　理　王冬梅(女)

副经理　秦小龙　张　华

中国人寿保险股份有限公司海安支公司

经　理　杨　陈

副经理　高云飞　刘志东

中国人寿财产保险股份有限公司海安支公司

经　理　李友军

副经理　汤海元

党支部书记　汤海元

县群众团体组织

总工会

主　席　周于红(女)

副主席　唐仁惠　黄志平　王宏来

党组书记　黄志平

副书记　周于红(女)

团县委

书　记　韦钦文(2月免)
　　　　秦广荣(3月任)

副书记　史文莉(女,3月免)
　　　　高金珠(女,12月任)

妇女联合会

主　席　李广珍(女)

副主席　田　旻(女)

党组书记　柴宝清(女)

党组副书记　李广珍(女)

科学技术协会

主　席　罗正锡

副主席　赵爱玲(女)　杭永明　任　镇
　　　　孙　祥
　　　　陈兴俊(12月免,不驻会)
　　　　徐　伟(不驻会)
　　　　颜　敏(不驻会)
　　　　申承秀(女,不驻会)
　　　　储呈平(不驻会)

归侨侨眷联合会

主　席　丁维春

副主席　吴旭东　许根山(不驻会)
　　　　林克文(不驻会)
　　　　陈　飞(不驻会)

文学艺术界联合会

主　席　张　军

副主席　丁建民　史礼根
　　　　王子健(8月免)
　　　　叶晨玲(女,聘)

工商业联合会(总商会)

主席(会长)　蔡祝平

副主席(副会长)　陈　杰(9月任)
　　　　吕建华　刘根余
　　　　柯素根
　　　　翁少波(不驻会)
　　　　储呈平(不驻会)
　　　　费建明(不驻会)
　　　　李春涛(不驻会)
　　　　王家安(不驻会)
　　　　杨忠国(不驻会)
　　　　薛庆龙(不驻会)
　　　　卞　童(不驻会)
　　　　申承秀(女,不驻会)
　　　　陈友华(不驻会)
　　　　周连明(不驻会)
　　　　周经成(不驻会)
　　　　笪鸿鹄(不驻会)

副会长　李海波(不驻会)
　　　　杨广泽(不驻会)
　　　　徐铁泉(不驻会)
　　　　丁成进(不驻会)
　　　　王卫东(不驻会)
　　　　王世荣(不驻会)
　　　　仲跻和(不驻会)
　　　　曹洪新(不驻会)
　　　　常　琦(不驻会)

党组书记　陈　杰(9月任)

残疾人联合会

理事长　徐　斌

副理事长　马冬花(女)　张友明

哲学社会科学界联合会

相当正科级建制,挂靠县委宣传部

主　席　刘万春

副主席　涂祖凤(女)　华志刚(不驻会)
　　　　卢厚龙(不驻会)
　　　　康　健(不驻会)
　　　　朱小翔(不驻会)
　　　　程卫国(不驻会)

红十字会

会　长　翁晓云(女)

副会长　何银生　徐雪琴(女)
　　　　李仁平(不驻会)
　　　　崔世平(不驻会)
　　　　刘万春(不驻会)
　　　　谢世平(不驻会)
　　　　吴志梅(女,不驻会)
　　　　汪　宁(不驻会)
　　　　于俊卿(不驻会)
　　　　田卫军(不驻会)
　　　　卢　寒(3月免,不驻会)
　　　　张建平(不驻会)
　　　　朱时林(不驻会)

公共资源交易管理办公室

正科级建制

主　任　杭亚军

副主任　毛迎丰　陈　铭

纪检组长　杭兴华

职教园区

正科级建制

党工委书记　翁晓云(女)

副书记　王　君　许维龙

管委会主任　王　君

副主任　许维龙　郜生华
　　　　吴如林(2月免)
　　　　赵曙凌(8月免)

雅周现代农业园区办公室

县政府派出事业单位

主　任　郑　华

常务副主任　卢礼华(女)

副主任　唐友根　陈　辉

主任助理　苗德强

人民医院

相当正科级建制

院　长　张建平

副院长　钟志生　董德平　周永华
　　　　张跃明

党委书记　张建平

党委副书记　田建华(女,8月免)

纪委书记　田建华(女,8月免)

中医院

相当正科级建制

院　长　朱时林

副院长　瞿联霞(女)　刘为民
　　　　王　岩(9月免)　季　瑜

党支部书记　朱其林

党总支副书记　朱时林

法学会

会　长　盛慧琴(女,12月任)

常务副会长　张元根(12月任)

副会长　张英存(12月任)
　　　　丁兴育(12月任,不驻会)
　　　　卢克龙(12月任,不驻会)
　　　　张建华(12月任,不驻会)
　　　　张贤荣(12月任,不驻会)
　　　　范应友(12月任,不驻会)
　　　　秦建军(12月任,不驻会)
　　　　涂祖凤(女,12月任,不驻会)
　　　　章智敏(女,12月任,不驻会)

区镇组织机构与领导人

海安经济技术开发区(城东镇)

国家级海安经济技术开发区前身是创建于1992年的海安经济开发区,2012年7月经国务院批准,升级为国家级经济技术开发区,定名海安经济技术开发区。2013年9月南通市机构编制委员会批复:设立中国共产党海安经济技术开发区工作委员会、海安经济技术开发区管理委员会,分别为市委、市政府的派出机构,由海安县委、县政府代为管理,规格为正处级。海安经济技术开发区与海安县城东镇实行“区镇合一”管理体制,在批准的区域内统一行使经济社会管理权。

党工委

副书记　周宗泉(9月任,主持日常工作,

正处职)
委　员　王荣贵(12月任)
屈祖平(12月任)
钱亚洲(12月任)
任永峰(12月任)
吴　玲(女,12月任)

管委会

副主任　王荣贵(12月任)
屈祖平(12月任)
钱亚洲(12月任)
任永峰(12月任)

纪工委

书　记　吴　玲(女,12月任)

海安经济开发区(城东镇)

海安经济开发区党工委、管委会分别为县委、县政府的派出机构,代表县委、县政府具体承担区(镇)党的建设、经济发展、城市建设、社会稳定和社会事业发展等职责。

党工委

书　记　周宗泉(兼,9月免)
副书记　王荣贵　屈祖平(2月任)
钱亚洲
委　员　吴建华　王晓红(女)　王银俊
张书伟　袁海秋
胡国祥　田卫军

管委会

主　任　王荣贵(12月免)
副主任　钱亚洲(常务副主任)
任永峰(2月任)　吴建华
王晓红(女)　张书伟　袁海秋
胡国祥　田卫军
委　员　杨建国(12月免)
施　成(12月免)　孙宝军
凌　勇(3月免)　谢国华
金山存(3月任)

纪工委

书　记　王银俊
副书记　杨建国(12月免)
张增云(女)

海安软件园管理中心

主　任　袁海秋
副主任　王国权

城东镇

中共城东镇委员会

书　记　周宗泉(兼)
副书记　王荣贵　钱亚洲
王　鲲(挂职,8月免)
黄元成(挂职,8月免)

镇人民代表大会主席团

主　席　钱亚洲
副主席　杨珍秀(女)

镇人民政府

镇　长　王荣贵
副镇长　张兰春(挂职1年,9月免)
吴文钰(挂职1年,8月任)

中共城东镇纪律检查委员会

书　记　王银俊

立发街道

党委书记、办事处主任　潘智勇

新生街道

党委书记、办事处主任　王卫东

上湖街道

党委书记、办事处主任　樊雪松(聘)

洋蛮河街道

党委书记、办事处主任　王　继

韩洋街道

党委书记
办事处主任

南屏街道

党委书记　吴建华(兼,3月免)
魏　旭(聘,3月任)
办事处主任

西场街道

党委书记　丁智勇
办事处主任

壮志街道

党委书记、办事处主任　许应忠(聘)

圆通街道(暂定名)

2014年2月设立。
党委书记、办事处主任　任永峰(2月任)

招商分局

局　长　卞进圣(聘)　雷晓刚(聘)
万继文(聘)

海安高新技术产业开发区(海安镇)

海安高新技术产业开发区党工委、管委会为县委、县政府的派出机构,代表县委、县政府具体承担区(镇)党的建设、经济发展、城市建设、社会稳定和社会事业发展等职责。

党工委

书　记　张亚曦(兼,9月免)
丁　峰(兼,9月任)
副书记　张勇华　王希桂　朱志亮
邓加忠　卢荣翔　陈克军
黄　梅(女)　金　干　孙卫华
秦广荣(挂职,12月任)
委　员　杨　军　刘来稳

管委会

主　任　张勇华(2月任)
副主任　张勇华(常务副主任,2月免)
王希桂　朱志亮　邓加忠
卢荣翔　陈克军　杨　军
刘来稳
委　员　金德平　仲月军(聘)
潘世华(聘)

纪工委

书　记　孙卫华
副书记　邓卫红(女)　秦长军

海安高科技创业园管理中心

主　任　黄　梅(女)
副主任　周亚东(常务副主任)
周龙法(兼)

海安国家523文化产业示范基地办公室

主　任　刘来稳
副主任　王　正　史礼根(兼)
顾　斌(兼)

海安镇

中共海安镇委员会

书　记　张亚曦(兼,9月免)
丁　峰(兼,9月任)
副书记　张勇华　黄　梅(女)
黄德春(挂职,8月免)

镇人民代表大会主席团

主　席　王希桂
副主席　罗晓冬

镇人民政府

镇　长　张勇华(2月任)
副镇长　兰秋军(挂职1年,9月免)
刘迪辉(挂职1年,8月任)

政协工作委员会

主　任　朱志亮

中共海安镇纪律检查委员会

书　记　孙卫华

海南街道

党委书记、办事处主任　金仁楼(2月免)

园庄街道

党委书记、办事处主任

新陵街道

党委书记、办事处主任　周海冰

中心街道

党委书记、办事处主任　徐爱军

镇南街道

党委书记、办事处主任　周龙法

宁海街道

党委书记　杨余芳

办事处主任　顾　斌

永安街道

党委书记、办事处主任　季拥军

海北街道

党委书记、办事处主任　李存根

隆政街道

党委书记、办事处主任　崔永江

胡集街道

党委书记、办事处主任　吉顺平(8月免)

青萍街道

党委书记、办事处主任　蔡晓冬

孙庄街道

党委书记、办事处主任　王希成

仁桥街道

党委书记、办事处主任

老坝港滨海新区(角斜镇)

老坝港滨海新区党工委、管委会为县委、县政府的派出机构,代表县委、县政府具体承担区(镇)党的建设、经济发展、城市建设、社会稳定和社会事业发展等职责。

党工委

书　记　丁　锋(兼,9月免)

副书记　王　怀　章晓丽(女)　申承群

崔小勇(12月免)　季小平

吉祖荣(2月免)

韦钦文(2月任)

管委会

主　任　王　怀

副主任　章晓丽(女,常务副主任)

崔小勇(12月免)

吉祖荣(2月任)

韦钦文(2月任)

委　员　余星星　段海峰(聘)

纪工委

书　记　季小平

副书记　唐仲荣

角斜镇

中共角斜镇委员会

书　记　丁　锋(兼,9月免)

副书记　王　怀

刘保山(挂职,5月免)

韦钦文(2月任)

华卜泉(挂职,8月免)

王　俊(挂职,8月免)

镇人民代表大会主席团

主　席　申承群

副主席　邓卫东

镇人民政府

镇　长　王　怀

副镇长　严　斌(挂职1年,8月任)

政协工作委员会

主　任　崔小勇(12月免)

中共角斜镇纪律检查委员会

书　记　季小平

曲塘镇

中共曲塘镇委员会

书　记　张英来

副书记　杨云根　刘成亮　徐　毅

盛金才(挂职,5月免)

王　云(女,挂职,8月免)

委　员　吉久平(8月免)　唐海荣(女)

周学锋　陆枳彤(女)　王军华

毛国平

镇人民代表大会主席团

主　席　邓正如

副主席　谢根生　王　红(女)

镇人民政府

镇　长　杨云根

副镇长　郭恒俊　陈万荣　贾伯平

崔世华　陆秋艳　丁小军

马雪荣(挂职1年,9月免)

吴朝阳(挂职1年,8月任)

政协工作委员会

副主任　唐海荣(女)

中共曲塘镇纪律检查委员会

书　记　吉久平(8月免)

副书记　冒石宏(8月聘)

曲园街道

办事处主任　雍立云

李堡镇

中共李堡镇委员会

书　记　夏卫军(12月免)

郁　江(12月任)

副书记　郁　江(12月免)

许金龙(12月任)　杭　华

王　晨

胡　毅(挂职,5月免)

王　峰(挂职,8月免)

委　员　刘德林　颜　荔(女)

钱祥升(聘)　许海林(聘)

吴　兵

镇人民代表大会主席团

主　席　许金龙

副主席　储祥俊

镇人民政府

镇　长　郁　江(12月免)

许金龙(12月任)

副镇长　申红星　储瑞勤　张　华

黄晓鹏　苏国华　单　蓓(女)

刘春节(挂职1年,9月免)

杜　军(挂职1年,8月任)

政协工作委员会

副主任　吴　兵

中共李堡镇纪律检查委员会

书　记　杭　华

大公镇

中共大公镇委员会

书　记　韦宝军

副书记　程瑞琴(女)　吴　晶(女)

邵　维(挂职,5月免)

申振铎(挂职,8月免)

韦钦文(挂职,2月免)

委　员　周时年(女,12月免)　储祥国

高拥军　周建国　王国根

徐　翔

镇人民代表大会主席团

主　席　赵怀平

副主席　陈友玲(女)　田　华

镇人民政府

镇　长　程瑞琴(女)

副镇长　仲广桐　顾德桐　王志栋

王瑞华　沈　军

於韩梅(延长挂职1年,8月续)

政协工作委员会

副主任　徐　翔

中共大公镇纪律检查委员会

书　记　储祥国

墩头镇

中共墩头镇委员会

书　记　陈崇进(8月免)

严长军(12月任)

副书记　严长军(12月免)

储祥兰(女,12月免)

王建明(挂职,5月免)

许应军(挂职,8月免)

陈　焱(12月任)

韦安华(12月任)

委　员　陈长燕(女)　颜夕圣
袁良元(12 月免)
黄婧婧(女)　顾海亮

镇人民代表大会主席团

主　席　陈　焱(12 月免)
许应军(12 月任)
副主席　吉增海

镇人民政府

镇　长　严长军(12 月免)
陈　焱(12 月任)
副镇长　申如东　孙常青　贲顺荣
陆存梅(女)　闫文海　季成伟
闵春华(挂职 1 年,9 月免)
唐圣学(挂职 1 年,8 月任)

政协工作委员会

副主任　袁良元(12 月免)

中共墩头镇纪律检查委员会

书　记　韦安华

白甸镇

中共白甸镇委员会

书　记　周小军(12 月免)
刘建华(12 月任)
副书记　刘建华(12 月免)
刘建军(12 月任)　刘亦红
宋华存
陆海鸥(女,挂职,8 月免)
委　员　朱素华　李红梅(女)　唐仕全
贲栋斌　乔爱华　吉久让

镇人民代表大会主席团

主　席　冯玉红(女)
副主席　许荣桂(女)

镇人民政府

镇　长　刘建华(12 月免)
刘建军(12 月任)
副镇长　陈广进　柴德华　章再兵
秦广荣(12 月免)　曹　鹏

政协工作委员会

副主任　贲栋斌

中共白甸镇纪律检查委员会

书　记　朱素华

南莫镇

中共南莫镇委员会

书　记　任永峰(2 月免)
许剑波(2 月任)
副书记　许剑波(2 月免)
吉祖荣(2 月任)　仲浩然
申　燃(3 月任)
景爱喜(女,3 月免)
王　磊(挂职,5 月免)
程华波(挂职,8 月免)
汤　卫(挂职 2 年,12 月任)
委　员　王亚芳(女)　周玉娟(女)
赵武前　丁帮钧　胡永明
唐　勇

镇人民代表大会主席团

主　席　周宝林
副主席　徐修旺　丁仁清

镇人民政府

镇　长　许剑波(2 月免)
吉祖荣(2 月任)
副镇长　纪宝汉　华留春　曹惠明
蒋增鹏　王俊华
杜　军(挂职 1 年,9 月免)
王旭东(挂职 1 年,8 月任)

政协工作委员会

副主任　赵武前

中共南莫镇纪律检查委员会

书　记　周玉娟(女)

雅周镇

中共雅周镇委员会

书　记　臧　忠(2 月免)
成　刚(2 月任)
副书记　成　刚(2 月免)
凌　勇(3 月任)
金山存(3 月免)　顾仁军
于晓东(挂职,5 月免)
孙瑞根(挂职,8 月免)
吉佳鹏(3 月任,6 月病故)
委　员　闾铁龙　朱圣东　夏　晔
周顺济　何　隽(女)

镇人民代表大会主席团

主　席　卢礼华(女)
副主席　黄　洁

镇人民政府

镇　长　成　刚(3 月免)
凌　勇(3 月任)
副镇长　周宏华　陈苏六　陈　辉
花世根　陆从兵
成大荣(挂职 1 年,9 月免)
赵力电(挂职 1 年,8 月任)

政协工作委员会

副主任　何　隽(女)

中共雅周镇纪律检查委员会

书　记　顾仁军

新任职领导人物

陈　辉

海安县委常委。1968 年 6 月生，江苏省南京市人。1987 年 11 月入伍，1992 年 6 月入党，大学学历。1989 年 9 月，大连水面舰艇学院学习。1993 年 7 月，任海军紫金山舰副枪炮长。1996 年 12 月，任东海舰队上海基地训练科正连职参谋。1998 年 8 月起，先后任 73206 部队政治处正连职干事、组织干部股股长。2001 年 2 月起，先后任江苏省南通军分区政治部组织干部科副、正营职干事。2004 年 3 月起，先后任江苏省南通军分区政治部宣传保卫科副科长、科长。2007 年 3 月，任江苏省南通军分区后勤部副部长。2012 年 3 月，任海安县人民武装部部长。2014 年 3 月，任海安县人民武装部政委。2014 年 5 月，任海安县委常委、县人武部政委。

严长江

海安县人民政府副县长。1974 年 1 月生，海安县人。1990 年 9 月，江苏省海安农业工程学校读书。1993 年 6 月，到海安县青萍乡农技站工作。1993 年 10 月至 1996 年 10 月，任青萍乡团委书记兼新明丝厂党支部书记。1994 年 8 月起，中央党校函授学院经济管理专业大专函授 3 年。1996 年 11 月，任李庄乡党委纪检委员、纪委副书记兼联合村党支部书记。1998 年 11 月，任胡集镇党委组织委员。2001 年 11 月，任双楼镇党委副书记、纪委书记。其

中2001年9月至2003年12月,江苏省委党校经济管理专业本科学习。2004年7月,任曲塘镇党委副书记、纪委书记。2006年3月,任白甸镇党委副书记、镇长。2007年11月,任曲塘镇党委副书记、镇长。2007年起,省委党校函授3年。2009年6月,任曲塘镇党委书记。2010年起,中央广播电视大学法学专业学习两年。2011年3月,任海安县政府办主任、县行政服务中心党组书记。2014年2月任海安县委办主任,8月,任海安县副县长、县委办主任,12月,海安县副县长。

杨同标

海安县人民政府副县长。

1973年10月生,江苏省泗阳县人。中共党员,法学硕士。1988年9月,江苏省泗阳中学学习。1992年9月至1995年7月,淮阴师范专科学校中文系中文教育专科学习。1997年9月起,南京大学商学院投资金融专业研究生班两年结业。1998年9月至2001年7月,北京大学法学院法学专业学习,本科毕业。2005年9月至2008年6月,南京师范大学法学院诉讼法专业学习,获硕士研究生学位。

1995年8月,任省外贸职工大学组织人事科科员,兼任班主任。1999年3月,任南京理工大学高等职业技术学院年级主任。2004年9月起,先后任南京理工大学高等职业技术学院、继续教育学院团委书记、学生党支部书记、工会副主席、办公室主任。2009年5月起,担任南京理工大学高等职业技术学院、继续教育学院副院长。2014年9月,任海安县人民政府副县长(挂职)、南京理工大学高等职业技术学院、继续教育学院副院长。

多次获表彰,2011年获“全国自学考试先进工作者”称号。

贾韶军

海安县人民政府副县长。

1973年8月生,山西省万荣县人。硕士文化,中共党员。1992年9月,石家庄军械工程学院指挥自动化工程专业学习。1996年7月,总装备部炮兵防空兵装备技术研究所工作,正排。1996年12月,总装备部炮兵防空兵装备技术研究所工作,副连。1999年12月,总装备部炮兵防空兵装备技术研究所工作,正连。2001年12月,总装备部炮兵防空兵装备技术研究所工作,副营。2001年起,对外经济贸易大学经济学专业学习两年。2002年9月起,北京理工大学计算机及应用专业学习3年。2004年12月,总装备部炮兵防空兵装备技术研究所工作,正营。2007年12月,总装备部炮兵防空兵装备技术研究所工作,副团。2008年12月,任农业部离退休干部局政策指导处副调研员。2009年6月,任农业部离退休干部局教育处副处长。2012年7月,任农业部离退休干部局老部长秘书处副处长。2014年12月,任海安县人民政府副县长,挂职。

(海　年)

先进人物

孙　月

全国工会经审工作优秀干部。

1960年8月生,南莫镇人,大专文化,中共党员。1980年12月如皋师范毕业,1980—1991年7月,先后在瓦甸、海北初中任教,1991年8月,调至海安县总工会。历任县总工会秘书、办公室主任、法工部部长、经审会副主任、经审办主任等职。

担任法工部部长期间,依托职工服务中心平台,创新工作机制,有效维护职工的合法权益,促进劳动关系和谐发展。2006年3月,被省劳动和社会保障厅表彰为“江苏省协调劳动关系三方机制工作先进个人”;2006年11月,被江苏省总工会表彰为“江苏省工会系统信访先进工作者”;2007年9月,被江苏省高级人民法院表彰为“全省诉调对接先进个人”。在全省诉调对接工作会议上,作题为《把握重点破解难题,做细做实调解工作》经验介绍。

夯实工会基层经审组织建设,科学制定基层工会经费审查操作流程,努力实施全方位工会经费审查监督。《关于送温暖资金状况的调查与思考》(与刘静荷合作)《在工会系统建立特约经审员制度的实践和思考》《关于在工会系统中开展送达审计的尝试与思考》分别获2011年度、2012年度、2013年度全省经审理论文章一等奖。《工会系统经审信息化探索与思考》等20多篇论文在《中国审计报》《中国劳福事业》《工会信息》《中国工会财会》等国家级报刊上发表。近五年,获市级以上荣誉13项,其中,2014年1月被全国总工会表彰为“全国工会经审工作优秀干部”。

(张子清)

王海军

全国无偿献血奉献奖金奖获得者。

1986年2月生,海安镇人,2006年12月武警宁波支队退役,优秀士兵,获多次嘉奖。退伍后在上海铁路局南京给水公司(地点在泰州火车站)工作。2014年通过信息应用工程与管理本科自学考试全部科目。

2011年12月第一次献血,2013年参加海安福缘志愿者公益活动。获国家卫生和计划生育委员会、中国红十字总会、中国人民解放军总后勤部卫生部联合颁发的"2012—2013 全国无偿献血奉献奖金奖""2012—2013 全国无偿献血志愿服务一星奖"荣誉称号，还获得"海安县三星级志愿者""海安福缘志愿者服务大队优秀志愿者"等称号。

2012 年 6 月，王海军开始献血小板，定期 14 天献一次，只要体检达标，就献 2 个单位，已献 100 个单位。王海军在血站献血时，经常遇到患者急需用血，八九个亲友帮忙都不够，甚至花高价也买不到。他下决心帮助。2014 年 12 月 20 日，王海军看到一则微博"急需 A 型血小板保命"的求助信息，39 岁的如皋人席校俊突患急性早幼粒细胞白血病，一入院就发现血小板值非常低，全身出现大面积紫斑，急需每天输一个单位的血小板治疗。南通市中心血库 A 型血小板异常紧张，亲朋好友中符合条件的没几个，席校俊一度病危。王海军当即前往血站为他捐献血小板，并在网上转载。"因为我们不知道自己活在世上能有多久，就像汶川大地震，失去了那么多无辜生命，所以，活在世上能为他人带来幸福的每一刻都是幸运快乐的。"随着献血次数和参加志愿服务活动增多，王海军越来越深刻领会人道、博爱和奉献精神。《现代快报》和南通、泰州、辽宁电视台等近两百个媒体报道他的事迹。（柠　华）

张松斌

南通最美警察。1975 年 1 月生，海安高新技术开发区（海安镇）人，中共党员。1997 年从南京公安专科学校毕业，分配到南通市港闸区公安局陈桥派出所工作，2001 年调到海安海北派出所工作，2005 年调到海安刑警大队成为一名刑警。2011 年 12 月，任海安县公安局刑警大队七中队中队长。先后参与侦破刑事案件 720 余起，抓获违法犯罪嫌疑人 460 余名。

2014 年 8 月，老坝港滨海新区江苏品合石业有限公司的出纳被人盗用其公司经营人 QQ 号，以公司转账为由骗走现金 57.38 万元。接报后，张松斌通过资金流查证，发现取款地点为广西南宁市。9 月 8 日，张松斌带队赴南宁，经过 60 多天艰苦工作，成功锁定犯罪嫌疑人身份。11 月 10 日 16 时左右，犯罪嫌疑人驾车出现在其子女校门口，张松斌等人立即上前出示证件，依法抓捕。嫌疑人立即大喊，煽动七八名亲属和数十名不明真相的群众阻碍民警执行公务，对抓捕民警实施围攻殴打。张松斌用尽最后一丝力气，掏出手铐将自己与嫌疑人铐在一起。嫌疑人仍在拼命挣脱，嫌疑人亲属拉拽着张松斌在地上拖行 20 余米。20 分钟后，当地增援警力赶至，他已昏迷。经诊断，张松斌颅底骨折，颅内淤血，多处软组织挫伤，右手手腕被手铐划得伤痕累累。记者问"工作有必要这么拼命吗？"他回答，"做警察的，就得有受伤甚至牺牲的思想准备，伤疤就是我从警生涯最好的勋章。"2015 年 1 月，南通市委宣传部、市委政法委、市文明办、市公安局、市总工会、团市委、市妇联、南通日报社、南通广播电视台表彰其为南通最美警察，市总工会授予其南通市五一劳动奖章，县公安局多次表彰嘉奖。

（席国栋）

好人群像

【概况】 2010 年，中央文明办组织开展"我推荐、我评议身边好人"活动，海安县当年当选中国好人的朱月红、包荣林在 2011 年版《海安年鉴》人物篇记载；其后年鉴人物篇逐年记载中国好人：蒋浩、马小平、杨广泽、仲跻和。2015 年《海安年鉴》专设好人群像栏目，记载中国好人、江苏好人、海安好人的主要事迹。

中国好人

赵顺秋

见义勇为好市民。

1958 年 11 月生，海安高新技术开发区（海安镇）人。曾在海安化肥厂、安装公司等单位做过合同工，长期在青岛等地从事搞水电安装。平时孝老爱亲，和睦邻里，工作敬业，乐于助人。

2014 年 2 月 6 日，一面包车途经海安县城江海西路和镇南路路口时，遭遇车祸发生侧翻，8 名驾乘人员困在车内。听到撞击声后，家住附近的赵顺秋迅速跑出家门救人。"快点儿，大家出把力，把车子扶起来，救人要紧！"赵顺秋组织路人将侧翻的车身扭转过来。为了防止车身在惯性下翻转过度造成二次伤害，赵顺秋用身躯抵住另一半车身。

在众人努力下，侧翻面包车被正过来。赵顺秋又和大家一起奋力扒开车门，抢着救人。8 名伤员很快被全部救出并被随后赶来的急救车送往医院，由于救援及时，都没有生命危险。然而，57 岁的赵顺秋却突然倒在路边，永远没有起来。抢救医生说，赵顺秋是因为救人心切、用力过猛，突发心梗而死。

赵顺秋挺身而出、忘我奉献的事迹引起社会极大关注，2 月 9 日，中央电视台专门派出 5 名记者赶赴海安高新区进行采访，当晚好人赵顺秋的事迹在中央电视台《新闻联播》《新闻直播间》《共同关注》《24 小时》《朝闻天下》《东方时空》等栏目滚动播出。2 月 10 日、11 日，《人民日报》、人民网、《新华日报》《现代快报》、北京卫视、深圳卫视、江苏卫视、《江苏新时空》《新闻眼》、中江网、《南通日报》、南通电视台、南通电台、南通网等各大媒体集中采访报道，全国上百家知名网站转载。

2 月 10 日，海安县委、县政府追授赵顺秋"见义勇为好市民"荣誉称号。2 月 11 日，海安县总工会追授赵顺秋"海安县文明职工标兵"荣誉称号。2 月 12 日，南通市总工会追授赵顺秋"市五一劳动奖章"。

2014 年 3 月，赵顺秋入选中国见义勇为好市民。（徐开生　费海霞）

卢　华

敬业奉献好人。

1963年8月生，海安镇人。1981年12月参加工作，1991年6月加入中国共产党。历任海安县财政局税务所填票员、会计，县税务局办事员、副所长，县国家税务局副所长、副主任、副分局长、分局长等职务，2012年8月起担任海安县国家税务局第七税务分局分局长兼大企业和国际税收管理科科长。

卢华当过企业管理员、收过市场税、下过农村菜市场，管过外资、抓过内资，是税务系统名副其实的“多面手”“活税典”。他坚持原则，义正辞严，与钉子户、刁难户据理力争。有人说他“死脑筋”。他常给下属减压：“我们应该为纳税人服务，第一时间解决纳税人的疑难，但该交给国家的税款一分也不能少。你们放手查，不要有顾虑，有什么压力我来顶。”

2012年年底，辖区内某织布厂被查出涉嫌代开增值税专用发票，老板李某连夜给卢华送上现金。卢华不为所动，坚决查处。辖区内不少企业要给他的残疾儿子、媳妇安排工作，逢年过节给他送烟酒，都被他婉言谢绝。

为了助推地方经济发展，他深入企业，逐户调研，为企业排忧解难。2013年3月16日，卢华关注深交所公告时，发现联发股份的香港股东发生股权减持情况。他随即成立应对小组，迅速与公司、法院联系，研究相关政策，制定税款追缴预案。经过100多天不懈努力，最终有关方面如期足额申报4300多万元税款。

2014年4月21日，海安县国税局第七税务分局开展党的群众路线教育实践活动，卢华给分局全体人员上《学习焦裕禄，践行群众路线》的专题党课。当天气温20多度，卢华裹着羽绒服，打着冷颤走进会场。同事们劝他回去休息，卢华摆摆手连说没事没事，然而发言到一半时，他脸色苍白，声音哽咽。并不顾劝阻，咬牙坚持到结束。22日一早，他打电话跟朋友找镇热解痛的药，服药之后，头疼症状有所缓解。尽管身体不适，可是临近月底，某企业风险应对应缴税款还没有着落，就瞒着妻子到办公室，与同事一起将该企业373.88万元税款评估入库后，再到医院挂水，当时高烧39度。4月23日一早，妻子发现他无力起床，随后送到医院。当时他陷入昏迷状态，紧急诊断结果是脑膜炎，脑脊液浑厚，细胞数高达88500，一般人正常指标不超过10。由于病情发展迅猛，导致脑膜炎极度恶化。4月25日13时15分，卢华去世。

卢华曾被省人社厅、省国税局联合表彰为先进工作者和省国税系统优秀税务工作者，两次被南通市国税局记三等功，被授予第三届“海安县十大杰出青年”等称号，连续八年被评为优秀公务员，县第13、14、15届人大代表。2014年7月，入选中国敬业奉献好人。

（王　磊）

江苏好人

秦爱东

江苏见义勇为好人。

1982年8月生，李堡镇人。2012年4月23日应聘到海安飞鹤公交公司任驾驶员。

2014年1月某日，秦爱东当班结束清扫车厢时，捡到一只公文包，包中有护照、重要文件及价值数万元的物品。他毫不犹豫上交车队，车队交还焦急的失主。还有一位从日本回国探亲的华侨失主专门送来一块牌匾，感谢其拾金不昧的高尚行为。每当同事有困难、领导难安排的时候，秦爱东有求必应。一天清晨，某同事突然生病，秦爱东接替他完成厂车接送任务，自己儿子上学却迟到了。

2014年3月7日，秦爱东驾驶苏FD1996公交车，载着18名乘客从海安县城驶往老坝港。行驶到西场镇西侧路段时，他头部不适，剧烈疼痛瞬间扭曲脸部肌肉，手脚麻木，意识模糊。他坚持打开右转向灯，向右打方向，慢慢减速，再减速，车子沿着右侧路边缓缓停下，拉上驻车制动，打开车门。一整套动作完成后，秦爱东一头栽倒在方向盘上，满头是汗，脸色煞白，陷入昏迷。18名乘客无一受伤。事后，车队、新闻单位调看视频，佩服其操作规范而完美。

秦爱东醒来就问“旅客们都没事吧？”其事迹被中央电视台及省、市多家媒体播报，《新华日报》等江苏各大平面媒体和各大网站跟进报道。2014年7月入选江苏好人。

吴龙根

江苏孝老爱亲好人。

1942年5月生，白甸镇瓦甸村村民。

1982年6月22日，吴龙根大儿子吴桂林不小心触电倒在秧田里，妻子王如芳去拉，也被击倒，二儿子吴桂明刚伸出手就被电击中。村里的电工闻讯后立即切断电源，吴龙根和乡亲们立即将三人送到医院，大儿子终究回天无力，王如芳则不省人事、陷入昏迷状态，二儿子无大碍。

含泪安葬长子之后，吴龙根将在瓦甸医院始终不清醒的妻子，转到县人民医院。经过会诊，得知王如芳进入植物人状态，无药可治。

吴龙根辞去窑厂工作，四处寻医问药，渐渐摸索出护理规律：三餐定时定量，定时帮妻子翻身，每晚为妻子擦身，每个星期为妻子洗头、理发。照顾妻子的同时，吴龙根将吴桂明拉扯成人，学漆匠手艺。经过乡村两级帮扶，亲朋好友资助，1987年，吴龙根建起三间瓦房，儿子娶妻成亲。

每次农忙，乡亲们主动帮忙栽秧、割麦、打场，村里帮他办理低保。

32年，吴龙根陪伴妻子从中年到老年，从绵绵青丝到满头白发，没睡过一个安稳觉，没出过一次远门，妻子没得褥疮。吴龙根说一个家庭就是一条船，作为上人（长辈）就是要把稳舵，把日子好好往前过。2014 年 7 月入选江苏好人。

谢孝文

江苏诚实守信好人。

1943 年 2 月生，曲塘镇人。1995 年前，谢孝文儿子谢友根买了辆小卡车，在南京靠帮别人跑运输挣钱生活。1995 年，谢友根回乡后发现禽蛋市场利润高，就回乡收购周边养殖户的鸡蛋，运送给浙江杭州的超市和小商贩出售，年底结账，生意渐好。他向家乡 40 多户养殖户收购鸡蛋，有些流动资金。2006 年，经朋友介绍，谢友根用手上的部分资金做起生意，每天从杭州市场进一批蔬菜，运送到浙江绍兴、柯桥的两家超市售卖，超市每两个月给他结一次货款。年底，超市因经营不善破产，老板跑了，货款没付，谢友根亏了 120 万元，他外出躲债。春节的脚步近了，养殖户们登门讨债络绎不绝。双目失明的谢孝文理解债主们的心情，也体会到儿子束手无策的绝境。“回来吧儿子，躲藏不是办法，只要有人在，我们不怕还不了钱！”电话中，谢孝文不住地鼓励谢友根，让他回来后将欠下的钱，每家每户写好欠条。经过慎重考虑，谢孝文向债主们作出承诺：“乡亲们请放心，儿子欠的债由我养猪慢慢还，绝不欠大家一分钱！”

谢孝文将自己的微薄积蓄全部拿出，请瓦工、木工帮忙，在自家院里搭建两排简易猪舍，买了 50 多头仔猪，开始养猪。老两口起早贪黑地围着猪舍转。夏天，半夜 12 点就要爬起床，喂水、喂饲料，天热了，将风扇调大；冷了，将风扇调小。谢孝文一年养两次猪，每次 40~50 头，养到五六个月出售，平均每头猪赚 200 元。

谢友根看父母拼命为自己还款，深感愧疚，卖掉卡车抵两万多元还款，帮别人跑运输，2007 年，家里还掉欠款 10 多万元，到 2014 年，父子俩齐心协力，还款 60 多万元，超过欠款的一半。

谢孝文的还款策略根据债主情况，有轻重缓急。巨债发生后，他每年腊月初十前后，都向每个债主还上数额不等的一笔钱，从不食言。未发生大年三十债主登门讨债事件。

谢孝文的事迹在《扬子晚报》《现代快报》《江海晚报》等纸媒刊登报道，人民网、新华网、光明网、凤凰网、新浪网、腾讯网等全国上百家知名网站转载，社会各界“点赞”：“诚信老人”“圣人”“中国好男人”。2014 年 12 月，谢孝文入选江苏好人。

海安好人

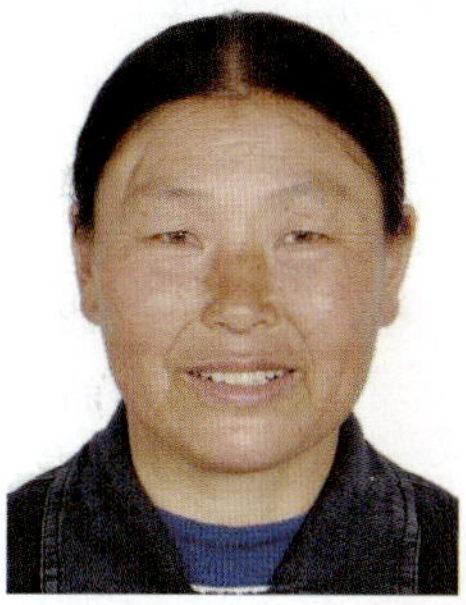

1. 施德方，女，墩头镇西湖村村民。其叔子（丈夫弟弟）张立宏，50 岁，患小儿麻痹症，生活不能自理，斜眼歪嘴流口水，听不见看不清，走路歪歪斜斜。施德方像母亲一样照顾他几十年，一日三餐一勺一勺地喂，夏天帮其洗澡、剪指甲，冬天置衣保暖、扶他大小便，关心细微。远近的人都说：张立宏能活着，全靠善良的好嫂子施德方。入选孝老爱亲典型。

2. 刘仁玉，曲塘镇人，南通向阳光学元件有限公司董事长。他积极打造“诚信”企业文化，坚持决策、分配、选拔、评先“四公开”；每年组织职工体检、外出旅游，工资年增长 10%以上；走科研兴企之路，创建光学材料研究所，成为江苏省和国家级科技型中小企业科技创新项目。企业自建立后，上访、离岗、伤亡事故、职业病事故、劳资纠纷“零”记录，企业连年盈利。入选诚实守信典型。

3. 方桂根，海安镇三里闸村村民。方桂根年近七旬，20 岁出头开始做“赤脚医生”，奔波于乡间，为患者祛除病痛。退休后到县福利中心，成为年纪最大的护理员，精心照顾年老体弱甚至生活不能自理的老人。入选助人为乐典型。

4. 唐子明，姜海收费站收费员。他从事收费工作 20 年间，一直做到文明服务最优、差错率最低、考核加分最多、社会评价最好，连续多年被南通市公路管理处评为明星收费员，被站里评为先进工作者、文明标兵职工、收费状元、爱岗标兵。积极参与扶贫济困。《海安日报》专题报道其先进事迹。入选敬业奉献典型。

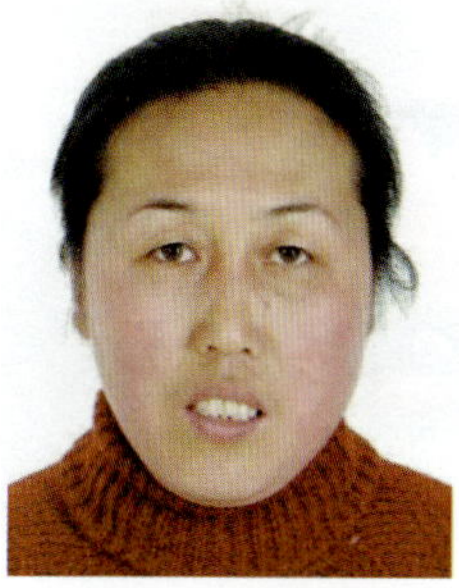

5. 王日生、刘桂芳夫妇，南莫镇柴垛村村民。夫妻俩在南莫集镇上经营一家小吃店，曾将在店里捡到的手机、10 万元话费充值卡归还失主，凭借诚信将小本生意做得红红火火。2014 年 3 月，一外地客人在店内落下 4 万元现金、5 万元存单及 6 张银行卡，他们想方

设法联系到失主,将财物完璧归赵,在小镇掀起诚信之风。入选诚实守信典型。

6.卢华,生前任国税局第七税务分局局长。图文详见中国好人。

7. 杨文翔,工商局墩头分局局长。他主动借钱给创业失败的下岗职工黄某夫妇,并登门向他们介绍市场信息;他关心孤寡老人,带头捐钱捐物帮助仇湖村6名新中国成立前的伤残军人;他帮扶特困户崔恒宝,资助其孩子上学;他结对特困学生,长年资助宁夏贫困学生王婷,暑假接她到海安家中生活。入选助人为乐典型。

8. 李寿全,白甸镇瓦甸村村民。年过六旬的李寿全、翟桂珠夫妇39年前收养一名毫无血缘关系的残疾弃婴娟儿,他们从未嫌弃佝偻病和先天发育不良的娟儿,用自己微薄的收入抚养她。长大后娟儿得了视神经萎缩双目失明,李寿全夫妇为其到处求医。多灾多难的娟儿在他们的关爱下,一次又一次逃过人生劫难。李寿全入选孝老爱亲典型。

9.肖才英,女,曲塘镇银树村村民。肖才英三个儿子患有先天性肌肉萎缩症,生活不能自理。丈夫每天外出做零工,她照料三个儿子,洗脸、洗澡、翻身、换被褥、涂药水。炎热夏天,孩子大便失

禁,浓烈的臭味令人作呕,她全然不顾,随洗随换;严冬腊月,她不断用热毛巾为三个儿子焐手、焐腿,促进其血液循环,就是在田间劳作,也要每隔2个多小时回去帮儿子翻一次身。就这样,肖才英十年如一日用母爱扛起特殊的家庭。入选孝老爱亲典型。

10.李志坚,退休前任大公镇中心小学校长。他退休后经常深入全镇各中小学进行义务宣讲,18年未间断,累计宣讲30多个专题,200多场次,受教育学生10万人次以上。他作为王院村校外教育辅导站常务副站长,辅导活动搞得有声有色,该辅导站被评为省"优秀辅导站"。他关爱同事,先后多次发动全镇教师捐款,让患病同事及时得到救治。入选助人为乐典型。

11.董相宏,老坝港滨海新区镇海村副支书。他是当地的带队船老大,更是周边许多渔民心中的"守护神"。三十载航海生涯,他凭经验与胆识成功挽救几十条素不相识的生命。他的渔船"苏海安渔00101"也成为渔民心中默认的"编外搜救船"。他用自身的行动诠释着一位"平民英雄"的深刻内涵。入选见义勇为典型。

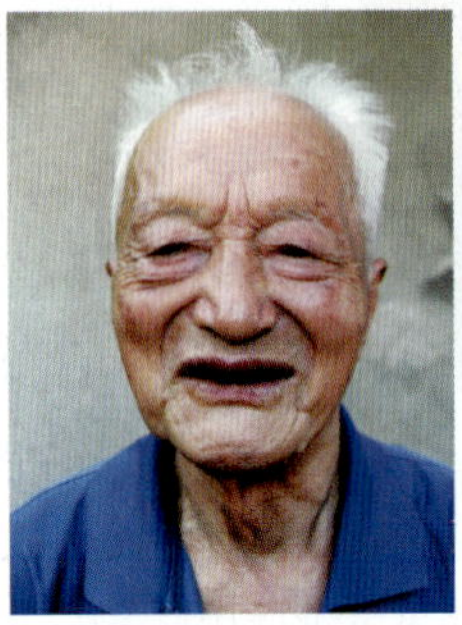

12.邢佩琪,白甸镇离休干部。1948年邢佩琪参加教育工作,先后在东台、富安、安丰等地为乡村教育做出贡献。离休后,他仍然保持俭朴作风,2013年向瓦甸初中、小学、幼儿园捐出多年积蓄6万元,《海安日报》《南通日报》、南通电视台报道其捐资助学的事迹,社会反响强烈。入选助人为乐典型。

13.许祥峰,药监局药械监管科科长。自2001年药监局组建,他一直从事基层药品、医疗器械综合监管工作。十多年,他保持一颗平常心,勤奋学习,努力工作,无私奉献,圆满完成各项工作任务,规范药械市场秩序,创建全省药品"两网"示范县、国家药品安全示范县做出贡献。2005年被表彰为"江苏省食品药品监督管理系统先进工作者",先后三次荣获"南通药监系统先进工作者"称号,受到县政府嘉奖两次,药械监管科多次被评为"南通药监系统先进科室"。入选敬业奉献典型。

14.程莲玉,女,泰宁社区"爱心养老小院"主人。十年前,她创建社区居家养老院"爱心养老小院",视院里的十多位老人为"父母",甘当老人们的"贴心女儿",她不怕苦、不怕累,为老人科学膳食、医疗保健、愉悦心情倾尽心血;她不嫌脏、不嫌臭,为老人端屎端尿,用手帮助老人排解大便;她不后悔、不抱怨,用自己的真心付出,为老人撑起一片天!入选孝老爱亲典型。

15.陈美娟,女,南莫镇兴南村村民。她是卖臭豆腐干的小摊主,多次将失主遗失的钱物归还,曾拾到内有1000多元的钱包,她留意好几个月终于找到失主。2014年7月28日

下午，一顾客将内有银行卡、驾驶证和1.6万余元现金的皮包落在摊位上，她苦等失主，并在儿媳妇的帮助下完璧归赵。入选诚实守信典型。

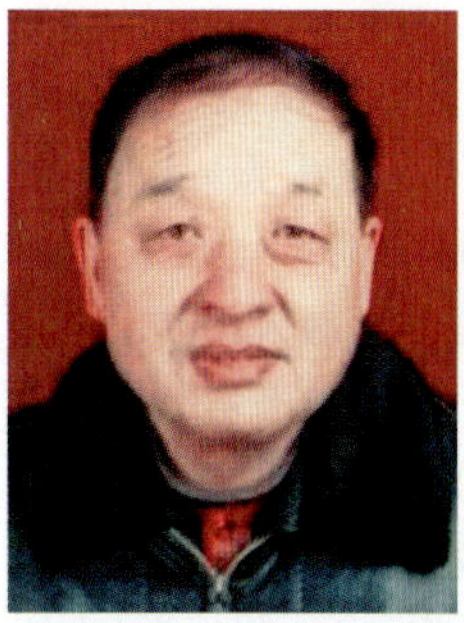

16.赵隆友，城东镇石桥村卫生室医生。1975年起担任乡村医生，几十年立足农村，默默奉献，为病人除疾祛病，排忧解难，守护当地村民的健康。其崇高医德、精湛医术，赢得广泛信赖和赞誉。2014年4月，癌症病魔缠上老人，他依然坚守在农村医疗工作的第一线。入选敬业奉献典型。

17.彭延辉，女，李堡镇丁所村村民。22年前，重庆妹子彭延辉与李堡小伙薛军喜结良缘。2003年，薛军不幸遭遇车祸高位瘫痪，胸部以下没有任何知觉，从此所有的家庭重任都落在妻子彭延辉肩上。薛军不能控制大小便，彭延辉每天十来次地帮助处理换洗。为改善丈夫的伙食、保证足够的营养，她长年不买新衣新鞋，默默坚守这个家。入选孝老爱亲典型。

18.杨伟伟，女，地税局工作人员。她热情大方、乐于助人，每逢假日都会买些东西到敬老院陪伴老人。2012年，听说城东镇季纹如罹患红斑狼疮，并发尿毒症双侧股骨头坏死瘫痪在床，便经常带上水果等物品去季纹如家鼓励她战胜病魔。当她了解到一贫如洗的季纹如需要一笔昂贵的手术费时，不仅自己捐款还联合他人进行网上募捐，筹到医药费后她又为季纹如做手术的事忙前忙后。入选助人为乐典型。

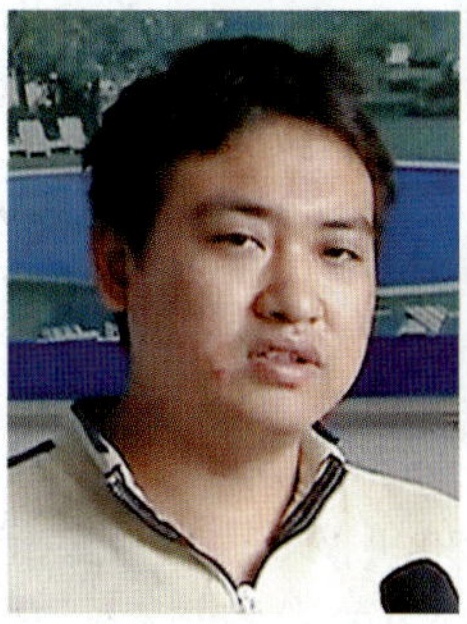

19.丁江森，曲塘镇章郭村村民。2014年2月17日晚上8点，章郭村2组的独居老人陆桂英已上床休息，电热毯突然起火，火势迅速蔓延，老人行动不便被困火中，下班回家的丁江森路过，听到微弱呼救声，顾不上严寒，立刻跑到河边用冰冷的河水淋湿身体，跑进火场救出老人。入选见义勇为典型。

20.沈海鹏，检察院公诉科副科长。他热心公益事业，2010年8月起，先后独自资助6名贫困儿童上学，并牵头成立海安检察院“检花”春蕾班，30余名困难儿童受益，春蕾班的孩子们亲切称其为“爱心爸爸”。入选助人为乐典型。

（涂开生　费海霞）

知名人士

陈灵深

山西省通信协会理事。

原名陈霖生，1930年6月出生于海安县墩头镇曹庄的一个书香之家。1947年在泰州读高中期间，参加中共地下党组织的一次搜取敌方情报行动，被叛徒出卖而被捕入狱，脱险出狱后，重新投入中国人民解放军，被选送到中央军委通讯工程学院学习，三年毕业后分配至中央军委通信部工作。抗美援朝胜利后，转业到山西地方工作，历任科员、中共太原市委党报编辑，在中央“技术干部归口”政策号召下，调入山西省电力工业局做技术工作近40年，历任技术员、工程师、高级工程师等职务。在承担技术工作的同时，撰写并发表科技论文数十篇，被誉为山西省电力通信技术权威之一。1994年离休，现为高级工程师、山西省通信协会理事。

陈　驰

中国作家协会会员，一级作家，太原市作家协会副主席。

祖籍江苏海安，陈灵深之子，1958年4月生于浙江台州。曾当过知青、工人、干部、编辑等，1981年就读于山西师范大学中文系，1982年开始文学创作，1995年任太原市文联专业作家，迄今创作出版长篇小说11部，其中代表作有：都市三部曲《血罂》《红窑》《蓝枪》；《海子边风云》等，同时著有中篇小说集《昨日风眼》、随笔杂文集《大象无形》、报告文学集《信念的河流》《臻善集》等；以及部分人物传记和历史剧。

曾获太原市第五届优秀长篇小说奖、第八届文艺创作政府奖；华北地区“宏宇杯”电视艺术舞龙奖；天津市第八届艺术节电视文艺作品奖；第三届中国企业改革报告文学大奖赛一等奖，长篇小说《海子边风云》获山西省第十届精神文明建设“五个一工程”奖，亦有多部作品在海外出版发行，并收藏于中国现代文学馆。其艺术成就被分别录入《中国作家大辞典》《中国当代艺术界名人录》《中华人物辞海》《世界名人录》，曾荣获“太原市优秀作家”称号。现为中国作家协会会员，一级作家，太原市作家协会副主席。

傅大放

教授、博士生导师。

1966年8月生，海安县白甸镇瓦甸人。1983年，海安县中学毕业，考入南京工学院（现东南大学）。1987年，获土木工程系环境工程专业学士学位。同年任此系助教。1991年获此专业硕士学位。1993年，任东南大学土木工程系讲师。1994年，清华大学进修半年。1996年晋升副教授，1997年美国北卡州立大学合作研究半年。2005年晋升教授。2006年获东南大学生物医学工程学院生物电子学博士学位。2012年美国普渡大学、卡内基梅隆大学合作研究4个月。现为东南大学土木工程学院教授、博士生导师，市政工程学科带头人，任东南大学—蒙纳士大学海绵城市联合研究中心主任、江苏省水处理与生态修复工程技术研究中心副主任、国际雨水收集利用协会副主席。

主讲本科生课程“水科学与工程概论”和“水质工程学”，研究生课程“水资源规划与管理”“水科学技术进展”。曾获东南大学青年教师教学竞赛一等奖、全国吴新九环境工程基金会优秀教师奖。曾获“东南大学优秀青年骨干教师”“东南大学最受学生喜爱的十佳教师”“全国优秀环保科技工作者”等荣誉称号。

主要从事水质管理与水处理技术、雨洪控制与利用、绿色市政工程技术等领域的研究。主持完成多项国家自然科学基金、国家重大专项(水专项)、国家科技支撑计划项目和江苏省重大科技成果转化基金等国家和省部级科研课题，获得多项省部级科技进步奖。

2005年起开始从事城市雨洪控制及利用的研究，与澳大利亚蒙纳士大学、英国剑桥大学、美国普渡大学和北卡州立大学、台湾成功大学等学校开展合作研究，先后完成多项城市雨洪控制及利用的研究和工程项目。

刘旭东

一级编剧。

1964年生，海安高新技术开发区（海安镇海北）人。笔名吴声、望云、丹佛、东坡之东等。著名剧作家、评论家、制作人、策划人，一级编剧。1980年，海安城西中学毕业。1986年毕业于复旦大学中文系，获文学学士学位。先后任职于江苏省广播电视厅、江苏电视台，现任江苏省广播电视总台(集团)办公室主任，2012年底起兼任江苏教育频道负责人。2015年5月，任江苏省文联副主席、书记处书记、党组成员。

工作期间，先后参加江苏省委党校中青班、省“五个一批”人才系列赴德培训班、美国哈佛大学高级管理培训班学习，2008年获长江商学院EMBA硕士学位，同年牵头完成国家广电总局部级社科研究项目“电台电视台内部全成本核算管理研究”。

刘旭东活跃于电视剧创作、生产、批评、策划、论证、评审等多个领域，曾获“中国文联全国百名优秀青年文艺家”“江苏省文联首届德艺双馨会员”“江苏省视协十佳电视艺术家”“江苏省中青年德艺双馨文艺工作者”等称号，并入选江苏宣传文化系统“五个一批”人才。

江苏电视剧在全国曾掀起三次热潮，刘旭东发挥积极作用。第一次是作为创作者，推动形成人物传记片的创作高潮。20世纪90年代，刘旭东集中创作《戈公振》《吴贻芳》《华罗庚》《刘天华》《今天我是升旗手》等电视剧，多次获飞天奖、金鹰奖，江苏电视台形成人物传记片创作的高潮，在全国产生积极反响。第二次是作为制作人，推动中国电视荧屏再次刮起“东南风”。江苏电视台电视剧部任职期间，刘旭东和同事一起探索形成一套行之有效的精品生产制度，推动江苏电视台电视剧创作形成鲜明的艺术风格，并直接组织生产《小萝卜头》《农民陈奂生》等一批优秀的电视剧作品，其中《农民陈奂生》是当时江苏电视台第一部到境外拍摄的电视剧，播出后产生广泛的社会影响，2010年，在江苏省文联、省视协举行的“纪念改革开放30周年——江苏省改革题材电视剧、纪录片优秀作品推选”活动中，电视剧《农民陈奂生》入选改革题材电视剧优秀作品奖。第三次是作为策划人，推动形成影视创作的“江苏广电现象”。新世纪以来，刘旭东主动融入江苏广电总台影视创作生产的实践，平均每年参与策划、论证、评审20多部、600多集、近千万字的剧本，参与审看大量的影视剧样片，重点参与策划、论证和评审《人间正道是沧桑》《我们的法兰西岁月》《老大的幸福》《人活一张脸》《战地浪漫曲》《山楂树之恋》《香草美人》以及《南京！南京！》《十月围城》《让子弹飞》《辛亥革命》《吴仁宝》等一大批影视精品，先后在央视一套、八套和省级卫视黄金时段播出，影响广泛，电影则叫好又叫座，《十月围城》获香港金像奖八项大奖，《让子弹飞》票房突破7亿元，刷新当时国产影片票房纪录，《人间正道是沧桑》《我们的法兰西岁月》《辛亥革命》等多部作品获全国“五个一工程”奖。

刘旭东还致力于影视剧的创作评论，先后撰写《世纪末中国长篇电视剧备忘录》《新世纪中国电视文化的展望与隐忧》《这是一个电视剧的时代》等重要影视评论。近年在《当代电视》《视听界》《新华日报》等报刊上发表的《这还是一个电视剧的时代——全景扫描2006年—2007年中国长篇电视剧》一文，获国家广电总局首届全国飞天奖优秀电视论文评论类二等奖；《电视剧艺术创新的一部力作——评〈人间正道是沧桑〉》获中国金鹰奖电视艺术论文评论类二等奖；《农村题材电视剧的来路与走向》获中国金鹰奖电视艺术论文理论类三等奖。部分剧作和评论结集出版为专著《聚沙集》《惊鸿集》，《惊鸿集》由江苏文艺出版社出版，凡48万字。

刘旭东长期担任江苏金凤凰奖评委，多次担任中国电视剧金鹰奖评委，全面、深入、准确了解中国电视剧发展的实际情况，能及时发现存在的问题和不足，敏锐把握和预判电视剧发展的动态和走向，其评论被广泛引用、转载。

刘旭东还创作了歌词、散文、杂文、诗歌等作品。

陆　峰

全国新闻出版行业领军人才，江苏“十大杰出青年”。

1974年3月生，海安县曲塘人。中共党员。1992年毕业于曲塘中学，考入南京大学中文系，第二年转入新闻系。大学时代勤于新闻实践，是《南大报》的学生记者。1996年从南京大学毕业，获全国高校新闻专业“韬奋新苗奖”，同年8月进入新华日报社工作。现任新华报业传媒集团编委、经委，《南京晨报》总编辑，高级记者。从业20年，陆峰做过体育记者、机动记者，长期从事经济报道和时政报道，累计采写4000多篇约500万多字新闻报道，数量质量均可圈可点。他先后4次获全国新闻作品年度最高奖——中国新闻奖，5次获江苏新闻奖，15次获省好新闻一等奖。在报社安排为省委、省政府三任主要领导采写时政报道10年中，他的作品记录了江苏改革发展一系列重大决策部署。《以十八大精神引领江苏“两个率先”新实践》《热烈的讨论　真情的互动——记胡锦涛同江苏代表团代表一起审议十七大报告》《江苏确实用实际行动走在了全国前面——温总理在江苏慰问考察纪实》《省委书记与采煤工人握手在井下》等一批重大主题报道，让容易格式化、刻板化的时政新闻出新出彩，受到省领导和业界赞扬。他积极适应新媒体时代传播特性，探索经济新闻报道可视化，牵头完成的省政府工作报告解读，从群众关心的视角切入，一目了然，生动可读，获2014年度中国新闻奖唯一的版面一等奖，入选全国新闻出版行业第四批领军人才。陆峰曾获全省新闻人才最高奖“戈公振新闻奖”，是省“333高层次人才培养工程”培养对象，省宣传文化系统“五个一批”人才，省优秀新闻工作者，8次被评为新华报业集团十佳(优秀)编辑记者。　　（海　陵）

逝世人物

徐祝明

革命烈士，二级英模。

1964年生，海安高新技术开发区（海安镇）人。2002年部队转业，县公安局交巡警大队墩头中队民警，十多年在第一线工作。2012年11月5日晚，徐祝明在设卡检查过程中，被酒后驾车的犯罪嫌疑人故意冲撞，造成颅脑严重损伤，经抢救无效，不幸牺牲。2013年荣登江苏好人榜。2014年6月，县召开追授徐祝明革命烈士、二级英模表彰大会，向其妻王桂秋颁发二级英模奖章、证书和革命烈士荣誉证书。　　（席国栋）

周巍峙

中国文联主席，著名人民音乐家。

1916年6月生于海安县胡集镇，后举家迁往东台境内。原名良骥、何立山。

1926年，周巍峙跟随参加北伐战争的父亲赴绍兴、上海等地，初步参与革命歌咏运动。1930年，在上海《申报》图书馆参考资料部当练习生，次年在戈公振主持的《申报》图画周刊部当秘书。上海“一·二八”事变后，周巍峙转到邹韬奋主持的《生活日报》筹备处当文书，不久《生活日报》被扼杀，邹韬奋介绍他任李公朴私人秘书，做青年工作，并开始在《申报》发表文章，宣传抗日进步思想。1934—1937年，他在上海从事左翼文艺活动及进步出版工作，并参加中国共产党领导的“苏联之友社”音乐组及上海文化界救国会、全国各界救国联合会业余合唱队和歌曲研究会等组织，担任中国歌曲作者协会执行干事。组织领导新生合唱队、女工合唱队、新生口琴队等群众音乐团体，从事救亡歌咏活动及其他革命工作。他以巨大的爱国热忱，创作《前线进行曲》《上起刺刀来》《起来，铁的兄弟》《今年是收复失地年》等多首抗日歌曲，并为《国难记》及《义勇军歌》配上地方戏和民歌曲谱，迅速在民间传唱。1936年7月，周巍峙以惊人的胆略和魄力，编辑出版第一本救亡歌曲集《中国呼声集》，“敬献给不愿做亡国奴的人们”。第一版15000册刚面世即被抢购一空，接着加印第二版。国民党勾结上海租界当局禁止该歌集发行，歌集改名为《民族呼声集》，以“何立山”笔名增订出版，继续发行。几部歌曲集在全国发行约4.5万册，对推动全国人民抗日救国产生积极作用。他还通过介绍国歌的方式，巧妙地把当时叫苏联国歌的《国际歌》公开介绍给国内读者。与此同时，周巍峙还担任《读书生活》杂志助理编辑及读书出版社出版部主任，出版宣传抗战和进步思想的书刊。“七七事变”爆发后，他与刚出狱的救国会领袖李公朴和中国地下党员、著作家柳湜，词作家桂涛声等一起奔赴华北前线，与共产党、八路军直接联系，从事宣传抗战、动员群众、组织群众的工作。在西安、太原等地，他多次开办短期音乐训练班，培养抗战文艺干部，在太原决死队等团体及学校中教唱抗日歌曲，组织群众歌咏大会，在西安打破国民党的阻挠，创办西安新生合唱队及新生口琴队等音乐组织，进行抗日宣传。1937年9月，他在山西临汾参加八路军，11月任八路军驻临汾办事处秘书处秘书及八路军学兵队音乐教官。同年12月在山西临汾参加中华民族解放先锋队。他担任八路军和救国会合办的全民通讯社的编辑及前线记者。1938年7月在西安加入中国共产党。后随丁玲领导的西北战地服务团（简称服务团）回延安。同年参加现代题材京剧的音乐改革工作，后在张家口、石家庄、天津等地积极团结戏曲家，大力开展有关山西梆子、京剧改革方面的调查研究工作，提出改革旧剧工作意见。同年11月，他根据中央决定，率服务团赴晋察冀敌后抗日根据地工作，先后任服务团指挥、副主任、主任，中共中央北方分局文委委员,北岳区党委文委委员,北岳区文救会主任,晋察冀边区文联宣传部部长,边区音协主席。在晋察冀边区工作期间,他领导服务团开展边区乡村艺术运动,首次在敌后创办乡村艺术干部学校(简称"乡艺训练班"),并在华北联大文艺学院讲作曲课。在战争最艰苦、最残酷的时期,带领团员深入敌占区开展政治攻势,通过演出、展览、宣讲等活动鼓励敌占区、游击区人民的抗战信心。1939年冬,他在敌后首次指挥由服务团演出的《黄河大合唱》;写出大量歌曲和合唱,创作或参与创作《两年间》《相信谁》《八路军和孩子》《不死的老人》等歌剧;撰写很多关于工农文艺活动及音乐问题的论文。1942年,他被选为晋察冀边区参议会的参议员。1944年4月,周巍峙率服务团回延安,直至新中国成立前夕,先后担任延安鲁迅艺术学院戏音系助理员,前方干部学习班、地方干部学习班班主任,鲁迅艺术学院文工团副团长,华北联大文工团团长,华北联大文艺学院戏剧音乐系主任,中共张家口市委文委委员,石家庄市戏剧音乐工作委员会副主任,中共中央华北局文委委员兼秘书,华北人民政府文委委员,华北文联常委,天津市军管会文艺处副处长、处长等职。

新中国成立后,周巍峙在文化部工作,历任文化部艺术局办公室主任兼戏剧音乐处处长,艺术局副局长,中央歌舞团团长,中央实验歌剧院院长,文化部办公厅代主任,艺术局局长,文化部党组成员,中国艺术研究院副院长,中国文联委员,文联党组成员,中国音协副主席、党组副书记,中国舞协副主席,中国曲协副主席,人民音乐出版社领导小组组长。这期间,他创作了一些引领时代潮流的歌曲,撰写各类艺术论文,组织创作(包括评奖)、演出(包括多次会演)等艺术事业建设及中外文化交流等活动,担任国际艺术比赛的评委。1950年10月,中国人民志愿军开始抗美援朝、保家卫国的伟大战争。时任国务院文化部艺术局副局长的周巍峙着力组织抗美援朝的文艺宣传工作。11月30日上午,在艺术局局长田汉家开会的周巍峙拿起当天的《人民日报》,一段大气磅礴的志愿军誓词跃入眼帘:"雄赳赳,气昂昂,跨过鸭绿江……"受到极大鼓舞,产生强烈的创作冲动,不到半小时,经典乐曲《打败美帝野心狼》诞生了。人们争相传唱,传遍大江南北。后来,文化部把这首歌正式定名为《中国人民志愿军战歌》,并获1953年全国歌曲比赛一等奖。1951年,他率中国青年文工团出访9个国家,为期一年。为庆祝建国15周年,1964年7月,在周恩来总理决策和直接领导下,他精心组织大型音乐舞蹈史诗《东方红》的创作排练工作,任总指挥之一,从中央、地方、部队调集人才,参与全剧的构思策划,执笔全剧提纲第一稿。一个半月后,音乐舞蹈史诗《东方红》面世。周总理称其为"既懂业务又能做行政领导的人才"。

"文化大革命"中被多次批斗。在审查期间,周巍峙带着10岁的小儿子下放到文化部咸宁"五七"干校劳动改造;爱人王昆随东方歌舞团到部队劳动,住在张家口;大儿子被投进监狱,历时九年半,后无罪释放。由于周总理过问,"中央专案组"欲草草给他一个有"历史问题"的结论,周巍峙拒绝签字。直至1975年6月才宣布没有任何历史问题的审查结论。在周总理逝世一周年之际,周巍峙满怀深情,为乔羽等人的歌词《十里长街送总理》谱曲,高山呜咽,大海悲鸣,旋律荡气回肠。王昆亲自登台演唱,台上台下泣不成声。

1977年初,周巍峙先后担任文化部电影局核心小组组长,文化部副部长、党组副书记、党组书记、代部长、第一副部长,文化部管理干部学院院长,中国音协副主席、顾问,全国艺术科学规划领导小组组长,文化部党史资料征集委员会主任,中国交响乐发展基金会会长,中国田汉基金会理事长,中国群众文化学会会长、顾问,晋察冀文艺研究会会长,中国对外文化交流协会副会长,第六、七届全国文联主席等职。主持编纂被海内外学者称之为建设"中国文化万里长城"系统工程的十部民族民间文艺集成志书,创作、出版《文艺问题论集》,并担任《聂耳全集》《冼星海全集》《田汉全集》《夏衍全集》《中国戏曲音乐集成》主编、《中国民间歌曲集成》副主编、《中国民间文学集成》副总编。1982年10月,周巍峙根据中共中央书记处的决定,领导和组织创作、演出又一部令国人振奋不已的大型音乐舞蹈史诗《中国革命之歌》。主持文化部和中国文联工作后,注重弘扬中华民族优秀传统文化,创作有中国特色社会主义先进文化的作品,积极组织作家、艺术家深入实际生活,向群众学习、向民间文艺学习,开展各类学术研究,组织丰富多彩的文化纪念活动,举办纪念夏衍、田汉、阳翰笙、周扬、沙可夫、冼星海、贺绿汀、梅兰芳、周信芳、俞振飞、吴晓邦、戴爱莲等文化名人的纪念活动或学术研讨会,并主持为舞蹈界先驱吴晓邦建立舞蹈艺术馆。

他积极奔走呼吁和大力组织挖掘中华文化历史资源,倡导民间文艺活动。他对弘扬昆剧艺术特别重视,主持建立文化部振兴昆剧指导委员会,团结和尊重京昆大师俞振飞及昆剧艺术家,在发掘传统剧目,培养表演新秀,开展艺术研究等方面,取得重大成绩。他支持启动中国"抢救和保护中国人类口头与非物质文化遗产工程""中国民间文化保护工程""全国民间文化遗产抢救工程"等,积极参与"晚霞工程""彩霞工程"和"朝霞工程",开展"德艺双馨"会员表彰活动,推动文艺队伍的艺德建设。

1938年9月,获西北战地服务团中华民族解放先锋队荣誉奖章;1944年冬在延安获文教英雄一等奖;1947年在华北联大文艺学院获模范工作者奖;参与组织的大型音乐舞蹈史诗《东方红》获"中华民族二十世纪舞蹈经典"奖;领导和组织、创作演出的《中国革命之歌》获文化部集体奖;创作的歌曲《中国人民志愿军战歌》获文化部群众歌曲创作一等奖;《十里长街送总理》获文化部合唱一等奖;主编的《冼星海全集》《田汉全集》获国家新闻出版署图书奖,《聂耳全集》获文化部第一届文化艺术科学优秀成果一等奖;2001年5月获首届中国音协"金钟奖"设立的"突出贡献老一辈音乐家"奖。周巍峙曾当选为中共八大代表、十二大代表,第三届全国人大代表,第五届全国政协委员,第七届全国政协常委。2001年12月18日上午,中国文学艺术界联合会第七次全国代表大会、中国作家协会第六次全国代表大会在北京人民大会堂开幕。中国文联主席周巍峙主持开幕式,并再次当选为新一届中国文联主席。

2014年9月12日，周巍峙在北京逝世。　　　（海　陵　力　生）

2014年高级职称人员名录(284人)

正高(30人)：

主任医师(10人)

储建华　邰立慧　田路稳
许亚春　张　燕　苏东升
张德喜　朱时林　许　宏
周昌红

主任中医师(1人)

王　珺

主任药师(2人)

王志和　崔　梅

主任护师(2人)

于晓杨　毛金兰

社区主任医师(2人)

刘兴来　林长军

社区主任护师(2人)

奚本美　朱锦凤

卫生管理研究员(4人)

李兆慧　阚文进　史亚军
章　燕

农业技术推广研究员(3人)

吉　剑　胡永生　管怀锦

研究员级高级工程师(2人)

朱金鸣　江明山

正高级经济师(1人)

吉临凤

中、小学、幼儿园高级教师(1人)

许卫兵

副高(254人)：

副主任医师(30人)

符　建　陆　洋　陆月梅
陆　正　邰兆琴　王德琴
王世亚　吴德模　朱小兰
徐　进　张宏娟　曹兆进
韩　莉　吉祖贵　王　俊
陆春莲　张　建　包信勇
陈宝庆　储晓燕　胡小庆
施爱萍　吴晓祥　黄志兰
陈　瑜　顾　虎　高进娟
钱小红　刘秀梅　陆正兰

副主任中医师(4人)

冒　萍　王开萍　于建忠
贲道宏

副主任护师(17人)

洪小丽　卢桂兰　孟继红
邵春燕　孙冬梅　陶小红
王海霞　王　娟　陈小红
周小丽　夏厚萍　丁海平
江继华　刘海燕　王素梅
吴　兰　徐爱琴

社区副主任医师(20人)

徐松俊　章　斌　濮　明
朱广梅　吕松梅　黄久锋
刘爱春　翟吉松　苗宽宏
陈淑芸　顾桂兰　邵　华
汪宝俊　仲　忠　杜红云
徐晓红　谢　兰　张仁凤
顾晓红　于海蓉

社区副主任护师(6人)

杨小应　徐培茹　史春梅
马良桂　夏卫华　尤彩霞

社区副主任中医师(2人)

丰亚云　邱　舜

卫生管理副研究员(3人)

陈友来　缪爱龙　吴玉萍

卫技专业副主任药师(3人)

徐通生　刘月萍　王庆芳

药学专业副主任药师(1人)

储海虹

高级工程师(38人)

李　军　周　卫　丁克平
张仁海　史智红　钱海涛
生加旺　陈元国　陈春红
杭小建　史传岳　陈爱萍
张晓荣　王宝平　李晓萍
唐文君　沈宏山　李　军
杨余章　管敬东　唐小卫
王　根　葛乃根　张　哲
陈广春　刘伯银　袁步堂
杨　俊　刘　亚　马德生
朱海明　阚文林　陈会军
王爱绘　张　冠　马松山
周忠勤　杨本丽

高级国际商务师(1人)

张爱鸿

高级会计师(8人)

范竞文　郭金美　杨小莲
蔡庆庆　周德芳　肖亚军
顾庆国　丁林新

高级经济师(45人)

梅德祥　石继均　丁桂莲
丁晓燕　张迎春　杨仁礼
蒋茂林　吴瑞涛　杨　静
朱　静　王小飞　王　瑛
吴夕虎　向建生　许秀南
季凤桂　陈井平　曹兆俊
宋赛林　鞠欣荣　刘仁玉
王永才　王爱军　冒旭东
颜开红　邓　誉　罗曙东
陶宝祥　陈厚根　杨业全
王　春　黄典俊　卜　平
黄友茂　常　琦　崔怀国
徐仁忠　王建国　陶成华
朱万平　韩　阳　吉维泽
徐铁泉　毛金根　张宏明

高级统计师(4人)

顾　钧　江志宏　缪亚琴
薛　峰

档案专业副研究馆员(1人)

朱宏余

图书资料专业副研究馆员(1人)

丁兆梅

高级农艺师(6人)

周海幸　吉基伟　钱　钧
王孝兵　陆晓峰　王兴国

高级兽医师(5人)

陆兴平　梅　进　董　飞
薛　岩　王　军

高级政工师(2人)

王　华　储秋霞

中等职校、技校高级讲师(8人)

钱　华　贲友国　王爱华
吕秀红　陈　刚　徐文策
丁　平　周宇清

中、小学、幼儿园高级教师(49人)

吉亚敏　黄爱兰　倪志勇

喻智华	吴友军	徐小华	杜昌兰	曹军民	王志春	储祥兵	储冬生	仲海峰
王　云	张　俊	成映宏	荀　峰	陶卫东	沈爱萍	徐红华	林云霞	秦美娟
梅德均	周兆勇	曹春华	张洪建	陈翠萍	周晓燕	周正娟	吕　兵	钱小丽
朱小青	陈鸿光	于卫军	刘爱荣	陈旭光	顾和桂	花铁树		
万芝锋	陈海燕	蔡　玲	肖东霞	吴长美	周艳虹			
吉　云	王义珍	王　琰	杭仲兵	蔡金玲	左开军			

（唐义宏）

七星湖的早晨　　（董玉龙　摄）

镇（场）风采

Towns (Farms) style

中洋金砖酒店　毛平平绘

◎责任编辑　赵海群

海 安 镇

【概况】 海安镇行政区划面积208.9平方公里,人口26.5万人,下设13个街道办事处、18个居委会、40个村委会。镇内江海高速、沿海高速、204国道、328国道、221省道、宁启铁路、新长铁路纵横贯穿,沿海"水上高速"连申运河的通航,使海安镇港口、航运、物流优势进一步凸显。国家"西气东输"进入海安高新区。2014年,全镇地区生产总值212.08亿元,同比增长12.1%。公共财政预算收入17.85亿元,占全县区镇的47.83%。城镇居民人均可支配收入31713元,农村居民人均可支配收入15237元。实现村营收入50万元村29个,30万元以上村全覆盖。2014年,综合发展水平、民营经济南通市第一。

【新农村建设】 新增高效设施农业面积2300亩,连片设施栽培面积758.5亩,新增绿化造林面积4180亩。城乡环境实现长效化整治、常态化管理,构建农民安置小区"政府扶持、属地管理、专业服务"物业管理机制。如海运河等整治工程顺利完成。推进秸秆"双禁"(禁烧、焚抛)和综合利用,新购置大中型拖拉机、秸秆还田机143台套,秸秆能源化综合利用全省放样。深入推进"清水工程"、村庄环境整治及城市环境专项治理,全镇21个村"清水工程"通过县达标验收,4个村达省三星级康居示范村标准,1个村达省二星级康居示范村标准。

【工业经济】 2014年,海安镇实施技改强企战略,鼓励企业使用新技术、新工艺、新上高科技项目,积极引导企业走"零征地""机器换人"强企之路。完成开票销售收入374.35亿元,占全县41.8%。净开票超亿元工业企业13家,新增规模以上工业企业25家。新增发明专利申请545件、发明专利授权52件;新增高新技术企业11家、民营科技型企业25家,新增省以上新产品65件;高新技术产业产值占规模以上工业比重45%。中国天楹成功上市,科达建材"新三板"挂牌,铁锚玻璃入围省优秀民营百强企业。

【服务业】 2014年,完成服务业应税销售收入248.46亿元,占全县40.1%。完成新开工亿元以上服务业项目7个,新竣工亿元以上服务业项目9个,江淮文化园晋升为国家AAAA级旅游景区,新增省三星级乡村旅游点1个。

【民生工程】 海安镇被评为全国社区教育示范镇。城乡村民养老保险覆盖率98%,新型农村合作医疗保险、城镇居民医疗保险、学生医疗保险参保率99.8%,被评为省模范劳动关系和谐工业园区。"名师工作室"成为市级文化品牌,社区教育荣获"联合国农村学习中心"称号。创新计划生育驻点约时服务模式,新建社区卫生服务站40家。药品安全示范村达标率100%,"放心消费示范一条街"创建放样全省。新建省三星级敬老院1家,率先实现残疾儿童康复进小区。省级农家书屋拥有量全市第一,跻身"全国一级文化站"。实现网格化管理全覆盖,建成"15分钟平安圈"。海安镇代表队入围全国拔河新星邀请赛总决赛;参加省残疾人运动会获乒乓球单项赛第一名;获全县第八届运动会区镇团队第一名。

精益生产助推产业板块提升　　(顾华夏　摄)

【宁海街道】 宁海街道总面积16.87平方公里,辖中大街、复兴、凤山、三塘4个村居,村(居)民11920户。2014年,获评江苏人民最满意街道办事处、省充分就业社区、省新农村建设先进村、省节水型社区、省"五四"红旗团委、省基层团建示范点、省创建文明村先进村、市民主示范社区等荣誉称号。2014年,宁海街道实现开票销售16.51亿元、技改设备投入5964万元、规模工业产值35.18亿元、工业投入3.5亿元、新增规模企业4个、开票销售企业超亿元企业数4个。宁海街道是全县商贸物流集聚区,全年先后推进紫石花苑安置房区、天赋力物流二期、商贸物流园核心区等工程。

【新陵街道】 新陵街道总面积5.58平方公里,辖海陵、洋港、黎明、曙光、新宁、海光6个社区,总人口7.5万人,流动人口1.8万人。街道党委下设6个社区党总支部、10个非公企业党支部,2个楼院党支部、1个老干部党支部,年末党员1587名。2014年,实现工业开票销售15亿元,增长31%;服务业应税销售60.5亿元;引进科技企业1家,新认定高新产业企业1家;新引进注册资本千万元以上大项目1个,实际利用外资180万美元;全年新增民营企业487家;协税护税530万元。2014年,集中整治辖区61个老旧小区,完成长江路与翻身河的绿化景观工程。海安首家社区"心灵家园"——海光社区心理健康服务室1月20日开张。

【中心街道】 中心街道地处县城核心区域,居民1.26万户,人口3.2万人。下辖星海、新桥、旺池、育才4个社区居委会,街道党委下设4个社区党总支,21个党支部。2014年完成工业开票销售38.3亿元,同比增长30.7%,完成服务应税销售

62.1亿元,工业和服务业应税销售100.4亿元,首次突破百亿元大关,完成工业技改投入8612万元,开票超亿元企业9家,新增规模企业2家,引进蓝领技能人才130人。现代服务业完成新开工、竣工项目各2个,新型服务业企业6家,精致型企业4家,总代理经销9家,第三方物流企业3家,物流专线3条、旅游项目投入2.8亿元。项目建设完成新开工项目5个,新竣工项目4个,开票设备投入1.28亿元,新增容量6000千伏安。招商引资首谈项目5个,签约项目3个,落户项目2个,完成软件和服务外包项目1个。科技创新完成产学研合作项目3个,成果转化项目2个,新增校企共建平台2个,入孵项目1个,入加速器项目1个,招引高层次人才4人,高校毕业生105人,发明专利申请数14件,完成协税护税605万元。完善居家养老服务中心建设,建立县首家家政呼叫信息平台。星海社区党总支与县国税局等驻区单位共建“125+N”爱心志愿服务站,为区内34户70多名空巢、失独老人等困难居民提供服务。2014年,中心街道先后获全国综合减灾示范社区、江苏省城市管理示范社区、南通市“人大代表之家”十面红旗单位、侨联组织先进单位、市道德讲堂示范点、市科普优秀示范社区、科普教育基地、第二十六届科普宣传周先进集体等荣誉。

展示职工文化品牌培育成果 (顾华夏 摄)

【海北街道】 海北街道辖3个行政村委会,89个村民小组,总人口1.09万人。2014年,街道所属海北村村营收入超过100万元,新丰、自由村村营收入超过50万元。2014年,海北工业小区规划建设60亩,总投资超过2000万元,落户企业25家,2014年实现销售4000万元。发挥农业资源优势,打造海北大棚蔬菜、葡萄园、绿色大米、荷藕等特色品牌。加大农民专业合作社培育力度,海安杰程农机专业合作社的全托管运行模式解决了老龄化劳力缺乏的问题。综合治理中心河重点区域,拆除违章搭建房4000平方米,土地复垦6亩,改善村民居住环境,三个村均通过县“清水工程”达标村验收。

【永安街道】 永安街道地处县城老城区,办事处下辖三里闸、大里、闸东、新园、中坝5个村(居)委会,村居民总户数1.4万户,总人口4.8万人。三里闸村、大里村被县委、县政府评为红旗村和四星级村。2014年,街道党委被评为县先进基层党组织、县“人大代表之家”。闸东社区获得省节水型社区称号,被南通市老龄委评为敬老先进社区。2014年,完成工业开票销售23亿元;开票销售超亿元企业5家;新增规模以上企业1家,实现工业技改项目设备投入0.82亿元。完成服务业开票销售19.5亿元;新开工千万元以上项目5个、亿元以上项目1个;新竣工千万元项目1个;新增限上贸易企业3家,新增重点服务业企业2家;新引进区域总代理2个;新增物流信息平台会员450家。完成新批注册外资1000万美元、到账外资150万美元;新开工工业亿元以上项目6个,5000万~1亿元项目2个,3000万~5000万元项目1个;新增设备投入1.03亿元;新建标准厂房8000平方米。街、村两级拿出100多万元升级中坝、大里、三里闸社区服务中心。改造老旧小区,整治新华新村和海洲花园污水管网。强化失地农民保障,全年累计新增失地农民867人对接基本社保、一次性算账102人。实施城乡基本养老、医疗全覆工程,全年新增新农保30人,新增农医保165人,新增城镇居民医疗保险321人。强化居家养老服务中心建设,在已有新园居家养老省级服务中心基础上,新建闸东居家养服务中心。

【镇南街道】 镇南街道辖二里、平桥、镇南三个村居。2014年,二里、平桥、镇南分别获省文明社区、省文明村、南通市文明社区称号。2014年完成开票销售38.22亿元,设备投入1.2亿元,新增定报企业1家,合同外资35万美元。完成协税护税1000万元,名列13家街道之首;完成集体收入338万元,其中营业性收入338万元。科技创新持续攀高,新增产学研合作项目4个,新增校企共建平台2个,申报双创人才1人,引进高层次人才5人,引进普通高校毕业生120人,招引蓝领技能人才108人,招引企业职工600多人。财税增收稳步提高,公共财政预算收入6.16亿元,按可比口径增长10.4%,占全县区镇的49%。城乡一体化加速融合,近两年形成14个开发小区,5个政治文化小区(科创中心、双语学校、职教中心、海陵中学、海安少年宫)。完善基础设施建设,投资88万元,后街里巷道路硬质化7800平方米。2014年,城乡居民养老保险完成镇下达参保缴费指标的107%,为1442名城乡居民提供养老金发放服务;为2325名县内企业退休职工、机关事业退休人员、遗属待遇享受人提供养老金发放服务;为373名县外、市外、省外退休人员、遗属待遇享受人提供养老金发放服务;为1652名老年居民、238名学龄前儿童、32名低保户、19名残疾人提供居民医疗保障,为2321名新农合参保人提供新型农村合作医疗保障;为1032名退休职工提供免费健康体检服务。镇南街道人社所成为全县、全市唯一一家获省人社厅三个示范荣誉的单位。2月6日,镇南村2组赵顺秋因组织抢救车祸伤员突发心梗，不幸去世。由于救援及时，刘红粉等8名伤员均无生命危险。赵顺秋被授予“中国好人”荣誉称号。

【园庄街道】园庄街道位于海安县城西郊，下辖谭港、田庄、园庄、西园4个村居，有77个村(居)民小组，总户数3680户，人口1.3万人，外来务工人员超过6000人。全年完成工业开票销售27.4亿元，设备投入4.1亿元，电力增容1.15万千伏安。服务业应税销售收入15.65亿元。新增物流信息平台406家，市级总代理4家，第三方物流企业3家，物流专线3条，电子商务企业5家。完成产学研合作项目9个，校企共建平台6个。10月20日，承办海安高新区(海安镇)第十二届社区艺术节。2014年，街道及辖村居获评江苏省民主法治示范村、国家地震安全示范社区。

【海南街道】海南街道位于县城南大门，辖通学桥、海南两村，66个村(居)民小组，4351户，13785人，辖区有企业175家。全年完成工业产值44.55亿元，开票销售28.06亿元，利税5.5万元，到账外资78.8万美元。集政策与咨询、审批与服务以及群众娱乐为一体的综合性一站式服务中心海南为民服务中心建成并投入使用。街道筹措资金30万元，修建沙石路和水泥路30公里，拆除私搭乱建15余处，设立封闭垃圾箱600多个。

【隆政街道】隆政街道是高新区北大门，是海安禽蛋产业的发源地。下辖林桥、建设、隆政、德兴、联合5个村(居)民委员会，总户数5620户，1.5万人。2014年，完成工业开票6.85亿元、工业设备投入1379万元；新增变压器7台，新增容量1740千伏；服务业应税开票销售6090万元，新增服务业规模以上企业2家，新增电商1家，新入驻区域总代理1家，新增第三方物流企业1家，新增物流专线2条；新增民营科技型企业1家、新增成果产业化项目1个；申报1个市以上科技计划项目、5个省以上新产品。亿元项目南通火晶石、海安东恒磁材、新源特种纤维扩建等项目基建到位，久通汽车零部件二期、桂陵饲料二期建设启动，建设农业千万元项目4个，培育市级农业龙头企业1家。重点工程征收推行“三榜公示，榜榜到底；责任征收，一包到底”的工作机制，完成北三环、隆政花苑等地房屋征收502户。

【胡集街道】胡集街道辖胡集、拥徐、谢河、钟涵4个行政村，人口1.96万人。2014年，完成应税销售1.28亿元，完成开票销售3.75亿元，技改设备投入948.39万元，亿元企业1家，规模以上企业9家。完成土地流转1500亩，新增设施栽培大棚100亩，胡集村向阳奶牛场新征土地150亩，实施千头奶牛标准化养殖项目。筹资200万元，清理沟渠及硬化3万余米，植树种花种草4万平方米，街道村庄绿化覆盖率35.3%。

【青萍街道】青萍街道辖7个行政村(东庙、周吴、青萍港、连港、北景庄、兴环、光华)，156个村民小组，在籍人口2.05万人。街道党委下辖7个村党总支部，17个党支部，978名党员。街道辖区拥有工业企业175家，其中定报企业30家；外来务工人员1.1万多人。2014年，东庙、光华村村营收入超过50万元。全年工业开票销售22.96亿元。新竣工工业项目6个，全年新增容量5000千伏安。工业技改项目开票设备投入9696万元。三产服务业实现销售5.5亿元，新增第三方物流企业9家、物流专线9条，腾龙物流园获批AAAA级物流企业，成为全县最大的货物运输集散地之一。黄海大道焦港河大桥工程、204国道与328国道互通工程全面完工。盈拓畜牧业发展公司投资亿元建成江苏最大种兔繁殖养殖基地。

【孙庄街道】孙庄街道辖营溪村、界河村、黄柯村、孙庄村、夏岔村5个村，102个村民小组，总户数6268户，总人口15964人。2014年，海太铸造与湖南大学签订产学研合作协议，共建湖南大学—海太铸造研究生工作站，新实施的海太精加工项目投资超亿元。三产服务业完成开票销售2.52亿元，完成电子商务企业3家，物流专线1条，物流平台有效会员243家，总代理2家，第三方物流企业3家。夏岔“百岁农庄”投资1000多万元翻改扩，成为省“四星级农家乐”旅游景点。小城镇建设加快推进，孙庄花苑二期封顶，卓典花苑、锦绣嘉园三期竣工，土地增减挂钩完成162户。2014年，观音禅寺投资近千万元，建成“成一楼”和“承先楼”，观音菩萨三十二应身装金，3月份举办首届佛教文化艺术节。

【仁桥街道】仁桥街道下辖祖师庙、银杏、谢庄、仁桥、韩庄和陈港6个村。辖区内千年古刹——祖师庙是市级重点保护文物，民间流传着“先有祖师庙，后有如皋城”一说。仁桥街道现有工业企业94家，其中规模企业15家，亿元企业4家。2014年完成开票销售18.6亿元，同比增长25.11%。12月，仁桥大桥合龙。

2014年海安镇街道办事处规模工业企业主要指标完成情况表

表18 单位：万元

单位	工业产值	销售收入	利润总额	单位	工业产值	销售收入	利润总额
镇南办事处	762913	765276	112784	海北办事处	60776	60751	11009
永安办事处	334032	334052	53094	海南办事处	448243	443735	55250
宁海办事处	352879	353457	49848	胡集办事处	107943	107927	14262
新陵办事处	315934	315906	48582	青萍办事处	367168	360250	40850

续表 18

单位	工业产值	销售收入	利润总额	单位	工业产值	销售收入	利润总额
中心办事处	796382	796282	101246	孙庄办事处	120300	120414	13526
园庄办事处	419413	418403	42358	仁桥办事处	393424	392902	37884
隆政办事处	153448	153140	22474				

2014年海安镇行政村负责人简表

表 19

村	党支部书记	村委会主任	村	党支部书记	村委会主任
三里闸	奚宝铁	奚　勇	钟　涵	王开余	杨秋月
大　里	顾庆山	程咣莱	拥　徐	徐仁国	徐　艳
三　塘	邓忠进	方永红	东　庙	陈兴宝	丁稳扣
凤　山	钱　进	赵　勇	兴　环	陈克杰	肖昌明
平　桥	孙进业	钟小林	北景庄	储成亮	张孝清
谭　港	张　勇	顾子银	连　港	肖高生	潘德圣
田　庄	吉　锋	曹为华	青萍港	钱广荣	夏林凤
园　庄	何咸明	奚朋军	周　吴	周友祥	吴金章
通学桥	张增林	陈富基	光　华	黄文勤	王桂来
海　南	范拥军(2014.11免)	李日进	祖师庙	陈友德	陈　根
新　丰	张礼国	丁祥海	银　杏	谭继华(2014.11免)	张本桂
海　北	严俊元	杨以华	谢　庄	宗友情	张黎明
自　由	陆惠玲	刘　杰	韩　庄	许海如	范红梅
林　桥	周晓清	吉承怀	仁　桥	范加来	张英明
建　设	谢志平	倪兆祥	陈　港	韩良悦	张远琪
隆　政	吉贻山	吉贻山	夏　岔	程根军	田民乐
德　兴	顾倩华	丁成根	孙　庄	许元稳	钱桂玲
联　合	高雨来	于　皓	黄　柯	张贤义	唐仕兰
胡　集	胡仁福	黄进军	界　河	马艺文	王玉林
谢　河	吉远桂	陈德存	营　溪	王　亮	肖夕进

2014年海安镇居委会负责人简表

表 20

街道	社区居委会	党支部书记	居委会主任	街道	社区居委会	党支部书记	居委会主任
永　安	中　坝	崔世平	吴朝晖	隆　政	林　桥	周晓清	吉承怀
	新　园	孙玉华	马晓红		建　设	谢志平	倪兆祥
	闸　东	刘德旺	吉宏军(2014.09辞)		隆　政	吉贻山	吉贻山
	三里闸	奚宝铁	奚勇		德　兴	顾倩华	丁成根
	大　里	顾庆山	程咣莱		联　合	高雨来	于　皓

续表 20

街道	社区居委会	党支部书记	居委会主任	街道	社区居委会	党支部书记	居委会主任
中心	星海	张梅华	居小玲	胡集	胡集	胡仁福	黄进军
	新桥	唐卫国	陆丽华		谢河	吉远桂	陈德存
	旺池	席甲生	陆元凤		钟涵	王开余	杨秋月
	育才	王海华	李海峰		拥徐	徐仁国	徐艳
新陵	新宁	钱敏	孙阳	青萍	东庙	陈兴宝	丁稳扣
	海光	曹黎黎	季强		兴环	陈克杰	肖昌明
	曙光	杨洁	杨云凤		北景庄	储成亮	张孝清
	黎明	仲月梅	李晓军		连港	肖高生	潘德圣
	洋港	张翠霞	严莉莉		青萍港	钱广荣	夏林凤
	海陵	刘海燕	王颖		周吴	周友祥	吴金章
宁海	中大街	梅从森	钱益军		光华	黄文勤	王桂来
	复兴	叶小燕	于飞	仁桥	祖师庙	陈友德	陈根
	三塘	邓忠进	方永红		银杏	谭继华(2014.11免)	张本桂
	凤山	钱进	赵勇		谢庄	宗友情	张黎明
镇南	平桥	孙进业	钟小林		韩庄	许海如	范红梅
	二里	张克义	徐福彬		仁桥	范加来	张英明
	镇南	吉林	亢文		陈港	韩良悦	张远琪
园庄	谭港	张勇	顾子银	孙庄	夏岔	程根军	田民乐
	田庄	吉锋	曹为华		孙庄	许元稳	钱桂玲
	西园	曹龙铁	曹龙铁		黄柯	张贤义	唐仕兰
	园庄	何咸明	奚朋军		界河	马艺文	王玉林
海南	通学桥	张增林	陈富基		营溪	王亮	肖夕进
	海南	范拥军(2014.11免)	李日进				
海北	新丰	张礼国	丁祥海				
	海北	严俊元	杨以华				
	自由	陆惠玲	刘杰				

(解利稳)

城东镇

【概况】 城东镇是海安县城"一城两镇"之一，镇政府驻城东集镇迎宾路25号。2014年，城东镇行政区域面积163.88平方公里，总户数4.93万户，人口14.99万人，辖4个居委会、9个村委会、村居合一22个。城东镇总耕地6416公顷，农作物总播种面积1.29万公顷，其中粮食播种面积9918公顷。2014年城东镇地区生产总值146.46亿元，财政收入33.91亿元，农业总产值15.27亿元。

【民生工程】 突出整治农村环境，农村环境综合整治进入常态化管理，通过省村庄环境整治区域性验收。城乡村民养老保险覆盖率98%，新型农村合作医疗保险、城镇居民医疗保险、学生医疗保险参保率99.8%。创新计划生育驻点约时服务模式，新建社区卫生服务站40家。药品安全示范村达标率100%，"放心消费示范一条街"创建放样全省。新建省三星级敬老院1家，率先实现残疾儿童康复进小区。实现网格化管理全覆盖，建成"15分钟平安圈"。

【民生保障】 社会保障不断完善。积极推进被征地农民社会保障工作，做到即征即保，累计对接6万人，占全县对接人数的五分之三；全年新增五大保险人次居全县前列；新型农村合作医疗参保率100%。社会管理创新突破。在新型社区全面推进网格化管理，完善三室和一站式管理服务平台建设，探索构建"党组织+社区居委会+社区物业"三位一体的

晓星集团生产车间 （开发区办公室 提供）

社区管理服务体系。

【南屏街道】 南屏街道于2008年3月20日设立。东至立新河，西至焦港河，南依新长铁路，北达宁海南路。下辖泰宁村、南屏村、南阳村和东城社区。年底有人口25702人。有中学1所，小学1所，幼儿园1所，合计在校生1475人。2014年，农业总产值6980万元，农民人均纯收入22986元。

【新生街道】 新生街道于2010年4月设立。东靠上湖街道，西连海安镇，南接如皋市，北至南屏街道。下辖油坊头村、葛家桥村、民桥村、农林村4个村。年底有人口17763人。2014年，实现农业总产值33870万元，农民人均纯收入19914元。

【上湖街道】 上湖街道于2010年5月设立。位于开发区东南部，是海安县东部产业新城的核心区，东临西场街道、壮志街道，西与新生街道毗邻，南与如皋接壤，北与洋蛮河街道相连。下辖上湖、堑南、品建3个村。年底有人口12211人。中学、小学、幼儿园各一所，在校学生1403人。2014年，农业总产值1.13亿元，农民人均纯收入18365元。

【壮志街道】 壮志街道于2011年12月设立。东接李堡镇，西接上湖街道，南接如皋市东陈镇，北接栟茶运河。下辖壮志、石庄、施秦、洪旺4个村，年底有人口16550人。有小学1所，幼儿园1所，在校学生446人。2014年，农业总产值23020万元，农民人均纯收入16520元。

【西场街道】 西场街道于2011年12月设立。东与李堡镇交界，西与洋蛮河街道和韩洋街道为邻，南至壮志街道，北至大公镇。下辖爱凌村、西场村、戚庄村、丰产村、石桥村、热港村、新立村、蓉塘社区等7个村1个社区，年底拥有人口31409人。有中学1所，小学2所，幼儿园2所，在校学生2378人。2014年，农业总产值36670万元，农民人均纯收入17167元。

【洋蛮河街道】 洋蛮河街道于2008年3月设立。地处开发区中部区域，下辖洋蛮河、三丰、三角3个村。年底有常住人口12950人。有中学1所，小学1所，幼儿园1所，在校学生1273人。2014年，农业总产值1.53亿元，农民人均纯收入19823元。

【韩洋街道】 韩洋街道于2010年5月设立。位于开发区北部，东与西场街道热港村接壤，西与立发街道五坝村毗邻，南邻洋蛮河街道，北接大公镇，下辖韩洋、韩徐2个村。年底有人口8880人。2014年，农业总产值9750万元，农民人均纯收入18181元。

【立发街道】 立发街道于2008年3月设立。东邻洋蛮河街道，西靠204国道，南至栟茶运河，北与大公交界，下辖开屏、界墩、立发3个村。年底有人口15245人。有中学1所，小学1所，幼儿园1所，合计在校学生2908人（其中立发中学1680人）。2014年，农业总产值6900万元，农民人均纯收入20827元。

【圆通街道】 圆通街道于2014年2月设立。东至韩洋街道，南与海安镇接壤，西侧与通榆运河紧靠，北侧与大公镇相邻。下辖五坝村、刘缺村2个村。新长铁路、宁启铁路、宁启电气化复线穿五坝村

9月，意大利客商到海安经济技术开发区参观鑫缘集团 （开发区办公室 提供）

2014 年开发区(城东镇)行政村(居)基本情况

表 21　　　　单位:人、亩、元

街道	村、社区	村党支部书记	村民委员会主任	人口	耕地面积	农民年人均纯收入
南屏街道	东城社区	石高山	石高山	10398	—	—
	南屏村	张　杰	周昌华	4880	1425	18928
	南阳村	谭德稳	陈亚根	5707	2025	20702
	泰宁村	杨国华	杨国华	4717	135	29947
新生街道	民桥村	黄兴来	季从海	3417	2985	18738
	油坊头村	王建年	崔恒裕	4317	2700	20578
	葛家桥村	王云龙	杭年芳	4609	2175	21315
	农林村	刘培军	刘培军(主持工作)	5420	3090	18936
上湖街道	上湖村	丁邦林	张明光	3430	930	17750
	堑南村	刘　琪	刘　琪(主持工作)	5518	4140	19249
	品建村	陈云付	邓兴平	3263	3900	17515
壮志街道	壮志村	石圣荣	葛坤连	5510	4800	16847
	石庄村	沙子余	许映海	4903	3405	16649
	施秦村	范从文	夏凤梅	2884	3450	16316
	洪旺村	仲跻清	李向阳	3253	3120	15952
西场街道	蓉塘社区	曹　振	周福林	1922	—	—
	爱凌村	徐发明	汤广梅	3743	3165	16524
	丰产村	储开银	杨文余	3923	2865	18385
	戚庄村	王资来	洪九建	4288	3300	16360
	热港村	储亚平	许翠珠	5266	5670	15563
	石桥村	范存生	王其海	3467	3735	18399
	西场村	沈永平	崔益宏	4400	1995	18952
	新立村	张怀栋	崔柳生	4400	4170	16582
洋蛮河街道	洋蛮河村	丁邦俊	丁邦俊	3844	1875	19603
	三丰村	蒋万仁	吴宝笃	5578	4680	20040
	三角村	王春华	王春华	3528	3135	19723
韩洋街道	韩洋村	吴夕华	韩加生	4374	4650	17667
	韩徐村	周维贤	田桂华	4506	4410	18681
立发街道	立发桥村	叶必俊	吕　军	5165	690	19213
	开屏村	朱兴来	周元旺	4531	30	20276
	界墩村	邓井江	崔荣稳	5549	2340	22781
圆通街道	刘缺村	孙锦坤	李仁安	3835	2970	19415
	五坝村	崔恒余	王太余	5305	3345	18817

而过。年底有人口 9443 人,其中农业人口 7737 人。2014 年,农业总产值 8960 万元。农民人均纯收入 1.91 万元。

(蔡晓群)

曲 塘 镇

【概况】 曲塘有 1500 多年历史,镇域面积 115.50 平方公里,辖 26 个行政村,10 个居委会,1 个街道办事处,644 个村民小组,10.03 万人。工业企业 300 多家,主要产业有玻璃制品、制丝、针织、服装、机械、建材、电子、化工、印刷等,从业人员 1.7 万余人。2014 年,地区生产总值 62.5 亿元,增长 11.5%;完成财政总收入 2.8 亿元,公共财政预算收入 1.16 亿元;实现城镇居民可支配收入 32420 元,农民人均纯收入 17380 元,分别增长 12%和 15%。作为江苏省和南通市重点中心镇,先后获评全国文明镇、全国环境优美乡镇、江苏省文明镇标兵、中国乡镇投资环境 300 佳、江苏省特色文化之乡、五保供养工作全国先进单位。2014 年,列入全国重点镇。

【基础设施建设】 加快形成“八纵六横”的核心区交通大循环体系,确立“一城二区三园”的发展框架,即做精做强中心主城区,加快规划建设物流配套区、运河港口经济发展区,全力打造东联家具产业园、东联装备特色产业园和流体装备科技产业园。完成东园路、曲水路续建工程,焦港运河大桥、通扬运河大桥主体竣工,基础设施投入超过 1 亿元。完成园区主干道建设,实施 110 千伏电力线路迁移、刘圩 110 千伏变电所建设,铺设园区自来水主管网 3 公里。城区和集镇管理得到加强,新增 2 台扫路车、增设垃圾房和果壳箱 120 处,人民中路创建为市级示范街。

【工业经济】 全年工业开票销售突破 40 亿元,同比增长 13%。实现工业设备投入 1.3 亿元。新增亿元企业 3 家、规模以上企业 6 家,总数分别为 12 家和 100 家。双弘公司获评全国企业管理质量大奖,6 家企业获批市级企业技术中心。家具产业园建设加快,南通凯特伦斯木业有限公司投产。实现工业电力增加容量 6500 千伏安,用电量 2 亿千瓦时。建筑总产值突破 60 亿元,施工面积 680 万平方米。

【现代服务业】 全年完成应税销售收入17.2亿元，同比增长25%。新开工服务业千万元项目8个，亿元项目3个；新竣工项目4个。培育新增千万元应税销售企业4家，完成培育新增亿元企业2家。旅游业加快发展，旅游项目投入1亿元，成功举办首届"曲塘羊肉美食文化节"。物流业规模不断提升，3家物流企业通过国家级评审。

【农业】 现代农业园建设不断提速，园内落户企业10家，生态循环产业链逐步形成。建成550亩设施栽培项目，新增千万元以上农业项目10个。稻麦单产继续全省领先，全国水稻机插高产栽培现场观摩会在曲塘镇召开。蚕桑生产实现产值2758万元，产茧692.1吨。328国道启扬高速绿化补植成片造林3152.6亩。实施村庄河道疏浚工程，农灌车口产权回收。2014年，被评为全县唯一的省"水美乡镇"。

【社会保障】 2014年，领取养老金和基础养老金2.5万人，居民养老保险缴费21113人，参加城镇职工养老保险1.1万人，新农医参保率99.8%。曲塘敬老院获评省三星级敬老院，五保供养工作被评为全国先进单位。

【省公共文化服务体系示范区】 积极发挥文化主阵地作用，开展各类文体活动。舞蹈《龙舞太平》《莲花落》分别赴苏州、无锡等地参赛，获得省"五星工程"金奖。崔世海国画《马到成功》在中央电视台书画频道第四届迎新春书画电视展播节目中播出；周荣广电影文学剧本《李清照》在《电影文学》发表。8月，曲塘镇荣获省公共文化体系示范区称号，镇文化站获评省一级文化站。4人当选南通市劳动模范，6人当选"海安好人""最美海安人"。

2014年曲塘镇行政村基本情况

表22 单位：人、亩、元

村	党组织负责人	村委会主任	人口	耕地面积	人均纯收入
章郭	祝增本	章士明	3164	3159	15848
万庄	顾旭平	丁日宏	2720	3932	15192
周桥	周海东	丁俊	2434	3167	14580
胡庄	朱正发	徐子勤	3245	3910	15755
崔母	周长禄	吴忠义	3039	3938	15747
陆庄	张国军	田忠	2317	2981	14926
创新	张慧	马玉林	2992	3462	15560
刘圩	刘金国	丁加祥	4239	5000	17401
罗町	景圣忠	胡晓兰	3451	4931	15390
郭楼	严忠华	郭建山	2730	3786	15006
中桥	于友军	刘秀文	3545	6485	16093
群贤	胡连锁	花爱松	4125	5207	15134
大陈庄	郤瑞明	陈绍军	3899	4861	14252
富民	项利洋	吴宏德	2974	3747	14374
万杨	周宝云	李圣富	3210	3644	14214
顾庄	毛兆斌	吕锡军	3465	4231	14202
徐庄	秦章斌	周荣康	2744	3211	14669
兴花	陈田猛	彭阿荣	2632	3019	14443
李庄	曹友堂	刘春宏	2482	2947	14397
江桥	江培泽	马爱萍	2316	3188	14908
花庄	范春生	高凤兰	4058	3498	15154
兴曲	夏圣德	王勇	4072	4072	13865
银树	肖铁山	丁金凤	2467	3353	14333
龙池	戴文林	卢小文	2639	3716	14992
曲塘	胡文华	吕厚炎	3761	2382	16925
曲园	黄宝红	景宏德	761	115	15895
虹桥	陈桂东	胡冬	2572	—	—
团结	黄鑫	时玉梅	4538	—	—
曲园街道	雍立云	—	—	—	—

【全省小城镇综合规划示范镇】 制定中心镇建设规划、镇域总体规划，完善中心城区控制规划、城乡统筹规划和各项详规，建成中心镇规划展览馆。完成镇区改造开发拆迁400户，城镇建设土地上市200亩，商住房新开工12万平方米，新建商品房8.6万平方米，安置房新开工10万平方米。曲北路、曲水路建成通车。城镇建成区6.8平方公里，常住人口3.5万人。2013年，曲塘镇在南通市19个中心镇综合考核中名列第一，2014年成为南通市唯一的省小城镇综合规划示范镇。

【双招双引】 全年完成工业开工项目18个，其中亿元以上项目4个；新竣工项目12个，其中亿元以上项目2个。完成亿元签约项目30个，首谈登记项目数466个；新增工商注册外资1600万美元，外资到账710万美元；外贸进出口额4173.2万美元。设立境外、浙江、上海、苏州、无锡等5个驻外招商局。台湾王佳实业公司总投资2000万美元的胶带项目注册落户。全年完成招工引劳300人，引进“千人计划”专家2人,招引高层次人才8人,招引高校毕业生280人。

【省科学教育特色学校顾庄小学】 在省科协、省教育厅评选命名的100所江苏省科学教育特色学校中，曲塘镇顾庄小学榜上有名。顾庄小学是一所农村小学,25年来,先后有100多人在省、市青少年创新大赛、省金钥匙科技知识竞赛等赛事中获奖。

【退伍老兵法律服务站】 7月31日,全县首家退伍老兵法律服务站在曲塘镇胡庄村挂牌成立。该站以退伍老兵为主要服务对象,免费提供法律咨询、代写法律文书、纠纷调解、诉讼代理等法律援助服务,定期开展法律宣传和法律咨询活动。退伍老兵法律服务站的建立，解决全镇60周岁以上260名退伍老兵的法律服务需求。

【省农委调研】 8月8日，省农委作栽站站长邓建平推广研究员一行3人到曲塘镇调研水稻种植方式，并专程到曲塘镇群贤村10组、18组，与镇村干部、村民小组长、农户及科技示范户进行座谈交流，并深入田间地头查看水稻抛秧和机插秧。曲塘镇围绕坚决控减直播稻,大力推广水稻机插秧，发展完善水稻抛秧技术,取得显著成效,连年为省农委提供水稻生产技术现场会。

【省民政厅优抚处调研“慰烈工程”】 11月24日,省民政厅优抚处负责人到曲塘镇调研“慰烈工程”。县委副书记焦广琪、副县长彭为杰陪同调研。2010年10月起,曲塘镇规划选址、宣传发动、组织迁坟等工作,先后利用6个月的时间将97位“分散”革命烈士的坟墓全部迁入慰烈园集中安葬,树碑列传,另有214名无坟烈士一并刻录英名。慰烈园的建设总投入168多万元,将分散烈士集中安葬,慰藉革命烈士在天之灵,抚慰烈士后人,教育革命后代。

【刘圩村首届农民艺术节】 5月31日上午,“乐一天”农民艺术节启动仪式暨曲塘镇刘圩村首届农民艺术节开幕。艺术节由县委宣传部、县文化广电新闻出版局主办,曲塘镇党委、政府承办。拔河、挑担比赛充分体现乡间文化的迷人魅力，第一次参与挑担比赛的选手通过比赛更真切地体会到前辈们的辛劳，坚定尊老爱老的信念。《夫妻双双把家还》《美丽的日子》《自由自在》等众多节目彰显了新时代海安农民的崭新精神面貌。小品《三三得九》《拔牙》《洗澡》等由农民们自编自演的节目,贴近生活,也使“乐一天”具备更为扎实的群众基础。

（常 俊）

李堡镇

【概况】 李堡镇总面积94.5平方公里。下辖18个行政村,1个街道办事处,3个居民委员会,452个村民小组。年末全镇总人口8.16万人，城镇居民4.84万人,年内出生人口465人,死亡人口747人。2014年,实现地区生产总值40.8亿元,增长14.6%;财政总收入2.05亿元,公共财政预算收入8674万元，增长22.8%;农民人均纯收入17472元,增长12%。成功入选新一轮全国重点镇,获批省出口锻压机械质量安全示范区,顺利推进市级中心镇行政管理体制改革试点工作。年末在全市19个中心镇考核中位列第二,实现南通市中心镇进步最快镇目标,被评为“红旗区镇”。先后被评为省公共机构节能示范单位、省统计规范建设示范统计站、市新农村新家庭“五有”先进单位、市核心价值观主题教育活动先进集体。

【基础设施建设】 《李堡镇总体规划》获县政府批准。编制完成控制性详规及绿地、交通等专项规划。全年城镇基础设施投入1.1亿元。包场路管网、亮化、美化工程同步推进,总投入5500万元,改造后达到城市B级道路标准。大力实施“清水工程”,清理整治全镇18个村114条河道,同步推进养殖治污、拆坝建涵工程,整治河道237公里,建设蓄粪池122个、沼气池54个，拆坝建涵58处。污水管网累计建成42公里,镇区污水处理率70%。新建小区天然气管网覆盖。李西花苑、锦绣花苑两个安置小区如期推进，中博·富通苑等住宅小区开工建设。

【工业】 2014年，完成工业开票销售29.38亿元,设备投入1.43亿元,其中技改设备投入1.2亿元。新增开票销售超亿元企业3家,总数9家。新增规模以上企业4家，总数45家。规模工业产值61.82亿元，规模工业增加值12.88亿元。新增产学研合作项目13个、成果转化项目6个、校企共建平台7个,新认定高新技术企业2家。申请发明专利90件,专利授权120件。新兴产业产值总量26.1亿元，增速25%。人才支撑作用凸显,引进高层次人才10人、高校毕业生260人,招引蓝领技能人才262人。江海机床厂获批省级企业技术中心。

李堡镇南大门 （胡仁杰 摄）

2014 年李堡镇行政村基本情况

表 23　　单位:人、亩、元

村名	党组织负责人	村委会主任	人口	耕地面积	人均纯收入
陈庄	徐福明	冒鹤松	4326	3925	15567
新庄	许应忠	徐竹军	5364	4988	16027
桑周	刘昌斌	刘明山	4394	4920	16672
丁所	王孝元	王孝元	1553	2956	15655
堡河	张宝剑	秦　明	2858	3373	16851
中凌	杨小平	袁开华	2766	3853	15836
蒋庄	杭海峰	吴礼宏	4020	5620	16905
曹园	吴宗屏	赵凤彬	2441	3458	16645
储洋	储有美	储有美	2591	4463	16326
红旗	沈义明	沈义明	3030	4561	17627
李西	徐大来	徐正明	2414	5946	18737
富庄	吴祥余	吴祥余	1769	2548	19715
李堡	马福余	蒋海东	864	2855	19820
杨庄	张宇森	李亚琴	4935	4899	17771
圆墩	於岳明	吴晓建	3665	3228	18182
光明	王加明	王加明	5807	4836	19318
三里	刘　伟	朱亚琴	3635	2386	18561
李灶	储祥华	冯文存	5472	4159	18284

【农业】 中凌现代农业园区建设全面提速,新庄、三里高标准基本农田建设顺利推进,桑周、曹园省投土地整理项目全面启动。光明村成为省“菜篮子工程”蔬菜基地。堡河村高产示范方为全市提供现场。新增市级农业龙头企业 2 家、千万元以上农业项目 6 个,培育规模“全托管”服务主体 4 家、农民专业合作社 34 家。秸秆禁烧禁抛工作取得实效。村级集体经济不断壮大,完成村营收入 1733 万元,增长 15%,实现 30 万元的村全覆盖,50 万元的村 15 个,100 万元的村 7 个。

【服务业】 服务业应税销售 9.1 亿元,增长 37.9%。新开工千万元以上服务业项目 3 个,其中亿元项目 1 个;新竣工千万元以上项目 3 个,其中亿元项目 2 个。新增签约商贸物流项目 4 个,新增电子商务企业 6 家。

【双招双引】 招商引资成效明显,全年新增工商注册外资 1200 万美元,完成外资到账 1107 万美元;完成签约项目 30 个。实现外贸进出口总额 7414.1 万美元。载体建设加快,特色产业园区基础设施日益完善;筑巢引凤,标准厂房入驻率 90%。广益机电植保环保机械、容润汽配 EPP 项目等新型产业快速上马。全年新开工工业项目 16 个,其中亿元以上项目 6 个;新竣工工业项目 9 个。

【社会事业】 建成村级公共服务中心 16 个。新型农村合作医疗参保 5.1 万人,农村居民社会养老保险参保 2.39 万人,“五大保险”新增 319 人。3738 名退休职工享受免费体检。落实社保补贴 33 人次、13.2 万元。全年发放救灾款 76.32 万元、农村和城镇低保金 217.2 万元、城乡大病医疗救助 12.1 万元。李灶村、中凌村建成村慈善工作站。村(社区)居家养老服务站建成率 100%。光明村等 7 家社区卫生服务站通过标准化验收,杨庄村社区卫生服务站被评为省示范卫生服务站。严格按省中小学教育技术装备 8 轨 I 类标准启动李堡中心小学异地重建工程,与海安实验小学实行联合办校,精心打造教育品牌。

(钱祥升)

角斜镇

【概况】 角斜镇是南通沿海八个重点区镇之一,是中国名镇、江苏省百家名镇、江苏省两沙海域管理示范乡镇。角斜,古为角斜盐场,因其地形长似一角,故名“角斜”。系黄海沿岸古 36 个盐场之一,曾为晋徽盐商的集散地。

全镇地势低平,地形坦荡,河网密布,四季分明,气候温和,雨水充沛,日照充足。先后被评为江苏省百家名镇、省新型示范小城镇、省重点卫生镇和全国环境优美镇,素有“紫菜之乡”“渔网之乡”“磁材之乡”“河豚之乡”“鳗鱼之乡”的美誉,也是著名的“红旗民兵团”所在地。2014 年,角斜镇常规农业考核全县第一,省级老坝港滩涂综合开发试验区获得省政府批准。

角斜镇下辖 20 个行政村,1 个居委会。辖区 128 平方公里,海洋滩涂 5 万多亩,耕地 6458.5 亩,年末人口 66424 人,出生 522 人,出生率 7.86‰;死亡 633 人,死亡率 9.53‰。

全年,地区生产总值 32.5 亿元,增长 16.7%,工业开票销售 12.5 亿元,增长 3.2%,工业设备投入 1.43 亿元,增长 58.3%,公共财政预算收入 7834.1 万元,增长 30%,固定资产投入 14.5 亿元,增长 21.5%,全年民生支出 5470.7 万元,增长 8%,占公共财政支出比重 49%,服务业应税销售 12.9 亿元,增长 14.2%,农民人均纯收入 1.8 万元,增长 12%。

【农业】 苏台(海安)农业合作创业园建设有序推进,两岸农业科技和信息交流、现代农业生产要素引进消化、农业生产方式转变和创新三大平台逐步建成;加紧建设产学研科技新成果转化、新品种新技术新工艺试验示范、农产品加工出口、台湾农企和农民创业、生态农业观光五大基地。大力发展特色海产养殖业,重点培育中洋集团等龙头企业、专合组织、养殖大户;延伸产业链,加快发展水产品精深加工业、观光教育旅游等配套产业,

渔港的早晨　　(董玉龙　摄)

2014年角斜镇行政村基本情况

表24　　单位:人、亩

村	党组织负责人	村委会主任	人口	耕地面积
新坝	许爱国	陈宝林	4526	4510
范堑	张兵	缪爱云	4106	5475
沿口	吴美红	缪庆辉	3124	3911
五凌	林金生	缪亚军	3020	4341
老庄	罗志宏	罗志宏	2516	3814
滩河	王春香	杨勇	3589	4618
五虎	王美群	王美群	2910	3472
周庄	曹蕾	李建红	3319	5200
双龙	赵华	李兵	3447	3472
角斜	周桂群	申承桂	4236	3396
来南	沈松林	高松明	4303	7465
汤灶	卞和生	吴银山	3534	5429
江海	缪四才	潘爱梅	3005	3070
建场	李海波	符小青	2496	2163
富港	王琪峰	刘峰	3188	4335
海港	王维兴	陈德银	3600	1038
顾陶	万建明	朱兴建	3316	4175
镇海	张秀华	张秀华	778	509
川港	吴志东	吴志东	848	482
通港	冯素林	冯素林	1041	984

构建苗种繁育、技术支持、质量监管、现代营销四大体系。

2014年,完成中润农业养殖、天成集蛋库等千万元以上农业项目10个。申报无公害农产品3个。新建富港、江海、顾陶等3个水产养殖基地。18个项目进入3年奖补项目库。平稳推进全民创业,村级集体收入1493万元,村营收入30万元以上村全覆盖,50万元以上村13个。常规农业考核全县第一。“省菜篮子工程”汤灶村无公害蔬菜产业基地总投资近1000万元,安装杀虫灯300台,防虫网100亩,田头预冷10个,辐射面积3500亩。

【海港村“妇女儿童之家”】 2012年海港村建成以“三站”(农村妇女现代远程教育站、妇女儿童维权站、妇女创就业指导站)、“两队”(巾帼志愿服务队、常春藤老舅妈调解队)、“两社”(妇女渔网专业合作社、紫菜养殖专业合作社)、“一组”(留守妇女互助小组)、“一园”(留守儿童快乐家园)为载体的江苏省“示范妇女儿童之家”,主要履行妇联基层组织基本职能,开展家庭文化建设、妇女创业就业、儿童成长教育服务工作,维护妇女儿童合法权益。2013年建成省四星级图书室,拥有适合妇女儿童阅读书籍1万多册。

(周花荣)

大公镇

【概况】 大公镇位于南通与盐城两市交界处,海安县城北郊。总面积89.28平方公里,耕地面积8.1万亩。辖15个村,440个村民小组。年末总人口62005人。人口出生率6.1‰,死亡率8.65‰。2014年被评为省科普示范乡镇、省创新型乡镇、省语言文字规范化达标镇。地区生产总值35亿元,增长15%;财政收入2.42亿元,增长24.7%;农民人均纯收入15827元;农业总产值10.2亿元,增长7.1%;工业开票销售29.2亿元;服务业应税销售11.6亿元,增长66%。地方特产“五水一高梨”、弘寿食用菌、水晶羊肉。4月29—30日,大公镇举办第51届北凌农民运动会。

【基础设施建设】 2014年,大公镇完成镇级基础设施投入6000万元。沈海高速海安北互通建设工程启动。353省道建设加快,通榆河大桥成功合龙,铁路下穿、高速下穿工程顺利推进。开发大道、胜利大道、园区大道建成通车。全镇新建农四路12条,13.3公里,新建一事一议奖补水泥路8条,9.2公里,新建交通桥3座、农桥16座。实施北凌河河坡硬质化工程,硬质化里程8700米。疏浚村庄河道14条,16.8公里,修整景观河道89条。万亩生态农业园农机库投入使用。红星灌区水利改造工程交付运行。完成农村改厕1000户。

【工业经济】 新增规模企业3家,亿元企业2家。深入开展"银政企携手攀新高"行动,金融服务经济发展成效显著。全面完成节能目标任务,万元产值综合能耗下降4.8%,高能耗行业产值占比下降0.05%。新增工业项目电力增容13户,新增容量3220千伏安。

【现代农业】 完成农业项目投入7000万元,新增高效设施农业1600亩。农技推广不断深入,稻麦单产再创新高。坚持以工业理念规划建设现代农业园区,有机稻米生产基地、设施栽培生产基地、现代渔业养殖基地等项目落户里下河万亩生态农业园。有机米等农产品创省优质品牌,农业全托管全市放样。群益村被国家农业部评为全国"一村一品"示范村,"先农蚕业农场"全县示范。全镇新增成片造林面积1840亩,8个村的村庄绿化完善工作实施到位。

【服务业】 完成服务业千万元以上新开工项目2个,新增限上企业2家。完成服务业企业有效会员6个。商贸物流园建设有效保障。大力发展以梨花节、生态采摘、农家乐等项目为平台的乡村旅游业。拓展建筑产业,完成建筑业施工产值27.24亿元。

【项目建设】 完成开票设备投入1.13亿元,同比增长52.1%。新开工工业项目14个,其中亿元项目2个,5000万元项目3个;新开工千万美元项目1个,500万美元项目1个,新竣工工业项目9个,其中亿元项目2个,向滨海新区输送亿元工业项目1个。引进千万元农业项目8个。新型材料、服装纺织、化纤等项目的成功引进,为全镇经济多元化发展注入活力。江苏一言商品钢筋项目当年开工建设、当年投产、当年形成开票销售,当年迈入规模企业行列,创大公落户项目建设新速度。全面推进民营经济、全民创业。新增一般纳税人企业36家,完成注册商标38件,新增财富创造型项目24个、就业促进型项目133个、新增纳税个体工商户182个、私营企业25家。增设创业平台,在204

2014年第四届梨花节开幕式 (大公镇 提供)

2014年大公镇行政村基本情况

表25 单位:人、亩、元

村	党组织负责人	村委会主任	人口	耕地面积	人均纯收入
凌东	储开明	储祥华	4451	8109	15960
仲洋	储呈梅	储开元	5103	9278	15780
北凌	储开朋	储呈山	3542	7247	15640
星河	仲亚	仲亚	2984	6717	15456
群益	李元钧	何先龙	3816	5366	15997
早稼	周克润	周克润	2632	2136	15960
于坝	申卫华	周建彬	3891	3850	15736
贲巷	于杰	于忠明	5227	4954	16094
喧口	王克洪	唐田旺	4715	4543	16321
王院	管金军	周小萍	5039	3013	17164
贲集	丁年铨	钱锦华	5878	5036	16015
古贲	王克龙	徐丛兰	3805	4340	15743
姜桥	金山开	方进	3176	3384	15684
常河	许桂根	汤立均	4018	5462	15627
马舍	马新翔	段叶红	3734	7533	15408

国道西侧小型项目集聚区新建2万平方米标准厂房,布兰汀环保机械等企业落户。

【"三招三引"】 招商引资"百日会战"成功签约14个项目。新增工商注册外资800万美元,外资到账422万美元,比上年增长110%,引进外资项目考核全县第一。完成外贸进出口总额1.03亿美元,比上年增长11.2%,其中鹏飞集团完成6186.2万美元。南通格莉诗有限公司在東埔寨投资250万美元新办境外针织服装企业,实现全镇外经工作新突破。组织高校学生就业实践54人,签订委培协议10人,引进高校毕业生260人,"千人计划"人才2名,"双创计划"2人,引进高层次人才7人。组织农村富余劳动力参加"招本土、引周边"专场招聘会,先后为企业输送100多名职工,全年完成招工引劳384人。

【科技创新】 全镇实现高新技术产业产值51.8亿元,高新技术投入4.8亿元。新增产学研合作项目9个,完成科技成果转化3个,新增有效发明专利38件,万人专利拥有量10件,建成科研机构平台6家。成功获批省创新型示范镇、省科普示范镇。11月29日,江苏鹏飞高效节能储能新技术产业研究院揭牌成立,中国建材机械工业协会常务副会长王玉敏、江苏省建材行业协会会长聂长兰,中科院、南京工业大学、上海交大等高校院所专家教授及部分客商代表参加揭牌仪式。

【国家"千人计划"专家项目落户大公镇】 9月15号,国家"千人计划"专家王庶民博士的高功率数控项目和红外摄像仪项目落户大公。王庶民成为大公镇2014年引进的第二名国家"千人计划"专家。2006年和2010年王庶民博士先后被日本奖和诺贝尔物理奖委员会邀请提名候选人。

【大公籍演员张磊获台湾金马奖最佳新人奖】 11月22日,在第51届台湾金马奖评选中,大公镇于坝村张磊凭借精湛的表演荣获最佳新人奖。2011年,《推拿》剧组到南京盲校挑演员,张磊被剧组选中。此次台湾金马奖评选中,《推拿》包揽本届金马奖最佳剧情片、最佳新演员、最佳改编剧本、最佳音效、最佳剪辑、最佳摄影等六项大奖。 (段志勤)

雅 周 镇

【概况】 雅周地处海安、如皋、姜堰、泰兴四市县交界处,总面积83.3平方公里,辖15个行政村,总人口5.9万人。2014年,地区生产总值17.64亿元,增长16.1%;财政总收入5715万元;公共财政预算收入2929.95万元,增长30%;全社会固定资产投资5.74亿元,增长27%;农民人均纯收入15103元,增长12%。7月,雅周镇被评为国家级生态镇。

【镇村建设】 兴雅社区基本建成,安置入住1800户。社区物业管理成功运营,新型农民社区管理步入正轨。迎宾路、人民北路、益民路、花渔港路、新204国道雅周连接线基本建成,"四横四纵"集镇框架已经形成。镇区新安装照明路灯120盏,建成污水处理厂地下隐蔽工程和彩蝶湖公园地面绿化工程。镇区新铺设排水管道6.6公里、疏通1.5公里。雅周工业集中区和科技产业园实现提质扩容,完善和规范设置园区标识标牌。园区新建标准厂房13栋,3.54万平方米,铺设排水管道2.5公里。全镇新建农桥8座,新建迴垛南桥、姜倪桥等公路桥4座;实现道路硬化31公里。专项整治南雅线、曲雅路等公路沿线废品收购点。取缔雅周集镇区马路市场,规范和统一安置区商业街广告设置,规范商户文明经商行为。

【生态建设】 加大农村生态保护和环境整治力度,深化优美村庄创建,实现星级康居村全覆盖。实施"清水工程",清理水面漂浮物,消除河坡垃圾、整治乱堆乱放,清除过密拦网。全面实施河道、沟塘"以河养河""宜养尽养",实现生态治理和水质净化。新建畜粪池、沼气池280个,完成农村改厕2000座。新增绿化成片造林2300亩,代表江苏省通过国家林业局绿化保存率验收。

【工业】 全镇规模以上工业总产值20.97亿元,同比增长14.75%;中菱绝缘

2014年雅周镇行政村基本情况

表26 单位:人、亩

村	党组织负责人	村委会主任	人口数	耕地面积
迮庄	张正海	王爱莲	3122	2925
金庄	汪如成	周明祥	3678	3510
王垛	陆小军	王生领	3379	2925
东夏	汪芝文	钱开宏	3890	3705
钱庄	钱伟勤	陆宝进	3935	3075
雅周	卢丽云(9月任) 周伟民(9月免)	卢丽云	3201	2085
鸭湾	赵宝虎	陆宝虎(7月任)	3472	3990
杭窖	时章永	高广润	3442	4065
兴雅社区(东楼)	尤兴彪(9月任) 曹爱根(9月免)	徐子友	4641	4837
庞庄	江宝元	吕蕴	5189	5940
周机	万夕峰	邵彬	4232	3435
张莫天	万海建	高鹤云	4015	4290
许家庄	许华田	许春梅	3101	3255
张垛	丁林旭	丁林彬	3329	4440
迴垛	鞠汶佑	丁立新	3554	3075

材料、赟程制衣等定报企业开票销售6.33亿元。新增龙邦橡塑、同辉纺织、明泰机电3家规模企业。全年工业设备投入3640万元,同比增幅64.45%,投入超百万元的企业有9家,其中勤丰化纤丙纶滤芯项目单体投入超过300万元。海诚辐条引进的电镀电泳生产线达到国内先进生产水平。铭洋贸易、点丰金属获批为外贸自营进出口企业,全年完成出口额494.6万美元,同比增长197.84%。新增中菱公司与哈尔滨理工大学"点胶水溶剂"产学研合作项目1个;涞森环保公司与北京化工大学环保涡型污泥脱水设备成果转化项目1个;新增同辉纺织—常州大学校企共建平台1家。全年申请发明专利26件,专利授权总量48件,新增有效发明专利12件;南通中菱绝缘材料有限公司升格为高新技术企业。南通海昆创业园落户产业科技园区。引进高层次人才6人,高校毕业生143人,蓝领人才230人。

【农业】 开展土地流转和适度规模经营,新增土地流转面积1.7万亩,高效农业面积3600亩。以雅周现代农业园、王张路镇级农业园为主要载体,推动农业项目建设,完成千万元以上农业项目8个,其中亿元项目1个。全镇实现村营收入851.59万元,村级税收分成83万元,村营收入超30万元的村全覆盖。新增圆梦农机、张莫天稻作专业合作社,带动5322户农民增收致富。全镇新建标准厂房4.06万平方米,新竣工3.55万平方米,招租2.5万平方米;新增个体工商户162家、私营企业纳税户19家,完成创业项目120个。

【服务业】 全年服务业应税销售4.9亿元,同比增长60%。新注册恒邦、吉扬、速尔3家物流运输公司,建成腾飞再生资源、双标服饰、赟程制衣电商运营系统3家。推进森农生态观光园、玉果休闲农庄等乡村休闲景点建设,雅周乡村旅游得到快速发展。加快万顷良田安置小区商业网点建设,世纪大道两旁商业街商户陆续进驻。加快服务业项目建设,晨阳综合大楼全部竣工,雅周农贸市场改造升级完成并投入运营,烟花爆竹仓储中心项目开工建设。

无人机和大型农药喷洒机械　　(金　鑫　摄)

【社会民生】 城乡居民社会养老保险、农村新型医疗合作保险的收缴基本实现全覆盖。完成万顷良田项目区失地农民社保对接41名。雅周敬老院、张垛敬老院均通过省一星级规范养老院验收。继续推进圆梦计划,关爱失独家庭。改善幼教办学条件,中心幼儿园异地重建工程基本竣工,张垛幼儿园教学楼得到加固。基础教育保持全县领先,雅周初中中考高分比率、公费录取海中比率在农村中学中继续领先。建成达标社区卫生站10个,占比67%。农村文化不断繁荣,编选小品《转移》节目在县群众文艺创作节(剧)目会演中获得金奖,被评为南通市农家书屋建设先进乡镇;广电中心工程主体封顶。社会风气不断净化,顾昌明被评为南通市"法治十佳达人",李桂兰等3人获评"海安好人"。深化"长安雅周""和谐雅周"建设,新增视频监控190处,完善治安防控体系信息化建设。深入开展"六五"普法工作,畅通群众信访诉求渠道,转办政府12345热线诉求326次。加强村级为民服务中心建设,有钱庄、连庄、鸭湾等9个村级为民服务中心通过县级达标验收。

【兴雅社区】 兴雅社区位于雅周集镇北侧,占地450亩,总建筑面积42万平方米。由润雅、富雅、吉祥、如意、龙腾、兴雅花苑6个小区组成兴雅佳园小区,全区118幢2810套,是海安西南最大的农民安置区。社区规划有中心公园、休闲广场、文化中心等居民健身休闲场所,配套建设综合服务中心、幼儿园、广电中心、社区为民服务中心、社区卫生服务站,为社区居民提供综合服务。2013年12月底起,部分安置户陆续入住兴雅佳园。2014年,除兴雅花苑外,另5个小区入住安置区居民1800多户。

2013年11月,经县民政局批准,设立雅周镇兴雅佳园。2014年9月,经县委组织部批准,成立中共雅周镇兴雅社区委员会,隶属于中共雅周镇党委,同时保留中共雅周镇东楼村支部委员会,两块牌子,一套班子。尤兴彪任中共雅周镇兴雅社区委员会书记,同时成立兴雅社区居民委员会,与东楼村村民委员会合署办公。徐子友任主任,经过公开招投标,兴雅社区由海安润泰物业管理有限公司进行物业管理。

(张星鑫)

南莫镇

【概况】 南莫镇位于海安县西北部,地处里下河地区,与盐城、泰州两市接壤,素有"鱼米之乡""水乡明珠"之美称,1934年设镇。传说500多年前,有一姓莫的苏州丝绸商人到此地栽桑养蚕,经营丝绸,生息繁衍,渐渐人多形成庄子,因莫姓居多,故名"莫家庄"。后因东台县后港北边亦有莫家庄,南莫庄因在后港莫家庄南首而得名。境内"青墩新石器遗址"系国家重点文物保护单位。南莫,人杰地灵。晚清有书法家朱南金、朱南阜一门两兄弟；战争时期涌现出与刘胡兰齐名的女民兵英雄高凤英等一批英模；改革开放后，国际奥林匹克化学竞赛金牌获得者王庆根、生物竞赛金牌得主卢立，13岁考入中国科技大学少年班的周锋，国际排联沙滩排球巡回赛金牌得主、两届亚锦赛冠军吴鹏根均出自这方热土。全镇总面积75平方公里，辖16个行政村，总人口5.31万人，人口出生率3.9‰，死亡率9.7‰，2014年度获江苏省和谐社区建设示范镇、推进高效设施农(渔)业规模化先进单位、水利建设先进单位等荣誉。地区生产总值17.01亿元，增长10.0%；财政收入1.02亿元，增长9.04%；农业总产值3.12亿元，增长6.0%；工业开票销售17亿元，增长20.98%；服务业应税销售8.9亿元，增长23.6%。主要特产有青墩牌大闸蟹、食用菌等。

【基础设施建设】 3月3日，南莫镇全面启动“清水工程”建设，截至12月底，13个村“清水工程”通过县级验收。首次整镇推进圩堤“建管养”一体化工作，护圩养堤工作成效明显。农村水利现代化工程稳步推进，全年组织实施退圩加固14.1公里，加固土方31.8万立方米，新建圩口闸4座，闸站结合5座，灌区工程23个，疏浚河道10条，总长28.2公里。总投资3000多万元的海溱河整治工程顺利推进；新增绿化面积1500亩。

【工业经济】 全镇规模工业工业产值23.1亿元，工业投入4.5亿元，高新技术投入2.1亿元，高新技术产值7.8亿元。工业设备投入完成县交任务103%，排名全县第四，工业开票销售同比增长20.98%，排名全县第三。开票销售超2000万元的企业22家，新增规模企业1家，新增开票亿元企业2家。全镇规模企业33家，其中亿元企业3家。

【农业项目建设】 全年新上千万元以上农业大项目8个，实施亿元项目1个。输送入农业园区项目2个，新增连片设施项目658亩，全托管项目申报9个。市级食用菌特色产业园、现代渔业园形象不断提升，入园项目12个。

【双招双引】 全镇组建5个驻外招商局，建立18个机关考核小组和16个村级考核小组，明确任务和考核措施，组织有针对性的招商活动20多次。多形式挖掘招商资源，全方位搜寻项目信息，全年签约项目26个，其中落户项目18个，注册外资1400万美元，到账外资400万美元。注册606万美元的南通鑫拓封头项目的顺利开工，开创南莫镇引进高、大、新外资项目的先河。全年引进省双创对象1人，高层次人才8人，引进高校毕业生140人，引进蓝领技能人才195人。

【科技创新】 全年组织8次产学研对接活动，先后邀请中科院、常州大学、苏州大学、南京理工大学、江苏科技大学等院校的专家教授60多人次，与南莫镇10家重点企业深度对接，全年实施产学研项目7个，成果项目2个，实现高新技术投入2.1亿元，高新技术产值7.8亿元，专利申请70件，发明专利申请36件，发明专利授权21件，超额完成年度任务，新增校企共建研发平台3家，民营科技企业2家，省高新技术产品认定7个，申报市以上科技项目3个，为全镇工业经济提速发展注入强劲动力。

【10件为民实事】 2月13—14日，南莫镇十七届人大三次会议明确安置房建设工程、海溱河改造工程、沙岗农贸市场南路改造工程、沙岗和邓庄老镇区路灯改造工程、敬老院改造工程、省文保单位“高凤英烈士陵园”一期扩建工程、南莫幼儿园迁址重建工程(秋季交付使用)、353省道连接线工程、各村公共服务中心的配套建设工程、AAAA级人口文化园建设工程作为2014年为民办好事10件实事。截至12月底，南莫中心幼儿园9月份交付使用，成为省级优质园；投入100多万元，扩建高凤英烈士陵园，新修建高家垛战斗旧址和无名烈士两处纪念碑；安置房1~13号楼全部交付使用，投入800多万元建设的小区绿化、亮化、道路、监控等工程投入使用，196户园区、353省道房屋征收户全部安置到位，小区物业管理经验在

2014年南莫镇行政村基本情况

表27　　单位：人、亩、元

村	党组织负责人	村委会主任	人口	耕地面积	农民人均纯收入
砖　桥	周宝根	吕秀兰	3224	3851	16734.44
邓　庄	周文忠	吉成友	2871	2575	15602.75
姜　刘	童生宝	陈　华	2809	2875	15786.29
校　林	汤子明	王国太	3015	3057	15668.85
柴　垛	王生本	高亚平	3344	3449	15693.99
朱　楼	郃健民	钱素兰	2526	2100	16098.72
林　庙	王根宝	王根宝	2808	2508	15513.29
于　桥	田砚兵	顾　宏	2913	2017	15185.91
严　马	朱宝荣	朱宝荣	3908	3870	15726.68
兴　南	蒋士根	蒋士根	4316	1351	15590.82
南　莫	赵立新	田砚芳	3605	3788	15283.55
青　墩	周达兴	钱　勇	4008	4131	15874.71
沙　岗	邵茂顷	周月兰	3580	2847	15759.80
唐　庄	陈宏生	马生祥	2744	2717	15051.64
高　杨	徐宝桐	王德华	2849	3055	16143.54
黄　陈	丁凤喜	黄太甫	4543	5032	16049.56

全县推介;投资30多万元更新原沙岗、邓庄、南莫老镇区的160盏路灯;投资450万元升级改造集镇2公里污水管网,新建增压泵站一座,解决管网沿线居民生活污水的处理问题。

【流动党员上海服务分站揭牌】 4月12日,南莫镇流动党员上海服务分站在上海海志建设工程有限公司揭牌。截至2014年4月,南莫镇有29名常年在上海打工的流动党员,为确保流动党员纳入组织视野,南莫镇党委借助上海海志建设工程有限公司,建立驻沪流动党员服务站。服务站班子成员、流动党员代表表示,要争当家乡群众外出就业的"引领员"、家乡招商引资的"联络员"、家乡建设的"领航员"、推介家乡的"宣传员"、商品流通的"中介员"、联系群众的"服务员",积极为家乡崛起做出新的贡献。

【村级经济】 全年南莫镇新增就业促进型项目129个,建设标准厂房5.17万平方米,竣工4.5万平方米,出租率超过80%。全镇16个村全部实现村营收入超30万元,其中50万元以上村6个,税收分成全镇16个村实现全覆盖。

【青墩大闸蟹生产】 "品蟹里下河 乐游在海安"。9月30日,第二届青墩金秋品蟹节在南莫镇青墩大闸蟹基地隆重开幕。南莫镇地处里下河腹地,河道纵横交错,沟塘星罗棋布,水资源极为丰富,全镇拥有6000亩省级无公害大闸蟹养殖基地,注册"青墩牌"大闸蟹,同时成立青墩大闸蟹专业合作社,从苗种选育、水质调控、饲料投喂、病害防治等环节全程实现无公害养殖,通过人工栽植水草、投喂螺蛳、生物调水,确保青墩大闸蟹最佳的品质和丰富的营养。2014年,全镇大闸蟹产量60万公斤,产值7200多万元。

(李　山　汤仲奎)

白甸镇

【概况】 白甸镇镇域面积53.1平方公里,年末总人口31921人,行政村10个,村民小组204个。人口出生率5.02‰,死亡率9.91‰。白甸镇通过市级中心镇建设年度考核,获评苏中地区唯一的"中国美丽田园"。全年地区生产总值15.88亿元,增长25.1%;完成全口径税收收入1.45亿元,完成县考核公共财政预算收入6403万元,增长23.2%;全年工业开票销售收入21.4亿元,增长10.2%;服务业应税销售6.6亿元,增长85%,全社会固定资产投资5.88亿元,增长40.3%;农民人均纯收入17326元,增长12.8%。

【生态建设】 在全县率先探索农村环境长效管理市场化保洁模式,农作物秸秆禁烧禁抛、农村环境长效管理、农村垃圾无害化处置率100%。"清水工程"考核居全县第一,"以河养河"生态保洁河道90%。

9月30日,青墩第二届金秋品蟹节开幕　(谢立平　摄)

【基础设施建设】 新建园区道路2.1公里、农村四级公路2.3公里、一事一议财政奖补道路4.5公里、农村桥梁26座。村营收入50万元村在全县率先实现全覆盖,傅舍、施溪、官垛3个村获评四星级村,其余7个村获评三星级村,村级经济发展继续走在全县前列。村级为民服务中心全面升级,建成9家,其中8家通过验收。全长9公里双向四车道的204国道白甸连接线建成通车。新开工安置房6万平方米。

【设施农业全县领先】 新增官垛羊场、白甸大棚育菇2个5000万元农业项目,新增连片30亩以上设施农业300亩。建成周垛、施溪千亩亿元设施栽培园。"全托管"经营面积1758亩。新增成片造林1545亩,林木覆盖率17.03%。大力发展高效农业的做法在《南通日报》头版刊载。

【工业】 加大技改投入,推动企业做大做强,增强竞争能力。贝思特机械、九州化纤、锦舟合纤、科星化工、升辉集团、惠民饲料6家企业开票销售超亿元,总数比2013年增加1家。贝思特机械、升辉集团、科星化工、合海集团、绿叶集团5家企业进入全县税收基金百强行列,升辉科技、贝思特机械、科星化工、新合海机械、绿叶机械、亚威机械、恒通机械7家企业进入全县工业企业百强。合海集团"新三板"挂牌报会。新增3家规模工业企业。全年新开工千万元以上工业项目10个,其中亿元以上项目1个,5000万元以上项目3个;新竣工千万元以上项目6个,其中亿元以上项目1个。

【科技创新】 全年新增设备投入9350万元,增长67.9%。全镇新增30万元以上产学研合作项目9项,实现成果转化项目5项,新增校企共建研发平台6家,升辉集团企业研究院通过考核认定。新建成合海、亚威、中矿、科星、升环5家省级研究生工作站,中矿建成省级工程中心。龙顺公司获省著名商标称号,科星公司、巨邦集团获市知名商标称号,贝思特、中矿、巨邦分获市名牌产品称号。全年新引进高层次人才6人、高校毕业生

10 月 25 日,《甸上记忆》亮相上海国际艺术节 (裴桂荣 提供)

2014 年白甸镇行政村基本情况

表 28 单位:人、亩

村	党组织负责人	村委会负责人	人口	耕地面积
白 甸	周小波	郭永耕	3740	3284.25
傅 舍	华锦文	赵志宏	2341	2479.95
刘 季	王桂芳	季顺江	3167	5153.25
施 溪	李顺华	李勇军	2566	3772.80
官 垛	颜开虎	潘友和	3122	4503.00
丁 华	丁仁龙	刘加往	3269	3469.50
邹 冯	杨德生	吉加义	3479	3770.70
瓦 甸	苗长英	付大忠	2276	2179.35
周 垛	施士群	杨传茂	3215	3934.50
朱 于	袁根宝	张 军	2020	2304.15

160 人、蓝领技能人才 162 人。22 家企业设备投入超过 100 万元。3.7 万平方米标准厂房基本完工。上海客商投资的凤腾塑料项目成为 2014 年全县首个通过项目管理审核标准的企业,年初开工、年中投产。

【现代服务业】 全年新增 4 家电子商务企业和 4 家限额上贸易企业。引进常青藤运输、福瑞物流 2 家运输物流企业。捕鱼节、采菱节产生广泛影响,"梦里水乡、甸上桃源"品牌不断叫响。新增以小型城镇综合体、精致型酒店为重点的"八个一"工程项目 3 个,新开工千万元以上服务业项目 6 个。县镇两级共同建设的西泊乡村旅游集聚区、志开禅院有序推进,樱桃园、葡萄园、孔雀园等一批农家乐项目扎实推进,格林豪泰快捷酒店开业,2 万平方米的秀水苑人才公寓具备入住条件,三星级汇丰大酒店、玫瑰湖畔庄园主体建筑封顶,洪家滩樱桃园对外营业。

【社会事业】 白甸幼儿园、白甸中学被评为江苏省平安校园;瓦甸小学教师周夕荣获中国名师联盟·希望工程园丁奖。白甸小学省"十二五"立项课题《基于微型课题研究的综合实践活动开发与实施》的研究成果——校本教材《古韵水乡 淳美白甸》被县评为优秀校本教材。注重卫生事业发展,9 个村卫生室达到示范标准,刘季村建成省级卫生村;计划生育率 99%,已婚育龄妇女到站服务率 97%。《甸上记忆》《车水号子》在第十六届中国上海国际艺术节演出,农家书屋普遍扩容,白甸镇被评为省公共文化服务示范区、市特色文化之乡。镇敬老院通过省三星级五保供养机构验收。

【道德建设】 开展身边好人评选活动,选树江苏好人吴龙根、海安好人沈悦卿、李寿全、邢佩琪,在 2014 年海安好人评比中,白甸镇 3 人上榜,2 人获提名奖。组织道德讲堂观摩,白甸镇成为市级道德讲堂示范点。在"践行核心价值观,做最美海安人"演讲中,获得优秀组织奖。成立水乡家园白甸志愿者服务工作站,推动学雷锋志愿者服务活动常态化。

【平安法治建设】 建立法律顾问制度,法律顾问全程参与镇重大决策、镇重点工程工作,执法程序、执法卷宗全程公开,法律顾问直接参与招投标工作 35 次,为党委、政府提供法律意见和建议 28 条。10 个村全部建成市级以上民主法治村,省级民主法治村占比 40%,位列全县首位。镇村两级受理纠纷 178 件,调处成功 177 件,其中疑难复杂纠纷 52 件,调处率 100%;妥善处理群众来信来访,无赴京上访事件。公众安全感、群众满意率全县前列,万人犯案率全县最低。

(裴桂荣)

墩 头 镇

【概况】 全镇总面积 115 平方公里,耕地面积 6206 公顷。辖 18 行政村(4 个居委会),年末总人口 6.54 万人,人口出生率 4.83‰,死亡率 8.04‰。主要特产有江苏名牌产品"文圣"草鸡蛋;"尚洋"螃蟹、"尚洋"龙虾、"墩河"青虾;"绿润"珍珠米;"苏琪"西点饼干。2014 年,全镇经济社会保持平稳较快发展。地区生产总值 35.68 亿元,增长 17.53%;财政收入 1.27 亿元,增长 11.57%;公共财政收入 4895 万元,增长 9.2%。工业开票销售 26.71 亿元,增长 3.4%。自营收入超 30 万元村全覆盖,超 50 万元的村 11 个,农民人均收入突破 1.6 万元。

【生态环境建设】 突出农村生态环境建设。以"两沿三园"为重点区域,大力度推进造林绿化工程,全年新增成片造林面积1815亩。建立健全"河长制",加强河道清理管护,采取河道清淤疏浚等方式,畅通河道水系,完成疏浚县级河道1条3.26公里,镇级河道5条12.38公里,村庄河道15条10.53公里。落实打击电捕鱼、整治重点污染源、实施农村污水管网建设以及河道、路道、圩堤绿化等措施,推行河道承包养殖,生态环境得到改善。年内,8个村通过"清水工程"达标村验收。

【农业】 2014年农业总产值10.14亿元,增长8.7%。新增提水养殖300亩,南通华鎏水产公司新建美国叉尾鮰鱼良种繁育场,并成功繁育鱼苗200万尾,进一步完善淡水养殖产业链。全年新建千万元以上项目6个,投入额0.9亿元,完成连片30亩以上规模设施农(渔)业面积350亩。海安第一家家庭农场"久盛农场"被推荐为市级家庭农场,海安天香米业、南通华鎏水产公司晋级为市级农业龙头企业。大生米业"昌生"牌大米获绿色食品认证。实施农民实用技术培训工程,全年培训25场次,培训人数近万人,促进农业生产持续增产增收,全年粮食再次实现连续增产。

【服务业及电子商务】 服务业应税销售8.93亿元,增长31.84%。新开工服务业项目2个,其中亿元项目一个。规模以上项目投入1.93亿元,增长20%。新增限上贸易企业2家、新增重点服务业企业1家。全年在物流平台中注册服务业企业有效会员数7家、新建电子商务企业4家。综合型农贸市场、大型超市正式营业。

【基础设施建设】 按照产城融合、生态立镇的思路,在"一主两副"的镇区格局下,着力打造精致城镇和水乡生态旅游基地。6月,金地佳园竣工。集贤花苑、万顷良田安置点部分或已经封顶。银隆湾安置房竣工交付,第一批征收的22户居民入住新居。商贸一条街、凤凰新城一期、里下河湿地公园等工程有序推进。在建353省道墩头段、水韵中路、水韵东路、虬泓路西延、永兴路北延、经五路北段一期等道路,总里程12.03公里。新建农村公路14公里,公路桥梁24座,小农桥14座。推进危桥改造三年计划,全年建成7座。完成闸站联建工程5座,防洪闸10座,灌溉泵闸12座,防渗渠7公里,退圩加固6公里,加固险段17处。

【社会保障】 社会保障工作深入推进,完成336人城镇五大保险扩面工作,完成4.14万人新型农村合作医疗征缴任务,城乡居民社会养老保险续缴和标准档达标人数双双完成指标。窗口服务快捷高效,办理保险人数2.1万人,退休职工年检2060人,退休职工健康体检749人,外地医药费报销2000人。市民卡建设工作完成信息采集4万人,发放2万人。老年人工作不断加强,全镇五保户生活水平明显提高,高龄老人尊老金按时打卡发放。

【墩头镇率先试行党代会年会制】 2月11日,墩头镇召开第十五届二次党代会,率先试行党代表履职年会制。90多名党代表听取和审议镇党委、纪委工作报告,听取镇旅游规划编制情况报告,民主评议镇党委、纪委委员述职。墩头镇是全市第一个试点党代会年会制的镇。

【平安创建活动】 积极创建南通市平安法治乡镇,由法律工作者、镇专职调解员正常接待来访群众,在镇区建成农民法治文化广场。积极推进村级公共服务中心建设,10个村完成公共服务中心升级改造。全面落实"一村两保安"和网格管理制度,强化综治法治室、矛盾纠纷调解室、警务室规范化建设,定期组织观摩调解活动,为群众提供优质的法律服务。2014年,1家定报企业、3家非定报企业创建平安企业,3家亿元企业申报创建诚信守法企业。苏中纺织有限公司被评为省民族工作示范企业。全镇建成省级民主法治示范村4个,市级民主法治示范村18个。推进规模以上企业安全生产达标创建,推行消防安全"网格化"管理,检查整治企事业单位开展安全活动情况。

2014年墩头镇行政村基本情况

表29　　　　单位:人、亩

村名	党组织负责人	村委会主任	人口	耕地面积
东湖	张德荣	张德荣	4944	7207
仇湖	陆仁祥	刘志坚	3964	5657
西湖	徐龙桂	陆道云	3543	3502
禾庄	李云峰	陈桂根	3255	4242
凤阳	孟富中	刘晓凤	2888	2891
千步	杨义平	朱桂荣	4277	5352
宝祥	杨者祥	杨者祥	4845	7830
吉庆	卢　君	吕厚才	2929	3326
毛庄	顾华来	祝增林	3647	5286
长垎	朱立荣	黄仁根	3680	4577
墩头	刘志彬	景　梅	4007	3990
墩北	刘国圣	沈德玺	5141	8030
双新	刘志江	黄典兵	3130	3860
墩西	王义德	徐海涛	2675	3287
杜楼	杨加友	张成刚	2481	4199
双溪	宋铁和	周开明	2581	3716
新海	朱昌荣	周凤来	3442	5578
新舍	颜忠明	王生富	3990	7012

【墩头镇成立乒乓球运动协会】 8月25日,墩头镇乒乓球运动协会成立,吸纳会员40多人。南通苏中纺织有限公司总经理黄立勇当选会长。

【实事工程】 2014年,墩头镇管网改造工程改造160公里,水压提升50%,用水量提高15%,漏失率降低50%,新增用户100多户。20公里以外的新舍村末梢水压达到1.5公斤。实施文化惠民工程,文化中心图书新增6200册,文化站通过全国乡镇综合文化站评估定级。中心卫生院引进日本奥林巴斯全结肠镜1台,有效提高诊疗水平。

【于金旺勇救落水女】 6月29日晚9时许,墩头镇一村民到墩头派出所报警,称有人在家中闹事,左右邻居发生矛盾。接警后,正在值班的民警于金旺与同事迅速出警。处警过程中,与邻居产生冲突的一女子忽然情绪失控,冲出屋外,跳入河中。紧急时刻,于金旺毫不犹豫跳入河中,在水中托举跳水轻生女子5分钟,最终在众人的合力帮助下救起该女子。在媒体报道于金旺奋不顾身跳水救人的事迹后,不少网民亲切称其为"海安托举哥"。县政府给予勇救轻生跳河女子的墩头派出所民警于金旺记三等功。

【双招双引】 2014年,围绕化纤产业前延后伸、机械电子等重点领域推进招商工作。全年完成工商注册外资800万美元,招引5000万元以上项目1个,进出口外贸总额4162万元。按照县项目建设要求,现场解决项目推进中的土地流转、迁坟等矛盾。鸿顺二期、奇香饼干、金鑫纸业等14个项目开工建设;沃德、双丰、荣祥等15个项目竣工。全年电力增容15户,累计增容4180千伏。

2014年,实施产学研合作项目8个、成果转化项目4个,新认定省级高新技术产品5个,新获批省级民营科技企业4家。苏中纺织、通海线业获批全省"两化融合"试点企业,新增市级企业技术中心1家。引进国家千人计划专家1人,其他高层次创新人才9人,高校毕业生、蓝领技能人才480人。与天津工业大学联合举办锦纶新材料技能人才培训班,组织镇企业高管和一线技术人员30多人定期参加培训。

(成雅秋)

海安农场

【概况】 2014年,全场实现地区生产总值6216万元,营业收入2.16亿元,实现国有营业收入380万元,实现国有利润10万元,同口径对比基本与上年持平略有上升,财务支出基本控制在年度财务预算之内。

【民生工程】 2014年,筹资50万元改造农场主干道绿化工程;筹资50万元升级改造标准化海林农贸市场,打造环境整洁、功能完善、服务周到、市场繁荣的农副产品流通新格局;完成场域内部分居民点水泥道路的硬质化改造工程和改建居民区停车场任务;解决中心河道河岸垃圾成堆问题;筹资60万元,兴建240多平方米的农场居民浴室,解决农场居民洗澡难问题。

【弘羊羊业有限公司】 南通弘羊羊业有限公司是农场农业资源整合、经济转型时期、从农场实际出发,投资兴建高架养羊规模化养殖小区。在稳步推进养殖小区规范化建设,培养精干饲养员队伍和营销队伍的同时,探寻效益突破口,延伸产业链,主打生态养殖品牌,注册"昂羊"品牌,积极申报省生态健康养殖示范场和省无公害生产基地,提升产品档次。

【农场文化体育生活】 农忙期间与分公司联合开展劳动竞赛活动,形成"比、学、赶、帮、超"的竞赛氛围;组队参加江苏农垦集团有限公司举办的首届职工运动会和第三届广场舞大赛,取得三等奖。

(李宝玲)

蚕种场

【概况】 蚕种场场部位于海安县城东45公里处,老坝港滨海新区(角斜镇)通海桥南首,南与如东栟茶靖海垦区相邻,老221省道、新221省道分别从场部西边和北边经过,交通优势明显。场部占地1350余亩,其中成片桑园1040亩。在雅周现代农业园区建有1130多亩鑫缘精品蚕业园,其中桑园种植面积600亩,相关基础设施建设稳步推进。蚕种场现有在职职工103人,其中保留事业待遇85人,企业待遇18人,具有高级职称9人,中级职称6人,初级职称5人,退休人员212人。海安县蚕种场连续多年被省主管部门评为蚕种生产、科研、冷藏先进单位,蚕种产量稳定增长,"鑫缘"牌蚕种为中国名牌产品。全年生产一代杂交种21.2万张,全场蚕种生产计划任务占全省蚕种生产量六分之一。原种2900张,秋季人均蚕种生产实绩达近十年来最高水平。经国家以及省检测中心检测,良卵率、杂交彻底率、孵化率等蚕种质量指标均名列全省、全国前列。

【科研课题】 海安县蚕种场长期承担全国桑蚕品种审定春秋期实验室鉴定项目,承担省主管部门下达的江苏省家蚕新品种实验室共同鉴定项目、家蚕品种资源保育与基础蚕品种选育、新蚕品种选育、现行蚕品种性状保持与改良等延续性项目等。继续与如东县蚕桑技术推广站合作进行原种人工饲料试养项目。继续实施2013年度省农业三新工程项目—现代蚕种高效安全生产技术集成与示范项目,完成配套蚕种生产设施设备的技术更新和创新改造。 (孙慧斌)

附　录

Appendix

簖网　毛平平绘

◎责任编辑　杨　斌　张　梅

年度荣誉

海安县获得的荣誉

表 30

获得荣誉	授予单位
2013 年现代高效农业成效显著县	省财政厅、省农委、省海洋与渔业局
2013 年度全省农产品质量安全工作考核第一等次	省财政厅、省农委
2013 年全省挂县强农富民工程对接突出县	省农委、教育厅、科技技术厅
2013—2014 年度农业科普宣传工作先进单位	省农村经济杂志社
全国六五普法中期先进县	全国普法办
2012—2013 年法治建设示范县	省委、省政府
2012—2013 年法治县创建工作先进单位	省委、省政府
2013 年度平安县	省社会管理综合治理委员会
2011—2014 年全省社会治安综合治理先进集体	省委、省政府
全国平安渔业示范县	农业部、国家安全生产监督管理局
安全生产目标管理先进集体	市政府
省级创业型示范城市	省人社厅
全省学习型党组织、学习型领导班子建设工作示范点	省委组织部、省委宣传部
村级“四有一责”建设先进县	省委组织部等
省级创业型示范城市	省人社厅
村级人力资源社会保障平台标准化建设先进单位	市委、市政府
2014 年度生态文明建设先进集体	市委、市政府
2013 年度人才工作考核优秀单位	市委、市政府
2014 年度江苏省无小耳朵社区创建工作先进县	省广播电影电视局

先进集体

国家先进集体

表 31

获奖单位	荣誉称号	授予单位
县海洋与渔业局	国家平安渔业示范区	国家海洋渔业部
县人社局	2014 年度《中国劳动保障报》新闻宣传工作先进单位	人社部办公厅
县车管所	全国优秀县级车辆管理所	公安部
龙洋水产有限公司	国家级原种场(江苏海安河豚原种场)	农业部
县植保植检站	全国农作物病虫害测报标准化区域站创建示范单位	农业部
县农委	全国休闲农业创意精品推介活动金奖	农业部等
县委组织部	党建研究工作二等奖	中组部
县委统战部	中国统一战线宣传先进单位	中央统战部
县总工会	2013 年度工会基层组织建设创新成果三等奖	全国总工会
县总工会	全国工会经审工作先进集体	全国总工会

续表 31

获奖单位	荣誉称号	授予单位
县文化行政综合执法大队	2014 年全国文化市场重大案件及办案单位	文化部
共青团曲塘镇委员会	2013 年度全国农村基层团建示范乡镇	共青团中央
县法院	全国青少年维权岗	共青团中央
县法院	全国法院司法警察体能达标活动先进单位	最高人民法院
县慈善会	第二届中华慈善突出贡献(组织)奖	中华慈善总会
县地震局	全国县级防震减灾综合考核先进单位	中国地震局
县审计局	2014 年度审计通联宣传工作先进单位	中国审计报社
海安农副产品批发市场	国家重点农产品批发市场	全国供销合作总社
海安农副产品批发市场	AAAA 级物流企业	中国物流与采购联合会
县泓寿食用菌专业合作社 海安上湖农产品专业合作社 老坝港群利渔业专业合作社 宏润畜禽专业合作社	国家级农民专业合作社示范社	农业部
县兴业食用菌专业合作社	农民专业合作社示范社	全国供销合作总社

省先进集体

表 32

获奖单位	荣誉称号	授予单位
海安县委	全省学习型党组织、学习型领导班子建设工作示范点	省委组织部、省委宣传部
县住建局	全省住房保障(棚户区改造)工作先进集体	省住建局
县住建局	2014 年统计规范化建设部门统计示范点	省统计局
苏海安渔 00101	海上军演侦察先锋船	省国防动员委员会
县海洋与渔业局	安全管理先进单位	省海洋渔业局
角斜小学	平安校园	省教育厅
县人社局	全省人力资源和社会保障系统先进集体	省人社厅
县人社局	江苏省维护妇女权益示范岗	省妇联
县人社局	2013 年度省级部门统计示范单位	省统计局
县人社局就业处	全省人力资源社会保障系统 2011—2013 年度优质服务示范窗口	省人社厅
县人社局就业处　社保中心 医保中心　居保中心	全省社会保险业务档案管理优秀单位	省人社厅
县退休职工艺术团	第四届江苏省莲花奖金奖	省委宣传部、省文联
县人社局就业处	江苏省妇女双学双比竞赛先进集体	省妇联、省双学双比活动小组
县技工学校	江苏省职业教育先进单位	省教育厅、省人社厅等
县技工学校	职业技能培训先进单位	省人社厅
县公安局	2013 年江苏省扫黄打非工作先进单位	省扫黄打非工作领导小组
县公安局刑事科技室	全省刑事科学技术工作成绩突出集体	省公安厅
县公安局网安大队	科技强警奖科技建设类三等奖	省公安厅
县农委	2013 年万亩示范片建设工作表现突出单位	省农委
县农委	2013 年全省挂县强渔富民工程优良等次	省海洋与渔业局

续表 32

获奖单位	荣誉称号	授予单位
县水生动物疫病预防控制中心	2013 年江苏省水产品药物残留快速检测工作先进单位	省海洋与渔业局
县消防大队	基层建设先进大队	省消防总队
县消防大队	信息调研工作先进基层单位	省消防总队
县安监局	2014 年度全省冶金等工贸企业安全生产工作先进集体	省安监局
县安监局	2014 年全省安全生产月活动优秀单位	省安委会
国税局第三分局	江苏省工人先锋号	省总工会
国税局团支部	2013 年江苏省五四红旗团支部(总支)	省团委
白甸镇袁兵草莓专业合作社	2013 年江苏省农民专业合作社青年示范社	共青团江苏省委、省农业委员会
中洋河豚庄园有限公司	2013 年江苏省青少年农业科普示范基地	共青团江苏省委、省农业委员会
县开发区新生街道团委、海安中等专业学校团委	江苏省五四红旗团委创建单位	共青团江苏省委
共青团海安县委	全省团属报刊宣传工作先进单位	共青团江苏省委
角斜小学	平安校园	省教育厅
南莫镇	江苏省和谐社区建设示范镇	省民政厅
统战部	优秀统战信息工作基层单位	省统战部
县总工会	江苏省“安康杯”竞赛组织工作优秀单位	省总工会、省安监局
县总工会	2013 年度全省组建工会和发展会员工作考核县(市区)优秀奖	省总工会
县总工会	2013 年度全省工会工资集体协商工作优秀奖	省总工会
县总工会	江苏省工会新闻宣传工作优秀单位	省总工会
县总工会	2014 年度《中国工会财会》先进征订发行单位	省总工会财务部、省工会会计学会
县妇联	全省妇女儿童工作先进集体	省妇儿工委
县档案局	全省档案宣传工作先进集体一等奖	省档案局
县档案局	省级中小学档案教育社会实践基地	省教育厅
县档案局	江苏省 AAA 级数字档案室	省档案局
县地震局	江苏省县级防震减灾综合考核先进单位	省地震局
县审计局	2014 年度全省审计通联工作成绩突出单位	省审计厅
县审计局	2013 年度全省审计信息宣传工作成绩突出单位	省审计厅
县高新区镇南街道团委	2013 年江苏省五四红旗团委	共青团江苏省委
慧源文化传播有限公司	省服务业创新示范企业	省服务业创新发展领导小组
新华书店	2014 年度图书发行先进单位	江苏凤凰出版传媒股份有限公司
县希望办	江苏省希望工程“圆梦行动”十周年优秀组织奖	省青少年发展基金会、省希望工程办公室
县青企协	江苏省希望工程“圆梦行动”十周年爱心成就奖	省青少年发展基金会、省希望工程办公室
省海安高级中学团委	2014 年度江苏省十佳中学共青团组织	共青团江苏省委
县文广新局	2013—2014 年度全省新闻出版依法行政示范点	省新闻出版局
县退休职工艺术团	省特色文化团队	省文化厅
曲塘镇	书香之乡	省委宣传部、省新闻出版局
县财政局	全省农村环境连片整治示范工作先进集体	省财政厅、省环保厅

续表 32

获奖单位	荣誉称号	授予单位
县统战部	优秀统战信息工作基层单位	省委统战部
高新区海南社区	江苏省服务离退休干部示范社区	省委组织部、老干部局、省人社厅
县法院	集体二等功	省法院
县法院档案室	全省AAA级数字档案室	省档案局
曲塘法庭	全省法院优秀人民法庭	省法院
县政法委	2011-2014年全省社会治安综合治理先进集体	省委、省政府

市级先进集体

表 33

获奖单位	荣誉称号	授予单位
县海洋与渔业局	海域管理先进单位	市委市政府
县海洋与渔业局	科普工作先进单位	市委市政府
县民营经济关工委	全市关心下一代工作先进集体	市委市政府
南莫镇	推进高效设施农(渔)业规模化先进单位	市委、市政府
南莫镇	水利建设先进单位	市委、市政府
县科技局	南通市党政领导科技进步考核优秀单位	市委、市政府
县科技局	2013年度县(市)组科技进步考核优秀单位	市委、市政府
县科技局	人才工作考核优秀单位	市委、市政府
县环保局	2014年度生态文明建设先进集体	市委、市政府

先进个人

国家先进个人

表 34

姓　名	荣誉称号	获奖人单位	授予单位
孙　月	全国工会经审工作优秀干部	总工会	全国总工会经审委
笪鸿郜	社会扶贫工作先进个人	苏中集团	国务院
濮中义	2013—2014年度全省建筑行业管理先进工作者	住建局	住建厅
王奇寅	影响中国收藏界经典人物艺术造像奖优秀国画家	文化馆	中国西部发展促进会、中国民间文艺家协会等
陈　敏	第九届全国农村青年致富带头人	天成科技集团有限公司	共青团中央、农业部
唐继华	"邮储银行杯"2014年中国青年涉农产业创业创富大赛全国赛150强	瑞华生物工程有限公司	共青团中央、农业部、中国邮政储蓄银行等
王　健	入选2012年度"全国百名优秀团县委书记讲堂"	县民政局	共青团中央农村青年工作部
杭永兰	全国农村青年致富带头人	婷婷农副产品公司	共青团中央、国家农委
丁培培	全国法院人民法庭工作先进个人	县法院	最高人民检察院
丁培培	全国法院办案标兵	县法院	最高人民检察院

省先进个人

表 35

姓　名	荣誉称号	获奖人单位	授予单位
吕晓松	个人二等功	公安局	省委 610 办公室
王　勇	个人二等功	公安局	省公安厅
韩良义	2013 年度全省国税系统信息工作先进个人	国税局	省国税局
黄志平	江苏省工会新闻宣传工作优秀工作者	总工会	省总工会
於德甫　崔益林 储冬生　周振宇	特级老师称号	教育局	省教育厅
秦广荣	团属报刊宣传工作先进个人	共青团海安县委	共青团江苏省委
罗湘军	江苏省青年岗位能手	海安高级中学	共青团江苏省委、省人社厅
唐继华	江苏省农村青年创业项目大赛优胜奖	瑞华生物工程有限公司	共青团江苏省委、省农业委员会等
曹加圣	2014 年度江苏省农村青年致富带头人标兵	慧源文化传播有限公司	共青团江苏省委、省农业委员会
刘彬彬	“科技绿洲”江苏青年创新创业大赛正式创业组三等奖	掌中信息技术有限公司	省人才办、团省委、省人社厅等
唐继华	“邮储银行杯”2014 年中国青年涉农产业创业创富大赛江苏地区赛创业成长组第二名	瑞华生物工程有限公司	共青团江苏省委
周爱勇	第二届中国江苏创新创业大赛三等奖	发达石油仪器科技有限公司	省人才办与省经信委、教育厅、团省委等
贲友兰	江苏省新闻出版行业感动人物	慧源文化传播有限公司	省新闻出版局
郑红武	2014 年江苏省好青年	南通科飞生态农业发展有限公司	共青团江苏省委
罗湘军	2014 年度江苏省中学共青团工作先进个人	海安高级中学	共青团江苏省委
徐　进	全省理论宣讲工作先进个人	县党校	省委宣传部
刘　浩	全省未成年人零犯罪社区(村)创建工作先进个人	共青团海安县委	省预防办、省源治办、省关工委

市级先进个人

表 36

姓　名	荣誉称号	获奖人单位	授予单位
吉拥庆	南通市先进工作者	人社局	市政府
王峥嵘	南通市先进工作者	公安局	市政府
曹　进	2013 年度安全生产工作先进个人	安监局	市政府
金宏伟	2013 年度安全生产工作先进个人	安监局	市政府
朱海雷	南通市先进工作者	国税局	市政府
沙峰峰	南通市劳动模范	华新集团	市政府
韩良荣	南通市劳动模范	信拓集团	市政府
徐晓军	南通市劳动模范	农村商业银行	市政府
刘树华	南通市劳动模范	苏中建设集团	市政府
刘厚纯	南通市劳动模范	达欣工程公司	市政府
朱时林	南通市先进工作者	中医院	市政府
韩良根	南通市先进工作者	墩头水利站	市政府
吉浩明	南通市先进工作者	人民医院	市政府
张忠宏	南通市先进工作者	财政局	市政府

文　献

一、县委十二届七次全委会报告(摘要)

这次会议的主要任务是，深入学习贯彻党的十八届三中、四中全会、中央经济工作会议和习总书记视察江苏重要讲话精神，全面贯彻落实省市全委会、经济工作会议精神，总结今年工作，分析研判形势，部署明年任务，动员全县上下抢抓机遇，扎实工作，积极有为推动深化改革，坚定不移建设法治海安，为全面建成更高水平小康社会而努力奋斗。

一、县委常委会一年来的主要工作

今年以来，县委常委会在上级党委的正确领导下，以全面深化改革统领全局，坚持稳中求进工作总基调，统筹推进经济、政治、文化、社会、生态文明建设和党的建设，经济社会保持了持续健康发展。

——预计实现GDP603亿元，增长11.3%。公共财政预算收入54.1亿元，增长16%。固定资产投资442亿元，增长20.5%。城乡居民人均可支配收入分别达31887元、15155元，增长10%、11%。在中国中小城市综合实力、最具投资潜力中小城市百强县市排名中，分别跃升至第32位和第11位。

——预计实现工业开票销售895亿元，增长17.2%，总量五县市第一。工业用电总量五县市第二。建筑业施工总产值突破千亿大关，入库税金10.1亿元，增长14.8%。

——预计完成服务业应税销售627亿元，增长15.5%。服务业占GDP比重42%。社会消费品零售总额231亿元，增长12.8%。3A级以上物流企业数全市第一。

——稻麦单产连续9年保持全省第一。预计实现村营收入1.8亿元，增长12.6%。农业现代化、水利现代化水平稳居全省第一方阵。

一年来，县委常委会着力抓了以下几个方面工作：

(一)以习近平总书记系列重要讲话精神指导实践推动工作

学习贯彻习总书记系列重要讲话精神，是一项重大政治任务和贯穿海安工作始终的一条主线。县委中心组率先垂范，邀请领导同志、专家学者、先进人物作专题讲座7次。组建宣讲志愿者队伍，到基层宣讲200余场，受众近3万人次。各级党委(党组)也都加大学习强度，推动学习贯彻不断向纵深发展。通过学习，广大党员干部政治自觉、理论自觉、实践自觉进一步增强，凝聚起推动海安科学发展的强大正能量。

学习贯彻习总书记系列重要讲话精神，目的在于统一思想、振奋精神、推动工作。我们准确把握习总书记提出的发展进入新常态的重大战略判断，坚持以经济建设为中心，在发展导向上突出质量效益，在衡量标准上强调群众认可，不断提高经济社会发展水平。把学习习总书记系列重要讲话精神同贯彻落实全面深化改革的要求结合起来，力求在重点领域和关键环节上取得突破。引导广大党员干部深学笃行习总书记关于贯彻群众路线、转变工作作风的重要论述，做到内化于心、外化于行。通过对发展思路和工作部署的一系列调整，全县上下干事创业的精气神进一步提升，实现了稳增长、促转型、惠民生、保稳定的互动并进。

(二)扎实有效开展党的群众路线教育实践活动

按照中央和省市委统一部署，我们以“炼为民之功、融干群之情、领发展之先”为出发点和落脚点，在全县5万多名党员中全面开展党的群众路线教育实践活动。加强理想信念教育，县委中心组先后举办12次中心组学习会议，围绕“为了谁、依靠谁、我是谁”等6个专题广泛开展讨论。科级以上干部撰写500多篇体会文章，形成了一批理论成果。突出问题导向，聚焦“四风”问题下重拳，县委18项专项整治任务基本完成，规范了会议、文件和评比表彰活动，查处了挥霍浪费、慵懒散拖等问题，349个行政审批、服务事项以“权力清单”形式公示。积极回应群众、基层关切，“县级机关服务企业科技行、清水工程、为民服务中心建设、阳光帮扶工程”四大具体实践活动赢得群众认可。注重建章立制，先后制定完善53项制度规定，推动作风建设制度化常态化。认真召开专题民主生活会，拿起批评和自我批评武器，动真格、敢亮丑、互揭短，开出了辣味。通过教育实践活动，全县广大党员、干部经历了一场深刻的思想洗礼，党群干群关系更加密切，党风、政风和社会风气为之一新，得到了社会各界的广泛好评。

(三)积极主动推进全面深化改革

县委常委会认为，今年是全面深化改革开局之年，要在上级顶层设计的大框架下，结合海安实际，不等不靠，把能做的先做起来，以改革的率先支撑发展的领先。成立县委全面深化改革领导小组，统一部署深化改革各项工作，明确了政府职能转变、城市社区管理体制改革等11项具体任务，取得了初步成效。

积极争取先行先试，力争取得更多改革红利。与中科院联合编制的《以人为核心的新型城镇化与城乡发展一体化综合改革试点总体方案》，得到省市发改委领导的充分肯定，积极争取进入全省新型城镇化试点范围。省发改委将海安作为国家中小城市综合改革试点城市推荐上报国家发改委。

围绕处理好“政府和市场”这个核心问题，县委十二届六次全会提出打造创新创业型城市，通过创新推动经济转型升级，通过创业全面激发市场活力，全年新发展个体工商户8024户，新增私营企业2023家。积极深化建筑业改革，努力构建“管理服务型母公司—生产经营利润型子公司”新型经营体系，大力推行项目模拟股份制、项目承包制等经营模式，全年新增建筑业子公司71家，建筑企业活力得到极大释放。

深化行政管理体制改革，稳步实施政府职能转变和机构改革，出台《海安县深化行政审批制度改革重点工作方案》，积极推进县级机关绩效考核省级试点工作。扎实开展曲塘、李堡市级中心镇行政管理体制改革试点工作，下放县级审批事项341项。全面推行主要负责人“四个不直接分管”市级试点工作，不断健全“三重一大”事项集体决策、层级备案、定期督查和责任追究制度。

(四)全力以赴确保经济持续领先健康发展我们始终坚持发展这个第一要务不动摇，理性看待经济发展条件和环境的变化，把主要精力都用到提质、增效、升级上。

全力提升经济发展水平。工业经济快速健康发展，亿元企业数、规模企业数全市第一，联发集团、铁锚玻璃跻身全省优秀民营企业百强，中国天楹成为今年全市首家上市企业，科达建材新三板挂牌。成功获批“国家火炬海安磁性材料及制品特色产业基地”。服务业发展持续攀高,期货交割库群、保税物流等六大功能平台,家具、有色金属等十大物资集散中心建设有序推进,电梯、纺织丝绸等全产业链培育工作成效明显,李学勇省长今年三次给予肯定。现代农业稳步发展,新增高效设施农业3.07万亩,规模流转土地8220亩。培育全托管服务主体63家,托管面积2.7万亩。农机化综合水平、高标准农田建设占比继续位居苏中苏北第一。秸秆燃料化利用工作全省放样,被评为全国平安渔业示范县、省村级“四有一责”建设先进县。

把“有效益的投资”摆在经济工作的重要地位。通过加强项目招引、鼓励本土企业实施技改等途径,全年新增工商注册外资6亿美元,外资到账3.3亿美元;实现技改投入20.1亿元;新开工亿元以上工业项目100个,新竣工35个。狠抓设备投入,推行严格的项目管理制度,完成增值税抵扣设备投入32亿元,总量全市第一,亩均设备投入强度不断提升。

把科技创新作为海安发展的核心战略。大力开展“县级机关服务企业科技行”活动,实施产学研合作项目187个,新增成果转化项目58个,合作经费6349万元,服务科技创新成为所有部门的自觉行动,推进科技创新成为广大企业的不懈追求。成功举办“创新创业在海安”、“中科院专家走进海安”等活动,一批创新成果加速向海安集聚。高新技术企业总数达98家,预计实现产值830亿元,增长25%,占规模工业比重47%。获省产学研前瞻项目15个,占全省九分之一。开发区获批苏中苏北首家国家级知识产权试点园区。南京大学海安高新技术研究院、上海交大海安智能装备研究院、苏州大学海安先进机器人研究院建成运行。建成首个国家级长江珍稀鱼类产业技术创新战略联盟。

不断强化运行监测,及时帮助企业解决资金、用工、土地等难题。金融机构贷款余额677.4亿元,总量、增量、增幅、存贷比四项指标继续保持苏中前列。引进国家“千人计划”专家14人,各类高层次人才193人,高校毕业生5013人。常态化开展招工引劳,吸引各类劳动力11409人,缴纳社会保险5291人。积极争取土地指标,今年新开工项目用地指标全部落实到位。

加快平台打造,中意海安生态园成为全国唯一落户县级城市的政府间国际合作园区。国家级开发区、省级高新区承载能力不断增强;滨海新区、商贸物流产业园、雅周现代农业园各类项目竞相落户;7个镇级科技产业园建设稳步推进。

(五)持之以恒抓好新型城镇化与城乡发展一体化建设

我们抢抓国家新型城镇化发展战略机遇,突出重点区域和重要节点建设。新一轮城市总体规划获市政府批准,7个区镇总体规划修编完成。文化艺术中心等“五大中心”完成主体结构施工,东洲公园二期、新华河整治、雨润城市综合体等重点工程加快推进。在苏中地区率先实现天然气管网区镇全覆盖。新开工安置房面积160万平方米,竣工62万平方米,“房等人”步伐加快。争取保障性安居工程专项资金6362万元,五县市第一。曲塘、李堡入选全国重点镇。火车站客运新站房基本建成,铁路1号专用线主体工程完工。204与328国道互通、204国道白甸连接线、雅周连接线建成通车,353省道等交通重点工程稳步推进。物业管理工作“老旧小区‘扫盲’、农民安置区达标、新小区创优”专项行动成效明显,中大街社区、星海社区成功创建省城市管理示范社区。大力实施清水工程,整洁河验收通过率达50%,52个村通过达标村验收。完成成片造林2.5万亩,林木覆盖率达23.25%。

(六)始终坚持民生优先发展成果惠及百姓

我们把“人民对美好生活的向往”作为价值追求和奋斗目标,让广大人民共享发展成果。15件为民办实事工程扎实推进。累计10.5万名失地农民纳入被征地农民社会保障,城乡基本养老保险、医疗保险覆盖率稳定在96.5%以上。累计支付城乡居民大病再保险2969万元、7832人次。省级创业型县通过评估验收。城乡社区居家养老服务机构实现全覆盖。启动创建县域教育现代化工作,中高考再创佳绩。国家卫生县城通过复审验收,75%的社区卫生服务站完成达标建设。率先在全市实现农家书屋先进镇全覆盖,全国文化先进县通过复查,文化精品获奖数全省领先、全市第一。文明城市创建初评获得好评。启动村级为民服务中心建设,“一村一策”制定新建、扩建、改造提升方案,规范建成135个。成功举办第十届法治文化节,连续10年获评省平安县,被表彰为全国“六五”普法中期先进县、全省社会治安综合治理先进县,刑事发案率全市最低,公众安全感、法治建设满意度保持省市领先。海安在全国率先实施的行政机关负责人出庭应诉制度,写进了十八届四中全会报告。扎实开展“五大专项行动”,积极推进“阳光信访”试点工作,严格落实“党政同责、一岗双责、齐抓共管”的安全生产责任制,圆满完成青奥会维稳任务。

(七)凝心聚力加强党的建设

县委常委会认为,形势越是严峻,任务越是艰巨,越要聚精会神抓好党的建设,为发展提供根本保证。不断加强思想理论建设,县委被评为全省学习型党组织、学习型领导班子建设工作示范点。切实加强精神文明建设,大力开展“践行核心价值观,争做最美海安人”和“做谦恭有礼海安人,建大美海安文明城”等主题教育活动,“好人赵顺秋”等凡人善举典型不断涌现。树立鲜明的用人导向,“优秀的品德、出色的业绩、清廉的本色、公认的口碑、阳光的心态”海安好干部标准成为共识。启动干部选拔任用全程纪实系统建设,健全以“成绩单”为核心的干部实绩评价体系。认真开展“谈优谈差”活动,畅通基层干部表达心声渠道。积极推进基层党组织“五化”建设,“惠民党建”品牌影响力不断提升。扎实开展“走基层、送服务、访民生、解难题”活动,解决各类问题356条。组织开展“三抓三提”机关作风效能建设主题教育活动,认真督查作风建设各项规定执行情况。全面加强党风廉政建设和反腐败工作,注重预防和惩治腐败,推进制度廉洁性评估省级试点工作,强化对政府投资工程招标投标、工程建设标后管理等领域的电子监察和预警防范。落实好党管武装制度,被评为海上侦查行动先进单位。统战工作和工会、共青团、妇联、残联等群团工作继续走在省市前列。机构编制、老干部、关心下一代、慈善、扶贫等各项工作取得新进展。

一年来,县委常委会高度重视加强自身建设,修订完善全委会、常委会议事决策规则和各项制度，坚持重要问题、重要决策、重要人事任免和大额资金使用都经集体讨论决定。注重发挥县人大、政协的重要作用，调动各方面的积极性和创造性，巩固和发展了政通人和、心齐气顺的生动局面。各位常委会成员带头服从大局，互相支持，带头加强党性修养，自觉接受监督，努力在各方面特别是在改进作风上当好表率。

一年来，面对复杂多变的宏观形势和艰巨繁重的发展稳定任务，县委常委会充分发挥统揽全局、协调各方的核心作用，坚定信心、凝聚共识，团结带领全县广大干群一心一意抓发展，心无旁骛干事业。县四套班子领导心往一处想、劲往一处使、同唱一台戏；县级机关部门全员参与中心工作，保持了争先进位的激情；广大镇村干部在工作中你追我赶、忘我奉献；广大企业家开拓进取、精明开明，在严峻形势中实现了难中求进；广大群众支持发展、关心发展，共建美好家园、共建和谐社会。全县上下形成了抢杯夺旗、勇争一流的浓厚氛围，形成了真抓实干、顶真务实的工作作风，经济社会保持了又好又快的发展势头，各项核心指标在全市处于领先地位，进一步提振了广大干群干事创业的信心，也为海安推动科学发展奠定了坚实基础。这些成绩的取得，得益于上级党委政府的正确领导，离不开历届县领导班子打下的坚实基础，凝聚着全县各级党组织、全体党员干部和广大人民群众的智慧和汗水。

在总结成绩的同时，我们也清醒地看到存在的问题和不足，主要是：宏观经济形势依旧复杂多变，少数企业运行困难，对经济新常态认识还不足，特征把握还不全，创新意识还不强；民生保障与群众期待还有一定差距；少数党员干部领导科学发展、驾驭复杂局面、做好群众工作的能力还需要进一步提升，等等。我们要始终保持清醒头脑，积极采取有效措施加以解决。

二、全面增强新常态下实现海安科学发展、跨越发展的必胜信念

不久前召开的十八届四中全会和中央经济工作会议，对全面推进依法治国和做好当前及今后一段时期经济工作作了重要战略部署。中央从九个方面系统阐述了新常态带来的趋势性变化，作出了“四个转向”的重大理论判断，提出了“八个更加注重”的新要求。认识新常态、适应新常态、引领新常态，是当前和今后一个时期我国经济发展的大逻辑。新常态下，最为直观的是，经济继多年保持两位数高速增长之后步入中高速增长。拉动经济增长的投资、消费、出口“三驾马车”出现明显变化，新兴领域投资机会不断涌现，个性化、多样化、服务性消费渐成主流，高水平引进来、大规模走出去正在同步发生。最为深刻的是，经济结构加快调整、优化升级。结构调整正在向更深层面、更广领域推进，产业结构优化升级步伐加快，生产小型化、智能化、专业化成为产业组织新特征，资源环境约束加剧倒逼形成绿色低碳循环的发展方式，新型城镇化和城乡发展一体化动能正在释放。最为根本的是，增长动力从要素驱动、投资驱动转向创新驱动。新的市场竞争环境，促进企业更加注重质量和品牌；低成本劳动力优势逐渐削弱，经济增长将更多依靠人才智力；全面深化改革向纵深推进，推动了发展新模式的逐步形成。

新常态绝不只是速度的换挡，更重要的是结构优化升级、质量效益提升，是进步的常态、趋好的常态。我们要以成熟理性的心态适应新常态，积极向上的姿态迎接新常态，把握主旋律、汇聚正能量，努力做到“调速不减势，量增质更优”。对于政府而言，要积极转变经济工作方式，更多依靠市场的力量、运用市场的手段推动发展，让市场活力得到充分释放；对于企业而言，要积极转变经营发展方式，通过持续不断的创新活动，加快从产业中低端向中高端迈进，实现企业的长久发展；对于社会而言，要积极转变传统思维方式，努力适应思维习惯、社会心态、生活方式等一系列广泛而深刻的变化。

习总书记12月13—14日在江苏视察时，要求江苏在“五个方面”迈上新台阶，努力建设经济强、百姓富、环境美、社会文明程度高的新江苏。省委也专门召开了十二届九次全会，发出了“迈上新台阶、建设新江苏”的动员令，并要求有条件的地方发展步伐更快一点。

经过多年快速发展，海安已经迈上了一个新的能级，成为长三角北翼发展速度最快、发展质态最优、发展后劲最强、发展前景最好的地区之一。从交通条件的改善来看，海安将成为长三角北翼重要的“节点城市”。随着宁启铁路电气化复线、沪通铁路等多条快速铁路的加快建设，海安即将阔步迈入“动车时代”，成为人才、资金、技术的聚合点，成为抢抓新一轮发展机遇的兴奋点。从经济发展规律来看，海安必将成为新一轮投资的热点城市。海安具有较高的投资性价比，比起上海和苏南，海安的投资空间更大、成本更低；放眼苏北，海安又具有“准苏南”的区位优势；置身苏中，海安拥有领先周边的区位、产业、载体等发展优势。从已有的条件来看，海安具备了实现科学发展的坚实基础。海安农业稳居全省第一方阵，新型工业化位居江北前列，服务业连续多年保持高位增长，现代化中等规模城市初具规模。同时，我们还拥有完备的公共服务体系，形成了推动科学发展的良好环境。从中意生态园的成功落户来看，海安在发展理念、发展模式上将会更多地与国际化接轨。中意海安生态园的落户建设，标志着海安国际化水平进入了一个崭新的时代，将有力地提升海安的企业国际化、城市国际化、人才国际化水平。从海安广大干群涌现的“精气神”来看，已经凝聚了一股想干事、干大事的强大“正能量”。全县上下始终坚持高点定位、勇争一流，敢与高的比、敢与快的赛、敢与强的争。可以说，想发展、要发展已经成为海安人民的共同追求，抓落实、快落实已经成为海安干部的鲜明特征，争一流、创一流已经成为全县上下的价值取向。

新常态要有新追求、新动力、新作为。能不能在新常态下实现新发展，关键取决于我们观念更新的程度、攻坚克难的力度、工作落实的速度。在今后的工作中，我们必须做到“五个始终保持”，即：始终保持必胜信念、始终保持高点定位、始终保持昂扬锐气、始终保持苦干实干、始终保持清醒头脑。面对呼啸而来的“动车时代”，作为长三角北翼重要的“节点城市”，省委省政府、市委市政府对海安的发展寄予厚望，全县百万人民对海安的未来充满期待。我们理应在“迈上新台阶、建设新江苏”、全省“两个率先”的伟大征程中，抢抓机遇、放大优势、勇立潮头，深刻认识新常态特征，切实把握新常态规律,不断培育新的经济增长点,努力在新一轮区域竞争中脱颖而出,早日建成更高水平小康社会。

三、全面做好明年各项工作

2015年是推进法治海安建设的开局之年,是全面完成“十二五”规划的收官之年,也是全面深化改革、建成更高水平小康社会的关键之年,做好明年各项工作任务艰巨,意义重大。

2015年全县经济社会发展的总体要求是:深入贯彻落实党的十八届三中、四中全会、中央经济工作会议和省市全委会、经济工作会议精神,以总书记视察江苏重要讲话精神为指引,紧紧围绕“枢纽海安、物流天下”战略取向,充分发挥“动车时代、节点城市”新优势,坚持稳中求进工作总基调,主动适应经济发展新常态,始终突出“四化同步、产城融合、集聚集约、内涵提升”,全面深化改革,建设法治海安,促进经济持续健康发展、社会和谐稳定、人民幸福安康,为加快建成长三角北翼最具竞争力的新型工业化基地,江苏东部“公铁水”无缝对接的商贸物流高地,科技资源有效聚集、创业活力竞相迸发、社会和谐生态宜居的创新创业型城市,全面建成更高水平小康社会奠定坚实基础,在“迈上新台阶、建设新江苏”,南通早日建成长三角北翼经济中心、争当苏中新一轮发展“领头雁”新征程上做出更多的海安贡献。

2015年全县经济社会发展的主要预期目标是:地区生产总值增长11%以上,地方公共财政预算收入增长12%以上,工业开票销售增长15%以上,服务业应税销售增长25%以上,固定资产投资增长18%以上,城乡居民人均可支配收入分别增长10%、11.5%以上,城镇登记失业率控制在2.4%以内,全社会研发投入占地区生产总值比重突破2.4%,万元地区生产总值能耗和主要污染物减排完成上级下达任务。

根据上述总体要求和主要预期目标,明年要重点抓好以下七个方面的工作:

(一)更加注重实体经济发展,切实提高经济增长的质量和效益。始终突出工业经济主体地位,确保全年工业开票销售突破千亿元。

(二)更加注重功能提升,全面加快现代服务业发展。优先发展生产性服务业,大力提升生活性服务业,积极培育新兴服务业,确保全年应税销售增长25%以上。

(三)更加注重创新驱动,打造区域核心竞争力。围绕“巩固深入、扩面增量、提质增效”总体要求,全面做实科技创新,不断提升科技进步对经济发展的贡献率。

(四)更加注重开发开放,不断增强发展后劲。按照“招商带动、项目支撑、园区承载”发展思路,增创开放型经济新优势。

(五)更加注重富民强村,全面加快农业现代化进程。以农业现代化建设统领“三农”工作,进一步促进农业增效、农民增收、农村发展,持续保持现代农业在全省、全市的领先优势。

(六)更加注重城乡统筹,打造生态宜居环境。抢抓新型城镇化战略机遇,按照“精心规划、精致建设、精细管理”要求,全面提升以人为核心的城镇化发展水平。

(七)更加注重民生改善,着力提升人民群众幸福感和满意度。坚持以人为本、民生优先,注重民生工作的稳定性、连续性,切实解决老百姓最关心最现实的问题。

四、全面推进深化改革和法治海安建设

(一)加快推进重点领域改革。

1.加快推动政府职能转变。

2.切实增强市场主体活力。

3.着力优化资源配置。

4.努力提升城市管理水平。

*(二)全面推进法治海安建设。*围绕健全法治体系,建设法治海安目标,努力将各项工作纳入法治化轨道,推动法治海安建设持续走在省市前列。

1.着力提升全民守法自觉性。

2.全面推进法治政府建设。

3.大力提升执法司法公信力。

4.着力推动社会治理法治化。

5.加强法治工作队伍建设。

6.着力提升党对法治工作的领导。

五、全面提升党的建设科学化水平

(一)紧扣思想理论新内涵,系统、深入、持久地学习贯彻习总书记系列重要讲话精神。

(二)紧扣宣传工作新方针,弘扬“向上、法治、诚信、勤奋、创业”的海安人优秀特质。

(三)紧扣队伍建设新标准,锤炼履职尽责、德才兼备的好干部。

(四)紧扣基层基础建设新形势,打造坚强有力的服务型党组织。

(五)紧扣作风效能建设新规定,强化为民务实、踏石留印的干部作风。

(六)紧扣“全面从严治党”新要求,营造干部清正、政府清廉、政治清明的“三清”环境。

(2014.12.31)

二、县政府工作报告(摘要)

2014年,预计实现地区生产总值603亿元,增长11.3%;完成财政总收入127.9亿元,增长11%;公共财政预算收入54.1亿元,增长16%;全社会固定资产投资442亿元。实现城乡居民人均可支配收入分别为31887元和15155元,增长10%和11%。中意海安生态园成为全国唯一落户县级城市的国际合作园区。全国中小城市综合实力百强县、最具投资潜力中小城市百强县排名继续攀升,分别跃升至第32位和第11位。

一、综合施策保持经济平稳增长

*工业经济稳步发展。*完成工业开票销售895亿元,增长17.2%,总量全市第一。预计完成规模以上工业增加值404亿元,增长11.6%,增幅全市第一。净增开票销售超亿元企业30家,新增规模以上企业80家,总数分别达200家和854家,均保持全市第一。新增中国驰名商标5件,占全市一半。建成国家火炬海安磁性材料特色产业基地。常安现代纺织工业园成功获批南北共建园区。锦纶切片新材料产业园加快发展。莫塔、圣德曼等一批重大项目相继落户。联发集团、铁锚玻璃入围省优秀民营百强企业。中国天楹成功上市,科达建材“新三板”挂牌。银政企合作深入推进,贷款总量、增幅、存贷比等主要指标继续保持全市第一。海安农商行被列为全省小微企业转贷方式创新首批试点。实现工业用电量34亿千瓦时,全市第二。招工引劳形成机制,引进蓝领技能人才11409人。坚持节约集约用地,被表彰为省高标准厂房建设与使用一类先进地区。

现代服务业加速发展。服务业重点经济指标考核全市领先。预计完成服务业增加值253.3亿元，增长12.2%。服务业应税销售625.1亿元，增长15.1%。重点服务业集聚区建设全市第一。持续开展“物流周”活动，新开工服务业亿元以上项目30个。新认定3A级以上物流企业15家，全市第一。新增第三方物流企业58家、物流专线62条。东部全球家具采购中心、联发纺织材料物流交易中心被列为省服务业“十百千”重点项目。新增软件和服务外包企业12家，实现服务外包执行额5.6亿元。长三角电子商务总部基地落户海安，阿里巴巴.海安产业带即将上线运行。获批工信部电子商务示范区。实现旅游总收入42.2亿元，增长4.3%。江淮文化园获批4A级旅游景区，七星湖生态园、韩国钧故居获批3A级旅游景区。新增省三星级乡村旅游点2家。西泊乡村旅游集聚区初步建成。

现代农业高位发展。农业现代化、水利现代化水平继续处于全省第一方阵。在全国153家现代农业示范区中，综合排名第16位。稻麦单产实现全省九连冠。“一园三区六景”现代农业园区建设全面提速。雅周现代农业园加快建设。农机化综合水平、高标准农田建设占比继续位居苏中苏北第一。新增市级农业龙头企业10家，龙头企业总数全市第一。培育规模全托管服务主体63家、家庭农场401家。新建标准厂房58万平方米。完成村营总收入1.8亿元，增长14.8%，实现30万元的村全覆盖，100万元以上的村达50个。被表彰为全国平安渔业示范县、省“四有一责”建设先进县。“海安大米”“海安河豚”被认定为地理标志证明商标。

建筑业持续发展。预计完成建筑业总产值1020亿元，增长21%；入库地方税收10.4亿元，增长18.3%。苏中集团、华新集团入围中国民营企业500强，达欣公司、信拓集团、海洲集团等5家企业入选中国建筑业“双百强”。获鲁班奖4项、国优工程1项、詹天佑奖2项。构建“管理服务型总公司—生产经营利润型子公司”的母子公司体系，新增建筑企业子公司71家。

二、多措并举加快转型升级步伐

对外开放成效明显。精心组织金秋经洽会及上海、深圳等地系列招商活动。县领导领衔招商、区镇部门主要负责人主攻招商、专业人员驻点招商、境外机构委托招商的立体化招商格局基本形成。设立境外招商办事处11个，欧美、日韩和中国台湾地区招商成效日益显现。新批外资项目50个，新增工商注册外资6亿美元，完成外资到账3.3亿美元，增长9.5%。海关特殊监管区创建取得突破，保税物流中心(B型)报省政府待批。海安出口锻压机械质量安全示范区、海安出口紫菜示范区两家省级示范区和正元、润安物流保税仓库正式获批。天成、汇益成为大连商品交易所鸡蛋指定交割仓(厂)库。预计实现外贸进出口总额24亿美元，增长5.1%。

科技创新成效明显。扎实开展“县级机关服务企业科技行”活动，成功举办“创新创业在海安”和“中科院专家走进海安”活动。高新技术产业产值占规模工业产值比重达47%，全市第一。新增30万元以上产学研合作项目187项，实施成果转化项目58项，支付科研经费1.1亿元。获省产学研前瞻性联合研究项目15项，占全省1/9。中洋集团江苏省质量奖通过公示，苏中集团获南通市长质量奖，取得历史性突破。南京大学海安高新技术研究院、上海交大海安智能装备研究院、苏州大学海安先进机器人研究院、中科院周成虎院士工作室建成运行。新增企业研究院13家、校企共建研发平台64家。开发区获批国家级知识产权试点园区。成立首个国家级长江珍稀鱼类产业技术创新战略联盟。文凤集团等9家企业获批省级企业技术中心，增量全市第一。引进国家“千人计划”等顶尖人才14人，入选省“双创计划”、“博士计划”11人。引进高层次人才246人、高校毕业生5281人。

项目建设成效明显。坚持“一对一”项目经理服务制，创新项目审批提前介入模式，促进项目早开工、早竣工、早见效。新开工千万元以上工业项目258个，其中亿元以上项目100个，新兴产业类亿元以上项目33个，装备制造、纺织化纤等主导产业类亿元以上项目48个。新竣工千万元以上工业项目202个，其中亿元以上项目35个。以设备投入为核心，严格执行项目审核制度。完成增值税抵扣设备投入32亿元，总量全市第一。

沿海开发成效明显。扎实推进沿海开发，务实开展月度重点交办工作点评活动。老坝港滨海新区建设进一步提速。特色鲜明的石材、家具等“3+1”产业园区初具雏形，入园亿元以上企业36家。新区生产、生活性配套设施及新城建设速度加快。办理海域使用权证4245亩。省级海安老坝港滩涂综合开发试验区申报通过综合评审。

三、科学统筹促进城乡协调发展

加快完善城市功能。《海安县城市总体规划(2012—2030)》获市政府批准。编制完成西大街修建性详规、火车站周边片区控制性详规及综合交通等专项规划。文化艺术中心、公共卫生中心、广电中心等“五大中心”主体完工。中医院门急诊大楼结构封顶。中洋豪生、王府邦瑞大酒店建成运营。雨润城市综合体和城市核心区建设进展顺利。北三环、如海运河景观大道建设加快推进，东洲公园二期工程抓紧实施，时代广场北延、长江路和黄海路两侧部分景观工程完成施工。中大街整治工程加快实施。县本级三大区域房屋征收任务基本完成。

加快小城镇建设速度。曲塘镇、李堡镇成功入选新一轮全国重点镇。各区镇基础设施进一步完善，镇区绿化、亮化、美化工程同步推进。天然气主管网实现区镇全覆盖，滨海新区天然气储配站建成运行。以精致酒店、小型城市综合体为重点的“八个一”工程稳步实施。雅周商务酒店主体封顶，南莫、白甸城市综合体开工建设。

加快打造枢纽优势。353省道完成路基桥梁工程。南屏大桥，204国道与328国道互通，204国道白甸、雅周连接线全部建成。9000平方米的火车客运新站房主体竣工。商贸物流园铁路1号线完成主体工程。新生大道下穿铁路通道建成通车，南海大道下穿铁路通道加快建设。沈海高速海安北互通获省批准。连申线一期10座桥梁，已有千禧大桥等8座建成通车。南通内河港海安港区凤山码头启动建设。

加快提升城市管理水平。全面推进城市环境综合整治，完成城区楼顶大型广告拆除等95个项目。建筑垃圾循环处理中心建设有序推进。开展渣土车、非机动车专项整治活动。实施以废品收购点、农贸市场等为主的城区环境专项整治行动。推进老旧小区“扫盲”、农民安

置房"达标"、新小区"创优"物业管理工作。星海社区等被评为省城市管理示范社区。

四、注重实效加强生态环境保护

高度重视环境保护工作。坚持把生态文明建设作为重中之重，以刚性约束促进绿色发展、资源节约、环境保护。大力发展循环经济，15个市级循环经济重大项目全部开工建设。开展保障环境质量专项行动，排查整改突出环境问题128件。实施部门联动执法，对74家单位和个人环境违法行为进行查处。加快推进环境监督管理信息化，环境电子视频监控中心启动建设。新增造林绿化面积2.5万亩，林木覆盖率达23.9%。

扎实推进环境整治。精细化工园区企业废气专项整治通过现场整改核查。全面完成电镀行业专项整治。44项减排工程实施到位，化学需氧量、氨氮等4项约束性指标削减量完成省市任务。淘汰25台燃煤锅炉，超额完成市下达指标。加大重点工业企业、施工场地等烟尘管控力度，空气质量优良天数比例高于省市下达指标。1300余户畜禽养殖户(场)治污设施完成升级改造。顺利通过省村庄环境整治全域性验收，实现星级康居乡村全覆盖。

大力实施"清水工程"。全面启动"清水工程"三年建设计划。一二级河道实行市场化保洁，三四级河道推行"以河养河"生态保洁。全县62%的河道达到整洁河标准，60%的村通过达标村验收。新华河治理初显成效，老通扬河、洋港河等城区河道整治加快推进。凤山北路等区域污水管网工程基本完成，城北污水处理厂主体竣工。

五、加大投入提升民生事业水平

实事工程全面完成。持续加大民生事业投入，县本级民生支出30.9亿元，占县本级公共财政支出的75%，增长24%。全力办好15件民生实事，年度目标全部完成。县城区安置房建设新开工160万平方米，竣工63万平方米。新建改造农村四级公路及特色园区道路100公里、农桥163座，完成焦港河、北凌河等护坡工程107公里。优化调整后的城市公交线路开始运行，县城公共自行车服务系统投入使用。少年宫改造建成，长江路幼儿园加快建设。全县36家预防保健门诊达市级规范化建设标准，10家区镇卫生院建成数字化儿童免疫接种和保健门诊。

保障体系不断健全。做好高校毕业生、被征地农民、下岗失业人员、零就业家庭等群体的就业工作。落实社保补贴、技能培训等就业援助政策，共补助9319人、943万元。新增就业、再就业1.22万人。新增创业1595人，发放小额担保贷款1777万元。顺利通过省级创业型县评估验收。"五大保险"参保人数稳步提升，养老保险实现城乡对接。10.5万名失地农民纳入社会保障。大病再保险累计救助9330人次、3470万元。提高各类社会救助对象的保障标准。镇、村(社区)居家养老服务中心(站)建成率100%，困难老人"一助一"居家养老政府购买服务对象达1024人。

社会事业加快发展。全面启动县域教育现代化创建工作。教育综合改革扎实推进，中高考综合指标继续保持省市领先，省文科、市理科状元花落海安。实验中学通过四星级高中验收。城南实验中学二期等工程有序推进。启动县级公立医院医药价格综合改革。85%以上的社区卫生服务站完成达标建设。国家卫生县城复审顺利通过验收。获评省幸福家庭计划项目县。开展全县首届公共文化服务展示月活动。原创歌曲《我们的中国梦》获全国"五个一工程"奖，11件作品获省"五个一工程"、"五星工程"奖，获奖数量全市第一。顺利通过全国文化先进县复查验收。成功举办第八届全民运动会。

社会大局和谐稳定。扎实开展"践行核心价值观，争做最美海安人"主题实践活动，赵顺秋、卢华被评为"中国好人"。社会公众安全感全省第一，法治建设满意度全市领先，连续10年荣膺省"平安县"称号。被表彰为省法治建设示范县、省社会治安综合治理先进县。获评全国"六五"普法中期先进县。应急新闻发布工作全省放样。信访目标管理综合考核连续3年获省优秀等次。120个村级为民服务中心通过验收。药品零售企业分级分类管理稳步实施，食品药品安全监管有力。坚持安全生产"党政同责、一岗双责"，安全生产保持稳定向好态势。参加全军海上侦察行动演习，受到南京军区和省国动委表彰。连续五届被授予省双拥模范县称号。

六、积极稳妥推进县域各项改革

重点领域改革取得突破。积极推进行政审批制度改革，制定公布行政权力、行政审批等"5张清单"。稳步推进大部门制改革，新组建市场监督管理局、卫生和计划生育委员会，同步调整政府部门相关职能。以曲塘、李堡为试点，推进中心镇行政管理体制改革，下放县级经济社会管理权限341项。陆海统筹试点工作有序开展。中小城市综合改革有望成为全国试点。财政管理体制、投资审批等其他各项改革有序推进。

依法行政深入实施。顺利通过2014—2016年省级依法行政示范点专家评审。被誉为"海安样本"的"行政机关负责人出庭应诉"制度写入新修改的《行政诉讼法》。建立法律顾问队伍，实现县镇政府、执法部门全覆盖。围绕征地补偿、物业管理等方面，制定规范性文件6件，均向市政府和县人大常委会报备。制定重大行政决策程序规定和后评估实施办法。认真执行县人大常委会的决议、决定和审议意见，自觉接受县人大、县政协的监督，办结人大代表建议272件、政协委员提案241件。

职工权益保护、妇女、儿童、青少年、关心下一代、老干部、老区扶贫开发、慈善、残疾人事业、红十字、档案、台湾事务、外事侨务、民族宗教、地方志、机关事务管理、工商联、供销、消防、人民防空、防震减灾、气象灾害防御、邮政、盐务、保险等工作都取得新的成绩。

在总结成绩的同时，我们也要清醒认识到，经济社会发展中还有不少困难和问题。主要是：资源、环境等要素制约进一步加剧，做大总量和转型升级的双重压力还比较大；少数行业、少数企业增长乏力，抵抗风险的能力还不强；城乡建设品质内涵还需提升，精细化管理仍有一定差距；公共服务体系还不够健全，服务水平还要进一步提高；各种不稳定因素不同程度存在，社会治理面临新挑战；少数政府部门工作人员对新常态下的新要求适应还不快，作风效能建设有待进一步加强，等等。对此，我们将采取切实有效措施，认真加以解决。

2015年工作任务

2015年全县经济社会发展主要预期目标为:地区生产总值增长11%以上,公共财政预算收入增长12%以上，工业开票销售增长15%以上,服务业应税销售增长25%以上,固定资产投资增长18%以上,城乡居民人均可支配收入分别增长10%和11.5%以上,城镇登记失业率控制在2.4%以内,全社会研发投入占地区生产总值比重2.4%以上，万元地区生产总值能耗和主要污染物减排完成上级下达任务。　(2015.1.13)

调研报告

长三角新一体化背景下海安服务业发展路径探索

——写在海安人均GDP突破1万美元之际

一、引言

国务院发布的《关于进一步推进长江三角洲地区改革开放和经济社会发展的指导意见》，首次从国家层面对长三角区域经济发展做出指导,标志着长三角新一体化上升到国家战略的高度。国务院《指导意见》给长三角的发展带来了新的战略机遇,江、浙、沪全部纳入长三角经济区,有利于形成我国真正意义上的T型生产力布局，形成长三角一体两翼新格局,形成世界第六大都市群的基本框架。2013年,长三角地区GDP总量逼近10万亿元,达到97760亿元,比上年增加7809亿元,增速达9.7%;完成固定资产投资突破4万亿，达到47198亿元,同比增长16.7%;三次产业结构比例调整为3.1:47.4:49.5,第三产业占比首次超过第二产业，第三产业增加值占GDP比重比上年提高了1.5个百分点。

未来一段时期，长三角地区在经济发展上领头羊、在改革开放上排头兵作用和地位会进一步凸显,在新的背景下,服务业成为长三角产业调整的主要方向。2013年,海安人均GDP突破1万美元,进入了“上中等收入经济体”的发展新阶段,经济社会将进入重大转型期,这是一个重要的里程碑。这从地域发展阶段看意味着什么，如何抢抓长三角新一体化机遇,促进我县服务业转型升级,如何用国际化的眼光,以更开放的勇气、更科学务实的态度,立足自身的优势特点、面对困难和挑战，在新一轮扩大改革开放背景下走出一条创新驱动、转型发展的新路,是一个值得思考研究的大课题。基于以上思考，本文就长三角新一体化背景下海安服务业发展路径、方式及其相应的发展策略作一研究。

二、海安经济社会发展总体水平评价

(一)海安经济总量及结构纵向分析

2013年，海安县经济社会在又好又快的轨道上,继续保持跨越发展的势头,全县实现地区生产总值538.73亿元,按可比价计算,比上年增长12.5%,其中,第一产业增加值52.09亿元，增长3.4%;第二产业增加值266.48亿元，增长12.8%;第三产业增加值220.17亿元，增长14.3%。户籍人口人均地区生产总值57296元,比上年增长12.2%;常住人口人均地区生产总值62199元,按2013年人民币对美元的平均汇率计算，人均GDP达到10048美元，首次突破一万美元大关。全县完成财政收入115.19亿元，同比增长15.0%，其中公共财政预算收入46.63亿元,同比增长24.3%,实现工业总产值2601亿元,销售收入2541.69亿元,分别同比增长19.3%、19.2%,城镇居民人均可支配收入28988元,增长10.1%,农民人均纯收入13653元,增长11.5%。

“十五”以来，我县一产增加值占GDP比重逐年降低,由2001年的26.3%逐年降低到2013年的9.7%;2001年至2010年间第二产业增加值比重逐年增加,于2010年达到峰值54.3%，之后逐年下降,2013年达49.5%，占比均高于第三产业;第三产业增加值占GDP的比重在2004年达到最低值31.1%,此后逐年上升。从业人员占比与一、二、三产占比呈现相同的发展趋势，第二产业从业人员比重的走势波动要明显强于第二产业增加值比重的波动,而服务业从业人员、增加值比重的发展趋势相对平稳，显示服务业在经济波动中的稳定性较大;从业人员对服务业发展的支撑作用尚待加强，服务业从业人员结构需要进一步优化,目前,服务业从业人员占比滞后服务业增加值占比10~12个百分点。

西蒙·库兹涅茨等人的研究成果表明，工业化往往是产业结构变动最迅速的时期，其演进阶段也通过产业结构的变动过程表现出来。在工业化初期和中期阶段，产业结构变化的核心是农业和工业之间“二元结构”的转化。在工业化初期,第一产业比重较高,第二产业比重较低。随着工业化的推进,第一产业比重持续下降，第二产业和第三产业比重都相应有所提高，且第二产业比重上升幅度大于第三产业，第一产业在产业结构中的优势地位被第二产业所取代。当第一产业增加值占GDP的比重降低到20%以下，第二产业比重上升到高于第三产业时,工业化进入中期阶段;当第一产业比重再降到10%左右时，第二产业比重快速上升到最高水平，工业化进入后期阶段，此后第二产业的比重转为相对稳定或有所下降。工业在国民经济中的比

重将经历一个由上升到下降的"∩"型变化。2013年海安三次产业结构比重为9.7:49.4:40.9，根据西蒙·库兹涅茨的工业化划分标准，海安经济正处于工业化阶段到后工业经济过渡时期。

西蒙.库兹涅茨三次产业结构与经济发展阶段关系

表1

三次产业结构(%)			工业化时期	经济发展阶段
一产比重	二产比重	三产比重		
大于33.7	小于28.6	小于37.7	工业化准备期	初级产品生产阶段
小于33.7	大于28.6	大于37.7	工业化初期	工业化阶段
小于15.1	大于39.4	大于45.5	工业化中期	
小于14.0	大于50.9	大于35.1	工业化成熟期	
小于14.0	大于50.0	大于36.0	工业化后期	经济稳定增长阶段

(二)海安经济发展水平比较分析

1.与全国、全省水平比较

数据显示，2013年海安县GDP同比增长12.5%，高于全国4.8个百分点，高于全省2.9个百分点，从产业结构来看，二产相对发达，三产发展略微欠缺。就全国而言，海安各项指标均高出全国水平，且超越幅度较大。2013年海安县入围"2013年度中国中小城市综合实力百强县市"，综合实力排第33名；第十三届全国县域经济与县域基本竞争力百强县，海安县位列第53位，较上年提升两个位次，说明在全国范围内，海安经济社会发展水平较高。就全省水平来看，一产高出全省水平很多，但农民人均纯收入仅高出微小一截，城镇居民人均可支配收入、三产占比都低于全省平均水平，这表明海安在全省暂时还处于相对落后的位置，今后要借鉴先进县市经验，整合发挥全县资源，走出海安自身的特色发展之路，尽快赶上全省水平，并以良好的势头迈入中上水平。

2.与南通其他县市水平比较

从上表中可以看出，五县市经济发展水平差异较大，正如江苏省内有苏南、苏中、苏北三大梯度发展带一样，南通市内也有南三县、北三县之分(通州市2009年撤市建区，本文仅研究五县市)，海安地处北三县，在南通市内处于中等偏下的位置，人均GDP位居五县市第三，高于如东、如皋两县市，2013年第三产业增加值占GDP的比重达到40.9%，在五县市中位列第1位。

总体来说，海安在全国层面而言，属于东南沿海的发达县域，在全省层面经济发展处于中等水平，在市级层面落后于启东、海门，但差距在逐步缩小，处于北三县领头羊位置。

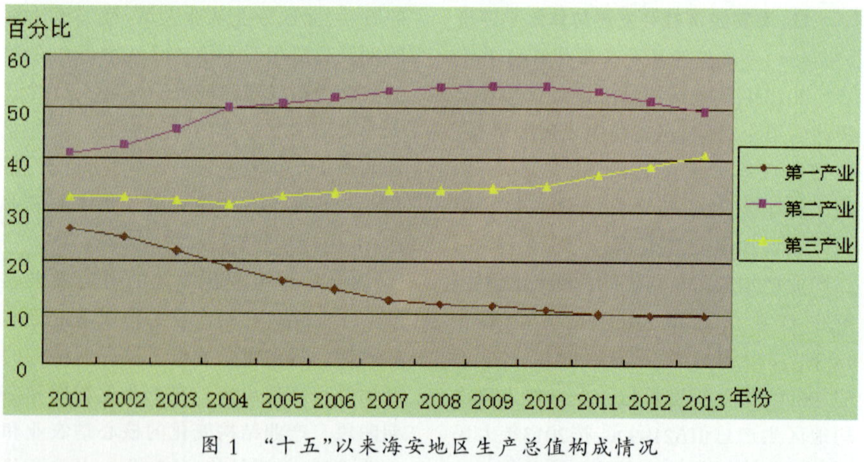

图1 "十五"以来海安地区生产总值构成情况

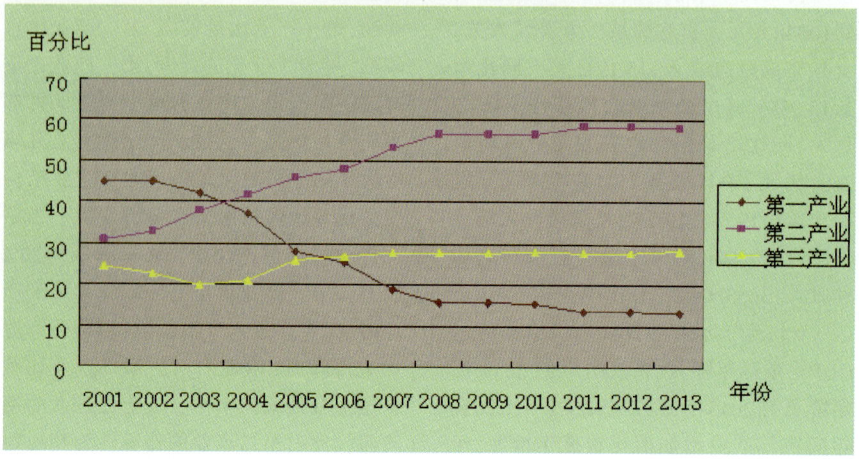

图2 "十五"以来海安三次产业从业人员结构轨迹图

(三)海安经济发展产业结构协调性剖析

目前，海安"一体三翼"("一体"即主城区，"三翼"分别是国家级经济开发区、省级高新技术开发区、省级商贸物流园区)的中等城市框架已初具规模，要实现2017年服务业增加值占GDP比重提高到48%以上这一目标，就必须拓展服务业这块蓝海，加快建设现代服务业集聚区，大力推进现代服务业跨越发展。然而，我县服务业发展存在着一定的不协调性，主要表现为：

1.服务业发展层次低，主要依赖传统服务业

在服务业内部，各行业对服务业的贡献度依次为：非营利性服务业(25.2%)、金融业(20.9%)、交通运输仓储和邮政业(15.1%)、房地产业(13.9%)、批发零售业(13.8%)、营利性服务业(7.7%)、住宿餐饮业(3.5%)。从服务业的内部结构看，非营利性行业依赖性强，虽然批发零售、住宿餐饮业、房地产业等传统服务业比重有所下降，但在总量上仍具有绝对优势，一些新兴服务业比重略有上升，服务业内部结构有一定的优化，但营利性服务业的增长速度仍小于服务业整体增速，在比重上进一步提高还需要在行业规模和整体行业效益上有所突破。

表2

海安与全国、全省2013年主要经济指标对比表

地区	GDP增长率(%)	三次产业比重	城镇居民人均可支配收入(元)	农民人均纯收入(元)
全国	7.7	10.0:43.9:46.1	26955	8896
全省	9.6	6.1:49.2:44.7	32538	13598
海安	12.5	9.7:49.4:40.9	28988	13653

资料来源:《海安统计年鉴》2013

表3

海安与南通其他县市2013年主要经济指标对比表

地区	人均GDP(元)	地方公共财政预算收入占GDP比重(%)	城镇居民人均可支配收入(元)	农民人均纯收入(元)	三次产业比重
全市	69050	9.6	30641	14268	6.8:52.1:41.1
海安	62199	8.7	28988	13653	9.7:49.5:40.9
如东	54431	7.6	28925	13081	11.6:49.2:39.2
启东	68653	8.9	29090	15101	9.9:50.6:39.5
如皋	52185	9.2	28491	12814	8.7:52.3:39.1
海门	82005	8.3	31420	15707	6.9:55.1:38.1

资料来源:《海安统计年鉴》2013

2.三次产业之间良性互动不足。目前在我县三次产业中，服务业占GDP比重40%左右,工业占50%左右。一产规模化程度相对不高，对农业服务需求相对较小。工业规模虽然较大,但具有优势的产业集群尚未真正形成，劳动密集型产业和产品仍占相当比重，对生产性服务业的需求层次和总量都相对不高，对现代服务业“拉力”不足。从产业链层面看,产前、产中、产后的服务业发展不充分,整个产业链条的运行效率不高，直接影响了企业的竞争力;从企业层面看,不少工业企业仅仅满足于赚取生产领域的利润,而不注重服务领域的开拓,服务外包不多且涉及面窄，与产品制造相关的金融、市场销售、人力资源、外购信息技术等占全部支出的比重偏小，缺乏核心竞争力，经济效益不佳，造成企业基础不牢,难以保持快速增长的势头,整体实力和行业竞争力在无法形成合力的情况下普遍不强。

3. 跨行业的复合型人才支撑不够。现代服务业,是知识密集型、智力密集型行业，能否健康发展关键取决于人才的竞争。但是,从专业知识结构上看,当前跨行业、跨领域、跨学科的复合型人才尤为短缺。服务业与工业、农业融合发展迫切需要兼备较强项目管理能力、良好技术背景、快速学习能力的复合型人才。这种人才既要掌握本行业前沿技术，并且对未来技术融合发展走势具有高度的敏感性，又要熟悉跨行业流程的理解和操控，具备高度的商业敏感性，且具备管理、沟通、合作能力,拥有较强的综合素质。但涉及产业发展,尤其是产业融合发展所需的复合型人才还很短缺。

三、经济发展同等水平时期全球服务业发展进程

日本人均GDP于1984年超过1万美元，新加坡和韩国的人均GDP分别是在1989年、1995年超过1万美元，而中国香港、中国台湾则是在1987年、1992年迈过了这个门槛。根据世界银行2008年最新的分类标准,人均国民收入低于975美元的经济体为低收入经济体，人均国民收入在976美元至3855美元之间为下中等收入经济体，人均国民收入在3856至11905美元之间为上中等收入经济体,人均国民收入在11906美元以上的为高收入经济体,并将“低收入”和“中等收入”国家称为“发展中国家”,将高收入国家称为“发达国家”。虽然世界银行按照自行的一套方法计算各国GDP和GNI数据,

表4

海安县服务业增加值内部结构一览表

行业	2013年	比重(%)	贡献率(%)	2012年	比重(%)	比重增减百分点
第三产业增加值(亿元)	220.17	–	–	186.15	–	–
交通运输仓储和邮政业	30.27	13.7	15.1	25.15	13.5	0.2
批发和零售业	42.96	19.5	13.8	38.26	20.6	−1.0
住宿和餐饮业	10.20	4.6	3.5	9.02	4.8	−0.2
住宿业	2.16	1.0	0.5	1.99	1.1	−0.1
餐饮业	8.04	3.7	3.0	7.03	3.8	−0.1
金融业	33.05	15.0	20.9	25.93	13.9	1.1
房地产业	31.87	14.5	13.9	27.16	14.6	−0.1
房地产业(K门类)	16.45	7.5	10.4	12.91	6.9	0.5
居民自有住房服务	15.42	7.0	3.4	14.25	7.7	−0.7
其他服务业	71.81	32.6	32.9	60.64	32.6	0.0
营利性服务业	23.59	10.7	7.7	20.98	11.3	−0.6
非营利性服务业	48.23	21.9	25.2	39.66	21.3	0.6

资料来源:《海安统计年鉴》2013

但计算结果与各国官方数据相差无几，人均国民收入与人均GDP大致相当，据此可以粗略看出，海安目前属于上中等收入经济体。

（一）美国人均GDP超过1万美元后经济发展的阶段性特征

国际经验表明，当人均GDP达到1万美元后，经济的快速发展不仅带来了经济总量的增长，还更加带来了社会经济成分、组织形式、利益关系和分配方式的日益多样化。总体上看，美国在进入人均GDP1万美元之后，经济发展主要呈现了如下一些基本特征。

1.产业结构以现代服务业为主导

20世纪50年代以来，以信息技术、知识产业发展为主要标志的知识经济使美国社会进入后工业化时代，科技创新能力的提高为服务业的发展提供了推动力。在进入人均GDP1万美元发展阶段后，第三产业占GDP的比重具有显著优势。1970年，美国第三产业占GDP的比重为64.0%，1997年，第三产业占GDP的比重也已经达到71.7%。同时，为适应后工业社会国民经济服务化的转变，其城市功能逐渐由生产型向服务型转变，产业结构开始进入以现代服务业为主导的阶段。

2.产业布局呈现新型产业分工格局

进入人均GDP1万美元的发展阶段后，美国的产业布局演变表现出两个主要趋势：一是制造业郊区化趋势。随着工业企业内部分工的不断细化，很多企业按照产业链的要求，将处于产业链中间环节的大规模生产活动向大都市区外围或其他地区转移，同时把公司总部、研发、设计和销售中心留在市中心，大都市更多地表现为研发设计中心，而不是生产中心，逐步形成在近远郊及周边重点建设高新技术产业化基地、现代制造业基地和在中心城区建设现代都市产业基地的新型产业分工格局；二是都市产业在旧工业区的重新繁荣。现代建筑技术和生产技术的发展，提高了空间利用效率，为以服装制造业和印刷出版业为主的都市工业在城市中心布局提供了可能。

3.城市空间结构从“单中心”向“多中心”转变

进入人均GDP1万美元的发展阶段后，美国以建设“新城”来替代“卧城”，城市空间结构从“单中心”向“多中心”转变。二战后，由于工业城市的拥挤、高犯罪率以及生态环境恶化，加之高速公路与家庭小汽车普及，美国联邦政府对新购房子的减税与贷款等优惠政策，大量城市中产阶级为追求自然生活而迁移到郊区，产生了大量的“卧城”。这些“卧城”给人们日常生活带来很多不便，对通勤交通也造成了很大压力。后来这些“卧城”在原有单纯居住功能的基础上，增加了产业、基础设施、社会配套服务设施等很多原来只有中心城市才具有的职能，从而形成了一种具有相当独立性的、功能齐全的新型城市即“新城”。“新城”的产生在很大程度上疏解了美国在工业化后期城市中心区所承受的压力。

（二）上海人均GDP超1万美元后经济发展特点研究

上海位于长江下游入海口，是长江三角洲的龙头城市。与其他省份相比上海虽然面积不大、人口不是很多，城市竞争力却居于全国领先位置，在国内各城市中上海仅次于香港，具有国际影响力。以时间节点来算，上海是中国内地第一个人均GDP超过1万美元大关的省份。2009年，上海全年实现国内生产总值(GDP)15046.45亿元，按常住人口计算，2009年上海人均GDP达到10125美元，首次突破一万美元大关。本文以上海市为例，研究其人均GDP超1万美元后经济发展特点。

改革开放后上海充分运用自身地理优势和人才优势，经济发展很快，作为沿海开放口岸，人才优势、外商投资及各企业、单位较激烈的竞争使上海经济发展形势良好。上海市人均GDP从5000美元到1万美元用了6年时间，人均GDP超1万美元之后经济增长速度并未逐年攀升，而是趋于理性。从产业结构来看，1999年之前，第二产业比重均超过第三产业比重，1999年之后第一产业占比逐年下降，第三产业占比超50%，占据主导地位。2013年，全市生产总值(GDP)21602.12亿元，按可比价格计算，比上年增长7.7%。其中，第一产业增加值129.28亿元，下降2.9%；第二产业增加值8027.77亿元，增长6.1%；第三产业增加值13445.07亿元，增长8.8%。第三产业增加值占上海市生产总值的比重达到62.2%，比上年提高1.8个百分点。

四、海安服务业发展特色、机遇及挑战

（一）海安服务业发展特色

1.总体规模持续扩张，三产贡献份额不断加大

2013年我县地区生产总值突破500亿元大关，达到538.73亿元，一产、二产、三产分别增长3.4%、12.8%和14.3%，对GDP增长的贡献率分别是7.5%、34.4%和58.1%，分别拉动GDP增长0.3、7.0和5.2个百分点。与2012年相比较，我县第一产业和第二产业的贡献率分别下降1.9和1.7个百分点，第三产业的贡献率提高3.6个百分点，显然第三产业已经成为拉动经济增长最重要的力量，成为地方税收的主要来源。2013年服务业实现地税收入25.37亿元，占地税总额的比重达64.9%。

2.传统行业稳步发展，骨干企业凸显优势

随着城市化进程的加快和人均收入的增长，批发零售业、住宿餐饮业等传统服务业以及房地产业的产业服务功能不断完善。批发餐饮业加快升级换代，逐步向以连锁店、大型超市、购物中心、专卖店、特色街、专业市场等新型业态为代表的现代商贸流通业转变。2013年，全县装饰装潢、茶饮休闲、汽贸修配等专业特色街建设初具规模，全县完成服务业应税销售543.1亿元，增长40.2%，实现社会消费品零售总额204亿元，增长13.3%，增幅全市第一，服务业占地区生产总值比重40.9%，占比五县市第一。金融保险业发展较快，逐步形成了国有商业银行、地方商业银行、股份制银行、产险、寿险、证券机构和其他融资机构共同发展的格局。

3.基础设施逐步完善，新兴服务业健康起步

“枢纽海安，物流天下”内涵进一步深化，影响进一步提升。商贸物流集聚区成为省级现代服务业集聚区、商贸物流产业园和重点物流基地。完成商贸物流业开票销售212.9亿元，增长32.3%，占服务业开票销售达42%。新增3A级以上物流企业5家，天赋力、亚太亿发物流信息平台上线运行，东部家具全球采购中心、

上海市历年三次产业结构及人均GDP演变轨迹

表5

年份	上海市生产总值(亿元)	占比			人均生产总值(按人民币计算)(元)	人均生产总值(按美元计算)(美元)
		第一产业	第二产业	第三产业		
1978	272.81	4.0	77.4	18.6	2 485	1 445
1979	286.43	4.0	77.2	18.8	2 556	1 787
1980	311.89	3.2	75.7	21.1	2 725	1 829
1981	324.76	3.3	75.2	21.5	2 800	1 642
1982	337.07	3.9	74.0	22.1	2 864	1 513
1983	351.81	3.8	72.6	23.6	2 947	1 492
1984	390.85	4.4	70.5	25.1	3 232	1 389
1985	466.75	4.2	69.8	26.0	3 811	1 298
1986	490.83	4.0	68.5	27.5	3 956	1 146
1987	545.46	4.0	66.8	29.2	4 340	1 166
1988	648.30	4.2	66.8	29.0	5 080	1 365
1989	696.54	4.3	66.9	28.8	5 362	1 424
1990	781.66	4.4	64.7	30.9	5 911	1 236
1991	893.77	3.8	61.6	34.6	6 661	1 251
1992	1 114.32	3.1	60.8	36.1	8 208	1 488
1993	1 519.23	2.5	59.4	38.1	11 061	1 920
1994	1 990.86	2.4	57.7	39.9	14 328	1 662
1995	2 499.43	2.4	56.8	40.8	17 779	2 129
1996	2 957.55	2.3	54.0	43.7	20 647	2 483
1997	3 438.79	2.1	51.6	46.3	23 397	2 822
1998	3 801.09	1.9	49.3	48.8	25 206	3 045
1999	4 188.73	1.8	47.4	50.8	27 071	3 270
2000	4 771.17	1.6	46.3	52.1	30 047	3 630
2001	5 210.12	1.5	46.1	52.4	31 799	3 842
2002	5 741.03	1.4	45.7	52.9	33 958	4 103
2003	6 694.23	1.2	47.9	50.9	38 486	4 650
2004	8 072.83	1.0	48.2	50.8	44 839	5 417
2005	9 247.66	1.0	47.4	51.6	49 648	6 061
2006	10 572.24	0.9	47.0	52.1	54 858	6 882
2007	12 494.01	0.8	44.6	54.6	62 040	8 159
2008	14 069.87	0.8	43.2	56.0	66 932	9 637
2009	15 046.45	0.7	39.9	59.4	69 165	10 125
2010	17 165.98	0.7	42.0	57.3	76 074	11 238
2011	19 195.69	0.7	41.3	58.0	82 560	12 784
2012	20 181.72	0.6	39.0	60.4	85 373	13 524
2013	21 602.12	0.6	37.2	62.2	90 100	14 556

资料来源:《上海统计年鉴》2013

天赋力现代综合物流园被列为省服务业“十百千”重点项目,正元物流、腾龙物流被列为省重点物流企业。“河豚之乡、休闲海安”影响力继续放大,全年接待游客250万人次,实现旅游业总收入42亿元,新增国家3A级景区、省四星级乡村旅游点、省级自驾游基地、市级旅游度假区各1家。新兴服务业加速发展,新增软件和服务外包企业33家。

(二)海安发展机遇及基础条件

海安作为长三角地区一个中等城市,与周边地区人文相近、经济相融、文化相通,长期以来一直有着密切的合作关系,近年来紧紧把握长三角新一体化和构建上海都市经济圈的重大机遇,主动接受辐射、积极参与分工,经过这些年的发展使得进一步融入长三角已经具备一定的现实基础。

1.良好的外部环境

从全球经济发展来看,发达国家经济重心转向服务业,产业结构呈现“工业型经济”向“服务型经济”转型的总体趋势。生产性服务业已经成为世界经济发展中增长最快的行业,高集聚性、高附加值、高成长性的知识性服务业大量兴起及新技术的不断创新应用,有力地推动了服务模式和产业升级,世界服务业正向跨国化、规模化、产业化、外包化、标准化、品牌化方向发展。

从国内环境来看,经济结构调整、市场化取向改革、城镇化战略的加速推进以及人民生活水平的持续提高,为海安加快发展现代服务业,创造了有利条件;长三角产业结构升级和随之带来的产业转移,客观上为海安服务业发展提供了新的机遇;江苏省新一轮沿海沿江开发战略是海安实现跨越式发展的重要举措,尤其对运输、仓储和物流业,社区服务业及旅游业的发展将产生极大的直接推动效应,为海安县发展服务业提供了坚实的外围环境和有力的政策支撑。

2.强大的内生动力

一是城市化建设提速提供的动力。“十二五”期间,海安县城市化进程加快,据统计,2013年海安县城镇化率达52.2%。从全国城镇人口比重提高与服务业增长关联度来看,城镇人口比重每上升1个百分点,服务业增加值的比重上升0.9个百分点。伴随城市化进程的加

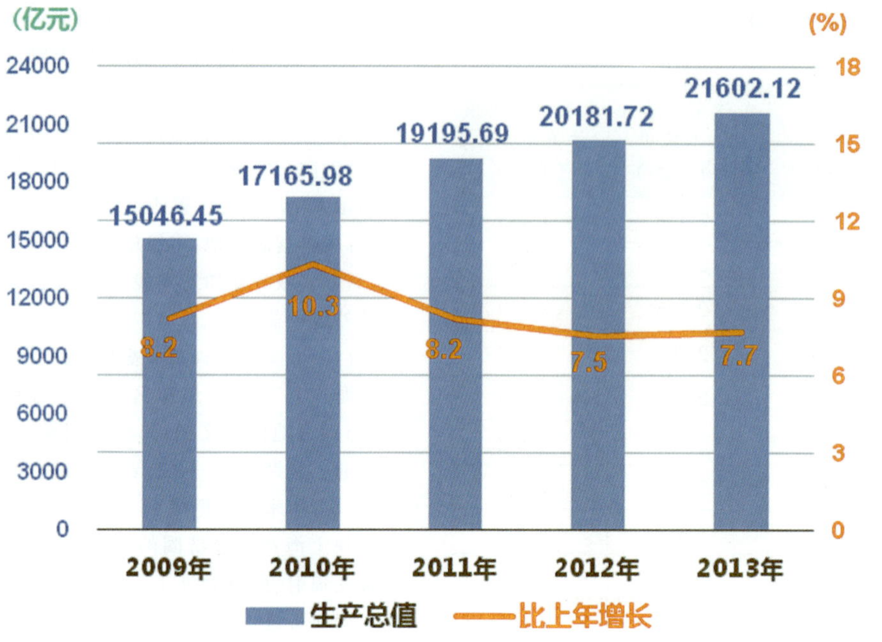

图3 2009—2013年上海市生产总值及其增长速度

资料来源:2013年上海市国民经济和社会发展统计公报

快,必将带动商业、餐饮、社区服务、房地产、公共服务等行业的发展。

二是物流品牌效应提供的动力。"枢纽海安,物流天下"品牌效应日益凸显,2013年实现交通运输仓储和邮政业增加值30.27亿元,增长18.0%,较同期上升6个百分点,对GDP的贡献率达15.1%。海安商贸物流产业园"一带三区多点"的基础设施全面推进,晋升省级园区,被列为省级现代服务业集聚区、省重点物流基地,带动了全县商贸物流业的发展,全年批发和零售业实现增加值42.96亿元,同比增长10.7%,较同期上升3.3个百分点,对GDP的贡献率达13.8%。

三是消费结构提升提供的动力。近年来,海安县城乡居民收入水平不断增长,2013年人均GDP已达10048美元,城镇居民人均可支配收入29474元,增长10.1%,农民人均纯收入14119元,增长11.5%。收入水平的提高,促进了海安县居民消费结构的提升,城乡居民特别是城镇居民对教育、文化、卫生的需求,对住房、旅游、信息等方面的需求越来越强烈。"十二五"期间,将是海安县居民消费结构大幅提升的阶段,而消费结构提升必定会有效促进海安县旅游、信息服务等新兴服务业的发展。

3.有利的发展条件

一是优越的地理环境。204、328国道和202省道贯穿全境;通扬、通榆运河沟通长江、淮河两大水系;沿海高速、江海高速公路在海安相交;新长铁路,宁启铁路在此交汇。海安火车站集客运、货运、机务段、编组站为一体,是苏中地区最大的二级编组站,毗邻两个国家一类深水大港——洋口港、南通港;苏通大桥通车后,海安的交通优势进一步凸显,进一步融入以上海为中心的"长三角"经济圈,成为南通、泰州、盐城等三大城市联结的纽带,以及苏中、苏北和豫皖地区出海入江的陆路门户。

二是良好的基础设施。近年来,海安的产业基础更趋完备,经济板块特色鲜明,已由原来的传统农业、一般加工业为主向高端制造业、高新技术产业转变。随着沪通铁路、宁启铁路电气化复线的加快建设,全面进入动车时代后,海安的交通枢纽优势将得到进一步的巩固提升,对周边的辐射带动效应将进一步凸显,在新一轮产业投资浪潮中,海安必将迎来发展的黄金期,成为优质项目落户的首选地。

三是不断增强的软实力。随着经济社会的不断发展,区域交通网络日益发达和市场互动更趋活跃,城市间的联系日益密切,合作格局向多层次、宽领域的区域经济一体化发展。我县与上海、南京等大城市在科技、教育、文化、卫生等方面开展了广泛的合作,进一步增强了海安的环境吸引力、科技创造力、文化承载力、人才支撑力,提升了经济发展软实力,同时也为今后开展更广范围更深层次的互动合作打下了坚实的基础,提供了宝贵的经验。

(三)海安服务业发展难点及挑战

1.外部环境不稳

总体上看,2014年全县服务业保持了良好发展势头,但复杂的国内外形势给下阶段发展带来了严峻挑战。从国际看,美欧日等主要发达经济体当前的复苏缓慢,使我国外需增长不明朗;从国内看,一季度全国投资、出口等指标增幅均比2013年有所回落;金融流动性结构问题、行业产能过剩矛盾突显,与东南亚等地区的成本优势明显削弱,加剧了虚拟经济不稳和实体经济不振。

2.区域竞争增强

由于现代服务业的聚集性和规模特性,上海、苏州等中心城市占据了资金、人才、信息等方面的优势,在很大程度上占有了周边地区的现代服务市场,造成了需求流失,致使南通、无锡、常州等地区的产业升级空间受到一定限制,滞后于城市的总体发展水平。长三角区域城市之间服务结构相似,服务腹地重叠,竞争日趋激烈,海安未来的竞争环境主要是各个周边城市对生产和生活性服务功能的争夺,这种竞争将来自招商引资、人才争夺、消费分流、政策优势、资源争夺等各个方面,并主要体现在服务业领域。

3.转型压力加大

从经济发展看,我县传统的经济发展方式仍占主导地位,转变经济发展方式仍处于不断的探索过程中,竞争性服务行业集中度较低,垄断性服务行业发展活力不旺,知识型服务业的开发利用不足,外向型服务能力不强,经济发展对土地、能源、原材料和环境容量的依赖性还很大。2013年,我县公共财政预算收入占GDP的比重为8.7%,这一比重在九县市中总体偏低,说明海安财政收入结构不够合理,财政收入质量不高。作为拉动经济增长的"三驾马车",消费是投资和净出口的先导因素,更是经济持续发展的根本动力。2013年,海安县人均消费品零售额为2.37万元,九县市第六,人均消费能力较弱，制约了经济发展和城乡居民生活幸福指数的提升。当前，服务市场需求不断变化，产业边界日益模糊，经营环境快速变迁，海安如何选择产业发展模式和升级路径是一个重要课题。

4.人口老龄化制约

值得关注的是：2013年1月美国经济研究部的Barry Eichengreen发表了题为《增长放慢又来了：中等收入陷阱的新证据》的论文。他在文中提出，一度增长较快的发展中国家会遇到两个减速坎：人均收入达到11000美元时和15000美元时，绝大部分都跨不过这两个坎而跌入中等收入陷阱。研究还表明，一个国家跨越两个坎的概率与教育水平成正比，与人口老化成反比。据预测，我县老龄人口(61岁以上)由2010年的20.44万人，逐步上升至2020年的26.13万人、2030年的32.89万人、2040年的31.33万人，占总人口的比重由2010年的21.8%分别上升至29.7%、42.3%、48.8%，随着人口寿命的延长，老龄化的状况将加严重，这给我县调整产业结构，促进服务业提速发展增加了难度。

五、海安服务业发展重点方向及对策建议

当前，我县服务业发展正处于加快发展的重要机遇期，顺应产业结构变化趋势，通过加大支持力度、完善扶持政策等，推动现代服务业快速发展，为新一轮经济增长提供动力，已经成为当前和今后一个时期促进我县经济持续、健康、快速发展的重要着力点。实现我县服务业特别是现代服务业的跨越发展，必须跳出服务业的范畴，在更高的层面上实施产业融合发展战略，推动先进制造业与现代服务业融合、现代服务业与现代农业融合，协调和可持续发展。我县应抢抓江苏沿海开发、长三角新一体化发展战略机遇，主动承接上海自贸区发展的溢出效应和辐射效应，努力提高海安金融、商贸、专业服务等服务业领域的开放水平。笔者认为，可以从以下几个方面着手：

(一)总体布局

1.人口布局

人口增长要与经济、社会发展需要和资源、环境容量相适应，充分考虑城乡二元经济结构改变、长江三角洲城市群形成和交通设施改善对城市人口增长的影响。按照2020年总人口为100万左右，考虑城市空间发展和重大基础设施建设，加强人口综合调控，优化人口结构，提高人口素质，合理人口布局，吸引外来人口来我县就业。

2.区位布局

着眼于长江三角洲城市群的整体发展，在县域1108平方公里内，围绕主城区—一中心镇—一般镇—中心村四个层面，构筑“1212”城镇体系，加快形成以县城为核心、交通干线为骨架的“一心两轴四区”城镇空间布局。发挥中心镇在城市化进程中承上启下的重要作用，建成具有相应人口规模和经济实力的现代化城镇，鼓励各镇走错位发展、差异化竞争之路，打造具有时代特点和地域特征的现代化小城镇，加快农民集中居住点建设，突出与镇村布局规划的有机衔接。

3.产业布局

贯彻“三、二、一”产业发展方针，继续巩固二、三产业共同推动经济增长的格局，促进产业的融合、协调发展。城镇体现繁荣繁华，乡村体现实力和水平。进一步完善和强化中心镇的金融、商贸、信息、管理等功能，大力发展现代服务业，适度发展无污染、高附加值都市型工业，加快推进重大产业基地建设，发挥三大农业片区、四大工业片区、五大服务业集聚区的集聚作用。

(二)发展战略

1.营造错位发展新格局

上海正全力建设国际经济、金融、贸易和航运四大中心，六大支柱产业主要是信息产业、金融产业、商贸业、汽车产业以及成套设备制造和房地产业，这些产业对周边城市都具有辐射带动作用，海安应该主动承接，借助上海领先的服务功能，考虑产业的承接性、延伸性和互补性，提高综合竞争力。但同时也应该看到，上海四大中心的建设，无论在先发优势还是在未来的政策规划上，对于海安发展高端服务业具有较强的抑制作用，我们要认清利弊，做到有所为有所不为。在服务业的发展规划上，要注重体现城市间融合配套、错位分工、优势互补的竞争格局，使服务业生产要素与资源取得最佳的经济效益比；要积极寻找目前大家都比较薄弱但市场需求潜力较大的细分行业，开拓创新，争取主动，培育新增长点，获得新的竞争优势。

2.优化服务业内生结构

在今后一个时期内，特别是工业化完成以前，海安对于服务业发展的总体目标不能拘泥于服务业增加值占GDP的比重，不能单方面注重经济发展速度，而应该致力于产业素质和竞争力不断提升，内部结构不断改善，吸纳就业和增加公共财力的能力不断增强，使得服务业能够最大程度地满足人口增长、居民消费水平提高的需要，能够较大程度地满足海安发展先进制造业、产业结构优化升级的需要。

(1)传统服务业上规模

我县传统服务业的潜力远未发挥，在运用现代新型业态和组织方式改组改造传统服务业方面还刚起步。因此，在发展现代化服务业的同时，不能忽视传统服务业。要不断升级餐饮、商贸等传统服务业态，突出特色，引导现有的贵都商业圈、安达步行街、中大街、地板一条街健康发展，逐渐形成在海安及周边地区具有一定知名度和美誉度的名品特色店、名品特色街和名品特色馆。

(2)新兴服务业上台阶

加强金融机构和业务体系建设，大力发展各类金融机构，鼓励发展各类股权投资企业，积极拓展各类金融业务，加大金融支持力度，积极推荐政银企贷款贴息和企业贷款贴息专项资金项目。继续为企业融通资金提供有效服务。加快中介与专业服务业的发展。大力鼓励、规范发展会计和审计咨询、资产评估、工程咨询、科技咨询、管理咨询、法律咨询、市场调查等行业，促进与代理、经纪、拍卖等商品市场中介服务协同发展。

(3)公共服务业上水平

“云技术”、“微时代”已到来，应加速政府信息化建设步伐，促进政府及学校、社区等公共部门的信息网络基础建设，按照国务院常务会议关于“通过信息服务，促进信息消费，全面拉动信息内需”的发展新思路，鼓励制造企业、流通企业、专业市场探索“线上市场”与“线下市场”互动促销的经营方式，实现“有形市场”和“无形市场”的同步发展。

(三)实现路径

1.基础：政府引导　政策激励

《中共中央关于全面深化改革若干

重大问题的决定》指出，要处理好政府和市场的关系，就要使市场在资源配置中起决定性作用，但这并不意味着政府在资源配置中的作用就无足轻重了，政府要营造适合各类服务业发展的制度环境、市场环境、竞争环境，通过城市土地资源的优化配置和集约利用，减少中心城区工业性用地比重，在服务业商业性用地和资金投入、行业准入方面为服务业发展提供条件；科学合理地划分服务业不同的功能区域，商贸区、交通枢纽区、城市金融区、休闲旅游区、物流区、教育文化区、居民生活区的定位既要与城市基础设施和城市综合服务功能形成合理的匹配，又要体现服务业规模化、产业化、集群化、人本化的发展要求，体现行业发展特色。

2.抓手：产业融合　产城联动

要凝练特色产业，做大做强旅游、汽车、软件信息等有一定基础的产业，要在规划的基础上实现产业聚集，搭建有效的政产学研商界平台，加强对产业转型的支撑。一方面鼓励我县有条件的企业向服务业延伸，大力发展生产性服务业；另一方面要促使服务业向农业、制造业的生产过程中渗透服务活动，增加农产品和工业产品中的服务附加值，使产品服务一体化，逐步实现产业服务化，将其核心竞争力以外的附属服务剥离成社会化的专业服务，让企业集中力量狠抓核心竞争力。

3.关键：专注转型　专业服务

现代产业的价值链，两头高、中间低，即前端的研发、设计、投融资和后端的物流、营销、品牌等环节附加值高，而中间制造环节的价值最低，用曲线描绘就是著名的“微笑曲线”。未来海安服务业的发展，应努力向微笑曲线两端集中优势资源，鼓励企业借助互联网提供的信息渠道，倡导企业以专注的精神做精单品，注重服务的精细化程度，从“大而散”的产业链模式转向“大而强”的产业创新模式，借助互联网提供的信息流，实现传统服务业质的提升。

4.保证：人才培养　人才招引

加快推进人才信息库建设，完善人才资源开发运行监测，加强人才资源信息分析；大力实施现代服务业企业家培养工程，围绕发展具有较强竞争力的现代服务业大公司、大企业集团，培养造就一批现代服务业优秀企业家，建设一支在生产经营、资本运作和科技管理等方面具有较高造诣的经营管理者队伍；加快推动企业与院校在服务业人才培训基地建设上的战略合作，建立现代服务业培训专家库，积极配合服务业项目的实施，帮助解决人才在创业过程中遇到的困难和问题；加大对科技型、创新型、综合型、专业型服务企业项目引进与投入，多种渠道地吸引高层次服务专业人才，加快人力资本的积累，形成与现代服务体系相适应的人才结构。

黄海秋色　　　　(董玉龙　摄)

文件选目

2014年中共海安县委重要文件题录

表 37

文　号	文　件
海委发〔2014〕6 号	中共海安县委　海安县人民政府关于印发加强全县村级为民服务中心规范化服务管理工作的意见
海委〔2014〕7 号	中共海安县委　海安县人民政府 2014 年全民创业工作意见
海办发〔2014〕43 号	中共海安县委　海安县人民政府关于印发海安县养老服务体系建设实施意见的通知
海办发〔2014〕55 号	中共海安县委　海安县人民政府关于印发海安县推进全托管新型农业经营主体建设实施意见的通知
海办发〔2014〕56 号	中共海安县委　海安县人民政府关于进一步做好农民负担监督管理工作意见的通知
海委办〔2014〕20 号	中共海安县委　海安县人民政府关于印发“走基层、送服务、访民生、解难题”活动工作机制的通知
海办发〔2014〕26 号	县委办公室　县政府办公室关于成立海安县政务服务提质提效工作领导小组的通知
海办发〔2014〕32 号	县委办公室　县政府办公室关于印发 2014 年县党政领导信访接待日及区镇、部门领导下访制度实施意见的通知
海办发〔2014〕51 号	县委办公室　县政府办公室关于印发海安县引进创业类高层次人才资助实施办法(试行)的通知
海办发〔2014〕57 号	县委办公室　县政府办公室关于印发 2014 年农作物秸秆禁烧禁抛与综合利用工作方案的通知
海办发〔2014〕72 号	县委办公室　县政府办公室关于印发社会治安重点地区和突出治安问题排查整治长效机制实施意见的通知
海办发〔2014〕78 号	县委办公室　县政府办公室关于推进城乡基本公共法律服务体系建设的意
海办发〔2014〕110 号	县委办公室　县政府办公室关于印发《海安县进一步深化金融改革创新有效服务经济社会发展实施意见》的通知

2014 年海安县人民政府重要文件题录

表 38

文　号	文　件
海政办发〔2014〕10 号	县政府办公室关于印发海安县海洋渔业安全生产事故救援应急预案的通知
海政发〔2014〕5 号	县政府关于加快推进农业基本现代化建设的若干政策意见
海政发〔2014〕7 号	县政府关于海安县生态文明建设清水工程三年(2014—2016 年)实施方案的通知
海政办发〔2014〕35 号	县政府办公室关于印发海安县 2014 年保障性安居工程建设实施意见的通知
海政办发〔2014〕45 号	县政府办公室关于印发 2014 年全县村级公益事业建设一事一议财政奖补工作实施方案的通知
海政办发〔2014〕56 号	县政府办公室关于印发海安县促进电子商务发展扶持办法的通知
海政办发〔2014〕72 号	县政府办公室印发关于村级为民服务中心建设扶持政策措施的通知
海政办发〔2014〕91 号	县政府办公室关于印发海安县农村土地承包经营权登记工作方案的通知
海政办发〔2014〕113 号	县政府办公室关于印发海安县农业重大有害生物灾害应急预案的通知
海政办发〔2014〕157 号	县政府办公室关于印发海安县物业管理老旧小区“扫盲”农民安置房“达标”新小区“创优”实施方案的通知
海政办发〔2014〕161 号	县政府办公室关于印发海安县人民政府重大行政决策后评估实施办法(试行)的通知
海政办发〔2014〕178 号	县政府办公室关于公布角斜镇等 4 个区镇为首批海安县学前教育改革发展示范区镇的通知

统计资料选编

2014 年各区镇部分经济指标

表 39

名　称	国内生产总值(万元)	现价工业总产值(万元)	现价农业总产值(万元)	主要农作物		
				粮食(万吨)	棉花(吨)	油料(吨)
高新区	2148372	11816205	173451	8.51		3413
开发区	1464591	10033207	152700	8.13		2236
曲塘镇	650524	2185708	104540	8.37		1929
李堡镇	408055	976707	85197	5.57	1	815
滨海新区	330230	621876	127090	5.81	11	1137
大公镇	359960	1119050	103491	6.24		374
雅周镇	173098	361646	69638	5.47		2343
白甸镇	158786	542134	29472	2.69		657
南莫镇	179985	622269	59743	4.84		876
墩头镇	357522	1060398	101351	8.02	1	1515

2014 年各区镇第三产业增加值完成情况

表 40　　单位:万元

区镇名	完成数	区镇名	完成数
高新区	929377	大公镇	147584
开发区	629074	雅周镇	70979
曲塘镇	273659	白甸镇	65102
李堡镇	170823	南莫镇	73614
滨海新区	134428	墩头镇	145469

2014 年各区镇规模工业产销情况

表 41　　单位:万元

区镇名	工业销售收入	利税总额	区镇名	工业销售收入	利税总额
高新区	7709041	1008711	大公镇	839912	68182
开发区	5026426	537157	雅周镇	207067	15546
曲塘镇	1476640	164984	白甸镇	269988	18674
李堡镇	504681	37334	南莫镇	291019	9786
滨海新区	482717	49549	墩头镇	825939	116151

2014 年全县固定资产投资完成情况

表 42　　单位:万元、万平方米

指标名称	2014 年	±%	指标名称	2014 年	±%
一、固定资产投资	4489468	19.9	二、新增固定资产总额	3313184	37.7

续表 42

指标名称	2014 年	±%	指标名称	2014 年	±%
其中:民营投资	4353625	20.3	三、房屋施工面积	2279.47	22.9
其中:第一产业	40627	—	房屋竣工面积	637.19	77.3
第二产业	2865378	12.9	四、商品房合同销售面积	63.11	-42.4
#工业	2865378	12.9	商品房屋合同销售额	377425	-44.7
第三产业	1583463	31.4	商品房空置面积	59.94	40.5
#房地产	524775	10.0			

注:固定资产投资、新增固定资产总额 2012 年数据为调整后的数据

劳动工资基本情况

表 43

指 标	单位	2014 年	2013 年	2014 年比 2013 年增长(%)
一、在岗职工年末人数	人	189659	166276	14.1
1.国有单位人数	人	18329	21175	-13.4
2.城镇集体单位人数	人	1274	2443	-47.9
3.其他经济类型单位人数	人	170056	142658	19.2
二、在岗职工全年工资总额	千元	10845550	8685544	24.9
1.国有经济单位职工全年工资总额	千元	1437657	1472607	-2.4
2.集体经济单位职工全年工资总额	千元	56960	174163	-67.3
3.其他经济类型职工全年工资总额	千元	9350933	7038774	32.8
三、在岗职工年平均人数	人	181166	167584	8.1
1.国有经济单位职工平均人数	人	18246	21017	-13.2
2.集体经济单位职工年平均人数	人	1265	2423	-47.8
3.其他经济单位职工年平均人数	人	161655	144144	12.1
四、在岗职工年平均工资	元	59365	51828	14.5
1.国有单位在岗职工年平均工资	元	78793	70067	12.5
2.集体单位在岗职工年平均工资	元	45028	71879	-37.4
3.其他类型单位在岗职工平均工资	元	57845	48832	18.5

社会消费品零售总额

表 44 单位:万元

指标名称	2014 年	2013 年	2014 年比 2013 年增长%
社会消费品零售总额	2219489	1970164	12.7
其中:限额上	620787	540727	14.8
限额下	1598702	1429437	11.9
(一)按销售单位所在地分组			
县零售额	1467438	1301575	12.7
县以下零售额	752051	668589	12.5
(二)按行业分组			

续表 44

指标名称	2014 年	2013 年	2014 年比 2013 年增长%
批发零售业	1919919	1700158	12.8
住宿餐饮业	299570	270006	10.9
商品销售总额	6076817	5290600	14.9
其中:批发业	3862220	3365700	14.8
零售业	2214597	1924899	15.1
其中:限额上	2616437	2653725	-1.4
限额下	3460380	2636874	31.2
贸易业零售额	2117053	1877715	12.7
其中:批发业	358205	318404	12.5
零售业	1758848	1559310	12.8
其中:限额上	538099	466302	15.4
限额下	1578954	1411412	11.9

2014 年城镇常住居民家庭基本情况(抽样调查)

表 45

指标名称	单位	指标值	增长%
调查户数	户	100	-
户均人口	人	2.9	-3.7
户均就业	人	1.64	3.8
人均可支配收入	元	31597	9.0
人均消费性支出	元	20125	8.2
食品	元	5745	5.4
衣着	元	1660	7.7
居住	元	3696	9.5
家庭设备及服务	元	1350	6.6
医疗保健	元	1264	8.5
交通和通讯	元	2977	10.4
娱乐教育文化服务	元	2853	10.9
其他商品和服务	元	580	8.6
每百户耐用消费品拥有量			
家用汽车	辆	56	24.4
电冰箱	台	105	-4.5
洗衣机	台	107	-2.7
热水器	台	121	5.2
空调器	台	253	12.4
固定电话	部	96	4.3
移动电话	部	248	-0.8
家用电脑	台	120	2.6

注:2014 年恩格尔系数为新口径数据

2014年农村常住居民家庭基本情况(抽样调查)

表46

指标名称	单位	指标值	增长%
调查户数	户	100	–
户均人口	人	2.9	-2.2
户均就业	人	1.68	2.4
人均可支配收入	元	15155	11.0
人均消费性支出	元	12447	11.5
食品	元	3908	9.8
衣着	元	816	10.6
居住	元	1991	12.8
家庭设备及服务	元	788	12.9
医疗保健	元	1187	9.5
交通和通讯	元	1424	14.4
娱乐教育文化服务	元	2051	12.6
其他商品和服务	元	282	9.3
每百户耐用消费品拥有量			
家用汽车	辆	17	30.8
电冰箱	台	109	10.1
洗衣机	台	95	4.4
热水器	台	104	8.3
空调器	台	119	25.3
固定电话	部	98	1.0
移动电话	部	240	10.1
家用电脑	台	62	40.9

注:2014年恩格尔系数为新口径数据

物价指数

表47

指　　标	2014年	2013年	指　　标	2014年	2013年
一、居民消费价格总指数	101.5	102.2	(四)家庭设备及维修服务	103.1	100.6
(一)食品	101.2	104.2	(五)医疗保健和个人用品	103.7	101.5
其中:粮食	103.0	104.0	(六)交通和通讯	98.7	99.3
肉禽及其制品	97.7	105.8	(七)娱乐教育文化用品及服务	102.2	102.5
水产品	102.6	102.1	(八)居住	101.1	103.2
菜类	90.7	105.8	二、商品零售价格总指数	100.9	101.3
(二)烟酒及用品	98.2	99.2	三、农业生产资料价格指数	99.2	103.8
(三)衣着类	104.9	99.4			

注:以上年同期价格为100计算

2014年各区镇农业总产值、增加值情况

表 48 单位:万元

区镇名	2014年农林牧渔业总产值						2014年农林牧渔业增加值					
	合计	种植业	林业	畜牧业	渔业	农林牧渔服务业	合计	种植业	林业	畜牧业	渔业	农林牧渔服务业
高新区	173451	71428	435	83215	4165	14208	89078	45942	251	31648	3120	8117
开发区	152700	65254	687	70578	3332	12849	84095	45098	376	28668	2499	7454
曲塘镇	104540	37533	351	53191	3449	10016	55857	27747	169	19633	2587	5721
李堡镇	85197	41019	51	37363	1591	5173	49263	28782	32	16016	1249	3184
滨海新区	127090	56801	111	23156	39859	7163	73356	34909	66	9936	23611	4834
大公镇	103491	34558	413	61029	1544	5947	53666	23314	260	25491	1204	3397
雅周镇	69638	29384	130	32796	930	6398	36174	20964	80	11064	697	3369
白甸镇	29472	11959	220	7604	4328	5361	17956	8702	113	3119	3246	2776
南莫镇	59743	22229	227	28842	3134	5311	31823	15866	123	10705	2382	2747
墩头镇	101351	34102	515	44393	13940	8401	58434	24795	272	17416	11152	4799

农业生产情况(一)

表 49

指　标	单位	2014年	2013年	2014年比2013年(±%)
一、农业				
1.粮食合计	吨	641249	640916	0.1
(1)谷物	吨	628467	627367	0.2
①稻谷	吨	366214	365445	0.2
②小麦	吨	243791	242546	0.5
③玉米	吨	17613	18401	-4.3
④其他谷物	吨	849	975	-12.9
(2)豆类	吨	11027	11788	-6.5
①大豆	吨	9644	10232	-5.7
②蚕豌豆	吨	1247	1419	-12.1
③其他豆类	吨	136	137	-0.7
(3)薯类(5折1)	吨	1755	1761	-0.3
2.棉花	吨	12	26	-53.8
3.油料	吨	15301	14797	3.4
(1)花生	吨	1723	1740	-1.0
(2)油菜籽	吨	13571	13050	4.0
(3)其他油料	吨	7	7	0
4.瓜类(含果用瓜)	吨	33874	21975	54.1
5.蔬菜(含菜用瓜)	吨	593988	569648	4.3
二、牧业				
1.生猪全年饲养量	万头	127.33	127.57	-0.1
生猪年末存栏	万头	49.1	51.4	-4.5

续表 49

指 标	单位	2014 年	2013 年	2014 年比 2013 年(±%)
其中:母猪	万头	4.07	4.78	-14.9
生猪上市量	万头	78.23	76.17	2.7
2.羊子年末存栏量	万只	47.81	44.68	7.0
羊子上市量	万只	59.62	58.66	1.6
3.家兔年末存栏量	万只	9.53	8.98	6.1
兔毛产量	吨	14	11	27.6
4.家禽全年饲养量	万只	3533	3609	-2.1
家禽年末存栏	万只	1651	1708	-3.3
家禽上市量	万只	1882	1901	-1.0
禽蛋产量	吨	221947	225710	-1.7
5.蚕茧产量	吨	10679	11469	-6.9
三、渔业				
水产品总产量	吨	34592	33618	2.9
1.海水产品产量	吨	9801	9776	0.3
2.淡水产品产量	吨	24791	23842	4.0

农业生产情况(二)

表 50　　单位:万元

指 标	单位	2014 年	2013 年	2014 年比 2013 年±%
农林牧渔业产值(现行价)	万元	1027132	957138	7.3
一、农业产值	万元	413627	385598	7.3
其中:1.粮食作物	万元	193376	185275	4.4
2.棉花	万元	20	43	-53.5
3.油料	万元	7349	7037	4.4
4.蔬菜	万元	161023	146443	10.0
5.其它	万元	51859	46800	10.8
二、林业产值	万元	3143	2958	6.3
三、牧业产值	万元	444475	423672	4.9
其中:1.生猪	万元	102262	104855	-2.5
2.家禽	万元	30222	30632	-1.3
3.禽蛋	万元	185034	167985	10.1
4.蚕茧	万元	48015	51450	-6.7
5.其它	万元	78942	68750	14.8
四、渔业产值	万元	83117	76930	8.0
其中:1.海水产品	万元	19013	14966	27.0
2.淡水产品	万元	64104	61964	3.5
五、农林牧渔服务业	万元	82770	67980	21.8
现价农业增加值	万元	559968	520850	7.5
一、农业	万元	282036	264080	6.8

续表 50

指　　标	单位	2014 年	2013 年	2014 年比 2013 年±%
二、林业	万元	1743	1643	6.1
三、牧业	万元	174417	165595	5.3
四、渔业	万元	54491	50870	7.1
五、农林牧渔服务业	万元	47281	38662	22.3

2014 年农村基本情况

表 51　　单位:个、户、人

区镇名	行政村个数(个)	村民小组个数(个)	年末乡村户数	年末乡村人口	乡村实有从业人员	1、农林牧渔从业人员	2、工业从业人员	3、建筑业从业人员	4、交通邮政仓储从业人员	5、信息传输、计算机服务和软件业从业人员	6、批发与零售业从业人员	7、住宿和餐饮业从业人员	8、金融、保险业从业人员	9、房地产、社会服务业从业人员	10、卫生、体育和社会福利业从业人员	11、教育、文化、艺术和广播电视从业人员	12、科研综合和综合技术服务事业从业人员	13、乡经济组织管理从业人员	14、其它从业人员
合计	207	5097	248358	703747	374528	71888	110312	83843	31062	948	34117	10439	1543	6503	1772	1411	542	1639	18509
高新区	40	967	48857	133479	74446	11770	21270	16266	4910	270	7248	3951	443	1794	456	470	51	368	5179
开发区	31	725	37704	121426	65158	9602	20068	14960	9006	225	6063	1635	224	1730	242	238	109	265	791
曲塘镇	26	644	29725	79418	40627	9005	13481	9260	3205	86	3742	841	69	491	89	86	21	194	57
李堡镇	18	452	23179	64803	34946	6874	8312	8277	3207	53	3622	612	78	205	123	114	61	119	3289
滨海新区	20	393	20522	59502	31703	6917	8455	7308	1956	101	2319	1032	186	269	133	76	85	104	2762
大公镇	12	440	17312	54252	26357	4959	8653	6168	1927	57	2735	449	128	99	116	81	38	134	813
雅周镇	15	389	18862	55745	29020	7133	7829	6726	2055	32	2544	415	101	37	85	61	27	124	1851
白甸镇	10	204	11032	29195	15821	3557	6168	2781	406	14	729	272	24	1357	64	38	19	67	325
南莫镇	16	389	17792	45118	24733	5525	6094	5951	2020	33	2220	459	118	308	271	77	57	110	1490
墩头镇	18	484	22410	58924	30615	6149	9600	6046	2361	75	2753	767	166	210	176	156	72	140	1944
场圃	1	10	963	1885	1102	397	382	100	9	2	142	6	6	3	17	14	2	14	8

2014 年各区镇生猪、家禽、羊子饲养情况

表 52

区镇名	生猪(头)		家禽(万羽)		羊子(只)	
	出栏	存栏	出栏	存栏	出栏	存栏
高新区	141953	124678	388	324	89572	71668
开发区	109868	64996	338	289	123237	105644
曲塘镇	94474	49535	264	201	34479	27686
李堡镇	64288	40440	157	138	74967	57335
滨海新区	45291	30824	134	103	54281	50986
大公镇	66994	37859	223	214	102188	95665
雅周镇	126983	63881	84	73	18812	13645
白甸镇	9991	8248	16	35	12890	10209
南莫镇	47016	20940	80	75	41743	23758
墩头镇	65842	42985	194	193	43254	20714

(钱安云)

索　引

Index

三塘胜境　毛平平绘

◎责任编辑　张　梅

说　明

一、索引采用主题分析索引方法，依据首字汉语拼音字母同音字同词语顺序排列。

二、主题词后的数字表示内容所在的页码，有几个数字的表示同一主题的内容在不同的页码，数字后面的 a、b、c 分别表示从左至右主题词所在栏别。栏目、分目、概况、组织机构等条目重复较多不收入索引，文字通栏排版，不注栏别。表、媒体聚焦海安不注栏别。

A

B

C

D

E

F

G

H

J

K

L

M

N

P

Q

R

S

T

W

Z